Georg Menchén / Wolfgang Leißling · Burgen zwischen Werra und Elbe

Georg Menchén · Wolfgang Leißling

Burgen

zwischen Werra und Elbe

Mit Fotos von Frank Schenke

Greifenverlag zu Rudolstadt

© Greifenverlag zu Rudolstadt 1983
3. bearbeitete Auflage 1990
Lizenz-Nr. 384-220
Gesamtgestaltung: Werner Haferkorn
Printed in Germany
Lichtsatz und Reproduktion: Interdruck GmbH Leipzig
Druck und Bindearbeit: Druckhaus Bayreuth
Gesetzt aus der Garamond-Antiqua
Bestell-Nr. 525 260 7

ISBN 3-7352-0243-8

„Da droben auf jenem Berge,
Da steht ein altes Schloß,
Wo hinter Toren und Türen
Sonst lauerten Ritter und Roß…"

Das romantische Bild könnte für viele verfallene Gemäuer zwischen Werra und Elbe stehen und zeichnet doch konkretes, leidenschaftliches Erleben eines Mannes, den man hier nicht vermutet. 51 Jahre alt war der Weimarer Minister Goethe, als er im Herbst 1801 mit der 17jährigen Silvie von Ziegesar, der jüngsten Tochter des Freiherrn und gothaisch-altenburgischen Kanzlers von Ziegesar, vom Erbgut Drackendorf bei Jena zu den Ruinen der seit 1451 zerstörten Lobdeburg emporstieg. Wie ein alter Stich des Jenaer Universitätskupferstechers Christian Ludwig Heß zeigt, stand sie frei auf dem kalkweißen Südabhang des Bergvorsprungs zum Saaletal. Die dreizehn Strophen des „Bergschloß"-Gedichtes beschreiben nicht nur jenes Burgerlebnis, sondern fassen im Bild der Vergänglichkeit auch die Einmaligkeit dieser wundersamen Begegnung. „Das hat Goethe in der Eckstube, an meinem Nähtisch sitzend, für mich gedichtet", schrieb Silvie ihrem Neffen; Goethe hatte an diesem Platz im Drackendorfer Herrenhaus das imposante Burggemäuer mit den Resten des wunderbaren romanischen Palas so vor Augen, wie es Jahre später fast von der gleichen Stelle aus Caspar David Friedrich zeichnete.

Der romanische Wohnturm erhebt sich, über drei Stockwerk hoch, in seiner edlen Baustruktur ungebrochen 320 Meter über dem Saaletal, zu Füßen die Wohntürme der neuen Stadt Jena-Neulobeda. Selbst heute noch ist manches von der einstigen Schönheit dieses Feudalsitzes — eines Musterstücks für die Burgenbaukunst der Barbarossazeit — bemerkbar. Besonders schön sind die reich ornamentierten, vierfach gekoppelten Fenster im wehrhaften Bau mit dem hochgelegenen Einstieg. Schwer vorstellbar, daß solch ein Burgenbesuch 1801 durchaus noch ein gar nicht so selbstverständliches Entdeckungsabenteuer war und erst 21 Jahre später Franz Kugler auf der Rudelsburg das burgenreiche Saaletal besang und dem Bedürfnis nach Entdeckung des scheinbar widerspruchsfreien Mittelalters Ausdruck verlieh. Auch hierin also ist uns der Dichter Goethe mit poetischem Sinn für den Zusammenklang von Natur und Geschichte, Landschaft und Menschenwerk vorangegangen. Gefolgt von Generationen von Burgenforschern, die den tausendjährigen Geschichtsraum mit seinen steinernen Zeugen zu erkunden begannen. Einer der ersten war der „Herzogl. Anhaltische Rat" Friedrich Gottschalck in Ballenstedt am Harz, dessen ab 1810 erscheinendes achtbändiges Sammelwerk „Ritterburgen und Bergschlösser Deutschlands" einen der frühesten, auf bürgerliches Nationalbewußtsein zielenden umfassenden Erkundungsbericht darstellt. „Das Interesse an solchen Darstellungen aus einer Zeit, deren romantischer Charakter uns so unendlich anzieht, hat wohl eher zu- als abgenommen." Gottschalcks Voraussicht bestätigte sich in einer schier unübersehbaren, alle Spezialbereiche vom architektur- bis zum produktionsgeschichtlichen Einzelbereich umfassenden Burgenliteratur, deren Titel zahlenmäßig kaum geringer sind als die auf rund 19000 (von Curt Tillmann im deutschen Sprachraum) geschätzten Burgen und Schlösser.

Nun also ein Titel mehr, angesiedelt in der kulturgeschichtlich reichen und bedeutungsvollen Siedlungslandschaft zwischen Werra und Elbe, die sich wie ein Geschichtsbuch aufblättern ließe? Es scheint fast so, und doch war uns die Wiederbegegnung mit dem alternden Dichter aus Weimar und der liebreizenden Silvie inmitten einer alles belebenden Natur wichtiger, anregender für den eigenen Erkundungsgang als der wissenschaftlich gesicherte Führungsweg auf vielfach beschriebenem Gelände. Um Geschichten ging es uns, die Geschichte lebendig, transparent werden lassen, um „frohes Behagen/ hervor aus verödeter Ruh", wie es in der „Bergschloß"-Ballade heißt, „Als wären für stattliche Gäste/Die weitesten Räume bereit". Den Leser dabei zu eigenem Entdeckungserlebnis anzuregen, ist unsere Absicht.

Es gibt geistige und geographische Landschaften. Die Burg ist in beiden zu finden. Als Kulturdenkmal der vielhundertjährigen Epoche des Mittelalters stellt sie heute einen Erlebnisfaktor eigener Art dar. Als krönender Höhepunkt einer Landschaft wie in Thüringen, im Harz oder in Sachsen. Und als Schauplatz bedeutender historischer Ereignisse.

Wer genau hinsieht, wird die intensive Spannung empfinden, die einer Landschaft durch die Burg gegeben und wie sie durch diese charakteristisch wird. Hinzu kommt unser Interesse an dem Geschick jener, die die großen Geschichtsstraßen belebten, deren steinerne Wegzeichen auch die Burgen sind. So wird unsere Phantasie selbst noch von Trümmern geweckt, ja, von ihnen vielleicht noch mehr.

Dabei richtete sich die hier getroffene Auswahl von Burgen zwischen Werra und Elbe nicht nur nach kulturgeschichtlich aussagefähigen Anlagen bzw. Ruinen, wie sie auch schon an anderer Stelle beschrieben worden sind. Vielmehr soll auch der historische Entwicklungsweg von der karolingischen Seeburg (im Bezirk Halle) über die schloßartige Albrechtsburg in Meißen bis zur im 19. Jahrhundert wiederhergestellten mittelalterlichen Wartburg für den Leser in den wichtigsten Stationen erkennbar werden. Dennoch konnte es nicht ausbleiben, daß bei der Fülle von thüringischen und sächsischen Burgen gerade diese Landschaften mit charakteristischen Beispielen am stärksten vertreten sind. Das entspricht auch der historischen Bedeutung dieser Kulturlandschaften, in denen sich u. a. die Herausbildung des Territorialfürstentums vollzog oder der Bauernkrieg sich prägend für die Gesamtentwicklung ereignete. Am Beispiel von Bautzen und seiner Ortenburg wiederum wird die Wehrhaftigkeit der ökonomisch und politisch erstarkenden mittelalterlichen Städte im feudalen Mächtespiel anschaulich; Tangermünde und die Burg Karls IV. war für kurze Zeit der Schauplatz europäischer Geschichte im Wechselverhältnis mit Prag und Burg Karlštejn als politisch-kulturellem Zentrum.

Wenn das Begegnungserlebnis fortwirkt als Verständigung mit uns selbst, findet sich in den Burgen zwischen Werra und Elbe dann wirklich jenes köstliche Gastrecht, das das ungleiche Paar 1801 auf der Lobdeburg genoß:

„Verbrannt sind Türen und Tore,
Und überall ist es so still;
Das alte, verfallne Gemäuer
Durchklettr' ich, wie ich nur will..."

Einladung
zur Geschichtserkundung

Seeburg

Es fing schon an zu dämmern, als am späten Nachmittag des 16. Februar 1721 von Höhnstedt her eine Gruppe sichtlich angeheiterter preußischer Musketiere vom Regiment Anhalt-Dessau in Halle unter Anfeuerung durch ihren Leutnant Haßfort das äußere Tor der Seeburg besetzte, den Sohn des Pförtners kassierte, weiter zum Mitteltor vordrang und die dort versammelten dienstbaren Geister der Herren von Hahn mit Fausthieben traktierte. „Schlaget zu auf die Kanaille", brüllte der Leutnant und hieb mit dem blanken Säbel auf die verschreckten Kutscher und Lakaien, Küchenmädchen und Reitknechte ein. Die begriffen die Welt nicht mehr, als selbst der preußische Rittmeister von Nagel, Verwandter der Herrschaft, mit einem Pallasch bedroht wurde und seine Offiziers-Autorität keinerlei Eindruck auf die stürmende Truppe machte, der es jedoch nicht gelang, auch in die Oberburg einzudringen. Also sammelte sie sich zunächst wieder vor der Burg, was die Wächter ausnutzten, das vordere Tor schleunigst von innen her zu verrammen. Worauf ein paar Musketiere nun über die Mauer kletterten, das Torschloß abschlugen und alle erneut gewaltsam bis zum mittleren Tor vordrangen, das aber gleichfalls schon fest verriegelt war. Der Leutnant schimpfte, derweil seine Leute Steine in die Fenster der Amtsstube warfen, wo sie den gesuchten Amtmann Botterbeck, einen stattlich gewachsenen Mann, vermuteten, dem der ganze Spektakel galt. Als alles nichts nützte, entsannen sich die Häscher des gefürchteten „Soldatenkönigs" Friedrich Wilhelm I. (1713–1740) längst aus der Mode gekommener Belagerungstechniken, bewaffneten sich mit ein paar Deichseln und Balken, berannten damit das Tor, hoben es schließlich aus den Angeln und stürmten erneut die Vorburg. Inzwischen war es freilich dunkel geworden, und mit dem Licht schwand den Musketieren auch der Eifer. Also forderte man noch einmal lautstark, wiewohl vergeblich, die Übergabe der Oberburg, nahm der überrumpelten Torwache die Gewehre ab und verließ unter Drohungen das Schlachtfeld, auf dem die arg blessierten Diener einer höchst empörten Herrschaft zurückblieben, die sich tags drauf brieflich — allerdings auch vergeblich — beim König in Berlin wegen des Landesfriedensbruches beschwerte. Der hatte ein heimliches Auge auf den strammen Amtmann geworfen, den er für geeignet hielt, in seiner Armee zu dienen, ohne freilich in dem Rekrutierungsbefehl ausdrücklich dessen Namen zu nennen.

Im Seeburger Schloßarchiv fand sich erst 1935 die entsprechende Order: „Seine Königliche Majestät von Preußen erlauben dem Anhaltisch-Dessauischen Regimente zu Halle, bis zum 12. März dieses Jahres einige junge Leute, so nicht angesessen und durch deren Wegnehmung dem Lande keinen Schaden geschieht, anzuwerben. Wonach sich alle und jede Gerichtsobrigkeit zu richten und hierunter hilfreiche Hand zu leisten!" Inwieweit die beabsichtigte Vereinnahmung des Seeburger Amtmannes „dem Lande keinen Schaden zufügte", mag als Kommentar für sich stehen. Daß der sich aber als Teil der angesprochenen Gerichtsobrigkeit rebellisch zeigte, deutet auf eine gewisse eigennützige Umsicht. Amtmann Botterbeck entfloh denn auch für ein paar Jahre dem Zu-

griff ins ausländisch-benachbarte, damals noch August dem Starken gehörende Eisleben. Auch die seit 1574 in Seeburg residierenden Herren von Hahn, ein durch brutale Ausbeutung ihrer Bauern höchst unrühmlich bekanntes Geschlecht (aus Besedow in Mecklenburg), vermieden künftig eine dauernde Untertanenschaft in den preußischen Landesfarben und zogen sich auf ihre norddeutschen Güter zurück, nachdem einer der ihren, der

Königlich Dänische Geheimrat von Hahn, ein paar Tage über seinen junkerlichen Beschwerdeton in den Gemäuern der Festung Magdeburg nachdenken durfte. Womit sich 1721, ein für allemal, die Akte über dem militäri-

1 Im Landschaftsschutzgebiet der Mansfelder Seen die Seeburg.
2 Zur Zwingerbefestigung des 12. Jh. kam als Verstärkung der Toranlage der Witwenturm als weiterer Bergfried.

schen Schicksal einer der ältesten Burganlagen im mitteldeutschen Raum schloß.

Der erste Eindruck, heißt es, sei der entscheidende. Er
war angesichts der öden Stille im einstigen Burghof und
der ungepflegten Anlagen von nahem recht unfreundlich. Dabei präsentiert sich die baulich noch immer reizvolle Burganlage, auf dem Ausläufer eines niedrigen Hö-
henrückens gelegen, hinter dem Süßen See in einladender Postkartenschönheit. Rechts das kleine Dorf an der
Hauptstraße Eisleben–Halle, uns genau gegenüber der
zum Wohnturm ausgebaute „Witwenturm", in dem seit
1961 eine Jugendherberge zur Erkundung geschichtli-

cher Spuren gastlich einlädt. Vom mächtigen Bergfried,
hinter dem alten Palas mit dem „Rittersaal" gelegen,
sieht man nur den schlanken Uhrturm, weiter links, zum
Westende der Landzunge hin, eine Reihe von niedrigen
Wirtschaftsbauten. So auch sollte man diese Burg in Erinnerung behalten, malerisch gespiegelt im Süßen See,
der sommers über ein buntes Bild der Naherholung bietet. Hier im Mansfelder Seengebiet kann man ein besonderes Stück Natur entdecken, Hänge mit Obstbäumen
und Weinstöcken und einer sonst nur weiter östlich an-
zutreffenden kontinentalen Flora, bedingt durch die
klimatische Besonderheit dieses sommerheißen Länd-
chens.

3

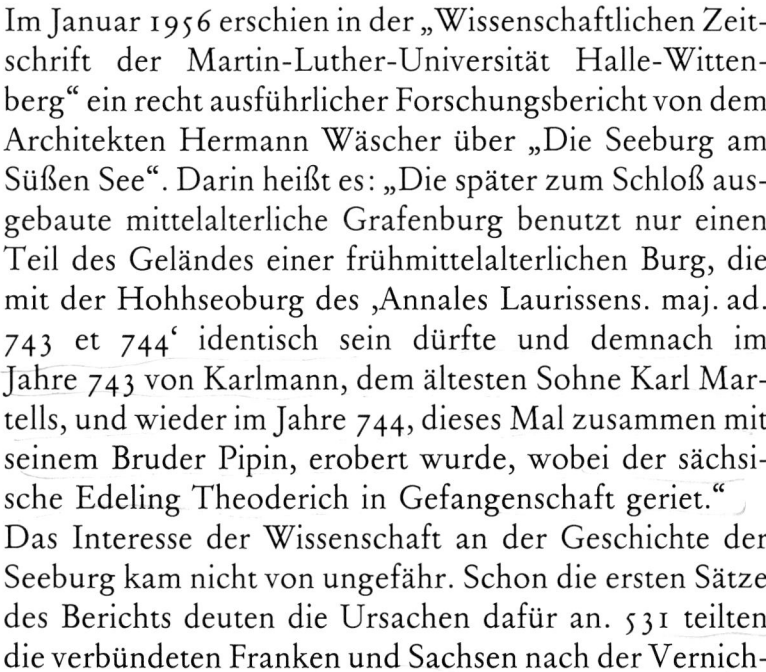

Im Januar 1956 erschien in der „Wissenschaftlichen Zeitschrift der Martin-Luther-Universität Halle-Wittenberg" ein recht ausführlicher Forschungsbericht von dem Architekten Hermann Wäscher über „Die Seeburg am Süßen See". Darin heißt es: „Die später zum Schloß ausgebaute mittelalterliche Grafenburg benutzt nur einen Teil des Geländes einer frühmittelalterlichen Burg, die mit der Hohhseoburg des ‚Annales Laurissens. maj. ad. 743 et 744' identisch sein dürfte und demnach im Jahre 743 von Karlmann, dem ältesten Sohne Karl Martells, und wieder im Jahre 744, dieses Mal zusammen mit seinem Bruder Pipin, erobert wurde, wobei der sächsische Edeling Theoderich in Gefangenschaft geriet."

Das Interesse der Wissenschaft an der Geschichte der Seeburg kam nicht von ungefähr. Schon die ersten Sätze des Berichts deuten die Ursachen dafür an. 531 teilten die verbündeten Franken und Sachsen nach der Vernichtungsschlacht bei Burgscheidungen das Königreich Thüringen unter sich auf. Die starke Volksburg aus der frühgeschichtlichen Zeit in damals schwer zugänglicher Seenlandschaft wurde sächsischer Stützpunkt. Noch heute kann man Reste der einst sechs tiefen Grabeneinschnitte entdecken, die den Höhenzug in einzelne, von Palisaden, Dornenhecken und Steilabhängen geschützte

3 Der älteste Zugang zur bereits im Hersfelder Zehntverzeichnis genannten Seeburg befand sich neben dem Bergfried. Mit dem Bau der äußeren Ringmauer wurde der Zugang seewärts in die Südecke verlegt.

4 Vom Bergfried, einem mächtigen Rundbau (Mauerstärke 6,25 Meter), blieb nur das untere Drittel erhalten. Darauf wurde der schmalere Aufbau mit Haube gesetzt.

5 Teil der Torburg und heute fast frei stehend, der Witwenturm (Mauerstärke 5,10 Meter) an der Seeseite. Von den Mansfelder Grafen zu Wohnzwecken im 16. Jh. umgebaut.

Teilabschnitte einer insgesamt über 600 Meter langen, nie mehr als 60 Meter breiten Anlage gliedern, in die sich bei Gefahr die wehrtüchtigen sächsischen Bauern zurückzogen. Immer noch fällt der Ostteil des alten Friedhofes bei der etwa um 1100 entstandenen Fleckenkirche auf der mit 50 Metern höchsten Stelle des Bergrückens recht steil ab. Die Landstraße von Seeburg nach Neehausen führt durch den vierten Halsgraben, der westwärts zum Süßen See hin zugleich die äußere Linie der um 1067 von dem Querfurter Grafen Wichmann I. in dieses gestaffelte Wall-Graben-System hineingebauten mittelalterlichen Steinburg bezeichnet. 744 belagerte Pipin, Vater Karls des Großen, im Zuge der sich steigernden Machtkämpfe zwischen Sachsen und Franken den sich in Seeburg verteidigenden niedersächsischen Adligen Theoderich, stürmte die mächtige Volksburg und brannte sie nieder. Als „Seoburc" tauchte sie, geschichtlich belegt, in der berühmten Burgenliste des Hersfelder Zehnt-Verzeichnisses (860—890) zusammen mit „Curnfurdeburg" (= Querfurt) auf, nun ein von den Karolingern ausgebautes Zentrum eines Burgward-Bezirkes, vermutlich ein unter der Verwendung von Lehmmörtel ausgeführter Bau mit Mauern und Wällen. Grabungen in (Burg Querfurt und) Seeburg deckten Reste der karolingischen Bauten auf, z.B. Spuren von Holzbauten zwischen dem dritten und vierten Graben. Um

1036 wurde ein „Wigmannus Comes de Seburch" genannt; etwa 30 Jahre später begann das zweite große Geschichtskapitel der imponierenden Verteidigungsanlage, als sie der 1122 gestorbene Graf Gero planvoll in den letzten drei, seewärts gelegenen Abschnitten der frühgeschichtlichen Volksburg zur romanischen Grafenburg ausbauen ließ. So wurde der etwa sechs Meter dicke Mauerring des heute nur noch in seinem unteren Teil erhalten gebliebenen Bergfrieds (von ca. 33 Meter Höhe) mit einem Durchmesser von 15 Metern etwa gleichzeitig zum Querfurter „Dicken Heinrich" hochgemauert. Der später zugemauerte Eingang lag in sieben Meter Höhe, und die Treppen waren teilweise in die Mauerwand eingelassen. Auf dem ausgebrannten Reststumpf von zwölf Meter Höhe wurde nach dem Dreißigjährigen Krieg der unten viereckige Aufbau des Uhrturmes mit der Renaissancehaube gesetzt.

Dicht neben dem Turm lag auch der ursprüngliche Zugang zur Burg, der dann mehrmals im Verlaufe der Baugeschichte und der dabei entstandenen drei Ringmauern verlegt wurde, zuletzt Anfang des 19. Jahrhunderts. Die noch immer imponierende Torburg, ein Verstärkungsbau des 14./15. Jahrhunderts gegen die gesteigerte Durchschlagskraft der Feuerwaffen, bildete im System des dritten Mauerringes sozusagen den zusammenfassenden Abschluß der beeindruckenden Befestigungsar-

chitektur der Seeburg. Sie wurde zwischen 1450 und 1518 von den Mansfelder Grafen nur noch innerhalb ihres dreifachen Verteidigungsriegels zum repräsentativen Wohnschloß um- und ausgebaut. Es war durch die drei terrassenförmig übereinander liegenden Ringmauern und die entsprechenden Zwinger gesichert, und man mußte vier starke Toranlagen passieren, bevor man in den innersten Burghof mit dem alten romanischen Palas gelangte, auf dessen Unterbau 1515 bis 1518 der gewaltige Rittersaal (9,5 mal 30 Meter) gesetzt wurde. Heute nützt man ihn als Kultursaal der (in dem erst 1665 errichteten „neuen" Wohnhaus beheimateten) Berufsschule eines Betriebes.

Zwischen Gemäuerresten der ehemaligen Torburg hängt die Frau des Herbergsvaters gerade Wäsche auf, ein Hund bellt wütend, sonst ist es still und frühlingsheiter. An der Mauer ein Schild: Seestraße Nr. 18—24. Ein Traktor des Saatzuchtgutes tuckert weiter hinten über den Gutshof, am „Witwenturm" sammelt sich eine Gruppe Schüler zur Schnitzeljagd rund um den See. Die Torburg war geschickt an strategisch wichtiger Eckposition angelegt, mit Schießscharten und einem vorgekragten Wehrgang. Von hier aus konnte man sowohl die Gräben als auch ein Stück Seeseite unter Kontrolle halten. 1829 bis 1839 wurde die Toreinfahrt zum letzten Mal verlegt.

Man brach eine geräumige Einfahrt durch das unterste Geschoß des schon verfallenen „Blauen Gebäudes", damit die großen Erntewagen bequem zu dem am Westende der Landspitze gelegenen Wirtschaftshof der Burg gelangen konnten.

Ein paar Schritte weiter der „Witwenturm" im seewärts gelegenen Mauerverband, einst ein mächtiger Wehrturm, der die Seeseite der Burg zu schützen hatte. Drei zu Verteidigungszwecken ausgebaute, über Leitern erreichbare Stockwerke und über fünf Meter starkes Mauerwerk und ein paar Kanonen auf der obersten Plattform machten diesen Turm zur feuerspeienden Miniaturfestung. Die Mansfelder Grafen ließen ihn dann für Wohnzwecke herrichten. Man trug oben teilweise Mauerwerk ab, brach in die starken Wände Erker und große Fenster, zog eine Wendeltreppe ein, über die man noch heute in die einzelnen Etagen der Jugendherberge hinaufsteigt. So entstand ein markantes, architektonisch ebenso reizvolles wie ungewöhnliches Bauwerk, das vor

6 Nach 1061 bauten die Querfurter Grafen die ehemalige Volksburg auf der in den Süßen See ragenden Landzunge zu einer kastellförmigen Kernburg aus.
7 Die Seeburg am Süßen See; deutlich erkennbar die Einheit von Torburg und Witwenturm aus der Zeit des Erzbischofs Wichmann von Seeburg.

7

allem innen überhaupt nicht mehr wie ein Turm wirkt. Eine Küche mit Kamin wurde eingerichtet, und der alte Turm erhielt eine schöne, mit Kupferplatten gedeckte Haube. Um die Jahre 1830 bis 1840 verfiel auch dieser Bau, da man die Kupferhaut zum Verkauf abriß und nun Wind und Wetter dem ungeschützten Obergeschoß arg zusetzten. 1860 wurde die baufällige Vorburg (mit Amtsgericht und Marstall) abgerissen; nur die beiden Ecktürme an der Westfront blieben stehen und erhielten — wie die neue, sie verbindende Kalksteinmauer — schmückende Zinnen. 1881 kauften die Wendenburgs, die bisherigen Pächter, das Rittergut Seeburg, zu dem 1945 rund 15 800 Morgen bewirtschaftete Fläche gehörten, die heute den wesentlichen Teil des volkseigenen Gutes ausmachen.

Die ganzjährig geöffnete Jugendherberge „Mansfelder Land" verdankt ihr heutiges bauliches Aussehen wesentlich den umfangreichen Erneuerungsarbeiten an der Seeburg nach 1918, als der Hallenser Architekt und Burgenkundler Hermann Wäscher die Bauleitung übernommen hatte. Die Umfassungsmauer des Witwenturmes brachte man wieder auf die alte Höhe von 30 Metern, die vier gotischen Erker im Obergeschoß wurden erneuert und drei große Wohnungen eingerichtet. Bei dieser Gelegenheit wurde auch der Rittersaal überholt und in die Westfront der Vorburg die reizvolle Toreinfahrt mit der kleinen Wohnung für den Torwächter gesetzt. Schräg gegenüber ragt aus der Bruchsteinwand eines Wirtschaftsgebäudes ein eigenartiger runder „Anbau" heraus, eine Art Apsis mit romanischem Fenster. Es sind die Reste der von Erzbischof Wichmann von Seeburg 1180 geweihten Kirche der für zwölf Chorherren gegründeten Propstei. Der mächtige Magdeburger Bischof, der uns in der Geschichte der Burg Giebichenstein wiederbegegnet, hatte sich 1179 die Burg von seinem Neffen übereignen lassen, um hier ein Kollegiatstift zu gründen, das aber bereits 1250 wieder aufgelöst wurde, worauf die Grafen von Wernigerode die Burg als magdeburgisches Lehen erwarben. 1287 verkauften sie es an die Mansfelder Grafen, die bereits 1295 die Anlage baulich erweiterten. Letzter Mansfelder auf Seeburg war der schwer an die Kupferhändler Buchner verschuldete Graf Christoph III., der im Mai 1574 den stolzen, 15 zehnt- und

steuerpflichtige Dörfer umfassenden Besitz samt Vorwerken, Seen und Wäldern an den Mecklenburger Junker Kuno Hahn für 115 250 Taler veräußerte. Der Kreis ist geschlossen zur „letzten Belagerung" der alten Seeburg anno domini 1721.

8 1179 richtete Erzbischof Wichmann von Seeburg ein geistliches Kollegiatsstift ein. 1180 wurde die dicht an der zweiten Ringmauer gelegene Stiftskirche eingeweiht; Reste im Wirtschaftshof.

9 Grabplatte des Erzbischofs Wichmann von Seeburg († 1192) im Magdeburger Dom; Bronze, Ende 12. Jh.)

15

Das Geschenk
Karls des Großen

Querfurt

An einem heißen Sommervormittag des Jahres 1891 kommt er im heimatlichen Dingsda an. „Der Bahnhofsinspektor kroch aus seinem Bureau hervor, preßte sich die rote Mütze auf den Kopf und trug langsam seinen dicken Bauch am Zug entlang." Da lag nun das Nest, das er — du lieber Gott! — fünfzehn Jahre nicht mehr gesehen hatte. Alles genauso wie früher. „Die Schwalben schießen zwitschernd an den grauen, gelben, weißen und blauen Häuserchen hin. Dort drüben sehen die weiten grünen Felder und Gärten in die Stadt herein; über die Dächer hinweg die blaue, sonnendunstige Ferne." Er fühlt sich weich und gerührt und vergißt die in den Mundwinkel geklemmte Zigarre. Hier hatte er Neuruppiner Bilderbogen gekauft, dort waren sie als rotznäsige Buben durch die Brennesseln in alte Gewölbe gestiegen, um die ersten Pfennigzigarren mannhaft auszuprobieren. Marktplatz, Braunsgasse, vorbei an einem Stück erhaltener Stadtmauer… „Und dort auf der Anhöhe das Schloß. Der Marterturm, der alte, riesige graue Wachtturm, die hohe Schloßkirche. Die dicken, ungeheuren, unverwüstlichen Wallmauern, zwischen denen Ebereschen und Vogelbeeren hervorbrechen. Weit, weit dehnen sie sich in die Runde. Tief der alte Wallgraben mit Gras und Gebüsch, hier und da voll Geröll und Mauerstücken. Die tiefen schwarzen Schießscharten. Die Brücke und das Tor mit den Wappen und Kruzifixen und den steinernen, knienden Rittern davor." Die Kindheitserinnerungen an Dingsda sehen den Johannes Schlaf mit wunderlichen Märchengesichtern aus kleingewordenen Häuschen in engen Gassen an.

Wir sind im Vorland der südöstlichen Ausläufer des Harzes zwischen Unstrut und Saale, einem ebenso schlichten wie geschichtsträchtigen Landstrich, einst der Hassegau mit dem Salzigen See, den man 1895 abließ; westlich das Friesenfeld. Zwischen beiden Allstedt mit seiner Burg. Östlich, an der oberen Querne, die legendäre Lutisburg, weiter abwärts auf dem sich zur Saale hin senkenden Plateau am südlichen Talrand der Querne die Burg Querfurt. Quirr, quern, curn — so hieß es im Mitteldeutschen für Mühle, was wiederum auf Korn verweist. Curnfurdeburg — der Name von 840 deutet auf Landwirtschaft, und die hat bis heute hier alles geprägt; wie moderne Burgen ragen die Türme der Silos.

Vor einem Jahrtausend lagen in dieser Landschaft die Burgen des Hersfelder Zehnt-Verzeichnisses, auf denen dann Jahrhunderte später die Gefolgsleute der Thüringer Landgrafen, der Wettiner, der Beichlinger und Schwarzburger Grafen saßen. Karl der Große übereignete 780 dem Kloster Hersfeld als seiner Reichsabtei einen gewaltigen Landbesitz, darunter eben auch ein Gebiet zwischen Saale, Kyffhäuser und Unstrut. Zwei Listen, um 860 bis 890 niedergeschrieben, vermerken seine 18 Orte bzw. Burgen, darunter Allstedt, Merseburg, Seeburg, Vitzenburg, Burgscheidungen und Querfurt. Hermann Wäscher fand bei Grabungen in Seeburg wie in Querfurt karolingische Bauten, befestigte Siedlungen für einen Stammesführer, wohl ähnlich jener Wall- und Grabenanlage, wie sie Hartmann Schedel 1493 in seiner berühmten „Weltchronik" abbildete. Als im Mai 979 Otto II. den Zehnten der im Hersfelder Verzeichnis ge-

nannten Burgen an das Kloster Memleben übereignete, wurden fast alle Anlagen erneut genannt. Die Stammburg eines der ältesten und bedeutendsten thüringischen Adelsgeschlechter ist mit der früh- und hochfeudalen Geschichte dieser uralten Kulturlandschaft besonders verbunden.

Beim Bier in der „Tanne" wissen alte Knasterbärte manche Geschichte, auch wenn sie sich in keinem Geschichtsbuch finden läßt. Von Napoleons Bruder Jérôme, dem westfälischen „König Lustick", und von Johannes Schlaf, ihrem „Dingsda"-Dichter, der schrieb: „Man verlernt in so einem kleinen, dummen Neste doch all seine kluge, gute, verständige Großstadtweisheit. Man fühlt und

glaubt das Ungereimteste wie ein Kind." Folgen wir den Spuren seiner wiederentdeckten Kindheit getrost, sie führen allemal zum gleichen Ziel. Erst die steinerne Brücke über den Wallgraben, in dem fein säuberlich die Beete schnurgerade gezogen sind. Möhren und Salat just dort, wo der junge Poet dereinst im Gartenrestaurant den hausgemachten Obstkuchen probierte, ohne sich um die tausend Jahre steinerner Geschichte rundum auch

1 Eine der eindrucksvollsten Burganlagen Thüringens, wehrhaftgeschlossen als kompakter Baukörper mit drei imposanten Türmen, Wohn- und Wirtschaftsgebäuden und einer romanischen Kirche: Burg Querfurt.

3

nur einen denkmalpflegerischen Gedanken zu machen. Doch er wandelte erinnerungsfroh, immer im Graben entlang, um die mächtige Burg, hier und da hinaufsehend, dann wieder dem Gezänk der Dohlen lauschend, um es sich schließlich unter den Kanonenmündungen der Südbastion bequem zu machen. Wir aber folgen einer lärmenden Kinderschar den Burgweg hinauf zum Burgfest droben. Blasmusik schallt uns entgegen, im Hof der Vorburg wachen zwei halbflügge Knappen von des Bürgermeisters Gnaden über den Obolus ins wimpelge-

schmückte, bratwurstduftende Reich der Geschichten. Nicht wenige kamen eigens deswegen, bevor sie sich von der amtierenden Burgfrau und Direktorin des Burgmu-

2 Vier Tore sicherten den Zugang zur Burg; unteres Tor zur Stadt an der Nordost-Bastion.
3 Die äußere Ringmauer (1,80 Meter stark) entstammt wie der (11 Meter breite, 5 Meter tief in den Felsen gehauene) Graben dem 14. Jh., die mächtigen Bastionen (3,20 Meter Mauerstärke) der zweiten Hälfte des 15. Jh.

19

seums in die Geschichte entführen lassen. Sie hat sich, zur Feier des Tages, in ein goldbrokatenes Gewand aus der Zeit des letzten Edeln Herrn von Querfurt namens Brun VIII. (1439–1496) gekleidet. „Der ‚dicke Heinrich‘ da", weist sie auf den mächtigen runden Turm aus sorgfältig rundbehauenen Quadern, „der ist unten genau 4,34 Meter dick und wurde so um 1075 auf einen Hügel gebaut, der sich bei den Grabungen vor vierzig Jahren als Trümmerschutt eines viel älteren, aus karolingischer Zeit stammenden Burgus erwies. Mit einem teilweise erhaltenen Mauerwerk von 1,80 Meter Stärke..." Dabei postiert sie mit Sinn für Effekte einen Jungen vor sich hin und geht ein paar Schritte zurück: „Das sind etwa vier-

einhalb Meter, und so dick sind diese Mauern, das hält eine halbe Ewigkeit!"

Nicht für die Ewigkeit, wohl aber für die gefährdete Gegenwart waren solche Mauern gedacht. „gewalt vert uf der straze", klagte Walther von der Vogelweide, „fride unde recht sind sere wunt." In der Zeit der anhaltenden blutigen Vormachtkämpfe zwischen Kaiser und Papst herrschte Unsicherheit und Gewalt auf den Straßen, war

4 Auf den Spuren von Johannes Schlaf in „Dingsda".
5 Ringmauer an der Südbastion, dahinter der wuchtige Marterturm.

der Friede wund geschlagen, flammten Dörfer auf und die Burgen der verschiedenen, einander heftig befehdenden Parteigänger. Die Edlen Herren von Querfurt hatten vorgesorgt und saßen sicher. Sie verstärkten den Stammsitz ihrer fast unabhängigen Herrschaft rechtzeitig mit neuen Ringmauern, mit Außentoren und Zwinger, ließen zwei weitere, nunmehr viereckige Bergfriede errichten, den „Pariser Turm" und den „Marterturm". Sie unterhielten immer, verwandt mit dem Hause König Heinrichs I., zu den Mächtigen ihrer Zeit ein gutes Verhältnis. Konrad, Erzbischof von Magdeburg (1134—1142), brachte seinen Querfurter Bruder Burchard II. ins einträgliche Burggrafenamt von Magdeburg, und ein Burchard IV. — er fand während des Kreuzzuges Barbarossas in Antiochien 1190 sein Grab — war mit seinem Bruder Konrad, Bischof von Hildesheim und kaiserli-

cher Kanzler, an der Gründung des militanten Deutschen Ordens 1190 im „Heiligen Land" beteiligt. Jahrzehnte später folgte Meinhard, ein anderer Querfurter Grafensohn, dem Ruf des Ritterordens nach Preußen und wurde dort Landmeister, wo sein seliger Vorfahre Brun als friedfertiger Mann des Kreuzes den Märtyrertod gefunden hatte.

Ein wenig Eroberungsglanz wird da auch auf Burg Querfurt gefallen sein, die im Grunde viel zu groß und viel zu stark für die relativ kleine Herrschaft war. Der Sonderfall erklärt sich aus der Geschichte. Im kleinen Burgmuseum veranschaulichen drei großformatige Rekonstruktionszeichnungen das bauliche Wachstum der Anlage in den Jahrhundertsprüngen von 1000 zu 1250 zu 1550 als den wehrarchitektonischen Drehpunkten ihrer 800jährigen modellhaften Geschichte des mitteleuropäischen Wehrbaus. Ablesbar wird der von starken Mauern gesicherte Herrschaftsanspruch einer kleinen Oberschicht. Man war in Querfurt dabei immer auf der Höhe der Zeit, vor allem seit dem gottesfürchtigen Franziskanermönch Bertold Schwarz das Teufelsgemisch aus Salpeter, sizilianischem Schwefel und Quecksilber unter der Hand mit zischendem Getöse hochging und eine neue Kriegstechnik ankündigte. Gebhard XIV., stark verschuldet und dann mit einer Mansfelder Gräfin reich verheiratet, ließ gegen die mauerbrechenden Pulverbüchsen die Gräben auf fünf Meter vertiefen und auf elf Meter verbreitern. Die gotische Ringmauer, neun bis elf Meter hoch, ist 1,80 Meter stark; in den Scharten sind noch Reste der Prellhölzer für die Hakenbüchsen erhalten. Das Westtor nach Thaldorf zu wurde befestigt, später, im Jahre 1479, mit drei Fallgittern zur Miniaturfestung ausgebaut. „Tief der alte Wallgraben mit Gras und Gebüsch", begreift anno 1891 unser Dingsda-Dichter Johannes Schlaf die gebannte Kraft dieses Ortes. „Die tiefen schwarzen Schießscharten", die gewaltigen, in die Gräben geduckten Bastionen. Die Batterietürme meh-

6 Um 1475 fertiggestellte Westtoranlage der zur Festung umgebauten Burg Querfurt mit Zugbrücke, Fallgattern und Kasematten in den bis zu 10 Meter starken Mauern.
7 Burghof mit einschiffiger romanischer Kirche (frühes 12. Jh.) und Pariser Turm (rechts), in der Bildmitte der karolingische Burgus, der „Dicke Heinrich" (um 1075).

rere Stockwerke hoch, massive Holzbalkendecken für das schwere Geschütz, 17 Meter im Durchmesser, 3,20 Meter stark die Mauern, nach hinten zur Burgseite offen, damit der Pulverdampf abziehen und der eingedrungene Gegner im offenen Schußfeld ungeschützt von der oberen Mauer weiter bekämpft werden konnte.

Auf den alten Mauern stehen gelbflammende Königskerzen, entzündet zu Ehren eines Mannes, der in Querfurt mit der Stiftung der romanischen Burgkirche anno 1004 in die Annalen der Chronisten als ein mittelalterlicher Kirchenpolitiker von Rang einging. „Es war da jemand namens Brun", berichtet der berühmte und mit ihm verwandte Chronist Thietmar von Merseburg in seiner Chronik 1016, „mein Zeitgenosse und Schulkamerad, hervorgegangen aus erlauchtem Geschlecht, aber durch göttliches Erbarmen von den übrigen Verwandten ein Auserwählter unter den Söhnen Gottes..." Dieser Auserwählte, 974 in Burg Querfurt geboren, von 986 bis 995 in der Magdeburger Domschule erzogen, wo Otto III. auf ihn aufmerksam wird und ihn zu seinem Kapellan macht, zieht mit dem jungen, politisch wenig erfolgreichen Kaiser nach Italien, begeistert sich, sichtlich unter Ottos Einfluß, für den kirchlichen Missionsgedanken und wird Mönch in einer Einsiedlergenossenschaft, während sich der Kaiser mit den rebellischen Römern herumzuschlagen hat. Der Kaiser, gehaßt, geliebt, umstritten, stirbt im Januar 1002 in Paterno, einem kleinen Felsenkastell, sozusagen in Sichtweite Roms. Sein Kapellan zieht, von Papst Silvester II. zum Erzbischof der Heiden ernannt, in dürftiger Eremitenkluft im Winter über die Alpen, predigt in Ungarn, an der unteren Theiß, und trifft sich im Frühjahr 1004 mit König Heinrich II. in Merseburg, von wo aus er sein Elternhaus besucht.

Wie wir uns die Querfurter Burg von damals vorzustellen haben, zeigt im Korn- und Rüsthaus Hermann Wäschers Rekonstruktionszeichnung für das Jahr 1000: Anstelle des späteren „dicken Heinrich" der karolingische Burgus, davor ein schützender Graben, ein paar Wohnbauten, am Platz des späteren (heutigen) Kornhauses ein Wohnbau mit Torhalle und darüberliegender Torkapelle, wie Mauerreste aussagen. Brun stiftete sein väterliches Vermögen für den Bau der Burgkirche mit vier Priesterstellen. Auf dem späteren Wiesenplan im Osten

Querfurts an der alten Merseburger Landstraße soll er sich verabschiedet haben, während sein Esel streikte. Johannes Schlaf erlebte noch den alten Brauch des nachösterlichen Jahrmarkts, zur Erinnerung an jenen Auszug braunglasierte Tonreiter zu verkaufen und Körbchen mit Tonmurmeln als Zeichen der Wegzehrung. Auf diesen legendären Besuch von 1004 geht auch jene alte Sage zurück, die der 1528 in Nordhausen geborene und spätere mansfeldische Hofprediger in Eisleben Cyriakus Spangenberg in seine vierbändige „Quernfurtische Chronica" von 1590 aufnahm. Was keineswegs, seiner eigenen Schilderung nach, so einfach war, denn er mußte das durch die schmalkaldischen Kriegswirren arg durcheinander geratene Alt-Archiv der Edelen von Querfurt im Südturm ordentlich auslüften, ehe er seine neugierige Nase hineinstecken konnte, wobei er sich dennoch eine kräftige Hals-Nasen-Entzündung zuzog. Die also sol-

9

cherchmaßen aus dem Staub der Jahrhunderte geborgene Legende „Von Herrn Gebharten dem Ersten Edlen Herrn zu Quernfurth / Und wie ihm sein Ehegemahl auff einmal / Neun Junge Herrlin gebracht" gefiel den Brüdern Grimm so gut, daß sie sie 1816/18 in ihr großes Sagenbuch als die Geschichte von den acht Brunos aufnahmen. Womit die Märchensammler indirekt des eigentlichen Helden, eben jenes Brun von Querfurt (etwa 974–1009) gedachten, an den heute noch die Braunsgasse (Brunsgasse) erinnert.

Es war im Jahre 1004, der Blütezeit der kunstfreundlichen Sachsenkaiser. Heinrich II. lag mit dem mächtigen Polen-Herzog Bolesław Chrobry in Fehde, nachdem er ihm die Belehnung mit Meißen abgeschlagen hatte und Bautzen eroberte, wo er dann einen freilich nicht lange währenden Frieden schloß. Denn 1007 stand das Heer des Polen sogar vor Magdeburg, und ebendieser Brun

suchte im Herbst jenes Jahres zu vermitteln, bevor er sich nach Kiew zum Großfürsten Wladimir I. aufmachte. Die Friedensmission scheiterte, es kam erst 1013 zwischen den beiden Kontrahenten im nahen Merseburg zur Verständigung. Da aber war Brun bereits vier Jahre tot, erschlagen als Missionar im Grenzgebiet der Jadwinger nach Litauen zu.

Selbst die glättende Version der Grimm-Brüder nimmt der alten Sage nicht die Bitternis:

„Graf Gebhards Weib gebärt in Abwesenheit ihres hohen Gemahls neun Knäblein, was den wunderlichen Hausherrn von seinem Weibe übel dünken lassen könnte, so er vom Wunder erfühlre", und so wird eine Magd damit beauftragt, acht neugeboren-nackte Edelinge in einem Eisenkessel beiseite zu schaffen und zu ertränken, wenn sie da nicht eben unserem Heiligen und Bruder des Hausherrn untergekommen wären, der sie gutchristlich taufte und gutmenschlich im Ort bei kinderlosen Müttern unterbrachte, woran eben jene Braunsgasse vorgeblich erinnern soll. „Bis auff die zeit / da er zum letzten mal / von Querfurt aus / wider nach dem Land zu Preussen verreiset / Und sich wol düncken lassen / Er möchte nicht wider kommen…" Eine Aussicht, die den braven Mann bewog, seinem allzu strengen Herrn Bruder die Wahrheit zu offenbaren, nicht ohne ihn zuvor aus gutem Grund zu verpflichten, „daß er es seiner Gattin nicht unfreundlich entgelten" wolle. Märchen haben ein gutes Ende, und so ward viel „Frewd und wundern".

Ein paar Jahrhunderte später zeigte man wundergläubig den Eisenkessel lange noch vor, bis ein des Rummels müder Diakonus, freilich ohne rechten Aufklärungseffekt, den Schleier lüftete und den „Kessel" als Unterteil des alten Turmknopfes der Brunskapelle identifizierte, die im Dreißigjährigen Krieg verschwunden war, als hier der schwedische General Königsmarck das eiserne Regiment führte. Damals ließ ein Schwede auch die Buchstaben vom Sarkophag des großen Gebhard XIV. in der Burgkirche Bruns mitgehen, weil er Messing für Gold

8 Marterturm (12. Jh.), ein Wohnturm mit Aborterkern, Fenstern und Kaminen, und „Dicker Heinrich" (links); davor die massiven Mauerkonstruktionen der zur inneren Ringmauer offenen Bastionen.
9 Tumba Gebhards XIV. in der restaurierten Burgkirche.

hielt. Die aus dem Stein sorgfältig herausgearbeitete plastische Darstellung des Burggrafen in voller Rüstung und mit den Insignien seiner Macht, in der Rechten den von einer Krone umgebenen Turnierhelm, die Linke, am Schwert ruhend, den Wappenschild haltend, wird dabei nicht ein einziges Kerzenflackern lang mit den Schatten einstiger Macht gedroht haben. Die Erinnerung war tot und tot der stolze Mann da im Brustharnisch, mit den Beinschienen und geschuppten Schuhen, vollgerüstet zum ritterlichen Kampf, aber nicht gewappnet genug gegen den räuberischen Zugriff seiner militanten Nachfahren.

„Im Jahr des Herrn 1383 in der Nacht von St. Katharin starb Gebhard, Edler Herr zu Querfurt. Seine Seele ruhe in Frieden! Amen. Er vergrößerte die Herrschaft der Querfurter mit folgenden Festungen und Burgen, erstens mit Burg und Stadt Querfurt, welches eine Reihe von Jahren der Querfurter Herrschaft entfremdet war und welches er mit der Tochter des Herrn Burchard, des Herrn von Mansfeld, zurückerhielt. Er kaufte sodann folgende Burgen: Karsdorf, Allstedt, Scheidungen, Karpenau, Steinbrücken, Voigtstedt, mit dem, was zu ihnen gehörte. Außerdem kaufte er viele andere Güter, Höfe und Abgaben und Zehnten, beschenkte die Altäre und blieb in der Liebe, indem er Frieden hielt. Darum habe seine Seele Ruhe mit Christus im Himmel! Amen."

Bemerkenswert, was da der nachhaltigen Erinnerung an Kunde aus alten Tagen für die Nachzeit aufgetragen wurde. Der Zufall, daß ein schwedischer Geschichtsplünderer diese Botschaft für immer auf dem Sarkophag löschte, hat einen gewissen Sinn.

Beamte, Diener und Freunde des Verstorbenen, in der modernsten Tracht des 14. Jahrhunderts, umwandeln in feierlicher Prozession als kunstvolles Seitenrelief die Tumba. Langes Lockenhaar, gepflegte Bärte, auffallend lange Schnabelschuhe, enge Beinkleider, kurze Röcke. Bischöfe zu Kopf und Fuß des Edeln Gebhard, alle sichtlich trauernd. Ein erstaunlich kraftvolles Kunstwerk, unerwartet für diese Kulturlandschaft, vermutlich im Einfluß der Schule Peter Parlers stehend, des berühmten in Prag tätigen Baumeisters, Schmuckstück der sehr alten romanischen Kirche des heiligen Brun, die innen in ihrer barocken Ausstattung wiederhergestellt wurde. Konzerte sind geplant; die gesamte Anlage, die siebenmal größer als die Wartburg ist, soll einheitlich genutzt werden.

Querfurt.

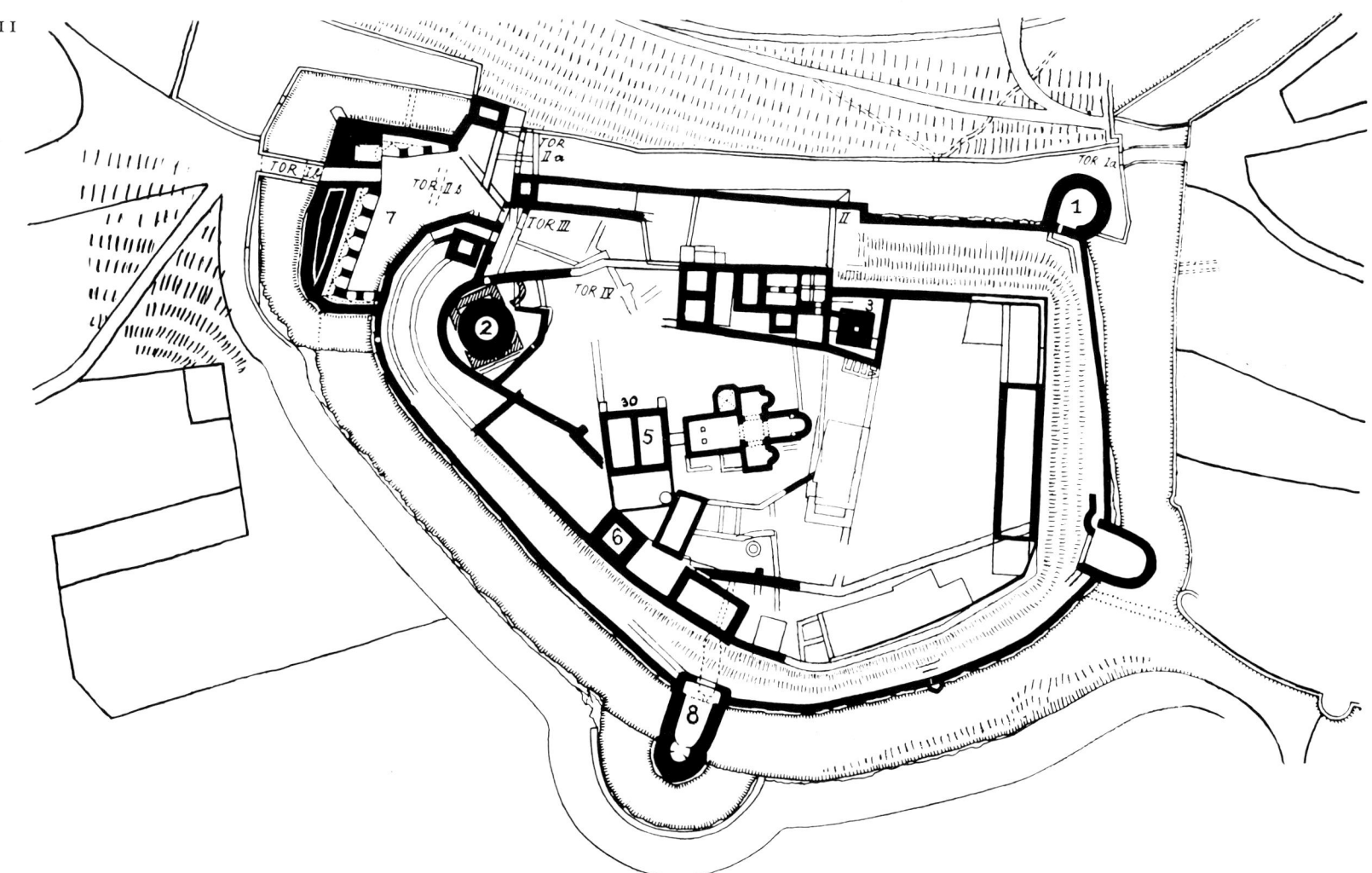

Für die Burg Querfurt, die auf der zentralen Denkmalliste der DDR stand, erarbeitete die Technische Universität Dresden eine Nutzungsstudie, die auch die Altstadt mit einbezog. Seit 1977 war eine Brigade des VEB Denkmalpflege Halle ständig am Werk — an der Burgkirche (Installation einer elektrischen Fußbodenheizung), am Westtor und am östlichen Ringmauerabschnitt. Brigadefeiern unten in der Kasematte bei Kerzenschein und Unstrutwein, das schuf dauerhafte Freundschaften zwischen der Museumsdirektion und ihren Helfern. Schon will man dafür auch den alten Wohnturm nutzen, wo ehedem der wackere Cyriakus in den verstaubten Akten wühlte. Das Museum selbst ist speziell der Geschichte der Burgen des Hersfelder Zehnt-Verzeichnisses gewidmet.

„Ich weiß nicht", fabuliert unser Dingsda-Dichter heimatselig, „aber es geht mir immer wieder das Herz auf über alledem, wenn ich mich in den Sackgassen der Fremde so recht abgemüht und herumgeschunden habe. Und wenn ich so in alten Büchern lese, in dieser Umgebung und jetzt, wird mir gleich wohler." Es ist heißer Sommermittag, und im Schatten des „dicken Heinrich" dösen die ersten Biermüden des Burgfestes. „Drüber der Himmel mit den schneeweißen, in einem feinen Silberduft verschwimmenden Flockenwölkchen." Ab und zu vom Hügelland her ein kühlendes Lüftchen. Johannes Schlaf sitzt im Gras auf den alten Wallmauern und träumt.

10 Querfurt. Kupferstich von Matthias Merian (um 1650).
11 Lageplan der Burg Querfurt. 1 Nordbastion; 2 romanischer Bergfried (Dicker Heinrich); 3 romanischer Bergfried (Pariser Turm); 4 Burgkirche; 5 Fürstenhaus (Palas); 6 romanischer Bergfried (Marterturm); 7 Westtoranlage; 8 Südrondell. (Nach Hermann Wäscher.)

Regierungssitz auf Zeit

Pfalz
Tilleda und Memleben

„Sie wollen sicher zu unserem Professor", hatte die Frau am Dorfeingang erklärt und gleichmütig in die erste rechte Seitenstraße gewiesen. Unser Professor, das schloß zumindest eine gewisse Vertrautheit ein. Nun, man würde ja sehen. Denn vorläufig ist alles eher enttäuschend unbedeutend. Neben einem alten Steinkreuz weist ein kleines Schild „Zur Ausgrabung". Also den Wiesenweg hinauf, vorbei an ein paar Kirschbäumen, immer am Rand des Steilhangs zum Dorf, von wo ein paar Gänse mißvergnügt herüberkreischen. Schafgarbe, Kugeldisteln, hohe Grasstreifen und dann plötzlich eine Art Steinweg, links und rechts gefaßt von dem Fundament einer gut meterbreiten, 30 Meter langen Mauer, nach oben zu immer schmaler werdend, und dann, fast auf der Höhe, uralte Radspuren, von grünem Moos in das Schotterwerk nachgezeichnet. Das alte Nordwesttor zur Vorburg, das oben nur noch einen einzigen Wagen durchließ, so daß sich die Spuren tief in den Boden drückten. Nach rechts schließt sich die große äußere Umfassungsmauer an, breit wie eine Straße, auf der wir dann in die umgewühlte Kraterlandschaft weiter vorstoßen. Links der Steilabhang zum ehemaligen See, Abbruchkante des verkarsteten Untergrundes, durchzogen von Höhlen und Klüften.

Das also ist die berühmte Kaiserpfalz Tilleda, diese Wüstung unter riesigen Gras- und Unkrautfeldern, garniert von Disteln und Brennesseln und blühenden Steingärten zwischen Erdwällen und Abraumhügeln? Diese Löcher bedeuten Häuser, diese Steinreste in den Ecken deren Öfen, diese runden Vertiefungen markieren die Pfosten-

löcher, diese knapp aus dem Boden ragenden Mauerwerke bezeichnen die Königsburg mit Kirche und Festhalle?

Enttäuscht stapfen wir auf der ehemaligen Umfassungsmauer entlang. Stellenweise erkennt man die Bautechnik: zwei in Gipsmörtel gelegte Blendmauern zu beiden Seiten fassen die lose Steinschüttung dazwischen, das Ganze ist fast 500 Meter lang, eine Riesenarbeit. Langsam wächst mit dem Respekt unser Interesse. Als wir später auch noch innenseits die dazugehörigen Mörtelwannen entdecken, sind wir längst versöhnt mit „unserem Professor", den wir jetzt noch suchen und in Richtung der Baubaracke vermuten, die sich tief ins Gelände duckt. Daneben ein roter, aufgebockter Wohnwagen für die Grabungshelfer, wie sich herausstellt, und in der Luft ein zartes Elektrosummen von einem Förderband, das sich als Richtungsfinger weiter hinten am Rand der Vorburg aus einer Senke erhebt. Es hatte geregnet, und nun kleben wir im Lehmboden buchstäblich fest. Huldreich Schäfer, der Schachtmeister und seit über zehn Jahren „dabei", hält uns einen Pappkarton mit ein paar Scherben freundlich unter die Nase: „Da, die Ausbeute von heute ..." Und schabt vorsichtig mit der Schaufel weiter den dunklen Boden weg. „Komm nicht zu tief, da wird's schon gelb" tönt es vom Förderband her. Das ist unser Mann, der Professor. Breitbeinig schaukelt er in seinen Gummistiefeln über den roten Letten auf uns zu, lupft den Strohhut ein wenig und blinzelt uns vergnügt entgegen. „Ich freue mich über jedes echte Interesse an der Pfalz. Am besten steigen wir den Hang hinauf, sonst drücken wir unsere neuzeitlichen Spuren in die Geschichte …"

Unser Mann: Prof. Dr. Paul Grimm, der „Tilleda-Grimm", sachkundiger und bestinformierter Reiseführer durch diese königliche Pfalz. An seiner Seite belebt sich das zerwühlte Gelände mit spielenden Kindern und bellenden Hunden, marschiert mit Spieß und Kurzschwert die Wache auf der Mauer entlang, hört man aus den Wachhäusern nebenan dröhnendes Männerlachen, brät der Koch am Ofen bei der Festhalle das Schwein, während der Herold schon ungeduldig darauf wartet, das herrschaftliche Festmahl ankündigen zu dürfen. Rauch kringelt aus der offenen Feuerstelle, auf dem Sims Küchengerät aus Zinn; es duftet nach Geräuchertem; aus der Vorburg dringen die Rufe der Eseltreiber, die durch den Hohlweg von der Wasserstelle am südlich gelegenen Talbach heraufziehen. Vom großen Tor her quietschen vollbeladene Wagen, die dann ein Stück weiter bei den Vorratshäusern ausgeladen werden. Sie kommen von einem der großen Wirtschaftshöfe, auch Tafelgüter genannt, die die Pfalz zu ernähren haben. Das „Servitium regis", der Königsdienst, war aufwendig und betrug in Sachsen nach einem Tafelgüterverzeichnis von 1064/65 jährlich 600 Schweine, 60 Kühe, 100 Ferkel, 1000 Hühner, 1000 Eier, 200 Gänse und 1800 Käse, ferner Bier, Wein, Wachs und — als Import — auch den nötigen Pfeffer für all den Schmaus. Wir stehen nachdenklich vor den Resten des großen Ofens, erkennen dicht daneben die Pfostenlöcher des Küchenbaus und versuchen uns das alles einmal vorzustellen. „Ja, wenn der König kam, gab's eine Menge Arbeit", kommentiert der Pfalzausgräber. Wir genossen den seltenen Augenblick, dem Geschichtsforscher bei der Spurensicherung einmal über die Schulter und die Pfalz mit seinen Augen zu sehen.

Georg Bernard Shaw läßt in seiner „Heiligen Johanna" den König als „wandernde Schaustellung" auftreten. Freilich unter anderen historischen Notwendigkeiten, als es die deutschen Könige aus dem sächsischen Herzogshaus der Ludolfinger mit Beginn des 10. Jahrhunderts praktizierten. Aber Shaws Bild trifft die Szenerie. Die hohen Herrschaften, noch an keine feste Residenz gebunden, da diese bei dem damaligen ökonomischen und verkehrstechnischen Entwicklungsstand auch noch nicht versorgt werden konnte, regierten im Reisen. Sie ließen sich, schon aus politischem Kalkül, von Zeit zu Zeit im Lande sehen, um das Bewußtsein an die königliche Macht frisch zu erhalten, suchten ihre angestammten Pfalzen heim, solange die Vorräte reichten, empfingen hier Besuch, siegelten Urkunden, bestimmten über Reichsgeschicke und waren solchermaßen stets auf dem laufenden. Ja, man könnte anhand der urkundlichen Überlieferung nicht nur die Reisewege erkunden, sondern auch eine Durchschnittsgeschwindigkeit für diese Art Regierungstempo ermitteln. Schon der Name weist auf die Funktion: Pfalz — palatium, Palast. Die Methode war alt und erprobt seit den Wirtschaftshöfen der fränkischen Könige. Karl der Große legte zwischen 767 und 814 mehr als 80000 Kilometer, also das Doppelte des Erdumfangs, regierend auf dem Pferderücken zurück, bevor er sich, solcher Herrschaftsweise müde, in der von ihm begründeten Kaiserpfalz zu Aachen zur letzten Ruhe legte.

I

1 Die seit 1935 bis ins Jahr 1978 durchgeführten Grabungen unter Leitung des Hallenser Wissenschaftlers Prof. Dr. Paul Grimm legten auf dem Pfingstberg bei Tilleda eine ottonische Pfalz aus dem 10. Jh. frei.

Mit dem Niedergang des karolingischen Reiches war das fruchtbare Gebiet um den Harz bis zur Elbe, wald- und wildreich, in den Machtbereich der Könige aus dem sächsischen Hause (919–1024) geraten, die zahlreiche Pfalzen errichten ließen: Nordhausen, Allstedt, Wallhausen, Tilleda, Memleben, Magdeburg, Quedlinburg. Die Pfalz Merseburg zum Beispiel wurde zum Ausfalltor für die kriegerische Unterwerfung des slawischen Ostens; zwölf Heerzüge nahmen hier ihren Ausgang. Unter Heinrich II. (1002–1024), dem letzten Sachsenkaiser, war die königliche Pfalz — sechsundzwanzigmal von ihm zum Hoftag, zur Festkrönung, Heeresversammlung und zum Umritt mit glanzvollem Gefolge aufgesucht — Mittelpunkt des deutschen Reiches. Umgeben von allen Mächtigen seines Imperiums, ließ er 1015 durch seinen Bischof Thietmar den Grundstein für eine mächtige, vieltürmige Kathedrale legen, unübersehbarer Ausdruck kaiserlich-christlicher Macht angesichts des nahen heidnischen Ostens. Heute erinnert in der Tiefe des mächtigen Baues, der auf den ursprünglichen Fundamenten des ottonischen Domes ruht, die Hallenkrypta, einer der ältesten unterirdischen Kulträume dieses Gebietes, an jene Zeit. Friedrich I., Kaiser Barbarossa (1152–1190), verlieh dann auch dieser Pfalz das letzte Glanzlicht ihrer mehrhundertjährigen Geschichte, als er seinen wichtigen ersten Hoftag zu Pfingsten 1152 in den Mauern Merseburgs abhielt.

Auf dem Schachbrett dieser Geschichtslandschaft stehen die Figuren dicht beisammen. 908 sicherte sich der Sachsenherzog Heinrich mit der Heirat Hatheburgs, Witwe des Grafen Erwin von Merseburg, dieses wichtige Gebiet. Da die Kirche die Ehe nicht anerkannte, warb er um die stolze Mathilde, Tochter des westfälischen Grafen Thiederich aus dem Geschlecht des legendären Sachsenherzogs Widukind, des Gegenspielers von Karl dem Großen. Thietmar von Merseburg (975–1018) berichtet darüber in seinem „chronicon" u. a.: „Nun ist des Weibes Sinn nachgiebig, und da sie seine Vortrefflichkeit in allem kannte, willigte sie ein und wurde ihm als seine Gemahlin in religiösen wie in weltlichen Dingen wertvoll." Die Hochzeit wurde 909 in der als Wasserburg angelegten Pfalz Wallhausen gefeiert, und Heinrich, gutgelaunt, schenkte mit urkundlicher Bestätigung seiner Neuvermählten als Morgengabe die „civitas" Wallhausen. Eine

königliche Geste des Königs in spe, in der sich dann auch 972 sein Enkel Otto II. übte, als er in der Peterskirche zu Rom seiner schönen, vom byzantinischen Kaiserhof stammenden Gemahlin Theophano die kaiserlichen Höfe Tilleda und Nordhausen („imperatorias curtes") als Mitgift großzügig überließ. Womit Tilleda als letzte der Pfalzen in Nordthüringen urkundlich genannt wird. (Das prunkvolle Kaiserdiplom auf Purpurpergament befindet sich heute im Staatsarchiv in Wolfenbüttel.) Da aber ist das Gebiet um den Harz strategisch und ökonomisch bereits wichtiges Kernland des Königshauses, und der Bischof Thietmar schildert die fruchtbaren und dicht besiedelten Landschaften als einen „blühenden Hof des Paradieses".

Königsurkunden nennen als Pfalz erstmalig Nordhausen 929 und das hochgelegene Allstedt 935, wo Heinrich I. wiederholt weilte, bevor er 936 in seiner Lieblingspfalz Memleben starb. Diese Pfalzen waren nach den Notwendigkeiten ihrer Zeit befestigt und mit königlichen Wirtschaftshöfen (Berga, Kelbra, Roßla) — „curtis" — eng verbunden, was wiederum auf die nur mittlere Höhenlage dieser „Burgen" verweist. Die Pfalz Tilleda, auf dem Plateau des Pfingstberges rund 25 Meter über dem Ort Tilleda und seinem einstigen See idyllisch vor dem Kyffhäusergebirge gelegen, war von drei Seiten durch die im Halbbogen herumführende Umfassungsmauer geschützt. Den westlichen Zugang zur Hauptburg sicherten hintereinander drei große Wälle mit davorliegenden Gräben, im Laufe der Zeit von Wind und Wetter eingeebnet und von den Bauern zugepflügt.

Selbst als sich 200 Jahre später unter den Staufern — während ihrer Regierungszeit entstanden die letzten Pfalzen — das politische Schwergewicht königlicher Macht nach Süddeutschland verlagerte und die ottonischen Pfalzen immer weniger prominenten Besuch hatten, waren die Tafelgüter noch voll leistungsfähig. Aus strategischen Gründen hatte sich zwar das Baugeschehen auf den nahen Kyffhäuser verlagert, wo ein mächtiges Befestigungssystem dreier Burgen entstand, dem auch der Schutz der kaiserlichen Pfalz Tilleda oblag. Doch 1169, als es Kaiser Friedrich I. gelang, seinen vierjährigen Sohn Heinrich zum König krönen zu lassen, wurde aus gutswirtschaftlichen Erwägungen in der Pfalz Wallhausen prunkvoll Hoftag gehalten. Vermutlich zu

dieser Zeit wurde in das Befestigungssystem der Hauptburg in der benachbarten Pfalz Tilleda mitten in den
Hauptwall das große Kammertor eingebaut, das heute
am meisten noch aus dem Boden herausragende Bauwerk. Ob es bereits für den Besuch des Kaisers im Februar 1174 in Tilleda gedacht war, als er sich hier auf seinen fünften Italien-Feldzug vorbereitete? Damals entzog sich Heinrich der Löwe, der große Gegenspieler der
Reichsgewalt, geschickt dem Aufgebot Barbarossas, was
schließlich 1181 zu seiner vollständigen Unterwerfung
auf der Reichsversammlung zu Erfurt führte.

Mit den staufischen Königspfalzen endete ein spezielles
Burgenkapitel. Entsprechend staufischer Herrschaftspo-
litik fanden sie sich im Süden und Südwesten des Reiches: Kaiserslautern, eine halbe Wasserburg mit vermutlich mehrgeschossigem Palas; Kaiserswerth (bei Düssel-

dorf) auf einer Rheininsel mit einem gewaltigen Wohnturm (Donjon); Gelnhausen, vermittels 20000 Pfählen
auf eine Flußinsel gesetzt; Hagenau im Elsaß, aus deren
Steinen unter Ludwig XIV. das Grenzfort Louis errichtet wurde; Wimpfen auf schmalem Fels über dem Nek-
kar, eine der größten und relativ gut erhaltenen Pfalzen
mit dem wohl größten romanischen Wohnbau, dem Königshaus. Sie alle bestanden aus Palas, Königshaus, Kemenate, Kapelle, Wirtschafts- und Wohnbauten, Bergfried und Wehrmauer. In der näheren Umgebung oft,
wie die Burg Kyffhausen bei Tilleda, mit Ministerialen
besetzte Burgen zum Schutz der Pfalz.

2 Pfalzkirche mit Ostapsis (und königlichem Wohnteil nach vorn
zu); im tiefer gelegenen Gelände rechts die Vorburg, im Hintergrund das heutige Dorf Tilleda.

1184, zu Pfingsten in Mainz, genoß Barbarossa seinen großen Sieg über den Welfen Heinrich mit einem gewaltigen Hoftag in einer eigens dafür errichteten hölzernen Pfalz. Drei Jahre später kam dann im großen theatrum mundi der Geschichte Pfalz Tilleda noch einmal der Rang eines historischen Ortes zu, als sich Kaiser Heinrich VI. im März hier mit dem alt und machtlos gewordenen Welfen-Heinrich versöhnte. Von da an verfielen die ohnehin oft nur leichtgefügten Mauern der Wohnbauten für König und Hofstaat, hörige Handwerker und Bedienstete, faulten die hölzernen Pfosten der Scheuern und Wirtschaftshäuser, stürzten die Dächer des Wohnturms und der angrenzenden Saalkirche ein, die im

Obergeschoß von der Westempore aus mit dem königlichen Wohngemach verbunden war. Die Anlage geriet, wiewohl erst im 15. Jahrhundert endgültig aufgegeben, allmählich in Vergessenheit. Bis sie 1871 der rührige Heimatforscher Karl Meyer aus Nordhausen, durch den Flurnamen „Im alten Tilleda" stutzig geworden, im Akkerboden der Tilledaer Flur als die große Wiederentdeckungsaufgabe nachfolgender Generationen ortete. Wobei es blieb, bis …

„… bis Luftaufnahmen die Pfalz Werla bei Goslar entdeckten und wir etwas Ähnliches ausgraben wollten, um notwendige Aufschlüsse zur Kultur- und Sozialgeschichte des frühen Mittelalters zu gewinnen. Denn im-

merhin waren die Pfalzen ja auch Zentren des Handwerks und der Landwirtschaft, damit auch des Handels. Das ließ uns vom Landesmuseum für Vorgeschichte in Halle keine Ruhe. Und da die Pfalzen in Nordhausen, Allstedt oder Wallhausen längst überbaut waren, bot sich eben lediglich der unberührte Pfingstberg von Tilleda an, wo die einigermaßen sichere Aussicht bestand, bei Grabungen wenigstens noch die Grundrisse der einstigen Bauten zu finden. Was uns ja auch, wie man trotz Unkraut sieht, durchaus gelang." Sagt der Professor, stellt sich mitten in den Saalraum der 23,5 Meter langen und 10,5 Meter breiten Kirche und ist im wuchernden Grün nur noch halb zu sehen. „Das ist kanadisches Berufekraut, von den alten Weibern so genannt, die damit berufen, besprochen haben. Das ist gefeit gegen jedes gängige Unkrautvertilgungsmittel. Ich habe mir extra einen Spezialisten aus der Wolfener Giftküche kommen lassen! Schließlich wollen die Besucher ja etwas sehen. Umsonst; das hier bedürfe einer Spezialentwicklung und würde zu teuer, hat der gesagt, und nun — Sie sehen ja selber! Da ist eben nichts zu machen. Hier stürzen schon die Steine wieder ein, kaum ein paar Jahre her, daß wir das Mauerwerk ein wenig rekonstruierten. Wir haben Latex gespritzt, als eine feste Haut; nach Wochen kam das Unkraut durch. Wir haben es mit Wasserglas probiert — umsonst. Noch ein Jahr werden wir in der Vorburg graben, um die Forschungen abzuschließen, dann schieben wir mit der Planierraupe alles wieder zu, damit es nicht ganz verfällt."

Es gibt Pläne für ein Freilichtmuseum auf dem Gelände dieser Pfalz mit Modellen von Bauten und original nachgebauten Details. Architekten hatten sogar schon die Wiedererrichtung der fast 30 Meter langen Tuchmacherei als einzigartiges Museum dieser Art geplant, doch fehlte dazu bislang der Planträger. So werden die 1935 begonnenen, 1939 zunächst abgebrochenen und dann 1958 vom Institut für Vor- und Frühgeschichte der Akademie der Wissenschaften der DDR wiederaufgenommenen Grabungen auf dem knapp sechs Hektar großen Gelände unter der Erde ihren konservierenden Abschluß finden. Ein paar Mauerwerke, die Umfassungsmauer, das Kammertor und der Grundriß der Kirche, sollen zur Anschauung freigelegt bleiben. Abgesehen davon bedarf es aber weiterhin der Phantasie, sich hier unter dem Gras

neuer Vergessenheit die wissenschaftlich geborgene wie optisch verborgene Geschichte vorzustellen.

Lohnend ist auch die Fahrt durch die alte Kulturlandschaft nach der Pfalz Memleben. Die Verbindungswege zwischen den Pfalzen wichen den Überschwemmungsniederungen der Helme an den Rand des Harzes aus: Nordhausen — Wallhausen — Sangerhausen. Das ehemalige Schloß in Wallhausen an der Stelle der alten Pfalz besitzt noch mittelalterliche Baureste im Untergeschoß des Westflügels. Über Brücken führte eine ottonische Straße nach Tilleda, eine andere südöstlich nach dem hochgelegenen Allstedt, im Hersfelder Zehnt-Verzeichnis „Alstediburg" genannt; um 933 Sitz eines sächsischen Pfalzgrafen, zur Zeit Barbarossas dann im Besitz der Landgrafen von Thüringen. Markant der gotische Torturm zur Vorburg, in der Kernburg heute eine im Aufbau befindliche Gedenkstätte für Thomas Müntzer, der hier als Pfarrer zum Propheten eines neuen Zeitalters wurde. Friedrich Wolfs Drama „Thomas Müntzer" beginnt

3 Die Reste der Kaiserpfalz Tilleda am Nordfuße des Kyffhäusers.
4 Kammertor der Hauptburg, im 12. Jh. in die Mitte der Westseite des Hauptwalls eingebaut.

nicht zufällig in dieser kursächsischen Kleinstadt. In der Schloßkapelle predigte Müntzer am 13. Juli 1524 vor Herzog Johann und dessen Sohn Johann Friedrich: „Der Schade der heiligen Christenheit ist so groß geworden, daß ihn zur Zeit keine Zunge aussprechen kann. Drum muß ein neuer Daniel aufstehen und euch eure Offenbarung auslegen, und derselbe muß vorn, wie Mose lehrt, an der Spitze gehen."

Die Stuckdecke der Kapelle ist restauriert, der Blick geht zur Kanzel; mitunter finden hier ein paar Konzerte und Vorträge statt. Eine Woche nach der Fürstenpredigt überfiel der Ritter Friedrich von Witzleben das Dorf Schönewerda bei Artern. Die geplünderten Bauern suchten und fanden in Allstedt Zuflucht. Im Westflügel räumten Oberschüler aus dem Sommerlager die alten Keller-

gewölbe aus; hier sollen weitere Museumsräume entstehen. Eine dicke runde Säule trägt das schwere Gewölbe, darüber liegt die Kaiserküche mit dem riesigen Kamin. Der Ochse für die lärmende Feier des Sieges über die aufbegehrenden Bauern bei Frankenhausen war noch nicht geschlachtet. In der Nacht vom 7. zum 8. August 1524 verließ der neue Daniel ohne Abschied den Ort in Richtung Mühlhausen. Das Ende heißt Heldrungen.

Der Funke fiel in ein Pulverfaß. 1525 stürmen die lehnspflichtigen Bauern das Kloster Memleben. Bereits um 1540 ist der Kreuzgang des Klausurhofes verwaist. Die Klosterkirche wurde zum Denkmal für die einstige Pracht der Anlage; 1722 schlägt der Blitz ein, nimmt man das Dach aus Kostengründen ab, Jahrzehnte später ist die spätromanische Pfeilerbasilika des 13. Jahrhunderts billiger Steinbruch für Stallbauten.

Ende Juni 936 fühlte sich König Heinrich I. beim Jagen in den Wäldern und sumpfigen Niederungen bei Memleben plötzlich unwohl. Er wurde mit Fieber in die Pfalz gebracht, ritt unter letztem Kraftaufwand nach Erfurt zur Reichsversammlung, um die Nachfolgewahl seines Sohnes Otto durchzusetzen, und starb, zurückgekehrt, am 2. Juli, während Mathilde in der Marienkirche auf Knien um sein Leben flehte. Den toten König überführte man in die Pfalz Quedlinburg und setzte ihn in der Krypta der Stiftskirche zur scheinbar letzten Ruhe bei. Das hatte tausend Jahre später im sogenannten tausendjährigen Reich ein übles Nachspiel, inszeniert von einem anderen Heinrich, der — mit dem ausgeprägten Sinn der Nazis für das Theatralische — vor seinen schwarzen Spießgesellen zu besonderer Stunde aus den Tiefen der Krypta der zur „NS-Kultstätte" entweihten Stiftskirche als der wiedererstandene Heinrich auftauchte. SS-Himmler borgte sich für sein trübes Gangsterstück ein wenig tausendjährigen Geschichtsabglanz aus, indem er eine Fälschung als die wiedergefundenen Gebeine des Königs „wissenschaftlich" belegen ließ, um mit deren Nachbestattung 1936 dem faschistischen Ungeist eine zurechtgeklitterte historische Rechtfertigung zu verleihen. Damals wurde auch in Memleben in besonderem Auftrag nach der Königspfalz gegraben, doch, sehr zum Verdruß der Nazis, ohne rechten Erfolg. Die Mauern, die man anschnitt, ließen sich nicht als Reste der Pfalz

34

deuten. Vielmehr war man auf die ottonische Kirche gestoßen, die Kaiser Otto I. zum Gedenken an seinen Vater ab 942 errichten ließ, einen monumentalen Bau, wie sich dann bei späteren Grabungen (1959, 1964 und 1966) herausstellte, vergleichbar auf dem Gebiet der DDR nur mit dem Magdeburger Dom (einschließlich seiner Erweiterung) und übertroffen im 10. Jahrhundert nur noch von der Klosterkirche in Fulda (956), dem ottonischen Dom zu Köln (953–965) und dem Dom zu Trier (nach 882). Ein gewaltiger Bau von 82 Metern Länge und 28 Metern Breite, zu dessen einstiger Südwand das sogenannte Kaisertor (im Gelände des Saatzuchtgutes) gehört. Vom Kaisertor aus gelangte man in eines der vier Querhäuser. Auch der Mauerklotz im Hof des Gutes, ein verwitterter, freistehender Steinhaufen, wird von den Denkmalpflegern als Teil einer Wand dieser mächtigen Kirche gedeutet. Anzunehmen, daß sich die Pfalzgebäude auf der anderen Unstrutseite befanden, während die zweite, spätromanische Klosteranlage des 13. Jahrhunderts mit ihrer wesentlich kleineren Kirche östlich des ottonischen Baus entstand. Ihre Ruinen hat schon Baumeister Friedrich Schinkel bewundert und skizziert,

5 Westportal der spätromanischen Klosterkirche Memleben; Stufenportal in doppelter Abtreppung.

6 Sponsus und Sponsa (Otto I. und Editha) im Magdeburger Dom, Sandstein mit Bemalungsresten (um 1240).

7 Einst ein Regierungssitz kaiserlicher Herrschaft, heute ein romantischer Ort abseits der großen Straßen: die Klosterruine Memleben im nördlichen Thüringen.

8 Relativ gut erhalten die Krypta (13. Jh.), eine dreischiffige Halle mit Kreuzgratgewölbe.
9 Noch immer eindrucksvolles Zeugnis mittelalterlicher Steinmetzarbeit.

um in einem Bericht ihre schnellstmögliche Sicherung dringend zu empfehlen. So blieb wenigstens die Chorkrypta mit ihrem gemauerten Kreuzgratgewölbe und den schlanken Säulen erhalten, ein kleiner, schmuckloser Dämmerraum von eindringlicher Atmosphäre, in dem die Zeit seit damals stehengeblieben zu sein scheint.

Auch Otto I. starb, am 7. Mai 973, in der Pfalz Memleben; sein Herz wurde nach eigenem Willen hier bestattet, sein Leichnam in Magdeburg. „Sein Eingeweide ward zu Meimleube in unser lieben Frawenkirche, welche etwan hier forn an der stras gestanden, darvon noch etliche Ruine rudere und alte Mauren stehn, begraben", vermerkt eine Merseburger Chronik von 1557, zugleich auch ein Hinweis auf die damals noch recht ansehnlichen Ruinen des ottonischen Doms. Otto II. (973–983) ließ sich als Nachfolger in Memleben von der hohen Fürstlichkeit und Geistlichkeit feiern und stiftete besagtes Benediktinerkloster, das er mit reichem Landbesitz und vielen Sonderrechten zum mächtigsten Kloster neben Fulda und Auf der Reichenau erhob. Unter dem jungen

Kaiser Otto III. (983–1002) sahen sich die Memlebener Äbte, die sich sogar als „Bischof" anreden ließen, auf der Höhe ihrer Macht.

Heinrich II. (1002–1024) verfolgte andere Reichsinteressen, unterstellte das Kloster 1014 wieder dem Kloster Hersfeld und ließ den dagegen rebellierenden Abt Reinhold samt Mönchen, so berichtet Thietmar von Merseburg verbittert, einfach vertreiben. Die „ecclesia nostra Mimeleibensis" fristete fortan nur noch ein kümmerliches Dasein im Schatten einstiger Größe. Ihre Ruinen zählen heute zu den schönsten Thüringens. Die beiden erhalten gebliebenen Arkadenreihen des Hauptschiffes stehen wie eine Theaterkulisse im Grün des sichtlich gepflegten kleinen Parks, durch den man von der Straße her kommt. Efeu rankt von den Mauersimsen, zwischen den Pfeilern, unter den flachen Spitzbogen, Blumen und Buschwerk, statt der einstigen Holzdecke blauer Himmel, die Chorapsis wie eine Spielfläche zum großen Spektakel der Geschichte, auf der jeden Augenblick die Großen von einst auftreten könnten. Sie scheinen darauf seit Jahrhunderten zu warten, immer schemenhafter. An den westlichen Pfeilern der Oberkirche fanden sich spärliche Farbreste von acht lebensgroßen Fresko-Bildnissen der Ottonen aus dem 13. Jahrhundert, darunter vermutlich auch jener Heinrich I. und seine Mathilde.

Jährlich kommen viele Tausende Besucher. Manchmal spielt hier das „Thomas-Müntzer"-Theater Eisleben, mitunter wird im Chor der Ruine die Leinwand für Filmabende gespannt, oder es musizieren die Hallenser Madrigalisten. Vor den Nachfahren jener Bauern, die einst das Kloster stürmten. Seit 1970 waren für sie die traditionell Ende Mai/Anfang Juni in dieser Klosterruine veranstalteten Betriebs- und Kooperationsfestspiele (des Volkseigenen Gutes „Thomas Müntzer") der kulturelle Höhepunkt des Jahres, auf den man sich gut vorbereitete. Auch mit gepflegten Vorgärten und frisch verputzten Häusern. Man geht gern durch Memleben und verharrt eine Weile. Mit den alten Mauern des Klosters und der nahen Burg Wendelstein hat man, angeleitet von den Denkmalpflegern aus Halle, weitreichende Pläne. Das Stichwort heißt kulturelles Zentrum, und das Herzstück bildet die malerische Klosterruine, in deren Abts- und Mönchshaus teilweise Wohnungen, teilweise aber die Sozialeinrichtungen des Gutes, eines der größten für Saatzucht und Pflanzenproduktion der DDR, untergebracht sind. Noch ist die Klausur mit den Resten des Kreuzganges leider nicht zugänglich, dafür entschädigt der Besuch der Ruine im parkähnlichen Garten nebenan. Der Garten wird seit vielen Jahren von einer alten Frau gepflegt, der weithin bekannten Klosterfrau von Memleben. Lange bevor andere im Ort daran dachten, übernahm sie das alte Gemäuer in persönliche Pflege, weil „halt immer mal jemand kam, der sich umsehen wollte". Sie verweist auf die Blattstil- und Tierkopfornamente der Säulenkapitelle und erklärt wie eine Studierte. Manchmal ergänzt und korrigiert sie Leute, die kommen und aus mitgebrachten Büchern vortragen. Still und unaufdringlich und ohne Entgelt. Die Oase zwischen Straße und Kirchenwand, wo es grünt und blüht, ist ihr Werk. Rosen, Campanula in Blau und Weiß; sie hat eine glückliche Hand dafür. In einem kleinen Raum im Seitenschiff liegen zwei Gästebücher aus, für ausländische Gruppen und für „verständliche" Besucher. „Ein paar Brocken Englisch und Russisch, das geht ja noch, aber sonst braucht man eben einen Dolmetscher." Woher sie wisse, was sie da den Leuten erkläre? „Aus Büchern, da findet sich alles, was man braucht. Früher habe ich die Professoren, die da kamen, gebeten, mir das alles mal zu erklären. Und sie haben es gern gemacht. Heute brauche ich niemanden mehr, ich mache das ganz allein." Sie begleitet uns in die Krypta mit dem uralten Kreuzgratgewölbe und steckt Kerzen in schlichte Halter. „Nachher kommt eine Reisegruppe aus Weimar, da zünde ich sie an." Schöner läßt sich dieser unterirdische Raum nicht erleben. Diese Frau weiß es und sorgt sich darum. Droben im offenen Mittelschiff der ehemaligen Klosterkirche warten die nächsten Gäste.

Wir wandern auf holprigem Feldweg durch verwilderte Kirschplantagen den Berg hinauf, wo man die Unstrutaue weit ausgebreitet vor sich liegen hat. Drüben die Wendelstein-Ruine, weit hinten am Horizont der Kyffhäuser. Jener Sachsen-Heinrich wußte, warum er diese Landschaft so liebte.

10 Die spätromanische Klosterkirche, eine kreuzförmige Pfeilerbasilika mit einem Zweiturmbau im Westen, beeindruckt auch als Ruine noch durch ihre monumentalen Vierungspfeiler.

Altersdomizil einer Mätresse

Quedlinburg

Hier also sind sie plaudernd den Pflasterweg hinaufgezogen, der Oberst in blauem Überrock und hellem Beinkleid, im seidenen Halstuch die große Korallennadel, ein starker Fünfziger, unter dessen stechend scharfem Blick die kränklich-blasse Cécile schmerzlich lächelte. Die schöne Cécile, von der der junge Herr von Gordon kein Auge wandte, obwohl sich die temperamentvolle Rosa an seiner Seite gutgelaunt alle Weibermühe gab, den melancholischen Grübler herauszufordern. Hier sind sie den Burgberg hinauf bis zum Hof, der Schloß und Stiftskirche voneinander scheidet, „der außer den auf ihm lagernden Schatten und Lichtern, nichts als zwei Männer zeigte, die wie Besuch erwartende Gastwirte vor ihren Lokalen standen". Es waren der Kastellan und der Küster, die „mit unruhigen Gesichtern abwarteten", wessen Dienste die vornehme Herrschaft aus dem nahen Thale nun in Anspruch nehmen würde. Unten in der Stadtkirche läuteten eben die Mittagsglocken, und etwas Bratwurstartiges in der Luft verunsicherte ein wenig die Wahl des rechten Kunstgenusses. Ein weiterer Herr, etwas zurückhaltend im Hintergrund und im Schatten nicht nur Schutz vor der sengenden Sommersonne suchend, vermerkte es mit leisem Schmunzeln unter dem dichten Schnäuz, und keiner der vier Herrschaften ahnte, daß ihnen soeben ein gewisser Herr Theodor Fontane aus Berlin, Kurgast im Hotel „Zehnpfund" wie sie, durch den Kastellan die Schloßtür zur Unsterblichkeit in der Literaturgeschichte öffnen ließ.

Die marmorschöne Cécile zog ihr Chenilletuch um die fröstelnden Schultern und schloß sich als erste dem Kastellan an, der nichts als leere Schloßräume vorweisen konnte und sie doch mit seiner lebhaften Phantasie zu möblieren wußte. „Und in diesen Räumen also haben die Quedlinburger Äbtissinnen residiert?" heuchelte die enttäuschte Malerin Interesse. „Ja, meine gnädigste Frau", antwortete der Kastellan, ein freundlicher und angenehmer Mann, der die lebenslustige Rosa wegen ihres munteren Wesens für glücklich verheiratet hielt. „Ja, wirklich residiert, das heißt mit Hofstaat und Krone. Denn die Quedlinburger Äbtissinnen waren nicht gewöhnliche Kloster-Äbtissinnen, sondern Fürst-Abbatissinnen und saßen von Mechtildis, Schwester Ottos des Großen, an bei den Reichsversammlungen auf der Fürstenbank, und hier im Schlosse war auch der Thronsaal. Es ist der Saal nebenan, in welchem ich die gnädige Frau vorweg bitten möchte, die Damasttapeten beachten zu wollen. Es ist Damast von Arras." — Der Kastellan taute sichtlich auf, als sich nun allmählich doch ein gewisses Interesse für seinen Geschichtsexkurs regte, und so legte er sich bei den Bildnissen der Äbtissinnen, dem einzigen sichtbaren Zeugnis einstiger Herrlichkeit, gehörig ins Zaumzeug des Historienschreibers. „Rosa drang darauf, die Namen zu hören, aber es waren tote Namen, *einen* ausgenommen, den der Gräfin Aurora von Königsmarck, und vor das Porträt *dieser* traten jetzt alle mit ganz ersichtlicher Neugier."

Der auch seinerseits, sichtlich interessiert, behutsam folgende Herr mit dem Schnäuz notierte sich in einem kleinen Notizbuch: „Unter der Tür in braunem kleinem

Rahmen Brustbild (klein), *Bild der Aurora* von Königsmarck, besser als im Rathaus; Truhe von der Aurora 1695." — Es ist im Juni 1884. Drei Jahre später erscheint Fontanes Novelle „Cécile" bei Emil Dominik in Berlin.

Es war an einem kalten Januarmorgen anno 1698, als Quedlinburgs Stadtwache verschlafen auf das bekannte Postillonsignal hin zum großen Schlüssel griff und gähnend dem blasenden Gevatter die knarrenden Tore öffnete. Statt seiner sprangen jedoch unter der schützenden Mauer einige Kompanien preußischen Fußvolks, aus dem nahen Halberstadt gekommen, hervor und machten sich mit derbem Spott über die biederen Bürger gewaltsam Platz, besetzten den Markt und das Rathaus und bliesen nun dem erschröckten Magistrat die Siegestakte einer rauhen Besatzungshymne. Preußische Historien-

schreiber vermelden, daß an der „Heldentat" ein 22jähriger Jüngling, der spätere „alte Dessauer", beteiligt war. Immerhin, es gab schon damals ein paar Querköpfe, die sich in das Zwischenspiel des feudalen Kuhhandels nicht dreinfügen wollten, der da auf ihrer Untertänigkeit ausgetragen werden sollte. Prediger weigerten sich, ins sonntägliche Gebet anstelle des bisherigen sächsischen Schutzherrn als neuen den Kurfürsten von Brandenburg aufzunehmen und das streng anbefohlene „Herr Gott, dich loben wir" anzustimmen, bis man sie mit besonders harter Einquartierung zur Räson brachte. Inzwischen war bereits am 28. Januar 1698 in Anwesenheit kursächsischer und hessischer Gesandter der Landesschacher durch die Übergabe der durchaus einträglichen bisherigen Schutzherrschaft Kursachsens über Stift und Stadt Quedlinburg an Kurbrandenburg erfolgt. Der Sachsen-Goliath August der Starke (1697–1733), dem im Verlaufe von 36 Regentschaftsjahren an die 100 Millionen Taler durch die fleischigen Hände rannen, hatte von Polen aus, wo er Sachsen genußvoll verzehrte und nebenher noch mit dem zwölften Schweden-Karl in kriegerischer Fehde lag, an Brandenburg die quedlinburgische Erbschutzgerechtigkeit nebst den davon abhängigen Besitzungen für 340000 Taler verhökert. Nachdem er zuvor noch vom Magistrat 12000 Taler gegen die Verpfändung schutzherrlichen Lehnsbesitzes geliehen hatte.

Pikanterweise hing an der Quedlinburger Episode eine Klausel, wonach Friedrich Augusts Ex-Geliebte, die ebenso schöne wie kluge Gräfin Maria Aurora von Königsmarck, mit Förderung des neuen Schutzherrn nach Ableben der alternden Äbtissin Anna Dorothea, Herzogin zu Sachsen-Weimar und von 1684 bis 1704 sachkundige Stiftsregentin, Nachfolgerin auf dem begehrten Frauenthron der berühmten Stiftsburg werden sollte. Ein lauwarmes Versprechen, das nie erfüllt wurde. Für das adlige Damenstift und die Stadt Quedlinburg jedoch begann ein neues Kapitel in der an turbulenten Ereignissen gewiß nicht armen Geschichte.

Das Geschlecht derer von Königsmarck war den Quedlinburgern in allerschlechtester Erinnerung. Der schwedische General Christoffer von Königsmarck, die

---

1 Zur Quedlinburger Stiftsburg durch den mittelalterlichen Wehrgang hinauf zum Schloßberg.

„Kriegsgurgl", hatte 1642 die Stadt sechs Stunden lang zur Plünderung freigegeben und den Bürgermeister nebst Kämmerer zwecks Lösegeld kassiert, das dann, immerhin 2000 Taler zu den 13000 an Plünderungswert, sein Riesenvermögen weiter aufstockte. Davon war für seine Urenkelin genug übriggeblieben, um mit allem notwendigen Aufwand an den kleinen und größeren Höfen Mitteleuropas auftreten zu können. Auf den drei recht verschiedenen Bildnissen der Aurora, die noch heute im Quedlinburger Schloßmuseum zu sehen sind, fallen vor allem ihre eindringlichen, den Freuden des Lebens erwartungsvoll entgegensehenden Augen einer Frau von erheblichem Selbstbewußtsein auf. 1668 auf dem gräflichen Besitz derer von Königsmarck in Stade geboren, gelangte sie zwölfjährig mit ihrer Mutter an den schwedischen Hof in Stockholm, wo diese die schwindenden Besitztümer zu retten suchte. Nach dem Tode ihrer Mutter, 1691, kehrte Aurora mit ihrer älteren Schwester, der Gräfin Löwenhaupt, nach Hamburg zurück, wo es an galanten Werbern und Verehrern für die schwarzhaarige Schönheit nicht fehlte. „Die Formen des Halses, der Brust, der Arme und Hände waren vollkommen und ließen errathen", schwärmte 1847 ein Gothaer Biograph, „daß das, was man nicht sah, noch reizender sein müsse." Hinzu kamen ihre gepflegten und angenehmen Um-

gangsformen und ein liebenswerter Charakter sowie eine überlegene Bildung, so daß Maria Aurora überall zum geselligen Mittelpunkt wurde. Sie sprach fließend deutsch, französisch, schwedisch und italienisch und wußte vom Lateinischen genug, um mit den alten Poeten zu kokettieren, dichtete und malte und war von ihrer Mutter ausreichend in feudaler Politökonomie unterwiesen worden, um ihre wirtschaftlichen Interessen mit Charme und Nachdruck zu vertreten. Ein Tausendweib also, das sich dann nach Dresden begab, um das hochwohlgeborene Auge des Kurfürsten von Sachsen auf die himmelschreiende Mordsbüberei am hannöverschen Hof zu lenken, wo sich ihr verschwenderischer Bruder Philipp Christoph, immerhin ein General in kursächsischen Diensten, in die Fluchtaffäre der Kurprinzessin Sophia Dorothea verwickeln ließ. Worauf man ihn vermutlich heimlich aus dem Wege räumte. Während sich Augusts Sondergesandter in Hannover bereitwillig mit Diplomatie hinhalten ließ, spreizte sein Landesherr sein kurfürstliches Gefieder. Er schenkte zur bald arrangierten Liebesstunde auf Schloß Moritzburg ein mit Diamanten besetztes Kleid, verkleidete sich dort im stundenlangen Vorspiel auch als Sultan, arrangierte das Tête-à-tête mit raffiniertem Geschmack auf türkisch und machte den armen Bruder schließlich in einem mit aurorafarbenem Seidendamast und silbernen Verbrämungen geschmückten Prachtbett leicht vergessen

Beim Türkenfeldzug 1696 belagerte der kaiserliche Feldherr August wenig später zwar vergeblich die Festung Temesvar, dafür aber war er im Bett der blonden Gräfin Esterle in Wien um so erfolgreicher. Aurora, viel zu klug, um dem kurfürstlichen Bettbelagerer ob des raschen Szenenwechsels im barocken Schäferspiel eine Szene zu machen, wünschte sich als angemessene Abfindung den Quedlinburger Äbtissinnensitz. Ein kluger Schachzug, denn deren Inhaberinnen bekleideten immerhin den Rang eines Reichsfürsten und regierten souverän über die geschäftige Stadt zu ihren Füßen nebst den (einst sehr umfangreichen) Ländereien. Noch war August Schutzherr. Diese Gerechtigkeit war den Herzögen von Sachsen während der Amtszeit der Äbtissin Elisabeth von Hakeborn (1362—1375) erblich übertragen worden, und so konnte er leicht versprechen, was dann vom Kaiser freilich zu bestätigen war.

ten Platz in der Krypta der Stiftskirche an der Seite ihrer Vorgängerinnen einnahm. Die rebellischen Himmelsbräute boten nun jedoch selbst dem protestierenden Preußenkönig die unschuldige Stirn und wählten, der erbosten Pröpstin Aurora zum Schure, statt ihrer am 6. November 1708 in der Kapitelstube die Herzogin von Holstein-Gottorp, Prinzessin Maria Elisabeth, zur neuen Äbtissin, womit eigentlich nach zehnjährigem Hickhack der Schlußstrich unter die politische Akte der nunmehr vierzigjährigen, bereits zur Abendröte tendierenden Aurora gezogen war. Die freilich noch immer die Feste feierte, wie sie fielen, und, künstlerisch ambitioniert, die verkalkte Weiberwelt der Stiftsburg mit kräftigen Farben à la mode aufputzte. Geeignete Gelegenheiten dazu gab es, wie die romantische Zarewitsch-Episode von 1711 beweist, durchaus immer wieder. Als sich der schwächlich-düstere Sohn des Zaren Peter I. von Rußland ausgerechnet mit der sanftmütigen Tochter des braunschweigischen Herzogs Ludwig Rudolph verlobte und sie im nahen Blankenburg abholte, bereitete ihm Aurora wie eine regierende Äbtissin einen Empfang nach Augusts Art mit Ehrenjungfrauen, Schäferspielen und einem Festessen im Garten unter „Pauken- und Trompetenschall, mit fröhlichen Bezeugungen aus dem Geschütze und aufsteigenden Raqueten".

Die gräfliche Gastgeberin, die übrigens nie in den Stiftsräumen gegenüber der Kirche wohnte, wo heute zum Teil das Schloßmuseum beheimatet ist, richtete sich auf eigene Kosten in der (inzwischen niedergelegten) Propstei (in Verlängerung des heutigen Schloßkrugs) auf der dem Brühlwald zugewandten Seite des großen Felsens ein; davor ein kleiner Garten, eingefaßt in ein schmiedeeisernes Gitter, darinnen Maulbeer- und Aprikosenbäume, am Hause ein Weinspalier. So ließ es sich leben. Bei ihren lustigen Gesellschaften trat sie als stimmbegabte Sängerin auf und spielte selbst in Konzerten mit; der alte Gottsched wußte sogar von Lustspielen in französischen Versen aus ihrer galanten Feder. Als sie 1728 im Februar an der sogenannten Wassersucht starb, ver-

Doch die schöne Aurora hatte die Rechnung ohne zwei neidvoll intrigierende alte Stifts-Jungfern gemacht, die Pröpstin, eine Prinzessin von Holstein-Beck, und die Dechantin, eine Gräfin von Schwarzburg, die der allzu Lebensfrohen den erbitterten Moralkrieg erklärten. Nicht ohne Erfolg, denn Aurora mußte das sich kräftig regende leibliche Liebespfand 1696 in aller Stille gebären. Zur nachdrücklichen Erinnerung an Moritzburger Tage und Nächte und in Vorausmahnung väterlicher Sorgepflichten nannte sie den Sproß zur Linken Moritz, während ihr eigener Name im Taufregister als „vornehme Frau" anonym blieb. Moritz wurde ein echter Königsmarck, der das Geld nicht in der Tasche litt, und er ging, von den Frauen sehr geliebt, als Marschall von Sachsen in die bewegte mitteleuropäische Militärgeschichte seines Jahrhunderts vielbeschrieben ein.

Währenddessen verspielte seine allzu diplomatisch mit Preußen taktierende und viel zu sehr in den Landen herumreisende Mutter die Sympathie der alten, gebrechlichen Äbtissin, die ihr Nachfolgeversprechen an die nunmehrige Pröpstin nach langer Bearbeitung durch die Dechantin Eleonore Sophie und die Kanonissin Maria Magdalena, zwei Schwestern aus dem gräflich Schwarzburgischen Hause, 1704 annullierte und, des langen Weiberzwistes in der Frauenburg müde, ihren vorbestimm-

---

2 Das Quedlinburger Schloß ist eine Anlage der Renaissance aus dem ausgehenden 16. Jh. mit charakteristischen Giebeln.
3 Bestimmend für die Silhouette des Burgberges ist die Stiftskirche.

weigerten ihr die nie versöhnten Stiftsdamen das angemessene Leichenbegängnis, ließen das Testament verschwinden und suchten — vergeblich freilich — nach dem Riesenvermögen der Königsmarck. In der Kassette fanden sich noch 52 Taler und 10 Groschen sowie eine auf 320 Taler Wert geschätzte Perlenschnur. Silberzeug, Mobiliar und Garderobe reichten kaum hin, um die Ansprüche der zahlreichen Dienerschaft zu befriedigen. Sie bestand aus einem Kammerfräulein, drei Kammerjungfern, einer Ausgeberin, je einer Kammer-, einer Wasch- und Küchenmagd, aus einem Propstbeirat, einem Sekretär, einem Pagen, einem Hausverwalter, einem Koch, einem Tafeldecker, einem Bedienten, einem Kutscher, einem Boten und einem Küchenjungen. Auroras Schul-

den beliefen sich zum August 1729 ohne Zinsen auf 21252 Taler; die Erbstreitereien zogen sich noch bis 1748 hin.

Inzwischen aber preßte die preußische Schutzfaust die Quedlinburger Frucht mit so viel Abgaben, daß sich die reichsfürstliche Äbtissin ihrer bequemen Einkünfte enteignet sah und die Bürger zum Widerstand ermunterte.

4 Die Sandsteinklippen des Schloßberges. — Schloß und Stiftskirche Quedlinburg wurden erstmals in einem Dokument Heinrichs I. 922 erwähnt: „... actum in villa quae dicitur Quitilingaburg ...“

5 Über schmalbrüstigen Fachwerkhäusern an der später abgebrochenen äußeren Burgmauer erheben sich Stiftskirche und Schloß Quedlinburg.

Jedoch: „Jeder Versuch Quedlinburgs, gegen schutzherrliche Gewaltthaten in der Reichsunmittelbarkeit Hülfe zu finden" — so der Halberstädter Historiograph und bürgerliche Sachkenner der „Denkwürdigkeiten der Gräfin Maria Aurora von Königsmark" anno 1836 —, „brachte neue Bedrückungen, welche der eingelegten Garnison, die Einwohner zu quälen, freies Spiel gaben."
Das änderte sich auch nur wenig mit des Soldatenkönigs Friedrich Wilhelm I. Tode 1740. Friedrich II. anerkannte zwar bereits 1744 die Reichsunmittelbarkeit der Äbtissin, sicherte ihr auch das unbeschränkte geistliche und Schulregiment zu, dazu die bürgerliche Gerichtsbarkeit. Doch die drückenden Akzisen blieben. Es wurden weiterhin Soldaten für den Siebenjährigen Krieg des großen Friedrich gepreßt; nur wenigen gelang die Flucht.
Der „Kanonenberg" vor dem Quedlinburger Gröpertor

erinnert an jene Zeit, wo nach einem signalisierenden Kanonenschuß alle Bauern bei drakonischer Strafe gezwungen waren, Deserteure wieder einzufangen. Zu dieser Zeit regierte offiziell bereits die Äbtissin Anna Amalia (1755—1787), des Preußenkönigs unbotmäßige Schwester. Sie bezog für die Gnade des Regiments, die sie den Quedlinburgern huldvoll angedeihen ließ, immerhin ein Einkommen von 12000 Talern, ließ sich ansonst jedoch in ihrer dreißigjährigen Amtszeit nur dreimal für wenige Tage sehen. Nebenbei bemerkt: Als die Stadt im Zuge der Kriegsspiele ihres Landesherrn im Oktober 1760 über 800 französische Dragoner aufnehmen mußte, kostete sie das 30000 Taler Kontribution.
Nun ging es mit dem Stift immer schneller bergab. Seine Selbstauflösung war nur eine Frage des letzten Anstoßes. Während der Quedlinburger „Messias"-Dichter Fried-

rich Gottlieb Klopstock, neben Schiller der einzige deutsche Ehrenbürger der Französischen Republik, „Galliens Freiheit" feierte, zog ein preußisch-österreichisches Heer 1792 über den Rhein und versuchte vergeblich, die Geschichte aufzuhalten. Im Kuhhandel des sogenannten Neutralitätsfriedens von 1795 wurden Preußen in einer Geheimklausel von Frankreich rechtsrheinische Gebietsentschädigungen für den Verlust linksrheinischer Gebiete zugestanden, darunter die anderthalb Quadratmeilen Land Quedlinburger Stiftsherrschaft, der Rest des einstigen Riesenbesitzes des Damenstiftes; summa summarum 200 Feuerstellen und 14000 Untertanen.

Das Schlußkapitel der neunhundertjährigen Burggeschichte war ein Ausverkauf. Nachdem Preußen nach der Katastrophe von 1806 Quedlinburg an Napoleons jüngeren Bruder Jérôme verlor, den verschwendungssüchtigen „König Lustick" von Westfalen, verschleuderte dieser in einer Mammutauktion (vom 30. August bis 18. September 1813) kurz vor der Schlacht bei Leipzig im großen Saal der Quedlinburg das gesamte Schloßinventar für den Spottpreis von 3941 Talern an Spekulanten und Aufkäufer aus Gernrode, Halberstadt und Braunschweig. Nur weniges von dem, was an Kunstgerät, Mobiliar und Ausstattung jahrhundertelang zusammengetragen worden war, gelangte in Quedlinburger Bürgerstuben, von wo es dann später als Schenkung auf die Burg als Museumsstück zurückkam und heute wieder zu sehen ist. Fontanes Cécile allerdings mußte sich noch mit der Phantasie-Ausstattung des bemühten Kastellan begnügen. „Also der Thronsaal, gnädige Frau", hob dieser seinen Vortrag an, „und hier, wo die Tapete fehlt, genau hier stand der Thron selbst, der Thron der Fürst-Abbatissinnen, ebenfalls rot, aber von rotem Samt und mit Hermelin verbrämt. Und mit dem zuständigen Wappen: zwei Kelche mit einem Pokal."

Melancholisch blickt Sophie Albertine, Tochter des schwedischen Königs Adolph Friedrich und letzte Äbtissin in der langen Geschichte des Stiftes, den Besucher an. Eine kleine Barockkommode, ihr Hochzeitsgeschenk an die Stiftsbedienstete Emilie Brennecke 1801, erinnert an sie. Der Glaslüster im Thronsaal stammt aus Anna Amalias Zeiten; wir sind in jenem Teil des Residenzbaues, der erst in der zweiten Hälfte des 16. Jahrhunderts errichtet

wurde. Strahlenförmig ist das Parkett genau auf die Stelle ausgerichtet, wo einst der Thron stand. Hier wurden jahrhundertelang berühmte Gäste und hoffende Bittsteller empfangen. Die Äbtissinnen waren mächtig und gefürchtet. Ihre Vögte sprachen Recht und Gesetz. Den Damen hier oben fehlte nichts, was sie nicht auch am heimischen Hof besessen hätten; sie lebten standesgemäß, und das heißt mit großem Aufwand. Die Wohnräume der letzten, von allen in den „bescheidensten Verhältnissen" lebende Äbtissin im Flügelanbau aus der Mitte des 18. Jahrhunderts sind schon fast bürgerlich klein: Schlafzimmer, Ankleideraum, Wohnraum.

Im großen Barocksaal finden gelegentlich Konzerte statt. Draußen im Hof sammeln sich die Besucher zur täglichen Führung durch die Kirche. Die dreischiffige

6 Der in der Quedlinburger Baugeschichte vierte Kirchenbau von 1129 ist eine dreischiffige Basilika mit flacher Holzdecke. Wesentliche Veränderungen bezogen sich auf die gotische Umgestaltung des Chores um 1320.

7 Maßvoll-schön und vielgestaltig-reich die Kapitellplastik im Langhaus der Oberkirche, in deren Ornamentik sich altgermanische Bildvorstellungen mit italienischen Elementen mischen.

Basilika bestimmt die Silhouette des Burgberges. Drinnen ist es selbst jetzt im Mai noch kalt. Rhythmische Folge der Säulen im Wechsel der Stützen, Auflösung der wuchtigen Steinmassen nach oben in den lichten Arkaden des Mittelschiffes. Zwischen den Türmen die Nonnenempore, wo man 1835 einzelne Teile des berühmten Knüpfteppichs fand, den um 1200 der Stiftsfräulein zarte Hände unter Leitung ihrer Äbtissin Agnes als jungfräuliches Geschenk für Papst Innozenz III. anfertigten. Der Teppich blieb aus irgendeinem Grunde in Quedlinburg, wurde später zerschnitten und diente den frierenden Äbtissinnen als wärmende Fußdecke. Eine Gottesburg, als unverrückbarer Herrschaftsanspruch über diese Welt weithin sichtbar, gebaut im stolzen Selbstbewußtsein königlicher Macht und zugleich Reflex eines neuen, ottonischen Sinns für Kunst-Schönheit und Harmonie, wie man sie im heiter-sonnigen Süden erlebt hatte.

Aus den Säulen sprießen Rosetten und Blattwerk, belebt von Menschen und Fabelwesen — Beschwörung uralter Dämonen und ihre Verbannung in Stein. Auf der Wartburg entführen Drachen hilflose Menschen, in der nahen Stiftskirche Gernrode, diesem Hohegesang ottonischen Bausinns, erheben sich menschliche Köpfe aus dem Blattwerk. Hier in Quedlinburg werden Menschen von Schlangen bedroht, die ihnen aus dem Mund schlüpfen. Eine schreckhafte Welt, lebendig im Spiel von Licht und Schatten, phantastische Visionen in einer Sprache, die damals jeder als Warnung aus dem Stein zu lesen verstand. Da tobt ein stummer Kampf zwischen Gut und Böse; der Mensch, schicksalhaft hineingestellt, hat sich zu entscheiden zwischen Dämonie und Erlösung. Die massiv gefügten Säulen stützen sicher das Vertrauen in den Bau. Ihre geschmückten Kapitelle erheben sich wie Köpfe, von denen Kraft in den lastenden Baukörper ausstrahlt, sein Gewicht abfängt und beruhigend zur Erde ableitet. Menschenhände haben den Stein in Kunst verwandelt, nun erhebt sich der Adler zum Flug. Die schweren Türme sind wie ein Ausrufezeichen hinter einer großen Idee, von außen ist die Kirche fast schmucklos, innen herrscht Halbdunkel. Wer hier kniete, der fühlte sich klein und überwältigt, von flackerndem Kerzenschein auf den reich bestickten Priestergewändern und betäubendem Weihrauchduft in eine andere Welt versetzt. Al-

les hier ist Botschaft und Hymnus, man kann sich dem selbst tausend Jahre danach kaum entziehen.

Es war eine an Ereignissen reiche Zeit. Das sächsische Herrscherhaus feierte vor tausend Jahren hier in Quedlinburg das wichtige Osterfest, wobei zugleich in einer Art Großversammlung aller Würdenträger politische Fragen besprochen und entschieden wurden. Reichsresidenz Quedlinburg. Mit den Italienzügen gelangten Kultur und Bildung ins barbarische Sachsen. Bereits unter Otto I., seit 962 Kaiser, der noch ungeniert selbst bei großen Anlässen seinen heimischen Dialekt sprach, wurde das Stift zum kulturellen Zentrum seiner Hausmacht. Die Stiftsschule für die vornehmen jungen Damen wurde ausgebaut, daneben entstand bei den Kanonikern noch eine Knabenschule, an die sich der informierteste Geschichtsschreiber jener Zeit, der spätere Bischof Thietmar von Merseburg, dankbar erinnert. Der ottonische Dom zu Quedlinburg, wehrhaft-mächtig, eine geistliche Burg, lebt noch heute aus diesem Wechselspiel der Kräfte geistlicher und weltlicher Machtentfaltung. Burgen wurden damals zum politischen, wirtschaftlichen und kulturellen Zentrum feudaler Herrschaft und ihre Mauern, Türme und Gräben, steingewordene Kronen auf hohen Bergschultern, zum unübersehbaren Symbol der Herrschaft über das Volk.

Mit Heinrich I. rückte 919 der frühe deutsche Staat in die europäische Geschichte. Die Quedlinburg, vom König ausgebaut, verstärkt und mit den ersten Steinbauten versehen, wurde Zentrum frühfeudaler Machtpolitik. Der nahe Harz wurde zur Wohnung, Festung und zum Küchengarten der deutschen Könige beim Ausbau ihrer Zentralgewalt gegen die sächsischen Fürstengeschlechter der Northeimer, Billunger, Supplinburger, Sommerschenburger, gegen die geistlichen Mächte in Hildesheim, Halberstadt und Magdeburg, gegen die Markgrafen im Norden und Osten, gegen den Pfalzgrafen von Sachsen und den Landgrafen von Thüringen. Und es war eine Zeit der Klostergründungen. Selbst die Walbecker Grafen drüben im Mansfelder Gebirgskreis konnten sich in ihrer Burg eine Stiftskirche leisten. Weltberühmt

8 Deutlich in der dreischiffigen Krypta der Stiftskirche (ältester Teil 11. Jh.) die reichen Kapitellformen; rechts Grabplatte einer Äbtissin.

wurde die Kirche des Damenstifts des Markgrafen Gero im benachbarten Gernrode; sie zählt zu den schönsten frühromanischen Basiliken. 999 wurde das Stift, wo die Töchter des höheren Adels ein standesgemäßes Leben führen konnten, von Otto III. sogar dem kaiserlichen Damenstift von Quedlinburg gleichgestellt, dem berühmtesten hierzulande.

Als 939 Heinrich I. in der idyllischen Pfalz Memleben starb, wandelte in Quedlinburg seine Witwe Mathilde, die ein unbekannter Meister an einem westlichen Pfeiler der Marienkirche zu Memleben verewigte, die stolze Königsburg in ein Frauenstift für gottgeweihte Jungfrauen aus dem Hochadel um. Ihr Sohn Otto I. stattete es dann offiziell mit Gütern und Rechten fürstlich aus. Die Frauenburg wurde zu einem der mächtigsten Feudalzentren mit Klöstern und fronpflichtigen Dörfern von der Lüneburger Heide bis in die Rheinpfalz, von der Havel bis ins Vogtland, verwaltet von Stiftsvögten. 30 Jahre regierte die legendenumwobene Mathilde selbst, dann wurde, von ihr erzogen, die 12jährige Enkelin Mathilde, Tochter Ottos I., ab 966 zur ersten Äbtissin bestimmt. In Abwesenheit des kaiserlichen Vaters fungierte sie sogar als Statthalterin des sächsischen Stammesherzogtums. Sie war es, die 977 den Bau der mächtigen Basilika im Anschluß an die Grabkapelle Heinrichs I. beschloß, die damit in die heutige Krypta umgewandelt wurde. Macht und Selbstbewußtsein kündete dieser alles überragende zweite romanische Bau, den Kaiser Heinrich II. bereits 1021 einweihen konnte, der dann aber bereits 1070 samt Burggebäuden wieder niederbrannte. Der erweiterte romanische Neuaufbau (ab 1100 nach drei schweren Belagerungen im Zuge der angedeuteten Machtkämpfe Heinrichs IV.) wurde 1129 unter Anteilnahme des ganzen Reiches festlich eingeweiht und seither kaum noch verändert. So steht er bis heute, ein Monument frühfeudaler Geschichte.

9 Mit dem Bau der dreischiffigen romanischen Basilika, der heutigen Stiftskirche St. Servatius auf dem Burgberg, wurde bereits 1070 begonnen. Sie zählt heute zu den besonderen Sehenswürdigkeiten Quedlinburgs. Detail der Tür.

10 Burg Quedlinburg um 1021 nach Vollendung des dritten Kirchenbaus, der in Anwesenheit Heinrichs II. durch den Bischof von Halberstadt eingeweiht wurde. (Rekonstruktionszeichnung Hermann Wäscher.)

Der Raubgraf und die Äbtissin

Regenstein

„In einem grobgezimmerten Armstuhl aus Eichenholz mit hoher, steiler Lehne, einem Throne vergleichbar, saß Albrecht und ihm gegenüber in einem ähnlichen, etwas kleineren Gräfin Oda. Er hatte ihr ein zottiges Bärenfell unter die Füße geschoben, das vor seinem Sessel lag als einzige Bedeckung des steinernen Fußbodens. Kahl und schmucklos starrten die getünchten Wände; nur ein roh bemalter Heiland am Kreuz mit einem dahintergesteckten längst verdorrten Zweig hing über einem großen eichenen Tische, auf dem ein kleines irdenes Gefäß mit schwarzer Tinte und ein Wasserkrug nebst Becher standen. Weiter lagen darauf eine Rohrfeder, einige Pergamente, ein paar Sporen, ein Jagdhorn und endlich ein in Holzdeckel gebundener ‚Sachsenspiegel‘, der auf Odas väterlicher Burg verfaßt war und den der Graf von Regenstein als Gerichtsherr besaß und besitzen mußte. Ein alter Schrein, eine mit erhabenem Schnitzwerk verzierte Truhe und zwei hölzerne Schemel, auf denen auch noch mancherlei Gebrauchsgegenstände, Jagdzeug und Gewaffen lagen, vollendeten die einfache Ausstattung. In einer Ecke lehnte ein langes Schwert. Von den Fenstern konnte der Graf weit in das Land schauen und auch das Schloß der Äbtissin von Quedlinburg sehen, zu dem er oftmals hinüberblickte, als müßte er es nicht bloß mit der Wucht seines Schwertes und seines Namens schützen und schirmen, sondern auch aus der Ferne noch mit sorgenden Augen bewachen."

Das Bühnenbild ist entworfen, die Personnage bestimmt, der Held bereits als Charakter von ritterlichem Format eingeführt und die mittelalterliche Szenerie der Fabel angedeutet. Ort der Handlung: die trutzig-feste Burg Regenstein im nördlichen Vorland des Harzes. Zeitpunkt des Spektakels etwa das Jahr 1330, als sich aus gutem Grund weit im Süden 22 schwäbische Städte zu einem Bund des gegenseitigen Beistands in diesen unruhigen Zeiten ständiger Feudalfehden zusammenschlossen. Zentralfigur ist Graf Albrecht II. von Regenstein, der seit 1321 das Haupt seiner gefürchteten Sippe bildet und als „Raubgraf" in die Legende eingehen sollte. Quedlinburgs Goldschnittpoet Julius Wolff — eine Gedenktafel am Marktplatz erinnert noch heute an den 1834 hier Geborenen — setzte ihm 1884 ein nicht folgenlos bleibendes literarisches Denkmal in Gestalt eines umfangreichen Romans gleichen Namens, ganz im Geschmack der sich historisch gebenden deutschen Gründerbourgeoisie, ohne freilich je das Niveau eines von ihm nachgeahmten, das Mittelalter ebenfalls romantisierenden Victor Scheffel erreicht zu haben. Zum sentimentalen Dreiecksspiel des historisch belegten Konflikts gehörten noch der ränkesüchtige Bischof von Halberstadt, auch ein Albrecht II. und Bruder des Herzogs von Braunschweig-Wolfenbüttel, sowie die schöne, in unerwiderter Liebe zum Regensteiner entflammte Gräfin Jutta von Kranichfeld als regierende Äbtissin auf der Quedlinburg, deren Schutzvögte zu diesem Zeitpunkt seit über zwei Menschenaltern die Regensteiner Grafen in der Heimburger Linie waren. Das bedeutete einen beachtlichen Machtzuwachs, sehr zum Verdruß der nach Selbständigkeit strebenden Quedlinburger Bürger wie des zeitweise mit

ihnen verbündeten Halberstädter Bischofs. Was schließlich das Schicksal des Raubgrafen, wie es in dieser Butzenscheibenpoetik so schön beschrieben wird, nach heldenhaftem Kampf besiegeln sollte, zumal die enttäuschte Äbtissin die schützende Hand von ihrem Edelvogte zog. Aus der Emanzipationsperspektive der kämpferischen Vorfahren des Quedlinburger Fabrikantensohnes Wolff sah das in der Jahrhundert-Auseinandersetzung der zunehmend selbstbewußteren Städter mit der drückenden Vormundschaft des geistlichen Frauenregiments ein halbes Jahrtausend zuvor freilich ganz anders aus, als es der Spätbürgersproß darstellte. Doch lassen wir zunächst die Regensteiner Knechte zwischen der Quedlinburg und dem alten Wipertikloster die starke Wasserfeste Gunterenburg anlegen, die Befestigungsanlagen auf der gewaltigen Lauenburg und der Heimburg verstärken, Albrecht in Liebe zur jungen Oda vom Falkenstein entbrennen und mit den eigenen Vettern auf der Blankenburg streiten und halten es, zunächst, mit Schillers großem Wallenstein: „Von der Parteien Gunst und Haß verwirrt / Schwankt sein Charakterbild in der Geschichte."

In dem burgenreichen Harz ist kaum ein anderer Ort für ein uneinnehmbares, malerisch hoch über dem unsicheren Lande gelegenes Ritternest so geeignet wie dieser ringsum frei stehende Felsen. Nach Norden und Westen fällt er steil ab, unbesteigbar für jeden Belagerer; nach Osten ist der Zugang durch Klippen und Klüfte gedeckt, und nur im Süden, wo man mit Mauerwerk den Zugang leicht schützen kann, ist die Anlage überhaupt erreichbar. Den breiten Steinrücken gliederte schon der große Baumeister Natur zu einer gewachsenen Festung mit mehreren Ebenen und Gängen, Felstreppen und Gewölben, die sicherlich bereits in grauer Vorzeit als Wohnstätte gedient hatten, wie Fundstücke aus der Stein- und

1 Auf einem dem Harz vorgelagerten Sandsteinrücken von 296 Meter Höhe – Burg Regenstein, die älteste deutsche Steinburg.
2 Blick auf den Regenstein. Die dicht beieinander liegenden Burgen Regenstein, Heimburg und Blankenburg beherrschten Anfang des 14. Jh. das Gebiet von der Höhe des Harzes bis zur Bode im Osten und der Oker im Westen und bis zum großen Bruch im Norden.

Bronzezeit ausweisen. Natürliches Steinwerk, klafter-
dick, mit Kammern und geräumigen Hallen mehrfach
übereinander, Höfe, leicht zu verteidigen, Miniaturfe-
stungen im großen Areal auf luftiger Höhe, eine eigenar-
tig-reizvolle Verbindung von Mauerwerk und Gestein —
das ist und war der Regenstein mit seiner krönenden
Burg. Sie wurde oft wegen der vielen natürlichen Räume
eine Felsenburg genannt, vergleichbar mit den berühmten Felsstädten Böhmens, die in der kampferfüllten Ge-

schichte der tschechischen Nation oft eine wichtige
Rolle letzter Zuflucht gespielt hatten. Verwitterter Sandstein ist hier wie dort das formenreiche Material, aus dem
sich, wie alte Sagen vermuten, der Teufel selbst ein an-
gemessenes Wochenendheim in Sichtweite des Brockens
eingerichtet habe. Tatsächlich begegnet man dem Herrn
ja hier allerorten und höchstpersönlich bei Neinstedt auf
der urgewaltigen Teufelsmauer, die sich von den sogenannten Gegensteinen bei Ballenstedt, der ehemaligen

3

Residenzstadt der Anhaltiner im Osten, bis hinüber nach Blankenburg im geologischen Vorfeld des Unterharzes hinstreckt, bis sie ganz im Westen schließlich im 260 Meter hohen, bizarr zerklüfteten Regenstein endet. Wie von Teufelshand errichtet, zieht sich die mit Türmen und Bastionen besetzte Riesenmauer durch Äcker und Wiesen, ein Limes der Zyklopen, von dessen Zinnen man bei gutem Wetter sogar die Türme des Halberstädter Domes sehen kann. Die schroffe Quadersandsteinmauer, seit 1865 (und damit das älteste) Naturschutzgebiet, wurde vor 115 Millionen Jahren in der Kreidezeit aufgefaltet. Die Eiszeit kam und hobelte die starren Kanten ab, Wind und Wetter rieben nach, Wasserfluten ebneten das Land zur Dünenlandschaft rundum ein, und so entstand ein wunderlich schöner Fleck Erde, den bereits die Romantiker als lohnendes Ausflugsziel entdeckten.

„Wir stiegen nun den Felsen hinan, auf dessen höchster Spitze die Ruine des Schlosses Regenstein liegt", berichtet 1831 der dänische Märchendichter Hans Christian Andersen; „das Gemäuer ist verschwunden, aber alles, was in den Felsen selbst eingehauen ist, steht wie eine mächtige Riesenmumie und erzählt von vergangenen Zeiten. Tief unten lagen die Felder wie Beete in einem Gemüsegarten, der Bauer hinter seinem Pflug wie ein Schneckenhaus, das auf der Erde hinkroch. Die Kirche, die in den Felsen eingehauen ist, wölbt sich noch ebenso fest, den Jahrhunderten trotzend, aber sie ist nur noch eine große Höhle, ohne Form; die Gemächer, die zu Schlafstellen gedient haben, sind nur Vertiefungen im Felsen, wo die große Steinmasse über den Häuptern schwebt; wir warfen Steine in den tiefen Brunnen hinab und wollten uns schon beinahe wieder entfernen, ehe wir sie fallen hörten."

Die Romantiker hatten einen Blick für die geheimnisvollen Reize der alten Burgen; sie hörten die Steine sprechen und spürten im Gemäuer noch den alten Pulsschlag der Geschichte. Anders als die späteren Epigonen waren sie der Vergangenheit, wenn auch verklärend, mit dem offenen Herzen der Poeten und dem erstaunten Blick der Entdecker geschichtlicher Größe auf der Spur.

Folgen wir dem romantischen Wanderer, und lassen uns gleich ihm auf jener Felsspitze nieder, die die Decke der Höhlenkapelle bildet, und blicken wie er vergnügt von diesem Kap Gibraltar des Harzes in die Weite. Wir sind

4

den Fußweg von Blankenburg heraufgewandert und haben die kurbrandenburgische Festung vor uns, zu der die Burg 1671 umgebaut wurde. Mächtige Bastionen nach Süden, ein überwölbtes Tor durch den Felsen. Wir steuern den Platz der mittelalterlichen Grafenburg auf dem westlichen Ausläufer des Felsens an, von der in Resten nur noch der runde Bergfried eine ungefähre Vorstellung abgibt. Sehr viel anders sah das auch unser Freund

3 Schon der Märchendichter Hans Christian Andersen hatte Mühe, im verwitterten Fels den menschlichen Baumeister der mittelalterlichen Grafenburg aus dem 12. bis 15. Jh. zu entdekken.

4 Der Turm ist das einzige Bauwerk aus der Zeit der mittelalterlichen Grafenburg. Unterhalb von ihm kann man noch heute einen tiefen Graben sehen, der die Oberburg von der Vorburg trennte. An seiner tiefsten Stelle öffnet sich das „Teufelsloch".

und Kupferstecher Merian nicht, der den Regenstein um 1650 für seine Topographie porträtierte und damit das älteste Bildzeugnis schuf. Durch den Felsgang, rechts und links sorgfältig aus dem Stein herausgehauene Räume, zur Treppe, die hinauf zur schönsten Aussicht weit und breit führt. Was für eine seltsame Burg zu unseren Füßen, halb zurückverwandelt in Fels, das Mauerwerk nur noch in Andeutung. Ein paar Fundamente von Palas und Wohnbauten, Stallungen und Scheuern, dazu einst eine recht umfangreiche Vorburg. In der Beschreibung der kastellartigen Burganlage war Julius Wolff erstaunlich genau. Rechts neben der Zisterne einige Räume ohne Überdachung, vermutlich Lagerräume in der Festungszeit, die bei der Sprengung 1758 mit zerstört wurden. Ganz vorn an der Nordkante, wo der Felsen über hundert Meter in die Tiefe abstürzt, der verlorene Posten, ein Vorsprung, wo einst ein Wachtposten vom Wind hinabgeblasen wurde. Blieb er wirklich im Strauchwerk hängen und am Leben? Eine junge Mutter faßt ihren neugierigen Sprößling fester an der Hand und äugt mit halbem Blick über die abschüssige Kante.

„Siegfried führte Oda auf der freien Höhe des Felsens an den schwindelnden Absturz und faßte sie bei der Hand, die sie ihm willig überließ. ,Seht, Fräulein', sprach er, ,der Felsen fällt hier mehr als achthundert Fuß lothrecht in die Tiefe hinab, und wenn dort unten auf dem Wege ein Mensch ginge, so würde er Euch kaum größer erscheinen als eine Krähe. Hier sind wir gegen jeden Ansturm geschützt; was nicht fliegen kann, kommt hier nicht herauf und auch nicht lebendig hinab."

Man möchte es — zumindest von diesem Standort aus — gern glauben. Doch der Regensteiner irrte sehr. Was ihm freilich kaum zum Vorwurf gemacht werden kann, denn das Ritternest da oben auf steilem Felsen war wirklich wie die auf zwei Steintürme gesetzte Burg Trosky im Böhmischen, die selbst der furchtbare Hussitenfeldherr Žižka 1424 vergeblich belagerte, uneinnehmbar. Sofern man gut vorgesorgt hatte für lange Zeiten der Belagerung. Im Machtkampf der beiden Albrechte waren die Kräfte zunächst gleich verteilt. Ein Überfall hier, ein Überfall dort; Leidtragende waren in jedem Fall die Bauern, die man stellvertretend für ihre Herren rupfte. In der spannenden Geschichte einer Belagerung des Regensteins durch die Halberstädter läßt Julius Wolff mit sichtlicher Lust am Effekt den „Raubgrafen" in Panzer und Sturmhaube an der Kette des Ziehbrunnens, verlängert durch starke Seile, nachts heimlich den Felsen hinab, damit er durch den Belagerungsring nach Entsatz von der Heimburg her schleiche … Spannend erfunden oder nicht, in wirkliche Bedrängnis waren die Regensteiner auf dem Regenstein nie gekommen. Sie ereilte das Geschick in geradezu klassischer Logik geschichtlicher Gesetzmäßigkeit vor den Toren eines ganz anderen Feindes, der in den Städten saß und als wichtigste mauerbrechende Waffe das Geld einzusetzen wußte. „Anno 1336 erhob sich ein Widerwille zwischen der Altstadt (Quedlinburg) und Grafen Albrecht von Regenstein, welcher", heißt es in einem alten Bericht, „zu weit in die Gräntzen und Gerechtigkeiten der Bürger griff." Regensteiner Knechte hatten wieder einmal Quedlinburger Bauern überfallen und gefangengenommen. Albrechts Provokation ging auf, es kam zum förmlichen Krieg, der ihm endlich den lang gesuchten Vorwand lieferte, die aufmüpfige Stadt den Respekt vor althergebrachter Ordnung zu lehren und sie zu belagern. Er stürmte die Neustadt und brachte hier, technisch auf der Höhe der Zeit, sein gefürchtetes Pfeil-Wurfgeschütz in Stellung. Doch der Regensteiner hatte seine militärischen Möglichkeiten weit überschätzt. In einem kühnen Handstreich eroberten die Quedlinburger die Gersdorfer Burg und kassierten selbst den „Raubgrafen" auf seiner Flucht in einem schnellen Handgemenge am Hakelteichsumpf. „Ein verzweifelter, furchtbarer Kampf fand noch statt, bei dem sich Albrecht wie ein wütender Eber wehrte, bis sie mit Spießen und Stangen auf ihn losschlugen und auch sein starker Schwertarm erlahmte."

Julius Wolff schrieb das nicht gern, man merkt es. Was folgte, war keineswegs ritterlich, wiewohl der äußere Vorgang darauf hinzudeuten scheint. Denn nur ein Fürstengericht konnte den Regensteiner verurteilen, so hoch reichte die Gerichtsbarkeit der siegreichen Bürger nicht. Noch heute zeigt man im Museum auf der Quedlinburg einen aus dicken Fichtenbohlen gezimmerten eisenumgürteten Holzkasten, acht Fuß im Geviert, sechs in der Höhe, mit kleiner Tür und schmalem Fenster, in dem der kostbare Gefangene wochenlang auf seine Aburteilung gewartet haben soll. Doch findet sich in den Chroniken und zeitgenössischen Berichten kein Beleg für die Wahrheit dieser entehrenden Haft. Härter jedenfalls waren die tatsächlichen Bedingungen, denen er seine Freisetzung dann verdankte: Verzicht auf die Schutzvogtei Quedlinburg, Verlust seiner Häuser in der Stadt an diese selbst, vollständige Übernahme der Kosten für eine Verstärkung der Quedlinburger Stadtbefestigung. Auf dem Regenstein blühte fortan kein Ritterglück mehr. 1348 ging der „Raubgraf" Halberstädter Reitern in die Falle und wurde bei einem nahen Dorfe von der bischöflichen Übermacht erschlagen. Noch eine Weile versuchten sein Bruder und die beiden Söhne die alte Größe des Hauses

6

5 In der mittelalterlichen Grafenburg waren vorhandene Felsenräume geschickt in das Mauerwerk einbezogen worden. Den Regensteiner Grafen gehörten zeitweise 14 Burgen im Umkreis.
6 Feld- und Belagerungsgeschütz im 15. Jh. Nach einem Kupferstich von I. Meckenem (um 1450–1503).

7 gegen den übermächtigen Kirchenfürsten zu verteidigen; 1353 blieb Sohn Ulrich nichts anderes als der Verzicht auf jeglichen Anspruch und die Versöhnung mit „alle den, de dar mete waren, dat unse vader greve Albrecht von Reghesten, demo got gnade, erslagen wart". Reichlich vierzig Jahre später starb das Geschlecht der Regensteiner Grafen aus, die Grafschaft fiel an das Herzogtum Braunschweig.

In der 1530 abgeschlossenen Sachsenchronik wird bereits die Ruine beschrieben: „... ein burck am Harcz, hatte wunderlich gebewde, in steincluftern alles hausgemach ausgehoben, nur czubrochen ..." Das war hundert Jahre vor Merians Visite nach dem Dreißigjährigen Krieg, wo der Regenstein vor allem Flüchtlingen Schutz und Sicherheit geboten hatte. Im nahen Quedlinburg kassierte der schwedische General Christoffer von Königsmarck 13000 Taler und zur Erinnerung daran in schöner Symbolik das Schwert des berühmten „Raubgrafen", das die Bürger zusammen mit dessen Feldflasche, der Streitaxt und den Sporen als Trophäen eines bedeu-

8 tenden Sieges sorgsam aufbewahrt hatten. Die Felsenruine interessierte die „Kriegsgurgl" weniger, dafür aber — mit dem Westfälischen Frieden 1648 war das Stift Halberstadt an Brandenburg gefallen — knapp 30 Jahre später den Braunschweiger Herzog, der sich von der neuen, militanten Nachbarschaft herausgefordert fühlte. Ein Miniaturkrieg begann, lächerlich und komisch, ein Kapitelchen spätfeudaler Hausmachtpolitik, das in dem politischen Kuriosum einer preußischen Enklave auf braunschweigischem Gebiet endete. (Der Regenstein war bis 1945 mit seinen an einer Hand abzuzählenden Bewohnern die kleinste Gemeinde Preußens, was etliche Grenzsteine noch immer als eine Art geschichtlicher Schicksalslinie in die idyllische Natur markieren.)

Anno 1643 erhielt der Graf von Tättenbach vom Halberstädter Bischof für besondere Vertrauensverdienste die Regensteiner Grafschaft zugesprochen, und 1648 erkannte Brandenburgs Kurfürst laut Friedenskongreß sie als Braunschweiger Lehen an. Womit über den Fels samt Ruine praktisch zwei Lehnshoheiten verfügten, die dann mit dem Tode des Tättenbachers 1661 zum heißen Kleinkrieg um das Erbe antraten. Zunächst ging es um ein paar nutzbringende Dörfer, als einträgliche Steuerquelle den beiden Landesherren wichtig genug. Als von Blankenburg aus sieben Mann das braunschweigische Fähnlein über der Burgruine aufgezogen hatten, stach das den Kurbrandenburgern im nahen Halberstadt dermaßen in die Augen, daß sie im kalten Februar 1662 an die dreißig Mann zum Sturmangriff auf die Bergfeste ansetzten. Damit begann ein lautstark angeheizter Miniaturkrieg zwischen dem braunschweigischen Vorposten Blankenburg und dem brandenburgischen Halberstadt, in dessen Folge der Regenstein erneut aufgerüstet und dann, als sich das Haus Braunschweig, militärisch unterlegen, auf die lange Klagebank des Reichskammergerichtes zurückzog, im Verlauf des nächsten halben Jahrhunderts zur starken Festung umgebaut wurde. Ein

Blankenburger Chronist des vergangenen Jahrhunderts schildert das umfangreiche und strategisch wichtig gelegene Werk so:

„Da waren zunächst zu beiden Seiten des einzigen südwestlichen Tores, zu dem ein gewölbter langer, durch

7 Bereits im 15. Jh. verfiel Burg Regenstein, die dann ab 1670 zur kurbrandenburgisch-preußischen Festung gegen das umliegende Braunschweig ausgebaut wurde. Sie wurde 1758 auf Befehl Friedrichs II. gesprengt.

8 Verwittert und vom Regen ausgewaschen sind die Stufen einer Treppe, die zur höchsten Stelle des Felsens führt.

9 Sorgfältig aus dem Felsen gearbeitet und zugleich größter Raum der Steinburg — die Kapelle mit regelmäßig ausgehauenen Rundbogenfenstern.

vier Torflügel und einen Schlagbaum geschützter Gang führte, zwei Bastionen, zur linken Hand die Scharfe Ecke, rechts die Friedrichsburg. Später wurde hinter dieser das Bollwerk Karlsburg errichtet. Südöstlich hinter ihr lag die sehr starke Friedrich-Wilhelmsburg, und den Aufstieg hinter dem Tor von Nordwesten her schützten oben Mauern, unten fast in der Talsohle zwei zu beiden Seiten des Weges errichtete Verschanzungen, der Vogelsang. Auch die ehemalige Burg, die nunmehrige Zitadelle, war sorgfältig geschützt, der Turm wiederhergestellt und als Pulverturm benutzt. Neben der Karlsburg stand ein Zeughaus mit Erker, neben der kleinen Burgkirche ein festes Munitionshaus, dann eine neue Kommandantur, daneben lag der Brunnen. Um diese Gebäude lagen die einstöckigen, mit Ziegeln bedeckten Baracken der Besatzung; auch stand noch ein Brauhaus, ein Wirtshaus (Wirt zugleich Bäcker) und eine Windmühle oben."

1736 schlug der Blitz in das alte Kirchlein und beschädigte auch den Pulverturm. Zu diesem Zeitpunkt bestand auch hier, eine Folge der vielen preußischen Feudalkriege, die Besatzung aus schlecht bezahlten Invaliden, die sich mit einem Kleinhandel selbstgefertigter Holzpantoffeln und Reisigbesen eine gewisse ökonomische Unabhängigkeit von dem leeren Staatssäckel zu sichern suchten. Am 10. Juli 1757, im zweiten Jahr des Siebenjährigen Krieges seines Königs Friedrich II., der eben nach der verlustreichen Schlacht bei Kolin Böhmen wieder räumen mußte, gesteht der letzte Regensteiner Festungskommandant Oberst von Ahlimb die unhaltbare Lage in einem Geheimbericht ein:

„Die Vestung Regenstein, welche zwar mehrenteils aus der Natur durch Felsen fortificiert, hat dennoch einige durch Steine aufgeführte Bastions, wovon einige durch die Länge der Zeit und weil nichts daran gebessert worden, eingesunken oder Oeffnungen erhalten. Die Halberstädtische Kriegs- und Domänenkammer hat zwar auf meine Vorstellung zum offtern diese eingefallenen Mauern in Inspektion nehmen lassen, auch davon zum Generaldirektorio berichtet, es aber, weil dieses die Wiederherstellung nicht accordieren wollen, davon nichts repariert worden, auch sind nicht einmal die von mir verlangten Pallisaden zur Besetzung dieser Oeffnung auf denen Bastions angewiesen und beygefahren worden."

Die große Prüfung der preußischen Festung stand aber noch bevor. Frankreich, mit Österreich gegen Preußen verbündet, um rechtsrheinische Eigeninteressen zu wahren, schickte im Juli eine dritte Armee über den Rhein unter Kommando des Herzogs von Richelieu, der am 8. September den englischen Befehlshaber des mit Preußen verbündeten hannöverschen Heeres, Herzog von Cumberland, zur Aufgabe Hannovers zwang. Vier Tage später zogen die eroberungsfreudigen Fechtbrüder der drei Musketiere unter Herzog Ayen, derweil französischer Kommandant von Halberstadt, knapp 3 000 Mann stark, vor der desolaten Festung Regenstein in Kanonenschuß-Distanz auf, schwenkten höflich ihre weiten Federhüte und forderten die möglichst friedliche Übergabe. Alles Weitere könnte einer der vielen Dumas-Verfilmungen entnommen sein. Auf den Festungswerken des Regensteins standen 13 Kanonen, darunter fünf Sechspfünder, drei Zwölfpfünder und ein Achtpfünder. Nur fünf waren überhaupt brauchbar, den übrigen fehlten Lafetten; zur Bedienung war lediglich ein alter Kanonier anwesend. „Weil ich mich nun allenthalben umringt sah und die Besatzung kaum für einen Tag Proviant hatte", entschuldigte sich später der Festungskommandant, „so habe ich folgender Gestalt den Ohrt übergeben: daß die Besatzung mit ihren Effekten, Ober- und Untergewehr abziehen solle." Sein erboster König notierte eigenhändig auf die Rückseite des Kapitulationsberichtes: „Sie haben sich garnicht gewehret, also meritirten Sie vor Kriegsrecht gesetzet zu werden."

Der Rest ist peinliches Schweigen. Die Franzosen besetzten das brüchige Felsennest und meldeten stolz nach Paris, die „stärkste und wichtigste Festung Deutschlands" eingenommen zu haben. Auch das läßt sich mit Dumas richtig einordnen. In altbewährter Eroberungsmanier verewigten sie sich, allerdings mit gallischem Kunstanspruch, im Steinwerk in Gestalt einer königlichen Lilie, die noch heute nahe dem Durchgang zur Oberburg an die kurze Franzosenzeit erinnert. Am 5. November schlugen 25 000 Preußen das doppelt so starke deutschfranzösische Heer bei dem Dorf Roßbach in der Nähe von Querfurt. Kurz darauf erkundete Prinz Heinrich, Bruder Friedrichs II., das Halberstädter Land und zwang nun seinerseits die kaum warmgewordenen Lilien-Kämpfer zum Abzug vom Regenstein. Am 26. Fe-

bruar 1758 — der König hatte strengen Befehl gegeben, die Festungswerke auf ihre weitere Verwendbarkeit zu überprüfen — erreichte ihn im Feldlager die beruhigende Nachricht: „Der Regenstein ist völlig zerstört, so daß ihn niemand mehr besetzen kann."

Mehrere schwere Explosionen, die den ohnehin schon mürben Sandstein tief aufrissen, fegten den Fels von den Zeugen jahrhundertelanger Militärgeschichte leer. Die mächtigen Mauern stürzten talwärts, die Kasematten brachen in sich zusammen, künftig nur noch für Fuchs und Räuber heimliche Zuflucht. Verlassen und verges-

sen, bis sich die Romantik wieder der alten Geschichte annahm und in den Ruinen nach den Blumen von einst suchte. „Eine jede Ruine steht doch da wie ein leibhaftiges Heldengedicht, das uns in der Zeit zu anderen Menschen, andern Sitten und Gebräuchen zurückversetzt; je höher das Gras in den Rittersälen wächst, je langsamer die Flut über die umgestürzten Pfeiler dahingleitet, desto mehr Poesie findet das Herz in diesem Steinepos." Hans Christian Andersen, der Märchendichter, Sommer 1831.

10 Wie ein Naturdenkmal: „Teufelsloch" und Turm.

Beim Autor
des „Sachsenspiegels"

※

Falkenstein

„... Wir gingen bei herrlichstem Wetter zusammen auf den Falkenstein. O wie war ich selig mit den Genossen der Jugend! Wir lachten und rauchten und klagten uns auch unsere Not. Auf der alten Burg angelangt, frühstückten wir in ritterlicher Halle Butterbrot mit Schlackwurst, fürchterlich lachend, weil Oehme witzig ist. Als wir uns erquickt hatten, ging das Zeichnen los. Um zwei waren wir fertig und ließen uns Gänsebraten, Salat und Birkenchampagner heraus ins Freie bringen. Nach Tisch ließen Richter und Peschel sich das Schloß von innen zeigen. Oehme aber setzte sich wieder zum Zeichnen auf sein Feldstühlchen, und ich legte mich neben ihn ins Gras, ihm zusehend. Es war eine Wonne."

So beschreibt der Verfasser der „Lebenserinnerungen eines alten Mannes", Wilhelm von Kügelgen, einen amüsanten Ausflug in die grüne Harzeinsamkeit, wo Burg Falkenstein wie ein Wappenstück das Haupt eines Berges schmückt. Gemeinsam mit den Malern Ludwig Richter, Karl-Gottfried Peschel und Ernst Ferdinand Oehme hatte er sich 1842 von Ballenstedt aus hierher auf den Weg gemacht, jenem Zeitgeist folgend, der die schwärmerische Verehrung alter Burgen einschloß. Es war damals fast wie heute. Zunächst den bequemen Fahrweg bis zum jetzigen Wirtshaus „Zum Falken", dann linker Hand den Fußweg empor. Eine gewisse Höhe galt es zu ersteigen, bis sich der dichte Forst wohl eine knappe halbe Stunde darauf zu einer Baumgasse weitete. Dann erblickten sie den Felsen, auf dem die hohe Wehr der Burg aufstieg.

Was sie erwartete, schilderte ein Zeitgenosse, der Ballenstedter Friedrich Gottschalck, in seinem Buch „Die Ritterburgen und Bergschlösser Deutschlands": „Der Felsen, auf dem die Veste ruht, macht gegen Nordost einen Vorsprung, von dem man die entzückendste Aussicht in das herrliche Selkethal und auf die gegenüberliegenden Selkenberge, unter denen die sogenannte Selkensicht einer besonderen Erwähnung verdient, genießt. Auf der ganzen Süd- und Westseite zieht sich ein tiefes wildes Seitenthal um die Burg, und hohe vorliegende Bergmassen verhindern jede weitere Aussicht. Hier an diesem einsamen Abhange, aus dessen tiefem Thale nur der Wiederhall der fällenden Axt, oder das melancholische Geläute der weidenden Heerden zu unserm Ohre heraufdringt, wo nichts das im Anschauen und in Erinnerung versenkte Gemüth zu den kleinlichen Alltagssorgen und Empfindungen herniederzieht, hinter uns die alten, festen Mauern der grauen Burg, die ehrwürdigen Ruinen einer großen energischen Vorzeit — welche Masse von Gefühlen und Erinnerungen muß da nicht den sinnigen Wanderer ergreifen?"

Wir stehen an der Angriffsseite. Bis vier Meter Stärke mißt die siebzehn Meter aufragende Wehrmauer. Hinter diesem Steinschild postierten sich einst die Wachen auf Wehrgängen. Die Schießscharten sind heute vermauert, doch noch deutlich zu erkennen. Durch das Tor gelangen wir in den Vorhof der Burg, „von welchem man auf einer im Freien befindlichen Treppe von ungefähr vierzig gemauerten Stufen durch eine sehr kleine, kaum für Einen Menschen Platz habende Thür in die Küche, und von da in den inneren Burghof gelangt". Treppe und Tür

gibt es noch, doch nicht mehr die einstige weißhaarige Kastellanin. Nahe der Stelle, wo einmal Wild am Spieß duftete, Köche und Mägde mit allerlei Geschirr emsig hantierten, empfängt uns heute die Museumskasse, wie so oft umlagert von einer dichten Besuchertraube. Wir bezahlen. In den zwanziger Jahren unseres Jahrhunderts hätten wir für die Visite noch einen Passierschein mit dem springenden Wolf im goldenen Felde, dem Wappen der Besitzer, der Herren von Asseburg, gebraucht.

„Die eigentliche Einfahrt zur Burg geht links neben dieser steinernen Treppe durch einen engen schmalen Vorhof oder Zwinger, zwischen der äußeren hohen Mauer und dem auf einem Felsen liegenden Gebäude, das aus zwei irregulären Fensterreihen und zwei Giebeln besteht ...“

Gleich uns werden auch Kügelgen und seine Freunde, angeregt plaudernd, durch das folgende Tor gezogen

sein und dabei festgestellt haben, daß es für Wagen viel zu klein war. Der Grund: Endstation für Gespanne.

Endlich ist das letzte Tor erreicht, der innere Burghof empfängt uns und „... bildet ein kleines ungleichseitiges Viereck, auf dem sich in der Mitte ein großer gemauerter Brunnen befindet, der die Burg mit Wasser versorgt“, aus gut zwanzig Metern Tiefe. Vom Brunnen sind es nur ein paar Schritte zur spätgotischen Kapelle, für die Burgherr Augustus I. von der Asseburg 1594/95 die neue Ausstattung ganz in Holz stiftete.

Der Hof ist fachwerkumbaut. Das Frauenhaus schmükken über geschnitzten Balkenköpfen dreieckige Stützfelder mit Halbrosetten. Der zweifach unterkellerte Palas ist schlichter, sein Fachwerk massiver. Wohn- und Wirtschaftsbauten tragen Schieferdächer. Zwei Treppen-

1 Burg Falkenstein. Ludwig Richter, 1836.

türme — einen ziert ein rundbogiges Renaissanceportal — verbinden die Gebäude der Burg, die im wesentlichen ab 1500 ihr jetziges Aussehen erhielten. Alles überragend, reckt sich der Bergfried aus dem Mauerwerk des engen Hofes. Auf seiner Hauptangriffsseite wächst der Turm keilförmig spitz, mit der hohen Wehrmauer über eine Zunge verwachsen. „Fast in der Spitze dieses Thurms hatten die letzten Bewohner des Falkensteins eine Sommerstube, die nach allen Seiten hin Oeffnungen hat, und außen herum mit einer ziemlich breiten Brüstung, auf der man um den Thurm herumgehen kann, umgeben ist." Von hier aus werden auch die Maler den

Blick in die Landschaft genossen haben, „hinaus in eine weite ungemessene Ferne, in die reizendste, fruchtbarste, mit Dörfern und Getreidefeldern bunt durchschossene Ebene, und das Auge und das Gefühl schwelgt in dem

2 Die Hauptangriffsseite der Burg Falkenstein mit der 17 Meter hohen Schildmauer und dem Bergfried. Hinter den vier Meter starken Ostmauern mit dem aufgesetzten Wehrgang konnten sich die Burgbewohner recht sicher fühlen. Die Erbauer hatten auch zwei Schießscharten in das rohe Steinwerk einfügen lassen.
3 Blick von der 30 Meter hohen Plattform des keilförmig verstärkten Bergfrieds auf die Dächer der Kernburg.

3

Anschauen des großen schönen Gemäldes, über das der sanfte Charakter der friedlichen Ruhe so unwiderstehlich ausgegossen ist... bei heiteren Tages erblickt das Auge sogar am fernen Horizont die Spitzen des Magdeburger Doms."

Wir können die Domspitzen mit etwas Phantasie ebenfalls ausmachen. Es ist aber an der Zeit, sich von der romantisch verklärten Gottschalckschen Darstellung zu trennen, die die Felsen wilder und steiler, die Täler riesiger und dramatischer und die Burg mittelalterlich trutziger wiedergibt. Wer heute den Falkenstein besucht, wird keine nüchterne ritterliche Feste vorfinden, denn die Burg bekam erst im späten Mittelalter ihre wohnliche Gestalt, wie ein Inschriftstein bezeugt. Dennoch hatten

die Baumeister bis ins 17. Jahrhundert hinein zu tun, das Bergschloß vollends behaglich werden zu lassen.

Es macht heute wie einst Spaß, durch den Wehrgraben zu stapfen, mit den Händen Mauern zu berühren, die längst die Spuren der Verwitterung tragen, im engen Burghof den Kopf in den Nacken zu legen und zur Turmspitze in 36 Meter Höhe hinaufzusehen, dann durch die Stilzimmer oder den schiefen Saal mit der üppigen Stuckdecke zu streifen. Hier hat der aufmerksame Besucher eine Begegnung mit dem wohl interessantesten Stück Geschichte der Burg. Den Zugang dazu findet man in einem farbigen Glasfenster: Die Verglasung ist geteilt; in ihrer rechten Bildhälfte ein Mann von hochgewachsener, schlanker Gestalt. Vornüber gebeugt sitzt er

auf einer groben Holzbank und stützt seinen rechten Arm auf ein derbes Pult. Grünes Tuch hüllt den Mann ein. Nachdenklich blickt er auf ein geöffnetes Buch.
Die Frühsonne liegt über dem Selketal. Helle Strahlenlanzen erfassen das Fenster. Das plötzliche Licht belebt die Szene.
Der Mann arbeitet angestrengt, sieht kaum vom Papier auf. Die Hand mit der Feder verharrt für einige Momente des Überlegens, dann schreibt sie einen verwegenen Satz tiefschwarz aufs Pergament: „… als man zuerst Recht setzte, da war kein Dienstmann und waren alle Leute frei … In meinen Sinnen kann ich es auch nicht fassen, in Wahrheit, daß jemand des anderen (leibeigen) soll sein."

Der Schreibende ist Eike von Repgow, Schöffe und wohlbestallter Ritter aus Reppichau (Anhalt). Erstmals begegnet er uns im Jahre 1209 als schöffenbarer Freier. Und geht man nach den damals gebräuchlichen Vorschriften, mußte er in den Jahren sein, wie es landläufig hieß, also mindestens 21 Jahre alt. So kann man sein Geburtsjahr möglicherweise um 1180 annehmen, exakte Belege freilich kennen wir nicht. Doch seine Autorschaft am „Sachsenspiegel" ist unbestritten.
Repgow hat hinlängliche Erfahrungen mit dem Gebrauch rechtlicher Grundsätze in seiner Zeit und weiß, daß es nicht leicht sein wird, mit dem Buch künftig mehr Recht vor Gewalt zu setzen. Aber er ist auch ein Mensch, der nicht so leicht aufgibt. Sein kräftigstes Argument ist das Alte Testament. Heißt es nicht dort, daß Gott den Menschen nach sich selbst gebildet habe und ihm demzufolge der Arme wie der Reiche gleichermaßen lieb sei? Eike legt die Heiligen Worte aus, wie sie gemeint sind: Nur derjenige tue wider Gott, der den Menschen „… jemand anders zuspricht als Gott".
Durch das Fenster dringt die Mittagssonne. Für einen Augenblick beschattet der Schöffe seine Augen. Dann eilt der Federkiel über die nächste Seite: „Nach rechter Wahrheit hat Leibeigenschaft Beginn von Zwang und von Gefangenschaft und von ungerechter Gewalt, die man seit altersher in unrechte Gewohnheit gezogen und nun für Recht halten will."
Schon seit Monaten füllt Eike von Repgow die Seiten seines Rechtsbuches. Er hat es sich in den Kopf gesetzt, dem Durcheinander an Vorschriften und Erlassen etwas Verbindlicheres entgegenzusetzen. Landesherrliche Lust und Laune im Urteilen über Schuld und Sühne will er durch ein allgemeines Recht in die Schranken weisen.

4 Zu den gut erhaltenen Harzburgen gehört die im 12. Jh. erstmals erwähnte Burg Falkenstein. Wer vom Selketal her durch die Baumreihen nach oben sieht, bekommt schon einen deutlichen Eindruck von diesem Wehrbau.
5 Sicherheit stand über allem. Daher mußten die Wehranlagen stets dem militärtechnischen Stand angepaßt werden. Auf dem Falkenstein widerstanden sie allen Bedrohungen. Bis auf ein paar Kanonenkugeln im Dreißigjährigen Krieg blieben ernsthafte Prüfungen der Burg erspart. Dennoch wurde so manches Mauerwerk brüchig. Die Wiederherstellungen reichen bis in die Gegenwart.

Daß er nicht im heimischen Reppichau über den Sinn des  Hörigseins und über das Verhältnis des Bauern zu seinem Grundherrn sinniert, sondern statt dessen hier im Harz auf dem Bergriesen die Heilige Schrift auf die eigentliche Wahrheit hin erforscht, ist seiner Freundschaft mit dem Grafen Hoyer von Falkenstein zuzuschreiben. Dieser hat ihn eingeladen, hier in der grünen Harzidylle Kraft und Anregung für sein Vorhaben zu schöpfen.

Nun danket allgemein
Dem von Valkenstein,
Der Graf Hoyer ist genannt,
Daß in Deutsch ist gewandt
Dies Buch durch seine Bitte.
Eike von Repkow tat dieses.

So steht es im berühmtesten Rechtsbuch des Mittelalters, das als „Sachsenspiegel" in die Kultur- und Rechtsgeschichte einging, zu lesen. In der Vorrede heißt es:

Spiegel der Sachsen
Soll dies Buch sein genannt,
Darin der Sachsen Recht ist bekannt,
Wie in einem Spiegel die Frauen
Ihr Antlitz pflegen zu schauen.

Die Museen sind stolz, wenn sie — wie Burg Querfurt oder Schloß Tenneberg bei Waltershausen — ein, wenn auch nicht originales, so doch wertvolles Archivexemplar mit kolorierten Federzeichnungen den Gästen zeigen können.
Nicht selten blättert Repgow des Nachts beim flackernden Kerzenlicht in dicken Folianten, vergleicht, macht sich Notizen und liest sich an den Gesetzen der fränkischen Könige und römischen Imperatoren fast die Augen aus. Es sind Texte, die der Feudalherr nach Gutdünken interpretierte, einmal abgesehen davon, daß der einfache Bauer sie ohnehin nicht lesen konnte, geschweige denn sich durch das Satzlabyrinth hindurchfand. Wie schlecht

6 Ein ausgeklügeltes Torsystem schützte den Zugang zum Innenhof des Kernbaues.

7 Südseite der Burg mit zweitem Tor. Es verfügte seinerzeit über zwei Zugbrücken, von denen die eine für Wagen, die andere für die Benutzer der Schlupfpforte angelegt war.

7

es um das öffentliche Recht bestellt war, bewies auch die Burgimmunität. Über alles, was sich hinter den Mauern abspielte, gebot der Burgherr. Aus dieser willkürlichen Handhabung von Hausordnung und Strafgewalt begann sich der Begriff vom sogenannten Burgfrieden zu entwikkeln. Demzufolge hatte jeder Gast der Burg auf diesen Frieden den Eid abzulegen. Einem Richter war der Besuch einer Burg untersagt.

Die Angaben, wann Repgow die Feder nach Beendigung des Manuskriptes aus der Hand gelegt hat, schwanken zwischen 1220 und 1230. Doch ist dieser geringfügige Unterschied nicht wichtig, entscheidend ist Repgows juristische und literarische Leistung. Das auf lateinischen Quellen fußende Buch bestand aus einem Land- und Lehnsrecht sowie einigen Erweiterungen. Wenn ihm auch später Kritiker Mangel an Denkdisziplin vorwarfen und die vielen Einschübe bemängelten, ändert dies doch nichts am Wert dieses Gesetzwerkes.

Der „Sachsenspiegel" war zu seiner Zeit auch für die Bauern von großer Bedeutung; Repgow lehnte die von der Kirche sanktionierte Leibeigenschaft ab und bewies, daß die Heilige Schrift dafür keine Rechtfertigung enthält. Auch trat er für das Erbrecht der Bauern ein. Zwar stellte er in einigen Positionen die Macht der Kirche in Frage, dennoch urteilte Repgow aus seiner tiefen Beziehung zu Kirche und Religion. Daher fußt sein Lehnsrecht auf der „Zwei-Schwerter-Theorie", der zufolge die kirchliche Macht über die kaiserliche gestellt wurde:

8 Zwei Schwerter ließ Gott auf Erden, die Christenheit zu beschirmen, dem Papst das geistliche, dem Kaiser das weltliche. Dem Papst ist auch gesetzt zu reiten zu bescheidener Zeit auf einem weißen Pferd. Und der Kaiser soll ihm den Stegreif halten, damit sich der Sattel nicht wende.

Daraus folgt, daß der Kaiser verpflichtet war, die Kirche bei der Verfolgung ihrer Ziele zu unterstützen, indem er die ihm übertragene weltliche Gewalt im Sinne der Kurie zu gebrauchen hatte.

Der Verfasser des „Sachsenspiegels" hat gewiß in mancher Hinsicht Sinn für die gesellschaftlichen Realitäten bewiesen, mußte jedoch zwangsläufig auf Grund seiner sozialen Abhängigkeit auch vieles übersehen. Obwohl er gegen die Abhängigkeit des Bauern vom Grundherrn war, räumte er dem gemeinen Mann keine Entwicklung ein: „Niemand kann erwerben anderes Recht, als das ihm angeboren ist. Verschmäht er aber sein Recht vor Gericht und beansprucht er ein anderes Recht, das er nicht beweisen kann, so verliert er beide." So steht es im Landrecht.

Wenn sich im „Sachsenspiegel" auch einige recht praktische Regelungen für den Alltag niederschlugen wie „Wer sät, der mäht!" (Das Getreide gehört zunächst dem, der den Acker bestellte) oder „wer zuerst zur Mühle kommt, der soll zuerst mahlen", so blieb Eike von Repgow doch in der Spur seiner Zeit und trug dazu bei, die feudaladlige Macht zu festigen. Denn schließlich saß stets der Herr auf dem Richterstuhl. Dessen ungeachtet verdammte Papst Gregor IX. (1170–1241) das Gesetzbuch und verbot es. Noch 1374 wurden 14 Artikel durch einen seiner Nachfolger, Gregor XI., mit einer Bannbulle belegt.

Trotzdem verbreitete sich der „Sachsenspiegel" rasch und stand dem „Deutschenspiegel" und dem „Schwabenspiegel" Pate. Selbst in Polen, Holland, Livland und Litauen wurde er zum juristischen Maßstab. Vor dem Bürgerlichen Gesetzbuch, das am 1. Januar 1900 in Kraft trat, hatten die Repgowschen Bestimmungen noch eine gewisse Geltung in Thüringen, Anhalt, Holstein, Lauenburg, Lüneburg und Wolfenbüttel.

Wie oft Eike von Repgow im Burgfrieden mit Hoyer von

Falkenstein über sein Buch sprach oder gar stritt, darauf bleibt uns die Geschichte die Antwort schuldig. Ebenso fehlt uns trotz der großspurigen Verkündung auf jenem Gedenkstein in einem der vorgelagerten Gräben noch heute der entscheidende Beleg, daß der Spiegel der Sachsen tatsächlich auf dem Falkenstein entstanden ist, wenn auch vieles dafür spricht. Keine Zweifel aber bestehen über den Inhalt, obwohl die Originale der drei Fassungen des Werkes nie gefunden wurden. Es war gemäß dem Wunsche Hoyers ins mittelalterliche Niederdeutsch übertragen worden.

Doch Eike von Repgow, an den in der Halberstädter Oberstadt ein überlebensgroßes Monument vor dem Kreisgerichtsgebäude und ein Denkmal am Turm der Kirche zu Reppichau erinnern, gilt nicht nur als der Verfasser des „Sachsenspiegels", sondern auch als Urheber der „Sächsischen Weltchronik". Dabei handelt es sich um das erste deutschsprachige Prosawerk zur Weltgeschichte, niedergelegt auf 104 Pergamentblättern, versehen mit über 100 mehrfarbigen Illustrationen.

Auf Burg Falkenstein sind die Sonnenstrahlen hinter dem

9

Repgowfenster längst verblaßt. Jetzt leuchtet es wieder matt. Wir entlassen den Mann auf dem farbigen Glas in die Vergangenheit, bedauern, keinen originalen Eike-von-Repgow-Raum (ähnlich dem des Junkers Jörg auf der Wartburg) bestaunen zu können. Doch wen wundert's, selbst vergilbte Unterlagen enthalten keinen Hinweis auf eine solche Kammer des gelehrten Mannes.

Was jedoch aus seiner Lebenszeit erhalten blieb, sind jene Hohlpfennige, die auf der Burg geschlagen werden durften. Einer stammt mit Sicherheit noch aus der Herrschaftszeit Burchards I., des Gründers der Burg, also aus dem 12. Jahrhundert. Allerdings war die Freude des Burggrafen, mit Eifer Münzen prägen zu lassen, um damit sein Ansehen wie sein Einkommen etwas aufzubessern, nicht ungetrübt. Kein Geringerer als Kaiser Friedrich Barbarossa, der dem Halberstädter Bischof offensichtlich größere Sympathien entgegenbrachte, verbot kurzerhand zu dessen Gunsten die Prägerei, sowohl dem Falkensteiner als auch dem Arnsteiner Grafen, was freilich auf dem Falkenstein nicht beeindruckte. Der Falke wurde munter weiter als Symbol geprägt und findet sich auf einer Reihe Hohlpfennigen wieder.

Vom lieben Geld erzählt auch eine der bekanntesten Sagen um den Falkenstein. Sie führt uns in die Nähe der Selkemühle, zum Tidiansberg. Unterhalb seines Bergrückens gähnt die Öffnung einer kleinen Höhle. In ihrem Grund soll zur Zeit der Falkensteiner einem Schäfer etwas Blitzendes aufgefallen sein. Einmal neugierig geworden, beschloß er, dem Funkeln auf den Grund zu gehen. Es kam von einer merkwürdigen Art Sand. Der Neugierige füllte eine größere Probe davon in seine Taschen, nahm sie mit nach Hause und brachte sie schließlich zu einem Magdeburger Goldschmied. Dort erwiesen sich die feinen Körner als pures Gold. Verständlicherweise schlich der Schäfer noch oft zur Quelle seines plötzlichen Reichtums. Doch die Tage des Goldregens waren gezählt. Ihr Ende begann damit, daß der Graf von der Sache Wind bekam. Kurzerhand befahl der Falken-

8 Der Richter vor einer Burg. Darstellung aus dem Sachsenspiegel des Eike von Repgow (zwischen 1215 und 1230).

9 Dieser Wehrgang entstand im 16. Jh. an der Westseite der Kernburg. Von ihm aus konnten die Burgmannen den vorgelagerten Zwinger verteidigen.

steiner dem Schäfer, ihn an den geheimen Ort seines Fundes zu führen. Und als er hatte, wonach ihm der Sinn stand, ließ er den ahnungslosen Schäfer blenden. „Da that der arme geblendete Mann, seinen Peiniger verfluchend, den Wunsch, daß die Höhle sich augenblicklich schließen und so lange verschlossen bleiben möchte, bis drei gebrechliche regierende Herren, als ein Lahmer, ein Stummer und ein Blinder, auf dem Falkenstein residiert haben würden." Alsbald verschloß sich die Höhle. Den gierigen Grafen erfaßte das böse Geschick. Er verfiel dem Irrsinn und starb.

Der rationale Kern dieser Geschichte liegt im chronischen Geldmangel der kleinen Feudalherren und dem Niedergang des Rittertums im 14./15. Jahrhundert.

10

Keine Finanzsorgen schien es für die Familie von der 11
Asseburg zu geben. Sie legte 1437 dem Halberstädter
Bischof 630 Mark Silber hin, und schon war das Amt
Falkenstein, wozu mehrere Dörfer gehörten, ihnen
zugesprochen als ständiges Lehen.

Alsbald begann unter den Asseburgern auf dem Falkenstein eine rege Bautätigkeit, um die Wehr- und Palas-
mauern zu stärken, „... wur des aller grotest nod ist ...“
Daß sich die Asseburger auf lange Zeit im Selketal einzurichten gedachten, belegen ihre umfangreichen und kost-
spieligen Baumaßnahmen.

Und so kam es, daß die Handwerker zunächst südlich
zwischen Dirnitz und Schildmauer die vorhandene
Lücke durch einen Fachwerkbau schlossen, woraus sich
dann die Notwendigkeit ergab, gleich noch einen neuen
Zugang anzulegen. In der ersten Etage des Hauses wußten die Erbauer nicht nur die Räucherkammer unterzu-
bringen, sondern sie hatten auch genügend Platz für Rüstungen und Waffen eingeplant. Um die schwere Kampf-
technik möglichst rasch parat zu haben, erhielt der Hof
einen schwenkbaren Galgenarm, der den Transport der
Gerätschaften durch die engen Räumlichkeiten ersparte.
Doch allein bei diesen Veränderungen blieben die Asseburger nicht stehen. Vielmehr ordneten sie an, im ersten
Zwinger noch zwei Fachwerkbauten zu errichten, das im
Westen des Burghofes gelegene Frauenhaus aufzustok-
ken, die Front vom Torgewölbe bis zur Kemenate auszu-
fachen und Treppentürme zu errichten. Als schließlich
auch noch der Mauerring des Bergfrieds um einige Meter nach oben gewachsen war und letzte Handgriffe den
Schießgang im Westen vollendeten, hatten die Bauleute
das Wichtigste geschafft.

In all den Jahren (hierein fällt auch die Zeit des deutschen Bauernkrieges) gab es offensichtlich so viel zu
bauen, daß Augustus I. von der Asseburg 1577 seine Angetraute nicht auf die Burg führen konnte und statt dessen im nahegelegenen Neindorf Hochzeit feierte. Es
muß wahrlich ein Fest in Saus und Braus gewesen sein,
mit gesegnetem Appetit der Gäste, denn außer Wild sollen sie noch vier Rinder, acht Schweine, einen Eber,
40 Hammel sowie rund ein Dutzend Kälber, 300 Hühner, zehn Spanferkel, 60 Gänse, zwei Zentner Karpfen,
60 Aale und vieles mehr verzehrt haben.

Solchen leiblichen Freuden ging man auf der Burg offen-

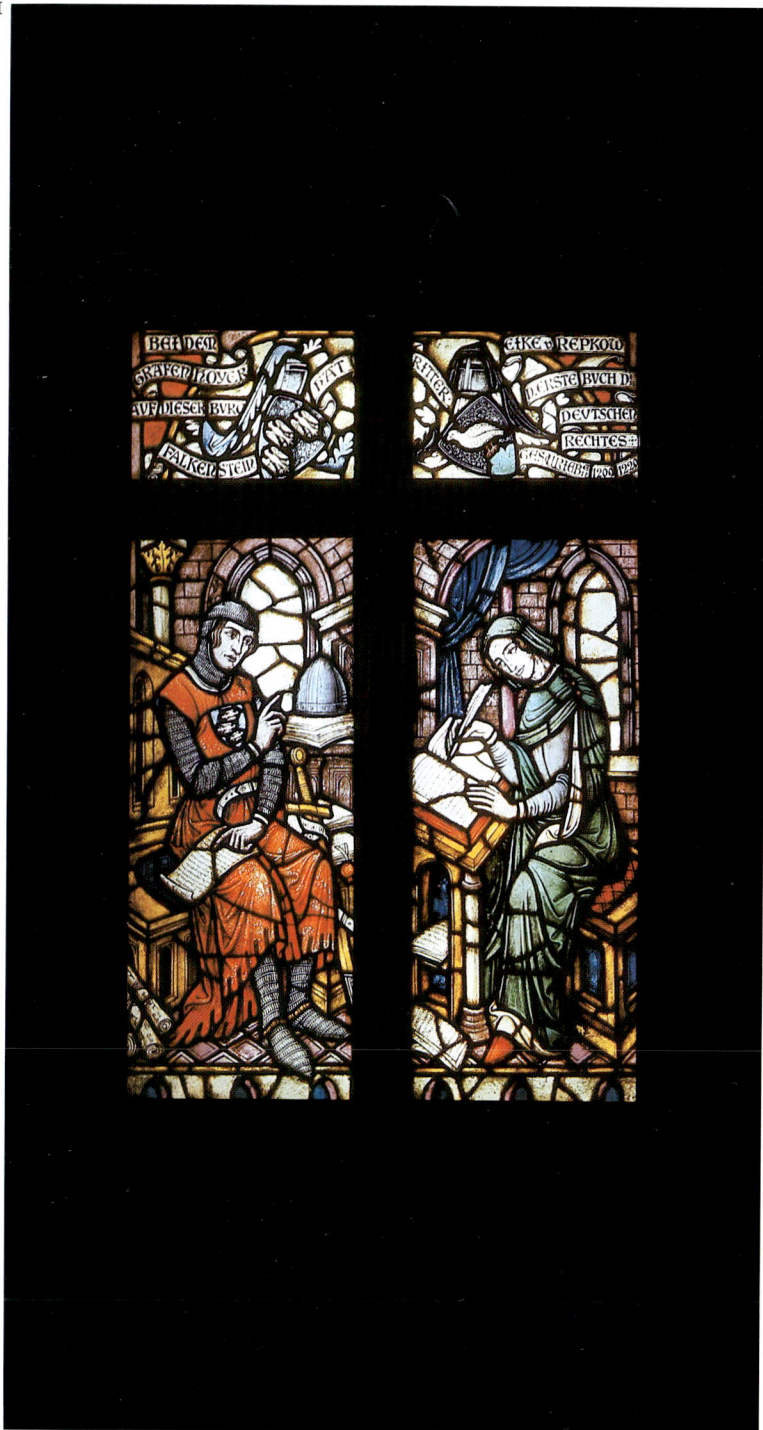

10 Die Erbauer der Burg wußten die natürlichen Bedingungen der
Bergzunge strategisch gut zu nutzen; drei tiefe Halsgräben
trennten das feste Haus vom Hinterland. Gräben und Zwinger
entstanden noch zusätzlich. Deutlich lassen sich Schützenöff-
nungen in den Mauern erkennen.

11 Ein farbiges Fenster erinnert an den Autor des „Sachsenspiegels“,
Eike von Repgow. Unweit der Kernanlage steht ein Gedenkstein.

sichtlich gern nach, denn es entstand im Wirtschaftshof noch ein Brauhaus, aus dem der Gerstensaft, vielleicht ein Verwandter des Magdeburger „Filz", in Strömen floß. Jedenfalls legte man sehr wohl Wert auf einen Vorrat von verspundeten Fässern, wie eine Beschreibung aus dem Jahre 1586 bestätigte. Doch dem Bier auf Falkenstein schenken die Historiker im allgemeinen weniger Beachtung.

Im Bauernkrieg blieb die Burg verschont. Das lag möglicherweise ebenso an der sicheren Befestigung wie am klugen Paktieren des Burgherrn mit den Aufständischen.

Während die Zimmerleute ihre Beile und Hämmer zwischen Rittersaal und Kemenate schwangen, entlud sich 1525 der Volkszorn nur wenige Kilometer weiter im Kloster Konradsburg.

Selbst im Dreißigjährigen Krieg kam die Burg recht gut davon, denn was waren schon ein paar Kugeln im Mauermantel und Einquartierungen gegen die damals überall wie eine Flut um sich greifenden Zerstörungen ganzer Landstriche? Trotzdem wurde eine Reihe Dörfer um die Burg wegen der Plünderungen von ihren Bewohnern verlassen.

12

74

Auf dem Falkenstein blieben die Steine übereinander, doch die Besitzer waren des Lebens auf dem Bergsporn offensichtlich nicht immer froh, denn sie wechselten häufig und hinterließen Spuren, oft lediglich durch Ausbesserungen. Und als schließlich Achatz Ferdinand von der Asseburg 1761 die Feste erbte, standen Räume und Höfe leer. Ferdinand, der sich bis zum bevollmächtigten russischen Minister am Reichstag zu Regensburg hinaufdienen konnte, interessierte sich nicht für die abseits gelegene Burg. Vielmehr gefiel ihm das bequem erreichbare Schloß Meisdorf.

Lange, ehe Meisdorf der Burg den Rang abgelaufen hatte, soll sich eine wundersame Geschichte auf dem Falkenstein zugetragen haben. Man erzählt, daß die Burgfrau während des Schlafes von einer weinerlichen Stimme geweckt wurde. Eine Gnom flehte, rasch seiner kranken Frau zu Hilfe zu kommen. Die Erwachte folgte ihm auf dem Fuß bis in eine Höhle und half dort dessen Weiblein. Daraufhin schenkte es der Falkensteinerin drei Becherlein und drei goldene Kugeln: „Solange noch eines dieser Stücke im Besitz deiner Nachkommen ist, wird dein Geschlecht blühen in hohen Ehren; wenn nicht, wird auch der letzte Asseburger dahinsinken." Nun, die Asseburger hatten Glück, bis, so erzählt die Sage, während eines Gelages einer der Becher zersprang. Erschrocken brach man das Fest ab und ließ die Kutsche anspannen. Auf einer Brücke schließlich scheuten die Pferde, und der Wagen stürzte mit zwei Asseburgern in den Fluß. Sie waren tot.

Von den beiden verbliebenen Bechern will man später noch einen auf der Burg Falkenstein gesehen haben. So ist es durchaus möglich, daß Ludwig I. von der Asseburg noch über einen solchen Glücksbecher verfügte. Es gelang ihm, seinen politischen Ehrgeiz zu befriedigen und das Ansehen der Familie standesgemäß aufzupolieren. Er staffierte die Burg zum Jagd-Domizil aus. Dort prostete Ludwig I. ebenso dem späteren Preußenkönig Friedrich Wilhelm IV. wie Fürst Bismarck zu. Jedenfalls muß sich der Gastgeber derart in Szene gesetzt haben, daß ihm der Titel eines königlichen Oberjägermeisters und Mitglieds des Herrenhauses sowie 1840 die Grafenwürde verliehen wurden. So rollten denn durch die romantische Selkelandschaft recht oft höfische Kaleschen, vernahm man den Hufschlag gehetzter Pferde und war

¹³

das Tal erfüllt vom Hörnerklang des Halalis. Während einerseits die lärmenden Jagdgesellschaften zum Vergnügen dem Wild den Fang gaben, wurden andererseits Wilderer wie Gangloff, die das Nötigste zum Leben ihrer Familien nur auf illegalem Wege besorgen konnten, mit Hunden gehetzt. Wie schrieb doch Eike von Repgow in seinem „Sachsenspiegel": „Als Gott den Menschen schuf, da gab er ihm Gewalt über Fische und Vögel und alle wilden Tiere. Dadurch haben wir Beweis von Gott, daß niemand sein Leben noch seine Gesundheit verwirken kann an diesen Dingen."

Sachsenspiegel auf der einen, Wirklichkeit der vergangenen Jahrhunderte auf der anderen Seite. „Die Jagd gehört dem Volke", sagen wir heute und belegen's auf dem Falkenstein mit einer ganzen Abteilung, zu erreichen vom inneren Burghof aus.

12 Der Jagdsaal. Einst Ort festlicher Tafeln des Grafen von der Asseburg, jetzt ein Stück „möblierter" Geschichte. Die Burg beherbergt eine Vielzahl sehenswerter Räumlichkeiten, teilweise kostbar eingerichtet.

13 Eine Erinnerung an die Zeiten großer Jagden rund um den Falkenstein ist dieser Teller. Heute gehört zur Burg auch ein Jagdmuseum.

Gut fünfzig Jahre, ehe der zum Grafen avancierte Asseburger mit großem Gefolge in den Wäldern jagte, vollendete Gottfried August Bürger die Ballade von „Des Pfarrers Tochter von Taubenhain". Darin erzählt er von einem Falkensteiner, der sich die Gunst einer Pfarrerstochter erschlichen hatte und sie dann, kaum daß ihr der Rock zu eng geworden war, verstieß. Aus Verzweiflung tötete die Unglückliche ihr Neugeborenes.

Wohl hat sich die Geschichte nicht so authentisch auf dem Falkenstein zugetragen, doch steht die Fabel stellvertretend für zahlreiche andere menschliche Schicksale jener Zeit. Bürger verband in dieser scharfen Zeichnung der damals herrschenden Klassengegensätze seine Erfahrungen als Amtmann der Grafen von Uslar im Gerichtsbezirk Altengleichen (bei Göttingen) sowie in Appenrode (Südharz) mit seinen Kenntnissen von der Gegend um den Falkenstein, da er in dessen Nähe geboren worden und wohl des öfteren den Burgberg hinaufgestiegen war.

Überhaupt sah man den Amtmann Bürger oft fernab seines Sitzes in den Dörfern. Er nahm sich Zeit, in die Häuser des einfachen Volkes zu treten, mit den Menschen

über ihre Sorgen zu sprechen und ihnen zuzuhören. So kann es nicht verwundern, wenn die Wirkung seiner Poesie auch auf dem Lande beträchtlich war. Schulmeister lasen seine Arbeiten vor, und auch Bauern vertieften sich in seine Gedichte.

Die Sprache, in der die Bauern miteinander redeten und sich gegen feudale Despotie zur Wehr setzten, reizte ihn. Er lauschte ihnen, wenn sie freimütig jene Legenden wiedergaben, die über Generationen nichts von ihrer Wirkung verloren hatten. Die Tidianssage ist dabei eine unter vielen. Auch für sie gilt, was Bürger über die Dichtung des Volkes niederschrieb, die er als einen Ausdruck geschichtlicher Erfahrung verteidigte. Dabei kann man getrost dahingestellt sein lassen, ob die Überlieferung einiges hinzugefügt oder vergessen hat. Der Kern der Fabel ist geblieben: das Bekenntnis zu unteilbaren menschlichen Lebensansprüchen und die Verachtung jeglicher herrschaftlicher Willkür.

Offensichtlich hat sich jener Fluch des Schäfers aus der Sage für die Falkensteiner Sippe erfüllt, denn es soll zwar einen lahmen und einen stummen Burgherrn gegeben haben, doch auf den dritten im Bunde, durch den die Höhle sich wieder öffnet, wird man vergeblich warten. Erhalten geblieben ist uns die Mär bis auf den heutigen Tag — und wird es gewiß auch forthin sein.

Besucher kommen in hellen Scharen zum Falkenstein als einer der Burgen, die uns im wesentlichen in ihrer ursprünglichen Gestalt erhalten blieb. So gesehen, ist die Kügelgensche Ruhe dahin, aber auch, weil derzeit viel am Mauerwerk getan wird. Die für die Baufahrzeuge errichtete Straße rund um die Anlage gestattet den Gästen einen Einblick in die Arbeiten zur Erhaltung dieser Burg. Für die Kraftfahrzeuge der Besucher ist hier oben glücklicherweise kein Platz, denn „wer auf Reisen gern sein eigner Herr sein und bleiben will, der wandere auf eignen Füssen", empfiehlt der „Lustwanderer im Harze" aus dem Jahre 1857. Das Erlebnis des ersten Blickes auf die von Bäumen grün verhangene Burg wird für den steilen Aufstieg per pedes lohnen.

14 Zum Fundus der Sammlung Thüringer Porzellan auf der Leuchtenburg bei Kahla gehört diese Tasse mit einer Darstellung des Falkensteins (Miniaturmalerei).

Steinerner Hort
einer Kaiserlegende

Kyffhausen…

Am 30. Mai 1776 gegen 16 Uhr erreichte den Tilledaer Gastwirt Johann Adam Lutzie durch einen reitenden Boten vom nahen Schloß Allstedt die Nachricht, daß gegen abend einige Herrschaften einkehren wollten. Zugleich wurden ihm zwei Körbe mit Wein, Selterswasser und Speisen überreicht. Der Wirt hatte kaum Zeit, die Kammern fegen und lüften zu lassen, da füllte sich auch schon sein Hof mit Gästelärm. Mit schnellem Blick taxierte er: vier Herren und sechs Diener, vermutlich alle vom Weimarer Hof, zu dem Allstedt ja als Sachsen-Weimarisches Justizamt gehörte. Während des Abendessens bestellte man beim Wirt für drei Uhr in der Früh einen Wegführer auf den nahen Kyffhäuser und warf sich dann, gestiefelt, gespornt und gut gelaunt, auf die Spreu in der Kammer. Der sehr frühe Morgen des 31. Mai begann, wie später der Chronist vermerkte, mit einer „Chocolade", die die im Gastzimmer kampierende Dienerschaft servierte, während im Hof bereits der Waldarbeiter Johann Gottfried Feuchte auf die anonyme Herrschaft wartete, die sich dann per Roß zum waldreichen Gebirge hin aufmachte, dessen Spitzen sich in der ersten Morgendämmerung gegen den klaren Himmel abkanteten. Am Waldrand angelangt, erwartete man den Sonnenaufgang und begann den Aufstieg zu den sagenumwobenen Ruinen auf der höchsten Erhebung des langgestreckten Kyffhäuserberges.

Sie kamen den alten Burgweg herauf, der steil von der Nordseite auf die Südseite des durch die Wolweda vom übrigen Bergmassiv getrennten schmalen Bergrückens führte, und gelangten nach Querung des noch heute erkennbaren Abschnittsgrabens zum alten Kammertor in die mittlere Burg, die seinerzeit noch als Steinbruch genutzt wurde. Nach dem etwas gewaltsamen Aufstieg standen sie nun recht kurzatmig vor der so plötzlich vom Wald freigegebenen Anlage, die sich im grauen Morgen wie die Reste einer sagenhaften Stadt weit nach Westen hinzustrecken schien.

Johann Gottfried Feuchte freute sich über das lebhafte Interesse seiner adligen Gefolgschaft und erklärte um so bereitwilliger, was er wußte oder beobachtet hatte. Daß hier vor allem die Eiche gedeihe und ein Stück weiter bei den alten Mauern das Silber-Bergkraut, das dereinst zum Burggarten gehört habe; daß man da braunroten Sandstein für Mühlsteine gebrochen habe und man dort auch verkieselte Baumstämme entdecken könne, haushoch und wie von rotem Eisen überzogen, ein Wunderwerk der Natur. Der brave Mann wunderte sich nicht, daß ihn besonders einer der jungen Herren in dem weichen Dialekt des Hessen nach Natur und Stein befragte, denn das war ja seine ihm bekannte und vertraute Welt. Dann krochen sie durch das bröcklige Mauerwerk, stiegen zur Kapelle hinab, die noch am besten erhalten war, und Feuchte sah seinerseits interessiert zu, wie zwei der Herren schließlich einige malerische Partien der Anlage zeichnend „in einen hübschen Riß" brachten. Viel war da freilich nicht mehr zwischen dem wuchernden Grün an Einzelheiten zu sehen.

Fast dreihundert Jahre lag die mächtige Reichsburg so sehr unter dem Schutt begraben, daß selbst der Kupfer-

stecher Merian, dessen dreißigbändiges Werk seit 1642 fast jede Burg bzw. deren Ruine für die neugierige Nachwelt zeichnerisch festhielt, diese Mammutanlage nicht sichtete. Kein Wunder, spricht doch bereits der Eisenacher Kleriker Johannes Rothe, der 1434 starb, in seiner „Düringischen Chronik" von Kyffhausen als einem „wusten slosse", in dem fortan nur lichtscheues Gesindel hauste, wie spätere Chronisten schaudernd vermerkten. Rothe war es auch, der als erster 1433 von dem unruhig durch das Gebirge wandernden Kaiser Friedrich berichtete, daß er „rede mit den lewten unde daße er sich zu gezeiten sehin" lasse. Noch war ja die große alte Zeit des letzten Staufenkaisers in bester Erinnerung des Volkes, so daß dessen Glaube, daß er noch lebe und „keyn rechtir keyser noch om worden sey adir werden sulle", einen höchst kritischen Reflex auf die eigenen sorgenvollen Zeiten darstellte, was die mittelalterliche Kirche derma-

ßen beunruhigte, daß sie versuchte, die Hoffnung der kleinen Leute auf geordnete politische Verhältnisse mit dem grassierenden Wunderglauben zu verbinden. So wurde die aus dem 12. Jahrhundert stammende Burgkapelle der Unterburg etwas umgebaut, wiederhergestellt und 1433 als Wallfahrtsstätte von dem Erfurter Bischof Niklas von Wiltberg im allerchristlichsten Auftrag des Mainzer Erzbischofs geweiht. „Zugleich ertheilte er aus geistlicher Machtvollkommenheit allen denen, welche die Kapelle besuchen würden, einen vollkommenen Ablaß auf 40 Tage und verordnete sogar, daß auch diejenigen, welche den geweihten Gottesacker andächtig besuchen, oder sonst am Einweihungs-Tage, am Kreuz-Erfindungs- und Erhöhungs-Tage, an den Fest-Tagen der heiligen Maria, der seligen Apostel Peter und Paul und der übrigen Apostel dahin wallfahren würden, ebenfalls eines 40tägigen Ablasses theilhaftig werden sollten." So

eine Beschreibung von 1794, die auch den folgenden blühenden Ablaßhandel nicht verschweigt.

„Denn alle Balken und Decken,
Sie sind schon lange verbrannt,
Und Trepp und Gang und Kapelle
In Schutt und Trümmer verwandt ...“

Die dreiteilige Kapelle — Schiff, Chor und Apsis sind noch heute gut erkennbar — hatten die Bauleute direkt an den mächtigen Wohnturm angesetzt, eine typisch romanische Baugruppe mit Tor und Bergfried. Vom Erdgeschoß des Wohnturms gelangte man dereinst zum 6 mal 7,5 Meter großen Kirchenschiff; man kann es noch heute sehen. Vom Burghof her erreichte man das Innere durch ein romanisches Portal, just an der Stelle, wo sich an jenem 31. Mai 1776 auch die vier Herren durch den Mauerspalt zwängten. Zeitgenössische Skizzen von

Landvermessern zeigen, was sich damals zur Ansicht bot: der viereckige Bergfried der Oberburg mit dem Quergraben, dann die Gruppe der Wohnbauten, das sogenannte Erfurter Tor, durch das man heute in die Anlage gelangt, die Ruine der Kapelle in der Unterburg, Mauerreste der Mittelburg. Eine Zeichnung von Duval, der vermutlich vom Turm der Mittelburg aus die immer noch imposante Ruine porträtierte, bildet für die ersten Jahrzehnte des 19. Jahrhunderts auch ein kleines Gästehaus ab, das freilich an jenem Maientage noch nicht vorhanden gewesen zu sein scheint, denn die vier Herren machten es sich im Freien bei Wein und Brot bequem.

Es war früh gegen sechs, die Stimmung ausgezeichnet; man hörte ihren kräftigen Gesang weithin schallen, dazwischen klirrte es wohl auch mal gläsernspitz auf, wenn eine Weinflasche ins Mauerwerk flog. Da schlug der große Jagdhund knurrend an. Ein Jägerbursche war unvermutet aufgetaucht und räsonierte erbost, „wie sie sich unterständen, hierher zu gehen und den Forst so frühe zu beunruhigen und den Hund laufen zu lassen“. Dann drohte er dem nichtsahnenden Feuchte mit der Faust, daß er die Herren ohne Erlaubnis des Jägermeisters von Lengefeld auf den Berg geführt habe, was ihm schlecht bekommen solle, dafür werde er sorgen, so wahr er der Sohn des Försters Schilling sei — freilich ohne Flinte. Denn wer ohne solche Erlaubnis angetroffen würde, werde sogleich arretiert. „Da müßte ich aber auch dabei sein“, spottete derjenige der Frühaufsteher, der am lautesten spektakelte. „Wenn ich nur gleich Leute hätte!“ gab gereizt der Bursche zurück, der sich nicht ernstgenommen fühlte. Warum man nicht schon im Wirtshause zu Tilleda von solchem Verbot erfahre? echote es angeheitert aus der Runde. Die fremden Herren müßten es ja wohl von selbst wissen, daß sie in einem Forst nicht so ohne weiteres gehen und ihn beunruhigen dürften, hielt der junge Schilling aufmüpfig entgegen. „Und überdies“, setzte er zum barschen Konter an, dabei auf die erdbeschmutzten Lederhosen der Herren weisend, „sehe ich

1 Ältester Teil der gewaltigen Burganlage ist die am besten erhaltene Unterburg am Ostabhang des Kyffhäusergebirges, durch einen tiefen Grabeneinschnitt in den Bergkamm von der Mittelburg getrennt.

2 Romanischer Rundbogen am Kammertor der Unterburg.

3

schon, daß Ihr nicht des Sehens wegen hierher gekommen seid, sondern auf den Kux geht, wovon der Herr da" – es war der Anführer der Herrenpartie in die naturumflorte Geschichte – „noch das Wahrzeichen an sich trägt, den sichersten Beweis, daß er in dem Loche gesteckt habe." Ein Kuxgänger war dazumal ein Erzsucher, was man lachend in die Geste des Trinkgeldauszahlens umdeutete. Doch der Bursche hatte seinen Stolz: „Wo die Herren den Weg heraufgefunden, werden sie ihn auch ohne mich wieder herunterfinden." Dieses groben Tons ungewohnt, begab sich nun der Landesherr über reichlich 100000 Seelen auf 36 Quadratmeilen – „Wir Carl August, Herzog zu Sachsen Jülich, Cleve und Berg, auch Engern und Westphalen, Landgraf in Thüringen, Markgraf zu Meißen, gefürsteter Graf zu Henneberg, Graf zu der Marck und Ravensberg, Herr zu Ravenstein" – seinerseits aus der launigen Posse in die Deus-ex-machina-Pose des Gottesgnadentums seiner Landesherrlichkeit. Er drückte dem rebellischen Grünrock ein Glas Wein in die Hand und befahl nachdrücklich, es ohne Widerrede zu leeren. Und so schluckte der Bursche seinen Ärger samt dem Schreck mit einem Tropfen aus jener Landschaft herunter, aus der ein anderer Beteiligter, nun sehr still und nachdenklich geworden, mit hohen Idealen bürgerlicher Reformen gekommen war. Die Jahresrechnung der herzoglichen Schatull-Verwaltung vermerkte für 1776/77 u. a. 521 Taler und acht Groschen Spielschulden für den Herrn, was etwa dem Jahreseinkommen von Johann Sebastian Bach entsprach. Da kam es auf dieses Glas Wein nicht an.

War's der sonderbare Geist des Ortes, der dem jungen Jägersmann die Zunge führte? Vielleicht jener närrische Schneider aus Bad Langensalza, der im Februar 1546 mit seltsamem Gepäck in der verfallenen Wallfahrtskapelle einzog und sich als wiedererstandener Friedrich Barbarossa häuslich einrichtete? „Nachdem aber die Leuthe, so darbei wohnen, des rauches aus der Kirchen innen geworden und zu imo gegangen, haben sie ein seltzam verwirret hahr, als wehr es mit einem leimwasser wie ein filts zusambne geflochten, auf seinem haupt gesehen und gehöret, das er wunderliche rede getribben, sich viler Königreich und Keyserthumb berühmet", berichtete Graf Günther zu Schwarzburg an der Churfürstlichen Sächsischen Kämmerer Hans von Ponickau, nachdem er den Einsiedler in einer nächtlichen Blitzaktion von ein paar Reisigen hatte festnehmen und nach Heldrungen bringen lassen, wo der Schneider bald verstarb. Das Wiederauferstehungswunder hatte sich unter den hoffnungsvoll Wundergläubigen der Gegend bald herumgesprochen und „vyle Leuthe, der nauen Zeytung begirig, geursachet, das sie auf das gebirge gelauffen, den menschen gesehen und darnach gesagt, Keyser Friedrich wehr aufgestanden".
Daß sich die schwarzburgischen Beamten in Frankenhausen und Sondershausen dieser Sache mit solcher Eile

annahmen, hatte seine Hintergründe in der Unsicherheit der Landesherren angesichts des alten Volksglaubens vom schlafenden Kaiser im Kyffhäuserberge. Selbst der Herzog von Preußen ließ sich über den falschen Friedrich unterrichten, und der genau hinhörende Cyriakus von Spangenberg — wir begegneten ihm auf Burg Querfurt — meinte in seinem 1591 erschienenen „Adelsspiegel", die Sache sei „noch bei vielen in frischem Gedächtnis". Bekannt ist, daß sich auch die Hoffnungen der revolutionären Bauern von 1525, die sich, nicht eben zufällig, im nahen Frankenhausen zur letzten Schlacht versammelten, auf die starke, die Fürstengewalt zügelnde

Hand des Kaisers Friedrich Barbarossa richteten. „Es sulle in kurtze einer kommen", vertraute Herzog Georg von Sachsen dem nicht minder interessierten Kurfürsten von Sachsen im Mai 1528 die umlaufenden Gerüchte an, „der ihnen als der rechte oberherre furgehn, das wort gots und daz ewangelium recht schützen und handthaben, an denen sie sich auch alle halten werden."

3 Friedrich Barbarossa mit seinen Söhnen König Heinrich und Herzog Friedrich. Buchmalerei (um 1180).
4 Das Massiv des Kyffhäusergebirges mit dem Denkmal und dem Barbarossaturm.

So hatten der Wegführer Feuchte und Jungjäger Schilling als Leute dieser Landschaft sehr wohl noch im Ohr die Sage vom Kaiser, dessen roter Bart durch den Tisch wachse, dieweil er, darauf gestützt mit wackelndem Kopfe, auf den Tag warte, an dem er als Retter der Armen die guten alten Zeiten wie für den Schäfer aus Sit-

5 tendorf bei Tilleda wiederbringe, der am Fuße des Kyffhäusers eine Wunderblume fand, die ihn und sein Mädchen glücklich werden ließ. Das war als Hoffnung über die Jahrhunderte in den hartschädligen Bauernköpfen lebendig geblieben und rumorte rebellisch in schlechten Zeiten. Als die Armeen Napoleons Europa drückten, machten sich 1810 Teilnehmer des Frankenhäuser Musikfestes nach einem Aufruf des Rudolstädter Sängers Methfessel zum Kaisersitz in den Ruinen auf, um ihn „zu baldigem Aufwachen" zu ermuntern; 1817 veröffentlichte Friedrich Rückert seine Ballade vom alten Barbarossa, dem Kaiser Friederich. Als Bergleute einen Tag vor Weihnachten 1865 auf der Suche nach Kupferschiefer große Hohlräume am Südrand des Gebirges entdeckten, da war es klar, daß man hier auf den unterirdischen Palast des Rotbarts gestoßen war. Die 24000 Quadratmeter große Gipshöhle ging fortan als Barbarossa-Höhle in die legendenreiche Geschichte des Kyffhäusers ein.

Diese Legende hat tiefe Wurzeln, und nicht immer war Friedrich Barbarossa gemeint, der sich ja nachweislich in den nahen Pfalzen der Goldenen Aue 1169 und 1174 aufgehalten hatte. Die Wurzeln der Kaisersage reichten ursprünglich nur bis in die Zeit des Zusammenbruchs der starken Zentralgewalt mit dem Tode des Staufers Friedrich II. (1250) zurück, des mit dem Papst verfeindeten Ketzerkaisers. Das war drei Jahre nach dem Tode des thüringischen Widersachers Heinrich Raspe, als man sich blutig in Eisenachs Gefilden um das Erbe des letzten Ludowingers schlug. Zu dieser Zeit ist für Kyffhausen als eingesetzte Burgvögte ein Reichsministerialengeschlecht in einer Urkunde des Landgrafen von Thüringen von 1220 nachweisbar. Sie ist ausgestellt auf den Namen eines Heinrich von Kyffhausen, der aus dem Geschlecht der Mildensteiner stammte. Da aber war die Blütezeit der gewaltigen Burganlage längst vorbei. Cuffese heißt es in der Urkunde, Kuppe, Kopf in seiner Bedeutung.
Wie alt war sie damals bereits? Der gut informierte Chronist Lampert von Hersfeld nennt für den Burgenbauer Heinrich IV. (1050—1106) nur acht über den nördlichen und südlichen Harzrand verteilte Burgen, nicht aber Kyffhausen. Erst die Machtkämpfe seines Sohnes Heinrich V. (1106—1126) mit den widerspenstigen Sachsen

unter Herzog Lothar von Supplinburg und die katastrophale Niederlage des Königs 1115 am Welfesholz bei Hettstedt bringt das Brandlicht der Eroberung in die Geschichte der Burg. Damals fielen auch Quedlinburg und Erfurt, der Falkenstein und die Wachsenburg, die nahe Pfalz Wallhausen und die Neuenburg. Die salische Burg Kyffhausen wurde immerhin drei Jahre von Ludwig dem Jüngeren, Graf zu Thüringen und Sohn Ludwig des Springers, belagert, ehe sich die — nach übertriebener Chronistendarstellung — 2000 Verteidiger unter Ludwigs Halbbruder, dem sächsischen Pfalzgrafen Friedrich ergaben. Nach Angaben der Chronik des Klosters Goseck wurde 1118 Burg „Cuffese" zerstört und die Besatzung niedergemacht. Dieser Bericht ist übrigens die bisher umfassendste mittelalterliche Überlieferung für das Schicksal einer belagerten Burg.

Nutzen wir einen Augenblick der Stille am Barbarossaturm in den Ruinen der damals vermutlich so schwer bedrängten Oberburg zu einem klärenden Geschichtsexkurs. Blättern wir in Karl Herzogs „Geschichte des Thüringischen Volkes" von 1827, die der alte Goethe in Dornburg nutzte, um sich von jener bewegten Zeit ein Bild zu machen. Wenn die marxistische Mittelalterforschung heute davon spricht, daß der thüringisch-sächsische Raum oft ein Hauptfeld weitreichender politischer und militärischer Entscheidungen war, so gilt das besonders für diese, durch zahlreiche populäre Sagen und Legenden im Volksbewußtsein lebendig gebliebene Zeit. Die erste urkundliche Erwähnung der Wartburg um 1080 geht auf die Auseinandersetzung der Fürstenopposition mit Heinrich IV. zurück. Das alte Geschichtsbuch liest sich wie die Wiedergabe eines Historiendramas von Shakespeare; der Personenzettel vermerkt uns aus der Burgengeschichte wohlbekannte Namen: Wiprecht von Groitzsch und Ludwig der Springer, beide zeitweise Gefangene Heinrichs V., des letzten Saliers; der mansfeldische Graf Hoyer, Feldherr des Königs im blutigen Kampf gegen Graf Lothar von Supplinburg, der sich im nordöstlichen Reich den ersten geschlossenen Herrschaftsbezirk einer Territorialgewalt unter Ausnutzung der gespannten politischen Situation geschaffen hatte. Hoyer, ein von den Chronisten als Artusritter gepriesener Held, fiel 1115 im mörderischen Zweikampf

mit Wiprechts Sohn in der verlustreichen Schlacht am Welfesholz bei Hettstedt; die Leichen des königlichen Aufgebots, „auf denen der Bann des Bischofs von Halberstadt lastete, ließen sie unbeerdigt den Vögeln und wilden Thieren zum Fraße". Nun fielen die kleinen Königsburgen, Naumburgs Besatzung ergab sich, die Burgmannen auf „Cuffese" hatten bei aller Stärke ihrer Mauern ohne Aussicht auf Entsatz keine Chance.

Die Burgenforscher sind sich aufgrund der spärlichen Nachrichten über das Aussehen und das Ausmaß der Burg nicht einig. War die Anlage noch eine ovale Ringburg salischen Charakters, etwa im Gelände der späteren Oberburg, oder bestand bereits die dreiteilige Großburg, deren Reste von Studenten im Sommer 1954 unter Leitung des Wissenschaftlers Hermann Wäscher noch einmal vermessen und zeichnerisch aufgenommen wurden? Verglichen mit den Finessen gotischer Burgenbaukunst sind die Wehranlagen noch recht einfach, was die Annahme stützt, Benno von Osnabrück habe den Grundstein zur königlichen Großburg gelegt. Sicher ist nur, daß der 800 Meter lange Bergrücken bald nach 1118 erneut mit den heute in Resten noch erkennbaren drei hintereinander gelegenen Befestigungsanlagen in einer Gesamtlänge von 600 Metern bestückt wurde. Das gewaltige und für die damalige Zeit einzigartige Ausmaß der Reichsburg kam 1934/38 mit den Grabungen Prof. Dr. Gotthard Neumanns von der Jenaer Universität zum Vorschein, die Wäscher dann 1954 beendete. Deutlich wurden drei Bauperioden romanischen Stils, erkennbar an den Türmen und an den Wohnbauten im Bereich der Ringmauer. Diese blieb an der Nordwandseite der Unterburg (dort, wo die später aufgesetzte Kapelle Platz fand) noch in der alten Höhe von knapp elf Metern erhalten. Deutlich erkennbar der frühere Zinnenkranz, dahinter war einst, Balkenlöcher markieren es, der Wehrgang. Das Erfurter Tor — man muß sich die heutige Treppe einmal wegdenken — führte in jenen Teil der Oberburg, der durch den Bau des Kyffhäuserdenkmals 1890/96 völlig abgeräumt wurde. Erhalten blieb der 176 Meter tiefe Brunnen und die noch immer recht umfangreichen Anlagen im Westteil, dort, wo heute auf dem alten Mauerwerk um den sogenannten Barbarossaturm, den hohlen Backenzahn, wie man hierzulande sagt, ganze Steingärten ihre blühenden Teppiche ausbreiten.

Tief in den Felsen gehauen der Abschnittsgraben, darüber einst die Zugbrücke zum Torturm, dessen Fundament zwischen den Resten einer Reihe kleinerer Bauten gut auszumachen ist. Bestimmend noch immer der gewaltige Stumpf des einst etwa 30 Meter hohen Barbarossa-Turms. Seine drei Stockwerke über dem hohen Erdgeschoß sind mit je einem Kamin ausgestattet, der auf die Funktion als Wohnturm des 12. Jahrhunderts, der Barbarossa-Zeit, hinweist. L   Aborterker, recht große romanische Kuppelfenster und an den Außenseiten sogenanntes Bossenquadermauerwerk, wie man es sonst von den Burgen der Pfalz und des Rheinlands kennt; ein einst prachtvoller Bau, dessen imposante Größe noch als Ruine beeindruckt. Mehr als zehn Meter

hoch über dem einstigen Hof der Zugang mit einer in die Mauer eingelassenen Sitznische für den Wächter. Er könnte noch heute darin hocken.

Im kleinen Burgmuseum veranschaulicht ein von Hermann Wäscher entworfenes Modell die einstige Größe der drei Teilburgen. Türme, Wohnbauten, Kammertore, Wälle, Gräben: wehrhaft und imposant schon als Bauleistung. Das Mauerwerk war dereinst vermutlich weiß verputzt, auf den Dächern leuchteten die großen, rot und weiß gestrichenen Ziegel, die Außenwände farbig, grünsilberne Bleiplatten auf Kirchen und Palas — von ungeheurem Eindruck das alles auf die Menschen jener Zeit. Wie war das überhaupt zu schaffen? Es gibt ziemlich exakte Berechnungen. Danach waren zum Wiederaufbau u. a. 21000 Kubikmeter Erde zu bewegen, 65000 Kubikmeter Steine zu brechen, 51000 Kubikmeter Material verarbeiteten Maurer und Steinmetzen, ferner waren 7000 Kubikmeter Holz erforderlich und rund 71000 Fuhren. 500 Arbeitskräfte hätten bei einem 12-Stunden-Werktag dafür rund 13 Jahre gebraucht. Die Kosten betragen, nach dem Bauindex von 1958, rund 15,5 Millionen Mark. Eine gigantische Leistung der Bauern, Handwerker und Baumeister und eine Fehlinve-

6 Blick auf die Oberburg mit dem staufischen Bergfried (um 1150) und einem noch immer sichtbaren Wall-Grabensystem; im Hintergrund die Rothenburg.

7 Selbst als Ruine noch immer beeindruckend, der Bergfried (Barbarossaturm) in der Oberburg mit seinen charakteristischen Buckelquadern.

8 Reichsburg Kyffhausen. Rekonstruktion Hermann Wäscher. Von der ursprünglich etwa 600 Meter langen, dreigeteilten Gesamtanlage sind nur noch der südliche Teil der Oberburg, mit dem staufischen Bergfried, Gräben, Ringmauer und oberes Burgtor, von der Mittelburg die Reste zweier Bergfriede und von der zweigeteilten Unterburg Reste des Bergfrieds und der Burgkapelle erhalten.

stition dazu, da sich der Schwerpunkt der politischen Entwicklung in den Süden verlagerte und lediglich Reichsministeriale die Burg verwalteten. Sie waren Lehnsleute der Beichlinger, deren Herrschaft im nördlichen Thüringen ab Mitte des 14. Jahrhunderts mehr und mehr an die Grafen von Schwarzburg fiel, die 1407 durch den Landgrafen von Thüringen „mit dem slosse und berge Kuffhusen" belehnt wurden, auf daß sie „die wonunge, die da ist, wol bessern, das sie in wesen bliebe als sie iczund sind". Von nun an sind es nur ein paar Jahrzehnte bis zur Weihe der Wallfahrtskirche, und das große Vergessen der Geschichte hätte auch über diese mächtige Burg seinen grauen Mantel gelegt, wäre da nicht die Kunde „von dißem keißer Fredrich dem ketzer" umgegangen, von dem es hieß, daß „der herwander zu Kuffhußen yn Doringen uf dem wusten sloße", wie Johannes Rothe gewissenhaft vermerkte.

„Herr Rotbart" — rief ich laut — „du bist
Ein altes Fabelwesen,
Geh, leg dich schlafen, wir werden uns
Auch ohne dich erlösen ..."

Weitsichtiger Heine, auch hier auf seiner winterlichen Deutschlandreise. Da sitzt der Kaiser nun, auf den der einfache Mann jahrhundertelang vergeblich wartete, und rauft sich den Bart aus rotem Sandstein. Sein roter Sandsteinstuhl steht auf den Trümmern der einstigen Oberburg, und auf den geistigen Trümmern der Geschichte wurde auch das 81 Meter hohe Kyffhäuserdenkmal von den politischen Erben ruinierter Reichs-

9 Mit dem Bau des Kyffhäuserdenkmals (1890 bis 1896) nutzte das Wilhelminische Kaiserreich die volkstümliche Legende von Friedrich Barbarossa zur eigenen Reichsverherrlichung.

ideale im Geiste ihrer Kriegervereinsgesinnung errichtet. Während sich drunten im Felsenhof der Rotbart den Sand der Jahrhunderte aus den verwunderten Augen rieb, nahm ein paar Stockwerke drüber der Reichsvollbringer von 1871, „Weißbart" Wilhelm I., neun Meter hoch zu Pferde und in reines Kupfer getrieben, seinem Gefolge der Ewiggestrigen zur Einweihung des nach ihm benannten 25 000 Kubikmeter großen Steinkolosses am 18. Juni 1896 die Parade ab. Der Niedergang der alten Volkslegende endete in den letzten Jahren des zweiten Weltkrieges, als auf dem Kyffhäuser die schwarzen Raben des Tausendjährigen Reiches — SS-Dienststellen — ihre Ausweichquartiere bezogen.

Übrigens: Die Sache mit dem Jägerburschen Schilling hatte ein — natürlich nicht zur Legende gewordenes — Nachspiel. Zwei Stunden nach dem Zwischenfall bei den Ruinen der Burg Kyffhausen war man wieder im Gasthof, verärgert dem Wirte bedeutend, daß ihnen die frühe Bewegung nicht bekommen sei und sich der Förster grob gezeigt habe. Nach einer Biersuppe zu Schinken und Wein zogen die Herrschaften am späten Vormittag ab. Mittags gegen zwölf erreichte die Kunde vom hohen Besuch die Fürstlich-Schwarzburg-Rudolstädter Regierung in Frankenhausen, infolgedessen sich Regierungs-Präsident von Ketelhodt im scharfen Trab zum Schloß Rathsfeld aufmachte. Vergeblich freilich, dafür aber von der Peinlichkeit der Arretierungskomödie erfahrend, die aufzuklären er seinem Fürstlichen Regierungsrath Scheinhardt befahl. Dieser begab sich tags darauf nach Tilleda, vernahm dort den Wirt, den Wegführer Feuchte und den armen Schilling, fertigte ein Protokoll und hinterließ so der Nachwelt eine zwar kleine, aber bemerkenswerte Geschichte. Sie wurde illustriert vom mitbeteiligten Goethe, der sowohl die Ruine wie die Kyffhäuserschlucht mit Bleistift zeichnete und mit Sepia austuschte. Ein Zufall, daß der Kyffhäuserbesuch im Tagebuch des elf Tage später als Herr Geheimer Legationsrath in die Regierungsgeschäfte berufenen Doctors juris Göthe aus Franckfurth am Mayn — Jahresgehalt 1200 Reichstaler — kaum vermerkt wurde? Dafür vermerkte er am 18. Juni offen seine persönlichen Gefühle im Amte des Geheimen Konsiliums: „Mir ist wie dem zweiten im Königreiche so scheisig als dem ersten …"

Abstecher zur Rothenburg

So sehr sie auch von weither freundlich einzuladen schien, nun, da es die 36 Kurven der F 85 von Kelbra her hinaufgeht, versteckt sie sich hinter dichtem Laubwerk, kaum daß man hier und da auf die Schnelle einen Blick erhascht. Anzuhalten ist riskant, von hinten hupen forsche Sonntagsfahrer, vorn schwingt sich das Asphaltband schon um die nächste Bergnase in die nächste Biegung. Also hinauf denn zur Abzweigung, wo freilich kein Parkplatz ist und man dann eben doch ein gutes Stück zurückwandern muß. „Wir waren schon vor Sonnenaufgang hier oben", berichtete anno 1836 Eduard von Bülow von seiner „Frühlingswanderung durch das Harzgebirge", „denn eine Gesellschaft Offiziere, die die ganze Nacht hindurch zu ihrem Vergnügen gelärmt, und ein Reisediener, der neben uns fortwährend Opernarien gepfiffen, hatten unsern Schlaf ziemlich unterbrochen … Hier oben ist es wunderschön. Eben wieder wie im Unterharze sind die Berge mit dem herrlichsten Laubholze, mit Buchen und Eichen bewachsen. Man hat reizende Einsichten in die kleinen engen benachbarten Täler und Kessel."

Ist etwa die Zeit stehengeblieben? Sind das die gleichen Buchen und Eichen, die gleichen zugewachsenen Wanderwege, die gleichen Ausblicke? Wem es erst einmal gelungen ist, die mutwillig zerstörte Außentreppe zum Bergfried der Burg Rothenstein mit halsbrecherischem Aufschwung zu überwinden, und wer sich auch vor den durchgefaulten Dielen des Innengeschosses nicht fürchtet, der findet in der Tat einen Ausblick wie selten. Nach Norden die Kammlinie des Harzes, weiter links im Dunst Nordhausen und um die Ecke des Gebirges das Blauauge des Kelbraer Stausees. „An dem Kyffhäuser vorüber treibt die Sonne eine große schwarze Wolke, durch die sie hervorbrach, sie verweht in Dämpfe, den Athem der Nacht, und die Goldne Aue liegt im weißlichen Thauschmucke vor uns."

Ja, so war es, so ist es noch immer. Von hier aus läßt sich sogar das Kyffhäuserdenkmal, dieser wilhelminische Kitsch-Koloß, leicht übersehen, was freilich nicht von dem direkt vor unserer Nase stehenden Bismarck-Turm zu sagen ist. Er wurde 1906 durch den Kyffhäuser-Verband der Vereine deutscher Studenten errichtet. Seine

häßliche Ruine bewachen nun mit hängenden Flügeln und leerem Auge die gründerzeitlichen Adler über der einstigen Gedächtnishalle. Zum Glück schiebt sich das ursprüngliche Mauerwerk davor, Reste eines Palas aus dem 13. Jahrhundert, wie man ihn hier in einer ehemaligen Grafenburg nicht vermutet. Zweigeschossig, Kelchkapitelle auf schlanken Säulen im Spitzbogenportal, kostbares Belegstück einer Architekturepoche zwischen Barbarossas Kaiserpfalz von Gelnhausen und der verfeinerten Kunst von Marburg. Vom Burghof führte eine Freitreppe durch das Portal ins Obergeschoß; der Raum war 20 Meter lang und fast 10 Meter breit. Hier trug als Gast der machtbewußten Beichlinger, die sich im Siegel sogar einen kaiserlichen Adler leisteten, der Minnesänger Christian von Luppin der Tochter des Hauses seine Lieder vor:

„Si reine si vil schone herzeliebe gute,
die selig wip
alleine wont gewalteclich ib minem mute …"

Nur sieben seiner Lieder sind in der Überlieferung der Manessischen Handschrift mit seinem Bild erhalten geblieben. Daß ihn dieser Ort zum poetischen Höhenflug inspirierte, läßt sich auf Neuhochdeutsch noch immer nachfühlen. Trotz Verfall seit dem 16. Jahrhundert und mutwilliger Zerstörung in unseren Tagen. 1937/38 wurde unter Leitung des Jenaer Landeskonservators Neumann umfangreich gegraben und restauriert, vor allem am Bergfried. Seine Mauern sind 2,7 Meter stark, das hält noch viele Jahrzehnte weiter.

Die Rothenburg aus rotem Sandstein ist eine Burg der Romantiker. Zwei Jahre vor Bülow kletterte der junge Emanuel Geibel hinauf:

„Bald ist der steile Gipfel erklommen,
Bald hat den Gast der Burghof aufgenommen …"

10 Im westlichen Teil des Kyffhäusergebirges die malerischen Ruinen der auf einem Bergsporn errichteten Rothenburg.
11 Durchblick zum Palas der Rothenburg.

Bewirtet wurden die beiden noch von Mutter Natur, denn erst Jahre später, von 1839 bis 1857, ließ sich der „Rothenburger Einsiedler" hier oben mit höchstderognädiger Erlaubnis des Fürsten von Schwarzburg-Rudolstadt nieder, errichtete eine kleine Schenke, bewirtete seine Gäste mit Brot und Speck, mit Kartoffeln und Eiern, spielte gelegentlich auf dem Spinett, zupfte sich abends am langen Silberbart und schrieb in ein rotgebundenes Büchlein kleine Gedichte:

„Hier in meiner engen Klause
Bin ich beim frugalen Schmause
Doch der Glücklichste der Welt ..."

Wer kann das noch heute von sich sagen? Der Mann hieß Friedrich Beyer und war zuvor Kaufmann in Kelbra, bevor er sich mit sichtlichem Sinn für das Höhergelegene aus den Niederungen des Alltags aufmachte. Ein Friedrich mit langem Bart auch hier, nicht weit vom sagenhaften Ort Barbarossas, dem auch Bülow seine Referenz erwies. „Der Weg von der Rothenburg hierher führt durch Eichenloden und beträgt keine halbe Stunde. Da sitzt also der alte Kaiser Friedrich, dessen Tochter hier ebenfalls umgehen soll, noch in dem Berge drinnen, mit der

goldnen Krone auf dem Haupte, und nickt beständig und zwinkert mit den Augenbrauen, als ob er nicht fest schlafe. Sein langer rother Bart, der zu dem Sprüchworte Anlaß gegeben, sie streiten über des Kaisers Bart und es hat ihn noch keiner gesehen, ist durch den steinernen Tisch vor ihm gewachsen ..."

Wie sich die Situationen gleichen. Bülow lauschte von den Ruinen der Rothenburg aus zwei Kinderstimmen im Walde nach. Von unten schallt es kräftig aus dem Burghof zu uns auf den Turm herauf: „Der alte Barbarossa, der Kaiser Friederich ..." Die Legenden, scheint's, sterben auch im Zeitalter des Tourismus nicht aus.

12 Ruine des spätromanischen Palas der nur vier Kilometer von der Reichsburg Kyffhausen entfernten Rothenburg am Nordrand des Gebirges; der Bergfried, ein mächtiger Rundturm mit Wehrplatte.

13 Kuriosität in den Sammlungen des Schlosses Sondershausen ist der dickbäuchige, in den Ruinen der Rothenburg gefundene Püstrich, ein mittelalterlicher Dampfbläser aus Bronze.

14 Bemerkenswert reich geschmückt ist die zweigeschossige romanische Kapelle mit ihrer auf einer Doppelarkade ruhenden Empore. Der Palas der Rothenburg, vierfach gekuppelte Fenster mit Kleeblattbögen.

Zuflucht
hinter Kirchenmauern

Walldorf

Aus jenen wirren Kriegszeiten, da die protestantische Union und die katholische Liga über drei Jahrzehnte auf grausame Weise versuchten, einander umzubringen, bis der Krieg schließlich an der allgemeinen Erschöpfung starb, erzählt man sich die Geschichte der Glocke von Walldorf, jenes Dörfchens, das dort in die Landschaft eingebettet ist, wo die Herpf in die Werra mündet. Walldorf wird schon 982 erwähnt. Teils erstreckt es sich in der Talniederung, teils klammert es sich an eine Sandsteinerhebung. So steigen denn die Straßen bald an, bald winden sie sich kurvig wieder bergab. Läuft man vom Bahnhof den Eschberg hinauf, bietet sich schon bald ein ausgedehnter Blick ins Werratal, zur Kalkklippe des von einem neugotischen Schloß beherrschten Landsbergs, zur hochaufragenden Basaltkuppe des Dolmars und ins weite Muldental der Herpf, bis sie sich mit dem breiteren Wasserarm vereint. Ein friedliches Bild. Aus den historischen Quellen läßt sich auch ein anderes gewinnen.

„Die Felder, von der fleißigen Hand des Pflügers verlassen", notiert der Jenaer Geschichtsprofessor Friedrich Schiller 1792 in Vorarbeit zu seinem „Wallenstein", „lagen unbebaut und verwildert, und wo eine junge Saat aufschoß oder eine lachende Ernte winkte, da zerstörte ein einziger Durchmarsch den Fleiß eines ganzen Jahres, die letzte Hoffnung des verschmachtenden Volkes. Verbrannte Schlösser, verwüstete Felder, eingeäscherte Dörfer lagen meilenweit herum in grauenvoller Zerstörung, während daß ihre verarmten Bewohner hingingen, die Zahl jener Mordbrennerheere zu vermehren und, was sie

selbst erlitten hatten, ihren verschonten Mitbürgern schrecklich zu erstatten. Kein Schutz gegen Unterdrükkung, als selbst unterdrücken zu helfen. Die Städte seufzten unter der Geißel zügelloser und räuberischer Besatzungen, die das Eigentum des Bürgers verschlangen und die Freiheiten des Krieges, die Lizenz ihres Standes und die Vorrechte der Not mit dem grausamsten Mutwillen geltend machten." Wallenstein war bereits seit einem halben Jahr tot, die Schweden aus der Festung Regenstein vertrieben, da läutete am 18. Oktober 1634 der Walldorfer Küster Sturm. Er schlug auf das tönende Erz heftig mit einem Hammer ein, weil der Klöppel längst fehlte. Dann setzte von den nahen Feldern her und in den Gassen ein Rennen und Hasten ein. Die gellende Warnung war nicht zu überhören, jeder raffte eilig die nötigste Habe zusammen, um sie vor dem gefürchteten Zugriff der raubenden Kroaten zu retten. Die hatten, so will die Sage wissen, das Nachsehen.

Ob die Geschichte des Kroatenglöckchens sich nun so zugetragen hat (man erzählt sogar, daß die Glocke von allein geläutet haben soll) oder ob die Dörfler am Ende selbst das Zeichen zum Fliehen gaben, weiß heute natürlich keiner mit Bestimmtheit zu sagen. Doch unbezweifelt ist, daß auch Walldorf durch die große Brandfackel des schrecklichen Krieges heimgesucht wurde. Als danach die Brandschatzer zum Abzug bliesen, waren Kirche, Schule, Pfarrhaus und viele Gehöfte in den Flammen aufgegangen. Lediglich der spitze Turmfinger der Kirche blieb wie durch ein Wunder vom Feuertanz verschont und ragte stumm und anklagend aus den Ruinen.

Doch um vieles schlimmer war es zwei Jahre zuvor in Lützen, wo der Schwedenkönig Gustav Adolf, von Naumburg über Weißenfels kommend, auf Wallenstein traf: „... Mann ficht gegen Mann, das unnütze Feuerrohr macht dem Schwert und der Pike Platz, und die Kunst der Erbitterung ... Schon bedecken tausend verstümmelte Leichen das Land ... Von beiden Armeen lagen über neuntausend Mann todt auf dem Wahlplatze; noch weit größer war die Zahl der Verwundeten, und unter den Kaiserlichen besonders fand sich kaum einer, der unverletzt aus dem Treffen zurückgekehrt wäre. Die ganze Ebene von Lützen bis an den Floßgraben war mit Verwundeten, mit Sterbenden, mit Todten bedeckt." So beschreibt Friedrich Schiller in seiner „Geschichte des Dreißigjährigen Krieges" nur einen von vielen mörderischen Waffengängen.

Viel hätten die Walldorfer Bauern darum gegeben, sich in den für sie schrecklichen Herbsttagen des Kriegsjahres 1634 wie ihre Vorfahren in die wehrhafte Sicherheit ihrer Kirche zurückziehen und abwarten zu können, statt sich in den Senken und Büschen oder auf den Höhen der Flur zu verbergen. Doch das noch immer stattliche, aus festem Stein gefügte Gotteshaus war längst nicht mehr der neuen Waffentechnik gewachsen und hätte ihnen zum Gefängnis statt zur Heimstätte werden können. Im nahen Kaltensundheim soll die befestigte Kirche den ersten Angriffsversuchen der plündernden Kroaten standgehalten haben, während das Dorf von vornherein ein Opfer der hemmungslosen Eindringlinge wurde.

Die dritte Periode des Dreißigjährigen Krieges zwischen 1630 und 1635 war für das Henneberger Land wohl die schlimmste. Neben Walldorf gingen auch Suhl, Heinrichs und weitere Orte in Rauch auf. Und als am 3. Ostertag 1635 die deutschen kaiserlichen Truppen in die Dörfer einrückten, fanden sie kaum noch etwas Mitnehmenswertes vor. Am Ende des Krieges, 1648, lebte ein Drittel der einstigen Bevölkerung nicht mehr, lagen die Orte zwischen Suhl und Wichtshausen verwüstet darnieder, hatte man die Gotteshäuser geplündert. Da es an Zugtieren mangelte, spannten sich die Menschen selbst vor den Pflug.

In Walldorf, das einst einen karolingischen Königshof beherbergte, trugen die Bauern jahrhundertelang den Kopf höher als anderenorts. Sie fühlten sich ein wenig

den Rittern ebenbürtig, zumindest was die Frage der Sicherheit betraf, und die war damals von vorrangiger Bedeutung. Denn die Walldorfer hatten ihre Kirche zur Burg ausersehen. Noch heute imponiert die Wehranlage nahe der einstigen „Hohen Straße" zwischen Thüringen und Franken. Wie eine Festung erhob sich die mauerumgürtete Kirche auf dem sich nach oben hin verjüngenden Fels über dem Dorf.

Die Entstehungsgeschichte ist schnell erzählt, gleicht sie doch im Grunde der anderer wehrhafter Kirchenburgen in thüringischen, hessischen, fränkischen oder sächsischen Landen. — Im Ringen um die zentrale Macht hatte der Kaiser bereits im 13. Jahrhundert zurückstecken müssen. Viele Burgen des Adels wurden nach und nach zu Raubnestern; die geistlichen und weltlichen Herren versuchten oft mit Gewalt, ihren Einfluß um ein paar Landstriche zu vergrößern. Niedergebrannte Dörfer und ihres geringen Besitzes beraubte Bauern waren die Folge. In dieser Zeit, da das Faustrecht allerorten galt und das eigentliche Recht „krummer als eine Sichel" stand — so der 1287 gestorbene Konrad von Würzburg —, blieb den Dorfgemeinden nichts anderes übrig, als sich selbst zu schützen. Während der Kaiser den Städten das Recht verlieh, sich durch Mauern, Türme und

1 Wehrkirche Walldorf auf einem Felskegel inmitten des gleichnamigen Dorfes im mittleren Werratal; Ringmauer im Rechteck mit vier runden Ecktürmen, einem Mauerturm und einer Toranlage. Umwandlung der Burganlage des 12. Jh. zur Kirchenburg im 15. Jh. Aus der Vogelschau vom NO gesehen (Lehfeldt).

Gräben zu sichern, war es dem Dorf verwehrt, sich durch irgendeine Befestigung vor den ständigen Reibereien des hinter seinen Burgmauern sicheren niederen Adels zu schützen. Eine Verteidigung der meist zerstreut liegenden Höfe war ohnehin nicht möglich, so blieb denn lediglich die Flucht. Da die Kirche das stärkste Bauwerk in der Gemeinde war und die Bauern bei ihren Besuchen der Märkte in den Städten wohl auch deren Befestigungen studieren konnten, lag es nahe, daß man sich entschloß, die Gotteshäuser zu wehrhaften Kirchen oder Kirchenburgen (im Siebenbürgischen) auszubauen. Interessante Objekte sind auch die idyllisch gelegene befestigte Kirche von Großrückerswalde (Bezirk Dresden), die an eine kleine Ritterburg erinnernde Wehrkirche von Schaala (Bezirk Gera) oder die zahlreichen wehrhaften Kirchen des Werragebietes (Bezirk Suhl) wie die von Vachdorf, Obermaßfeld und Rohr.

Die Kirchenväter konnten sich, durch Jahrmärkte und Rechtsmittelpunkte längst auch mit der erweiterten Funktion ihrer Gotteshäuser und Kirchhöfe vertraut, dem berechtigten Anliegen der Gemeinde nicht verschließen. Vom Würzburger Bischof Johann wird sogar berichtet, daß er 1429 dem Pfarrer von Mendhausen gestattete, den Kirchhof mit Mauern zu umgeben, und einen zwanzigtägigen Ablaß für die Helfer versprach.

Unabhängig von den genannten und vielen weiteren mehr oder weniger befestigten Kirchen waren im Mittelalter wohl die meisten sakralen Dorfbauten auf irgendeine Weise die letzte Zufluchtsstätte der in Bedrängnis geratenen Menschen. Das lag zum einen daran, „... daß die Gottheit als Bundesgenosse und Helfer der Gläubigen auch der Feind des Angreifers sei, letzterer aber mit seinem Angriff ein Sakrileg begehe ...", zum anderen jedoch auch an der strategisch günstigsten, meist erhöhten Lage im Dorf und daran, daß die Kirche im allgemeinen der einzige Steinbau war. Im übrigen dienten schon in vorchristlicher Zeit die heiligen Stätten nicht nur kultischen Zwecken, sondern auch als Zufluchtsorte.

Wie anderswo in deutschen Landen standen auch im Gebiet der mittleren Werra im 14. und 15. Jahrhundert die Zeichen auf Sturm. Nicht nur, daß die Henneberger Grafen wegen ihrer Erbschaftsangelegenheiten ständig miteinander im Streit lagen und nahe Werra und Herpf immer wieder zu den Waffen griffen, auch die geistlichen Herren trugen dazu bei, daß die Bauern Angst und Schrecken vor Gewalttätigkeiten nicht verloren. Das Würzburger Hochstift beispielsweise hatte sich längst nicht mehr mit seinen Besitzungen im nördlichen Grabfeld zufriedengegeben. Als die geistlichen Herren daran gingen, ihr Einflußgebiet zu erweitern, riefen sie die

Henneberger auf den Plan. Trotz zeitweiser Erfolge der Würzburger behielten die Henneberger letztlich die Oberhand und erwarben 1434 Stadt und Amt Meiningen sowie eine Reihe Dörfer zurück. Neue Gefahr stand ins Haus, als die Hessen im Werratal Fuß fassen wollten und die Abtei Fulda ihre Burgenlinie von Barchfeld bis Lichtenfels zu stärken gedachte.

Das waren schlimme Zeiten. Ein Sprichwort machte die Runde: „Der Krieg ziert Mord und Brand, wie das Magnifikat die Vesper." Die Gewalt war mächtig auf der Straße. Da rühmte sich doch im Sächsischen Bruderkrieg (1446—1451) ein Hermann von Harras, an einem Tag 60 Dörfer in Brand gesteckt zu haben.

Der Walldorfer Kirchberg bot sich für eine Befestigung an, da er von drei Seiten nur unter Gefahren zu ersteigen war. Und auf der vierten Seite wußte die Gemeinde die von den Fronbauern beim Burgenbau gemachten Erfahrungen zu nutzen, indem die Kirche durch einen Halsgraben kurzerhand vom Vorgelände getrennt wurde. Besonderes Augenmerk verwandten die Bauern auf die Wehranlagen, denn in der Nähe befand sich eine Werrafurt der „Hohen Straße", auf der längst nicht mehr nur Kaufmannszüge daherzogen. Man konnte es deshalb nicht bei über zwei Metern hohen Mauern belassen, sondern fügte schwere Kragsteine ins rohe Mauerwerk ein,

legte Bohlen darüber, so daß sogar eine Verteidigungsmöglichkeit gegeben war. Das erforderte Monate kräftezehrender Arbeit, in denen auf den Höfen vieles liegenbleiben mußte. Aber die Walldorfer fügten sich in die Notwendigkeit, um schlimmeren Schaden von der Gemeinde abzuwenden.

Doch nicht minder wichtig als die Mauer oder der zu Wehrzwecken veränderte Kirchturm war ihnen der Gaden, jene Zufluchtsstätte, die gleichermaßen den hierher geflohenen Bauern wie ihren blökenden Rindern und sonstigem Besitz Schutz verhieß. Solche Kirchengaden kannte man bereits im 14. Jahrhundert, wenn sie sich auch in Größe und Bauweise unterschieden. Mitunter reihten sich an der Wehrmauer der Kirche so viele Gaden, daß man annehmen konnte, jeder freie Bauer habe einen Gaden besessen, in dem mitunter mehrere Familien

2 Bis zu vier Metern mißt der Durchmesser der nach hinten offenen Mauertürme von Walldorf, die teilweise recht gut erhalten sind. Von ihnen aus konnten die Mauern wirkungsvoll vor heranstürmenden Feinden verteidigt werden.

3 Die Schießscharten in den wehrhaften Kirchen des Werragebietes unterscheiden sich in ihrer Formenvielfalt nicht von denen des Burgenbaues. In Walldorf trifft man auf Maul- und Schlüsselscharten, die vor allem auch den Einsatz von Hakenbüchsen ermöglichten.

im Kriegsfall zusammen leben mußten. Im übrigen richteten sich Zahl und Größe dieser Zufluchtsstätten wohl nach dem vorhandenen Platz. Die Obergeschosse bestanden meist aus Fachwerk auf soliden Mauern. Die Ausfachung war oft aus einem Rund- und Halbhölzergeflecht, das u. a. durch gemagerten Lehm verbunden war. Je nach Lage des Gadens verfügte er über Lichtschlitze und teilweise über Schießscharten. Doch hatten die Errichter der Gaden auch noch einen anderen Zweck im Auge. Nicht selten machte es drohendes Hochwasser nötig, trockene, höher gelegene Speicher und Vorratsräume zu bauen.

Auch in Walldorfs Gaden konnte man sich angesichts der festen Mauern rundum recht sicher fühlen, vor den Schrecken der Fehde wie vor Hochwasser. Und da man sich meist auf unbestimmte Zeit einzurichten hatte, wurden von den Bauern so viel Lebensmittel wie irgend möglich in den Kellern untergebracht. Es charakterisiert jedoch Kirche und Adel, daß sie aus der Not der „Schutzbefohlenen" noch ein Geschäft zu machen verstanden. Sie ließen sich, wenn der Gaden nicht Gemeindeeigentum war, den Mauerfrieden in klingendem Mietgeld honorieren. So soll die Walldorfer Kirche noch bis 1868 das Lehensrecht über die Gaden besessen haben, und es ist nachgewiesen, daß die späteren Nutzer der heute verschütteten Gaden jährlich ein Pfund Talg oder Unschlitt bzw. 18 Kreuzer an die Kirchenkasse zu zahlen hatten. Ob sie wollten oder nicht, vielerorts mußten die Bauern so in den doppelt bitteren Apfel beißen und zahlen. Froh waren sie, wenn sich die schweren Tore im Kriegsfall hinter ihnen geschlossen hatten, selbst wenn sie nicht wissen konnten, wann sie sich wieder öffnen würden. Auch der in schweren Bohlenkästen verstaute Kirchenschatz verschwand vorsichtshalber in den sicheren Räumen. Man gewöhnte sich daran, auf engstem Raum miteinander auszukommen.

Wenn auch durch die äußeren Bedrohungen eingeschränkt, verlief das Leben in der wehrhaften Kirche doch relativ normal, obwohl die Anlage mitunter nur wenig Bewegungsraum für deren Bewohner bot. So hat der Walldorfer Kirchhof auch nie als Begräbnisstätte gedient; die Gräber hätten die Verteidigungsmöglichkeiten beeinträchtigt.

4   Von lebenswichtiger Bedeutung war die Befestigung. Neben den fünf Mauertürmen verfügten die Walldorfer einst auch über einen Wehrgang mit Zinnen, an den Kragsteinreste erinnern.

5   Je nach dem Geländeverlauf wechselt die Höhe der Ringmauer in Walldorf, deren Ecken Türme flankieren. Die rechteckige Anlage stellt auch als Ruine ein bemerkenswertes Beispiel für die thüringische Wehrarchitektur im ausgehenden Mittelalter dar.

Walldorf liegt rund sechs Kilometer nordwestlich von Meiningen. Das Besondere der dortigen Wehranlage sind heute deren seltene Architektur und der gute Erhaltungszustand. Zunächst einmal entdeckt der Betrachter viel rohes Mauerwerk, das sich im Rechteck um Kirche und Felsnacken klammert. 65 mal 150 Meter Seitenläge mißt der steinerne Schutz oberhalb der Dachlinien des Dorfes. An den vier Ecken verbinden die zum Hinterland offenen Schalentürme den ausladenden Verteidigungsring, der meterhoch die überwachsenen Steinterrassen bekrönt. Ein runder Turm schiebt sich an der Hauptstraßenseite nordöstlich zusätzlich aus dem Mauerriegel. Schräg zum Verlauf der Ringmauer steht das Langhaus der Kirche. Ebenfalls nordöstlich, wo die Mauerbrüstung im Inneren der Anlage zu einem Absatz ausklingt, ragen noch heute die bereits erwähnten dicken Kragsteine heraus. Sie nahmen einst die schweren Holzbalken für den Wehrgang auf, von dem aus die Verteidiger weit ins Werraland hinauseinspähen konnten. Über solche und andere den Adelsburgen entlehnten Bautechniken verfügten jedoch nur wenige der kirchlichen Wehranlagen.

6

Nicht alltäglich ist auch die Stellung des Turmes. Während die meisten Kirchtürme im Gebiet der mittleren Werra und in Oberfranken östlich des Schiffes anzutreffen sind, erhebt sich der Walldorfer an der Westseite. Anlaß genug für die Historiker, der Abweichung auf den Grund zu gehen. Es lag wohl nahe, die Erklärung dafür in der mittelalterlichen Befestigung zu suchen. Als 1584 die Kirche erbaut wurde, die einer früheren Kapelle folgte, setzte man das neue Gotteshaus kurzerhand an die überkommenen Mauern des ehemaligen Bergfrieds an. Schon dessen Erbauer hatten praktisch gedacht, indem sie den steinernen Wächter schräg zum Tor und damit zur Hauptangriffsrichtung aufmauerten. Ergebnis solch bautechnisch überlegter Konzeption war, daß die Angreifer beim Sturm auf den einzigen Zugang riskierten, den Verteidigern ihre ungeschützte Seite als Zielscheibe darzubieten. Nicht überliefert hat uns die Geschichte das Aussehen dieses ehemaligen Zugangs, doch ist anzunehmen, daß dieser etwa an der gleichen Stelle wie der des umwehrten Kirchenbezirks zu finden war.

Kann man sich die Außenanlagen des Walldorfer Kirchbergs wie ein Sonntagsspaziergänger zu jeder Zeit ansehen, gelangt man in das Kircheninnere nur während des Gottesdienstes oder zusammen mit dem Kirchendiener. Er erklärt auch, daß der Innenraum der Kirche über einen Mauerdurchbruch mit dem ehemaligen Bergfried verbunden war. Der dabei entstandene Raum diente wahrscheinlich als Altarraum. Später verlegte man diesen, wie hier landesüblich, auf die östliche Seite. Das Kircheninnere sieht gepflegt aus, gleich, ob man zur flachen Decke blickt, die umlaufenden doppelten Emporen mustert oder für ein paar Minuten vor Chor und Altar weilt. Wiederholt sah man auch die Denkmalpfleger im Kirchenschiff arbeiten, um die Orgel instand zu setzen oder Konservierungen vorzunehmen; 1970 wurden sogar Malereien in der Fensternische freigelegt.

6 Die wehrhafte Anlage folgt dem Geländeverlauf des Bergsporns und ist nur von Südwesten her zugänglich. An drei Seiten verfügt sie über einen natürlichen Schutz.

7 Nahe einer alten Werrafurt an der „Hohen Straße" durch das Herpftal erhebt sich die Kirche von Walldorf. Zu sehen sind die noch immer beachtlichen Reste eines Bauwerks aus bewegter Geschichte.

7

Besonders interessiert die Besucher auch jenes pompöse Epitaph, das gleich rechts vom Eingang zu finden ist. Es stellt Vertreter des hierzulande später regierenden Hauses derer von Ostheim dar, einen in kriegerischer Pracht mit Marschallstab. Zu einer der Nachkommen dieser begüterten Familie hatte Friedrich Schiller besonders innige Beziehungen: zu Charlotte von Kalb.

Es war in den ersten Januartagen des Jahres 1783, als die Kutsche den Dichter auf ein paar Tage aus dem Bauerbacher Asyl in die Gesellschaft des Bruders seiner Schutzpatronin Frau von Wolzogen nach Walldorf brachte. Damals hatte er gerade den „Fiesko" vollendet und das Trauerspiel „Luise Millerin" (später „Kabale und Liebe" genannt) entworfen. Seine Stimmung war gedrückt, denn der Intendant des Mannheimer Nationaltheaters, Dalberg, hatte die Aufführung des „Fiesko" abgelehnt

und ihm auch keinen Vorschuß gezahlt. Doch in Bauerbach schöpfte er neue Kraft zum Arbeiten, auch zu Ausflügen. „Ich gehe also nicht über Meiningen sondern gerade von Bauerbach nach Walldorf. Dem Wetter wird schlechterdings nicht nachgefragt. Es ist schon schlimm genug, daß die Geisterwelt soviel Pläne vernichtet, die Körperwelt soll mir keine Freude meines Lebens verderben." Die Ahnung trog ihn nicht. Er verlebte ein paar glückliche Tage und verliebte sich in die sechzehnjährige Charlotte. „Es ist schrecklich, ohne eine mitfühlende Seele zu leben", schrieb Schiller am 10. Januar von Bauerbach aus nach Walldorf.

Die Nachrichten über Schillers Aufenthalt in Walldorf sind recht spärlich, doch ist wohl sicher, daß er auch in den Mauern der alten Dorfkirche weilte, möglicherweise in Begleitung des Pfarrers Sauerteig, mit dem er wiederholt im Kreis der Frau von Wolzogen zu philosophieren wußte. Gewiß hat der spätere Geschichtsprofessor dabei auch so manches über die Vergangenheit des Dorfes erfahren können, vielleicht auch, um es später für seine „Geschichte des Dreißigjährigen Krieges" zu verwenden. Dies etwa: „Wenn schon unter dem kurzen Durchzug einer Armee ganze Landstrecken zur Einöde wurden, wenn andre durch Winterquartiere verarmten oder durch Brandschatzungen ausgesogen wurden, so litten sie doch nur vorübergehende Plagen, und der Fleiß eines Jahres konnte die Drangsale einiger Monate vergessen machen. Aber keine Erholung wurde denjenigen zuteil, die eine Besatzung in ihren Mauern oder in ihrer Nachbarschaft hatten ... Die Vernachlässigung der Felder, die Zerstörung der Saaten, und die Vervielfältigung der Armeen, die über die ausgesogenen Länder daherstürmten, hatten Hunger und Teurung zur unausbleiblichen Folge, und in den letzten Jahren vollendete noch Mißwachs das Elend."

Ob Schiller diese Zeilen unter dem Eindruck seiner Thüringer Erlebnisse schrieb, ist freilich offen. Daß er mit Aufmerksamkeit gerade hier Geschichte studierte, ist aber erwiesen.

---

8 Auch in Walldorf hinterließ der Dreißigjährige Krieg seine Spuren. Die Kirche mußte nach 1650 wieder aufgebaut werden. Im Inneren gehören die Epitaphien zu den bemerkenswertesten Teilen der Ausstattung.

Ein Kastell für Johanniter

Kühndorf

Was hat die Thüringer Burg Kühndorf am Südhang des mächtigen Dolmars nahe Meiningen mit der Kreuzritterburg Krak de Chevalier oder Margat zu tun; wie weit ist der Weg von hier ins Heilige Land und umgekehrt; was geschah, daß sich hier im Südthüringischen noch im Jahr 1291 Ritter vom Orden des heiligen Johannes aus dem Hospital zu Jerusalem niederließen, nachdem sie aus Palästina für immer vertrieben worden waren? Steil steigt die Straße zum Dorf hinan, über dem — schon von weitem sichtbar — noch immer die in sich geschlossene Burg thront, wehrhaft trotz Verfall, auf festem, dickmaurigem Fundament. Hier noch eine massig wirkende Scheune, Rest von weiträumigen Wirtschaftsbauten, dort die steinerne Brücke zur Toreinfahrt mit Wehr- und Treppenturm. Drinnen im engen Hof kühle Stille an diesem Sonntag.

Schicksalsjahr 1291. Vor der reichen und stark befestigten Stadt Saint-Jean d' Acre, genannt Akkon oder auch Ptolemais, berühmt-berüchtigt wegen des ausschweifenden Lebenswandels und der ewigen Streitsucht seiner Mächtigen, bewohnt von Sizilianern und Engländern, Zyprern und Genuesern, Johannitern und Templern nebst einer Handvoll Deutschritter in streng bewachten, voneinander gesonderten und gegeneinander befestigten Stadtquartieren, Sitz nicht nur des Königs von Jerusalem, das er längst nicht mehr besaß, sondern auch der Vertreter der Könige von Frankreich und Zypern und all der von den Mameluken vertriebenen Grafen und Herren von Tripolis, Sidon, Galiläa — vor dieser letzten Bastion der Kreuzfahrer zogen die Truppen des Sultans al-Aschraf in bedrohlicher Überzahl zu den 900 christlichen Rittern nebst 18 000 Mann Fußvolk in der Stadt auf. 1265 waren Caesarea und Haifa gefallen, drei Jahre später Jaffa und Antiochia, 1271/85 die als uneinnehmbar geltenden Superburgen Krak de Chevalier, Margat und Montfort, 1287/89 schließlich Latakia und Tripolis; nun hatte für ein ganzes Zeitalter, das der Kreuzzüge und ihrer Ritter, das letzte Stündlein geschlagen. Wer es sich leisten konnte von den reichen Familien, der floh über den freien Hafen nach Zypern oder Italien, bevor der Sultan nach einmonatiger Belagerung Akkons am 4. Mai den Befehl zum Sturm gab. Noch hielt sich die Stadt elf Tage lang, doch schweres Belagerungsgerät brach mehr und mehr die schützenden Mauern und Türme. Ein Ausfall brachte schwerste Verluste, die Kraft der Verteidiger war endgültig gebrochen. Der selbst verwundete Jean de Villiers, Großmeister der Johanniter, floh mit einem Häuflein seiner Ritter nach Zypern. „Als die Muslime eindrangen", so berichtete als Augenzeuge des furchtbaren Kampfes der spätere Emir von Hama, „floh ein Teil der Bevölkerung auf Schiffen, während viele andere sich in einigen stark befestigten Türmen der Stadt verschanzten. Die Muslime richteten in Akkon ein ungeheures Blutbad an und machten unermeßliche Beute. Der Sultan zwang alle, die sich in den Türmen verschanzten, zur Übergabe; sie kamen heraus und wurden bis auf den letzten Mann vor der Stadt enthauptet. Darauf ließ er die Stadt zerstören und dem Erdboden gleichmachen." Von rund 500 Templern retteten

sich keine zehn; den Johannitern ging es ähnlich, das Schicksal der Kreuzritter schien auf immer besiegelt, ihre zweihundertjährige Herrschaft im Vorderen Orient war endgültig vorbei.

Angefangen hatte es für die Johanniter mit einem kleinen Hospital zur Pflege hilfsbedürftiger Pilger in Jerusalem nahe dem Pilgertor. Ein dazugehöriges Kirchlein wurde um 1050 dem Heiligen Johannes, Bischof von Alexandrien im 7. Jahrhundert, gewidmet; dem zu Ehren legten die Hospitaliter nach der Eroberung Jerusalems 1099 durch das Kreuzfahrerheer unter Gottfried von Bouillon das Gelübde der Keuschheit, des Gehorsams und der freiwilligen Armut ab. Knecht der Armen Jesu Christi und Hüter des Hospitals zu Jerusalem nannte sich Meister Raymond du Puy, der als erster auf die Idee kam, aus den ritterlichen Krankenpflegern einen bewaffneten geistlichen Ritterorden zu schmieden, der das Eroberte

gegen die Moslems sichern helfen sollte. Ihr Orden war an strenge Ordensregeln gebunden, die der Ordensgründer um 1155 selbst noch aufstellte und vom Papst bestätigen ließ. Die schließlich von Papst Lucius III. 1185 konfirmierte Urkunde mit Statuten und Verfassung der Johanniter, gesiegelt und durch 16 Unterschriften bekräftigt, befindet sich noch heute in der Vatikans-Bibliothek in Rom. Punkt 19 darin schreibt vor, „daß die Brüder auf ihrer Brust das Zeichen des Kreuzes tragen sollen", ein achtspitziges, weißleinenes Kreuz, Zeichen der Herzensreinheit und der acht zu gewinnenden Seligkeiten im Dienste des Ordens, der asketisch begann und sich bald zu einer privilegierten Kaste entwickelte. Es gab drei streng voneinander geschiedene Gruppen: die adligen Ritter zur Führung des Waffenhandwerks, die Kapellane für den Gottes- und Almosendienst, die dienenden Brüder zur Krankenpflege wie zum Waffendienst. Die Ritter trugen im Kriege statt des üblichen schwarzen Kapuzenmantels einen roten Waffenrock über dem Harnisch, das weiße Kreuz auf Brust und Rücken. Auf Grund des großen Zulaufs aus allen Adelsnestern und Burgen Europas sah sich schon Meister Raymond zur zusätzlichen Ordensgliederung nach nationalen Aspekten in sog. Zungen veranlaßt, die jeweils von einem Großmeister geleitet wurden; der der deutschen Zunge hatte die Aufsicht über alle Festungswerke. Zunehmender Reichtum und Landbesitz machten eine strenge Organisation notwendig. So waren die Zungen gegliedert in Prioreien bzw. Nationaldistrikte und Balleien; die Prioreien waren eingeteilt in Kommenden mit einem Verwalter der Ordensgüter, der jährlich Responsgelder an die Kasse des Großmeisters abzuliefern hatte. Man sieht: ein mächtiger, mit vielen Privilegien ausgestatteter Ritterstaat, der im „Heiligen Land" selbst über zahlreiche Ordenshäuser, Hospitäler und Garnisonburgen verfügte und lediglich dem Heiligen Stuhl in Rom unterstand. Allein der Klerus der Johanniterkirchen soll 1179 rund 14000 Personen umfaßt haben; im großen Hospital von Jerusalem wurden zu diesem Zeitpunkt — so ein zeitgenössischer Pilgerbericht — rund 900 Kranke und 750 Verwundete gepflegt. Schenkungen und Erbschaften in den Herkunftsländern der Ritter verschafften dem Orden bald weiteren zusätzlichen Einfluß auch außerhalb ihres eigentlichen Wirkungsfeldes. Es war

Graf Berthold VII. von Henneberg, achter Großprior der deutschen Zunge und sich selbst (nach Cyr. Spangenbergs Hennebergischer Chronik) „Nos Bertholdus D. G. Prior domorum ordinis S. Johannis per Bohemian, Poloniam, Moraviam et Austriam, Commendator in Sleusingen, Kündorff et aliarum quarundam domorum in Franconia" nennend, der im Schicksalsjahr 1291 die Johanniter-Kommende Schleusingen der so arg in Bedrängnis geratenen Bruderschaft stiftete. (Die hieraus entstandene Komturei, von der Landesherrschaft 1559 und 1632 eingezogen, dann 1635 wieder zurückgegeben, bestand immerhin bis 1814.)

Dem Wirken der Henneberger Grafen begegnet man in Südthüringen allerorten. Burg Henneberg nahe Meiningen, Stammsitz des verzweigten Geschlechtes und mindestens ebenso alt wie die Wartburg, wurde im Bauernkrieg zerstört; Kemenate, Palas und Kapelle blieben nur in Resten erhalten. Das fränkische Adelsgeschlecht spielte in der Reichsgeschichte wiederholt eine bedeutende Rolle; im 13. Jahrhundert sind Henneberger Grafen Würzburger Burggrafen (bis 1230) und als solche

Schirmvögte und Lehensträger der dortigen Bischöfe. Seit dem 11. Jahrhundert faßte das Hochstift Würzburg im Werragebiet, also im Herrschaftsbereich der Henneberger, immer fester Fuß, was im Verein mit den Selbständigkeitsbestrebungen der Bischöfe zu tiefgreifenden Konflikten beider Grundherrschaften führte. So wurde 1008 die strategisch wichtige Stadt Meiningen durch Kaiser Heinrich II. dem Hochstift übereignet und blieb bis 1542 würzburgisches Gebiet. Die Henneberger verzichteten erst 1230 offiziell auf ihre Rechte an der Stadt und erhielten dafür als Ersatz das nahe Untermaßfeld als Lehen, wo sie — mit zornigem Blick auf die aufblühende Stadt — eine stark befestigte Wasserburg errichteten, neben Schleusingen die zweite Residenz und zugleich Landesfestung für die ganze Grafschaft. Da sich die Henneberger Grafschaft nicht aus einer Gaugrafschaft entwickelt hatte, waren alle männlichen Nachkommen jeweils erbberechtigt, was wiederum zu ständigen Teilungen der Grundherrschaft führte. Mit der Teilung von 1274 entstanden so die Herrschaften Henneberg-Hartenberg, Henneberg-Aschach und Henneberg-Schleusingen. Womit wir uns wieder unserem Ausgangspunkt, der Johanniterburg Kühndorf, nähern. Ein Berthold verließ Henneberg 1274, um sich auf der Bertholdsburg in Schleusingen häuslich einzurichten. Sein staatsmännisch hochbegabter Sohn Berthold VII. (1284–1340), genannt „der Weise", war geschätzter Ratgeber und Sprecher dreier deutscher Kaiser und wurde von Heinrich VII. zum Reichsfürsten erhoben. Das Geschlecht starb 1583 aus, und im Streit um das Erbe kam auch Kühndorf an die Wettiner. Sie erweiterten die noch immer starke Burg um den Küchenflügel, worauf das sächsische Wappen von 1610 über der Tür verweist, setzten 1655 auf die Westkemenate ein viertes Obergeschoß und nutzten die Anlage als Amtsschloß. Die großen Zeiten von Kühndorf waren damit längst dahin. 1815 wurde das Amt preußisch; 1902 erwarb mit der Auflösung der königlichen Domäne ein Privatmann den umfangreichen Burgkomplex für 3000 Goldmark, veräußerte das herunterge-

1 Küchenflügel der Oberburg, des 1291 errichteten Johanniterkastells.
2 Burghof der Johanniterburg Kühndorf, eine kastellartige, kraftvoll geschlossene Anlage.

4

kommene Anwesen aber bald wieder. So gelangte es schließlich 1920 in Besitz eines Jenaer Arztes, der viel für den Erhalt unternahm, bis die Burg schließlich an den Rat der Gemeinde kam, der Wohnungen einrichtete und Raum für die Gemeindeküche schuf, deren Dämpfe dem Mauerwerk noch immer zusetzen. In absehbarer Zeit wird vielleicht doch der Denkmalpfleger in Aktion treten können, die nun schon beschlossene Umsiedlung der Küche in die noch aus der Gründungszeit stammende Große Scheune im Gelände der Vorburg erfolgen und neues Leben in die noch immer imponierende, architektonisch für den thüringisch-sächsischen Raum sogar einzigartige Burg einziehen.

Als Johanniter-Großmeister Jean de Villiers in der halbzerstörten Burg von Limisso auf Zypern nach dem Fall von Akkon den kläglichen, schwer angeschlagenen Rest seines Ordens versammelte, schien dessen Ende nahe zu sein. Sollte man sich endgültig in die Heimatländer der Ritter zurückziehen, vom expansiven Kreuzzugsgedanken Abstand nehmen oder noch einmal versuchen, sich ein eigenes Reich zu schaffen, untertan allein — und nur

3 Unterburg mit Achteckturm der Zwingerbefestigung; Blick von Osten.
4 Ein wenig abgelegen, am Südhang des Dolmars, der massive Baukörper der Johanniterburg Kühndorf; Vor- und Hauptburg von Südwesten.

in kirchlichen Fragen — dem Papst? Der Großmeister setzte auf beide Karten und gewann seinem Ritterorden noch ein halbes Jahrtausend. Erst 1798 verlor er die Insel Malta, die er von Karl V. als Lehen erhalten hatte, an das Frankreich Napoleons. Ob jener Berthold VII., der zusammen mit seinem älteren Bruder Berthold VI. die Johanniter-Niederlassungen in Schleusingen, Kirchheim und Kühndorf begründete, sich wie seine Ordensbrüder in Frankreich, England, Spanien und Deutschland ebenfalls zum Generalkapitel in Limisso zur gemeinsamen Klärung der Überlebensfrage aufmachte, ist nicht überliefert. Um so mehr wissen wir, wie er in seinen Stammlanden gewirkt hat. Befreundet mit Ludwig dem Bayern, erlangte er beispielsweise für seine 1312 zurückerworbene Stadt Schmalkalden per Gnadenbrief die Rechte der Reichsstadt Gelnhausen, was den Schmalkaldenern zu ökonomischem und kulturellem Aufstieg verhalf. Während sich die Johanniter auf der 1310 eroberten Insel Rhodos im Mittelmeer — sozusagen mit Fernblick auf das verlorene Heilige Land — ein eigenes, unabhängiges Reich aufbauen, in dem sie sich noch 213 Jahre behaupten werden, sichern ihnen die Henneberger im Werra-Gebiet das ökonomische Hinterland, das zweite Fundament der erneut gewaltigen Macht des Ordens in den insgesamt etwa 700 Komtureien bzw. Kommenden in den verschiedensten Ländern. Allein in Thüringen gab es Johanniter-Kommenden in Weißensee (bei Sömmerda; bis 1814), Gotha (bis 1525), Breitenbach (bei Mühlhausen; bis 1525), Braunsroda (bei Heldrungen; bis 1520), Wackenhof-Kupfersuhl (bei Eisenach; bis 1536) und Nesselhof (bei Tambach/Schmalkalden; bis 1540).

Obwohl die Herren von Kühndorf, Ministeriale der Henneberger und vermutlich auf einer kleineren Burg außerhalb des Dorfes sitzend, erst 1307 und später Güter ihres recht umfangreichen Besitzes den Johannitern übereigneten, geht der Hallenser Burgenforscher Hans-Joachim Mrusek (in einer umfangreichen Studie zur Baugeschichte der Johanniterburg; 1963) von dem Schicksalsjahr 1291 als dem Gründungsjahr der Johanniter-Komturei aus. Um einen mächtigen quadratischen Bergfried auf dem unteren Burghof — rund acht Meter Seitenlänge, etwa 2,30 Meter maximale Mauerstärke — wurde ein für die Ordensarchitektur charakteristisches Kastell angelegt, dessen streng geometrischer Grundriß

5 Belagerung der Johanniter auf Rhodos.
1306/10 eroberten die Hospitaliter von der Insel Zypern aus das zu Byzanz gehörende Rhodos, wo sie bis zum 1. Januar 1523 herrschten, als sie nach langem Verteidigungskampf Sultan Suleiman II. unterlagen.
Die Abbildung stammt aus dem 1496 in Ulm gedruckten Bericht Guillemus Cacursins, der seit dem Jahre 1492 als Vizekanzler des Ordens Augenzeuge der erfolglosen Belagerung von Stadt und Burg Rhodos durch die Türken war.

noch heute erkennbar ist. Kastell-Anlagen hatten die Johanniter auf ihren Kreuzzugsfahrten kennengelernt, u. a. in Italien, und dabei die militärische Verteidigungskraft solcher Burgen erkannt. Nachdem sie beispielsweise in Biebelried nahe Würzburg größere Güter für eine Kommende erworben hatten, errichteten sie dort 1275 an der neueren Nürnberger Reichsstraße ein quadratisches, von einer sehr hohen Ringmauer mit Wehrgang umgebenes Kastell, das heute als eine der letzten klassischen Burganlagen des 13. Jahrhunderts im süddeutschen Raum gilt.

Kastellartig ist also auch die aus Ober- und Unterburg bestehende Anlage in Kühndorf um den als Stumpf erhalten gebliebenen Bergfried, der den fünf Meter höheren oberen Burghof anschließt und sichert. Eine Aquarellzeichnung von 1700 zeigt den Turm mindestens noch doppelt so hoch wie heute mit einer Renaissancehaube. Das Besondere aber ist die Kombination von zwei breiten rechtwinklig aneinanderlehnenden Wohntürmen, im thüringisch-sächsischen Raum Kemenaten genannt und hier vor allem Kennzeichen der frühen Saaleburgen (Orlamünde, Ziegenrück, Reinstädt, Burgk; auch Kapellendorf). Die Kemenaten von Kühndorf gehören zu den größten Breitwohntürmen in der Burgenlandschaft zwischen Werra und Elbe und bestimmen bis heute die eindrucksvolle Silhouette dieser Burg, deren Oberburg sie bilden. Die wuchtig-kompakte Mauermasse der Westkemenate schiebt sich als schützende Schildmauer vor die am meisten gefährdete Seite, die Wände 2,20 Meter stark bis unter das Dach. So dick sind diese Außenwände, daß innen Gänge untergebracht werden konnten wie beispielsweise im zweiten Obergeschoß zwischen den einzelnen Schießscharten, möglicherweise sogar bis hinüber zum Bergfried. Hier und im ersten Obergeschoß war auch der eigentliche Bereich der Johanniter. Die Burgkapelle lag in der Südkemenate und nahm deren beide Stockwerke ein. Licht erhielt sie vor allem über ein größeres Maßwerkfenster zum unteren Burghof hin; die heutigen Fenster zur Vorburg hat man im 16. Jahrhundert durchgebrochen. Ursprünglich dagegen sind die Schlitzfenster bzw. Schießscharten der Westkemenate. Ein Mauergang im dritten Obergeschoß führte auf einen Wehrgang an der Umfassungsmauer; selbst die Krone der Schildmauer war zu Verteidigungszwecken erreich-

bar. So sicher und geschützt wie die Ordensritter durften sich in dieser Zeit nur wenige Burgherren im Lande fühlen.

Der architektonische Grundeinfall ist verblüffend einfach: Zwei starke Verteidigungsmauern im rechten Winkel — West- und Südseite — sind zugleich die Außenwände der Wohntürme für die Ordensritter, die sich hier, geschützt durch den den Zugang kontrollierenden Bergfried, jederzeit wirksam verteidigen konnten. Weniger stark und hoch sind daher die Umfassungsmauern der ebenfalls in dieser frühen Bauphase entstandenen, tiefer gelegenen Unterburg als (zweiter) Vorburg. Wie die Untersuchungen Mruseks ergaben, wurde auch die weiträumige Vorburg mit den Wirtschaftsgebäuden innerhalb einer noch heute in Resten vorhandenen Ringmauer zu diesem Zeitpunkt errichtet, so daß sich die Komturei als eine ungewöhnlich große, die Feudalmacht der Ordensritter eindrucksvoll belegende Anlage erweist, die sicherlich baulich etwa mit dem Tode Bertholds VII. im Jahre 1342 fertiggestellt war.

Es mußte also ein Feind besonderer Art sein, wenn sich die Johanniter dennoch auf Burg Kühndorf nur bis 1430 hielten und sie dann zu zwei Teilen an die Ritter Georg Truchsess von Wildberg und Hans Vogt zu Salzburg verkauften. Die Einkünfte gingen, so die Klage eines Komturs, derart stark zurück, daß die standesgemäße Haushaltung und die Verrichtung des Ordensdienstes mit den immer weniger werdenden Brüdern nicht mehr gewährleistet waren. Der im Original erhalten gebliebene, fünffach gesiegelte Teilungsvertrag vom 22. Juni 1432 vermerkt neben Bergfried, den beiden Kemenaten, Küche und Vorburg mit Sommer- und Backhaus auch den Vorhof zum Dorf hin mit „ein Stadel, vor demselben eine Hofstadt, do izund ein breterin Haus aufstehet, vordem des Ordens Schafhaus", während andererseits der Hinter- oder Brauerhof lag, unter diesem „ein Schafgarten mit einer Mauer". Noch also fehlten die umfangreichen Zwingerbauten rund um das Johanniter-Kastell, die sechs Türme in der genau parallel zu Ober- und Unterburg verlaufenden Umfassungsmauer aus Kalkbruchstein, die die alte Ordens-Anlage fortifikatorisch auf den neuesten Stand brachten. Am besten sind die Reste des mächtigen Achteckturms an der gefährdeten Nordostecke der türmereichen Festung erhalten.

Wer verstand sich solcherart zu sichern, für wen wurde  dieses umfangreiche Zwingersystem errichtet? Mrusek schließt aus der Bauweise und den Quellen auf die Grafen von Henneberg-Römhild, die ab 1444 im Besitz von Kühndorf waren, und zieht dabei zum Vergleich die um 1446 zwingerartig befestigte Burg Untermaßfeld mit ins Kalkül. Es kann wohl als sicher gelten, daß der ökonomisch unter Druck geratene Ritterorden diese umfangreichen Bauten nicht mehr zu finanzieren in der Lage war. Die teilweise erheblichen Eingriffe in die innere Bausubstanz dienten im wesentlichen der Verbesserung der Wohnkultur; 1539 wurde Kühndorf Witwensitz mit Schloßcharakter und entsprechender Hofhaltung der Gräfin Katharina, was nun auch die Renaissancehaube auf der Zeichnung von 1700 erklärt. Die Südkemenate erhielt ein drittes Obergeschoß, das erhaltengebliebene Torhaus mit den diagonal flankierenden Ecktürmen und einer tonnengewölbten Durchfahrt wurde vom Vorhof her vor den unteren Burghof gesetzt. Man betritt die Kernanlage durch diese Torburg auch noch heute.

Nun, wer auch immer im Laufe der Jahrhunderte die Besitzerrechte vorwies, ob Ordensritter, Henneberger, Wettiner oder Preußen, die Burg blieb in ihrer Altsubstanz unangetastet. So hat die alte Heerstraße, die durch Kühndorf führt, manch bunten Zug durch die Geschichte getragen. Das Hin und Her der Jahre bescherte dem Ort nach dem zweiten Weltkrieg auch die amerikanischen Besatzer. Sie schleppten aus den Beständen eines vom Sammeleifer gepackten Arztes aus der Burg, was immer sie gebrauchen konnten. Nach dem Abzug der Amerikaner wurde in den mittelalterlichen Mauern notdürftig eine erste Schule für die Kinder eingerichtet, und Umsiedler fanden fürs erste ein Obdach. Einige Bewohner richteten sich für längere Zeit in der Kemenate ein, währenddessen die Schulkinder in einen bequemen Neubau umzogen.

Wieder gingen Jahre ins Land. Der Feldbestellung und dem Häuserbau galt das Hauptaugenmerk. Die Burg rückte etwas aus dem Blickfeld. Auf Ansichtskarten je-

6 Gotische Maßwerkfenster an der östlichen Stirnseite der Burgkapelle aus der Johanniter-Periode der Burg.

7 Unterburg mit Achteckturm und Teilen der Zwingeranlage.

doch blieb sie nach wie vor als Wahrzeichen präsent. Später entstand in der Burg ein Saal, in dem um die Mittagszeit die Bestecke von 300 Schülern klapperten und wo am Abend Musik von Platte und Band jugendliche Besucher anlockte.

Als Uneingeweihter durch die obere Burganlage zu streifen, sich gar von Scharte zu Scharte durch den schmalen Mauergang zu zwängen, ist ein sicherlich romantisches, aber auch gefährliches Unterfangen, einmal abgesehen

8 von den kleinen Körpermaßen, die dazu erforderlich sind. Weniger schwierig wäre ein Besuch in der Gemeindebibliothek oder in der landwirtschaftlich genutzten Vorburg.

Ist Burg Kühndorf mehr als die Summe ihrer baulichen Details? Eine berechtigte Frage. Sie stellte sich all jenen, die mit aufmerksamen Augen die Mauern betrachteten. Zu ihnen zählten auch die Studenten, die zu Beginn der sechziger Jahre mit Professor Mrusek das Ensemble vermaßen, zeichneten und fotografierten und das Gesamtergebnis in einer Forschungsschrift festhielten. Vieles war hier mit wissenschaftlicher Genauigkeit und historischem Verständnis zusammengetragen worden. Kam zum Gelesenen noch das eigene Erlebnis, wurde zwangsläufig der Wunsch genährt, die Burg aus ihrem „Dornröschenschlaf" zu erlösen und sie vielen zugänglich zu machen.

Vorschläge unterbreitete auch das Institut für Denkmalpflege, Arbeitsstelle Erfurt, schon vor Jahren. Was die Fachleute dem alten Gemäuer noch zutrauten, konnte sich wohl sehen lassen: Jugendzentrum mit Übernachtungsmöglichkeiten, Versammlungslokal und Bierkeller oder Atelier- und Werkstattzentrum für Kunst- und Kulturschaffende, kurzum, die Kulturakademie für den Bezirk Suhl. In der Begründung wurde festgestellt: Der Entwurf berücksichtigt in beiden Varianten die im Laufe der Geschichte gewachsene bauliche Einheit des Schloßkomplexes. Besonders bemerkenswert ist, daß im Hauptbau keine neuen Fensteröffnungen vorgesehen sind, dadurch bleibt der wehrhafte Charakter der einstigen Burg mit ihrem weitverzweigten Wehrgangsystem innerhalb der Umfassungsmauer erhalten.

Inzwischen waren die Würfel zugunsten der Kulturakademie gefallen. Der Einzug der Musen in die einstige Johanniterburg war beschlossene Sache. Der Termin allerdings erwies sich als ein Problem, das mit den Potenzen des neugegründeten VEB Denkmalpflege verbunden war, der 1978 traditionsbewußt auf Kühndorf begonnen hatte zu arbeiten. Schon war auch ein Keramiker in Burgnähe gezogen.

8 Torburg von 1543 mit flankierenden Ecktürmen, die sich diagonal gegenüberstehen. Sie entstand durch den Umbau 1539 bis 1583 zum Amtsschloß.

Ritterschlag auf der Burg

Greifenstein

„Seinen Gesellen gleich an Reichtum und Schmuck der Kleidung ging Tristan mit ihnen zu Hof und zum Kampfplatz. Aber nur in den von Menschenhänden genähten Gewändern glich er ihnen, jenes angeborene Kleid, das von der Herzenskammer ausgeht, was man eine edle Gesinnung nennt und was des Mannes Leib und Leben adelt, war bei dem Herren und den Gesellen gar ungleich. In diesem Sinne trug der hochgemute und ehrliebende Tristan ganz besonderes Gewand. An schönen Bewegungen, zierlichem Benehmen, an guten Sitten und Tugenden übertraf er alle weit…

So kamen sie zum Münster, hörten die Messe und empfingen den Segen. Marke trat dann zu seinem Neffen Tristan, gürtete ihn mit dem Schwert, legte ihm die Sporen an und sprach: Sieh, Neffe, nun ist dein Schwert gesegnet, und du bist Ritter geworden, nun denke an ritterliche Ehre und an das, was du bist: deine Geburt und dein Adel seien dir vor Augen, sei demütig und ohne Falsch, wahrhaft und wohlgezogen. Sei gütig gegen die Armen und hochsinnig gegen die Reichen. Halte dich schmuck und würdig. Ehre und minne alle Frauen. Sei freigebig und getreu, denn nicht Gold und Zobelpelz zieren Speer und Schild so wie Treue und Freigebigkeit. Hiermit bot er ihm den Schild dar, küßte Tristan und sprach: Nun Glück auf, Neffe! Möge dir die Kraft Gottes Heil zu deiner Ritterschaft geben! Sei immer höfisch und fröhlich!"
So schildert Gottfried von Straßburg zu Beginn des 12. Jahrhunderts in seinem Epos „Tristan und Isolde" die Zeremonie einer Schwertleite, allerdings in mittelhochdeutsch.

Seit dem ausgehenden 10. Jahrhundert war es Sitte geworden, daß der Ritterberuf des Vaters sich auf den Sohn vererbte, weshalb sich dieser im siebenten Lebensjahr von der heimischen Burg verabschiedete, um bei Hofe in den ritterlichen Pflichten unterrichtet zu werden. Die Nestwärme war dahin, und mit körperlichen Züchtigungen war der Magezoge (Erzieher) nicht kleinlich.

Da die Jungen Ritter werden wollten, hielten sie sich auch nicht bei solch „pfäffischen Künsten" wie Lesen und Schreiben auf, sondern lernten Reiten, Schwert und Schild handhaben, jagten mit den Falken, studierten Turnierregeln und ließen sich in die Kunst des Singens und Dichtens einweisen. Vom 14. Lebensjahr an diente der junge Mann als Knappe bei einem Ritter und hatte sich in dem Erlernten zu vervollkommnen. Den Helm auf dem Haupt, den Schild in der Hand und das Schwert zur Seite, mußte er seinem Herrn folgen, ob dieser sich nun mit seinen Artgenossen anlegte oder beim Gelage dem Wein zusprach.

Erst mit dem 21. Lebensjahr ward dem Knappen die Fähigkeit zugesprochen, in den ritterlichen Tugenden so bewandert zu sein, daß er die Schwertleite empfangen konnte, die oft mit dem Ritterschlag durch die bloße Hand oder das Schwert auf Hals oder Nacken verbunden war. Wollte man damit doch den Knappen an die eingeprägten Lebensregeln seines Standes erinnern: hochgemut, edel, freigebig, tadellos, ehrenfest. In der Regel war die Schwertleite (die beispielsweise Siegfried in der Nibelungensage zusammen mit vierhundert Jünglingen empfing) stets ein großes Fest um die Sonnenwende.

Wir wollen an der Zeremonie eines neuzeitlichen Ritterschlages teilnehmen. Das führt uns in die Nähe der Stelle, wo sich bei Bad Blankenburg die Schwarza mit der Saale vereint. Dort erhebt sich ein heller Muschelkalksattel mit einer der größten deutschen Feudalburgen — oder besser dem, was von ihr übriggeblieben ist: dem Greifenstein. Weithin sichtbar empfängt er den Besucher an der nördlichen Pforte des Thüringer Schiefergebirges, lädt ihn ein, durch weite Laub- und Nadelholzwaldungen zu spazieren, die Höhen bis Dittersdorf oder zum Wurzelberg zu ersteigen, dem romantischen Lauf der Schwarza zu folgen. Rund um den Hausberg, auf dem die Burg thront, recken sich Rotbuchen, Fichten, Kiefern, Lärchen und Bergulmen in die Höhe, findet der aufmerksame Wanderer heimische Orchideen und Waldanemonen. Aber auch verschiedene Eulenarten und Greifvögel leben hier. Wir sind im Gebiet des einstigen Fürstentums Schwarzburg-Rudolstadt, jenes Adelsgeschlechtes, das sich rühmte, als einzige deutsche Fürsten über einen kompletten Flußlauf zu verfügen. Heute gehört das Schwarzatal samt den angrenzenden Wäldern und Höhenrücken bis hin zum Felsenhang des Greifensteins zu einem Naturschutzgebiet. Wie schrieb doch der Gartenarchitekt Fürst Pückler (1785–1871) ins Gästebuch der Burg: „Hätte ich Muskau nicht, so möchte ich wohl Blankenburg haben."

Ein leichter Regenschauer hängt über den Baumwipfeln. Unser Weg führt durch ein natürliches Spalier dunkelfeuchter Bäume. An einige der Buchen mögen sich schon unsere hier heraufkraxelnden Urgroßväter verschnau-

fend gelehnt habe, um durch den grünen Verhau nach der Burg zu spähen. Doch manche Besucher, die sich des Nachts einen Weg durchs Baumrevier bahnten, hatten es weniger auf die malerische Lage der Ruine als vielmehr auf sagenumwobene Schätze abgesehen. Sie durchstreiften die Anlage, durchwühlten das Erdreich am Turm, jedoch nur mit dem Erfolg, daß in einer Sommernacht des Jahres 1785 das Mauerwerk senkrecht auseinanderbrach. Als fünfzehn Jahre später ein starker Herbststurm über die Burg hinwegzog, stürzte der Bergfried vollends in sich zusammen. Weitere fünf Jahre danach folgte der daneben befindliche Küchenschlot.

Unsere Vorväter erlebten freilich auch, wie Burggemeinde und Verband der Turnerschaften an deutschen Hochschulen zwischen 1925 und 1928 dafür sorgten, daß der zerborstene Turm einen würdigen Nachfolger bekam. Von dessen Plattform aus schweift der Blick bei klarem Wetter bis zum Talsperrengebiet Hohenwarte oder zur Meuselbacher Kuppe (789 m). Mit dem Blick nach unten hat man einige Mühe, sich aus der Vielzahl der vorhandenen aufrechten und geborstenen Mauern und Durchbrüche inmitten des üppigen Pflanzen- und Baumwuchses zunächst ein halbwegs klares Bild von den Ausmaßen dieser Burg zu machen.

Aus den Quellen ist zu erfahren, daß der Greifenstein — diesen Namen trägt das Schloß bzw. Haus Blankenburg erst seit der Mitte des 17. Jahrhunderts — eigentlich aus zwei Burgen besteht, dem Kernbau (12./14. Jh.) und der jüngeren Anlage (Mitte des 14. Jh.). Beide sind über einen Vorhof und einen breiten Graben, zu dem ehemals ein Steg gehörte verbunden. Die Einzelheiten lassen sich nicht aus der Turmperspektive ausmachen. Erklimmt man wie wir vom talwärts gelegenen Parkplatz den steilen Hang im Westen, gelangt man zum sogenannten Verteidigungsplatz. Eine dreiarmige Linde reckt sich uns in der Mitte des Platzes dichtbelaubt entgegen. In ihrem dicken Fuß umschließt sie einen großen Steinquader. Wie er dort hingekommen ist, weiß keiner mehr.

Weiteren Bericht geben die Bodenfunde, barg das Erdreich doch Scherben oxydierend gebrannter Standbodengefäße mit Lippenrand und Bodenmarke und viele weitere Keramiken des 12. Jahrhunderts. Da sich gerade die nordwestliche Seite des Berges als besonders fündig erwies, ist zu vermuten, daß sich unweit der dicken Linde

einen weiten Blick in die Landschaft. Der spätgotische Chor ist ein Kuriosum; denn an der nördlichen Seite ragen die Steine über das innere Burgmauerwerk hinaus. Im Dreieck zwischen dem ehemals verhältnismäßig großen Wirtschaftsbau im Nordwesten und der Kapelle entdeckt man eine Zisterne, in der das von den Dächern laufende Regenwasser gesammelt werden konnte. Doch man verließ sich nicht allein aufs Wetter, sondern die Erbauer legten auch noch zwei Windebrunnen im Halsgraben an, mit deren Hilfe aus mehr als 65 Metern unter dem Muschelkalk das so dringend benötigte Wasser heraufgezogen werden konnte. Sicherlich eine rechte Plage, doch dafür befand man sich 170 Meter über der Stadt. Dennoch, auf die Dauer waren es die gräflichen Besitzer leid, sich in Enge und Beschwerlichkeiten zu fügen, obwohl sie im 14. Jahrhundert einen auflockernden Umbau befahlen. Vor der kalten Ungemütlichkeit flohen sie in die bequemen Großräume ihrer städtischen Sitze, beispielsweise in die nahe Heidecksburg von Rudolstadt, die in der zweiten Hälfte des 14. Jahrhunderts nach der Zerstörung im „Thüringer Grafenkrieg" neu aufgebaut wurde. Statt der Schwarzburger Grafen nahmen nun Vögte auf dem Greifenstein Quartier.

Geschichten, Geschichte. Anno 1137 soll sich ein Ritter Konrad von Watzdorf als „Voigt zum Greiffenstein" bezeichnet haben. Verläßlicher ist jedoch, davon auszugehen, daß die Burg erst fünf Jahrhunderte später als Greifenstein bezeichnet wurde. Den Namen Blankenburg begründet jener blanke Muschelkalkkegel, der sich recht augenfällig vom Dunkel der Wälder abhebt. Was die Bezeichnung Greifenstein angeht, so kann sie sowohl von „greopan", was soviel wie Bergkuppe bedeutet, als auch von Grypho, dem sagenhaften Burgerbauer, herrühren. Möglicherweise gibt es Legenden, die weitere Lesarten anbieten.

Doch es wäre müßig, sich der verzweigten Schwarzbur-

der älteste Teil der Burg befand, möglicherweise umgeben von Gräben und Wällen mit Palisaden. Stücke verziegelten Lehms, die hier gefunden wurden, lassen darauf schließen, daß an dieser Stelle des Bergplateaus schlichte Häuser gestanden haben mögen.

Wir sind in der fünfeckigen Kernanlage. Mußte man früher dem Burgweg folgen, der bis zum westlichen Verteidigungsplatz führte, dann weiter über eine Zugbrücke und einen Steg laufen, um in den innersten Mauerring zu kommen, gelangen wir heute — so man nicht durch die ältere Anlage streifen will — dorthin schnurstracks durch das südliche Tor, das im 14. Jahrhundert ausgebaut wurde. Wir passieren dieses mächtige Doppeltor, das ein Fallgatter sowie später Basteien sicherten, und gelangen über ein paar steile Stufen zur jüngeren Burg.

Den unregelmäßigen Hof umstehen mehrgeschossiger Palas, darin ein stimmungsvoll eingerichtetes Lokal, unmittelbar anschließender, nur wenig höherer, runder Bergfried sowie geringe Reste der Wirtschaftsbauten und der Kapelle. Wie eng es auf dem Hof seinerzeit zugegangen sein muß, beweist die Ruine des kleinen Gotteshauses. Heute wächst Gras und niedriges Buschwerk zwischen den Mauern, leere Fensteröffnungen gestatten

1 Schwertleite. Ein Edelknabe hält Schild und Speer (mit Fähnchen), während dem neben ihm stehenden Ritter die Brünne übergezogen wird und einem weiteren der Fürst selbst das Schwert umgürtet; Abbildung nach einer Miniatur im Codex des Matthäus Paris (13. Jh.).

2 Der Chor der einstigen Burgkapelle ragt bis in den Zwinger hinein. Offensichtlich ging es auf dem Burghof so eng zu, daß man diese nicht alltägliche Lösung ersann.

ger Herrscherdynastie und deren Abfolgen zu widmen. Die Namen der Grafen Heinrich oder Günther sind in den Chroniken nachzulesen. Heinrich XXVI. war dann der letzte Schwarzburger, der gelegentlich noch auf Burg Greifenstein Hof hielt. Wie wir heute wissen, besuchten auch noch zwei seiner Söhne den alten Besitz, und zwar am 24. Mai 1497. „In der großen Hofdornze" (Stube) kamen sie mit ihrem Vetter aus der Leutenberger Linie des Hauses, dem Grafen Balthasar, zusammen. Man wollte sich über den großen Weinberg in Burgnähe vergleichen.

Auf einen Schwarzburger Sproß kann hier allerdings nicht verzichtet werden. Sein Name zierte schon die Geschichtsbücher unserer Väter und spukte auch durch so

manche Reise- und Burgenführer Thüringens: Günther XXI. Er erblickte 1304 das Licht der Welt auf der väterlichen Blankenburg, an die uns jedoch heute im mittleren Abschnitt der Gesamtanlage nur noch ein paar mehr oder weniger gut erhaltene Mauern erinnern, so die eines Turmes im Vorhof. Seine große Stunde schlug, als der Bayernkaiser Ludwig für immer die Augen schloß und die Wittelsbacher Fürsten einen neuen König suchten, um die Macht Karls IV. von Böhmen einzuschränken. Der Thüringer Landgraf hatte die Ehre dankend abgelehnt, da er sehr wohl um die Bürde des Amtes wußte und sein Land ohnehin durch andauernde Fehden geschwächt war. Auch andere Fürsten lehnten höflich ab. So kam das Angebot an Günther von Schwarzburg. Immerhin galt der einstige Freund Kaiser Ludwigs IV. nicht nur als edel und rechtgläubig, sondern auch als einer der besten Fehdehelden seiner Zeit. Günther, obwohl gewarnt, wollte seine Freunde nicht enttäuschen und nahm die Wahl an. Im Januar 1349 wurde in Frankfurt am Main — seit 1257 Ort der deutschen Königswahl — verkündet: „Wir erklären für gültig und machen bekannt die Kur des edlen Herrn Günther, Grafen von Schwarzburg, wiederholend und mit einem Eide bekräftigend, daß wir keinen würdigeren Kaiser kennen!" Wohl vermieden Karl IV. und der Papst, der den Böhmen unterstützte, die offene Schlacht gegen den Widersacher aus Thüringen, doch es gelang ihnen, u. a. Günthers Vettern gegen den Verwandten einzunehmen. Die Wittelsbacher hatten ihn zwar auf den Schild gehoben, waren aber zu sehr mit Problemen in ihren Ländereien beschäftigt, so

3 Vor den Toren Bad Blankenburgs am Eingang zum Schwarzatal beherrscht die Ruine der Burg Greifenstein weithin das Landschaftsbild. Die 170 Meter höher als die Stadt befindliche Anlage zählt zu den größten deutschen Feudalburgen.

4 Günther von Schwarzburg. Abbildung nach seinem Grabmal im Dom zu Frankfurt/Main aus dem Jahre 1352; es zeigt die ritterliche Waffentracht dieser Zeit: Ärmelloses Wappenkleid (hier mit dem schwarzburgischen Löwen), ein bis zu den Knien reichender Rock, der unten aufgeschlitzt war, um nicht beim Reiten zu hindern; an den Ellbogen und Knien bauchig geschmiedete eiserne Kacheln, die Handschuhe aus Leder oder Eisen mit beweglichen Fingern, der Topfhelm; das Ganze farbig bemalt und vergoldet.

5 Ein Stück Burgenromantik von heute ist das Durchstreifen des weitläufigen Ruinengeländes. Verschiedenförmige Mauerdurchbrüche, Treppen, Gräben und verwitterte Reste grober Steinbauten regen die Phantasie an.

4

5

daß Günther sich als Gegenkaiser, nachdem man ihm auch noch die Abdankung empfohlen hatte, alleingelassen sah. Zwar versuchte der Schwarzburger standhaft zu bleiben und sich zu behaupten, doch bald erkrankte er schwer und legte die Krone für eine Abfindungssumme von 20000 Mark in Silber, die ihm Karl im Vertrag von Eltville zubilligte, ab. Noch am 14. Juni des gleichen Jahres starb Günther im Haus der Frankfurter Johanniter, von vielen Menschen betrauert: „Klage erhub sich an dem Rheine und in Thüringen um den neuen König, Herrn Günther von Schwarzburg, da die Seinen mit Betrübnis zu Lande wiederkamen und sageten von seinem schnellen Tode und seiner kurzen Herrschaft." Karl IV. selbst soll an der Bahre Günthers Tränen vergossen haben. — Besser als seinen Vorgängern gelang es ihm, eine starke Hausmacht zu schaffen.

Die Erinnerung an Günther XXI., der dem klug und geschickt taktierenden Luxemburger Gegenspieler nicht gewachsen war, hält die Porträtgalerie des barocken Kaisersaales im benachbarten Schwarzburger Schloß lebendig. Das um 1695 entstandene Bauwerk widerstand glücklicherweise dem verheerenden Schloßbrand von 1726 und den rücksichtslosen Zerstörungen der faschistischen Machthaber. Wenn auch bei der begonnenen Errichtung eines „Reichsgästeheimes" ein Teil der wertvollen Ausstattung infolge radikaler Auslagerungsmaßnahmen im Jahre 1941 für immer vernichtet wurde, darunter einige der kostbaren Kaiserbilder, können wir heute den Kaisersaal in neuer Schönheit bewundern. Dazu bedurfte es einer fünfzehnjährigen Restaurierung dieses architektonischen Kleinods. Jetzt prangt es wieder, das Bild des unglücklichen Schwarzburger Monarchen, wo einst „... alle Römischen Kayser von Julio Caesare als 48 in Lebensgröße auf Leinwand und 100 Köpfe in fresco gemalet ..." — Schwert, Sporen und Steigbügel des Schwarzburgers wurden vergangenen Generationen noch in der Rüstkammer von Schloß Schwarzburg gezeigt — sie waren um Jahrhunderte jünger.

Übrigens: Lange Zeit hielt man den Frankfurter Arzt Freidank des Giftmordes an Günther XXI. für verdächtig. Da der Weg von der Spekulation zur Sage oft nur über einen schmalen Steg führt, hat sich später der Verdacht zur oft kolportierten Überlieferung vom „Alten auf dem Greifenstein" verdichtet. Diese beginnt dort, wo der Besucher vermutlich die längste Zeit seines Burgaufenthaltes verbringt, im weit verzweigten System der Gräben, Zugänge, Basteien und Höfe: So soll von Zeit zu Zeit ein Greis durch die Ruinen der Burg streifen, um dann wieder in einem der Burgbrunnen zu verschwinden. Besonders Findige wollen sogar gesehen haben, wie er regungslos und versonnen in lauen Sommernächten ins Tal hinab starrte. In ein schlichtes Mönchsgewand gehüllt, büßt der bärtige Doktor Freidank für seine ruchlose Tat, ruhelos durch die Nacht getrieben ...

Und noch eine weitere, allerdings freundlichere Sage gleichen Titels erzählt man sich in Blankenburg. So sollen zu mitternächtlicher Stunde Musikanten aus der Stadt versucht haben, dem Burggeist auf dem Greifenstein ein Ständchen zu bringen. Während die Bogen über die Saiten strichen, gesellte sich ein Alter mit weißem Bart zu den Spielleuten, um am Schluß jedem von ihnen einen Zweig zu schenken. Doch diese mißachteten — bis auf einen, der sich den Zweig an den Hut steckte — die Gabe. Am nächsten Tage dann waren die Blätter des Zweiges zu purem Silber geworden. Und ein anderes Mal soll der kleine Kerl rote Blüten verschenkt haben, die sich über Nacht in goldene verwandelten. Seit jener Zeit nennt man — so die Sage — die am Greifenstein beheimatete rotblühende Pflanze „Tausendgüldenkraut". Soweit die Sage.

Burg Greifenstein hat seinen Besitzern in Notzeiten stets Schutz geboten, auch in den fünf Jahren des sächsischen Bruderkrieges von 1446 bis 1451 (1485 war die Teilung des seit 1265 wettinisch beherrschten landgräflichen Thüringens in eine ernestinische und eine albertinische Linie nach neuerlichem Geschwisterstreit).

Eine Episode des entbrannten Kampfes zwischen Kurfürst Friedrich und Herzog Wilhelm — er endete mit dem Vergleich der Brüder — führt zum Greifenstein. Wenn ihm auch langanhaltende Belagerungen erspart blieben, waren doch sächsische Soldaten in den Verliesen Opfer jener schlimmen Jahre. Sie waren auf Befehl des Kurfürsten gegen den Herzog zu Felde gezogen. Schuld an die-

---

6 Wenn auch im 17. Jh. vorübergehend neu befestigt, war doch die Burg bereits damals von ihren Besitzern verlassen und dem Verfall preisgegeben worden.

sem Krieg im Kriege war Günther XXXII. Der söhne-lose Graf hatte die Schwarzburg mit allem, was dazu gehörte, an den Kurfürsten Friedrich verkauft. Da Heinrich XXVI., zur Arnstadt-Sondershausen-Linie der Schwarzburger gehörend, aber Erbansprüche auf die Burg hatte und nicht gewillt war, diese abzutreten, wandte er sich an Herzog Wilhelm mit der Bitte um Beistand. Dem war der Besitz seines Bruders in Thüringen wie ein Pfahl im Fleisch, so sollten auch hier die Waffen entscheiden. Der Fehde fielen zahlreiche Menschen und viele Ortschaften zum Opfer. Allein der Greifenstein blieb verschont. Letztlich behielt Wilhelm die Oberhand im Kampf um die Schwarzburg.

Im 16. Jahrhundert aber schien das Schicksal des Greifensteins restlos besiegelt zu sein. Die Burg verfiel mehr und mehr. Brände taten ein übriges. Lediglich ein Amtmann quartierte sich in der Zeit der Weinlese ein. Noch einmal, in der zweiten Hälfte des 17. Jahrhunderts, ka-

7 Viele Wege führen in jene Burg, in der die Wiege König Günthers XXI. von Schwarzburg stand. Im Kaisersaal bei Schwarzburg wird an ihn und seine nur halbjährige Regentschaft erinnert.

8 Noch heute macht es einen wehrhaften Eindruck, das südliche Doppeltor mit Fallgatter aus dem 14. Jh. Durch eine in der Innenmauer ausgesparte Rinne war es möglich, einen schweren Verschlußbalken auf und ab zu bewegen.

8

9 men „bessere Zeiten", als man die Befestigungen verstärkte, um der drohenden Türkengefahr zu begegnen. Die damals gebauten Basteien im Osten erscheinen, vom Grabenrand aus zu sehen, ein wenig wie Fremdkörper; gegen den Türkenansturm konnte ihre Festigkeit allerdings nicht erprobt werden. Großwesir Kara Mustafa scheiterte am 12. September 1683 am Kahlenberg vor den Mauern Wiens.

Von den zahlreichen Burgen unseres Landes haben zwischen Werra und Elster nicht nur die hauptamtlichen Denkmalpfleger und mithin die unterschiedlichsten Nutzer Besitz ergriffen, sondern auch die im Kulturbund der DDR organisierten und an der Geschichte ihres Territoriums interessierten Heimatfreunde. Sie gruben aus, erforschten die Baugeschichte, restaurierten überkommenes Mauerwerk, beschäftigten sich mit der Chronik, führten diese bis in unsere Tage fort und — wußten auch zünftige Feste zu feiern. So ist es auch auf Burg Greifenstein, wo seit dem 18. August 1965 ein Arbeitskreis „Greifensteinfreunde" des Klubs der Werktätigen von Bad Blankenburg wirkt. Die rund 20 Mitglieder nahmen sich der historischen Bausubstanz am Palas und am Außengelände an, säuberten den tiefen Wallgraben von allerlei Wildwuchs, richteten den Rittersaal her und sorgten in jüngster Zeit dafür, daß Küche und Gaststätte ein neues und zugleich auch historisches Gesicht erhielten. Auch gingen sie auf „Schatzsuche", doch nicht wie jene Besessenen aus dem vorletzten Jahrhundert, die nur den schnöden Mammon im Auge hatten; die Grabungen der „Greifensteinfreunde" sollten etwas mehr Licht in noch dunkle Stellen der Historie bringen. Ergebnisse waren weit über 10000 Gefäß-, Kachel- und Glasscherben des 12. bis 17. Jahrhunderts, unwiderlegbare Beweise dafür, daß die Burg bereits im 12. Jahrhundert existiert hat.

Die Verdienste dieser engagierten Burgenfreunde sind gar nicht hoch genug einzuschätzen, vor allen Dingen auch die Idee, mit der Schwertleite des 20. Jahrhunderts für ihr Anliegen in der Öffentlichkeit beharrlich zu werben und so auf die Notwendigkeit des Erhalts unseres kulturellen Erbes hinzuweisen. So haben sie es bisher einer stattlichen Anzahl in- und ausländischer Gäste auf Burg Greifenstein überaus freigebig mit Brief und Siegel beurkundet, honoris causa in die edle Ritterschaft aufgenommen zu sein.

Die Zeremonie des Ritterschlages ist nicht weniger akkurat eingeübt als es die Auftritte während der traditionellen Burgfeste sind, wo die „Greifensteinfreunde" in selbstgeschneiderten Kleidern den Burgberg bevölkern und auch in der Art ihrer Vorfahren die Klingen miteinander kreuzen … Ritter und Ehrenjungfrauen umstehen in feierlichem Ernst den Anwärter für die ritterliche Tafelrunde unserer Tage. „Es ziemt sich, daß jeder, der Ritterschaft betreiben will, hochgemut, edel, freigebig, tadellos und ehrenfest sei …" Dieser Satz aus einer Ansprache vor dem Rittergelübde aus dem 14. Jahrhundert kann auch heute noch gesprochen werden. Jedenfalls sind es ähnliche, der Festivität angemessene stolze Worte, die von einem Helmträger verkündet werden, derweil unser Mann ehrfürchtig zuhört. Die Ehre, ein Ritter vom Greifenstein zu werden, verlangt nicht nur vor dem Ritterschlag lobenswerte Leistungen, sondern auch, den Akt selbst mit der notwendigen Haltung und Würde zu meistern, wenn man auch hinter vorgehaltener Hand schmunzelt.

Dann, nach dem Gelübde, ist es an der Zeit, niederzuknien, genau wie vor einigen hundert Jahren, das Haupt zu senken und angesichts des interessierten Auditoriums den Schlag mit der flachen Klinge auf den Nacken zu empfangen. Und damit der Greifensteiner Zeremonie völlig Genüge getan ist, hat der neue Rittersmann noch einen halbvollen Zinnbecher mit Kognak bis auf den Grund zu leeren und alsdann mit gelöster Zunge seine Antrittsrede zu halten, die freilich von zeitgemäßeren Vorsätzen erfüllt ist als jene des Iwein aus der Tafelrunde des sagenhaften Königs Artus: „Ich heiße ein Ritter, und bin des Sinnes, daß ich suchend ausreite, um einen Mann zu finden, der mit mir streitet, und der wie ich gewappnet sei. Schlägt er mich, so wird er gepriesen; besiege ich ihn aber, so hält man mich für einen Mann, und ich werde dadurch würdiger, als ich bisher war."

Gewiß haben die „Greifensteinfreunde" in der Kulturgeschichte nachgelesen, doch so streng sind hierzulande längst nicht mehr die Bräuche. Vielmehr sind Geist und Witz gefragt. Während jene wackeren Helden von einst ihr Glück der Waffe anvertrauten und dafür noch auf göttliche Zustimmung setzten, scheuen sich die von

¹⁰

heute nicht, im Interesse der Burg in den Mauern zu bleiben und dort Schaufel und Kelle in die Hand zu nehmen, also Dinge zu tun, die eines mittelalterlichen Ritters gewiß unwürdig waren. So findet, wer den „Greifensteinfreunden" in die Chronik schaut, nicht nur Hinweise auf Burgfeste und Schwertleiten, sondern auch Kunde von vielen Auszeichnungen, die für Tugenden unserer Zeit verliehen wurden. Wen es interessiert, der kann sich im „Jagdzimmer" auf Greifenstein selbst von all dem überzeugen.

Bliebe nachzutragen, daß Bewerbungen um den Ritterschlag anmeldepflichtig sind. Die Freunde vom Greifenstein sagen den Bewerbern wohlwollende Prüfung zu.

9 Hochaufragendes festes Mauerwerk beendet den tief in den Sandstein gehauenen Weg zur Burg.

10 Zu den erhaltenen Bauwerken der zweigeteilten Burg gehört der Palas. Der sich anschließende Turm ist nicht einmal 100 Jahre alt. Seinen Vorgänger hatten Schatzsucher so weit untergraben, daß er 1785 zusammenbrach.

Unsterbliche Legende
vom zweibeweibten Grafen

Drei Gleichen

Immer und immer wieder war er gekommen, hatte sich von den schmalen Wegbändern über die Höhenzüge führen lassen, die Stille blühender Felder genossen, die muskelkrummen Äste der Kiefern studiert und den bunten Farbenwechsel des Keupers verfolgt. Hier und da verweilte er für längere Zeit, klappte den Dreieckstuhl auseinander, zog den Skizzenblock heraus und holte sich die windgeschüttelte Schwarzkiefer, den mürben Tonmergel und die romantische Silhouette der Burgruine auf das weiße Blatt.

Den Blick für die Motive vor der Haustür hatte er schon seit der Kinderzeit, die am Rande des Thüringer Burgendreiecks begonnen hatte. Dennoch konnte er sich in den Jahrzehnten nie an dieser Landschaft satt sehen und kam nun bei Regen und Sonne hierher, um ihr Panorama ins Bild zu setzen.

Der große breitschultrige Mann in brauner Kordhose und Lederjacke, dessen Haar bereits das Grau des Alters zeigte, war wieder einmal den Kaffberg hinaufgekraxelt, hatte sich des wohlerwogenen Standortes erfreut und dann den umgehangenen Maltisch auseinandergeklappt. Wenig später begann seine Hand behutsam, die Sepiafeder über das Blatt zu führen. Da formten sich auch schon im Graubraun die vom Wind zerzausten Kiefern zu einer bewegten Baumgruppe, verwunschenen Gestalten gleich, die beim Nicken der dichten Wipfel scheinbar miteinander sprachen. Gespenstisch griffen verknorrte Äste ins Leere. Überall Bewegung. Auch in den zerfurchten Hängen des Berges, wo Wurzeln, vom Winde freigeblasen, den dünnen Grasteppich überzogen.

Der Maler entdeckt die schwingenden Linien der Landschaft. Seine Feder wird uns Zeuge, wie der Boden in der Ebene sich wellt, wie die baumbestandenen Hänge und Rücken der Burgberge sich buckeln und die Wolken ihr launisches Spiel treiben. Schon zu seinen Füßen beginnt die Bewegung, am Wolkenhimmel klingt sie fort, dazwischen — kaum auf den ersten Blick merklich, ohne Unruhe ins Bild zu bringen — die Autobahn, unentbehrliche Lebensader, die das Drei-Gleichen-Gebiet durchquert, ohne es zu durchschneiden.

Daß sich zwischen Holzhausen und Wandersleben an der Autobahn Erfurt—Eisenach ein nichtalltäglicher Landstrich erstreckt, den die rotbeziegelten Dächer schmucker Dörfer im Vorland des Thüringer Waldes ebenso prägen wie die nicht weit voneinander thronenden Bergkegel mit ihren aufragenden Burgmauern, ist keine Neuigkeit. Die Besucher werden scharenweise angezogen. Auch unser Maler bleibt nicht lange allein, schon hat sich ein junges Pärchen zugesellt. Dem Künstler über die Schulter schauend, dabei die Arme ineinander verschlungen haltend, vergleichen sie Realität und Abbild. Beide sprechen kein Wort, doch bleiben sie eine Zeitlang stehen. Ein stummer Dialog, bei dem der Maler und die jungen Leute nur hin und wieder verständige Blicke tauschen. Der Mann ist so in sein Werk vertieft, daß er gar nicht bemerkt, wie sich beide schließlich aus seinem Bannkreis lösen und langsam den Pfad hinuntergehen.

Die Wanderslebener Ruine, auch Burg Gleichen genannt, ist zwar jünger als die gegenüberliegende Mühl-

burg und ebenfalls nicht mit dem Alter der das Dreieck beschließenden Wachsenburg zu vergleichen, doch das bei weitem interessanteste Gemäuer. Auch ist sie die einzige Burg des Dreigestirns, die den Namen Gleichen zu Recht trägt. Aber kein noch so vergilbtes Dokument erzählt, wann von den Drei Gleichen zuerst geschrieben oder gesprochen wurde. Sicher jedoch ist, daß es auf einem der Bergschlösser das mächtige Grafengeschlecht derer von Gleichen gab, und zwar oberhalb des heutigen Ortes Wandersleben. Im Volksmund ist noch die Erinnerung an eine Mär aus Großvaters Zeit lebendig, in der es heißt, daß am 31. Mai anno 1230 „ein so grausames Wetterleuchten, Donnern und Blitzen war, davon die Türme auf den Häusern Wachsenburg, Mühlberg und Gleichen entzündet worden und zugleich auf einmal brannten".

Wie dem auch sei, ob dieses Ereignis die Namensgebung beeinflußte oder die Besitzverhältnisse der Grafen von Gleichen, so haben sich doch die Drei Gleichen als sprachlicher Begriff für einen der romantischsten Flecken im Thüringischen erhalten.

Stimmt der Blick vom Kaffberg schon auf eine mächtige Burganlage ein, verstärkt sich dieser Eindruck, als die beiden Wanderer vom Taleinschnitt aus dem serpentinenarten Weg auf die Bergkuppe folgen und plötzlich vor hochaufragendem Mauerwerk stehen. Steil fällt der

Hang ab, auf dem sich der südliche Teil der Ringmauer erhebt, gesichert durch äußere Stützpfeiler. Im Blick auch der viereckige Wehrturm, auf dem sich im leichten Wind die Fahne mit dem Erfurter Stadtwappen, dem kurmainzischen Rad, dreht. Daß hier ein paar Schritte weiter einst ein Torhaus mit Zugbrücke stand, ist nur noch einem Lageplan zu entnehmen. Statt dessen schiebt sich am Zwinger der starke Palas hervor, auf dessen gebrochener Mauerkrone längst Gras wächst.

Das von traditionsbewußten Handwerkern im Auftrag der Denkmalpflege inzwischen neugezimmerte Burgtor ist weit aufgestoßen und führt in einen ungewöhnlich weiten, grünen Hof. Unsere Besucher zahlen Eintritt, erwerben einen Prospekt mit Lageplan und können auch schon auf Entdeckungen ausziehen. Doch ehe sie in aller Ruhe neugierig durch die Ruinen von Wohnbauten, Küche und Keller wandeln, zieht es sie wie hier oben alle Fremden mit fast magischer Kraft an die Ringmauer. Von dort ist das reizvolle Panorama zwischen Mühlberg und Haarhausen zu genießen.

Das sich friedlich ausbreitende heutige Landschafts-

1 Zu einer stimmungsvollen Einheit klingen im Landschaftschutzgebiet „Drei Gleichen" Natürliches und von Menschenhand Geschaffenes zusammen.

2

3

schutzgebiet sah vor einem halben Jahrtausend sehr viel anders aus. Zwischen den drei Burgen erstreckte sich ein See, der fast bis zu Füßen der Wanderslebener Gleiche reichte. Nachdem sein Wasser zurückgegangen war und nur noch ein Niedermoor blieb, legte man um die Mitte des vorigen Jahrhunderts das Gelände trocken und nutzte es für die Landwirtschaft. Gespeist wurde der einstige See durch mehrere Quellen, eine von ihnen ist der noch heute sprudelnde „Mühlberger Spring". Wer Zeit mitbringt, kann sich für ein kleines Salär an Ort und Stelle davon überzeugen, wie hier aus sieben Meter Tiefe klares Wasser mit 8° Celsius an die Oberfläche dringt.

Unsere Wanderer beginnen ihren Rundgang auf Burg Gleichen der Einfachheit halber im Uhrzeigersinn. Sie steigen zunächst über jene Schwellen, die zwischen den Räumlichkeiten des einst recht umfangreichen Wirtschafts- und Verwaltungsbaues zu finden waren, und verschwinden in der dunklen, recht niedrigen Pforte eines Kellerzugangs. Unten angekommen, gibt es freilich nicht viel zu sehen. Ein Streichholz reißt für Augenblicke die gut erhaltenen Wölbungsteile aus dem Dunkel. Immerhin zweiundzwanzig Meter mißt dieser Keller aus dem 13. Jahrhundert. Wer könnte sich hier nicht ein Museum oder eine kleine Bühne vorstellen? Doch was für Wünsche, solange noch mancher Stein im Mauerwerk zu wackeln droht! Dennoch: Auf ein Museum braucht das Paar nicht zu verzichten. Über ein paar Stufen steigt es in den eigens dafür hergerichteten Wehrturm mit Aussichtsplattform. Im Turm liegen, fein säuberlich geordnet, auch jene Funde, die von den Mitgliedern des dortigen Kulturbund-Freundeskreises Burg Gleichen ausgegraben wurden. 1898 erneuert, gehört der Wehrturm zu den ältesten Teilen der Burg.

Wo heute 34000 Besucher im Jahr ihre Wißbegier an der Dokumentation von Herrschergenerationen stillen und sich an der Landschaft erfreuen, war vor 900 Jahren ein unerbittlicher Kampf entbrannt. Die schweren Wurfgeschosse flogen nur so vom Tal herauf und donnerten gegen die Mauern. Doch diese widerstanden 1088 ebenso den Angreifern wie die Burgmannen. Sechzehn Wochen lang hatte Kaiser Heinrich IV. vergeblich versucht, sich die Macht über die von Süden und Westen nach Erfurt führenden Straßen zu sichern. Die Hoffnung, der zentralen Gewalt auf diese Weise neue Macht zu sichern, erlosch am Weihnachtsabend, da die Waffenknechte des mit dem Mainzer Erzbischof Siegfried verbündeten Markgrafen Ekbert II. von Meißen über das allmählich kampfmüde Heer des Kaisers herfielen und es besiegten.

Auch in den folgenden Jahrhunderten standen die Zeichen oft auf Sturm. Daran trugen die Tonnaer Grafen ein gut Teil Schuld. 1130 wurden sie vom Erzbischof mit der Burg belehnt und nannten sich Grafen von Gleichen. Als Gefolgsleute der Mainzer waren sie dem Thüringer Landgrafen ein Dorn im Auge, und so blieben blutige Händel nicht aus. Doch die Burgherren behaupteten sich zunächst, auch als Vögte der Stadt und des Petersklosters in Erfurt. Immerhin konnte in der nahegelegenen Stadt keine wichtige Entscheidung getroffen werden, ohne daß die Herrn auf Gleichen ihre Zustimmung gaben. Und wenn Lambert II., Graf von Gleichen und Ad-

vocatus von Erfurt, vom Lauentor aus — hier war den Grafen ständiger Zutritt gewährt — durch die Stadt ritt, hatten ihm die Ratsherren das Pferd zu führen.

Das Blatt wendete sich, als ihr aufwendiger gräflicher Lebensstil sie immer mehr zu Schuldnern der Stadt werden ließ. Schließlich blieb ihnen nichts anderes übrig, als sich dem Erfurter Rat zu beugen. Die Stadt nahm die Grafen in den Bürgerverband auf und zahlte sogar noch

2 Erstürmung einer Burg. Holzschnitt von Hans Schäufelein (um 1490—1539), Schüler und Gehilfe Albrecht Dürers.
3 Guterhaltene Stufen führen in ein großes Kellergewölbe, das zu den älteren Burgteilen gehört. Der Keller nebenan wurde erst 1934 freigelegt.
4 Durch den ehemaligen Torzwinger und das erhaltene Gewölbe des alten Tores gelangt man in den Innenhof. Ein Vorhangbogenfenster linker Hand erinnert an bauliche Veränderung in spätgotischer Zeit.

100 Silbermark an sie aus. Als die Erfurter schließlich das Lauentor kaufen konnten und 1308 zumauerten, war auch der symbolische Schlußstrich unter das Gleichen-Kapital gezogen.

Nur einmal noch sollte aus dem mächtigen Palas der Burg schlechte Kunde zu den Erfurter Bürgern dringen, in den Jahren des sächsischen Bruderkrieges. Trotz aller Verpflichtungen der Stadt gegenüber hielten es Graf Siegmund I. und dessen Bruder Adolf von Gleichen mit dem renitenten Herzog Wilhelm, während die Erfurter den sächsischen Kurfürsten Friedrich II., den Sanftmütigen, unterstützten. Als die Stadt der ständigen Überfälle auf ihr Gebiet müde wurde und auch noch davon Wind

bekam, daß man den berüchtigten Raubritter Apel von Vizthum auf Burg Gleichen beherbergte, zogen Bürger und kurfürstliche Waffenträger vor die Mauern. Wenn es der großen Übermacht 1449 auch nicht gelang, die Steinfeste zu stürmen, litten doch zwanzig Gleichensche Dörfer und Märkte unter dem Zorn der Kurfürstlichen. Es war die letzte große kriegerische Bewährungsprobe für die Mauerverbände. Die auf dem Bergrücken sitzende Burg war zur Zielscheibe moderner Waffen geworden.

Die Grafen begannen, dem allgemeinen Trend der Zeit folgend, sich in ihrem Wehrsitz wohnlich einzurichten. So entstand ein Renaissanceschloß auf mittelalterlichem

5

Grund. Doch es sollte den Ansprüchen nicht lange genügen, denn schon elf Jahre später, 1599, ließen die Grafen das Mobiliar zusammenpacken und quartierten sich im komfortableren Ohrdrufer Schloß ein. Hier schloß Graf Hans Ludwig von Gleichen als letzter seines Geschlechts am 15. Januar 1631 für immer die Augen. Später war es nur noch ein Hatzfeldischer Jäger, der mit seinem Hund den alten Palas der Burg bewohnte. Doch lange hielt es auch ihn nicht in den tristen Mauern, zumal das Wasser von Eseln heraufgeschleppt werden mußte. Das Vorwerk Freudenthal kam seinen Ansprüchen schon eher entgegen.

Jahrhunderte zogen ins Land, in denen die Burg bald Eigentum der Kurmainzischen, bald Feldzugsbastion der Franzosen wurde. Der Verfall war nicht mehr aufzuhalten, schon hatte man ein Stück Wald zur Verfügung

gestellt, um daraus jene Rutschen zu zimmern, über die die Burgsteine zu Tale kullern sollten. Daraus wurde zwar nichts, doch die Mauern sanken zunehmend in sich zusammen, und das Dach des Schlosses hatte schon so viele Ziegel verloren, daß man es abtragen ließ.

Es war Heimatfreunden zu danken, daß der Berg nicht vollends seiner Steinkrone beraubt wurde. Den Anfang

5 Vom Wehrturm aus, der heute ein Museum beherbergt, hat man einen guten Blick auf die Gesamtanlage. Die rechter Hand vom Brunnen gelegene Baugruppe – Palas, Torturm und Wohnbauten – stammt aus dem 11. bis 13. Jh. und damit aus der Frühzeit der Anlage.

6 Hier soll er gelebt haben, der zweibeweibte Graf von Gleichen. Gebrochene Mauern erinnern an eine Legende. Die Ruine des Herrenhauses und des unvollendeten Burgbrunnens gehen auf die zweite Hälfte des 16. Jh. zurück.

machte der Thüringerwaldverein; heute sammeln sich im Kulturbund der DDR die Aktiven. Vor allem an den Wochenenden nehmen sie den Anspruch „unsere Burg" ernst, kraxeln auf die Höhe, transportieren Baumaterial und greifen zur Kelle, der alten Burg die Substanz zu erhalten.

Sie klärten auch eine Frage, an der schon andere Forscher herumgerätselt hatten. War doch in der Chronik des Caspar Sagittarius (Frankfurt, 1732) zu lesen, daß die Burg über einen unvollendeten Brunnen verfüge. Daß man einen solchen brauchte, lag wohl auf der Hand,

denn das leidige Wasserproblem wurde vor allem auf dem Rücken dienstwilliger Maultiere gelöst. Die Heimatfreunde gingen dem Problem im wahrsten Sinne des Wortes auf den Grund, indem sie jene ummauerte Rundanlage untersuchten, die vor dem Schloß aus dem Grün ragte. Es war ein mühseliges Unterfangen, Erde und eingebrochene Wandungsteile auszuheben, bis man nach über sieben Metern plötzlich auf eine runde Sandsteinplatte stieß, die den Schacht abschloß. Um sicherzugehen, wurden Meißel ins Gestein geschlagen, bis schließlich feststand, daß unter diesem Sandsteinklotz nur noch

7

Ton folgte. So identifizierten sie den vermuteten Brunnen schließlich nur als eine Zisterne für Regenwasser. Daß man auch noch Scherben des 16. Jahrhunderts zutage förderte und eine steinerne Kanonenkugel, davon erzählt das Museum.

Von ihm aus sind unsere Wanderer zu den Ruinen von Küchenhaus, Renaissanceschloß und romanischem Palas gekommen. Sie brauchen schon ein wenig Phantasie, sich zwischen den rohen Steinquadern von heute quirliges Leben vor 500 Jahren vorzustellen. Nur noch ein paar Kragsteine kennzeichnen den Verlauf einer Galerie am geborstenen Palas. Sie konnte über eine Freitreppe erreicht werden. Überreste alter Kamine mag man als Zeichen deuten, daß sich im oberen Stockwerk möglicherweise die Gräfin samt ihrem Gefolge aufhielt. Und gäbe es nicht eine genaue Beschreibung der Anlage, wäre wohl genügend Raum, auch über die Verwendung der angrenzenden Räume zu rätseln; so weiß man beispielsweise, daß sich links der Freitreppe die Burgkapelle befand.

Mehr zu entdecken, mangelt es dem jungen Paar nun wohl doch an Zeit. Die Sonne steht noch hoch über den Baumwipfeln, als die zwei den Berg eilends hinabgehen, über die Fahrstraße der kleinen Gemeinde Mühlberg zu. Von weitem blinkte ihnen der Zinnenkranz des Seniors des Burgentrios entgegen, gerahmt von dichtem Buschwerk.

Oberhalb eines einladenden Gasthofes der wohl ältesten Thüringer Gemeinde beginnt der Aufstieg auf schmalem Weg. Kleingärten säumen den Pfad. Üppiger Graswuchs und ausladende Obstbäume erschweren den Blick auf die Ruine. Dafür läßt sich schon bald der Grabenrand einer vorgeschichtlichen Wallburg erkennen. Unweit davon ragen ein paar Mauerreste aus dem Rasenteppich: überkommene Reste der Radegundiskapelle. Ihren Namen verdankt sie der Nichte des 531 bei Burgscheidungen geschlagenen Thüringer Königs Herminafrid. Der Frankenherrscher Chlotar, der das Reich der Thüringer gemeinsam mit den Sachsen vernichtet hatte, erkor sich das Mädchen zur Gemahlin und verschleppte sie nach Frankreich. Doch stand diese Verbindung, wie sich denken läßt, unter keinem guten Stern – sie zerbrach. Radegundis verließ den Despoten, um im Kloster Poitiers – von ihr selbst gestiftet – als Missionarin Auf-

8

nahme zu finden. Von nun an weihte sie ihr Leben der Nächstenliebe. Wegen ihrer Mildtätigkeit und Güte wird sie heute im nördlichen Frankreich – ähnlich der Elisabeth von der Wartburg – als Heilige verehrt. Neben der Mühlburg erinnern auf deutschem Boden Kirchen in Oberweißbach und Hefta an ihr segensreiches Wirken.

Folgen wir den beiden Wanderern, erreichen wir über eine steinerne Brücke den Mauergürtel. Die alte Zugbrücke ist durch feste Bohlen ersetzt. Im Ruinengeviert des Torturmes lärmen Kinder. Eine weite Trümmerlandschaft überzieht die Flächen, auf denen einst Palas, Kemenate, Wirtschaftsbauten und Brunnen standen als stumme Zeugen der wehrhaften Anlage, die wahrscheinlich im 11. Jahrhundert den Grafen von Weimar-Orlamünde und später den Erfurtern gehörte. Ein städtischer

7 Der romanische Palas von Burg Gleichen wurde im 13. Jh. aufgestockt. Kragsteine erinnern daran, daß hier eine Galerie mit Freitreppe in das obere Geschoß führte.
8 Weithin bereits von der Autobahn zu erkennen, ist der heutige Museumsturm. Der ehemalige Eingang erfolgte über den Wehrgang der Ringmauer. Im Zuge der Restaurierung von 1898 entstand eine steinerne Treppe.

Berghauptmann mit gewappnetem Gefolge hatte von hier aus im 14. Jahrhundert ein wachsames Auge auf den Verkehr entlang der nahegelegenen Kupferstraße. Das währte so lange, bis die Sachsen ihre Herrschaftsansprüche durchsetzten und von den Erfurtern verlangten, die Burg nicht weiter auszubauen. Auf Druck der Mainzer Bischöfe fiel sie schließlich Ende des 16. Jahrhunderts gänzlich an Sachsen-Weimar. Es vergingen wenige Jahrzehnte, und man konnte die Spur der Burgsteine im Dorf verfolgen, in den Häusern der Bauern. So blieben dem Berghaupt weit weniger Mauern, als sie noch von Burg Gleichen zu finden sind.

Das sicherlich bemerkenswerteste Stück Burggeschichte bietet sich, nachdem man mit eingezogenem Kopf eine spitzbogige durchbrochene Mauerpforte durchschritten hat: der sich kerzengerade auf einem Podest erhebende runde Bergfried. Er stammt noch aus dem 13. Jahrhundert und überragt die Bilderbuchruine.

Von seiner Plattform aus hatten die Burgmannen zusehen müssen, wie eines Tages die Gleichenburg von hellem Feuerschein erfüllt war. Doch im allgemeinen Drunter und Drüber war es den Gleichenern nicht in den Sinn gekommen, auch jenen Mühlberger Grafensproß in Sicherheit zu bringen, den man zur Erziehung auf der Feste eingesperrt hatte. Dieser peinliche Vorfall hätte gewiß einen Rachefeldzug nach sich gezogen, wäre nicht ein Vergleich zustande gekommen, der besagte, daß der Mühlberger vom Gleichener Grafen alljährlich ein Fohlen erhalten solle.

Doch noch ein anderer Waffenzug wird beschrieben. Das war zu jener Zeit im frühen 11. Jahrhundert, da noch die Burgmauer die Kuppe des Mühlbergs umspannte und auf dem Luginsland behelmte Krieger standen: „… seitwärts ragten die Gipfel und Bergleiten des langgezogenen Ringwalls. Grade unter dem Vorsprung war der Ring gegen das Thal geöffnet, gegenüber dem

Mühlberg stand ein hoher Vorberg, gekrönt mit festem Thurme, die beiden Höhen beschützten gleich Schanzen den Zugang." Diese Beschreibung gehört zur Geschichte Immos, des Thüringer Junkers, der dem Priesterstande Valet sagte, um sich für seinen König Heinrich ins Zeug zu legen. Freilich lief für den „Abtrünnigen" nicht alles wie erhofft, und trotz Mut und Treue geriet er eines Tages in Verdacht, gerade den König hintergangen zu haben. Als er schließlich auch noch seine Geliebte Hildegard dem Kloster entzog, sie entführte und auf der Mühlburg in Sicherheit brachte, war das Maß voll. Der König konnte seiner rasch habhaft werden und brachte ihn unweit der Burg an der großen Linde vor die richterlichen Schranken. Die Geistlichkeit rieb sich die Hände, nun endlich des ehemaligen Zöglings habhaft zu werden. Aber Immo bewies dort seine Unschuld am Komplott. Da der König ohnehin mit dem Erzbischof keinen guten Faden spann, ließ er die von diesem als Buße geforderte

Mühlburg kurzerhand durch einige Soldaten besetzen, um sie – das „Nest der Zaunkönige" – seinem getreuen Diener Immo gnädigst zu überlassen. Und der König wurde sogar dessen Brautwerber bei der schönen Hildegard.

Wie oft mag er wohl den Weg von Siebleben zur Mühlburg gelaufen sein, der herzogliche Hofrat Gustav Freytag, dabei jene Ruine in seinen Gedanken zur stattlichen Burg ausstaffierend auf der einige seiner „Ahnen" zu

9 Von der Mühlburg aus bietet sich ein reizvoller Blick zur nahen Burg Gleichen oder auch Wanderslebener Gleiche. Zu Füßen der Ruine, die dem gesamten Gebiet den Namen gab, erstreckt sich das Freudenthal, linker Hand erheben sich Rhön-, Kaff- und Kallenberg.

10 Oberhalb der Gemeinde Mühlberg erstreckt sich weitläufig das Ruinengelände der Mühlburg, deren erste urkundliche Erwähnung auf das 8. Jh. zurückgeht. Ein schmaler Weg schlängelt sich durch den Baumbestand zur ältesten der Gleichen-Burgen.

Hause waren? Wir wissen es nicht. Das Resultat jedenfalls waren sechs Bände romantisierender Schilderung deutscher Vergangenheit. Aus liberalem Nationalismus war mit der Familiensaga ein Zeitgemälde entstanden, das über Jahrhunderte den Bogen von der Völkerwanderung bis zur Revolution 1848 spannte. Daß Freytag dabei die Wirklichkeit zum nationalen Bühnenbild ausmalte und ein Ereignis wie den Bauernkrieg aussparte, veranlaßte Franz Mehring zu folgendem Urteil: „An sanftem Leitseile führte Freytag die bürgerliche Klasse in sein geliebtes Borussentum hinüber ..." Immerhin — so Mehring — zeigt er doch einen „feinen Blick für historisches Detail".

Heutige Popularität erhielt die Burg mit der Bildung eines Freundeskreises des Kulturbundes. Er nimmt sich des Ruinenfeldes rund um den Turm an. Örtliche Organe helfen ihm dabei. Inzwischen ist nicht wenig Geröll und Gestrüpp entfernt worden, und ein mühsam 300 Meter zur Burg hinauf gelegtes Kabel sorgt dafür, daß der so dringend benötigte Baustrom fließen kann. Noch manches Jahr wird vergehen, ehe das geplante Freilichtmuseum einlädt. So hat das Beispiel von gegenüber bereits Schule gemacht. Der Betrachter registriert es mit Genugtuung, als er die Reste des Befestigungsgürtels hinter sich läßt, um an diesem Tage auch noch das dritte Bergschloß zu erreichen, allerdings, ohne weiter dem jungen Paar aus dem Bild des Malers auf den Fersen bleiben zu können. Die beiden waren so plötzlich aus dem Blickfeld verschwunden, wie sie am Kaffberg aufgetaucht waren.

Hätten die beiden noch Muße zum Weiterlaufen gehabt, dann wären sie gewiß jenem Weg gefolgt, der sich anmutig durch das Baumrevier schlängelt und noch heute Gustav Freytags Namen trägt. Wir sind nicht lange auf der alten Schloßleite unterwegs, da liegt auch schon spätnachmittägliche Sonne auf den rotbeziegelten Dächern der Wachsenburg. War es gerade noch den Hang hinunter gegangen, führt der Weg auch schon wieder serpentinenartig hinauf zur hufeisenförmigen Anlage aus dem 10. Jahrhundert.

Dort, wo vor tausend Jahren die Verwalter des mächtigen Hersfelder Klosters einen ihrer zahlreichen Sitze hatten, regieren heute die Gastronomen, trat die Ursprünglichkeit hinter dem wohlkalkulierten Drumherum eines kulinarischen Komplexes zurück, in dem der Umsatz immer neue Rekordmarken erreicht. Denn Rittersaal, Restaurant, Burgstube, Weinkeller, Burghof und Terrasse bieten bei sonnigem Wetter fast 400 Gästen auf einmal Platz. Einzeln oder in Gruppen schlendern Tausende Besucher jährlich die bitumierte Burgstraße empor oder nehmen den natürlichen, sich durchs Baumspalier ziehenden steileren Anstieg.

Hin und wieder Motorenlärm von Lastfahrzeugen, die Fässer mit Thüringer Bieren und Torten aus den benachbarten Backwarenbetrieben nach oben bringen, oder von Limousinen, deren Besitzern es nach Vorbestellung gelang, sich im Hotel als Burgherren von heute einzuquartieren. Neben dem Privileg, den Wagen nicht auf dem öffentlichen Parkplatz zu Füßen der Burg stehen lassen zu müssen, genießen sie vor allem Romantik und Landschaft. Bevor die Gaststättenburg entstehen konnte, mußte gehörig ins Staatssäckel gegriffen werden. Immerhin wendete man für die umfangreichen Restaurierungen zwischen 1964 und 1969 etwa 83 Prozent mehr Geld auf, als von 1850 bis 1945 aus der Kasse des Gothaer Herzogs, des Fiskus und der privaten Burggemeinde zusammenkamen.

Wer weniger die Historie und mehr das Amüsement sucht, der wird es im Gegensatz zu Mühlburg und Burg Gleichen auf der Wachsenburg finden. Den Verantwortlichen sind dabei recht interessante Einfälle gekommen. Beispielsweise rüstete sich 1977 der Gemeindeverband Ichtershausen zum ersten Burgfest. Was sich auf der Terrasse den Blicken darbot, erinnerte an ein Landsknechtlager des Dreißigjährigen Krieges. Man hatte es aufgebaut, um nicht auf triviale Kioske zurückgreifen zu müssen. Die bei solchen Festen strapazierte Gastronomie des Hauses wurde damit ein wenig entlastet. Zwei Gestalter des Spektakulums durchstreiften zuvor die umliegenden Dörfer, um passendes Gerät für ihr Vorhaben zu finden. Man stöberte zwei alte Feldwagen auf, halbierte den einen und stellte ihn zum anderen quer. Ein Rundzelt, lange hölzerne Tischreihen und eine Schutzmauer aus Flechtwerk vervollständigten das Bild. Ein kleines

11 Wiederholt zog es Maler ins Burgendreieck. Welche Reize von solch einer Ruine für den Liebhaber alter Wehranlagen ausgehen, zeigt diese abendliche Sicht auf die Mühlburg.

Holzpodium bot Tänzern und Sängern in alten Thüringer Trachten Platz.

Die gastronomische Vergangenheit der Burg begann weit bescheidener. So kamen um die 300 Wanderer an den Sonntagen der 60er Jahre des vergangenen Jahrhunderts den Burgweg herauf. Doch war Kastellan Schottmann mit ihnen höchst unzufrieden, da sie selten mehr als Kaffee und Bier zu sich nahmen, so daß sein Verdienst bei schmalen zehn Groschen am Tag lag. Zweifelsohne war der Familienvater froh über alle Gäste, die sich zusätzlich bei ihm einquartierten.

Eines Tages — es war zur Zeit des Sozialistengesetzes — klopfte an seine Pforte ein Mann, der gern für den Mühlhäuser Gesangverein den Rittersaal mieten wollte. Der Wirt könne auch ein Fäßchen Bier auflegen, und man würde sich sogar selbst bedienen. Schottmann war's zufrieden und stimmte zu. Doch wenn er gewußt hätte, daß jene Sänger unter den Ritterbildnissen ganz andere Töne als die erwarteten hören ließen, hätte er wohl den Schlüssel am Brett gelassen. Die Zusammenkunft war ein illegaler Parteitag der Thüringer Sozialdemokratie. Es ge-

[12] lang Wilhelm Bock, dem Organisator, den biederen Kastellan noch zwei weitere Male hinters Licht zu führen, als sich die Genossen für Mitglieder eines Turnvereins oder als Museumsinteressenten ausgaben. Als der wutschnaubende Landrat beim dritten Treffen endlich glaubte, der unliebsamen Gäste Herr zu werden, und Gendarmen schickte, da trafen diese gerade zu jenem Zeitpunkt ein, da die Parteimitglieder, die Marseillaise singend, den Burgberg hinabstiegen. Völlig daneben tappte der Landrat, als er im darauffolgenden Jahr von der Zusammenkunft eines Jünglingsvereins auf der Burg erfuhr. Ein Triumph bahnte sich an. Doch als er die vermeintliche Falle zuschnappen ließ — es wurde gerade über die Passionszeit Christi gesprochen —, mußte er sich notgedrungen davon überzeugen, daß tatsächlich ein Jünglingsverein im Saal tagte.

Willkommen waren auf der Burg Gäste mit deutschnationaler Gesinnung. Da glaubten pensionierte alte Kameraden etwas für die Vaterlandsliebe der deutschen Jugend tun zu müssen, indem sie auf der Burg eine üppige Militärsammlung zusammentrugen. Ihr wurde später noch ganz „aktuell" eine koloniale Abteilung hinzugefügt. Und als 1905 gar der Hohenlohe-Turm, ein Pseudobergfried zum „Dank des gothaischen Landes an die Regentschaft des Erbprinzen von Hohenlohe-Langenburg", entstand, war die Burg bereits ein ausgesprochenes Militärmuseum. Erwachsene bekamen es um 1912 für 20 Pfennige, Soldaten, vom Feldwebel abwärts, für 10 Pfennige zu sehen.

Der Enthistorisierung durch bauliche Zutaten und Abrisse ging eine bewegte Geschichte voraus, wie sie vielerorts im feudalen Deutschland geschrieben wurde: Kampf zwischen der Zentralgewalt und den eigensüchtigen Territorialherren. Da aus dem Jahre 1098 umfangreiche Wiederherstellungen nachgewiesen sind, liegt es auf der Hand, daß die Burg von den Zerstörungszügen dieser Zeit nicht verschont blieb. 1119 gar gelang es Kaiser Heinrich V., seine Soldaten in der Burg festzusetzen. Jedoch: Die Besatzung wurde vom Adel ausgehungert und ergab sich. Auch den Schwarzburgischen Grafen zerrann der Burgenbesitz wie Sand zwischen den Fingern, als sie diese, um Kriegsschulden zu begleichen, 1369 den Erfurtern verkauften, die damit vorübergehend ihre Handelsstraßen schützen konnten.

Thüringens Landgraf jedoch hatte den längeren Arm und brachte die Burg wieder in seine Gewalt, da ihm an der Machtzunahme der ohnehin starken Stadt nicht gelegen war. 1451 standen die Erfurter zusammen mit ihren Verbündeten aus Nordhausen und Mühlhausen. Sie hatten Kanonen aufgefahren und wollten dem berüchtigten Raubritter Apel von Vitzthum, der sich hinter den Mauern zunächst recht sicher fühlte, ein für allemal das Handwerk legen. Mit Apels Geborgenheit war es vorbei, als Bergknappen einen 100 Klafter langen Stollen gruben und so einen Teil der Schildmauer einstürzen ließen. Daraufhin wurde die Burg im Sturm genommen. Apel allerdings entfloh. Gut zwei Jahrzehnte später konnte er sich an der Stadt rächen. Ein von ihm gedungener Mönch und dessen Helfershelfer legten die Stadt in Brand.

Wenn heute unter den Besuchern der Wachsenburg zahlreiche Erfurter sind, dann auch, weil die Geschichte der Stadt mit der Vergangenheit der Burg verbunden ist. Auch unser „Drei-Gleichen-Maler" war wiederholt hierher gelaufen und hatte sich die Zeit genommen, das Farbenspiel des tonigen Mergels zu beobachten, war dann hinaufgestiegen bis vors äußere Burgtor und hatte dort einige Minuten verweilt. Er genoß den Blick in die weite Landschaft und dachte angesichts der friedlichen Stimmung über dem Tal und der ruhig im Halm stehenden Ernte an seinen geliebten Adalbert Stifter und dessen „Nachsommer". Hier und da holte er den Skizzenblock heraus, um die Zweige einer Buche oder den Gesamteindruck eines Baumes festzuhalten.

Die heutige Anlage hat einiges von ihrem mittelalterlichen Aussehen eingebüßt. Wohl wird die Burg noch immer von einer hohen Mauer umkleidet, doch die Zinnenkrone ist verschwunden, und an die Mauertürme erinnern nur die Reste. Daß wir den nach 1651 fertiggestell-

12 Sieht man vom Bergfried ab, dann stammt das Mauerwerk aus jener Zeit, da die Stadt Erfurt die Burg zum Schutz der Handelsstraßen mit einem Burghauptmann und Söldnern besetzen ließ. Das war um die Mitte des 14. Jh.

13 Schon im 16. Jh. war die Mühlburg bedeutungslos. Zunehmend verfiel das Mauerwerk, in dem Gustav Freytag sein „Nest der Zaunkönige" literarisch ansiedelte. — Ein Mauerdurchbruch lenkt das Auge in Richtung Burg Gleichen.

ten, bis zur Sohle gemauerten 93 Meter tiefen Brunnen nicht zu sehen bekommen, liegt an der verschlossenen Pforte des Brunnenhauses. Weitere Bauten des äußeren Burghofes stammen aus dem ersten Jahrzehnt unseres Jahrhunderts. Die Weitläufigkeit des mit Kanonen bestückten Bergschlosses endet am inneren Burghof, aus dem der Pseudobergfried herausragt. Der enge Hof bietet immerhin so viel Platz, daß Bänke und Stühle zum Verweilen der Gäste aufgestellt werden konnten. Im übrigen wird er von jenem Bauensemble bestimmt, das Herzog Ernst der Fromme von Sachsen-Gotha um die Mitte des 17. Jahrhunderts zum Zucht- und Waisenhaus auserkoren hatte. Doch da das Geld trotz neuer Steuern hinten und vorne knapp wurde, erklärte man die Burg zur Festung und unterstellte sie einem Kommandanten, der über Militärgefangene zu wachen hatte. Diesen Gefangenen ging es nicht allzu schlecht, da sie oft in Offiziersrängen standen und sich meist sogenannter Ehrenhändel schuldig gemacht hatten.

Der Burgenfreund unserer Tage empfindet das Mauergeviert weder eng noch bedrückend. An schönen Tagen erfüllt es die lärmende Fröhlichkeit derer, die zum Burgkeller hinabsteigen oder in den zur Burggaststätte umgebauten Palas gehen. Drinnen sitzen sie behaglich in rustikalem Milieu. Daß für sie die Geschichte der Burg wegen des fehlenden Museums nicht ganz anonym bleibt, verdanken sie vor allem einer verdienstvollen Broschüre, die neben Ansichtskarten und Schwarzwälder Kirschtorte

angeboten wird. Doch man hofft, daß das Kapitel Burg-museum nicht ein für allemal beendet ist.

Inzwischen ist es Zeit, an den Rückzug zu denken. Dieser endet nahe jener Stelle, wo unser Maler sein Panorama locker und in zarten Linien skizzierte, genauer: im einstigen Burgvorwerk „Freudenthal", und das nicht nur wegen eines guten Kaffees oder weil das Innere ein wenig Großmutters beladenen Küchenborden ähnelt.

Doch dann kommen wir zum Höhepunkt unseres Besuches: zu jenem ausladenden Tafelbild, das eine der Stirnseiten des Saales überspannt. Ein Historiengemälde. Vor den Mauern der Gleichenburg spielt sich eine farbenprächtige Szene ab: bewaffnete Ritter zu Pferde, barhäuptige Mönche, Bauern, Handwerker, offensichtlich geradewegs von Feld und Werkstatt hierher geeilt, umhertollende Kinder. Die Menge ist freudig erregt, das

15

Burgtor einladend aufgestoßen, geschmückt der Balkon. Der Jubel gilt einem Mann und zwei Frauen, eine kniend und in sarazenischer Kleidung. Grund der allgemeinen Freude ist die glückliche Heimkehr des Grafen von Gleichen aus dem Kreuzzug. Diesem Ereignis verdankt der Gasthof auch seinen Namen „Freudenthal". Schon mischen sich Legende und Wahrheit ...
Wie war das doch mit dem zweibeweibten Grafen von

14 Kennzeichnend für die Mühlburg ist der Bergfried aus dem 13. Jh. mit dem Zinnenkranz. Rund um den Turm entsteht ein Freilichtmuseum nach dem Gleichener Beispiel. Es schließt auch die Vorburg mit ein, in der sich die Grundmauern der Radegundiskapelle erhalten haben.

15 Häufiger Besitzerwechsel mit unterschiedlicher Nutzung führte dazu, daß die Wachsenburg viel von ihrem mittelalterlichen Aussehen verlor. — Der Burgturm entstand 1905 als Aussichtsturm.

Gleichen, den ein Haus, ein Bett und ein Grab mit seinen Angetrauten verbanden? Die Quelle der Sage führte einige Kilometer weiter in den Erfurter Dom, in dessen südlichem Seitenschiff sich das Grabdenkmal eines Grafen von Gleichen mit zwei Frauen befindet. Es war die schwere Deckplatte einer Tumba, die sich ursprünglich im Peterskloster auf dem gegenüberliegenden Berg befand.

Die populärste Deutung dieses Grabdenkmals ist mit dem Grafen Ernst von Gleichen verbunden, der an einem Kreuzzug teilgenommen hatte und im Gelobten Land in Gefangenschaft geriet. Er war so lange zum Schmachten hinter Kerkermauern verurteilt, bis ihn eines Tages Melechsala, die lustwandelnde Tochter des Sultans, sah und ob seiner Männlichkeit so in Liebe entbrannte, daß sie ihm für eine Heirat die Flucht versprach. Nun wartete auf Ernst jedoch bereits ein Weib, das ihm vor über sieben Jahren angetraut worden war, auf der thüringischen Burg. Dies gab er der schönen Sarazenin ritterlich zu bedenken. Doch sie, eingedenk der landesüblichen Vielehen, machte sich nichts daraus und blieb bei ihrem Angebot. So kam denn alles, wie sie wollte. Beide packten ihre Siebensachen, machten sich aus dem Staube, und sie kamen auch glücklich in Italien an, wo der Graf sich schnurstracks zum Papst aufmachte, um ihm sein ungewöhnliches Ansinnen vorzutragen, die Ehe mit zwei Frauen einzugehen. Dieser zeigte sich großzügig, da nicht Sinnenlust, sondern Freiheitsliebe den zweiten Bund erfordert hatte. So rüstete er den Grafen mit einem entsprechenden Ablaßbrief aus, wodurch der Rückkehr ins Thüringische nichts mehr im Wege stand.

Ottilie, die Frau des Grafen, empfing ihren Mann gleich zu Fuße der Burg und schloß auch ohne Argwohn die Sarazenin in die Arme. Bei dieser Haltung soll es geblieben sein. Denn von nun an schlief man einträchtig in einem Bett. Kindersegen jedoch ward nur Ottilie zuteil, während die Schöne aus dem Morgenland sich mit Freude in das Amt einer Kinderfrau fügte.

Noch während der Besatzung durch die Franzosen Anfang des 19. Jahrhunderts zeigte man im Herrenhaus jene dreischläfrige Bettstelle, auf der besagter Graf von Gleichen mit seinen zwei Frauen auf gut vier Ellen Länge und drei Ellen Breite der päpstlich gesegneten Ruhe frönte. Wenn wir die Schlafstatt nicht mehr anschauen können, dann nicht etwa, weil zu viele Frauen dem Trugschluß unterlagen, sich mit Bettsplittern im Leibchen vor Eifersucht schützen zu können und so gewissermaßen die erquickliche Ruhestätte zerstückelten, schuld sind vielmehr die Vertreter der Grande Armee des Franzosenkaisers, die es kurzerhand in eines ihrer Biwakfeuer warfen. Geblieben ist nur das Relief im Erfurter Dom, was wiederum von einigen Heimatforschern der Vergangenheit zum gern vorgeführten Beweisstück für die Richtigkeit der Bigamie-Story wurde. Längst haben aber Andersdenkende die Grabplatte mit dem Gleichener Grafen Lambert II. in Verbindung gebracht, der 1227 starb und tatsächlich zwei Frauen sein eigen nannte, allerdings hintereinander.

Die früheste Erwähnung der alten Sage findet sich übrigens in einer Instruktion des hessischen Landgrafen Philipp, genannt der Großmütige. Er gab sie 1539 seinem Freund, dem Reformator Martin Bucer. Dieser reiste nach Wittenberg, um die Zustimmung Luthers und Melanchthons für die vom Grafen geplante Doppelehe einzuholen. Die Mutter des umworbenen Fräuleins hatte den Abschluß der zweiten Ehe – während die erste noch bestand – von der Einwilligung der Reformatoren abhängig gemacht. Dabei nutzte der Landgraf die Gleichen-Sage für seine eigenen Absichten. Die Reformatoren gaben stillschweigend ihr Einverständnis …

So oder so, die Neugierde, ob der Graf von Gleichen zweibeweibt war, ob nicht, hat sich über Generationen erhalten, und das wird wohl auch noch einige Zeit so bleiben, nicht zuletzt wegen des Musicals „Terzett", das die Geschichte nun auch auf der Bühne nacherzählt. Es war auch kaum verwunderlich, daß die Franzosen es genau wissen wollten und 1813 das Familiengrab derer von Gleichen untersuchten. Doch es ging ihnen offensichtlich nicht nur um die Historie, ein wenig mögen sie auch auf Beigaben gehofft haben. Aber man fand nur Schädel und Gebeine von drei Menschen. Eiligst herbeigerufen, lieferte der Erfurter Anatomieprofessor Thilow neuen Gesprächsstoff, indem er die spärlichen Überreste in den Zeugenstand für die rührselige Bettgeschichte rief. Indes, die Meinungen teilten sich nach wie vor, und so blieb trotz Grab, Bett und „Türkenweg", trotz Ring und Kreuz aus dem Nachlaß der letzten Gleichen-Gräfin nicht viel mehr als eine gern erzählte Sage.

Hauptquartier einer Tragödie

Kapellendorf

Kapellendorf: im Städtedreieck Weimar—Apolda—Jena. Was sagt das schon? Man fährt mit dem Abwärtsschwung der Fernverkehrsstraße durch Frankendorf beinahe vorüber, und hast du nicht gesehen, ist Kapellendorf links drüben in der Talmulde des Sulzbachs schon wieder im Zwielicht verschwunden. Eh man's gefunden hat. Thüringer Landschaft im Vorgelände der historisch trächtigen Ilm-Saale-Platte, nicht eigentlich genau im Charakter bestimmt, sondern irgendwo zwischen lieblich und karg unentschlossenen, wie eine verblühende Schöne stehengeblieben und sich nun im diffusen Winterlicht etwas betulich mit den sanften Rundungen der Hänge und dem weißen Schneefeldbesatz um die Schultern aufputzend. Wer es hier eilig hat, der übersieht das leichte Wangenrot und den zartgoldenen Lichtglanz im Haar der Bauernschönheit.

Der Torturm reckt sich fünf Geschosse wie ein derber Soldat unter dem flachen Pickelhelm im rechten Winkel der flankierenden Wirtschaftsgebäude hoch. Oben plustert er die beiden Runderker — in Thüringen seltene Schießaltane — wie Backen gewichtig auf und blinzelt neugierig unter den rotweißen Holzläden auf den Platz hinunter, wo gerade ein Autobus die Runde dreht. Gäste für das sonntägliche Schloßkonzert, festlich aufgeputzt, lachend, voller Vorfreude. Wir sehen hinter dem schwatzenden Schwarm her, der über die steinerne Brücke trippelt, durch das Renaissanceportal mit den kannelierten Säulen und dem Giebeldreieck verschwindet. Es erinnert an das einstige Weimarer Ritterhaus oder an Erfurts Große Arche und dürfte aus der gleichen Zeit, Mitte des 16. Jahrhunderts, stammen. In der Ecke, direkt neben dem steinernen Kopf des „Gaffers" im Dreiecksfeld, hocken ein paar Tauben und starren wie er gleichmütig nach unten. Es schneit ganz leicht.

„Wenn eine Feudalburg", so der auch hier forschende Burgenkundler Hermann Wäscher (1961), „schon im neunten Jahrhundert als Sitz eines Herrengeschlechts bezeichnet wird, kann man damit rechnen, daß die Untersuchung ihrer Geschichte besonders wertvolle Ergebnisse zeitigt." Die recht zahlreiche Literatur über die Wasserburg Kapellendorf bestätigt den Spürsinn des Archäologen, und der seit 1959 bestehende, ungewöhnlich aktive Burgbeirat hat wesentlichen Anteil daran, daß diese wissenschaftlichen Untersuchungen nicht nur Studienmaterial blieben. In der Burgenpflege der DDR nimmt Kapellendorf einen besonderen Platz ein, auch wenn die Wasserburg längst nicht so berühmt ist wie die Wartburg oder so malerisch wie der Kriebstein. Dem wirklich Burgeninteressierten bietet sie mit ihrer tausendjährigen Geschichte dafür weit mehr Anschauung und Information. Doch folgen wir Hermann Wäschers Hinweis einmal auf einer ganz anderen Fährte und schlagen im ungeschriebenen Gästebuch, oder besser noch im chronistisch belegten Lebenslauf des Bauwerks nach, welcher Art ihre Bewohner und damit ihr Schicksal waren.

In der hölzernen Burg des 8. bzw. 9. Jahrhunderts, einer sogenannten Motte, wie sie auf dem berühmten Teppich von Bayeux (11. Jh.) dargestellt ist und auf deren Existenz in der schützenden Sumpfniederung am Hang des Sperlingsbergs 1933 ergrabene Brandreste verweisen, hatte sich zwischen slawischen Siedlungen ein fränkischer Graf von Capeldorf (laut Güterschenkung an das Kloster Fulda 875) mit größerem Eigenbesitz (allodium) festgesetzt. Ein Hinweis auf die strategische Bedeutung des sogenannten sorbischen Limes, der grenzsichernden Burgenlinie an Saale und Unstrut. Die Grafen von Kapellendorf zählen nun als edelfreies Geschlecht zur thüringischen Adelselite. Sie besitzen mehrere Dörfer, verfügen über Lehen vom Reich, vom Kloster Hersfeld und vom Erzstift Mainz, dazu die Vogteirechte über das von ihnen gegründete Nonnenkloster bei der Stammburg Kapellendorf und für diesen Stammsitz das Markt- und Münzrecht. Unter Konrad III. (1137–1152), dem ersten Staufer, werden sie in den ehrenvollen Stand eines Burggrafen von Kirchberg (1149) erhoben, was dem Geschlecht auf der Höhe der Macht auch den Namen gibt. Von nun an halten sie auf dem Hausberg bei Jena in Burg Kirchberg selbst Hof, und die Chronisten vermerken mit Ehrerbietung ihre häufige Anwesenheit im königlichen bzw. kaiserlichen Gefolge. 1182 ist ein Herr von Kapellendorf Eideshelfer des Landgrafen Ludwig III. vor Kaiser Friedrich Barbarossa in Erfurt. Als Burggrafen sind sie kaiserliche Verwaltungsbeamte, deren soziale Stellung durch den Kapellendorfer Besitz gestützt ist.

Hier hatten sie sich auf den Resten der alten Holzanlage etwa um Mitte des 12. Jahrhunderts eine kleine romanische Steinburg mit einem mächtigen, unten 3,20 Meter mauerstarken Bergfried errichten lassen. Die sogenannte Kernburg ist noch heute bis ins Detail erkennbar. Die Kirchberger verschuldeten und verkauften. In der Wasserburg Kapellendorf richteten sich Erfurts Kaufleute ein und ließen sie durch einen Burghauptmann in städtischen Diensten ab 1348 verwalten. Knapp hundert Jahre später vertrauten die Erfurter den Schutz ihres Handels ausgerechnet dem Ritter Apel Vitzthum an, einem üblen Raubgesellen, was zur einzigen erfolgreichen Belagerung der Wasserburg im kalten Winter 1451 führte. Dann beging der Erfurter Rat 1508 den schwerwiegenden Fehler, Schloß und Amt Kapellendorf, durch das die Stadt erst reichsunmittelbar geworden war, für 8000 Goldgulden, wiederkäuflich zwar, den sächsischen Herzögen zu verpfänden. Was dann mit zur Empörung der Bürger Erfurts gegen ihren Rat im „tollen Jahr" 1509 führte. Die Wasserburg, man merkt's selbst in dieser trockenen Chronologie, machte im Kampffeld zwischen Territorialgewalt und städtischem Machtanspruch Geschichte. Die Wettiner setzten einen Amtmann ein und hielten fest am strategisch wichtigen Besitz. Aus der durch umfangreiche Ausbauten erweiterten Stadtburg wurde mehr und mehr ein ländlicher Verwaltungssitz, der nur noch zweimal in militärische Bedrängnis geriet: Während des Bauernkrieges, als das benachbarte Kloster zerstört wurde, und während des Schmalkaldischen Krieges 1545, durch dessen Verlauf Johann Friedrich die Kurwürde verlor und das nahe Weimar zur Ersatz-Residenz wurde. Kein glanzvolles höfisches Leben hat die Wasserburg in diesen Jahren erfüllt, eher jener bedrückende Alltag, den Ulrich von Hutten für diese Burgenzeit schildert (siehe Nachwort).

Und doch kann Kapellendorf wiederum mit einer Beson-

1

1 Hinter der Steinbrücke die neue Toranlage des Torturms mit fünf Geschossen und einer Wehrplatte.
2 Schalentürme im äußeren (Erfurter) Befestigungsring der Wasserburg Kapellendorf.

derheit aufwarten, über die sich die Burgenkundler und Historiker jedoch noch nicht recht einig im Urteil sind. Ein Bericht im Weimarer Staatsarchiv von 1585 vermerkt ausführlich, was als Kalendereintragung des Herzogs Friedrich Wilhelm von Sachsen sich so anhört: „Haben die Bauern von Kapellendorf hier im Schlosse gestochen und den 24. Februar haben zwei Bauern wiederum gestochen." Es handelt sich offenbar um Bauernturniere zur Unterhaltung des Weimarer Hofes, der die Preise stellte: Fuhrmannstaschen, Kleidung, Hüte und Lederzeug, auch Geld. Kaum zu glauben, aber es waren Turniere mit Pferd und Rüstung auf abgesteckter Bahn im Hofe

des 1618 abgebrannten Hornsteins. Amtsschösser Heinrich Apitz versäumte es nach dieser Akte auch nicht, den heimgekehrten Turnier-Reitern „auf Befehl wohlangezeigter Herren Räthe altem Brauch und Herkommen" ein „sechseimerigt Faß Bier zur Verehrung" zu reichen, welches die Bauern „mit unterthäniger Danksagung und gutem Frieden ausgetrunken, und darüber zum Stechen wiederum so große Lust erlanget, daß einesteils vor Freuden die Thür nicht treffen können und zum Ofen hinaus gegangen". Unklar, ob bereits die Erfurter die Wasserburg neben besoldeten Stadtknechten auch durch bewaffnete Bauern schützen ließen, die ein Eigeninteresse am Schutz der Burg hatten, oder der Brauch erst durch die Wettiner Amtsschösser eingeführt wurde.

1684 wird im gut gehaltenen Gemäuer ein Rent- und Justizamt eingerichtet, was erhebliche Umbauten zur Folge hatte. Goethes Sohn August wirkte hier als Kammerassessor zeitweilig 1811, Schillers Sohn Ernst sechs Jahre später. Das was nach der blutigen Episode vom Oktober 1806, als die gotische Niederungsburg (mit Wassergraben und Wall) für wenige Tage der preußischen Armee als Hauptquartier diente, derweil Napoleon wenig weiter bei Jena Schlachtposition bezog. In diesen Jahren hatten Hegereiter Wohnrecht in der Burg, deren Schicksal ansonst einem Gutspächter in die Hände gelegt war. Viel Gewinn war mit dem alten Bau nicht zu machen, also belegte man 1866 die noch bewohnbaren Räume mit Personal und 50 Pfleglingen der Jenaer Irrenanstalt. Dann mietete sich eine Frau Pastor Gireshammer ein, Mutter des Anstaltsarztes; die Wirtschaftsgebäude überließ man 1882 für 12 Mark Jahresmiete dem Kammergutspächter. Elf Jahre später waren die Burgräume als Gemeindeschule und Lehrerwohnung gerade noch tauglich, dann — nach der Jahrhundertwende — waren sie nur noch als „Polenwohnungen" für sommerliche Saisonarbeiter verwendbar. Die Kapellendorfer Bauern protestierten gegen den Verfall und das entsprechende Desinteresse der Pächter beim Weimarischen Staatsministerium vergeblich; mit dem Berg der Akten wächst der Schutt. Den Rest besorgt die Reichswehr 1919/20, als man im nahen Weimar an der Weimarer Republik bastelt. Türen, Fenster, ganze Balkenlagen und Treppenteile werden „der kolossalen Wirkung und Stimmung" wegen zum Biwakfeuer im Burghof verbrannt. Ein Bericht an die Thüringische Staatsregierung wird — auf höhere Veranlassung — abgeheftet. 1921 gibt es Pläne, die

3 Blick auf den Torturm und den Burghof aus dem Küchentrakt an der Kemenate, die ebenfalls auf den Resten des Palas der Kirchberger Burg errichtet wurde.

4 Die beiden im nördlichen Zwinger gelegenen Schalentürme, die Ringmauer nur wenig überragend, waren durch hölzerne Zwischendecken in Geschosse gegliedert und auch hölzern bedacht.

5 Hof der ursprünglichen Kirchberger Burg. Im Setzmauerwerk der Brunnen (1,30 Meter Durchmesser), auf knapp 11 Meter wieder freigelegt.

Wasserburg teilweise abzubrechen und nach Amerika zu verkaufen. Von nun an wird fleißig gestohlen, was nur irgendwie mitgeht: Holz und Dachrinnen, Türen und Ziegel. Im Südflügel machen es sich sogar Schweine bequem. Ein Weimarer Gutspächter, der 1922 die Anlage für den Erlös des im Burggelände eingeschlagenen Holzes erwarb, ist 1927 pleite. Verkauf auf Abbruch? Erfurter Bürger retten durch Kauf in letzter Minute, bilden eine Burggemeinde und überlassen das Eigentumsrecht der Stadt Erfurt, die darauf gewissermaßen über 400 Jahre warten mußte.

Der Rest dieser tausendjährigen, überaus wechselvollen Geschichte ist beginnender Wiederaufbau durch die tatkräftige Burggemeinde: Abtragen von 50000 Schubkarren Schutt aus dem Burggelände, Ausheben der Gräben, Auffüllen mit Wasser, Wiederherrichtung der Wohnräume, Erhalt der Kemenate aus der Erfurter Zeit, Einrichtung einer gastlichen Burgschenke. Amerikaner ließen Mai 1945 die wertvolle Waffensammlung mitgehen. Wie viele andere Burggemäuer diente auch die bereits weitgehend wieder baulich gesicherte Wasserburg Kapellendorf in den schweren Nachkriegsjahren als Notquartier.

Doch die Kapellendorfer Burgfreunde bleiben auf Posten und wachen über ihre Burg, obwohl von manchem belächelt und mißverstanden in der Heimatliebe zum mittelalterlichen Gemäuer. 1956 entsteht im Kulturbund ein Arbeitskreis: der Rat der Stadt Erfurt übergibt dem kleinen Rat der Gemeinde Kapellendorf die Rechtsträgerschaft über die Burg, die geradezu wiederaufzuleben beginnt. Als Naherholungsgebiet, als Besucherziel, als gastliche Stätte für allerlei Veranstaltungen, als Museum.

Der trutzige Eingangskerl gibt breitbeinig nur vor, von Anfang an Hüter des Hauses zu sein. Seine Abbildung aus dem Jahre 1658 zeigt ihn noch zinnenbekrönt, der Brückenzugang ist mit einer Art Bastion versehen und der Bergfried der frühen Kirchberger Burg aus dem 12. Jahrhundert noch immer ein beachtlich hoher Ruinenstumpf im Gegensatz zu heute. Dahinter die wuchtige Steinmasse des Wohnturms, der Kemenate aus dem Erfurter Kapitel der Wasserburg, mit deren Bau (Ende des 14. Jh.) der Bergfried seine Wehrfunktion verlor. Die alte Darstellung bestätigt auch, was noch heute im Mauerwerk des rechts vom Torturm gelegenen Stallgebäudes zu sehen ist: der alte Burgzugang über eine Zugbrücke.

Von der Anlage her, auf über neun Morgen Gelände und von einer 300 Meter langen, mit Türmen bestückten Mantelmauer umgeben, zählt die Wasserburg Kapellendorf zu den größten ihrer Art in Thüringen. Wasserburgen in dieser Landschaft, auch wenn das Gelände heute diesen Eindruck stützt, sind durchaus keine Notlösungen. Die Zeit hat verformt, Aufschüttungen veränderten das Bild, Wege und Straßen zeichnen ein neues Gesicht. Der ebenso mit dem verdienstvollen Wirken des Burgbeirats seit langem verbundene wie mit der Kapellendorfer Burggeschichte sehr gut vertraute Burgenkundler Karl Moszner weist im Rückblick auf die ursprüngliche Landschaft nach, daß die Verteidigungssituation mit entsprechendem Vorgelände, wassersicherem Graben, davorgelagertem Wall und festem Mantelmauerwerk sogar besonders gut war. Wären die Erfurter, die genügend Burgen erfolgreich belagert hatten und sich auskannten, nur auf die Mitsprache im Reichstag dank der mit dem Amt Kapellendorf erworbenen Reichsunmit-

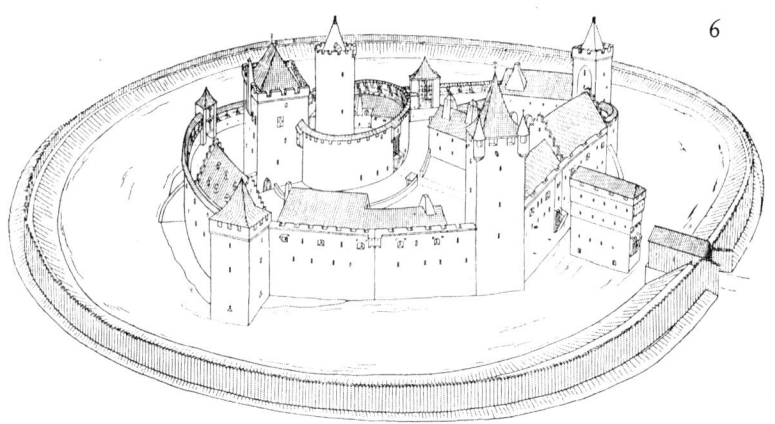

6

6 Wasserburg Kapellendorf. Der Ausbau der ehemaligen Rundburg des Burggrafen von Kirchberg zur großzügigen Anlage mit Ringmauer und Wall-Graben-System sowie einer mächtigen Kemenate erfolgte durch die Stadt Erfurt im 14. Jh. (s. auch unsere Abbildung im Nachwort). Rekonstruktionszeichnung von Hermann Wäscher.

7 Der Ausbau der Wasserburg Kapellendorf mit einer neuen, erweiterten Ringmauer, Türmen und Wall-Graben-System erfolgte unter Erfurter Stadtherrschaft im 14. Jh.; Torturm (links), Pferdestall und Verliesturm.

8 Dorf und Wasserburg Kapellendorf, im Hintergrund der Galgenberg.

7

8

telbarkeit aus gewesen, die den Kaiser nunmehr verpflichtete, sie in Urkunden und Briefen mit „Liebe Getreue" anzusprechen, die Erfurter hätten die unsichere Kirchberger Burg verfallen lassen. Statt dessen bauten sie aus, ließen den inneren Wassergraben zuschütten, die Ringmauer ausbessern und teilweise bis auf zwölf Meter Höhe aufstocken und Sperrmauern durch den vergrößerten Hof ziehen. Zwecks Abschnittsverteidigung im Fall der Fälle. Sie errichteten Wirtschaftsräume und die (1963 unter großen Schwierigkeiten denkmalpflegerisch gesicherte, schwer einsturzgefährdete) mittelalterliche Kaminküche; dazu die Kemenate mit Harnischkammer und Waffenraum, deren Schlüssel in friedlichen Zeiten vom Erfurter Rat verwahrt wurde. Eine Stadtrechnung von 1395 vermerkt die hohe Summe von 102 Mark lötigen (reinen) Silbers, in „die gebew zu Kapellendorf mit eingerechnet" sind.

Uneinnehmbar sollte die Burg Kapellendorf im Kronkranz der Stadtburgen sein, und uneinnehmbar war sie auch. Beinahe. Denn die klugen Erfurter Pfeffersäcke hatten sich verkalkuliert, als sie dem Frieden auf der nahen Wein- und Kupferstraße für ihre schwer beladenen Planwagen allzusehr trauten und die teure Burg von der städtischen Ausgabenliste strichen. Am 30. Januar 1446 überließ Erfurts Rat den Schutz der Kaufleute und die Wasserburg Kapellendorf, auf 21 Jahre wiederverkäuflich mit einjähriger Kündigung und gegen 600 Mark lötigen Silbers, dem Apel Vitzthum zu Roßla, einem der Räte des Herzogs Wilhelm von Sachsen. Einem ebenso mächtigen wie unberechenbaren, herrschsüchtigen wie treubrüchigen Adligen, der seine Machtinteressen zusammen mit den Brüdern Busso und Bernhard rücksichtslos verfocht. Als Besitzer so wichtiger Burgen wie Coburg, Leuchtenburg und Wachsenburg — 1445 übernahm Bernhard Vitzthum sogar die Wasserburg Magdala in der Nähe von Kapellendorf — fühlten sie sich stark genug, selbst der Landesherrschaft unter Ausnutzung des sächsischen Bruderkrieges (1447—1451) zu trotzen. Als der auf dem Hornstein in Weimar residierende Herzog Wilhelm die im Südthüringer Raum gelegenen Burgen und Städte wieder zurückforderte, befestigten die Vitzthums ihren Besitz und überfielen im Oktober 1451 eine burgundische Gesandtschaft, die, mit reichen Geschenken versehen, von Erfurt zum Mei-

ßener Hof des Kurfürsten Friedrich unterwegs war, bei Hassenhausen in der Nähe der Eckartsburg. Noch im November wurde von den wieder versöhnten Fürstenbrüdern im Verein mit Erfurt die Eroberung der Wachsenburg und der Burg Kapellendorf beschlossen. Am 11. November übermittelte der Rat der Stadt Erfurt den Brüdern Vitzthum den offiziellen Fehdebrief und begann mit der Belagerung der Wachsenburg, auf der Bruder Busso saß, derweil die Kriegsknechte des Kurfürsten die Wasserburg Kapellendorf eingeschlossen hielten, bis nach zweimonatiger Belagerung der geschickt verteidigende Hauptmann von Schönstedt am 30. Dezember, von Hunger und Munitionsmangel dazu gezwungen, sich vertraglich zum Abzug innerhalb von 14 Tagen verpflichtete. Zum Schutz gegen den schweren Beschuß hatte man zuvor einen Gefangenen in einem Korb vor das Mauerwerk heruntergelassen und den gefangenen Sohn des Mainzer Vogts Allenblumen mit einem Strick um den Hals vor das Burgtor auf die Brücke gestellt. Der aber wagte sein Leben, sprang in den Graben und — so ein Erfurter Chronist — „entrugte dem knechte, der yn gebunden hielt, den strigk, und dy jhenen, die of der bruckin und an der muren stunden, worffin und schossen nach yme, und god der herre halff dem jungen Mann, das er mit gesundem libe ritterlichen davon quam in der frunde heer". In der Ziegenhainer Kirche (bei Jena) soll noch etliche Zeit danach der Strick als Zeichen seiner wundersamen Rettung gezeigt worden sein.

Bereits am 16. Dezember war auch die Leuchtenburg gefallen, und die Vitzthums entwichen — für immer — nach Böhmen. Kapellendorf aber kam im April 1452 im Austausch gegen die Wachsenburg wieder in den Besitz Erfurts, der im Mittelalter mächtigsten und ökonomisch stärksten Stadt Thüringens. Hier traf die Königsstraße von Osteuropa nach Frankfurt/Main auf die wichtigen Nord-Süd-Verbindungen des Handels, der durch bewaffnetes Geleit gesichert wurde. Mancher Rittersmann mietete sich bei den Erfurtern — wie jener Heinrich Moywer mit seinen 14 bewaffneten Knechten für elf Schock Groschen vierteljährlich sowie „brot, bir, kuchenspise, futer und hufslag" — in den Straßenschutz-

9 Blick vom Verliesturm über das langgestreckte Dach des Pferdestalls zum heutigen Torturm aus dem 16. Jh.

dienst ein. Die Erfurter brauchten für ihren bis in die westeuropäischen Tuchzentren reichenden Handel Ruhe und Ordnung auf den Straßen. Sie räumten mit den Raubnestern erbarmungslos auf und streuten als Zeichen des Sieges in die geborstenen, schwelenden Mauern den Samen von Waid, jener Pflanze, deren blauer Farbstoff sie reich machte. So hatten sie damals an die achtzig Dörfer und eine Reihe Burgen in ihren Besitz gebracht; Kapellendorf war im östlichen Vorfeld des um 1470 etwa 610 Quadratkilometer umfassenden Stadtstaates eine feste Bastion. Die Wettiner allerdings bauten ihre Landeshoheit aus und blickten begehrlich auf den Reichtum der reichsfreien Städte. Sie besaßen für Thüringen das einst königliche Hoheitsrecht des Geleits und waren damit am Gewinn des Erfurter Handels beteiligt. So gab es feste Preise für Mensch und Ware, doch Sicherheit war weniger garantiert. Um sich gegen die Übergriffe der reichsunmittelbaren Grafen von Schwarzburg und Henneberg und anderer Thüringer Adligen zu wehren, hatten sich bereits 1304 die drei Thüringer Städte Erfurt, Mühlhausen und Nordhausen zu einem Schutzbündnis zusammengeschlossen, das 1469 letztmalig auf zwölf Jahre verlängert wurde: „…daz wir helfen wollen und sullen helfen den wisen, bescheiden luten, der burgern, gemeynlichen und der stat Erforte… uf alle dy, dy yne gewald odir unrecht thun zu Duringen…“
Erster Erfurter Burgvogt und Amtmann in Kapellendorf war, laut Bestallung vom 21. April 1391, ein Ritter Ditherich Schenken, zu dessen Aufgaben es gehörte, die Burg vor Feinden zu bewahren, niemanden drinnen zu dulden, der nicht der Stadt Erfurt huldigte, einen Torwart und ferner auf eigene Kosten zwei Hausmänner und vier Wächter zu halten. Zu achten hatte er auf Recht und Ordnung im Amt, auf die Äcker und Weinberge. Im Kriegsfalle hatte er die einrückenden Stadtsoldaten auf Stadtrechnung zu verköstigen. Kein leichtes, wenn auch ein einträgliches Amt, denn außer Einkünften aus Nutzungs- und Rentansprüchen kam der Rat nicht nur für die Kleidung der Burgmannen auf, sondern auch für Schaden, der dem Burgvogt im Stadtdienst entstand. In dem strategisch starken Verteidigungsgürtel der Stadt Erfurt mit den Burgen Vargula, Vippach, Tonndorf und Mühlburg, den befestigten Höfen Isserode und Ollendorf bildete die Wasserburg Kapellendorf das

Kernstück. Das Inventarverzeichnis, datiert auf den 26. März 1392, vom Sohn Rudolf Schenke vorgelegt, weist eine reiche militärische Bestückung in den Türmen, dem Zeughaus, in der Harnischkammer aus: verschiedene Armbrüste, massenhaft Pfeile, Panzer, Helme, Waffenschuhe und Schilde, Steinkugeln, Schwefel und Büchsenpulver; Sättel, Hufeisen für die Berittenen, Gerät für die Burgschmiede. Selbst längerer Belagerung konnte das ökonomisch unabhängige Amt gut standhalten: noch innerhalb der Burg befanden sich ein Korn-, ein Malz- und ein Brauhaus, dazu kam auch noch ein umfangreicher Wirtschaftsbetrieb auf dem Vorwerk. Hier übernahm Rudolf Schenke u. a. 4 Wagenpferde, 32 Schweine und Ferkel, 119 Schafe und 7 Rinder.
Im großen Finanzspiel um Waid und Tuche, um Barchent und Leinen, um Wein, Hopfen und Leder wurden die „städtischen" Burgen zu Gegenspielern der feudalen Herrschaftssitze und der landeshoheitlichen Gerichts- und Verwaltungszentren, wie es die zahlreichen Saaleburgen der Wettiner waren, die als Markgrafen von Meißen und Landgrafen von Thüringen die politische Unabhängigkeit der Städte gefährdeten.
Am 5. Mai 1508 verpfändete der schwer unter ökonomischen Druck geratene Rat der Stadt Erfurt ohne Wissen der Gemeinde für 8 000 Gulden und wiederverkäuflich Burg Kapellendorf an die Brüder Kurfürst Friedrich den Weisen und Herzog Johannes von Sachsen. Den Erfurtern gelang es nicht, die Burg später wieder auszulösen; im April 1667 endlich mußten sie unter Druck sogar durch eine Verzichterklärung Kapellendorf erblich an das Haus Sachsen abtreten.

Eine grobe Holztreppe führt in der Kemenate durch die schwere, braungebeizte Holzkonstruktion der Decke nach oben. Hier hat das Burgenmuseum Kapellendorf sein Domizil eingerichtet, betreut von der Friedrich-Schiller-Universität Jena. Doch uns zieht es jetzt nicht zu den Schautafeln und Vitrinen, wir folgen dem zwingenden Ton, der von oben kommt und den alten Kasten wie ein Instrument ausfüllt. Aufruhr der Seele liegt in die-

10 Im ehemaligen Justiz- und Rentamt befinden sich heute Burgmuseum und Burgschenke; Blick von der Dorfseite über den Wassergraben.

ser leidenschaftlich strömenden Musik, beherrscht von einem Grundthema, das sich die auseinanderstrebenden Kräfte zum einheitlichen Bau unterordnet. Der Solist dort oben im Rittersaal scheint zu spüren, daß er an besonderm Ort spielt: Beethovens Klaviersonate f-moll, die „Appassionata". Wir stehen unten und lauschen. Das ist der Nachhall eines Jahrhundertereignisses, das unmittelbar an diesem Ort seinen Schauplatz hatte. Mit der Wasserburg Kapellendorf als Teil der Bühnendekoration. Auf dem Spielplan die blutige Tragödie der Schlacht von Jena und Auerstedt. Zeitgenössische Berichte lesen sich wie Konzeptionen zu einem großen historischen Roman. Die preußische Hauptarmee unter dem Herzog von Braunschweig steht mit knapp 60 000 Mann in Weimar und rückt am Morgen des 13. Oktober in Richtung Auerstedt ab; die 27 000 Mann starke Reservearmee unter General Friedrich von Rüchel bezieht das nun verlas-

sene Lager bei Weimar, und 45 000 Mann der Armee des Fürsten Hohenlohe-Ingelfingen verteilen sich um Kapellendorf, wo sich seit dem Sonntag das Hauptquartier im Wasserschloß befindet. Am Abend trifft, am Bein verwundet, auch Hauptmann Gneisenau zur Sicherung der Generalität ein.

Napoleon befindet sich zu diesem Zeitpunkt in Gera, wo er ursprünglich den Ort der Entscheidungsschlacht vermutete, als er klar die ihm günstige strategische Lage erkennt und die Falle zuschnappen läßt, in die sich die preußische Generalität hineinmanövrierte. Er dirigiert seine Truppen um, trifft noch am Nachmittag in Jena ein, wo ihn als einziger kein Geringerer als der Philosoph Georg Wilhelm Hegel erkennt („Den Kaiser — diese Weltseele sah ich durch die Stadt zum Recognosciren hinausreiten …"), besichtigt flüchtig das Stadtschloß und begibt sich sofort auf die strategisch wichtige und von Hohenlohe nicht besetzte Höhe des Apoldaischen Steigers. Noch in der Nacht werden — von den Preußen für unmöglich gehalten — auf steilen Hohlwegen die Kanonen mit Stricken hochgezogen, was der Kaiser, die Fackel in der Hand, selbst leitet.

Das in etwa wäre die Exposition für das Historienstück mit der Wasserburg als Kulisse, aus der es seit Stunden militärisch herausschallt, ohne daß doch irgend etwas Entscheidendes passiert. Denn der Fürstliche Oberbefehlshaber der Teilarmee hatte sich weder für Rückzug noch für Angriff entscheiden können. Er ignorierte alle einlaufenden Nachrichten, glaubte nicht an einen Angriff der erst teilweise angelangten Franzosen und gab nicht einen einzigen Befehl an die Generäle der zersplitterten Armee. Ja, Seine Gnaden ruhen noch, als Napoleon drüben auf dem Landgrafenberg morgens sechs Uhr vor die Front der ersten Regimenter reitet, sie trotz des dichten Nebels in den Kampf schickt und die ersten Schüsse fallen. Dadurch unsanft geweckt, begeben sich die Herren des preußischen Hauptquartiers aus den Privatquartieren im Ort ins Schloß, wo Hohenlohe-Ingelfingen einen Rapport über die Ereignisse des Vortages an den König diktiert. Da stehen bei Closewitz die 8 000 Mann des Generals Tauentzien bereits im Gefecht mit den Franzosen in viel zu breit gezogener Front. Um sieben Uhr macht sich der Höchstkommandierende unter Führung des Kapellendorfer Fleischermeisters Bauer

in Richtung Schlachtfeld auf, nachdem Stunden zuvor [12] sowohl von General Tauentzien wie von General Holtzendorff dringendste Bitte um Befehl und Klärung der Gesamtlage kam. Durch Napoleons Angriff gezwungen, hatten sie auf eigene Verantwortung handeln müssen.

Um 8.30 Uhr endlich formiert sich Infanterie in Linien, flankiert von zwei zwölfpfündigen Batterien, und rückt mit klingendem Spiel wie auf dem Exerzierplatz als lebende Zielscheibe in Richtung Vierzehnheiligen gegen die weit ausgeschwärmten und jede Deckung nutzenden Tirailleurs. Es war ein schöner, warmer Herbsttag mit blauem Himmel und ein wenig Dunst in der Ferne. Der Nebel hatte sich gegen 9.30 Uhr verzogen, als in Staffeln von je zwei Bataillonen die preußische Infanterie links und rechts des Ortes zum Entscheidungskampf in den Kugel- und Kartätschenhagel vorrückte und im Verlauf weniger Stunden verblutete.

Als Fleischermeister Bauer mittags in Kapellendorf wieder eintrifft, ist im Dorf die Hölle los. Überall stehen Kanonen und Wagen herum, Verwundete schreien, und tote Pferde verstopfen die Straße. In diese wüste Szenerie trifft nun endlich, viel zu spät, um noch irgend etwas zu bewirken, General Rüchel mit 15 000 Mann vom Weimarer Webicht her ein. Der pedantische General hatte für die knapp eineinhalb Stunden Fußmarsch den ganzen Vormittag gebraucht, und statt nun westlich von Kapellendorf Stellung zu beziehen, befiehlt er gegen 14.30 Uhr den Angriff auf den östlich gelegenen und von den Franzosen bereits besetzten Sperlingsberg, unterstützt auf der rechten Flanke von sächsischer Kavallerie, die sich auf dem Rückzug von Isserstedt befindet. Innerhalb einer halben Stunde schießt die französische Artillerie von der Höhe die den Steilhang hinaufkeuchenden Preußen so zusammen, daß die menschlichen Überreste noch jahrelang später im Felde gefunden wurden.

Beethoven, bestürzt über die Nachricht von Napoleons historischem Sieg bei Jena und Auerstedt, vollendet in Ungarn bei Franz Brunsvik die „Appassionata" als seine Antwort: „Schade, daß ich die Kriegskunst nicht so verstehe als die Tonkunst, ich würde ihn doch besiegen!"

Der Pianist im Rittersaal marschiert mit fliegenden Fahnen in die Stretta, die in einem gewaltig ausholenden Griff den ersten, kontrastreichen Satz der Klaviersonate

mit dem der französischen Revolutionsmusik entlehnten Dreitonmotiv zurückholt. Selbstbehauptung und Selbstfindung bereiten als Thema einer neuen bürgerlichen Gesinnung die Befreiungsbewegung aus den Reihen des Volkes vor.

Was sich im Kapellendorfer Burgmuseum an Hinweisen und Erinnerungsstücken zur historischen Niederlage Preußens nicht findet, das breitet die neugestaltete „Gedenkstätte 1806" unweit von hier auf dem Jenaer Schlachtfeld bei dem Dörfchen Cospeda überaus informativ aus.

11 Äußere Ringmauer der (Erfurter) Wasserburg mit Graben.
12 Der südöstliche, zinnenbekrönte Verliesturm war ursprünglich ebenfalls ein hofseitig offener Schalenturm mit sechs Geschossen und einer Wehrplatte.

Überlebenswille
eines Gemeinwesens

Ortenburg Bautzen

„Wohin auch König Matthias mit seinem Gefolge schritt, überall drängte sich das Volk heran, bestaunte und bejubelte ihn. Die Stadtsöldner konnten sich über zu wenig Arbeit nicht beklagen. Auf der 1470 errichteten, mit Ziegeln gedeckten Bastei an der Halben Gasse in der Nähe der Kirche St. Michael weilte der König ziemlich lange. Mit ruhiger Freude sah er hinab in das Spreetal, hinüber auf die Heerstraße und weiterhin nach den blauen Höhen, Wäldern und Feldern am böhmischen Steg. Sein Herz war entzückt von dem Liebreiz des oberlausitzischen Landes. Er fand nur, daß der Wind um Budissin etwas gar zu heftig blies … Als er die Bastei verließ, sagte er zu dem Ratsmann, es wäre doch sicher zu empfehlen, noch viel mehr ähnliche Basteien rund um die Stadt anzulegen. Unterwürfig schnell erwiderte da ihm der Bürgermeister Dörheide, der Bau verschiedener Basteien zwischen Fronfeste und Michaeliskirche, Schülertor und Nicolaitor sei bereits erwogen. Dann solle mit der Ausführung nicht lange gewartet werden, gab der König zurück. Man könne nie wissen, wie schnell sie einmal benötigt würden …"

Wahr gesprochen von dem Ungarnkönig Matthias Corvinus, der einen Raben im Wappen führte angesichts seiner ihm vom Papst zugesprochenen böhmischen Herrschaft, die ihm auch diese stolze, feste Stadt einbrachte. Er besuchte sie im Jahre 1474, von Görlitz herkommend, zur Entgegennahme der Huldigung. Der breit angelegte Historien-Roman „Feindliche Stadtregenten" von Richard Schlemmer — sonst wenig bedeutsam — beschreibt ausführlich den festlichen Empfang und jenen entscheidenden Augenblick, da sich das wehrhafte Selbstbewußtsein der Bürgerschaft und der feudale Herrschaftsanspruch des Ungarn wie auf dem Turnierfelde wohlgerüstet begegnen. Die Pläne des Königs sind weitreichend. Eine Residenz will er sich hier im Osten schaffen, ein festes Ausfalltor gegen das wettinische Sachsen und ein Gegengewicht zum unruhigen Böhmen, das sich schon in den Hussitenkriegen bewährt hatte. Fest sollte diese Stadt sein mit starken Mauern und Basteien, beherrscht jedoch von der Höhe durch die Ortenburg, die er aus- und umzubauen, vor allem aber auch gegen die murrende Stadt hin stärker zu befestigen befahl. Stein für Stein sollte von Fronknechten abgetragen werden, was den neuen Waffen, den donnernden Stadtbüchsen, nicht mehr standhalten konnte; hohe, fensterarme Mauern zeigten zur Stadtseite ein undurchdringliches Gesicht. Landvogt Georg von Stein hatte mehr die unruhigen Zeiten im Sinn als Vorstellungen von einer bequemen Residenz, als er die 1401 und 1441 von Bränden schwer heimgesuchte Burg zur Zwingfestung ausbaute, die den Bürgern schwer im Nacken saß und ihren Stolz beugen sollte. Eine hohe Schildmauer mit Wehrgang — sie wurde beim Schloßumbau 1907 auf halbe Höhe abgerissen — schloß den U-förmigen Innenhof der eigentümlich finster und unfreundlich wirkenden Anlage zur Stadt hin ab, der Zugang war lediglich durch das Tor im Schloßturm möglich, an dessen Ostseite, unterhalb der beiden

1 Hoch über dem Tal der oberen Spree, Eckpfeiler im Verteidigungssystem der Stadt Bautzen, die Ortenburg.

schlanken Kapellenfenster, der Ungarnkönig noch heute höchstpersönlich im knapp neun Meter hohen Sandstein-Denkmal scharfen Blicks den Besucher empfängt, in den Händen Zepter und Reichsapfel, zu Füßen den königlichen Leu. Der Sockel gibt die Jahreszahl an: ANNO. MCCCCLXXXVI. SALV – also: 1486. Die Umbauarbeiten gingen dem Ende zu, der aufbegehrende Bürgermeister Balthasar Pretzsch war abgesetzt und des Landes verwiesen, der Starrkopf, der sich hartnäckig geweigert hatte, den Olmützer Vertrag anzuerkennen, wonach alle Lande, die auf päpstlichen Befehl zu Ungarn gekommen, bei diesem Lande auch bleiben sollten. Pulver, Proviant und Büchsen waren ausreichend vorhanden, dazu bewaffnete Knechte, um die Unterschrift zu erzwingen. Schon richteten die Fronknechte stadtwärts zu die Büchsenstände ein, als im April 1490 der König in Wien plötzlich stirbt. Der Landvogt muß die Ortenburg verlassen, zweihundert Mann Begleitschutz retten ihn vor der Wut der Bürger.

An das kurze ungarische Kapitel in der Geschichte Bautzens erinnert noch heute in der Budapester Königsburg eine originalgetreue Kopie des Bautzener Sandstein-Denkmals am spätgotischen Turm der Szent-Miklós-Kirche, deren Ruine unter Erhalt der restaurierten Bausubstanz sehr geschickt in das moderne Budapester Hilton-Hotel einbezogen wurde. 1896 ließ die ungarische Regierung von dem Bautzener Original (des sorbischen Meisters Gauske) Gipskopien anfertigen, da Ungarn über keine authentische, zeitgenössische Darstellung von König Matthias Corvinus verfügte. 1930, mit Blick auf den 250. Jahrestag der Rückeroberung Budas von den Türken, wurde die in Stein gemeißelte Kopie am Kirchturm im Budaer Burgviertel angebracht, ein Jahr später auch an Szegeds Matthias-Kirche.

So der Wind nicht weiß wohin, weht er einmal gen Budissin. Das alte Sprüchlein hat seinen Erzählwitz bewahrt. Plötzlich hat man, von der Autobahn kommend, die mittelalterliche Stadt auf hohem Granitfelsen über der Spree wie dereinst vor sich. Zum Greifen nahe unter dem blassen Dezemberhimmel, in den die Türme Auskunft und Abschied markieren, noch ehe man sich besonnen hat, anzuhalten, durch die Gassen und Gäßchen mit den zweisprachigen Schildern zu pilgern, schweigend, derweil die Dächer und Mauern, die Giebel und Simse, die Türme und Portale mit fremder Stimme und in anderer Sprache murmeln. Bautzen — Budyšin, zwei Namen für ein Schicksal. Wir sind im Sorbenland, und zu den Sorben zählten die Milzener, die zwischen oberer Schwarzer Elster im Westen und Löbauer Wasser im Osten mit der Burg Budissin als Stammeszentrum siedelten. Wovon auch Thietmar von Merseburg berichtet, dessen Bruder anno 1002 im Eroberungsheer König Heinrichs II. vor Bautzen gegen die um ihre Unabhängigkeit kämpfenden Milzener mitfocht. Die erste Ostexpansion des frühfeudalen deutschen Staates stieß auf die Westexpansion des polnischen Großfürsten Bolesław Chrobry, dem Heinrich schließlich die Lausitz und die Mark Meißen bis zur Schwarzen Elster als Lehen überlassen mußte. Friede wurde 1018 in der Burg Budissin geschlossen, und so hieß der Ort auch fortan, mit kleinen Abweichungen, bis zum Jahre 1868, als das sächsische Ministerium des Innern „im Interesse der Post" den Na-

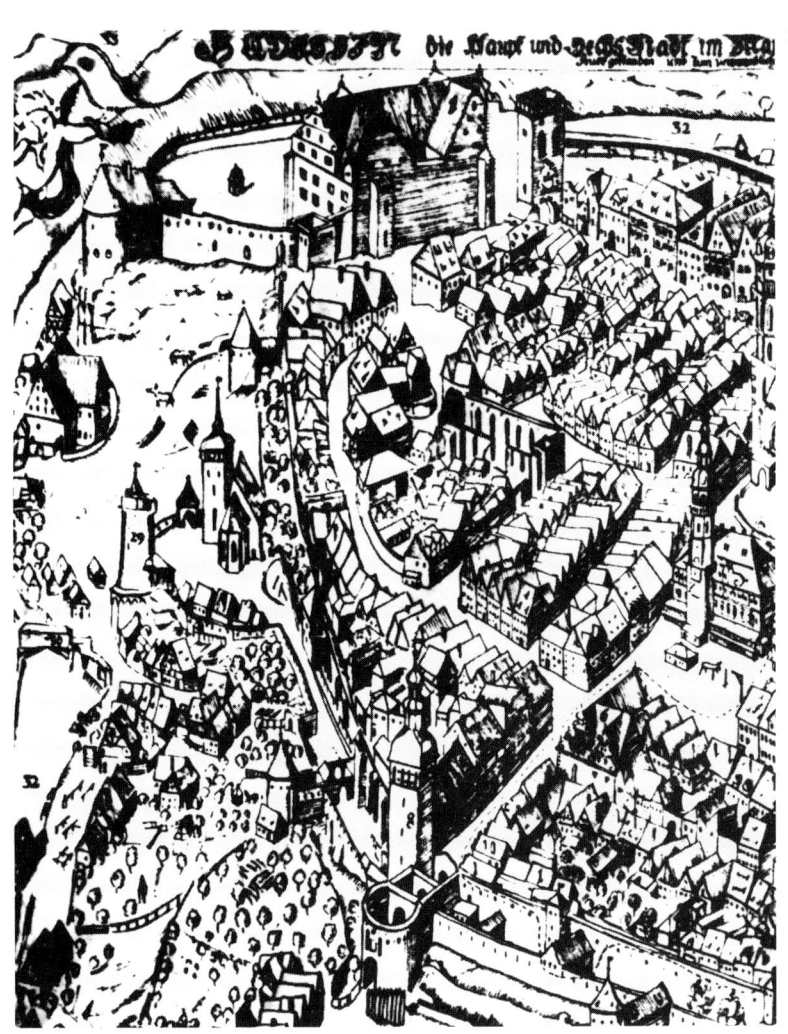

men Bautzen verfügte, wie er bereits im Visitationsprotokoll des Kurfürsten von Sachsen anno 1559 vermerkt wurde. Bautzen oder Budyšin, das ist ein Lebenslauf unter zwei Namen, und es bedeutet heute geistige und kulturelle Heimstatt für Deutsche wie für Sorben als einziger und gleichberechtigter nationaler Minderheit in der Republik.

Die alte Stadtkarte des Studiosus Johann Georg Schreiber, Schüler der Ratsschule und Student der Mathematik, zeigt aus der Vogelperspektive ein stolzes Gemeinwesen, das sich mit einem zweifachen Mauerring fest umgürtet hatte. Türme und Tore, Befehlszentren der Verteidigungskunst, waren mehr als nur profane Zweckbauten. Sie empfingen den Gast, repräsentierten städtisches Selbstbewußtsein, auch bürgerlichen Bausinn. Selbst als Schutzwerk waren sie immer auch auf das Gesamtbild abgestimmt, auf die Fluchtlinie der Mauern, die ragenden Kirchtürme. Es ist jenes Jahrhundert zugleich, in der die Städte innerhalb ihres Mauergürtels baulich sozusagen erwachsen geworden sind. Der kommunale Bauch durfte nun nicht mehr dicker werden; bis ins 19. Jahrhundert hinein achtete der Rat auf die Taille, die den Städten des ausgehenden Mittelalters angemessen war.

Bautzen, das ist die Stadt der Türme. Noch heute. Lauenturm, Reichenturm, Wendischer Turm, Schülerturm; die Tore einst mit runden, basteiartigen Zwingern gedeckt. Vieles erkennt man auf der im Heimatmuseum aufbewahrten Karte von 1709 wieder, auch wenn die Zwinger längst niedergerissen sind und die Basteien eingeebnet. Die Türme stehen noch immer und zeichnen die alte Verteidigungslinie nach, an der wir nun entlangwandern. Sie bestimmen noch heute zusammen mit der Fronfeste an der Südostseite nahe der Ortenburg, der Alten

Wasserkunst, dem Wahrzeichen der Stadt unterhalb der einst wehrhaften Michaeliskirche, und den schlanken Türmen des Rathauses sowie des Domes St. Petri die geschichtsträchtige Silhouette der Sorbenstadt Budyšin. Man sieht ihr als Gast beim Rundblick vom mächtigen, wiewohl schiefen Reichenturm, mit 54 Meter Höhe der stattlichste unter den Befestigungstürmen, sozusagen in die gute Altstadt-Stube. Zwischen 1490 und 1492 erbaut, drohte der Turm bereits 1593 einzustürzen, wurde jedoch verankert und als Schuldturm eingerichtet, litt unter den Kämpfen zwischen Sachsen und Schweden 1639, brannte danach ab, wurde 1663 erneut aufgebaut, dann wieder (1686 und 1709) zerstört und endlich 1715/18 aus Stein wiedererrichtet und mit einer schweren Barockhaube versehen, die ihn dann um fast 1,40 Meter aus dem Lot brachte. Es bedurfte umfangreicher Sicherungsmaßnahmen nach 1945, um den 3 200 Tonnen schweren Riesen endgültig im Schuttfundament zu festigen und

3

2 Ausschnitt aus dem Stadtplan der Stadt Budissin von Johann Georg Schreiber „wie selbige des Tages vor dem 22. April 1709 aufgegangenen Feuer gestanden". Die Darstellung zeigt oben die Ortenburg mit Torturm und Hof, darunter einen Teil der Stadtmauer und die Alte Wasserkunst (29) sowie den Lauenturm (8) unten.

3 Das Denkmal des Ungarnkönigs Matthias Corvinus am Schloß(Matthias-)turm unterhalb des Kapellenfensters erinnert an das kurze Ungarnkapitel der sorbischen Stadt Bautzen; Blick zur Stadtseite.

4

5 als eine Art städtisches Wahrzeichen und Baudenkmal zu erhalten. Eine originalgetreue mittelalterliche Wachstube erinnert an seine ursprüngliche Funktion und die Kopie einer „Turmwachinstruction" von 1689 an die lebenswichtige Aufgabe des Türmers.

Weit ist hier oben der Blick ins Land, man kann dem Studiosus Schreiber die Lust am Auszeichnen der Giebel und Dächer, der Gassen und Plätze aus eigenem Erleben gut nachempfinden. Drüben in der Verlängerung der Diagonale nach Nordwesten die Ortenburg mit ihren Mauern und Türmen und dem massigen spätgotischen Hauptgebäude. Bolesław Chrobry hatte die ehemalige sorbische Stammesburg so stark befestigen lassen, daß sie erst nach erbitterten Kämpfen den erbarmungslosen Haufen Heinrichs II. 1033 wieder zufiel: als Zwingburg für die Landvögte im Dienste des deutschen Feudaladels. Zeitweilig residierte auch der dem lutizischen Adel entstammende Wiprecht von Groitzsch in der Ortenburg, bis er den Wettinern in Meißen weichen mußte. 1469 fiel dann die Lausitz mit Schlesien dem ungarischen König Matthias Corvinus aus dem böhmischen Erbe zu.

Über uns im Turm die alte Schloßkapelle. Verschlossen. Die schmale Schloßstraße hoch, vorbei an den niedrigen Häuschen an der Mauer. Türschilder deuten auf Wohnungen hin. Das alles ist historisches Gelände, auch das langgestreckte Gebäude, das am Ende zum sorbischen Heimatmuseum führt. „Kommen Sie im Frühjahr wieder", erklärt uns im Museum ein alter Mann, der uns ein wenig mit sorbischer Kulturgeschichte vertraut machte. „Am besten zu Ostern, wenn wir in einer Sonderschau die alten Osterbräuche vorstellen. Da können Sie zusehen, wie junge Mädchen in der alten Wachstechnik die Ostereier verzieren, und bei schönem Wetter stellen die Kinder im Burghof das traditionelle ‚Walleien' vor." Im Frühjahr, so meinte der Alte zuversichtlich, da sei alles hier ganz anders. Da könne man wohl auch eine folkloristische Hochzeit wie dereinst erleben, mit Hochzeits-

4 Wahrzeichen der Stadt Bautzen ist die „Alte Wasserkunst", die die mittelalterliche Stadt mit Spreewasser versorgte und Teil des Befestigungsgürtels war; im Hintergrund die ebenfalls strategisch bedeutsame Michaeliskirche.
5 Zugang zur Ortenburg von der Stadt durch den Matthiasturm.

bitter und Vaterstellvertreter und einer herausgeputzten Braut in Hoyerswerder Tracht zum Beispiel; Kuchen und Schnaps gäbe es natürlich auch, denn schließlich müsse sich das Paar ja den Weg aus der Ortenburg „freikaufen".

Ja, im Frühjahr. Die Kirschen blühten auch, als 1945, in den letzten Kriegsmonaten, hier oben als Landvogt des Grauens die Gestapo residierte. „Festung Bautzen" hieß es damals. Zum letzten Mal sollte die Stadt sich verteidigungsbereit halten. Doch was war da noch zu verteidigen? Solche, die darüber nachdachten, holten die Schergen. Ein Nazi-Oberst unterschrieb Todesurteile, im Burghof wurden sie vollstreckt. Unter denen, die aus der geistigen Belagerung des inneren Feindes ausbrechen wollten, ein Sechzehnjähriger. Mit der letzten Schlacht um Bautzen begann ein neues Kapitel Geschichte.

Am 16. April 1945 eröffneten über 30000 sowjetische Geschütze ab 6.15 Uhr das Feuer auf die deutschen Linien hinter Oder und Neiße. Zwei Tage später erfolgte der Durchbruch, am gleichen Tag drohte die letzte reguläre Nummer des „Bautzener Tageblatts": „Der Reichsverteidigungskommissar hat mit sofortiger Wirkung für Ostsachsen ein Standgericht mit dem Sitz in Bautzen eingerichtet." Der faschistische Kampfkommandant Oberst Hoepke verkündete die Alarmstufe III, ließ alle Stellungen und Sperren mit dem letzten Aufgebot besetzen und die große Autobahnbrücke bei Öhna in die Luft sprengen. Am 19. April erschienen die ersten sowjetischen Panzer am östlichen Stadtrand, wo die Kasernen liegen, die im Laufe des Tages erobert wurden. Am 20. April, zu Hitlers Geburtstag, wurden in der Ortenburg, im Gefechtsstand Hoepkes, die letzten Durchhalteorden verteilt, während im Ostteil der Stadt bereits um einzelne Häuser blutig gekämpft wurde. Überall brannte es, zum Teil steckten die „Verteidiger" die eigene Stadt an; auch der Westflügel der Burg brannte dabei ab. Immer näher kämpften sich sowjetische Panzer mit Schützen an die Burg heran, dem von fanatisierten sechzehn-, siebzehnjährigen Hitlerjungen und eingeschüchterten Volkssturmleuten sowie letzten Wehrmachtseinheiten verteidigten Wolfsbau. Hastig errichtete Sperren in der Schloßstraße, in der Brüdergasse, am Burglehn und auf dem Burgplatz selbst sollten sie vor dem entscheidenden Sturmangriff schützen. Wie viele in diesen Stunden star-

ben, war hinterher nie genau zu ermitteln. Die hohen Bäume auf dem Burgplatz wurden gefällt, um wenigstens aus der Luft die notdürftigste Versorgung zu sichern. Es nützte wenig; schließlich erhielten nur noch die vielen Verwundeten in den etwas geschützteren Räumen der Ortenburg Wasser. In dieser aussichtslosen Lage blieben zwei sowjetische Aufforderungen zur Übergabe dennoch unbeantwortet. Hoepke drohte jedem mit sofortigem Erschießen, der auch nur im mindesten an Übergabe denke.

Später berichtete der sowjetische Gardemajor A. L. Fomenko vom 13. Panzerregiment der 52. Armee von der besonderen Härte dieses Kampfes: „Es wurde um jedes Haus, um jede Etage, um jeden Korridor gekämpft. Wir beherrschten das Zentrum der Stadt, den Bahnhof und andere wichtige Objekte. Am 21. April war die Gegenwehr des Feindes grundsätzlich gebrochen... Das Gefängnis konnten wir gleichfalls sofort nehmen, doch hatte ich die Nachricht erhalten, die ich auch sofort meinen Untergebenen weitergab, daß im Gefängnis bzw. in der Burg Antifaschisten und Kommunisten gefangen gehalten werden, und das veranlaßte uns, darauf Rücksicht nehmend, die Gebäude nicht zu zerstören. Aus dem gleichen Grund schonten wir auch die Burg."

Zu diesem Zeitpunkt erreichte Hoepke ein Funkspruch
vom faschistischen Pz.-AOK 4: „Haltet durch, wir kom-
men." Truppen des Generalfeldmarschalls Schörner hatten im Gegengriff die weit nach Dresden vorangetrie-
bene Frontlinie sowjetischer und polnischer Einheiten
bei Weißenberg durchbrechen können und drangen
auch am 24. April in Bautzen ein. Die sowjetischen Einheiten zogen sich in die Nordstadt zurück; am 25. April
kam es bei dem nahen Dorfe Burk zu einer blutigen,
schweren Panzerschlacht. Im Kampfstand Ortenburg
begossen die Durchhaltestrategen mit hysterischen End-
sieg-Parolen die wenigen Tage Aufschubs, während ein
Bautzener Fotograf schweren Herzens durch seine Hei-
matstadt ging und den schrecklichen Preis dieser Heldentat dokumentarisch für die Nachwelt festhielt: das
zerschossene Reichentor, die schwer getroffene Altstadt,
die ausgebrannten Türme, die Toten in den Straßen, die
zusammengefahrenen Leichen am Taucherfriedhof, darunter Frauen und Kinder, die Barrikade am nördlichen
Zugang zur Burg, ihre ausgebrannten südlichen Gebäude.

Wir stehen im weiten Burghof und fühlen uns sehr verloren. Nun ist plötzlich alles trist und grau. So hebt sich der
Blick suchend über die Mauern in die Weite des hügligen
Landes, schweift über die Stadt und verweilt schließlich
— zurückgekehrt — an den schönen Renaissancegiebeln
des Schlosses, die das Satteldach gliedern. Sie sind freilich erst 200 Jahre nach Corvinus hinzugekommen, als
das vom Dreißigjährigen Krieg schwer mitgenommene
Schloß im Auftrag des Dresdner Hofes wiederhergestellt
wurde; bereits 1662 waren die Arbeiten an der Decke im
Audienzsaal beendet, eine Art Lausitzer Geschichtslek-
tion in Stuck nach italienischer Manier. Dargestellt
wird im Mittelfeld die Belehnung des sächsischen
Kurfürsten Johann Georg I. mit den beiden Lausitzen
1635.

6 Im ersten Obergeschoß der zum Schloß umgebauten Ortenburg
   die prächtige Stuckdecke des Audienzsaales mit Darstellungen
   zur Geschichte der Lausitz.
7 Die spätgotische Nikolaikirche, seit 1634 Ruine mit Grabdenk-
   mälern aus dem 18. und 19. Jh., war ebenfalls Teil des Befesti-
   gungssystems der Stadt Bautzen (mit einem Wehrgang an der
   Nordseite).

Wir gehen durch die Nikolaipforte im Nikolaiturm, die im Siebenjährigen Krieg bis auf ein schmales Schlupfloch von Meterbreite zugemauert worden war. Stadtwärts führt der Torbogen zu einem steinernen Kopf empor, der den geköpften Stadtschreiber Preischwitz abbilden soll. Darüber ist ein Stück Wehrgang erhalten. Die schmalen Fensterschlitze deuten auf harte Zeiten hin, wo es galt, vor einem schnellen Pfeil wachsam zu sein. Der auf den quadratischen Unterbau gesetzte Oberturm ist mit 1522 genau zu datieren. Nur wenige Schritte nach links, und man steht bereits draußen vor der Stadt und ist dennoch auf merkwürdige Weise immer noch drinnen. Eben noch standen wir oben im Hof der Ortenburg, ohne Ahnung von diesem reizvollen Plätzchen einein halb Gassen stadtwärts. Weit hinten im Westen steht eine matte Sonnenscheibe hinter schweren Wolkendecken. Es ist ganz still. Zwischen den Grabsteinen und Holzkreuzen des Nikolaifriedhofes finden sich nur ein paar leere Bänke. Im Sommer muß es hier besonders schön sein. Schneereste säumen zur Stadtmauer hin die höher gelegenen Gräber mit weißschmutzigem Besatz. Talwärts grenzt die stadtwärts offene Ruine der Nikolaiche das Feld wie ein Bühnenbild zu einem Königsdrama von William Shakespeare eindrucksvoll ab, ein Pförtchen führt zur Unterstadt. Es wirkt wie der Zugang für die Helden des Schaustücks von dereinst, als drüben, auf dem anderen Spreeufer, das kurfürstlich-sächsische Heer Lager bezog und die Kanoniere Schanzen für ihre schweren Feuerschlünde auszuheben begannen. „Da nahm ich Handgeld von den Sachsen, meinte, da müßte mein Glück recht wachsen…"

Vom nahen Turm läuteten die Glocken Sturm, in den Gassen war ein keuchendes Hasten und Eilen zu den Stellplätzen der Fleischer und Böttcher, der Schneider und Bäcker an der Stadtmauer. Nichts davon ist geblieben, nicht einmal die stumme Erinnerung. Die alte Verteidigungsstätte ist von einer kaum erfaßbaren Ruhe erfüllt. Hier ein paar halbverfallene Mauern, dort ein abgebrochener Gewölbeansatz, im Ansatz des Bogens Backsteingemäuer; spitzbogige Fensterhöhlen gliedern die lange Wand, in einer ist das Fischblasen-Maßwerk noch recht gut erhalten. Im ehemaligen Langhaus, seltsam genug, setzt sich der Friedhof mit alten Gräbern

fort, dort, wo einst die katholische Gemeinde das Kyrie eleison anstimmte. Aus dem groben Gemäuer steigt dunkle Kühle. Schnell noch durchs Pförtchen in der Westwand und ein Blick ins Tal. Breitgewölbte Unterbaue auf dem gewachsenen Fels tragen die mächtigen Strebepfeiler, zwischen denen sich die Bögen spannen; ein fester Wehrgang um Nord- und Westwand der zur Vorburg ausgebauten Kirche.

Das spätgotische Gotteshaus nahe des Spreeübergangs stand an strategisch günstiger Stelle, als Ende August 1620 der sächsische Kurfürst Johann Georg I. (1611—1656) mit 15 000 Mann Soldtruppen in der Lausitz einrückte und vor Bautzen das Feldlager aufschlug.

Der Nikolaikirche hatte man den Dachstuhl abgebrochen und auf das dicke Gewölbe mit Flaschenzügen eilig ein paar leichte Kanonen gehievt, die die Schießbleiche mit einem eisernen Willkommensgruß bestreichen sollten. Bereits nach wenigen Tagen kurfürstlicher Belagerung brannten die Emporen, die Altäre, das Kirchengestühl, brachen Teile des Mauerwerks, ächzte reißend das überbelastete Gewölbe unter der unheiligen Last. Als der neue Landesvater nach vier Wochen siegreich im noch brennenden Bautzen gestrengen Einzug hielt, war die Nikolaikirche bereits eine halbe Ruine. Der große Stadtbrand von 1634 besiegelte endgültig ihr Schicksal.

Oben in der nahen Altstadt gehen die ersten Lichter an. Wir wenden uns wieder stadtwärts. Es gibt nicht mehr viele Städte in unserem Land, wo der mittelalterliche Verteidigungswille so deutlich wird wie hier. Bestand die Geschichte wirklich aus so viel Furcht und Schutzbedürfnis? „Es ist ein anziehendes Schauspiel", schreibt der Dichter des „Wallenstein" in seiner Studie über die „Merkwürdige Belagerung von Antwerpen in den Jahren 1584 und 1585", „den menschlichen Erfindungsgeist mit einem mächtigen Element im Kampf zu erblicken und Schwierigkeiten, welche gemeinen Fähigkeiten unübersteiglich sind, durch Klugheit und Entschlossenheit und einen standhaften Willen besiegt zu sehen." Erklärt sich hier unser Interesse an Türmen und Mauern, an alten Wehrarchitekturen?

8 Bautzens Ortenburg mit Matthiasturm.

Man spähe einmal durch das schmale, zur Verteidigung ins dicke Mauerwerk gebrochene Fensterchen in der Wachstube des mächtigen Rundturmes auf die tief gelegene Vorstadt und stelle sich das Schaustück eines Feldlagers auf der anderen Seite vor; man luge durch eine der erhalten gebliebenen vergitterten Schießscharten der Stadtmauer über die Dächer hinweg zur Bogenbrücke, wandle außen um die aufragenden, für die Jahrhunderte gebauten Stadtmauern, vorbei an der Fronfeste, der Mühlbastei, lehne sich dann an die kühlen Bruchsteinmauern des schmalen Wehrgangs der Nikolaikirche und spüre der eigenen Neugier für all das mit Blick nach innen einmal nach. Man schließe nur für einen Augenblick

die Augen, um in festem Steinwerk demonstrierten Widerstandsgeist nun schon fast körperlich zu begreifen. Es ist der Wille zu bestehen, sicher und geborgen.

Es hat nicht immer genützt. Ein Stich von Merian d. Ä. zeigt die Katastrophe von 1620 nach der sächsischen „Begrüßungs"-Kanonade. Hoch über der Stadt liegt wie ein Lindwurm eine riesige Rauchwolke. Feuerschlangen züngeln in seinem brandroten, schwarzquellenden Bauch; im Vordergrund knien gnadeflehend vor dem Kurfürsten ein paar Bürger. Von 1500 Gebäuden der Innenstadt blieb kaum jedes zehnte vom großen Brand verschont; über 500 Menschen fanden den Tod, verbrannt, erschlagen, verschüttet. Vier Wochen dauerte die Tortur, die Stadt hatte keine Chance. Ihr Mauerring gürtete  einen brennenden, allmählich ausglühenden Leib. Wie das war, läßt sich vergleichsweise bei Grimmelshausen nachlesen. Zum Lohn für geleistete Dienste wird dem protestantischen Kurfürsten Johann Georg I. vom katholischen Kaiser Ferdinand I. im Juni 1623 das Hoheitsrecht über die Lausitz als Ersatz der aus dem böhmischen Unterwerfungsfeldzug entstandenen Kosten eingeräumt. Das Schreckensdrama des Dreißigjährigen Krieges nimmt seinen Lauf. Im Oktober 1633 besetzen die Kaiserlichen unter Wallenstein, befehligt von einem Oberst von der Goltz, die Stadt, der im Mai des folgenden Kriegsjahres, als er die Festung nicht mehr halten kann, die Brunnen zuschütten und die Häuser anzünden läßt. In der Sage vom feurigen Hund von Budissin blieb die Erinnerung an den Kroaten lebendig.

Was für eine Stadt, wo alles zur Verteidigung eingerichtet scheint! Fünfzig Meter hoch über die Spree ragt die Alte Wasserkunst, zuständig für die Wasserversorgung der Stadt und in sich selbst bereits eine Miniaturburg, deren Dachhelm eigens für ein Geschütz seitlich versetzt wurde. Der siebengeschossige Turm über dem Wehrgang schützte seit 1558 im Verein mit der rückwärts gelegenen Michaeliskirche den Spreeübergang am Scharfenberg.

Wer sich aufmerksam auf dem Nikolaifriedhof umsieht, wird etwas seitlich, zur Ortenburg hin, bei den Gräbern als halbrunde Bastei den einstigen Pulverturm entdecken, der 1634 abbrannte, später wieder aufgebaut und 1776 endgültig abgetragen wurde. Man fand damals eine alte Denkschrift im Turmkopf:

„Da fast die ganze Welt in diesem Krieges Jahre
Hielt Pulver, Krauth und Loth für ihre beste Waare,
Ward dieser Thurm erbaut zu einem Pulverhaus,
Gott gebe, daß viel drinn und wenig komme raus."

9 Schlacht und Übergabe einer Stadt. Illustrationsfeld aus der Ehrenpforte, ein aus 192 Holzstöcken zusammengesetztes Holzschnittwerk Albrecht Dürers für Kaiser Maximilian (1519).
10 Renaissancegiebel der 1483–1486 umgebauten, im Dreißigjährigen Krieg stark zerstörten Ortenburg.
11 „Alte Wasserkunst" mit Wehrgang im rechteckigen Untergeschoß und Schöpfwerk zur Wasserversorgung.

Eine Residenz für Karl IV.

Tangermünde

V„... altin suchte nach einem Trosteswort, und sie schritten, als er sie wieder beruhigt, über einen wüsten Grasplatz, auf einen aufgemauerten und halbausgetrockneten Graben zu, der den großen, äußeren Burghof von dem kleinen, inneren trennte. Eine schmale Zugbrücke führte hinüber, und sie passierten sie. Drinnen war alles still: Der Efeu wuchs hoch am Gemäuer auf, und in der Mitte stand ein alter Nußbaum, dessen weites Geäst den halben Hofraum überdachte. Und um den ausgehöhlten Stamm her war eine Bank. Grete wollte sich setzen; Valtin aber nahm ihre Hand und sagte: ‚Nicht hier, Grete; es ist zu stickig hier.' Und damit gingen sie weiter, bis an den Fuß eines steilen, in die Rasenbettung eingeschnittenen Treppchens, das oben auf einen breiten, von zwei Türmen flankierten Wallgang mündete. Zwischen diesen Türmen aber lief eine dicke, niedrige Feldsteinmauer, die nur um ein paar Fuß höher war als der Wallgang selbst. Und auf diese Mauer setzten sie sich und sahen in die Landschaft hinaus. Zu Füßen hatten sie den breiten Strom und die schmale Tanger, die spitzwinklig in den Strom einmündete, drüben aber, am anderen Ufer, dehnten sich die Wiesen, und dahinter lag ein Schattenstrich, aus dessen Lichtungen hier und dort eine vom Abendrot übergoldete Kirchturmspitze hervorblickte..."

Es könnte heute sein, wiewohl Theodor Fontane die unheilschwangere Zeit kurz vor dem Dreißigjährigen Krieg im Sinn hatte. Er war mit seinem Freund Wilhelm Lübke, dem kunstverständigen Begleiter auf seiner Wanderung durch die Mark, im Herbst 1859 von Stendal her nach Tangermünde gekommen, durch das altertümliche Doppelturmtor, und sie hatten beide lange in der mittelalterlichen Kirche des heiligen Stephan verweilt, die noch immer deutliche Spuren des Brandes vom 13. September 1617 zeigte. Noch immer wurde auch an jedem 13. September eine Brandpredigt zur bleibenden Erinnerung an das Unheil gehalten, als dessen verwerfliche Urheberin nach wie vor die „gottlose Hure" und „Teufelin" Margarete Minde galt. Fast zwanzig Jahre später, im Frühjahr des Jahres 1878, erinnerte sich Theodor Fontane des alten Stoffes und unternahm von Wernigerode aus „eine Parforcétour ..., um in Tangermünde Kirche, Burg und Rathaus anzusehen". Erschien dem Besucher der Kirchplatz allzu „nüchtern, leer und langweilig", so war er doch von dem eigentümlichen Zauber der Altstadt mit dem spätgotischen Rathaus aus der Tangermünder Hanse-Zeit sehr angetan. Fontane zeichnete im Grundriß auch die Burg, erwähnte eine im rechten Winkel zur Elbe hin verlaufende Mauer als „scharfe Ecke" und vermerkte im Selbstgespräch: „Ich darf von der Vorburg so gut wie gar nicht sprechen. Es muß alles auf der eigentlichen Burg spielen." Hier fand der Sekretär der Berliner Akademie der Künste, der sich nach langer innerer Auseinandersetzung endlich dazu durchgerungen hatte, nun doch ein freier Schriftsteller zu werden, wie im Ausatmen seiner eigenen Beklommenheit den befreienden Blick in die Weite altmärkischer Landschaft, den erhebendsten weit und breit über die Elbe bis zu den Spitzen

1 Die Zweitresidenz Karls IV. an der Elbe: Tangermünde.

der altehrwürdigen Kirche von Jerichow. Es ist der schönste Blick noch heute.

Hier haben sie alle gestanden, die ein Auge für den Charakter einer Landschaft hatten. Ihnen erschloß sich die herbe Schönheit dieser Gegend, weil ihre Sinne für die verhaltenen Reize der Altmark empfänglich waren. Erstaunlich, wie genau sich vor hundert Jahren der mär-

kische Wanderer umgesehen hatte und die Bausubstanz der Burg auch zu deuten wußte. Der Zugang erfolgt noch immer von der Stadtseite her durch das Tor aus dem 15. Jahrhundert, einen quadratischen Kasten, einst überdacht. Die Balkenlöcher deuten eine Holzdecke zum Obergeschoß an. Über dem Torbogen der brandenburgische Adler des einstigen Hausherrn. Links neben dem Torbau ein schützender Rundturm mit Zinnen-

2

kranz und Kegeldach, Erinnerung an den Kaiserbesuch, wie eine verwitterte Inschrift auf der Rückseite
noch immer mitzuteilen weiß. Wir stehen nun bereits im
Hof eines Privatgrundstückes, das es zu Fontanes Zeiten
hier noch nicht gab, als er der alten Backsteinmauer zum
Kapitelsturm hin nachschritt. „Zwischen diesen Türmen
aber lief eine dicke, niedrige Feldsteinmauer ...“ Nein,
das war hier nicht, das muß auf der gegenüberliegenden
Seite sein. Hier ist die Mauer noch fast zehn Meter hoch,
massiv und fest, mit Balkenlöchern für den hölzernen
Wehrgang. Ein alter Weinstock krallt sich ins Gemäuer.
Wir streben dem dicken Bergfried der spätgotischen
Burg Karls IV. zu, später Kapitelsturm genannt, als er
das Getreide des Berliner Domkapitels aufnahm. Auch
hier kein Zutritt, die hölzernen Türen fest verriegelt und
verrammelt. Das Dach — Mönch und Nonne in windum-
brauster Eintracht beieinander — zeigt Sturmschäden.
Wahrscheinlich sind die oberen Geschosse morsch und
brüchig. Schade, der Ausblick in fast fünfzig Meter
Höhe muß einzigartig sein. Uns führt der Weg zu jener
Stelle, wo Valtin seine Grete drückte. Der schönste Ort
noch immer, um Burg und Stadt gleichermaßen im Blick
zu haben. Mit dieser schweigend-kargen norddeutschen
Landschaft als Kulisse. Was mochte den welterfahrenen,
vielgereisten Kaiser Karl IV. im fortgeschrittenen Alter
aus dem freundlich-heiteren Böhmen nur hierher gezogen haben? Welches Schicksal hatte der eher wägende
denn wagende Herr des römisch-deutschen Kaiserreiches ausgerechnet dem alten Nest der Askanier zuge-
dacht, als er ihm 1373 gänzlich unerwartet den Glanz
einer zweiten Residenz verlieh?
Als Karl, ein sechzehnjähriger Prinz, 43 Jahre zuvor im
kalten Kastell der lombardischen Stadt Brescia der häßlichen Herzogin Margarete Maultasch begegnete, seiner
Schwägerin, da zeigten die kühlen braunen Augen im
ernsten Gesicht des älteren Sohnes König Johanns bereits Wissen und Welterfahrung. Lion Feuchtwanger
zeichnete in seinem berühmten Roman mit wenigen großen Strichen ein dramatisches Bild vor dem glänzenden
Hintergrund der ebenso triumphalen wie kurzen Herrschaft Johanns von Böhmen in Ober-Italien. Der Sohn
Kaiser Heinrichs VII. hatte gerade seinen jüngeren Sohn
Johann Heinrich mit jener Maultasch mit dem sich
äffisch vorwulstenden Mund, Tochter des Herzogs von

3

Kärnten und Tirol, verlobt, die den plump-rohen Königs-
sproß dann 1341 schimpflich aus seiner angeheirateten
Herrschaft Tirol vertrieb. Noch aber wurden die vene-
zianischen Gläser voll feurigen Römerweines auf die
glückliche Verbindung der beiden Häuser geleert.
Karl kam nach Brescia geradewegs aus Paris vom Hof
seines Paten Karl IV. von Frankreich, wohin ihn, den damals Siebenjährigen, sein Vater geschickt hatte. In Paris
war man auf der Höhe der Zeit, gebildet und musen-
freundlich, die Universität noch eine Hochburg der
Scholastik, der hochgeborene Studiosus Karl ihr lernwil-
liger Schüler. Den Vierzehnjährigen befahl der aus seinen bravourösen Ritterspielen von den rebellierenden
Italienern aufgescheuchte Johann an den schon verlore-
nen Hof seines ebenso schnell gewonnenen wie verlore-
nen lombardischen Reiches. Karl bezahlte seinen ersten

2 Am gotischen Spitzbogen des elbwärts gelegenen Elbtores noch
  die eisernen Torangeln; Tangermünde zählt zu den wenigen
  norddeutschen Städten, deren mittelalterliche Stadtmauer nahezu erhalten ist.
3 Der Adler über dem aus dem 15. Jh. stammenden Tor zur Burg
  Tangermünde verweist auf die Herrschaft des Kurfürsten von
  Brandenburg, seitlich davon ein massiver Rundturm von 1480 zur
  Sicherung der mächtigen Durchfahrt.

großen politischen Auftrag der Befriedigung beinahe mit dem Leben und entkam mit Mühe.

Um eine wichtige Erfahrung reicher, traf er 1335 in Prag ein. „Dies Königreich fanden wir so verwahrlost, daß wir nicht eine einzige Burg antrafen, die nicht mit allen Krongütern verpfändet gewesen wäre, so daß wir nirgends anders als in den Häusern der Städte wohnen konnte wie jeder andere Bürger." So sein Bericht. Karl räumte gründlich auf, schuf Ordnung, drängte die Magnaten zurück. Der mißtrauische Vater holte den allzu Erfolgreichen wieder nach Frankreich, was sich später auszahlen sollte.

Erneuter Wechsel des Schauplatzes; die Hauptkontrahenten treten auf, auch sie wohl vorbereitet. Denn just

1326 hatte Ludwig der Bayer aus dem Hause Wittelsbach — nach langem Thronstreit mit den Habsburgern erst ab 1328 auch in Rom gekrönter Kaiser — die mit dem Aussterben der brandenburgischen Askanier (1321) heimgefallene Mark Brandenburg samt der damit verbundenen Kurwürde seinem damals erst neunjährigen Sohne Ludwig übertragen, womit auch für Tangermünde die kurze Zeit bayrischer Herrschaft anbrach. Der Markgraf ließ sich in der Burg Tangermünde nur selten blicken, seine Ritter fühlten sich hier ohnehin nicht wohl und stießen auf allseitigen Widerstand der immer noch starken askanischen Partei.

Zunächst aber das Zwischenspiel: 1342 verlobte Thüringens Landgraf Friedrich der Ernsthafte seine noch keineswegs heiratsfähige Tochter Elisabeth mit dem Burggrafen Friedrich V. von Nürnberg; die Hochzeit fand erst 1350 statt; dieser Ehe entsproß der erste brandenburgische Kurfürst Friedrich I. aus dem Hohenzollern-Geschlecht. Ebenfalls im Jahre 1342 geschah es, daß Kaiser Ludwig mit seinem Sohn Ludwig von Brandenburg in Tirol erschien, die Ehe der Maultasch mit Karls jüngerem Bruder kraft seiner kaiserlichen Machtfülle für null und nichtig erklärte und ihr statt dessen den inzwischen verwitweten Markgrafen ins kalte Bett legte, womit faktisch die häßliche Herzogin von Tirol auch die zeitweilige Landesmutter der Tangermünder wurde.

Der alte Streit zwischen Kaiser und Papst über die Reichsrechte in Italien hatte nun eine neue Reibfläche zur diesmal entscheidenden Machtprobe. Der Wittelsbacher hatte die Kurfürsten mit seiner allzu einseitigen Hausmachtpolitik verärgert, die Zeit seiner Entmachtung war gekommen. Unser Held, Karl von Böhmen, hat an der Seite des Papstes Clemens VI. seinen großen Auftritt. Am 13. April 1346 erfolgte die feierliche Verfluchung des Kaisers, wenige Tage später die Wahl des seit 1343 das böhmische Königreich bereits faktisch verwaltenden Karl zum deutschen König. Feuchtwanger: „Er war nicht wie sein Vater, der Blinde, der Ritter. Er wird nicht glänzen, alles, wie er es an sich gerafft, verstreuen. Er wird haben, halten, besitzen. Er war aber auch nicht wie der Bayer, der Langsame, Pedantische, Bürgerliche. Burg und Stadt, das war es, Militär und Verwaltung. Nicht Territorien allein erraffen, was ist das groß? Sie beackern, sie durchkneten. Kirche, Kunst, Wissenschaft, Stadtbau. Sammeln, häufen, pflegen. Alles sammeln und pflegen: Länder, Städte, Titel, Schlösser, Gelehrte, Reliquien, Kunstdinge."

Der Königstuhl bei Rhens am Rhein, den Karl IV. 1376 errichten ließ, erinnert an den politischen Kuhhandel dreißig Jahre zuvor. Karl mußte damals — bei aller päpstlichen Freundschaft — auf die kaiserlichen Rechte in Italien verzichten und das feierliche Versprechen ablegen, Rom erst am Tage seiner Kaiserkrönung zu betreten und es gleichen Tags wieder zu verlassen. Der Realpolitiker verteidigte nicht, was längst verloren war. Er anerkannte die Macht der Kurfürsten und die Einflußsphäre des Papstes, er wollte nicht nur dem Namen nach herrschen, sondern in seinem Machtbereich tatsächlich auch

regieren. Es ließ ihn kalt, daß man ihn wegen seines Handelsgeistes den Krämerkönig nannte und sich über die Art seiner Königswahl mokierte. Aus der Vernichtungsschlacht bei Crécy verwundet heimkehrend, wo der blinde Heldenvater von den englischen Bogenschützen zusammengeschossen worden war, empfing er im November die Krone in Bonn, da ihm die rechtmäßige Krönungsstadt Aachen die Tore verschloß. Von den weltlichen Kurfürsten nahm nur Rudolf von Sachsen teil, die anderen warteten auf den Gegenzug des Kaisers. Der aber starb unerwartet im Oktober 1347 auf einer Bärenjagd bei München. Karl IV. handelte rasch und entschlossen. Im Herbst 1348 traf er sich mit dem Landgrafen Friedrich von Thüringen in Bautzen und erkaufte sich dessen Anerkennung durch 4000 Schock Prager Pfennige. Das erschien dem Thüringer Herrscher sicherer als die ihm von der wittelsbachischen Partei angebotene deutsche Königskrone, die sich dafür in einfältiger Verkennung der politischen Lage der zwar persönlich tapfere, aber recht einflußlose Graf Günther XXI. von Schwarzburg (wir lernten ihn bereits im Kapitel Burg Greifenstein kennen) am 30. Januar 1349 auf dem Galgenfelde zu Frankfurt am Main aufsetzen ließ. Karl hätte kämpfen können; er handelte lieber politisch und heiratete kurzentschlossen am 14. März die Tochter des Pfalzgrafen Rudolph II., der bis dato wichtigster Verbündeter des Wittelsbacher Gegenkönigs war, und gewann auch am 26. Mai den Kaisersohn Ludwig gegen Anerkennung seiner markgräflichen Stellung in Brandenburg und mit dem Versprechen, in Avignon auf die Gültigkeitserklärung seiner Ehe mit Margarete Maultasch und die Aufhebung des Kirchenbanns hinzuwirken. Wir erwähnten schon, daß noch am selben Tag der vor Eltweil im Mainzischen liegende Schwarzburger, von Karls sich zurückhaltender Heermacht umgeben, gegen die Abfindungssumme von 20000 Mark Silbers für die gehabten Unkosten sein kurzzeitiges Königstum aufgab. Nun, da sich das explosive Jahrhundert scheitelte, stand Karl IV. unangefochten auf der Bühne seiner Zeit. Die Wittelsbacher rückten die Königsinsignien heraus, in Aachen fand nun die rechtmäßige Krönung mit

4 Blick auf Tangermünde über die Elbe mit Stephanskirche und Burg (rechts).

den rechtmäßigen Reichskleinodien statt. Dann führte er „die süßen, werten Dinge in feierlichem Zug nach Prag in seine Schatzkammer. Die heilige Lanze war darunter, auch ein Nagel von der Kreuzigung, sowie ein Arm der heiligen Anna. Vor allem aber das altertümliche Zepter, der Reichsapfel von hellem, blassem Gold, die zackige Krone, das Schwert, das Karl dem Großen durch einen Engel gegen die Heiden geschickt worden war". Unter den Reichskleinodien war die im 10. Jahrhundert aus Gold, Edelsteinen, Perlen und Zellenschmelz angefertigte Kaiserkrone neben Reichsapfel und Schwert das wichtigste Machtsymbol, bislang stets in kaiserlichen Burgen gehütet. Nun hatte er sie selbst in das Schatzgewölbe seiner Prager Burg auf dem Hradschin gebracht, die — unter seiner Anleitung umgebaut und erweitert — zum Zentrum des Heiligen Römischen Reiches wurde.

Der königliche Bauherr, der sich so gut auf den Umgang mit Geld verstand, Handel und Gewerbe beförderte, dieser „gelehrte Ritter des Geistes", der mit Wissenschaft und Kunst seiner Zeit wie kein anderer befreundet war, der fließend deutsch, tschechisch, französisch, lateinisch und italienisch sprach, den fähigsten Meister der spätgotischen Baukunst, Peter Parler aus Schwäbisch-Gmünd, zum Architekten seiner Metropole Prag machte, dieser auch in anderen Zentren seines mächtigen Reiches für die Jahrhunderte bauende Herrscher, der sich um den Palast Karls des Großen in Ingelheim ebenso kümmerte wie um die alte Burg in Nürnberg, diese vielseitige und ungewöhnliche Persönlichkeit wurde zum geistigen Anreger seines Zeitalters, dessen umgestalterische Pläne selbst das ferne, in der Altmark vor sich hindämmernde Tangermünde ein Vierteljahrhundert später erfassen sollte.

Zunächst aber veranlaßte er (1348) den Bau seiner Repräsentationsburg Karlštejn, nur 34 Kilometer von Prag entfernt, und ließ auch den festungsartigen Hauptturm errichten als steinerne Schatztruhe für die Reichskleinodien und böhmischen Königsinsignien. Der berühmte Meister Theodoricus schmückte die Hl. Kreuzkapelle mit Tafelbildern von Heiligen, Königen und Päpsten. Noch heute schimmern ihre Wände im Glanz polierter, in vergoldeten Putz eingesetzter Halbedelsteine, vergoldet auch das den Raum teilende Gitter, golden das Gewölbe mit dem Himmelsfirmament, der Raum gesichert von vier Türen mit neun Schlössern und einem ganzen Bauensemble von Befestigungswerken rundum. Wer sich das prachtvolle Leben in der Kaiserburg Tangermünde besser vorstellen will, sollte sich auf Burg Karlštejn ein wenig umsehen. Im abgetrennten Teil der Kapelle, nur für die hohe Geistlichkeit und den Kaiser betretbar, waren die Kleinodien in einer Nische hinter dem Altar verwahrt. „Da lagen sie nun unter den bleichen Knochen der Märtyrer, unter Juwelen, kostbaren Büchern und Bildern, unter Akten und Verträgen, unter heiligen Spießen, Dornen von Christi Krone, Splittern von Christi Kreuz. Der hagere König stand davor, lächelte mit schmalen Lippen, streichelte mit der mageren, knochigen Hand die Zinken der Krone, die merkwürdigen Kanten des unregelmäßigen, keineswegs runden Reichsapfels, das stumpfe, rostige Schwert des großen Karl, des Ersten seines Namens." Es war nun auch die Zeit gekommen, an das Land im Norden zu denken, das zwischen ihm und der mächtigen Hanse lag.

Die Erwerbung der Mark Brandenburg 1373 vom Wittelsbacher Markgrafen Otto für die Riesensumme von 500000 Gulden und oberpfälzische Besitzungen nach hartnäckiger diplomatischer Vorarbeit deutet auf die Rolle in den politischen Plänen Karls IV. hin, die dieser so teure Besitz spielen sollte. Am 7. September 1373 erlebte die Altmark das sensationelle Schauspiel, den Kaiser des Heiligen Römischen Reiches Deutscher Nation, der von Berlin kam, in die Burg Tangermünde mit stattlichem Gefolge einreiten zu sehen. Seit 1034, da Konrad II. die Burg Werben neu befestigen ließ, war das der erste Kaiserbesuch in diesem Land. Hier in Tangermünde, der ersten Stadt in seinem Gebiet nach der böhmischen Grenze elbabwärts, sollte die zweite Residenz seines gewachsenen Reiches entstehen. Nun schwuren die Bürgermeister und Ratsherren, gemeinen Bürger und Bauern erst einmal „dem kunige, sinen brudern und irr allir erben, als markgrafen zu brandenburg, getrewe, gewer, gehorsam und undirtenik zu sein". Da die vorhandenen Räume der alten Askanierburg für die neuen, modernen Bedürfnisse eines Politikers von Weltformat nicht ausreichten, begann schon im September eine rege Bautätigkeit. Es entstand die gewaltige Futtermauer am Elbufer, die bis heute den Burgberg stützt. Der vermutlich aus frühester Zeit stammende Bergfried, der schon Albrecht dem Bären, dem ersten, 1134 in das sorbische Grenzland kommenden Askanier Schutz gewährte, wurde abgetragen und an seiner Stelle der heutige Kapitelsturm errichtet, die starke Ringmauer hochgezogen und im inneren Burghof ein stattlicher Palas an der Elbseite nebst den dazugehörigen Wirtschaftsbauten errichtet. Die Merian-Ansicht von 1630 gibt eine anschauliche Vorstellung von der großzügigen Anlage. Die höher gelegene Hauptburg, noch heute erkennbar, war zum Vorgelände durch einen (später zugeschütteten) Graben und eine Feldsteinmauer besonders gesichert. Die Fundamente des inneren Torturms hinter der Zugbrücke stecken noch immer tief im Erdreich.

Bei Grabungen wurden 1888 in einer Art Flügelbau zum kaiserlichen Wohnschloß auch eine romanische Säule mit Würfelkapitell und verschiedene Profilsteine als Reste der „allerschönsten dermalen in gantz Teutschland genennten" Schloßkapelle, wie es in einer alten Chronik

---

5 Die Kanzlei, das ursprüngliche Tanzhaus der Burg, später die Schreiberei, ist das einzige erhaltene, noch aus dem 14. Jh. stammende Gebäude. Der das Tor sichernde Rundturm diente als Verlies.

heißt, gefunden. Offensichtlich auf die Grundmauern der alten Askanierburg gesetzt, umfaßte die kleine Kapelle vermutlich einen Grundriß von 8,50 mal 9,80 Metern, was auf den ausschließlich privaten Charakter des Baus hinweist. „Eine etwa 2,50 Meter breite Treppe von fünf Stufen", so ein detaillierter Untersuchungsbericht von 1916, „kennzeichnet den Haupteingang. Zwischen der Kapelle und dem heutigen Amtsgericht (heute Kinderkrankenhaus — d. V.) befand sich ein gewölbter Gang von 1,80 Meter Breite, der mit einem Kellerraum in Verbindung stand und in seinem weiteren westlichen Verlauf auf eine Treppe führt, die in einen Gang mündet. Derselbe konnte wegen starker Zerstörung nicht weiterverfolgt werden. Die bei der Ausgrabung gemachten Funde an roten Fliesen, geschliffenen böhmischen Edelsteinen, weißem Marmor, verschiedenartigen Gläsern sowie vergoldetem Gips weisen auf die innere musivische Wandbekleidung des eigentlichen Kapellenraums hin, eine Innenausstattung, die einzelne von Karl IV. im Prager Dom und auf der Burg Karlštejn errichtete Kapellen noch heute zeigen."

Das im Inventarverzeichnis von 1652 — nach der Zerstörung der Burg durch die Schweden — genannte Gitter dürfte wie jenes in der Kapelle der Burg Karlštejn den Raum mit den kostbaren Reliquien abgetrennt haben — als da waren: ein Tropfen vom Blute Christi, eingeschlossen in einem fingerlangen Kristall; ein Holzsplitter vom Kreuze Christi in einem mit Edelsteinen besetzten Holzkreuz; ein Stück von der Hirnschale Johannes' des Täufers, eingelassen in einen goldenen Kopf auf einer mit Edelsteinen besetzten goldenen Schüssel; ein Stück vom Mantel des Evangelisten Johannes, den er trug, als er das Gift trank; das Herz des heiligen Georgs in einem silbernen Schaugefäß. Das Sammeln dieser und anderer Kuriosa wurde von Karl durchaus ernst genommen. Der Prager Domschatz macht die kaiserliche Sammelleidenschaft bis heute anschaulich. Der sonst so sparsame Karl

6

6 Der Kapitelturm an der Ostecke der Burg im Verband mit der Ringmauer verweist auf die Herrschaftszeit Karls IV., wo er als Bergfried diente.
7 Ältester Teil Tangermündes ist die Burg, die stadtwärts von einem breiten, noch erkennbaren Graben umgeben war. Burgtor mit Schießscharten und Verliesturm.

scheute weder Mittel noch Kosten, auch seiner Residenz Tangermünde das Aussehen einer kulturell bedeutenden Stätte zu verleihen, und begründete 1376 hier auch ein Augustiner-Chorherren-Stift, dem die St. Stephanskirche zugewiesen wurde.

Eine schlichte, maßvolle Gotik in altmärkischer Ziegelbaukunst bestimmte die türmereiche Silhouette von Stadt und Burg. In Sichtweite der städtischen Backsteintürme und Backsteinmauern entstand eine zwar bescheidene, aber durch viele Amtshandlungen ins politisch Bedeutsame gehobene Residenz, würdig für den hohen Gast aus dem Süden, der den bequemen Wasserweg hierher wohl zu schätzen wußte. „In dem Jahre 1374 zu Tangermünde saß der Kaiser auf dem Markte in seiner Majestät und belehnte da den Markgrafen Bruder von Meißen, welcher Bischof zu Bamberg war gewesen, mit dem Fahnlehn und den Regalien des Bischofthums zu Mainz", heißt es in der Magdeburger Schöppenchronik. Es handelt sich hierbei um Erzbischof Ludwig von Mainz, einen besonderen Freund Karls IV., der sich beim Papst für dieses höchste geistliche Amt verwendet hatte. Ein solcher Staatsakt wurde mit großem Pomp und Zeremoniell tagelang begangen. Wie wir uns eine solche Erteilung des Fahnenlehens vorzustellen haben, zeigt eine zeitgenössische Darstellung der Belehnung des Burggrafen Friedrich VI. von Nürnberg mit der Mark Brandenburg und der Kurwürde 1417 durch den Sohn Karls IV., Kaiser Sigismund, in der Chronik von Richenthals. Solche Belehnungen bildeten stets ein großes gesellschaftliches Ereignis, und das Schauspiel anno 1374 muß für die Tangermünder ungeheuer gewesen sein. Auf einem teppichbehangenen Gerüst thronte der Kaiser im Reichsornat, umgeben von Fürsten; Fanfarenbläser eröffneten das Fest. Ein „Rennhaufe" des zu belehnenden Vasallen galoppierte um das Gerüst, fähnchenschwingend. Die Boten des Vasallen sprengten heran, befreundete Fürsten, die dann auf den Stufen des Gerüstes kniend den Kaiser um die Erteilung des Lehens baten. Das wiederholte sich, bis schließlich unter Trompeten- und Paukengedröhn der zu belehnende Fürst selbst erschien und niederkniete. Nun reichte man dem Kaiser das Evangelienbuch, auf das der Vasall seine Treue schwor, bevor er das Reichsschwert küßte und nach der Fahne faßte, die weiter oben der Kaiser hielt.

Einzigartig aber war jener 29. Juni 1374, da in Tangermünde die feierliche Erbeinigung von Böhmen und Brandenburg vollzogen wurde. Kurfürsten und Erzbischöfe kamen mit ihrem Gefolge, Bischöfe und Herzöge, Grafen, Äbte, Pröpste und Stiftsherren, Ritter und Patrizier aus den Städten. Ein riesiges Lager war auf den Elbwiesen aufgeschlagen, eine bunte Zeltstadt mit Turnierbahnen und patrouillierenden Wachen. Auf der Elbe schaukelten die Privatjachten der großen Herren, der Kaiser residierte drüben im neuen Palast, in dessen großem Saal 23 Gemälde von Kaisern, Königen und Kurfürsten der klug zustande gebrachten Macht des Herrschers die geschichtliche Umrahmung verliehen; ein Dokument aus dem Jahre 1654 im einstigen Geheimen Staatsarchiv Berlin beschreibt die Kunstwerke detailliert. Die Bauleute hatten gut und schnell gearbeitet. Karl war zufrieden. Verwendet hatte man Backsteine von jener Art, wie sie, mit Ziegelstempel versehen, auch am 1370 begonnenen Chorbau der Kirche St. Stephan vorkommen. Die Burg, eine halbkreisförmige Anlage von etwa 150 Meter Länge und 115 Meter Breite, konnte im Notfall verteidigt werden, zeigte aber bereits den schloßähnlichen Charakter einer Residenz.

Von all dem blieb nur wenig erhalten. Die reichlich drei Meter hohen Kellergewölbe des heutigen Krankenhauses sind der einzige Rest des einst an dieser Stelle befindlichen Kaiserpalastes. Nur die sogenannte Kanzlei gegenüber auf der kleinen Hofseite, heute leerstehend, das einstige Tanzhaus, gibt eine letzte Vorstellung von der Baukunst jener Jahre. Hier stand schon vor der Kaiserzeit ein Haus, Teil der ursprünglichen Burg der Askanier. Mächtig die Kellergewölbe aus dem 14. Jahrhundert noch heute, Spuren von Malerei im Saal darüber und um die Jahrhundertwende als Fragment eines großen Jagdbildes gedeutet. Die einstige architektonische Schönheit des spätgotischen Baues ist selbst noch jetzt unter den verwitterten Altersrunzeln der Jahrhunderte erkennbar.

Im Oktober 1375 reiste der Kaiser von Tangermünde nach Lübeck zu Verhandlungen mit der Hanse. Er kam mit langgehegten Plänen in die mächtige Stadt, wollte den italienischen Handel vom Rhein weg über Böhmen auf die Elbe nach Norden lenken, mit Tangermünde als Umschlagplatz zwischen Prag und Ostsee. Am Tag nach

dem Fest der 11000 Jungfrauen zog Karl IV. mit der Kaiserin und dem befreundeten Erzbischof von Köln gefolgereich in das Backstein-Venedig des Nordens ein. Es war der erste Besuch eines Kaisers im nördlichen Deutschland. Der Chronist schwelgt in der Beschreibung des Ereignisses. Nachts brannten in allen Häusern die Lichter, in der Stadt war es „taghell", die Frauen hatten ihre schönste Kleidung angelegt, und der höchste Mann im Staate, diplomatisch-klug, redete die stolzen Bürgermeister der reichen und mächtigen Stadt vorzugsweise mit „Herren" an. Die „Herren" bewirteten ihren teuren Gast zehn Tage lang auf Kosten der Stadt, um den ungewöhnlichen „Handelspartner" trotz ihrer Ablehnung seiner Pläne dennoch bei guter Laune zu halten. Einen ähnlichen Zweck hatte dann dessen Besuch der fast ebenso reichen Stadt Magdeburg im Juni 1377. Auf dem Ball erschienen die Bürgersfrauen in so prachtvoller Kleidung, daß die Kaiserin den sich nicht mehr genug heraushebenden Hofdamen den Tanz nicht gestatten wollte. Karl, müde und alt, hatte andere Sorgen. Er suchte die Nachfolge zu sichern und Brandenburg der böhmischen Hausmacht zu erhalten. Böhmen und Sachsen sollten an seinen Sohn Wenzel fallen, den späteren Kaiser, die Mark Brandenburg an den zehnjährigen Sigismund, der sie dann an seine Vettern Jobst und Procop von Mähren verpfändete. Jobst war es auch, der 1403 die wertvollen Reliquien aus der Kaiserkapelle nach Böhmen entführte, wo sie dann im Trubel der Geschichte verschwanden. Das böhmische Kapitel der Geschichte Tangermündes war damit zu Ende.
Bereits am 11. November 1413 ritt der erste Hohenzoller als zunächst bestellter „rechter Oberster und Verweser der Mark" in die verschlafene Kaiserburg ein.

Wir waren von Rathenow her auf ständig elbwärts leicht abfallender Straße gekommen, bis zur erst 1933 über den Strom geschlagenen Brücke an uralter Sorben-Furt, und hatten, zwar seitlich verschoben, etwa jene überraschend in sich geschlossene Stadtansicht vor uns wie weiland Matthäus Merian. Das war gewiß einige Zeit nach dem grausamen Feuertod der Grete Minden 1619, wiewohl die Ansicht von 1630 eine schon wiederhergestellte Stadt zeigt, fast vier Jahre lang von kaiserlichen Truppen in dem schrecklichen Dreißigjährigen Krieg besetzt, die in

8

der noch recht gut erhaltenen Kaiserburg bequemes Quartier fanden. Bis am 2. Juli 1631 die Schweden unterhalb des Burgberges über die Elbe kamen und sich ihrerseits, für eine Woche, in der Burg festsetzten. Die bot damals noch alles, was man für ein anspruchsvolles Hauptquartier benötigte: Palas und Burgkapelle, Wirtschaftsbauten, Brauhaus, große Keller und Lagerräume,

8 Nach dem Erwerb der Mark Brandenburg 1373 durch Karl IV. (1346–1378) wurde die Burg Tangermünde vollständig umgebaut zur kaiserlichen Nebenresidenz. Eine Vorstellung vom Ausstattungsreichtum der mit zahlreichen Reliquien besonders ausgezeichneten Burgkapelle vermittelt noch heute die Katharinenkapelle auf der 1348 in der Nähe Prags durch Karl IV. gegründeten Burg Karlštejn (unsere Abbildung). Nach kurzer Belagerung ließen Schweden 1640 die Burg Tangermünde in Flammen aufgehen.

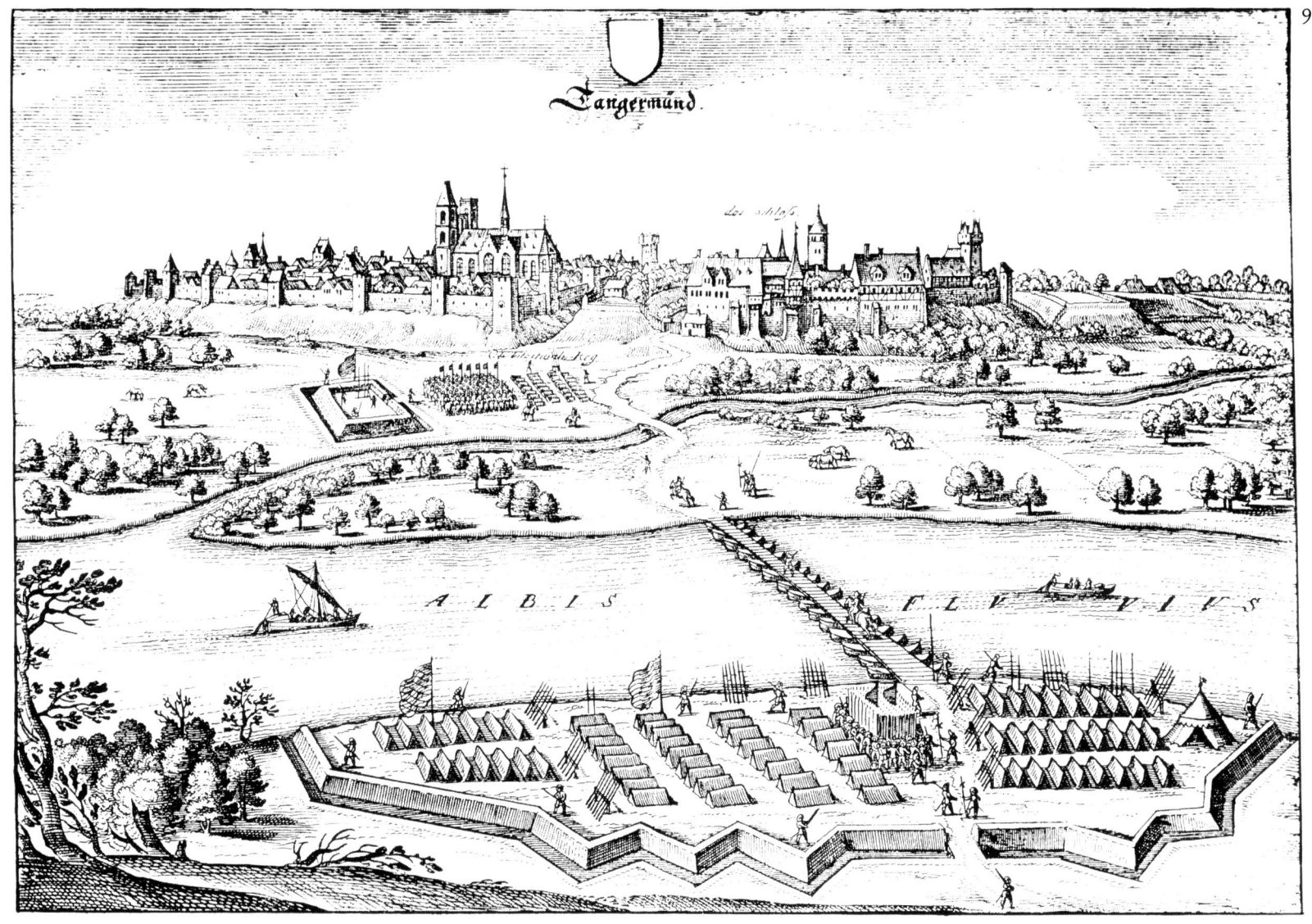

Brunnen und zwei Türme samt einer festen Mauer. Es waren die heißen Julitage, da weiter im Süden Tillys Kroaten Magdeburg ansteckten und plünderten. Am 21. Juli besetzte als Vorhut General Pappenheim die heimgesuchte Stadt Tangermünde, von wo aus er per Eilschreiben dem Kaiser von seinen Verdiensten bei der Eroberung Magdeburgs berichtete. Als er mit seinem Feldherrn Tilly nach Sachsen abzog, war die Burg bereits sichtlich von der wechselnden Einquartierung gezeichnet. Im weiteren Verlauf des Dreißigjährigen Krieges wurde sie als ständiges Kriegsquartier in wenigen Jahren aufgebraucht. Kurbrandenburgische Infanterie, Exekutionstruppen zur Eintreibung der ausbleibenden Abgaben aus dem verblutenden Land besetzten sie 1640, befestigten die Mauern, legten einige Häuser in der davor-

gelagerten Schloßfreiheit wegen des Schußfeldes nieder, verproviantierten und verbarrikadierten sich gegen die heranrückenden Schweden. Die machten keine großen Umstände und übermittelten ihre eiserne Botschaft per Feldartillerie. Nach vier Tagen, am 20. Dezember, übergaben die fünf Offiziere die Burg unter der Bedingung, daß nur die Mannschaft in die Kriegsgefangenschaft der Schweden komme. Diese, des Wechselspiels müde, warfen Feuer in die verwüsteten Gebäude, die wie eine Fakkel aufloderten und in sich zusammenstürzten. Ein Inventarverzeichnis von 1652 vermerkt als noch erhalten den viereckigen Kapitelsturm, das Brauhaus, den Hauptkeller unter des Kurfürsten Gemach, jedoch so baufällig, daß der Regen durchschlage, die Schreiberei, „darinnen itzo der Pförtner wohnet", eine Scheune, einen tiefen

möchte meinen, zwischen dem Geist der Revolution und dem des reaktionären Preußens. Doch so glatt und einfach trennt auch ein geschichtsträchtiger Fluß die geistigen Landschaften nicht. Der Preußen-Friedrich traf ein kleinliches Arrangement mit dem sich selbst ernannt habenden Franzosenkaiser, der die bisherigen Einkünfte aus der Stadt Tangermünde nun auf drei herrschaftliche Nutznießer verteilte: den leiblichen Bruder und „König Lustick" von Westfalen, den herzoglichen Marschall Augereau und — das rechte Elbufer betreffend — für den hilfsverpflichteten Amtsbruder Friedrich Wilhelm III. in Berlin.

Es hat seinen Grund, an diese Episode zu erinnern, in der sich die von den geschlagenen Franzosen 1813 in die alte Burgmauer gebrochenen Schießscharten wie die Knopflöcher in blütenweißer Professorenweste bürgerlich-chauvinistischer Geschichtsbetrachtung von preußischer Größe ausnehmen. Denn wir sind im Lande Bismarcks, der die Altmark als tausendjährige Keimzelle seines Wilhelminischen Kaiserreichs bezeichnete, wo jenes fruchtbare Samenkorn gepflanzt worden wäre, „aus dem der herrliche Bau des deutschen Reiches, dessen wir uns alle freuen, entsprossen ist". Die Askanierburg Tangermünde wurde also zum „Grundstein des brandenburgischen Staates" erklärt. Die gleiche Burg, die Wilhelm II. auf seinem demonstrativen Pilgergang zu der „Geburtsstätte" seines Blut- und Eisenreiches anno 1900 ein wenig herrichten ließ, bevor er sich höchstpersönlich von Berlin in die weit abgelegene Provinz zur Einweihung des noch heute im einstigen Burghof befindlichen Denkmals jenes Kaisers Karl IV. bemühte, der mit seiner weltmännischen Politik dem Ort wirklich historische Bedeutung verliehen hatte.

Brunnen und ein halbes Gitter aus der Kapelle, nun zu anderen Zwecken verarbeitet. Damit war — wiewohl um 1670 Kurfürst Friedrich II. das „Amtshaus" als Wohnung für seinen Domänenbeamten wiederherrichten ließ, — das Schicksal der Burg besiegelt.

Die Nachgeschichte richtete sich in den Trümmern einstiger Größe ein. Nach der für Preußen katastrophalen Schlacht bei Jena und Auerstedt flüchtete die preußische Königsfamilie vor Napoleon Mitte Oktober nach Tangermünde und fand — für ihre Lage recht angemessen — im engen Amtshaus eine Bleibe, bis eine Woche später Marschall Soult hier sein Hauptquartier aufschlug. Mit dem Wegfall Westfalens durch den Tilsiter Frieden wurde die Burg sogar noch einmal zur Grenzfeste. Man

9 Tangermünde. Die Abbildung aus dem „Theatrum europaeum" von Matthäus Merian (1662/72) zeigt die Burg Tangermünde (rechts oben) um 1630, erkennbar auch ein Gebäude mit großen Fenstern (Saal Karls IV.); der Bergfried Karls IV. an der Ostecke der Anlage (später Kapitelturm genannt) wurde in seinem obersten Geschoß 1903 nach der Merian-Ansicht wiederhergestellt.

10 Mit Erwerb der Mark Brandenburg 1373 durch Kaiser Karl IV. wurde die Burg Tangermünde für fünf Jahre zur kaiserlichen Nebenresidenz, woran das 1900 errichtete Denkmal im ehemaligen Burghof erinnert.

Ritterfehde mit Huckepack

Kriebstein

Die erste Begegnung mit Burg Kriebstein geschieht unvermittelt. Noch eben sagte uns ein pausbäckiger Knirps aus dem benachbarten Höfchen: „Immer geradeaus", da versinkt auch schon die Straße vor der Motorhaube, windet sich durch dichten Baumbestand, um sich dann auf Steinwurfnähe am Toreingang zu gabeln. Im Grund liegt das idyllische Dorf Kriebethal, wo im Jahre 1853 ein Stück Geschichte der Papierfertigung geschrieben wurde.

Es lohnt, der Einladung ins liebliche Tal zu folgen. Von dort hat man den schönsten Blick auf das Burgmassiv. Unter dem schmalen Brückensteg braust die Zschopau wild dahin. Im Verlaufe der Jahrhunderte hat das Wasser einen bis zu siebzig Meter tiefen Einschnitt herausgescheuert, und noch in den zwanziger Jahren des vergangenen Jahrhunderts beherrschten vor allem im Frühjahr kunstvoll gebaute Flöße aus frischgeschlagenen Stämmen die Wasserstraße.

In Engelhardts „Erdbeschreibung von Sachsen" (1808) liest sich das so: „Reißend strömt dort das Wasser vom Wehre nach dem Brückenpfeiler und von da wieder gegen die Felsen mit solchem Getöse, daß die Flößer kaum des Meisters Stimme vernehmen können. Schon so manches Floß und Bollwerk stürzte hier um oder zerriß, so mancher Flößer verunglückte."

Die Zschopau ist in unseren Tagen nicht minder kräftig, doch sie hat nur noch Gelegenheit, sich an Papierfabriken und an der 26 Meter hohen Staumauer der in ein Landschaftsschutzgebiet gebetteten Talsperre Kriebstein auszutoben. Wenn auch die Lachse in dem Wasserraum selten geworden sind, so sind doch hier Karpfen, Hechte und Forellen, auch Steinbeißer, Rotaugen und Gründlinge zu finden.

Schroff türmt sich der Fels auf. Auf ihm, wie in der Sage, ein klotziges Bauwerk. Wilhelm Hauffs „Lichtenstein" könnte das sein: „Wie das Nest des Vogels, auf die höchsten Wipfel einer Eiche oder auf die kühnen Zinnen eines Turmes gebaut, hing das Schlößchen auf dem Felsen." Hart stehen die kantigen Linien der Turmburg gegen den hellen Himmel, künden vom Selbstbewußtsein der Bauherren. Käme jemand auf die Idee, einen Wettbewerb um die schönste Burg auszuschreiben, Kriebstein wäre als eine der besterhaltenen und stimmungsvollsten Wehr- und Wohnburgen der DDR gewiß an erster Stelle zu nennen. Kenner rühmen die reich gestaffelten vertikalen Elemente der Turmburg neben Burg Karlštejn (ČSFR) oder Burg Trifels (BRD).

Wie sich der Blick verändert: Schönheit hatten die Erbauer wohl kaum im Sinn. Die Wettiner Hausmacht verfolgte strategische Absichten. Man wollte der zentralen Gewalt immer mehr an Macht und Territorium abtrotzen. Da das Waffen- und Diplomatenglück den Wettinern tatsächlich gewogen schien, waren sie auch immer dann erfolgreich mit von der Partie, wenn es etwas zu erben gab. Schon im Investiturstreit (1122 durch das Wormser Konkordat beendet) konnten die Sachsen mit Erfolg gegen die Kaiserkrone Politik machen, und durch Konrad den Großen (1098–1157) gelangten die Wettiner gar in den dauernden Besitz der Markgrafschaft Meißen sowie der angrenzenden Lausitz. Nach dem

Tode des Landgrafen Heinrich Raspe (1247) schließlich kam auch noch das östliche Thüringen unter die sächsische Oberhoheit. So wurde ihr Besitz über die Jahrhunderte um ein ganzes Stückchen Heiliges Römisches Reich Deutscher Nation reicher. Und da es so ist, daß, wer hat, auch wieder geben kann, nutzten die Territorialfürsten ihre Vormachtstellung gründlich aus, die treuesten Gefolgsleute mit dem Burgrecht zu belehnen. Auf diese praktische Weise erhöhten sie zwangsläufig die Zahl ihrer Schutzfesten und ließen das Heer der Ministerialen anwachsen.

Es ist schließlich ein Ritter namens Dietrich von Beerwalde, mit dessen Belehnung durch Markgraf Wilhelm I. von Meißen 1384 die erste urkundliche Erwähnung der Burg Kriebstein einhergeht (obwohl Grabungen im Torturm ergaben, daß die Anlage etwa 100 Jahre älter ist). Mit Ritter Dietrich beginnt auch eine ansehnliche Liste von Besitzern, die über sechs Jahrhunderte reicht und immerhin dreißig mehr oder weniger erlauchte Namen zählt. Die meisten von ihnen sind spurlos dahingegangen, wenige hinterließen ein markantes Zeugnis. Einer von ihnen, auch wenn sein Gastspiel nur recht kurz war, nannte sich Dietrich von Staupitz, seines Zeichens Ritter auf Reichenstein. Wo er einzuordnen ist, belegen die sächsischen Hofchronisten anno 1415 mit dem Vermerk: Staupitzfehde.

Was war damals so aufschreibenswert? Wieder einmal ging es auf Burg Kriebstein hoch her, Wein floß in Strömen, verführerischer Duft von Gebratenem füllte den Burghof, derbe Lieder erklangen, Musiker spielten auf. Der Burgherr Apel von Vitzthum (der Ältere) und dessen Gemahlin Klara (eine Tochter des Ritters Dietrich) feierten Fasching, und das zünftig.

Doch da blinkten, nur Hunderte Meter vom Mauerring entfernt, Waffen im Wald. Pferde schnaubten ungeduldig, Schwerter und Lanzen wurden geschwenkt. Schließlich gab einer das Signal, und dann war die Hölle los. Schon rasselte es gefährlich am Tor. Die trunkenen Wachen waren überrascht. Der Handstreich glückte. Allerdings war der Triumph nicht von Dauer. Immerhin blieb den Staupitzischen Räubern Zeit, die Bauern der Umgebung hinreichend zu terrorisieren.

Zunächst einmal jedoch schien sich Staupitz mit seinen Vasallen nicht nur recht wohl, sondern auch sicher zu fühlen. Dem Markgrafen Friedrich I. dem Streitbaren (Sachsens erstem Herzog und späterem Kurfürsten), war Staupitz ein Dorn im Auge. Eilends ließ er daher in den Dörfern und Städten rundum die Werbetrommel rühren. Mit einer ansehnlichen Streitmacht wollte er den Landesfrieden wiederherstellen.

Natürlich blieb dem Staupitz die neue Lage nicht lange verborgen, doch machte er keine Anstalten, die Burg, inzwischen zu einer Mausefalle geworden, zu räumen. Er vertraute, aus dem Fenster des gewaltigen Wohnturmes blickend, der Wachsamkeit seiner Männer und der Festigkeit der Mauern. Markgraf Friedrich setzte auf Belagerung und – gewann. Den Räubern sank der Kampfesmut, und sie gaben auf. Für Staupitz wurden die Fesseln bereitgelegt … Ritterhaft auf der Eilenburg erwartete ihn – bis 1422.

Soweit so gut. Doch da die genaue Kenntnis vom Verlaufe der Geschichte fehlte und man sich nicht erklären konnte, daß der Landesfriedensbrecher am Leben blieb, trat die Sage bereitwillig in die Wissenslücke: Als der in

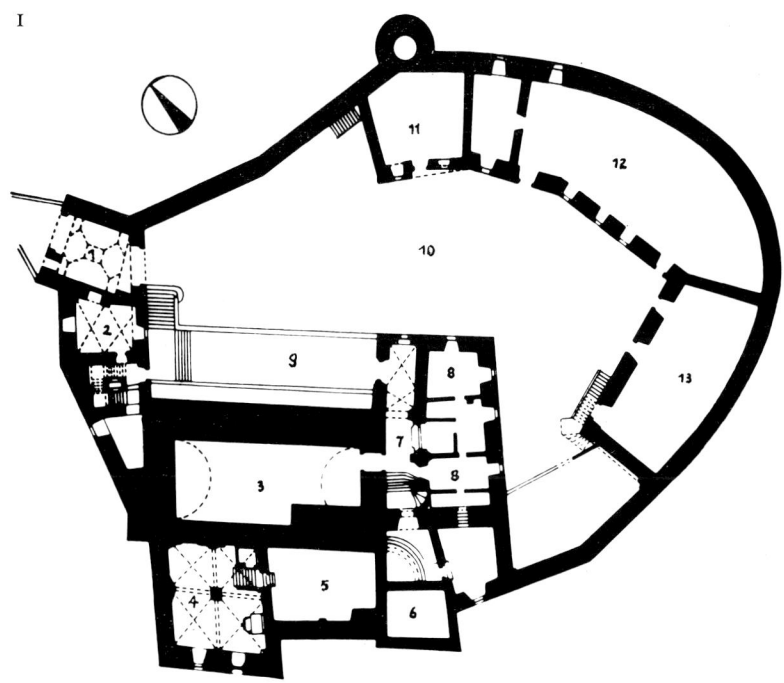

1 Grundriß (des Erdgeschosses) der Burg Kriebstein. 1 Torturm; 2 Schönberg-Bau; 3 Hauptturm (Palas); 4 Kapelle; 5 höher liegende Halle; 6 höher liegende Gerichtsstube; 7 kleiner Innenhof; 8 Küchenbau; 9 Terrasse; 10 Burghof; 11–13 Nebengebäude; 12 Nordostflügel; 13 Südwestflügel mit Saal im ersten Obergeschoß. (Nach Gurlitt.)

2

Bedrängnis geratene Ritter sich dem Markgrafen auf Gnade oder Ungnade überantwortete, kniete auch seine Ehefrau vor Friedrich I. und bat um das Leben ihres Mannes. Der erzürnte Herrscher dachte aber nicht daran, nachzugeben. Doch er erlaubte ihr, vom Liebsten und Teuersten so viel mitzunehmen, wie sie auf ihrem Rücken tragen konnte.

Das ließ sich die gewitzte Frau nicht zweimal sagen. Sie buckelte vor den staunenden Augen des Markgrafen statt wertvollen Hab und Gutes ihren murrenden Mann auf — wie die bekannten Weiber von Weinsberg — und ging damit in die Geschichte der Sagenwelt ein. Und da die Verurteilung des Ritters zum Tode wohlgemerkt — nicht nachzuweisen ist, wollen wir es denn bei den versöhnlichen Auskünften der Sage belassen.

Den Schlüssel für Kriebstein hatte mit Vitzthum eine Familie im Besitz, aus deren Schoß einer der berüchtigsten Haudegen des Mittelalters stammt: Apel von Vitzthum (der Jüngere). Sein Auftritt beginnt in jenen Jahren, da der 29jährige Kurfürst Friedrich II. und dessen Bruder, der 16jährige Herzog Wilhelm, gemeinsam das Thüringer Zepter trugen. Doch der von beiden gesponnene Faden war so dünn, daß er riß und man am 10. September 1445 kurzerhand das Gesamterbe aufteilte. Thüringen hatte zusammen mit Altenburg und einigen fränkischen Besitzungen das Pech, an den Hitzkopf Wilhelm zu fallen. Doch schlimmer noch als der aufbrausende Regent waren seine Räte, zu denen die Brüder Apel und Busso von Vitzthum gehörten. Das waren Jahre, in denen es nicht nur Fehdebriefe hagelte, sondern über Nacht blühende Landstriche zu Wüstungen wurden. Doch das Blatt sollte sich erst nach jenem Ereignis im Jahre 1450 wenden, da vor den Toren Geras die Lagerfeuer des Herzogs Wilhelm, dieser jetzt 26jährig, den drohenden Sturm auf die Stadt verhießen. Wie Schuppen muß es Wilhelm von den Augen gefallen sein,

2 Hoch über der Zschopau reckt sich auf schroffem Felsen Burg Kriebstein — im Landschaftsschutzgebiet weithin sichtbar. Die einstige Ritterburg hat trotz wiederholter baulicher Maßnahmen ihre stolze Silhouette bewahrt.

3 Burg Kriebstein mit Torturm. Die alte Zugbrücke mußte im 18. Jh. einem Brückenbauwerk aus aufgemauerten Bruchsteinen weichen.

als sein Hund verreckte, nachdem er ein Glas Burgunder genossen hatte — eben jenes Glas, mit dem Apel von Vitzthum seinen Herrn „besänftigen" wollte.

Es gelang Vitzthum, sich ins böhmische Exil zu retten. Dort blieb er noch zwei Jahrzehnte am Leben, ohne daß ihn der vernichtende Richterspruch hätte erreichen können. Nachdem 300 gut gerüstete Freiberger den Kriebstein eingenommen hatten, war Apel der Rückzug auf dieses Stammhaus seiner Familie verwehrt. Auch sein Versuch, den Ritter Kunz von Kauffungen zum „Sächsischen Prinzenraub" zu überreden und sich noch einmal als zählebige Natter aufzuspielen, mißlang entsetzlich. Die Sache auf Schloß Altenburg ging schief. Kunzens Kopf rollte am 14. Juli 1455 aufs Freiberger Pflaster, und Apel konnte seinen Verbannungsort nicht mehr verlassen.

Während der militärischen Händel des Bruderkrieges blieb der Burg größerer Schaden erspart. Weder sprang der Feuervogel in die Dächer, noch prüften plündernde Söldnerhaufen das Mauerwerk auf seine Festigkeit. Der Efeu konnte in aller Ruhe am Palas emporwachsen. Eingriffe in die Bausubstanz erfolgten nur, wenn sich die Besitzer in der rauhen Wehrburg wohnlicher einrichten wollten. So entstand nach 1384 ein 45 Meter aufragender und tief in das Felsengestein gegrabener Wohnturm. Mit seinem Dachreiter und dem sechstürmigen Wehrgeschoß sitzt er, weithin sichtbar, wie eine Krone der Anlage auf.

Dem sächsischen Obermarschall Hugold III. von Schleinitz, der die Burg von 1465 bis 1490 besaß, ist es zu verdanken, daß sich eines Tages auch der berühmte Erbauer der Meißner Albrechtsburg, Arnold von Westfalen, gen Kriebstein auf den Weg machte. Ein Küchenhaus mit drei gemauerten Geschossen und einem Fachwerkaufbau sollte errichtet werden, ebenso der Süd- und Südostflügel. Auch den Bau eines zweckdienlicheren Treppenaufgangs hatte Schleinitz auf seiner Wunschliste für den obersten Werkmeister seines Landesherrn. So kam es, daß heute auch Kriebstein über die von Meister Arnold so geliebten flachen Hohlkehlen an Türen und Fenstern und über jene Vorhangbögen im Obergeschoß des Küchenhauses verfügt, die man auch an der Albrechtsburg bewundern kann. Es gilt als sicher, daß Arnold von Westfalen, der ab 1471 öfter in der Burg weilte, auch das Kreuzgewölbe der Halle und deren später farbig abgefaßte Schlußsteine geschaffen hat. Schleinitz war mit dem Werkmeister sehr zufrieden und empfahl ihn, weil er „... Gewölbe ohne Pfeiler verfertigen ..." könne, auch für den Wiederaufbau der nahen Pfarrkirche Zu Unserer Lieben Frauen in Mittweida.

Doch die sächsischen Bauern, die 1790 den Kriebstein stürmten, werden gewiß alles andere im Sinn gehabt haben, als Meister Arnolds Wölbungstechnik zu bestaunen. Ihnen ging es vielmehr darum, des verhaßten Winkeladvokaten Straube habhaft zu werden und die Unterlagen über Frondienste und Schuldverschreibungen zu vernichten. Doch die Asche war noch warm, als das Militär mit dem Säbel den „Burgfrieden wiederhergestellt" hatte.

Als wir jenen wehrhaften Zugang benutzten, den einst die Bauern zur Besetzung der Burg wählten und der über eine Zugbrücke verfügte, konnte von ungetrübter Entdeckerfreude zunächst kaum die Rede sein. Es regnete in dünnen Fäden, und der Wind blies aus vollen Backen um die Ecken. Durch das massige Torhaus blickten wir in den unregelmäßigen, langgezogenen Innenhof. Außer einem Ehepaar mit einem nur schwer an der Hand zu haltenden Kind waren wir die einzigen Besucher. Dennoch: 90 000 Menschen werden durchschnittlich gezählt, die innerhalb eines Jahres zum Kriebstein hinauf- oder — auch das ist möglich — hinabsteigen.

Im Sommer müsse man herkommen, kommentierte der Mann den Versuch, im Mauergrau ein schönes Detail für die Kamera festzuhalten. Richtig. Da geht es fröhlich zu, wenn die Hausherren zum Konzert im stilvollen Saal einladen oder sich kleine und große Betriebskollektive sowie Bürger der näheren und weiteren Umgebung zum Burgfest einfinden. Da werden wie einst Lieder zur Laute gesungen, während sich Besuchergruppen durch die mit wertvollem Mobiliar und Sonderausstellungen ausgestatteten Zimmer schieben. Wem danach ist, der kann sich in der Burgschenke zu einem kleinen Imbiß niedersetzen und dabei über Gesehenes und noch zu Erlebendes schwatzen. Uns jedoch blieben die gastronomischen Pforten verschlossen, denn die Klause versorgt nur während der Saison, und das heißt für Kriebstein in der Nachbarschaft der reizvollen Talsperre: von Mai bis September.

4

5

6

Im Museum war es kalt. Die Quader hatten den Winter noch voll „einmagaziniert". Gemütlicher ging es im Januar nur in den geheizten Räumen des Direktors zu. Aber auch mit roter Nase und tief in den Taschen vergrabenen Händen ließ sich Geschichte erleben. Die Gliederung des führerlosen Museums erlaubte es mühelos, mit ein paar Schritten durch ein paar Jahrhunderte Kultur- und Kunstgeschichte zu eilen, von der Renaissance bis zum Biedermeier.

So wertvoll diese Bestände auch sind, so sind sie nicht in

erster Linie das, weshalb man Kriebstein dick im Reiseatlas unterstreichen sollte. Die Entdeckungen liegen dort, wo man möglicherweise gar nicht lange stehenbleibt,

4 Der wehrhafte Charakter Burg Kriebsteins zeigt sich auch auf der Hofseite nach Nordwesten. An den massigen westlichen Hauptbau schließen sich Küche, Torhaus und ein Teil des Wehrgangs an. Die Umfassungsmauer wurde hier 1866 abgestuft.

5 Kunstvoll gearbeitet ist diese Laterne am Küchenbau.

6 Ein Detail aus dem Burghof: der Wasserspeier zwischen Küchenhaus und Torturm.

weil kostbares Interieur Aufmerksamkeit erheischt. Da wäre beispielsweise die gotische Eingangshalle, deren Gewölbeschub von massiven Mauern aufgefangen wird. Auch so etwas bekommt man nicht täglich zu sehen: einen teilweise noch im Original erhaltenen Wabenziegelfußboden, über den sich die Kreuzrippen wölben. Seit 1400 sind Generationen über ihn gegangen: Staupitz, Vitzthum, Meister Arnold, aber auch Georg von Carlowitz, der freiwillig dienende „Rat von Haus aus", der es um 1545 auf mehr als 33 Dörfer und zwei Städte Besitz brachte. Zum sächsischen Heerbann hatte er um die Mitte des 16. Jahrhunderts u. a. drei Ritterpferde und 50 Trabanten zu stellen und auszurüsten.

Zu längerem Verweilen lädt ein Raum ein, den wir nach Durchschreiten eines rundbogigen Zugangs gewahr wurden. Er ist nicht sonderlich groß und führt noch in jene Zeit zurück, da Dietrich von Beerwalde sich auf der Burg eingerichtet hatte: die Kapelle. Für heutige Größenverhältnisse wirkt sie gedrungen. Ein stämmiger Mittelpfeiler, auf dem das tiefliegende Kreuzgratgewölbe ruht, beherrscht den Raum, Gurtbögen klingen am Pfeiler und in den Wänden aus. Und besonders auffällig ist die Verschmelzung des Mauerwerks mit dem natürlich

gewachsenen Felsen, der lediglich durch die Übermalungen kaschiert wird. Der Raum vermittelt einen Eindruck von der kahlen und für unsere Verhältnisse recht tristen Architektur der frühen Burgen des Mittelalters, und dennoch geht von ihm eine Wirkung aus, der man sich nur schwer entziehen kann. Das liegt vor allem an der überreichen Ausmalung der Wände und Decken — figürlich und ornamental.

Da wurde zum Beispiel an die Legende jenes Ritters St. Georg erinnert, der den Lindwurm tötete und dessen Bild die Kreuzfahrer im Banner führten; auch stand sein Name für jenen Orden Pate, der sich die Bekämpfung der Türken zum Ziel gesetzt hatte. Weiter erzählen die Fresken von St. Martin, der seinen Mantel mit einem Bettler teilte, und von der Bibelgeschichte der Drei Könige aus dem Morgenland. Dem Schöpfer der Malereien in den vier Gewölbejochen lag offensichtlich besonders die Verehrung Marias am Herzen, wofür vor allem die apokalyptische Maria im südwestlichen Gewölbejoch spricht. Möglicherweise hatten sich die Besitzer der Burg unter den Schutz der Gottesmutter gestellt.

Daß wir uns überhaupt mit den in ihrer Wirkung über die Jahrhunderte nur wenig getrübten (wenn auch farblich verblaßten Kunstwerken) vertraut machen können, ist, wie so oft, einem Zufall zu verdanken. Es sind etwas mehr als fünfzig Jahre her, als man begann, zwischen Waldheim und Mittweida das Bett für die Talsperre Kriebstein (ab 1933 voll in Betrieb) vorzubereiten. Da ein solches Projekt nun einmal nicht ohne Sprengungen zuwege gebracht werden konnte, war das Tal vom Donner der gezündeten Ladungen erfüllt. Die unerwünschten Begleiterscheinungen waren breite Risse in den Grundmauern der Burg. Fachleute wurden gerufen. Stirnrunzeln. Man befürchtete den teilweisen Einsturz.

Wollte man ihm zuvorkommen, mußten die entstandenen Hohlräume so schnell wie möglich geschlossen werden. 500 Dezitonnen Zement wurden den Burgberg hin-

7

7 Die trutzige Burg bietet auch anmutige Architekturglieder. Fenster im Hof.

8 Kriebstein: Die reich gestaffelte, vertikal gegliederte Turmburg ist in gutem Bauzustand. Ihr sechsetagiger Hauptbau (Palas) wirkt charakteristisch durch das mit sechs Türmchen besetzte oberste Wehrgeschoß.

aufgebracht, dazu Eisenverstrebungen und anderes Baumaterial. Man war gezwungen, die Verstrebungen quer durch die Grundmauern des Hauptturmes bis in den Burghof zu bringen. Als alles vorbei war, atmeten die Bauleute auf, die Burg war gerettet. Mit den Bauarbeitern zogen auch die Restauratoren in die Burg ein. Die staunten nicht schlecht, als sich bei der Wiederherstellung der Wände in der Kapelle plötzlich Spuren früher Malereien zeigten. Der Forscherdrang war geweckt. Eingehende Untersuchungen folgten und schließlich — die vorsichtige Freilegung der mittelalterlichen, auf trockenen Putz aufgetragenen Seccomalereien. So sind wir heute um kostbare Bildwerke des sogenannten weichen

Stils aus dem beginnenden 15. Jahrhundert reicher, für deren Erhaltung die staatliche Denkmalpflege sorgt. Weniger Spektakuläres verbindet sich mit einem nicht minder bekannten Kleinod im Hauptturm der Burg: dem Alexius-Altar. Er ist eine der zwei im Sächsischen erhalten gebliebenen Darstellungen der um 1050 entstandenen Legende des Schutzpatrons aller Pilger, Bettler und Gürtler. Vier Bildtafeln erzählen die Geschichte jenes Ruhelosen aus Rom, dem in der Hochzeitsnacht nichts Besseres einfiel, als sich von seiner Angetrauten zu schleichen. Statt die ehelichen Freuden zu genießen, zog er aus, die Enthaltsamkeit zu suchen. Unerkannt soll er nach langer Wanderschaft als Bettler im Palast seines

9

Vaters für immer die Augen geschlossen haben. Dieser ungewöhnliche Lebensweg hat ihn davor bewahrt, in die irdische Vergänglichkeit einzugehen. Er wurde heilig gesprochen. Den Schöpfer des Altars aber, dessen Namen wir nicht kennen, kann nur das farbenfrohe Werk noch loben. Die Kunstwissenschaft sieht in ihm jenen Meister, dessen Handschrift in nahegelegenen Kirchen Altäre und Tafelbilder tragen. Möglicher Entstehungsort: Freiberg, um 1520. Bekanntlich erreichte die Heiligenverehrung gerade im späten Mittelalter ihren Höhepunkt, als deren Bilder gleichermaßen in geistlichen wie in weltlichen Bauwerken zur Andacht und als Schmuck entstanden. So lassen sich von Kriebstein aus nicht nur

bau-, sondern auch bildkünstlerische Brücken in jene Zeit schlagen, da in Deutschland die Gotik von der Renaissance abgelöst wurde.

Auf andere Weise Brücken zur Vergangenheit schlugen die Filmleute, die den malerischen Kriebstein schon

9 Ältester Bauteil ist die romanische Burgkapelle im Südwestflügel. Das flache Kreuzgratgewölbe wird von einem starken Mittelpfeiler gestützt. Aus der ersten Hälfte des 15. Jh. stammende Gewölbemalereien mit christlichen Motiven wurden durch Zufall entdeckt.

10 Die gotische Halle mit Kreuzrippengewölbe und Wabenziegelfußboden entstand in der Hauptbauzeit der Burg, dem 14. Jh. Über eine Pforte erreicht man die gewölbte Kapelle.

10

längst als hervorragenden Schauplatz für die Inszenie-
rung mittelalterlicher Filmstoffe auserkoren hatte. Es ist
noch nicht einmal lange her, da stiegen hinterm Torturm
mächtige Rauchwolken auf, kreuzten sich im Hof die
Klingen, sah man Geharnischte miteinander im Streite
liegen. Während die einen zu Boden sanken, stürzten die
anderen mit wildem Geschrei dem Feind entgegen, bis
eine Stimme ertönte: „Gestorben!" Und schon waren
Sieger und Besiegte wieder Schauspieler X und der
Schauspieler Y.
Jene Kriebetalbewohner, die nicht so recht wußten, was
es mit der Rauchsäule auf sich hatte, waren doch recht
froh, als sich alles so harmlos aufklärte und sie sogar
noch ein Auge darauf werfen konnten, wie sich das einstige Ritternest durch die Phantasie des Drehbuchautors

und des Regisseurs in eine natürliche Szenerie mit ge-
wappneten Akteuren verwandelte. Daß sie dabei von den
Dialogen recht wenig verstanden, lag nicht etwa daran,
daß gar ein mittelhochdeutscher Streifen entstand, es
waren vielmehr rumänische Filmleute, die für „Michael,
den Tapferen" auf der Burg in Color filmten.
Vielleicht kommt irgendwer einmal auf die Idee, den
einen oder anderen Szenenausschnitt auf dem Kopier-
wege fürs Burgarchiv zu sichern, als Beitrag zu einem der
nächsten Burgfeste. Was übrigens bei der Vorliebe der
Filmleute für Burgen nicht nur an die Kriebsteiner
Adresse zu richten wäre ...

11 Zu den Annehmlichkeiten eines Besuchs auf Kriebstein gehören
   die traditionellen Konzerte im restaurierten Saal des Ostflügels.

Rettungssprung in die Sage

Giebichenstein

Ein alter, 1810 in Halle verlegter Reiseführer stellt fest: „Das Schloß Giebichenstein würde in der großen Galerie alter Vesten eine sehr untergeordnete Rolle spielen, und vielleicht schon längst das Schicksal vieler andern gehabt haben, wenn es nicht die romantische Fabel von Ludwig dem Springer aus seinem Dunkel herausgehoben und unsterblich in der Geschichte gemacht hätte." Den wackeren Autor — er macht aus seinem Mißtrauen gegenüber der Springer-Legende kein Hehl — interessierte besonders die traurige Funktion der Burg auf dem Porphyrfelsen am rechten Saaleufer als Staatsgefängnis. „Wer kommt nach Giebichenstein, kommt selten wieder heim." — Nun, heim kehrte nach einem Jahr der von Kaiser Heinrich II. (1002—1024) anno 1003 hier eingesperrte Markgraf Heinrich von Nordgau, nachdem er sich — so der darüber sichtlich befriedigte Chronist-Bischof Thietmar von Merseburg, bestunterrichteter Mann seiner Zeit — dem König in Büßerhaltung und -kleidung und mit Tränen im Auge unterworfen hatte: „... dann ließ ihn der Erzbischof (Walthard — d. V.) auf Befehl des Königs nach der Burg Giebichenstein abführen und bei Tag und Nacht sorgfältig von seinen Leuten bewachen. Dort verrichtete er unter anderen guten Werken auch an einem Tage unter 150 Kniebeugen das Absingen des Psalters." Neben dem Hinweis auf die bemerkenswerte sportliche Leistung des sühnenden Edelmanns ist für den Historiker der Verweis auf den bewachenden Kirchenmann wichtig. Durch Schenkung Heinrichs II. war das ganze Castrum Giebichenstein — Ober- und Unterburg sowie die älteste Burg-

gründung, die Alte Burg — in die Hände der Magdeburger Erzbischöfe gefallen, die die edlen Untermieter sicher verwahrten.

Auch Herzog Ernst II. von Schwaben saß als Gefangener seines Stiefvaters Konrad II. (1024—1039) ein, dem dann der Stuttgarter Advokat Ludwig Uhland 1818 in einem Trauerspiel ein Denkmal setzte. Besitzt also an solchem Ort der legendäre Sprung des Landgrafen Ludwig nicht doch Glaubwürdigkeit?

Schon unser Reiseführer hat die Burg nur noch als Ruine auf steilem, lediglich von einer Seite her zugänglichem Felsen 40 Meter über dem Flußtal erlebt. Eine sehr malerische Federzeichnung von Adrian Zingg aus den Jahren 1780/90 zeigt einen hoch aufragenden, noch mit Dach versehenen Bergfried und eine teilweise schon verfallene Umfassungsmauer. Ruinen auch zwischen grünenden Bäumen, die Gebäude eingefallen, Folge des großen Brands vom Januar 1636 unter schwedischer Besatzung, die die Pferde sogar im Palas unterstellte und ihnen die Akten unterstreute. Die Trümmer stürzten teilweise von der Oberburg in die Tiefe und verschütteten in der Unterburg den Brunnen. „Nur der Thurm, der nachher reparirt ward, und worin jetzt" — so unser alter Reiseführer — „die Uhr des Orts ist, und einige Mauern blieben stehen." Eine „Wüstenei", wie die Bauern rundum sagten, die seit dem Dreißigjährigen Krieg die Ruinen als Steinbruch nutzten und sicher auch den Turm nicht verschont haben würden, wäre er nicht der einträglichen königlichen preußischen Domäne Giebichenstein Uhr- bzw. Seigerturm gewesen. Eichendorff, munterer Stu-

diosus der berühmten halleschen Universität ab 1805 und wie viele seiner Kommilitonen oft in dem reizvollen Fleckchen vor den Toren der Stadt, erinnerte sich später an den eigenartigen Eindruck in seinem Gedicht „Die Saale" (gedruckt 1841):

„Doch manchmal in Sommertagen
Durch die schwüle Einsamkeit
Hört man mittags die Turmuhr schlagen,
Wie aus einer fremden Zeit."

„Der nahe Gibichenstein mit seiner Burgruine, an die sich die Sage von Ludwig dem Springer knüpft", so erinnert sich der Dichter in seiner biographischen Niederschrift „Halle und Heidelberg" im Hinblick auf die Rolle der Romantik, „war damals noch nicht modern englisiert und eingehegt, wie jetzt, und bot in seiner verwilderten Einsamkeit eine ganz artige Werkstatt für ein junges

I Dichterherz." So entstand aus dieser romantischen Stimmung heraus auch jenes Gedicht „Bei Halle", worin der Studiosus direkt die Burg besingt:

„Da steht eine Burg über'm Tale
Und schaut in den Strom hinein,
Das ist die fröhliche Saale,
Das ist der Gibichenstein …"

Es „erfaßte plötzlich die erstaunten Deutschen wieder eine Ahnung von der Schönheit und symbolischen Bedeutung ihrer alten Bauwerke, an denen sie solange gleichgültig vorübergegangen", beschrieb der inzwischen zum preußischen Geheimen Regierungsrat avancierte Eichendorff später die Begegnung der Romantiker mit den Zeugen der nationalen Geschichte und distanzierte sich zugleich von jener „abstrakten Deutschtümelei", die ja auch diesem Boden romantischer Verklärung alles Vergangenen entsprossen war. Interessant in dem Zusammenhang, daß sich dieses allgemeine Interesse für Burgen bei Eichendorff 1842 auch in einer historischen Schrift über „Die Wiederherstellung des Schlosses der deutschen Ordensritter zu Marienburg" umsetzte, zu deren Abfassung er außerordentlich gründlich recherchierte. Die intensive Beschäftigung mit der Kultur- und Geistesgeschichte des 19. Jahrhunderts in den letzten Jahren hat uns die Romantik und ihre Leistungen neu sehen gelehrt. Aus Eichendorffs Gedichten spricht uns die Heimatliebe, das innige Naturgefühl wieder stärker an. Die Romantiker hatten einen eigenen, individuell-empfindsamen Sinn für das Historische, und schon die 1818 in Halle erschienene umfangreiche „Chronik von Gibichenstein, Ludwig dem Springer, Halle und der Umgebung" schrieb ja den Turm dem Burgenbauer Heinrich I. zu. Kein Wunder, daß da für die Natur- und Landschaftsschwärmer die Stille um die wüste Oberburg geheimnisvoll raunte und abends die Sage ihre Nebelschleier ums Gemäuer wob, derweil es in dem großen Gutshof in der wesentlich besser erhaltenen Unterburg schon recht ökonomisch und praktisch zuging.
Es war einer ihrer Pächter, der Giebichensteiner Amtmann Heinrich Remegius Bartels (1773–1808), der die Bepflanzungen der kahlen Höhe des Burgberges durch seine Vorgänger — nach dem Beispiel des Wörlitzer Naturparks — in den überaus beliebten, ganz der Landschaft

angepaßten und von rokokohafter Schulmeisterei befreiten Giebichensteiner Amtsgarten unterhalb der Burgruine verwandelte, in der damals mancher Schwarmgeist saß, bewegt vom erhebenden Gefühl für eine verklärte Vergangenheit. „Ein echt romantisches Landschaftsbild enthüllte sich ihnen von der mittelalterlichen Feste", beschreibt der hallesche Heimatforscher Siegmar von Schultz-Galléra einfühlsam die erst Ende des 18. Jahrhunderts von den Malern, Musikern und Dichtern wiederentdeckte Schönheit der Giebichensteiner Landschaft: „Ein weithin gewundenes Tal, durch das sich der breite, blaue Strom ergoß, aus dessen Wellen die Segel der Schiffe emportauchten oder die Ruderschläge heraustönten, an dessen Ufern Wälder und Wiesen grün schimmerten, von Höhen gesäumt, an deren Hintergrunde die blauen Waldketten aufstiegen." Ein Bild, das vor allem bei Eichendorff immer wieder auftaucht und

das man vor Augen haben sollte, wenn man sich heute vom Burgfelsen aus enttäuscht in der weiten Industrielandschaft um Halle umsieht. Hier oben deuten lediglich der Torturm, freigelegte Fundamente und die unter dem einstigen Wohnturm liegenden Kellerräume noch auf die stolze Berg-Veste aus der Zeit des strengen Kirchenregiments hin.

Begonnen hatte es mit einem karolingischen Grenzkastell auf dem Gelände der sogenannten Alten Burg, einer Volks- bzw. Fliehburg am strategisch wichtigen Saale-

1 Die sagenumwobene Burg Giebichenstein ging 961 bereits in den Besitz der Magdeburger Erzbischöfe über. Oberburg mit Seigerturm und Springer-Fenster.
2 Älteste Darstellung der Burg Giebichenstein. Aquarellierte Zeichnung (um 1600).

übergang von Halle. Erst später entstand als zusätzliche Sicherung gegen die Ungarneinfälle die Heinrichsburg auf dem Felsen, eine einfache Steinanlage mit Mauer und Turm, für ihre Zeit uneinnehmbar und mit einer kleinen Militärbesatzung versehen. Im Juli 961 vermacht Otto I. (936—973) in Ohrdruf dem ottonischen Familienkloster des hl. Mauritius in Magdeburg, aus dem wenige Jahre später das mächtige Erzbistum Magdeburg hervorging, die Stadt (urbem) Givikansten samt ihren Salzquellen und dem Umland, behält sich aber für seine Zwecke den Besitz der gut befestigten und geräumigen Alten Burg vor. Hier deponiert beispielsweise Erzbischof Giselher als königstreuer Verwalter der sächsischen Krongüter einen beachtlichen Teil der Einkünfte Heinrichs II., der sie 1004 mit großer Befriedigung besichtigte. So jedenfalls Thietmars Bericht. Wenige Jahre später übereignet der König auch die Alte Burg den hier inzwischen festsitzenden Magdeburger Kirchenfürsten. Sie richteten sich im Laufe der Zeit vor allem in der viel geräumigeren Unterburg bequem ein und bauten sie zur ebenso festen wie wohnlichen Zweit-Residenz aus, von der aus sie den (isolierten) Südbereich ihres reichen Bistums unter Kontrolle hielten. Die schlauchartige enge Oberburg auf dem knappen Felsenplateau nutzten sie zu Lagerzwecken, als Gefängnis und hielten sie als mögliche letzte Zuflucht im Belagerungsfall baulich auf der Höhe der Zeit. So bot die hoch über dem Saaletal errichtete romanische Anlage mit den weißverputzten Wohnbauten — Kemenate, Wohnturm (auf der westlichen Felsnase) und Palas — inmitten der roten Arkose-Mauern durchaus einen prächtigen Anblick. Merians Kupferstich von 1650 — Ober- und Unterburg vor dem Brand von 1637 zeigend — vermittelt einen Eindruck von dem eindrucksvollen Bauensemble.

„Die Umgebungen des Felsens sind sehr angenehm, die Aussicht von ihm recht heitern Charakters. Die sanftfließende Saale, welche nicht fern davon über eine Wehr braust, das am andern Ufer liegende Dörfchen Cröllwitz, das große reinliche Dorf Giebichenstein, Halle mit seinen schönen, hohen Thürmen, und ringsum ein buntes Gemisch von Dörfern, Gebüschen, Wiesen, Saatfeldern und Landhäusern, von der Saale in mehreren Armen durchschnitten, das alles bildet ein Gemälde, wovor man gern verweilt."

Unser alter Reiseführer hatte ein Auge für den lieblichen Reiz der Saalelandschaft, die gerade zu dieser Zeit von den Hallenser Romantikern entdeckt wurde. Er wird sicher in der Bergschenke oberhalb des alten slawischen Fähr- und Fischerdorfes Cröllwitz eingekehrt sein und sich die malerisch gelegene Burg gegenüber betrachtet haben. In Cröllwitz saß im Mittelalter das Burggrafengericht der Giebichensteiner Burggrafen, die 1230 ausstarben.

Wir sind in uralter Kulturlandschaft mit einer selbst für diese Breiten ungewöhnlich frühen Geburtsurkunde für die Siedlung Halle, die aus der frühgeschichtlichen, bereits 806 im Chronicon Moissiancense erwähnten Salzsiedlung Halla hervorging. An diesem geschichtsträchtigen Saaleübergang sind wir sozusagen am Grenzpunkt zwischen nördlichem Thüringen bzw. östlichem Harzvorland und der Leipziger Tieflandbucht, zugleich an kulturgeschichtlich bedeutsamer Scheide zum slawischen Osten. Noch 1157 eröffnete Friedrich I. von hier aus einen Polenfeldzug. Eine gern geübte Methode feudalen Landraubs war die Gründung eines geistlichen Stifts: 1116 wurde das (heute verschwundene) Kloster Neuwerk mit dem Augustinerchorherrenstift gegründet, 1124 das Familienkloster der Wettiner Grafen auf dem Petersberg, und 1184 gründete Erzbischof Wichmann von Seeburg auf seiner Hausburg am Süßen See ein Kanonikerstift. Um 1200 kam es in der Kommende St. Kunigunde zur ersten Niederlassung des Deutschen Ritterordens auf deutschem Territorium. Zugleich bauten die Magdeburger Erzbischöfe immer stärker den Lieblingssitz Giebichenstein aus und wiesen die Oberburg ihren sie vertretenden Burggrafen als Verwaltungssitz zu. Der bekannteste von ihnen war Wiprecht von Groitzsch, dem die angetraute böhmische Königstochter Judith auch den Gau Budissin (Bautzen) als reiche Morgengabe einbrachte. Sie konnte sich 1096 zur Einweihung des Klosters Pegau im Merseburger Sprengel eine edelsteinbesetzte Krone leisten, für die der Abt Windolf dann einige Güter in Thüringen erwarb. Der mit dem Kaiser in päpstlichen Bann geratene Wiprecht, auf das geistliche Wohlwollen der geistlichen Herren angewiesen, hatte auf nachdrückliche Empfehlung des Magdeburger Erz-

3 Unterburg Giebichenstein mit Pulverturm.

193

bischofs Hartwig beim Papst in Rom um die Entbindung vom Bann nachgesucht und 1092 – zur Sühne – den Grundstein zum Pegauer Kloster gelegt, wobei er übrigens selbst zwölf Körbe Steine herbeischleppte. Sein wechselvolles Schicksal brachte ihn fast an den Bettelstab, als er in den Machtkampf des Königs Heinrich V. (1106–1125) mit Herzog Lothar von Sachsen geriet. Er verlor seine Stammburg Groitzsch, um sein Leben zu retten, und kam erst nach der Schlacht am Welfesholz bei Mansfeld (1115) zusammen mit dem ebenfalls vom Kaiser gefangengesetzten Landgrafen Ludwig von Thüringen frei. 1118 wurde ihm von seinem Neffen, Erzbischof Adalgoz, die Burggrafschaft von Magdeburg (und damit auch Halle) übertragen. Er ließ um den Siedlungsraum Halle von den hart geforderten Bürgern einen für damalige Verhältnisse viel zu großen Mauergürtel legen und gab der Stadt eine moderne städtebauliche Konzeption im Bereich des Marktplatzes, die sie gegenüber dem nördlich gelegenen Siedlungsflecken um die Burg Giebichenstein in Vorteil brachte. Zugleich legte er sich selbst am Sandberg nördlich über dem Leipziger Tor einen befestigten Hof mit einem starken, später in die Stadtmauer einbezogenen Turm an; die Reste der Hausburg wurden erst 1797 eingeebnet. Der alte, charakterlich widersprüchliche Mann starb am 22. Mai 1124 in seinem Kloster Pegau an den schweren Verbrennungen, die er sich bei einem in seiner Schlafkammer ausgebrochenen Brand im Hallenser Neuwerk-Kloster zugezogen hatte. Sein Grabstein in der spätgotischen, dreischiffigen Hallenkirche St. Laurentius zu Pegau, eine einst prachtvoll bemalte Standfigur (um 1230/40) – roter Mantel, hellblauer Rock, in der Rechten Fahne, in der Linken Schild, edelsteinbesetzte Goldstickerei auf der Brust –, zählt zu den ältesten sächsischen Kunstdenkmalen.

Erzbischof Wichmann von Seeburg (1152–1192) ließ Burg Giebichenstein kastellartig ausbauen, so daß sie selbst der Belagerung durch Friedrich II. 1215 standhielt. Brunnenturm und Burgkapelle gehen auf diese Zeit zurück. Im Februar 1182 bestätigte Wichmann vor einer mehrhundertköpfigen Gästeschar, darunter drei Bischöfe und drei Markgrafen mit ihrem zahlreichen Gefolge, in der inzwischen modernisierten Burg die Güter des Klosters Neuwerk. Dieser berühmteste aller Magdeburger Erzbischöfe, ein Diplomat von hohen Graden, le-

benslustig und Mäzen der Gaukler und Possenreißer, ein prachtliebender und gern gut essender Mann, verlieh Giebichenstein den unwiederbringlichen Glanz einer Residenz von europäischem Rang. Seine Grabplatte im Magdeburger Dom an einem Pfeiler im hinteren Chorgang zeigt einen feinen Kopf mit aufmerksam forschenden Augen, in der Rechten den Krummstab, in der Linken ein Buch.

1336 brannte es in der Burg; sie wurde 1361 unter Erzbischof Dietrich wieder aufgebaut und 1363 stark befestigt. Bereits 1452 ließ Erzbischof Günther die Festungswerke erneut überholen. Die äußeren Gräben, Mauern und Türme der Unterburg wurden dabei ausgebaut. 30 Jahre später entstand das gewaltige, spätgotisch geschmückte Kornhaus mit seinem imposanten Staffelgiebel.

Ein Rekonstruktionsversuch (von I. P. Richter) stellte eine starke mittelalterliche Veste von imponierendem Ausmaß dar, Ausdruck einer machtbewußten und diese Macht zur Schau stellenden Herrschaft. Hinter dem breiten, von der Saale her gespeisten Wassergraben eine geräumige rechteckige, von starken Mauern und Türmen geschützte Unterburg mit sehr viel Platz auch für eine Gartenanlage und einen Fuhrhof, an die Westmauer mit dem Musturm die eigentliche Residenz und das Brauhaus gesetzt, an der Südmauer langgestreckte Wirtschaftsräume, das Kornhaus quer im westlichen Drittel. 1484 schlug Burg Giebichenstein die Stunde: Die Erzbischöfe gaben den Auftrag zum Bau der Moritzburg als der neuen, ihre über die reiche Salzstadt Halle gewonnene Herrschaft symbolisierenden Residenz. Burg Giebichenstein verödete allmählich ungeschützt in Wind und Wetter.

Heute gelangen wir in die Unterburg über eine barocke Steinbrücke, vorbei am runden Torturm mit dem hl. Mauritius, dem Schutzpatron des einstigen Erzbistums Magdeburg. Daneben das Gefängniswärterhaus, linker Hand das erst 1706 auf altem Fundament errichtete Herrenhaus. Weitläufig der Burgplatz vor dem

4 Herbststimmung in der Unterburg, wo heute die Hochschule für industrielle Formgestaltung Halle als moderne künstlerische Ausbildungsstätte beheimatet ist.

wandartig hochsteigenden Felsen mit der Oberburg, deren Zugang im Osten einst von Turm und Schildmauer geschützt war, ehe man durch enge Höfe und einen zweiten Torturm in den oberen Burghof mit dem quergesetzten Palas und dem Turmhaus als architektonischer Dominante gelangen konnte.

Grabungen des Kunsthistorischen Instituts der Martin-Luther-Universität in Halle unter der Leitung von Prof. Dr. Mrusek in den Jahren zwischen 1961 und 1965 legten die unter Schutt bis dahin versunkene und in ihrer Gestalt kaum noch vorstellbare Kernburg auf dem Fels in ihrer Mauerstruktur wieder frei. Sie ist seither als Museum mittelalterlicher Burgenbaukunst zu besichtigen.

In der Unterburg setzt die Hochschule für industrielle Formgestaltung die Tradition der von dem Architekten Paul Thiersch 1917 begründeten Kunstgewerbeschule fort. Unter seiner Leitung wurden die Burggebäude mit Stilempfinden für die historische Substanz umgebaut und für die neuen Zwecke hergerichtet. Eine erzbischöfliche Residenz, solide und mit Geschmack gebaut, wurde zur Heimstatt formschöner Gestaltung.

Damit wurde — freilich ganz unbeabsichtigt — an eine schon fast vergessene alte Tradition dieses sonderbar poetischen Ortes angeknüpft, an die Romantik mit ihrem gefühlsbetonten Sinn für das Schöne. Im Oktober 1791 mietete sich der als Komponist bekannte Königlich preußische Kapellmeister Johann Friedrich Reichardt im sogenannten Kästnerschen Kossätengut ein. Kam man damals von der Oberburg die Seebener Straße herunter, so führte der Weg direkt zu dem Grundstück mit seiner großen Scheune, einem zweistöckigen, achtfenstrigen Wohnhaus mit hohem Ziegeldach und einer schönen Laubenflucht, mehreren Stuben, Kammern, Küche und Keller. Im östlichen Seitenflügel die Gesellschaftsräume, darunter ein sogenannter Gartensaal mit einem Fenster und drei Glastüren zum Garten, der dann in der Kulturgeschichte der deutschen Romantik die zeitweilig attraktivste Auftrittsszenerie darstellte. 1794 erwarb Reichardt nach unruhigen Jahren und manchen Ärgernissen das Gut für 9300 Reichstaler; Ende des Jahres wurde er von König Friedrich Wilhelm II. fristlos und ohne Pension wegen seiner sichtlichen Sympathie für die französische Revolution entlassen. Mit bewundernswürdiger Geduld und unendlicher Mühe baute sich Reichardt am Fuße der geliebten Burgruine ein Refugium besonderer Art, das bald zum Stelldichein aller naturliebenden romantischen Geister wurde und das zuvor so aufklärerische Halle zur zeitweiligen Hochburg der Romantik machte. Ludwig Tieck, der Reichardts Schwägerin heiratete, und der feinfühlige Novalis, der zurückhaltende Arnim und der Philosoph Schelling waren zu Gast; Goethe verweilte im Mai 1802 erstmals, von Lauchstädt kommend, ein Wochenende im gastfreundlichen Haus und wiederholte bereits im Juli das Stelldichein, um den ersten Akt seiner „Natürlichen Tochter" zu lesen. Im Frühling lauschte man nachts dem Gesang der Nachtigallen, sommers dem Gesang der ebenso musikalisch begabten wie reizvollen Reichardt-Tochter Luise oder den Klängen eines Waldhorns. Es wurde musiziert und gelacht, philosophiert und gelesen, und der lebenslustige Eichendorff, ab 1805 festes Mitglied des Kreises bis zu dessen jähem Aufbruch nach dem Herbstsieg Napoleons bei Jena, empfand sich noch Jahre später im Bann dieser Stunden: „Völlig mystisch erschien gar vielen der Garten mit den schönen und geistreichen Töchtern. Dort aus den geheimnisvollen Boskett schallten oft in lauen Sommernächten wie von einer unnahbaren Zauberinsel Gesang und Gitarrenklänge herüber: und wie mancher Poet blickte da vergeblich durch das Gittertor oder saß auf den Gartenmauern zwischen den blühenden Zweigen, die halbe Nacht, künftige Romane vorantraumend." Nicht wenige Besucher streiften vom Garten aus weiter bergwärts zum Felsen mit der alten Burgruine, kletterten darin herum und besuchten auch die anderen nahegelegenen Saaleburgen. So wurde Reichardts Gut zur Herberge der Romantik und die Universität Halle zu deren geistiger Pflanzschule. 1819 entstand aus diesem Geist auf Burg Saaleck der „Thüringisch-Sächsische Verein", u. a. auch mit Goethe und Schinkel als Ehrenmitgliedern. In der Mitte des Jahrhunderts nahm man sich der alten Oberburg an, räumte etwas auf, schaffte Grünanlagen, erinnerte sich der alten Legende vom springenden Ludwig und errichtete ihm ein Denkmal besonderer Art: ein Fenster über der Saale. War er also doch gesprungen?

5 Oberburg Giebichenstein, eine Randhausburg auf steilem Porphyrfelsen, mit Seigerturm.

An der Sage haben sich ganze Generationen von Thüringer Chronisten die Finger wund geschrieben: Ludwig der Salier lernte auf der Unstrutburg Nebra die mit dem Pfalzgrafen von Sachsen verehelichte Adelheid kennen, entbrannte zu ihr in heißer, sündiger Liebe, tötete auf deren heimlichen Rat 1083 den ungeliebten Mann, wurde angeklagt, vom Kaiser auf die Burg Giebichenstein als Gefangener eingewiesen, verabredete nach zwei harten Jahren die Flucht mit einem treuen Diener, der am anderen Saaleufer, zwei Pferde bereithaltend, warten sollte, heuchelte vor der Wache Krankheit, zog sich eine Menge Kleider an, sprang kurzentschlossen in die Saale, heiratete — wieder im Trockenen — die schöne Witwe. Ludwig stiftete 1089 zur Sühne in dem lieblichen Tale von Reinhardsbrunn ein Kloster, in dem sich auch die beiden stilvoll gearbeiteten und für die Geschichte des Landgrafenhauses bedeutsamen Grabsteine des Paares (allerdings aus dem 14. Jh.) befanden, bevor sie 1952 in der später umfassend restaurierten Eisenacher Georgenkirche aufgestellt wurden.

Es ist übrigens jener Ludwig der Salier, der — wiederum wirkungsvoll in die Legende gekleidet — 1067 in nur zwei Jahren auf fremdem Boden die Wartburg erbaut haben soll. Er verdankt seinen poetischen Beinamen „der Springer" offensichtlich dem Mißverständnis eines schreibenden Chronisten-Mönches, der aus dem „salicus" (salischer Graf) einen „Ludovicus saliens" (springend; lat. salire = springen) machte. Johannes Rothe, der Eisenacher Geschichtsschreiber (1360—1434), formulierte als erster die romantische Legende in seiner „Düringischen Chronik" für die empfindsame Nachwelt. Dabei war Ludwig tatsächlich Gefangener des Kaisers Heinrich V., der ihm die Wartburg abnahm und ihn während seiner Hochzeit 1114 in Mainz auch aus der Gastrunde verhaften und wie jenen legendären Wiprecht von Groitzsch bewachen ließ, bevor sie beide — dank der

6

7

Tapferkeit seiner Söhne, wie der brave Chronist weiß — 1116 wieder freikamen. Der Sohn Ludwigs, später der erste Landgraf von Thüringen, belagerte derweil die Reichsburg Kyffhausen, die von seinem Halbbruder, dem aus der ersten Ehe Adelheids hervorgegangenen Pfalzgrafen Friedrich, hartnäckig wiewohl vergeblich verteidigt wurde. Vater Ludwig, des ständigen Kampfes sichtlich müde, legte die schwere Rüstung ab und zog sich die Kutte seiner Reinhardsbrunner Benediktiner-

Mönche über. 83 Jahre alt, starb er 1123. Die Burg Giebichenstein, die er nie als Gefangener sah, ging mit ihm in die Geschichte ein.

6 Der Sage nach soll Ludwig der Springer, Landgraf von Thürin-gen, aus kaiserlicher Gefangenschaft auf dem Giebichenstein durch einen Sprung in die Saale entkommen sein.
7 Seit 1966 ist die Oberburg als Architekturmuseum zugänglich. Blick in die Unterburg, ein viereckiger Kastellbau, ursprünglich Vorburg und später erzbischöfliche Residenz.

Von der Reformation belagert

Moritzburg

Schon seit jeher erregte die zu ihren Füßen liegende reiche Salzstadt Halle den Neid der auf Giebichenstein residierenden Magdeburger Erzbischöfe. Im Abwehrkampf um städtische Selbständigkeit hatten die Bürger 1263 ihrem Territorialherrn die Zusicherung abgetrotzt, daß innerhalb der städtischen Bannmeile keine Burg errichtet werden dürfe. Sichtbarstes Zeichen städtischer Selbständigkeit war die Verstärkung der städtischen Wehrbauten ab 1452 mit Mauertürmen, vorkragenden Bastionen, Zwingermauern, Wall und Futtermauern. Doch der Feind saß auch in der Stadt selbst, wo zwischen der alten Salzjunker-Aristokratie und den erstarkten Innungen ein heftiger, jahrzehntelanger Machtkampf ausgebrochen war. Als 1477 die Auseinandersetzungen ihren Höhepunkt erreichten, griff Kurfürst Ernst von Sachsen, Vater des noch minderjährigen Erzbischofs Ernst von Magdeburg (1476–1513), als Burggraf von Halle unter dem Vorwand der Friedensstiftung mit Truppengewalt ein. Der Verrat eines Ratsmeisters öffnete ihm 1478 die Stadttore, die patrizische Pfännerschaft wurde aufgehoben, der auf dem Markt frei stehende Roland, Zeichen städtischer Unabhängigkeit, mit Brettern vernagelt. Nicht eben zufällig auf Giebichenstein, der erzbischöflichen Veste, beschloß der unter Druck gesetzte Landtag am 20. Januar 1479, „ohne Verzug bei oder in Halle ein festes Schloß zu erbauen, um die Stadt besser in Gehorsam, Unterwürfigkeit und Ruhe zu erhalten". Es ist die Geburtsurkunde der erzbischöflichen Moritzburg.

Am 25. Mai 1484 wurde an der Nordwestecke der starken Stadtbefestigung der Grundstein zum Bau gelegt. „Festes Schloß", das bedeutete in dieser Endphase des mitteleuropäischen Burgenbaus, da manche Bauten wie die nahe Burg Querfurt entweder zur Festung verstärkt oder andere zu wohnlichen Schlössern erweitert wurden — sowohl Burg wie festungsartiges Schloß. Der der Obhut Moritz', des Schutzheiligen des Magdeburger Erzbistums, anempfohlene gewaltige Bau wurde zum Symbol der Unterwerfung. Strategisch nahm die Moritzburg im System der Stadtbefestigung eine Schlüsselposition im wahrsten Sinne des Wortes ein. Nach Westen, zur Saale hin, und nach Nordwesten — durch Wall, Böschung und Graben zusätzlich geschützt — konnte sie die Stadt verteidigen, nach Norden und Osten bedrohte sie innerhalb des alten Befestigungsringes mit zweistöckigem Wehrgang und vierstöckigen Kanonenbastionen die Stadt selbst. Den Westflügel richtete man als erzbischöflichen Palast ein, den Nordflügel als Verwaltungsbau mit Burgkapelle. Hier war auch der Hauptzugang in direkter Verbindung zur immer noch strategisch wichtigen Burg Giebichenstein. Noch heute sind die fünf Wappen der Wettiner über dem einstigen Tor erkennbar, ebenso die Falze der Zugbrücke. Der Zugang von der Feldseite her verrät die strategische Absicht des Erzbischofs, mit der Zwingburg und ihren zur Stadtseite hin verstärkten Rundbastionen die Stadt fest unter Kontrolle zu halten.

Am 25. Mai 1503 zog Erzbischof Ernst von Giebichenstein in das spätgotische Kastell um, das er auf eigene Kosten von dem Baumeister Hanschke für 150000 Gulden hatte errichten lassen. Zwei Jahre darauf begann der Bau der Maria-Magdalenen-Kapelle, einer turmlosen spätgotischen Hallenkirche mit nach innen gezogenen Strebepfeilern, die bereits 1509 geweiht wurde. Die alte Ordnung unter dem kirchlichen Regiment schien fester denn je. Der Erzbischof konnte mit seiner Residenz zufrieden sein. Weit und breit gab es kein festeres und moderneres Haus. Mit einer Seitenlänge von 72 mal 85 Metern im verschobenen Viereck umfaßte die Anlage alles, was eine fürstliche Residenz zu dieser Zeit brauchte: Wohnbauten an der Nord- und Westseite mit den Prunk- und Staatsgemächern, die Wirtschaftsräume an der Südseite, wo auch der Burghauptmann wohnte, die Kanzlei mit dem Archiv und den zahlreichen Akten der Verwaltung im Nordflügel. Das alles gut geschützt an den drei Landseiten von einem 25 Meter breiten und 10 Meter tiefen, zumeist versumpften Graben; nach der Saale zu von einem Zwinger mit Wehrgängen; an der Nordost- bzw. Südostecke zur Stadt jeweils eine vierstöckige Eckbastion für Geschütze und Büchsen. Auch die beiden anderen, etwas kleineren Rundtürme waren mit Schießkammern versehen. Der bis zum Stadtniveau aufgeschüttete Hof bot Platz genug für Ritterspiele und Turniere, und der Erzbischof führte hier Hof wie ein weltlicher Landesherr. Er starb 1513.

Die Nachricht von den Aufstandsplänen eines gewissen, zu dieser Zeit noch wenig bekannten Thomas Müntzer aus Aschersleben, der 1512/13 als Lehrer an die Parochialschulen von St. Gertrauden und St. Marien berufen worden war, erreichte den Sterbenden nicht mehr. Sein Tod wurde von den Räten sorglich so lange geheimgehalten, bis erzbischöfliche Truppen die Stadt unter Kontrolle hatten. Sein Herz, das nie für die Belange Halles geschlagen hatte, wurde in der Burgkapelle beigesetzt, der Leichnam nach Magdeburg überführt. — In Wittenberg begann Martin Luther an der Universität Friedrichs des Weisen mit Vorlesungen zur Heiligen Schrift.

Die Hallenser bekamen im Mai 1514 einen neuen Herrn der Moritzburg: den jungen Markgrafen von Brandenburg, Sohn des Kurfürsten Johann Cicero und Bruder des nachfolgenden Kurfürsten Joachim I. von Brandenburg. Er war erst 23 Jahre alt, als ihn am 30. August 1513 das Magdeburger Domkapitel zum neuen Erzbischof

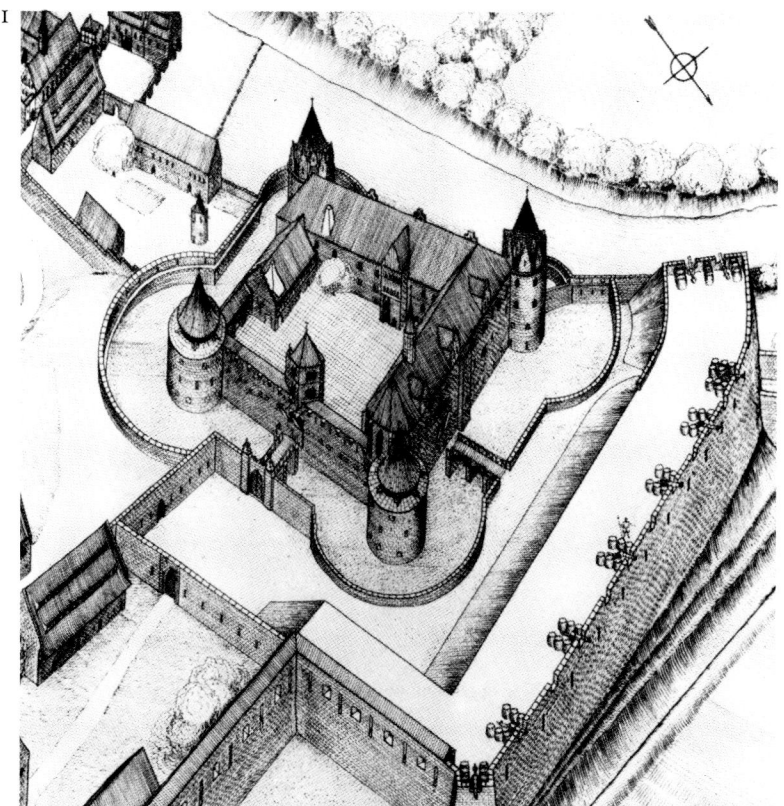

wählte. Schon im September ernannte ihn das Halberstädter Kapitel auch zum Administrator. Eine solche Machtvereinigung in so junger Hand erforderte einen hohen Dispens. Er wurde von einer Gesandtschaft in Rom erwirkt: der jugendliche Markgraf sollte im folgenden Jahr zum Bischof geweiht werden; das Servitium commune, die Gebühr für Papst und Kardinäle in Höhe von 1079 Dukaten, zahlte das römische Kontor der Fugger, die auch für andere Rechnungen aufkamen.

Am 21. Mai 1514 zog Albrecht in Halle ein, am 2. Juli überreichte ihm der Rat anläßlich seiner Weihe zum Erzbischof im Magdeburger Dom einen Becher mit 400 Goldstücken. 1515 nahm der neue Hausherr endgültig Quartier in der Moritzburg, die er fortan zu seinem Lieblingssitz ausbaute. Vor allem ließ er erst einmal die Burg an der Ostseite stadtwärts öffnen; das Wappen am Torturm erinnert daran. Dennoch blieb der durchgehende Wehrgang mit seinen markanten Schießscharten für schwere und leichtere Büchsen voll funktionstüchtig.

1 Die Moritzburg um 1535. Rekonstruktion Hermann Wäscher. Deutlich erkennbar der viereckige Grundriß des 1484 errichteten Kastells mit vier mächtigen Rundtürmen als Eckbastionen.

ALBERTVS·MI·DI·SA·SANC
ROMANAE·ECCLAE·TI·SAN
CHRYSOGONI·PBR·CARDINA·
MAGVN·AC·MAGDE·ARCHI;
EPS·ELECTOR·IMPE·PRIMAS
ADMINI·HALBER·MARCHI·
BRANDENBVRGENSIS

§SIC·OCVLOS·§SIC·§ILLE·§GENAS·§SIC·§
§ORA§FEREBAT§
§ANNO§ETATIS§SVE§XXIX§
·M·D·XIX

Erhalten geblieben sind die Konsolsteine über den Scharten für die Hakenbüchsen im Obergeschoß, bestimmt
zum Aufhängen der hölzernen Schutzläden gegen den
Außenbeschuß; die Durchfahrt im Torturm mit der
kleinen Schlupfpforte ist durch eine Rechtsbiegung vor
direktem Beschuß geschützt.

Noch 1514 weihte Albrecht die Schloßkapelle erneut, die
nun auch als Kirche eines Kanonikerstifts dienen sollte.
Wegen angeblichen Mordanschlags auf den Kardinal
wurde im September 1515 der getaufte Jude Pfefferkorn
vor der Moritzburg verbrannt. Das Titelblatt einer Flug-
schrift hielt den schrecklichen Vorgang fest. Ein warnen-
des Zeichen für die kommenden Jahre?

Während die Hallenser Abordnung Albrecht den gefüll-

² ten Dukatenbecher im Magdeburger Dom überreichte,
handelten seine Vertrauensleute am Heiligen Stuhl in
Rom den Dispens für den freigewordenen Mainzer Erz-
stuhl aus. Runde 10000 Dukaten betrug der klamm-
heimliche Ämterschacher, der den brandenburgisch-
mainzischen Domherren mit der Aussicht auf einen
Plenarerlaß von zehn Jahren schmackhaft gemacht
wurde, lautend auf den (von Papst Julius II. bereits begonnenen) Bau von St. Peter in Rom. Die Hälfte der Ein-
nahmen Albrechts mußte allerdings zur Tilgung seiner
Schulden beim Augsburger Bankhaus vorgesehen werden. Schon ein halbes Jahr später, am 31. März 1515,
vernahm die Christenheit in den Diözesen Mainz und
Magdeburg, im Bistum Halberstadt und in den brandenburgischen Landen durch eine päpstliche Bulle, daß Seine
Heiligkeit einen vollkommenen Ablaß bewilligt habe: für
die Lebenden als Beichtbrief mit weitgehender Befreiung
von jeglicher Sündenschuld und für die Toten als Ablaß.
Am 22. Januar 1517 zog unter Glockengeläut und mit
kirchlichem Gepränge der päpstliche Ablaßhändler Johann Tetzel in Halle ein und nahm Quartier in der Moritzburg. Der Erzbischof persönlich hatte ihn in seine
Dienste genommen. Der aus Leipzig stammende Dominikaner richtete dann im Sommer in der alten St.-Mar-
tins-Kapelle ein großes rotes Kreuz mit den Nagellö-
chern und der Dornenkrone auf und stellte den Ablaß-
kasten davor: Wenn das Geld im Kasten klingt, die Seele
in den Himmel springt.

Nur wenige wußten, daß Fuggersche Kommissäre für jeden Kasten einen Schlüssel besaßen und in Anwesenheit
von Amtspersonen die in den Sakristeien aufbewahrten
Truhen leerten. Da dem skrupellosen Dominikaner Tetzel wegen des auswuchernden Geldexports in landes-
fremde Taschen die kursächsischen Grenzen gesperrt
blieben, besorgte sich das Volk die „heilige Ware" im
Magdeburgischen und Brandenburgischen. Nie erschien
dem Mann auf der Straße das Himmelreich so nahe. In
diesem Augenblick schlug der Augustinermönch Martin
Luther, Professor zu Wittenberg, ein ehrlich mit sich und
der Welt ringender Mann, am 31. Oktober 1517 diese
Art von Himmelspforte zu. Seine 95 Thesen gegen den
Ablaß-Handel, gedruckt auf einem Plakat, hingen am
Portal der Schloßkirche, dem „Schwarzen Brett" der
Universität: „Warum baut dieser reichste Fürst den Dom

von St. Peter nicht aus eigenen Mitteln statt mit den Groschen der armen Gläubigen?" Hoffend auf das Verständnis des humanistisch gebildeten Erzbischofs in Halle, sandte er ihm sogar die Thesen: „Aber was soll und kann ich anders tun, hochwürdigster Bischof und durchlauchtigster Kurfürst, denn daß ich Ew. Hochwürden bitte durch den Herrn Jesum Christum, Ew. Kurf. Gn. wollten ein Auge väterlicher Sorge auf diese Sache haben, und dieselbe Instruktion allerdings wegtun und den Ablaßpredigern eine andere Weise oder Form zu predigen befehlen, daß nicht vielleicht dermaleinst sicher einer

herfürtue und dem Ablaßprediger und dem Büchlein widerspreche zur höchsten Schmach Eurer Durchlauchtigsten Hoheit; davor mir wahrlich sehr grauet, und ich doch besorge, daß es geschehen möchte, wo der Sache nicht eilends geraten würde."

2 Kardinal Albrecht von Brandenburg (1513–1545). Kupferstich von Albrecht Dürer, 1519.

3 Wenngleich die Moritzburg während des Dreißigjährigen Krieges wiederholt die Besatzung wechselte, so wurde sie doch nie mit Waffengewalt genommen. Unter sächsischer Besatzung brannte sie am 7. Januar 1637 fast vollständig aus.

3

4

Der Ablaßhandel war eng verknüpft mit dem Reliquienkult. Brachten die Kreuzfahrer und Pilger dereinst zur Erinnerung Steine und Erde von den heiligen Stätten mit, so war das ausgehende Mittelalter überschwemmt von den Gnadenpartikeln, die geschäftstüchtige Händler unters gläubige Volk brachten: Splitter vom Kreuze Christi, Stroh von der Krippe in Bethlehem, Milch von der Gottesmutter, Knöchelchen von Tausenden Märtyrern und Heiligen, Ruß aus dem Feuerofen der drei Männer ... Betrug paarte sich mit Wundersucht, Jenseitsgläubigkeit mit der Furcht vor dem Jüngsten Gericht. Hatte schon Erzbischof Ernst eine ansehnliche

Reliquiensammlung für die Burgkapelle zusammengebracht, so überbot sein Nachfolger alles bisher Dagewesene. Er wollte, wieder einmal in Konkurrenz zu Wittenberg, den Kurfürsten Friedrich den Weisen ausstechen, der in Verbindung mit der Universität den unerhörten Reliquienschatz von über 5 000 Partikeln zusammengebracht hatte, die just in der Schloßkirche, kostbar in goldenen Gefäßen gefaßt und so der Sache erst den eigentlichen Verehrungsreiz gebend, ausgestellt wurden, als Dr. Luther seinen Protest an die Tür nagelte. Kaum eine Woche verging ohne Neuerwerbung, und Lucas Cranach lieferte die Entwürfe für die Holzschnitte zum so genannten Wittenberger Heiligtumsbuch von 1509, ein beschreibendes Verzeichnis dieser Schätze. Besaß der Kurfürst um 1520 schon fast 19000 Partikeln, so der 1518 zum Kardinal ernannte Albrecht 42 ganze Körper von Heiligen und 8133 Partikeln, die zum Teil in seiner Wunderkammer im fünfeckigen Torturm der Moritzburg, teilweise in der Burgkapelle aufbewahrt wurden. Nach der päpstlichen Genehmigung zur Errichtung des Neuen Stiftes wurden die Reliquien in die zum Dom erklärte Stiftskirche überführt, die durch die Bulle von 1519 mit zahlreichen Ablässen gesegnet war. Alle Besucher der Kirche von der Vesper des Freitags nach Mariä Geburt (8. September) bis zum Sonnenuntergang des nächsten Freitags erlangten z. B. mit ihrer Bußleistung vollen Sündenerlaß. Insgesamt konnte sich Albrecht für seine Sammlung mehrere Millionen Jahre Sündenerlaß ausrechnen. Das Volk strömte von weither, um daran zu partizipieren – das Geschäft blühte. Zwecks Werbung ließ er seine Sammlung auch in einem Verzeichnis, dem „Halleschen Heiligtum", erfassen, der ersten halleschen Druckschrift.

Es waren dieser in der Stiftskirche ausgestellte Reliquienschatz und die damit verbundenen Feste von 1520 und 1521, die Luther provozierten, von der Wartburg aus einen Brief wider den „Abgott des Ablasses" zu schreiben; doch auch diese Warnung, die zweite, eindringlichere, blieb ungehört.

Albrecht hatte mit nur 28 Jahren als Fürstprimas und Reichskanzler die Höhe seiner Macht erreicht; nun wurde er auch noch Kardinal. Albrecht Dürer zeichnete diesen Mann mit dem vollen Gesicht und dem sinnlichen Mund während des Augsburger Reichstages 1518 als Studie zum Stich „Kleiner Kardinal", für die ihn der Porträtierte fürstlich mit 200 Golddukaten und einem Damastkleid entlohnte. Vier Jahre später zeichnete ihn der Meister während des Nürnberger Reichstages noch einmal für einen weiteren Stich („Großer Kardinal"). Die Bildnisse zeigen einen vitalen Renaissanceherrscher. Außer den beiden Kaisern Maximilian I. und Karl V. ist kein anderer Herrscher dieser Zeit so oft porträtiert worden wie er, der die Macht mit der gleichen Sinnlichkeit wie die Frauen liebte, die Pracht wie die sie schmückenden Musen. Der tödliche Widerspruch seiner Zeit hatte in diesem Aufklärer, der einerseits aus Eigennutz vom

Aberglauben des gemeinen Mannes profitierte und anderseits die Humanisten und die progressiven Künste förderte, die treffendste und schillerndste Gestalt. Nicht zufällig war er es, der vor den Toren Aachens den neuen Kaiser Karl V. am 22. Oktober 1520 zum Krönungsfest begrüßte. Es war auch der Mainzer, der am 26. Oktober nach der Hochmesse verkündete, daß Seine Heiligkeit dem neuen König den Titel eines „erwählten römischen Kaisers" zuerkannt hatte. Ein neues Zeitalter brach an. Die Fronten der großen Klassenschlachten des 16. Jahrhunderts begannen sich zu formieren.

Das autoritäre Regime des Kardinals bedrängte nicht nur die politischen Rechte und Selbständigkeiten der Salzstadt Halle, sondern griff auch entscheidend in deren historisch gewachsene Architektur ein. Zunächst konzentrierten sich die Anstrengungen auf die Moritzburg. Prächtige Kachelöfen übernahmen in den Festsälen des Westflügels die Funktion der Kamine; Reste fanden sich 1954 bei der Räumung des Brandschutts von 1636, der wichtige Aufschlüsse über die Gestaltung der erzbischöflichen Räume gab. Die Wände waren stark bemalt, der Fußboden aus Bohlen in Mustern angelegt, Kerzen in vergoldeten Haltern an den Wänden spendeten Licht, die Aussichtserker in der fast sieben Meter starken Südwand hatten schmückende Netzgewölbe; das Dachgeschoß war vermutlich zu Wohnräumen ausgebaut. – Es blieben von alledem nur die Außenmauern und die Stümpfe der Mittelsäulen. Die alten Stiche aber bieten einen prächtigen Anblick der Burg mit den hohen Dachgeschossen; selbst im oberen Bereich der Ecktürme waren noch Wohnräume. Der personenreiche Hofstaat brauchte viel Platz. Die Innentreppe im Westflügel, in der Mitte der Hoffront gelegen, ist – nach Ansicht des Architekten Hermann Wäscher – vermutlich eine der frühesten Innentreppen in der deutschen Baugeschichte. Albrecht ließ die Gräben um seine Zitadelle verbreitern und für die Neue Residenz in der Stadt durch Abbruch Platz schaffen. So erhielt der nördliche Teil Halles zur Saale hin eine prächtige Schaufront; die Residenz des

4 Schloß und Festung, im Geviert umgeben von einem 25 Meter breiten und 10 Meter tiefen Graben, nach der Saale zu an der Westseite ein vorgeschobener Zwinger mit Wehrgängen, das war die Zwingburg der Hallenser Erzbischöfe.

Kardinals war zur künstlerischen Metropole des nördlich der Mainlinie gelegenen Deutschlands geworden, zum Tor für den Siegeszug der Renaissance nach Norden.

Die Predigerkirche wurde praktischerweise zum Dom erklärt und als Prunkgehäuse für die Allmacht des Herrn der Moritzburg ausgestattet. Silbergerät schmückte die Altäre, Bilder aus berühmten Werkstätten zierten die Wände, bestickte Tücher die Pfeiler, kostbare Teppiche den Steinboden; der große Hauptaltar war mit den edelstein- und perlenverzierten Brustbildern Albrechts und Karls V. dekoriert. Es duftete geheimnisvoll nach Weihrauch und Myrrhe, glänzte und funkelte und schimmerte im imaginären Glanz eines verheißungsvoll gesteigerten Hochkatholizismus. Matthias Grünewald — der Meister Mathis Gothart, Maler und Ingenieur, mit den Mainzer

Steinmetzen von Aschaffenburg nach Halle berufen — schuf sein reifstes Werk für diesen zur Grabkirche des Kardinals bestimmten Dom. Es stellt Albrecht im Prunkornat fast lebensgroß als hl. Erasmus dar. Die Reliquien dieses Lieblingsheiligen Albrechts waren schon vorher von Magdeburg in die Kapelle der Moritzburg überführt worden.

Während der gemeine Mann in Halle unter Teuerung und Holzmangel litt, entfaltete sich in der Moritzburg ein unvorstellbar verschwenderisches Hofleben. 1523 z.B. bezahlte die Stadt dafür 10000 Gulden. Eine aufgebrachte Menge zog am Morgen des 29. Dezember 1523 frierend und hungrig vor die Moritzburg und schrie Schmähreden über die Festungsgräben. Der Ratsmeister und andere Stadtgrößen baten daraufhin kniefällig in der Burg um Gnade. Die Zeichen standen auf Sturm, der Kardinal — von seltsamer Halsstarrigkeit in seiner Opposition gegen den bürgerlichen Geist aus Wittenberg — verstand sie nicht. 1523 erfolgte die erste Eheschließung eines Hallenser Pfarrers; Propst Nikolaus Demut vom Neuwerk-Kloster, enger Vertrauter Albrechts, trat zur lutherischen Lehre über; der erst 1523 berufene Stiftsprediger Georg Winkler verkündigte bereits im folgenden Jahr erstmals das Evangelium auf lutherische Weise. In der Allstedter Burgkapelle interpretierte Thomas Müntzer vor Herzog Johann und seinem Sohn in der berühmten „Fürstenpredigt" die Heilige Schrift als Kampfaufruf für eine wahre Reformation von Kirche und Staat: „... Die Herren machen das selber, daß ihnen der arme Mann feind wird."

Die Ereignisse des Bauernkrieges ließen den Kardinal zeitweilig einlenken. Nach der Schlacht vom 25. Mai 1525 bei Frankenhausen ging er gegen die sich zunehmend ausbreitende Reformation in Halle nur um so härter und unnachgiebiger vor. Voll hektischen Eifers wurden gleichzeitig wider bessere Einsicht in die sich sehr rasch verändernden Machtverhältnisse die mit dem (1520 gegründeten) Neuen Stift verbundenen umfangreichen Baumaßnahmen vorangetrieben. Der als katholische Universität geplante Komplex südlich des Doms, die spätere Neue Residenz, war Ausdruck renaissancehaften Machtbewußtseins. — Erbaut wurde von dem Werkmann Andreas Günther ein architektonisches Glanzstück: Unter steilem Satteldach mit zehn von halb-

runden Giebeln ganz ungewöhnlich geschmückten Zwerchhäusern ein langgestreckter Hauptbau an der Saale, den ein an Italien erinnernder Arkadenhof abschloß. Eine Kapelle teilte den von zweigeschossigen Trakten umschlossenen Hof mit Laubengängen; ein Lustbad inmitten gepflegter Gartenanlagen auf der anderen Saaleseite ergänzte die großzügig geplante Anlage. Es entstand mit Stiftskirche und Moritzburg eine imposante Architekturfront, wie sie dazumal in keiner anderen deutschen Stadt dieser Breiten zu finden war. Im 19. Jahrhundert wurde der Bau stark verstümmelt, und so stellt sich heute die einst wunderbar gegliederte Schauseite als nüchterne Backsteinfront dar. Erhalten blieb dagegen die harmonische Raumform des Innenhofes, die ein wenig den einstigen Reiz renaissancehafter Raumgestaltung nachempfinden läßt. Es gibt einen Bericht von der Pracht dieser Residenz, und man spürt heute noch, wie es dem kurfürstlich-brandenburgischen Hofastronomen Johann Carion bei seinem Besuch 1533 den Atem verschlug: „Alle Gemache waren auch mit goldenen Tüchern umhangen, goldene Bankpfühle und dergleichen. Die Ornate, so da gesehen wurden, waren seiden über die Maßen, desgleichen Heiligtümer, Infuln und goldene Kreuze ... In Summe köstlicheren Schatz mitsamt einer Credenz in dem Gemach habe ich nie gesehen. Die Credenzbank war 22 Staffel oder Grade hoch und standen in einer Staffel in die Breite ungefähr unterweilen 24 Geschirren auch 22, auch in etlichen 26, aber in keiner unter 20, also daß der Stücke ungefähr auf der Credenz 550 waren, eitel hohe große Staufkannen und goldene Scheuern mit getriebenen Conterfacten; daneben standen 2 Einhorn, wie 2 Kerzen, jegliches von ungefähr 3 Ellen lang oder länger ... Ich habe manch köstlichen Prunk gesehen, aber keinen diesem gleich. Es war mit der Krönung des Kaisers und seiner Gemahlin ein Kinderspiel gegen dieses ..."

Eine ungefähre Vorstellung von dieser mediceische Renaissanceluft atmenden Wohnkultur gibt Lucas Cranachs Gemälde mit Kardinal Albrecht als hl. Hieronymus im Gehäuse. In dieser Pracht nistet aber auch bereits purpurn der Todeskeim des Untergangs. Die Verschuldung des Verschwenders von der Moritzburg war nicht

5 Nordostseite der Moritzburg.

weniger überdimensional als seine Lebensweise. Allein 50000 Dukaten hatten die Aufwendungen zum Augsburger Reichstag von 1518 verschlungen. Die Stände sperrten sich, neue Steuern zu bewilligen; 1535 hatte ihm der Rat eine jährliche Ausleihe von 5250 Gulden zugestanden, ein Tropfen auf den heißen Stein. Schon mußten kostbare Stücke des Heiltums und der Reliquiensammlung zur Deckung der laufenden Unterhaltskosten des Hofes wieder veräußert werden, ohne doch den Bankrott – moralisch wie finanziell – wenig mehr als um Wochen und Tage aufzuschieben. Am 9. Februar unterzeichnete der endgültig von dem Umbruch der Zeit gebrochene Mann die Kapitulation in Kalbe, wo sich die Stände auf dem Landtag zur Übernahme seiner immensen Schulden in Höhe von 536000 Gulden nur unter der vertraglichen Zusicherung freier Religionsausübung und der Auflösung des Neuen Stifts bereit erklärt hatten. Am 14. Februar zog der geschlagene Fürstbischof in Begleitung von 100 Reitern noch einmal in der Moritzburg ein; drei Tage darauf gab er den hier versammelten Stiftsher-

ren den Abschied. In der Nacht vom 20. zum 21. Februar suchte der Rat in zäher Verhandlung mit dem schwer gekränkten und völlig unzugänglichen Kirchenmann der Stadt wenigstens Reste aus dem Nachlaß des Stifts zu erhalten. Vergebens. Bereits ab 1540 waren die wertvollsten Schätze aus der Kunstkammer im Torturm der Moritzburg ebenso wie aus dem Neuen Stift vor allem nach Mainz und Aschaffenburg gebracht worden. Albrecht hörte nur stumm zu und grollte. Als er am 21. Februar aufbrach und der Moritzburg ein für allemal den Rücken kehrte, begleiteten ihn die Ratsherren sogar bis Querfurt, um sich wenigstens für 1000 Gulden den viereckigen Turm der Stiftskirche samt Glocke und Orgel zu sichern. Doch der Turm – in den Bürgerhänden strategisch die Moritzburg bedrohend – wurde abgerissen, Orgel und Glocke nach Magdeburg gebracht. Obwohl sich Albrecht vertraglich die Residenz und die Burgkapelle sowie den freien Gang von der Moritzburg bis zur Stiftskirche vorbehielt, machte er nie wieder Gebrauch davon. Sein ihn stellvertretender Koadjutor, ein Vetter, zog am 10. März 1541 in der Moritzburg ein, die ihm sicherer erschien als die Prunkgemächer in der Neuen Residenz. Albrecht, verbittert und düster, starb 1545 in Aschaffenburg. Von den Schätzen des berühmten Heiltums blieb fast nichts erhalten, der Zyklus der Bilder von Cranach und Dürer ist heute in den Museen verstreut; Grünewalds Darstellung des Kardinals als hl. Erasmus beispielsweise gelangte 1836 von Aschaffenburg in die Münchner Alte Pinakothek; die von Hans Sebald Beham prächtig illustrierte Tischplatte mit Themen der biblischen David-Geschichte, ein Prunkstück der Neuen Residenz, befindet sich heute im Pariser Louvre. Luthers Weissagung von der Wartburg hatte sich bitterer erfüllt, als er es selbst je ahnte.

Halle, wiewohl weitgehend bereits protestantisch, verblieb unter dem Regiment des Magdeburger Erzbischofs. Albrechts Nachfolger Johann Albrecht vertraute in diesen verworrenen Jahren vor dem Schmalkaldischen Krieg mehr der Durchschlagskraft seiner Diplomatie als der seiner gegen Halle gerichteten Kanonen. Doch nicht die Bischofsburg, sondern Albrechts Neue Residenz wurde — Ironie der Geschichte — zum Schauplatz einer verspäteten Genugtuung für ihren Bauherrn. Bereits am 22. November 1546 war der kaisertreue Herzog Moritz von Sachsen vor Halle aufgezogen und hatte die Neue Residenz mit Hilfe des Erzbischofs besetzt. Eine Abordnung des Rates mußte fünf lange Stunden in einem kalten Saal der Burg auf Audienz warten, wo sie vergeblich um den Verbleib zweier prominenter lutherischer Prediger in der Stadt bat. Silvester 1546 überreichte ein fürstlicher Trompeter dem ins kaiserliche Lager abgeschwenkten Erzbischof den Fehdebrief des lutherischen Kurfürsten Johann Wilhelm, der seinerseits am Neujahrstag die Moritzburg besetzte und die zuvor hier abgelieferten Waffen und Straßenketten der Stadt wieder zurückgab. Am 10. Juni 1547, knapp zwei Monate nach der Schlacht bei Mühlberg, zog nun zusammen mit dem gefürchteten Herzog Alba der siegreiche Kaiser Karl V. in Halle ein und nahm in der Neuen Residenz Quartier. Seine demütigende Abrechnung mit dem protestantischen Widersacher Philipp von Hessen ist in dieser Kulisse wie der letzte Akt eines Shakespeare-Dramas: Am 18. Juni erschien der militante Landgraf in Halle, tags darauf verhandelte er in Gegenwart der Kurfürsten mit dem Bischof von Arras die Unterwerfungsbedingungen, abends, kurz nach 18 Uhr, betrat er — von zwei Kurfürsten begleitet — den Festsaal und kniete vor dem wartenden Kaiser auf blankem Estrich vor dem Teppich nieder. Der Kanzler verlas seine Abbitte, dann die Antwort Karls, dessen spanisches Gefolge im Hintergrund mit düsterem Hohn die Szene verfolgte. Dem aufatmenden Landgrafen Philipp wurde zugesagt, nicht mit „ewigem Gefängnis" bestraft zu werden. Es war jedoch Alba, der dem Knienden, die Rechte reichend, aufhalf und ihn zum Nachtmahl auf die Moritzburg einlud, wo er ihm — nach dem Essen — den kaiserlichen Haftbefehl vorwies und ihn festnehmen ließ. Am 23. Juni folgte Philipp dem Halle wieder verlassenden Kaiser als Geisel. Erzbischof Johann Albrecht starb 1550 und wurde in der Moritzburgkapelle beigesetzt. Sein zweiter Nachfolger Sigismund trat 1566 zur lutherischen Glaubenslehre über. Seit dem Thesenanschlag war kein halbes Jahrhundert verstrichen.

Der Dreißigjährige Krieg brach die erzbischöfliche, strategisch uneinnehmbare Zwingfeste von innen her. 1636 zog sich der kaiserliche Kommandant vom Giebichenstein in die ihm sicherer erscheinende Moritzburg zurück. In Burg Giebichenstein machte schwedische Reiterei Quartier, bis schließlich durch Unachtsamkeit im Malzhaus Feuer ausbrach und die ganze Anlage ergriff. Die Kaiserlichen waren nicht minder sorglos, als sie am 7. Januar 1637 bei grimmiger Kälte das eigene Quartier versehentlich in Brand steckten und es selbst mit löschendem Bier und Wein nicht mehr zu retten war, woraufhin die Sachsen eiligst abzogen und das wüste Schloß den Schweden überließen, die sich immerhin bis 1639 hielten. Dann durften sie, nach harter Belagerung durch die Sachsen, unter militärischer Ehrenbezeigung abrücken. Bald darauf wiederholte sich das Kriegsspiel mit umgekehrten Vorzeichen: die Sachsen verteidigten, die

6 Der weite Burghof bietet Platz für Geselligkeiten aller Art; Blick durch die Arkaden des verbreiterten Wehrganges.

7 Hof der Moritzburg mit dem wuchtigen Torturm, an dessen Hofseite eine Tafel an Erzbischof Johann Albrecht erinnert. Er wurde 1550 in der benachbarten Maria-Magdalenen-Kapelle beigesetzt. König Friedrich II. von Preußen ließ anstelle des früheren Wehrgangs zwischen beiden Bauten das Lazarett errichten.

Schweden belagerten, unterminierten von der Stadtseite her einen Eckturm, sprengten ihn teilweise hoch und setzten dann die Sturmleitern an, bis der ausgebrannte, zerschossene, ruinierte Rest der Erinnerung an vergangene Größe übergeben wurde.

Der Westfälische Friede 1648 brachte Kurbrandenburg die Anwartschaft auf die noch bestehende erzbischöfliche Administratur. Mit dem Tode des letzten Administrators August, der Albrechts Neuer Residenz noch einmal letzten Glanz verliehen hatte, wurde das Herzogtum Magdeburg 1680 brandenburgisch. In dem einstigen sächsischen Musensitz etablierte sich kühl-sachlicher Preußengeist; Halle wurde Grenzstadt, geistige Impulse gingen lediglich noch von der Universität aus. Ein Wiederaufbauplan 1688 scheiterte am Kostenvoranschlag, die Burg verfiel zusehends. 1727 wurde der ehemalige Bankettsaal im Westflügel mit Erde für einen Gemüsegarten aufgefüllt. Eine Wache des Regiments Alt-Anhalt richtete sich ein, so gut es eben ging. 1750 riß man die alte Holzbrücke ab und ersetzte sie durch eine steinerne; 1768 begann die französisch reformierte Gemeinde die (nach dem Brand von 1636 wieder ausgebesserte) Burgkapelle zu nutzen, bis sie dann nur wenige Jahrzehnte später als Lagerraum diente. 1777 begannen mit dem Lazarettbau (zwischen Torturm und Kapelle) größere Umbauarbeiten. Glücklicherweise blieb Karl-Friedrich Schinkels klassizistisch-neugotisches Projekt eines Ausbaus der Ruine zur Universität wegen zu hoher Kosten unausgeführt. Ende des 19. Jahrhunderts wurden statt dessen für die Universität im Nordflügel Fecht- und Turnsäle ausgebaut und die restaurierte Kapelle zur Universitätskirche erhoben.

Die restlichen drei Flügel standen ab 1897 der Stadt zur Verfügung, die sie bald museal zu nutzen trachtete. So wurde mit bedeutender Unterstützung aus privater Hand ab 1901 im alten Gemäuer ein Museum eingerichtet. Es entstand an der Stelle des alten Wirtschafsgebäudes unter Einbeziehung erhaltener Mauern und Fundamente in Kopie des (1558 von Nickel Hofmann erbauten, 1882 abgerissenen) ehemaligen Halloren-Talamtes ein Neubau (für die Sammlung an Kunsthandwerk), in dem das 1594 neu vertäfelte Gerichtszimmer und das um 1616 fertiggestellte Brautzimmer der Halloren ihre bleibende Heimstatt fanden. Der einstige Wehrgang wurde

bereits 1912 als Raum für die Gemäldegalerie wiederhergestellt, die südöstliche Kanonenbastion (mit ihrer neuen Kuppel im oberen Stock) sollte als Festsaal dienen, wurde jedoch — da es zum geplanten Ausbau der Westruine nicht mehr kam — in provisorische Ausstellungsräume (bis 1954) unterteilt. Wieder war die Bischofsburg zum Musensitz geworden, zur Pflegestätte der Kunst. Die Halleschen Sammlungen (Gemälde, Graphik, Plastik, Kunsthandwerk, Münzkabinett) hatten einen guten Namen; alte Meister (wie Bildwerke der Spätgotik) und Moderne ergänzten sich in lebendiger Spannung. Alois Schardt, dem die Galerie Arbeiten aus der Gruppe des „Blauen Reiters" verdankte, richtete für Lyonel Feininger, der an den halleschen Stadtansichten arbeitete, ein Atelier im Torturm der Moritzburg ein. Mit Hermann Wäscher, seit 1951 Leiter des Graphischen Kabinetts (das u. a. komplett die 2000 Blatt Merian-Stiche besitzt), begann die Erweiterung der Ausstellungs- und Magazinräume. Die Keller im Westflügel wurden baulich gesichert und als Schauräume genutzt, die darüber befindliche Ruine wurde von Brandschutt geräumt und als Freilichtmuseum für die Plastiken gewonnen.

Von der Patronin des Stiftes, der heiligen Katharina, am Torturm freundlich begrüßt, sehen wir uns im geräumigen Hof um. Trotz der ausgebrannten Ruine des Westflügels und der veränderten Um- und Zubauten, wirkt er noch immer festlich geschlossen; eine Welt für sich. Im einstigen Südflügel der Museumsbau, im Torturm Arbeitsräume, im einstigen Wehrgang Ausstellungsräume, Geselligkeit in den unterirdischen Räumen der Westflügelruine, wo ein Weinkeller und Halles Fernsehtheater ihr Domizil gefunden haben. „Die Kiebitzensteiner", Halles renommiertes Kabarett, sind im südöstlichen Turm zu Hause, darunter befindet sich eine Bar. So haben die Hallenser die alte Zwingburg schließlich doch in ihren Besitz gebracht. Einmal im Jahr, jeweils an einem Sommerabend, laden die neuen Burgherren zu einer großen Burgparty ein. Wer nicht dabeisein kann, der erlebt es dann am Bildschirm. Kaum eine andere Burg ist so lebendig geblieben wie diese. Selbst die Studenten haben in dem Gemäuer ein Plätzchen gefunden. Knapp 470 Jahre nach dem Einzug des erzbischöflichen Erbauers der Moritzburg machten sie sich daran, aus dem Nordostturm den Schutt der Geschichte zu räumen. In zehn Monaten leisteten 4 500 Studenten mehr als 25 000 Auf- und Ausbaustunden, wurde die für Luftschutzzwecke präparierte historische Turmhülle wieder originalgetreu restauriert, wurden Betonverfüllungen beseitigt und das einbetonierte Renaissance-Gewölbe wieder freigelegt. Noch während der Räumungsarbeiten ging das erste improvisierte Turmkonzert über die zunächst nur gedachte Bühne; die Studenten standen bis zu den Knien in Bauschutt, die Stimmung war glänzend. Im Juni 1973 war das Kunststück aus Stahl, Klinker, Holz und Parkett vollendet, die alten Schaustücke stellte die benachbarte Galerie. Seither herrscht hier sehr reges Leben: Jazz und Chanson bei Cola oder Wein, Tanz und Konzert, Diskussionsabende mit geladenen Gästen. Kardinal Albrecht freilich wäre schwerlich zu bewegen, sich der Diskussion in seiner alten Bischofsburg zu stellen. Denn seine Gastgeber studieren an einer Universität, die den Namen Martin Luthers trägt.

8 Gotisches Gewölbe der Staatlichen Galerie Moritzburg in den Untergeschossen des Westflügels der alten Bischofsburg.

8

Abrechnung
mit dem Bauernführer

Festung Heldrungen

Wir schreiben Freitag, den 12. Mai des Jahres 1525. Im Frankenhäusischen werden massive Anklagen niedergeschrieben: „Sag an, du elender, dürftiger Madensack, wer hat dich zu einem Fürsten des Volkes gemacht, welches Gott mit seinem teuren Blut erworben hat? … Du sollst verfolgt und ausgerottet werden; … denn du bist der Christenheit nichts nutze, du bist ein schädlicher Staubbesen der Freunde Gottes. Der Prophet sagt, dein Nest muß zerrissen und zerschmettert werden … Ich fahre daher.“

Der das um die Mittagsstunde schreibt, ist Thomas Müntzer, der, an den die Zeilen gerichtet sind, ist Graf Ernst II. von Mansfeld, ein Leuteschinder. Er hat sich zu Heldrungen aus der ursprünglichen Burg von fronenden Bauern ein Wasserschloß errichten lassen, indes die Felder unbestellt blieben.

Schon einige Zeit brennt die Fackel des Aufstandes auch in Thüringen so heiß, daß sich der Adel vorsichtshalber auf umwehrte Besitzungen zurückzieht, so auch auf die festen Burgen und Schlösser im Mansfelder Land. Das Eintreffen der fürstlichen Heerhaufen soll hier abgewartet werden.

Müntzer weiß um die Kraft seines Wortes und will es konsequent einlösen, damit der Aufstand siegreich wird. Als der 35jährige im schlichten dunklen Chorrock am Nachmittag des 11. Mai mit 300 Bewaffneten und acht Karrenbüchsen Mühlhausen, der Stadt des Ewigen Rates, den Rücken kehrt, ist es zum Bruch mit Heinrich Pfeiffer gekommen. Ein Teil des revolutionären Aufgebots bleibt zum Schutz der Stadt zurück. Eigentlich wollte Müntzer zusammen mit Pfeiffer Heldrungen, die stark befestigte Wasserburg in der Unstrutniederung, einnehmen. Kein Wunder, daß die hier aus allen Himmelsrichtungen zusammengekommenen Vasallen des Grafen von Mansfeld dort täglich vor einem Angriff der Bauern zittern. Schon drohen sie in Bettelbriefen an Herzog Georg von Sachsen, sich notfalls auf die Seite des Bauernheeres zu schlagen, wenn nicht schleunigst Hilfe kommt. Doch nachdem sich die Söldner Georgs und des Landgrafen Philipp von Hessen vor den Toren Frankenhausens vereinigt haben, können sie aufatmen. Für Müntzer, den einstigen Pfarrer aus Allstedt, ist es zu spät, nach Heldrungen zu ziehen. Die Fürsten haben die Bauern zum entscheidenden Kampf gezwungen. Nun soll das Schwert entscheiden.

In flammenden Worten beschwört Müntzer seine Getreuen. Er weiß um die Übermacht, der sie gegenüberstehen, und er weiß, daß die Wagenburg auf dem Weißen Berg nicht lange schützen kann. Aber es gibt nur eine Möglichkeit, den doppelbödigen Friedensanträgen der Fürsten, die bereits in den Köpfen einiger Bauern die Saat der Uneinigkeit und des Zweifels gelegt haben, zu begegnen: den offenen Kampf der Knechte, um sich für diese kurze Zeit als Freie zu fühlen.

Während das Wort des Reformators durch die Massen getragen wird, überspannt den Himmel ein Regenbogen. „Ihr sehet“, ruft er aus, „daß Gott auf unserer Seite ist …, daß Gott uns, die wir den Regenbogen im Banner führen, helfen will …“

Noch während der Weiheminuten für die Schlacht feuern die fürstlichen Kanoniere Tod und Verderben in die Reihen der Bauern. Die Wagenburg zerbirst, Leiber werden zerfetzt, Schreie erfüllen die Luft. Die Bedrängten greifen zu den Waffen — zu spät. Schon sind die Landsknechte auf Steinwurfnähe heran. Ein Morden beginnt, ein Stechen und Abschlachten. Überall ist Blut. In kurzer Zeit sind 6000 Menschen vom Leben zum Tode gebracht. Nur wenigen Bauern ist es gelungen, zu entfliehen, Thomas Müntzer befindet sich unter ihnen. Doch die Hoffnung, unentdeckt zu bleiben, währt nur Stunden. In einem Frankenhäuser Haus am Nordhäuser Tor findet ihn ein Ritterknecht. Briefe des Grafen von Mansfeld haben ihn verraten. Der Ritter bekommt seinen Judaslohn: 100 Gulden Kopfgeld.

Es ist ein schwüler, heißer Tag, da sich der Schinderkarren, auf den man Müntzer geschmiedet hat, in Bewegung setzt. Sein Hemd ist zerrissen, blutverkrustet. Gen Heldrungen wollen ihn die Büttel bringen, als Beutepfennig an Ernst II. von Mansfeld. Der Weg führt direkt in die Höhle des Mansfelder Löwen.

Im Vorbeikarren erfaßt Müntzer die Dörfer Seehausen, Oldisleben — dann Heldrungen. So wollte er nicht daherfahren, so nicht. Er wird nicht mehr viel Zeit haben, darüber nachzudenken. Nur zu gut weiß er, wie sehr ihn die Herren fürchten und daß er ihre ganze Wut zu spüren bekommen wird. Die Fesseln haben ihm das Fleisch wund gescheuert. Schon erfassen seine Augen Heldrungen und schließlich die mächtige Festung mit dem breiten Wassergraben. Drohend schieben sich ihm die Rundtürme und das Tor entgegen.

Wachen stoßen das schwere Tor auf, um es hinter dem Wagen rasch wieder zu schließen. Im Hof empfängt ihn der zufriedene Hohn derer, die noch vor Tagen um ihr Leben winselten. Spott, Beschimpfung, derbe Flüche. Alles prallt an ihm ab. Er erträgt die Erniedrigung mit teilnahmsloser Ruhe. Obwohl alles entschieden ist, starren um ihn herum Knechte in Waffen. Dicht gedrängt umstehen die Gaffer den Karren, als wollten sie sich vergewissern, ob der berühmte Bauernführer auch tatsächlich als Gefangener gekommen ist.

Wenig später schleppt man Müntzer in den steinernen Bergfried und stößt ihn in ein dunkles Kellerloch. Das Verlies. Eiserne Klammern pressen die geschundenen Hände zusammen. Aus den Mauern dringende Feuchtigkeit macht ihn zittern. Mit den Häschern entfernt sich das letzte Licht.

1 Thomas Müntzer. Stich von Christoph von Sichem 1608 (vermutlich nach einem verschollenen Gemälde Hans Holbeins d. J. von 1525).

2 Ritter verhandelt mit aufständischen Bauern. Holzschnitt des Petrarca-Meisters (1532), unbekannter, seit 1516 in Augsburg tätiger und dort bereits 1532 verstorbener Künstler.

TOMAS MVNCER PREDIGER ZV ALSTET IN DVRINGEN.

3

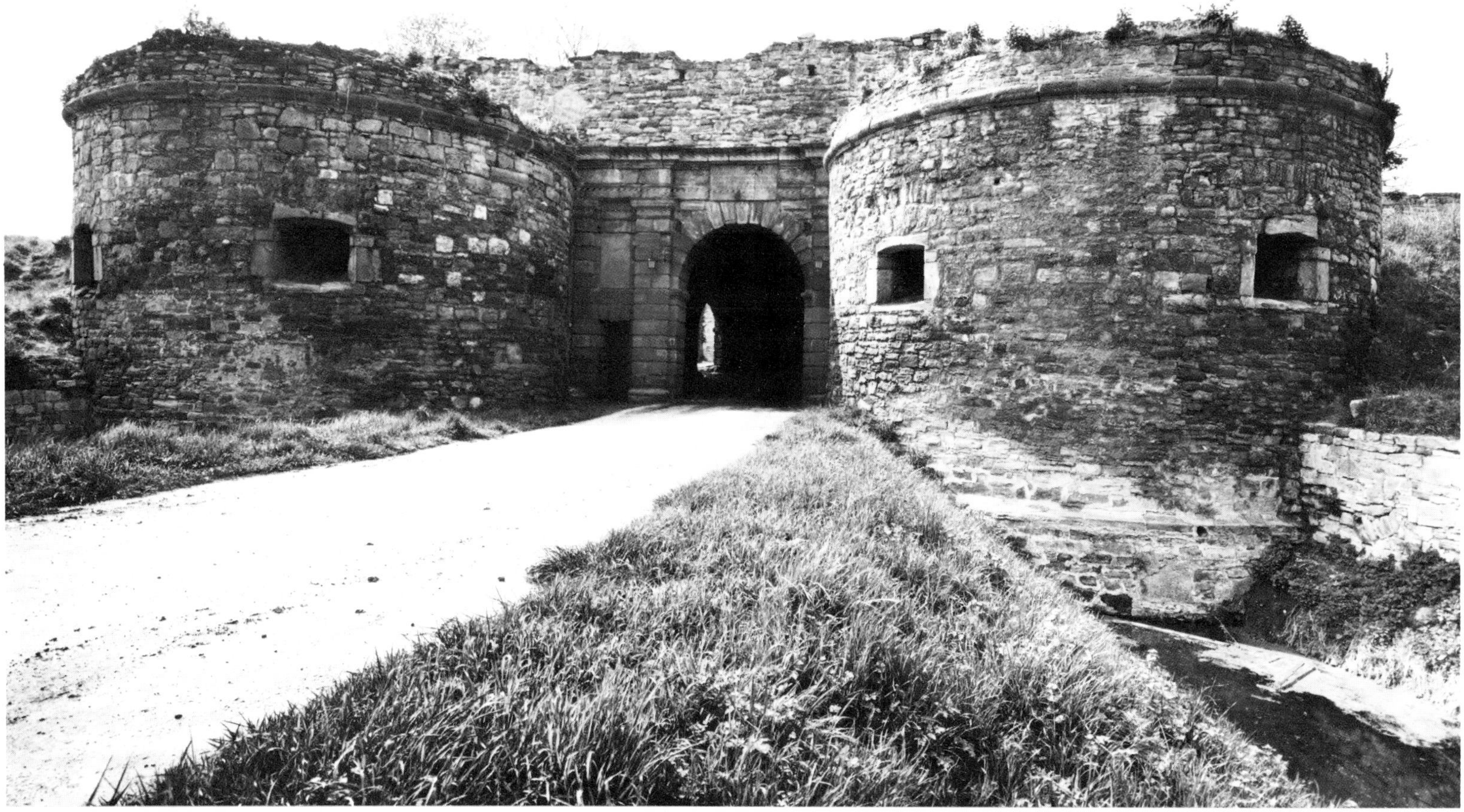

4

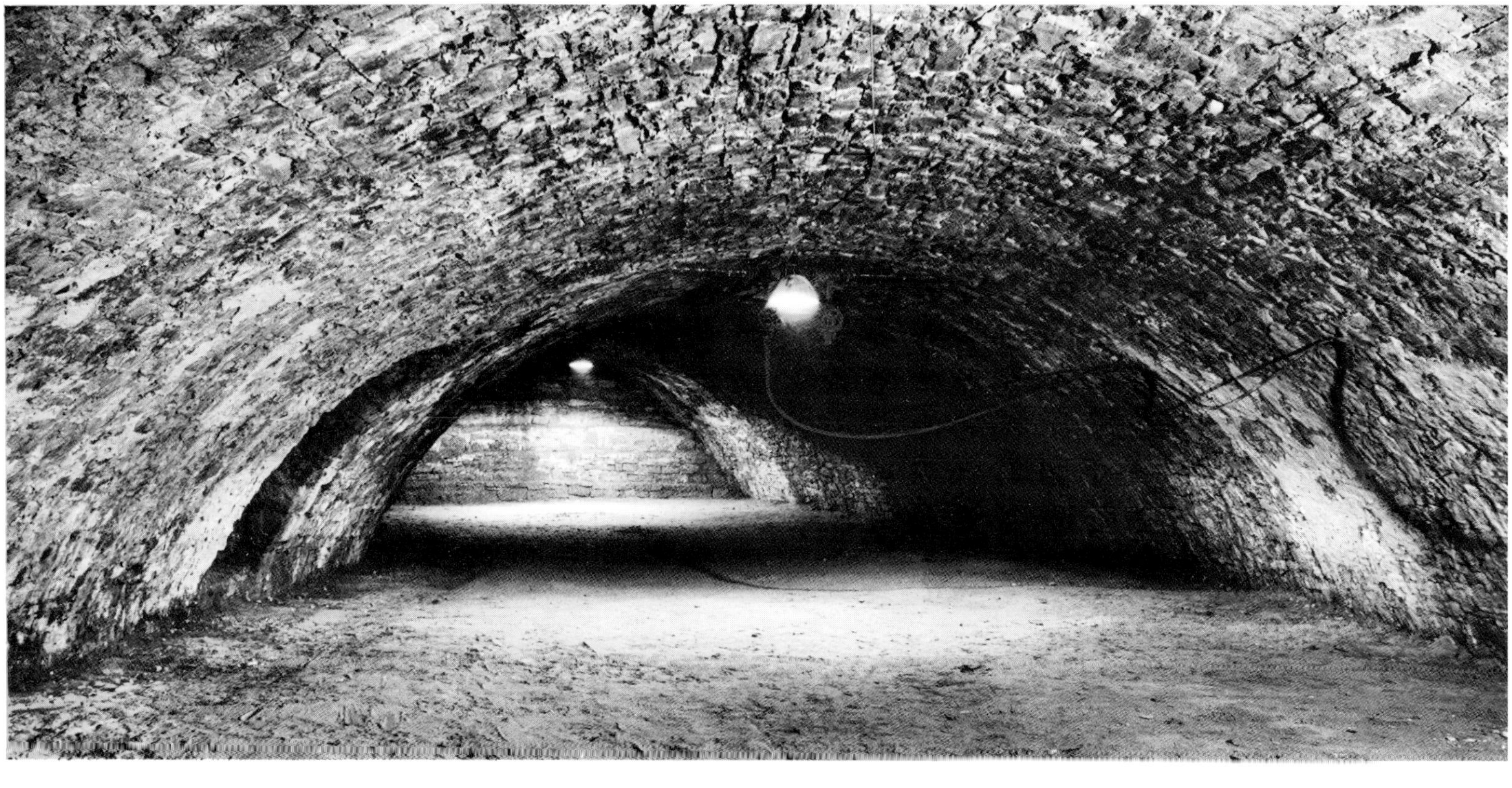

Müntzer hat keine Illusionen. Die Fürsten werden ihre Rache nehmen. Aber es gibt ihm Kraft, daß seine Reden in den Herzen vieler Menschen tiefe Wurzeln geschlagen haben. Die Enkel werden's besser ausfechten.

Es war ein kühler Herbsttag. Den bescheidenen Hinweis auf das Heldrunger Schloß erfaßten wir gerade noch, um von der Hauptstraße abzubiegen. Die kurze Straße zur Burg war ausgefahren, graue Nebelfetzen rings um die weitausladende Burganlage. Den trüben Wasserspiegel belebten nur ein paar Enten.
Wir überquerten eine steinerne Brücke — vor uns, gewichtig hingelagert, der monströse Torwächter mit seinen beiden runden Bastionen. Wenn sich auch über dem finsteren Eingangsschlund nicht mehr der mächtige Oberbau erhebt, so hat die Anlage doch nur wenig an Autorität verloren. Hinter dem einflügligen, eisenbeschlagenen Tor erwarteten einst den Angreifer Fallgatter, Pechluke und in den Kammern Wachsoldaten.
Sogar eine große und eine kleine Zugbrücke waren vorhanden. 1890 wichen sie einem massiven Bauwerk. Damit ein Beschuß des Innenhofes von außen verhindert werde, hatten die Erbauer die Durchfahrt des Torhauses leicht gekrümmt.
„Das … Schloß, welches zu den Zeiten, da es die Herren Grafen von Mansfeld inne gehabt, ziemlich erweitert und an Gebäuden vermehret worden, mag in den ehemaligen Zeiten vor eine ziemliche Festung passiret haben. Es ist mit Wällen und doppelten Wasser-Gräben umgeben, und muß man über zwei Zug-Brücken gehen, ehe man hineinkommt. Aus den ungemein dicken Mauern, massiven Thor-Wegen und einigen anderen Wercken, davon manche ziemlich eingegangen, erkennet man wohl, daß es sich vor dem in noch bessern Defensions-Stande möge befunden haben als jetzo", beschrieb der Merseburger Domherr Julius Bernhard von Rohr 1736 die Heldrunger Anlage in seiner Arbeit „Geographische und Historische Merckwürdigkeiten des Vor- und Unter-Hartzes". Möglicherweise hatte der sächsisch-merseburgische Kammerrat einen ähnlichen Standort für seine Beobachtung gefunden wie wir. Jedenfalls ließen sich von der Mauerkrone des Festungstores aus Details der Fortifikation um die im Grunde quadratische Kernburg mit ihren nunmehr drei Flügeln und der geräumi-

gen Vorburg überblicken. Sie ist umschlossen von einer Zwingermauer, an deren Ecken und an der Südostseite sich Rundbastionen in einen einst mit Wasser gefüllten Graben schoben, sowie von einer vorgelegten Umwallung mit flankierenden Basteien, die sich wie Hälse im spitzen Winkel in den äußeren Wassergraben recken. An zwei Stellen erlaubten Gänge den Verteidigern, vom inneren zum äußeren Wassergraben zu gelangen, ohne den Wall übersteigen zu müssen.
Daß diese gewaltige Festung im Polygonalsystem, bei dem sich die an den Ecken vorspringenden Basteien gegenseitig sichern konnten, entstand, geht auf den berüchtigten Grafen Ernst von Mansfeld zurück. Er war es, der die Burg von 1512 bis 1519 kastellartig umwandeln ließ, was Belagerern und Verteidigern z. B. im Dreißigjährigen Krieg einiges zu schaffen machen sollte. Wie überhaupt der Ausgang dieses Jahrhundertfeldzuges auf deutschem Boden das heutige Antlitz des Baues geprägt hat.
Doch zunächst einmal kam man auf Burg Heldrungen, die 1623 kursächsisch wurde, recht glimpflich davon. Die starken Mauern ließen einen Sturm wenig erfolgversprechend erscheinen. Doch daß es bei dieser Einschätzung nicht bleiben sollte, belegen die Chroniken der folgenden Jahre: Zwangsläufigen Einquartierungen folgte die von Soldaten eingeschleppte Pest auf dem Fuß. Doch das Schlimmste stand den Dörfern bevor, als die Landsknechtswelle nicht mehr an ihnen vorbei, sondern auf sie zu rollte.
Unvergessen der 22. Oktober des Jahres 1632: Die Wasserfeste war unter dem Hauptmann Karl Bart aus Halle mit 120 Soldaten des sächsischen Kurfürsten besetzt. Dem kaiserlichen General von Merode und seinen Vorgesetzten waren die mit dem Schwedenkönig im Bunde stehenden Heldrunger schon längst ein Dorn im Auge. Er nutzte die Gelegenheit der Stunde zum Sturm. Ge-

3 Zwei mächtige Rundtürme flankieren, Ehrfurcht gebietend, das gekrümmte Haupttor der Heldrunger Festung. Kanonenscharten, Ausgußöffnungen für Pech und ein Fallgatter erwarteten den heranrückenden Feind.
4 Teilweise zweigeschossig ist die Wasserburg Heldrungen unterkellert. Dieser 35 Meter lange Mannschaftskeller erstreckt sich unter dem Wirtschaftshof. Die flachen Tonnengewölbe boten auch Pferden Platz.

schütze wurden in Stellung gebracht. Dann kam der Angriffsbefehl.

Wie er ausgeführt wurde, schilderte der Heldrunger Dekan Faschius fünfundzwanzig Jahre später: „Da war Blut auf der Gassen, Blut auf dem Walle, Blut im Schlosse, Blut in der Kirche, Blut in den Stuben, Blut außen an Erde und Steinen, Blut überall. Blut auf der Gassen, da von Basteien und Blockhäusern an die 100 Personen niedergeschossen. Blut im Wasser, in dem die Feinde zum Wall überbrückt und zwei Stürme verloren, das Wasser vom Blut gefärbt, auch das Jahr hernach das Wasser so blutig geworden, daß man damit schreiben können ... als die Feinde im dritten Sturm über den Wall kommen und die Belagerten die innere Zugbrücke aus großer Bestürzung nicht aufziehen können und die grimmigen Tyrannen wie die Löwen mit ungeheuren Schreien eingefallen, mit Barten und Äxten den armen Leuten die Köpfe kreuzweise zerhauen, keiner Alten, keiner Jungen, ja die Kinder im Mutterleibe nicht verschont, maßen dann etliche Schwangere ermordet. Auch noch Leute leben, die gesehen, wie die grimmigen Löwen die kleinen Kinder hingerissen, wider die Kirchmauer geschmissen ...“

Später vertrieben die Schweden die Kaiserlichen aus der Festung. Daß die Schweden weitere Male mit ihren Standarten und Kompanien sowie den Geschützen vor den Mauern aufzogen, lag am sächsischen Kurfürsten Georg, der sich inzwischen auf die Seite der Kaiserlichen geschlagen hatte. — Es war ein kalter Wintertag anno 1640, an dem Generalmajor Wrangel die Festung kurzerhand über das zugefrorene Eis eroberte. Der Widerstand fiel, nachdem die Palisaden auf den Wällen unter dem Kugelhagel zerbarsten, mager aus, da der Kommandant gerade Hochzeit feiern wollte. Er ergab sich, dieweil seine Waffenknechte sich in die Reihen der Sieger stellten.

Jedoch das letzte Wort im Dreißigjährigen Krieg sprach für Heldrungen der Hessengeneral von Geyso (die Hessen waren mit den Schweden im Bunde), denn inzwischen war es den kaiserlichen Truppen wieder gelungen, sich in der Festung festzusetzen. Auch Geysos Absichten kam der Winter mit dicker Eisschicht um die Festung zugute. Am 13. Februar 1645 wurde sie nach 3000 Kanonenschüssen endgültig zum Leidwesen der Kaiserlichen erobert. Zugleich waren entscheidende Stunden der Fe-

stungsgeschichte angebrochen, denn die Sieger mobilisierten Tausende Bauern, die äußeren Bollwerke abzutragen. Damit beraubten sie die Burg ihrer wichtigsten Rüstung.

War es jetzt auch einige Zeit still um die Feste, so hatte man sie doch nicht vergessen. Herzog August von Sachsen-Weißenfels war es, der die strategische Lage erkannte und sich entschloß, die Anlage wieder sturmfest zu machen. Und es dauerte über vier Jahre, bis man ihm 1668 den Abschluß der Baumaßnahmen meldete. Es war ein ausgeklügeltes Festungswerk entstanden, wofür die Militärs den Begriff Regularfortifikation erfanden. Man dachte dabei auch an Kasematten, die nicht nur die Funktion eines Ausfalles (Poterne) hatten, sondern auch dazu dienten, den Wasserstand in beiden Gräben zu regulieren. Hierbei hatte der sächsische Landesbaumeister Johann Moritz Richter I wohlweislich jenem Sebastien le Prêtre de Vauban (1633–1707) über die Schultern geschaut. Dem französischen Marschall, Kriegsingenieur und Strategen machte in Sachen Festungsbau keiner etwas vor. Immerhin leitete er 53 Belagerungen und entwickelte seine Theorie und Praxis des Festungskrieges. Dieser Mann muß von einer ausgesprochenen Bauwut erfüllt gewesen sein. Im Dienste des „Sonnenkönigs“ Ludwig XIV. entstanden unter seiner Regie 33 Festungen, ganz zu schweigen von jenen 300, die er mit Bastionen ausrüsten ließ. Jedenfalls machte man sich auf Heldrungen sein Bastionärsystem im Hinblick auf mögliche kriegerische Wolken zunutze.

Herzog August allerdings mußte recht tief ins Staatssäckel greifen. Dafür ließ er seine Untertanen gehörig zur Ader. Einen möglichen Bezug auf die beträchtlichen Kosten des Festungsbaues kann der aufmerksame Burgbesucher im Innenhof entdecken. Dort ragt noch aus dem Mauerwerk ein Krötenkopf, daran die Inschrift: „Du Kröte hast mir viel gekost't.“ Ob Herzog August sich tatsächlich auf solche Weise hat verewigen lassen, weiß freilich keiner zu belegen.

Wir waren in den weitläufigen Hof hinabgestiegen. Einige Wohn- und Wirtschaftsbauten, Kirche, Brauhaus und einen Turm hatte man im Laufe der Zeit abgebrochen. Die Preußen, die sich nach der Neuaufteilung Europas auf dem Wiener Kongreß hier breitmachten, nutzten den verbliebenen Teil der Bauten, darunter die drei

Flügel der Burg, für ihre Zwecke. In den Magazinen türmten sich Waffen, Munition und Effekten für die in Erfurt liegenden Soldaten. Dennoch, 1860 strichen die neuen Besitzer Heldrungen aus der Liste ihrer Festungen.

Von der mittelalterlichen Substanz ist nur wenig geblieben, unter anderem der romanische Bergfried, der heutige „Thomas-Müntzer-Turm". In dieses dickleibige Mauerwerk, das früher frei stand und beim Schloßneubau schließlich in den Südflügel einbezogen wurde, hatte man seinerzeit Thomas Müntzer geworfen. Hier sollte er

auf der Folter gestehen und sein „Bekenntnis" ablegen.

Ob der Gefangene in jenen nächtlichen Kerkerstunden schlafen konnte, ist uns nicht überliefert. Jedenfalls legt am frühen 16. Mai 1525 der Henker zum ersten Male dem Bauernführer seine Rechte auf die Schulter — symbolischer Ausdruck für seine Inbesitznahme des Gefan-

5 Die Heldrunger Wasserburg gehört zu den bedeutendsten Festungsanlagen ihrer Art in Mitteleuropa. Sie entstand nach dem Muster der italienisch-französischen Regularfortifikation.

genen. Graf Ernst von Mansfeld und Herzog Georg sowie ein Schreiber sind anwesend. Reue wollen sie erzwingen. Doch Müntzer, geschoren und entkleidet vor ihnen stehend, hat nichts zu bereuen, geschweige denn zu bekennen, was die Herren hören wollen. So werden Daumenschrauben angelegt.

Was das Ziel seines Kampfes gewesen sei, wird er gefragt. Die metallene Marter — inzwischen nicht nur an den Händen, sondern auch an den Füßen — erzeugt Höllenqualen. Doch selbst im höchsten Schmerz bleibt Müntzer seiner Wahrheit treu. In der von Fackeln gespenstisch erhellten Folterhölle schreit er: „Omnia sunt communia" — Alles Gut, das Natur und Kultur erzeugen, gehört dem gesamten Volke. — Ernst II. weiß um diese Forderung, hat er doch selbst gespürt, wie nachhaltig sie unter dem Bundschuhbanner in Schlössern und Klöstern durchgesetzt wurde.

6 Die adligen Herren wollten Müntzer an Körper und Seele brechen. Die Seele hält der Tortur stand. Er nennt ein paar Namen von Gefolgsleuten, die keiner mehr befragen kann, da sie unter den Toten auf dem Schlachtberg sind. Doch der standhafte Mann sagt nichts, was seine Peiniger nicht schon wissen. So enthält das protokollierte „Bekenntnis" keinen Widerruf, demzufolge Müntzer in die Obhut der katholischen Kirche zurückgekehrt sei und seinen „Irrtum" bekannt habe.

Nach seinem zweiten Verhör am nachfolgenden Tag findet der Bauernführer trotz der Folter die Kraft, von Heldrungen aus an die Mühlhäuser zu schreiben. Es ist sein letzter Brief. In ihm begründet er die Schlappe von Frankenhausen vor allem im Eigennutz vieler Bauern. Zugleich fordert er den Ewigen Rat auf, den Kampf einzustellen, und vermerkt, daß die Zeit noch nicht reif gewesen sei. Mit der Bitte, Ottilie, seinem Weib, beizustehen, legt Müntzer die Feder aus der Hand und fügt sich ins Unvermeidliche. Die Fürsten haben es eilig, den Brief unverzüglich nach Mühlhausen zu senden, um so die Einstellung des Kampfes zu erreichen.

Noch bevor Mühlhausen sich am 25. Mai kampflos den Fürsten auf Gnade und Ungnade ergibt, ist auch nach Heldrungen ein Brief unterwegs, geschrieben vor Schlotheim im Felde. Sein Verfasser: Herzog Georg von Sachsen. Er fordert Graf Ernst auf: „Unser Begehr ist an Euch. Ihr wollet uns den gefangenen Thomas Müntzer aufs erforderliche wohlverwehrt mit Zuordnung etlicher Reiter in unser Feldlager schicken und damit nicht säumen. Daran erzeigt Ihr uns besonders guten Gefallen."

Wiederum tritt Thomas Müntzer eine unfreiwillige Reise an. Es ist seine letzte. Ihr Ziel ist der Henker. Ein Kastenwagen bringt den Gefolterten ins Feldlager der Fürsten bei Görmar vor den Toren Mühlhausens. Schon einen Tag später, am 27. Mai 1525, stirbt Müntzer gemeinsam mit Heinrich Pfeiffer und 52 Kampfgefährten unter dem Schlag des Henkers. Ihre Häupter werden — auf Stangen aufgespießt — vor der Stadt zur Schau gestellt.

Dieser Mordtag von Mühlhausen wiegt schwer in der Geschichte des Bauernkrieges, und er ist unvergessen über viereinhalb Jahrhunderte hinweg — wird unvergessen bleiben. Das ist auch hier in Heldrungen zu spüren.

7

Auf dem Burghof eine mahnende Erinnerung in Beton-guß: Zwei Jahre haben Halberstädter Bildhauer an den vier Reliefs gearbeitet, die Müntzers Weg nachzeichnen. Gesichtslos sind die Söldner, die den gebundenen Revolutionär zwischen sich drängen, ernst und entschlossen fügt sich Müntzer in die Situation, seiner Zeit voraus. Weil „… sein Geist, gleichsam ein tiefer Hohlspiegel, in Luftgestalten darstellte, was spätere Zeiten in die Wirklichkeit einführen sollten …"

Revolutionäres Erbe ist Verpflichtung. So gab es auf Burg Heldrungen am 7. Oktober 1975 einen besonderen Tag. Zum 450. Jahrestag des deutschen Bauernkrieges öffneten sich im Schloß die Pforten zu einer Gedenkstätte, die von Militärhistorikern und Museologen gestaltet wurde. Traditionslinien zur Gegenwart werden in den Räumen durch historische Dokumente ebenso wie mittels zeitgenössischer Fotos und Darstellungen, aber

auch Waffen, markiert. Ein paar Schritte verbinden den Blick auf den Soldatenalltag der heutigen „Thomas-Müntzer-Kaserne" mit dem Faksimile des letzten Briefes Müntzers an seine Mühlhäuser Freunde, mit Niederschriften über seine Folter und mit dem Auslieferungsgesuch von Herzog Georg. Wieder zugänglich wurde jener überkommene Rundturm, in dessen Verlies der Bauern-

6 Ein frei stehender Bergfried: der Thomas-Müntzer-Turm der Wasserburg Heldrungen. Hier verhörte der Graf von Mansfeld am 16. Mai 1525 nach der Frankenhäuser Schlacht den Bauernführer unter der Folter.

7 Schon die Bewohner der einstigen Fliehburg nahe der Thüringer Pforte wußten sich mit einem breiten Wassergraben zu sichern. Spätere Bauherren vervollkommneten den umlaufenden Wassergürtel nach militärstrategischen Gesichtspunkten. Im Bauernkrieg von 1525 hatte die Anlage den Ruf, nicht einnehmbar zu sein.

führer die letzten Tage vor seiner Hinrichtung zubringen mußte.

Historische Realität ist ein kleines Müntzer-Bildnis an einer Stirnwand des Museums. Es zeigt ihn, die aufgeschlagene Bibel mit den Händen umfassend, kopiert von einem unbekannten Künstler des frühen 18. Jahrhunderts. Das Original ist offensichtlich älter als der bekannte Brühlsche Kupferstich von 1716.

Heldrungen, im Zentrum des einstigen thüringischen Königreiches zwischen Schrecke und Schmücke gelegen, gebührt mit seiner im Laufe der Jahrhunderte aus einer schlichten Fliehburg hervorgegangenen Festung ein herausragender touristischer Platz im Thüringischen. Längst hat es sich herumgesprochen, daß die Anlage mit Bastionen, Facen, Flanken, Kurtinen und Ravelins, kurz, in ihrer gewichtigen militärischen Architektur, sowie wegen ihres guten Erhaltungszustandes nahezu einmalig in Mitteleuropa ist. Kein Wunder also, wenn dieser im Grundriß etwa 400 mal 400 Meter messende Komplex aus Schloß und Regularfortifikation von Jahr zu Jahr mehr Gäste aus nah und fern anzieht. Kein Zufall, daß man auch hier wie anderswo zu Burgfesten,

Volksbelustigungen, Sonderausstellungen usw. einlädt. Wer nach Heldrungen mitunter über Hunderte Kilometer reist, der will aber vor allem den Spuren der Steine nachgehen, die hier geschichtsträchtige Ereignisse und bedeutsame Bauleistungen markieren. Die zum Laufen und Entdecken einladende Anlage wird ihre Besucher gewiß nicht enttäuschen. Wer sich die Sicht fürs bauliche Ganze nicht verstellen läßt, der versteht auch, daß sich Erhaltungswünsche für die Anlage nicht immer sofort und schon gar nicht reibungslos erfüllen lassen. Und schon gar nicht bei einer letztlich nach Hektar zählenden Gesamtfläche. Doch man nahm die Herausforderung

8 Heute ein friedliches Bild bietet der Wassergraben. Als 1632 kaiserliche Soldaten die Burg stürmten, richteten sie unter den Verteidigern und der Bevölkerung des Ortes ein Blutbad an.

9 Eine der Finessen des Festungsbaues von 1664 bis 1668 ist dieser Wasserdurchlauf. Er verband den inneren mit dem äußeren Wassergraben. Die Verteidiger brauchten den Wall nicht zu übersteigen.

10 Umfangreiche Maßnahmen laufen seit Jahren u. a. zur Rekonstruktion der Wassergräben. Die bereits fertiggestellten Teile vermitteln ein anschauliches Stück Burgen- und Festungsgeschichte.

11 Ausgangspunkt der gesamten Restaurierungen und Rekonstruktionen ist ein alter Kupferstich von Matthäus Merian aus dem Jahre 1645, der Schloß und Festung Heldrungen mit vielen Details wiedergibt. Über der viergeteilten Ansicht steht zu lesen: „Abbildung des Vesten Schloß Helderungen wie solches in der demolirung A'1645 ausgesehen". So wird denn die Regularfortifikation gleichsam als Denkmal der Technik wie der Festungsbaukunst erhalten. Und das Schloß? Auch hier haben sich in den vergangenen Jahren die Handwerker bereits oft die Klinke in die Hand gegeben, nicht nur, um die Fassaden neu zu verputzen, sondern auch das Innere wird gründlich wiederhergestellt. Am Ende der Bemühungen um den aus der Frührenaissance stammenden Bau steht ein Freizeit- und Erholungszentrum. Die Jugendherberge öffnete bereits ihre Pforten. Ein neugestaltetes Museum wird folgen.

an, und vom Schüler bis zum Rentner unterstützen gesellschaftliche Kräfte diejenigen, die von Berufs wegen für die Erhaltung dieses Denkmals sorgen. Unbrauchbarer Baum- und Pflanzenwuchs wurde aus den Gräben und von den Wällen entfernt und Neuanpflanzungen nach der gärtnerischen Konzeption vorgenommen. Besonders aufwendig war es, die Gräben nach und nach zu entschlammen, sie zu sichern und schließlich zu regenerieren. Arbeit also für viele Jahre, deren Ergebnisse sich jedoch bereits sehen lassen können. Insgesamt ein Millionenobjekt, für das die nötigen Finanzen nicht nur aus der städtischen Kasse kommen, versteht sich.

11 In den Jahren von 1512 bis 1519 erfolgte der Umbau der Burg, wie sie sich in etwa auch heute noch darbietet. Gleich einem starken Mauerriegel schieben sich Schloßflügel mit einbezogenem Turm und Speicherbau nördlich dem Betrachter entgegen.

12 Die durch Graf Ernst II. von Mansfeld (1479–1531) in den Jahren 1512/19 erbaute Festung Heldrungen mit ihrem kastellartigen Schloß als Neubau für die runde romanische Wasserburg des späten 12. Jh. — Ausschnitt aus einem Kupferstich von Matthäus Merian, 1645.

Staatstresor mit Jungfernkranz

Festung Königstein

„Auf der Festung Königstein, jumheidi, jumheida ... Im forsch-fröhlichen Rundgesang reimt sich mit hemdsärmligem Mutterwitz allerlei Spott, der einem freilich vergeht, wenn man erst einmal, selbst im heißesten Touristensommer fröstelnd, eine der vielen Kasematten von innen begutachtet. Königstein, Stein des Königs, in ihrer Art die einzige Bergfestung in der Republik, deren Bausubstanz völlig erhalten geblieben ist; Besuchermagnet alljährlich für über eine halbe Million Schaulustige, die – so ein Werbeslogan – voll auf ihre Kosten kommen. Das ist in der über 800jährigen Burg- bzw. 400jährigen Festungsgeschichte nicht so selbstverständlich, denn früher kam man nach Königstein zumeist auf Staatskosten, und das nicht eben freiwillig.

Gesungen wurde hier oben in all den Jahrhunderten selten, es sei denn im heiseren Soldatenbaß die vorgeschriebenen Psalmen in der 1677 umgebauten (ehemaligen) Garnisonkirche im Festungshof, der von einer der ältesten Kasernen auf deutschem Boden – 113 Meter lang, bereits 1589 als Garnisonhaus errichtet – abgeschlossen wird. Man merkt bald: die Einmaligkeiten der Anlage haben zumeist einen militärischen Anstrich, wiewohl die sächsische Superfestung auf dem 361 Meter hohen Tafelberg, jahrhundertelang immer wieder modernisiert, verstärkt, gesichert, während der Feudalkriege Sachsens gleichsam eine Imponierkulisse war, eine Art Mammutdenkmal besonderer Art für die nahen und ferneren Schlachtfelder der Geschichte, deren Kanonen heute das Plateau dekorieren. Geschossen wurde von hier oben (z.B. im 19. Jahrhundert) allein zu Übungszwecken über die Elbe hinweg gegen die natürlichen Mauern des 55 Meter höheren Liliensteins oder 1639 – mehr aus Versehen – von der Königsnase hinunter auf die Schweden im Städtchen Königstein, das sie als Vergeltung für die kursächsische Ruhestörung umgehend ansteckten. Wie erklärt sich die eigenartige „Friedfertigkeit" der hervorragend bestückten und architektonisch gesicherten Festung?

„So lieget diese weltberühmte Vestung, nach Sächß. Gräntz- und Straßen-Maaß 1000 Dreßdner 8. Ellichte Ruthen auf eine Stunde gerechnet gegen Süd-Ost von Dreßden ab 6 5/8 Stunden, von Pirna 2 1/2 Stunden ... und hat gegen Dreßden zu, unter denen Bergen, von Pirna an, eine grosse Aue an der Elbe biß gegen Meißen im Gesichte vor sich, ist auch allenthalben umher oberwehnter maßen dergestalt frey und erhaben, daß sie alles entdecken kan. Der Elb-Strom flisèt unten an der Mitternachts-Seite vorbey, an welchem an dem Fuße des Felsens gegen Morgen das Städtgen Königstein." – So der Cantore zu Pirna namens Christian Heckel in seiner königstreuen „Historischen Beschreibung der weltberühmten Vestung Königstein" anno 1737, als sich im ausgeplünderten Sachsenlande der allmächtige Premier Graf Brühl einen Hofstaat leistete wie kein anderer in den deutschen Landen. Eine amtliche Untersuchungskommission stellte nach dem Tode Brühls 1763 fest, daß er 4731465 Taler aus öffentlicher Hand (nebst 579697 Talern an Zinsen und Schuldscheinen) veruntreut hatte. Zum Vergleich: für die rund 4000 Bilder der Dresdner Gemäldegalerie, die von August dem Starken

(1694–1733) und seinem nicht weniger prunksüchtigen Sohn Kurfürst Friedrich August II. (1733–1763) zwischen 1693 und 1763 gekauft wurden – darunter 1754 für 20 000 Dukaten Raffaels weltberühmte „Sixtinische Madonna" –, hatte das sächsische Volk „nur" 1,9 Millionen Taler aufzubringen. Sachsen, vor der Amtszeit des starken August ökonomisch und politisch eines der einflußreichsten und stärksten Länder in Deutschland, stand, völlig zerrüttet und aufgebraucht, am Rande des Ruins. Leider fand sich kein Historienmaler, der dieses Bild der Nachwelt festhielt, das sich sozusagen symbolisch bereits 1756 eben auf der Festung Königstein tatsächlich ereignete: Anfang September suchten der sächsische Kurfürst und sein Günstling nach dem Einmarsch der Preußen den Schutz des Militärlagers bei Pirna auf und übersiedelten von hier angesichts der heillosen Verwirrung im sächsischen Heer auf die Festung, die sie für die Dauer – des nicht zuletzt durch Brühls Intrigen inszenierten – Siebenjährigen Krieges prompt für neutral erklärten. Am 14. Oktober verkündete der empfindsame Monarch seinen Offizieren, er „zöge es vor, zu sterben, mit ihnen zu sterben, als eine solche Schmach zu erleben", d. h. in preußische Gefangenschaft zu gehen. Zwei Tage darauf zog er es aber vor, an der Seite seines Premiers und des versammelten Hofstaates aus sicherer Vogelperspektive ohne einen einzigen Kanonenschuß Entlastung durch die Festung dem Sterben seiner sächsischen Armee zuzusehen, die dann auf dem Liliensteiner Feld in Gefangenschaft ging, bei Waltersdorf vor Friedrich II. aufmarschieren und den Zwangseid auf Preußen ablegen mußte. Der Preußenkönig stellte seinem sächsischen Kollegen die Pässe für freies Geleit nach Warschau aus, wo das Feiern und Sammeln weiterging. Derweil lagerten die Kostbarkeiten der bereits weit über Sachsens Grenzen bekannten Galerie im Johannessaal des Neuen Zeughauses der neutralen Festung Königstein, darunter die Arbeiten Canalettos und Raffaels, zumeist aufgerollt. Man hatte sie noch im September per Lastkahn elbaufwärts unter der Aufsicht des jungen, tatkräftigen Galeriedirektors Johann Anton Riedel hierher gebracht. Riedel war es auch, der im Februar 1768 den jungen Leipziger Studiosus Goethe durch die 1763 wohlbehalten zurückgekehrte Galerie führte. — Somit lüftet sich das Geheimnis der „friedfertigen" Festung Königstein; sie

war ein überdimensionaler Tresor für den Dresdner Kunstbesitz. Eine Rolle, die das Bauwerk knapp zweihundert Jahre später noch einmal spielen sollte.

Auch wir kamen von Dresden her, und das mit Muße per Dampfer — einem jener selten gewordenen Elbsteamer mit mächtig wassertrampelnden Schaufelrädern, vorbei an der Bastei mit den Resten der einst in den Felsen ge-

1 Festungsbaumeister Paul Buchner aus Nürnberg leitete den Umbau der mittelalterlichen Burg Königstein laut kurfürstlicher Order von 1589 zur sächsischen Festung.
2 Zweimal — während des Siebenjährigen Krieges 1759 und während des zweiten Weltkrieges ab 1940 bis 1945 — diente die sächsische Festung mit ihren bombensicheren Kasematten im Sandsteinmassiv als „Tresor" für die berühmten Dresdner Kunstschätze.

hauenen mittelalterlichen Burg Neurathen. Nach der langen Elbschleife hatten wir dann jenen schon kulturhistorischen Panoramablick, den vermutlich als erster Kupferstecher Merian — wie kann es anders sein — der staunenden Nachwelt im Cinema-Format verführerisch auszubreiten wußte. Links der Lilienstein, rechts drohend über dem sich anschmiegenden Städtchen der Königstein. Wir wanderten durch die Stadt bergwärts zur Südwestecke des Felsens, wenig bequem, aber in fester Absicht, uns den wundersamen Eroberungsversuch des achtzehnjährigen Sebastian Abratzky einmal von unten anzusehen und nicht wie alle anderen aus der Schreck-

perspektive der hoch über uns gelegenen Feste. Da standen wir nun und staunten über diesen unruhigen Wandergeist aus Mahlis bei Oschatz, den es nirgend hielt und der in Königstein beim Bau der Sächsisch-Böhmischen Eisenbahn unterkam. Mehr als Schwellenlegen interessierte ihn die Festung, in die man durch gute Beziehungen oder den stolzen Preis von einem Taler und zehn Groschen Besichtigungsgebühr hineinkam. Woraufhin der gelernte Schornsteinfeger zum „Erfinder" der Kaminkletterei wurde und — mit dem Rücken zur hinteren Wand, die Füße und Hände gegen die gegenüberliegende Felspartie gepreßt — in dreistündigem Alleingang am 18. Mai 1848 in die Feste auf ganz unplanmäßige Art gelangte. Der Wachtposten staunte nicht schlecht, als sich urplötzlich zwischen dem dritten Wachtturm und der Königsnase ein total erschöpfter Bursche über die Brüstung schwang, sich dabei den Fuß verletzte und beinahe ohnmächtig auf den Rasen fiel. Der Kommandant hatte wenig Sinn für sportliche Leistungen und machte den Emporkömmling mit der hier oben schon traditionellen „Gastfreundschaft" der Festungskasematten bekannt. Zwölf lange Tage, wie Abratzky später in seinem selbstverfertigten Lebensbericht schildert, den er im Lande vertrieb. Die Leute lachten und staunten. Abratzkys Leistung blieb bis heute einmalig; denn andere versuchten nur den umgekehrten Weg — den der Flucht aus dem gefürchteten Staatsgefängnis Sachsens.

Wir gehen den ehemaligen Patrouillenweg an der Südseite der Festungswand weiter bis zum Vorplatz, wo ein junger Vater seinen halbflüggen Sprößling auf einer Kanone für das Erinnerungsfoto reiten läßt. Der Junge lehnt sich weit nach vorn und äugt verschmitzt über den drohenden Bronzeschlund hinweg ins Objektiv. „Auf der Festung Königstein, jumheidi, jumheida ..." Mit einem Male erscheinen die grauen Festungsmauern weniger unnahbar und abweisend kühl.

Erste Zugbrücke; rechts im Mauerwerk die schmalen Fenster der einstigen Mannschafts- und Strafkasematten, eine feste, glatte Verteidigungsfront mit bombensicheren Räumen. Dann an der Biegung der Seigerturm auf dem Horn, ihm gegenüber die wuchtige Georgenburg über der Georgenbatterie, die einstige „Kayserburg", als Karl IV. hier 1339 Quartier nahm. Doch da sah der 1619 im Renaissancestil umgebaute spätgotische Bergfried noch wesentlich anders aus.

Zwei weitere Tore, zwei weitere Zugbrücken sichern den Zugang. Hier ist weder unerlaubt hinein- noch herauszukommen. Über dem dritten Tor nach steiler Bohlenrampe im Reliefbildnis August der Starke mit dem kursächsisch-polnischen Wappen und den gekreuzten Kurschwertern — ein Handlungsort im frühen DEFA-Film „Die blauen Schwerter": „Tu mir zurecht, Böttger, sonst lass' ich dich hängen!" Da oben in der Georgenburg spielte sich das Drama ab ...

Mit einbrechender Nacht rumpelte ein geschlossener Wagen die steile Fahrstraße zur drohend aufragenden Festung hoch, gefolgt von einer Abteilung Fürstenbergischer Dragoner. Ketten rasselten, dumpf dröhnten die Brückenbohlen. Huschende Windlichter. Kommandos. Dann das Dunkel der schweren Gewölbe der Georgenburg, Gänge, Treppen, niedrige Türen, feuchtes Mauerwerk, endlich ein ausgekalktes Käfterchen, auf dem Holztisch eine Lampe. Man war am Ziel. Derweil saß der Dresdner Gelehrte von Tschirnhaus im Kommandantenhaus bei Generalmajor von Ziegler und legte ihm in persönlicher Anteilnahme die gute Pflege des anonymen „Herrn mit den drei Dienern" nahe.

Anfang September 1706 rückten im sechsten Jahr des Nordischen Krieges die Schweden dem sich nicht mehr sicher fühlenden August dem Starken in Dresden auf den Leib. Eile war geboten, Kostbarkeiten zu verbergen und geheimzuhalten; der Königstein hatte wieder einmal

4

3 Die Stadt Königstein unterhalb der Festung, laut Order von 1548 zur Versorgung verpflichtet, „wenn der Fürst auf'm Steine weilt".

4 Nach dem großen Eingangstor mit dem Reliefbildnis August des Starken folgen drohende, abweisende Mauern im weiteren Zugang.

eine königliche Aufgabe. Fast ein Jahr dauerte es, ehe der blasse Alchimist Johann Friedrich Böttger Ende Mai 1707 „zuweilen frische Luft schöpfen" und von den Brüstungsmauern aus einen freien Blick ins Elbtal werfen durfte. „Wöchentlich zweymal Her- und Zugehen in Begleitung zweyer Offiziere", laut kurfürstlichem Befehl. Am 22. September 1707 brachte man den „Goldmacher", der wegen befürchteter Feuersgefahr zuletzt auf der Festung nicht mehr experimentieren durfte, samt seinen Gehilfen Köhler, Stöltzel und Wildenstein wieder nach Dresden. Die Geschichte fand ihre weltbekannte Fortsetzung dann auf der Meißner Albrechtsburg.

Lapis regio, Königstein, ein kostbarer Stein in der Faust der sächsischen Kurfürsten und Könige, Staatstresor gleichermaßen für Wertsachen und Gefangene. Die Chronik zählt im Zeitraum zwischen 1591, wo ausgerechnet der sächsische Kanzler Krell, ein unnachgiebiger Calvinist und politischer Gegenspieler des Adels, als erster Gefangener die neuen Festungskasematten als Zwangsmieter bezog, und 1922 genau 993 Gefangene: Adlige und Studenten, Theologen und Bauarbeiter, polnische Prinzen und französische Offiziere, Revolutionäre von 1831 und 1849 und Arbeiterfunktionäre wie den Leipziger Drechslermeister August Bebel, der 1874 in Zelle Nr. 7 im Alten Zeughaus einsaß. Während des zweiten Weltkrieges setzten die Nazis die Festungstradition auf ihre Weise fort. Nur wenige Eingeweihte ahnten, daß hinter den zweieinhalb Meter starken Mauern der Kasematten auf der Nordwest- bzw. Südwestseite der Festung Königstein siebzehn Gemälde der weltberühmten Galerie, der berühmte van-Eyck-Altar sowie in 450 Kisten der Hauptbestand aller Abteilungen der Dresdner Kunstsammlungen eingelagert waren, darunter 200 Kisten mit der einmaligen Porzellansammlung, der vollständige Bestand der Gewehrgalerie, das türkische Zelt und Möbel aus dem Kunstgewerbemuseum, Prunkwaffen, Rüstungen und Kostüme. Die unermeßlichen Schätze waren seit 1940 heimlich über den 46 Meter hohen Lastenaufzug an der Südwestseite des Felsens Kiste für Kiste in den unklimatisierten Räumen zunächst ohne Wissen der Mannschaft verschwunden, die hier 98 hohe französische Offiziere zu bewachen hatte. Nur vierzehn freilich wurden in dunklen Kasematten wirklich streng gehalten, die anderen, mit den Nazis kollaborierend, genossen den guten Meißner Wein und auf ausgedehnten Spaziergängen den friedlichen Reiz der Sächsischen Schweiz. Am 8. Mai 1945 übernahm General Borré aus den Händen des zuvorkommend gastfreundlichen Festungskommandanten Oberst Hesselmann die Schlüssel der Festung und ließ als Zeichen des Machtwechsels die Trikolore hissen. Als einen Tag später eine kleine sowjetische Kampfabteilung anrückte, fand sie den Nazihorst „befreit" vor, salutierte nichtsahnend vor den Verbündeten und kassierte die Nazioffiziere samt ehemaliger Wachmannschaft ein, um sie einer in Königstein stationierten Einheit zu übergeben, die sie aber laufen ließ. Weshalb u. a. auch Ex-Oberst Hesselmann in den Schutz seiner einstigen französischen Schützlinge zurückkehren konnte, denen er das Geheimnis der Kasematten anvertraute. Als zwei Offiziere der US-Army wegen der Rückführung der Franzosen die Festung besuchten, wechselte Hesselmann erneut die Partei, schlug ein Fenster ein, stieg mit den beiden in die Kasematten und brach sechs Kisten mit Beständen des Grünen Gewölbes zum Beweis seiner Behauptungen auf. Die Amerikaner zögerten zuzugreifen, da die Franzosen nicht mitspielten. Inzwischen hatte das sowjetische Kommando zur Rettung der in Stollen, Schlössern und Kalkgruben verstreut versteckten Dresdner Kunstschätze und von den Kisten auf dem Königstein Kenntnis erhalten und schnell entschlossen ein kleines Kontrollkommando abkommandiert. Es beschlagnahmte die sechs erbrochenen Kisten und beauftragte eine 60 Mann starke Wachtruppe unter Kapitän Kopak mit dem weiteren Kommando auf der Festung. Die französischen Offiziere fuhren mit amerikanischen Bussen und LKWs heimwärts, nachdem ihnen ihr Sonder-Anliegen, die Leiden ihrer Festungshaft mit diesen Kunstschätzen zu entgelten, von sowjetischer Seite ebenso höflich wie bestimmt abgelehnt worden war. Das weitere Schicksal der Dresdner Kunstschätze ist allgemein bekannt; man kann sie seit dem Juni 1956 in alter Schönheit und vorzüglich restauriert wieder in Dresden bewundern.

5 Dicht bei der Königsnase befindet sich jener Felsvorsprung, wo im März 1848 der achtzehnjährige Schornsteinfeger Abratzky im Alleingang die Festung erkletterte.

Ja, der Besucher kommt hier oben auf seine Kosten, auch wenn diese ungemein weitläufige Anlage auf dem 9,5 Hektar großen Sandsteinplateau mit Platz, Brunnenhaus, Blitzeiche, Kasematten und sogar einem kleinen Grüngelände — das alles umfaßt von rund 1700 Metern Mauerwerk — den Romantik suchenden Burgfreund enttäuscht, der vergeblich nach ursprünglicher Bausubstanz aus der Burgenzeit vor dem Festungsumbau sucht. Dafür kann man hier — ein freundliches Zugeständnis an den ständig steigenden Besucherstrom — in der barocken Friedrichsburg von 1589 an der Elbseite, wo August der Starke zum intimen Tête-a-tête einlud, den Bund fürs Leben schließen. Wir wandern von hier aus an der Brüstungsmauer entlang zur sogenannten Königsnase, dem

schönsten, 250 Meter über der Elbe gelegenen Aussichtspunkt der Festung mit einem Rundblick in die nun wirklich romantisch wirkende Landschaft des Elbsandsteingebirges. Und dafür lohnt es sich in jedem Fall, hier heraufgekommen zu sein: die Bastei im Norden, der Lilienstein gegenüber, das Schrammsteingebiet, der Winterberg …

Hier hat sich die Natur in spielerischer Laune ihre eigenen Burgen aus meergeborenem Sandstein gesetzt, gewaltige Bastionen und schützende Vorwerke, hohe Türme und glatte Mauern, mächtige Tore und schlanke Zinnen. Nicht selten in vorgeschichtlicher Zeit bereits auch besiedelt, wie der Pfaffenstein, und später, als noch immer undurchdringliche Wälder das abgelegene Land

7

beiderseits der Elbe zwischen Erzgebirge und Lausitzer Bergland bedeckten, auch von Menschenhand mit wenigen Zutaten geschickt in eine unzugängliche Zwingfeste verwandelt wie die Burg Wildenstein über dem Kuhstallfelsen. Noch heute sind die mittelalterlichen Balkenlager im Felsen des Arnsteins oder im Winterstein gut erkennbar, Reste jener hölzernen Burgen, die dann als Raubnester entweder gewaltsam aus- oder vom Geld der Städte regelrecht aufgehoben wurden. „Item die steyne und berge, zugehorende und umbligende den Wildenstein, und vor geczyten sind gebuwet (mit steinernen Häusern bebaut – d. V.) gewest", sagt ein Burgenverzeichnis von 1456 aus: Schwarzenberg, Heulenberg, Arnstein, Lorenzstein, Falkenstein …

Die wetterfeste Wanderkarte „Sächsische Schweiz" – Maßstab 1 : 30000 – gibt eine hinreichende geologische Erklärung für die baumeisterliche Leistung der Natur und vermerkt nachdrücklich die große wirtschaftliche Bedeutung des Fremdenverkehrs. Dabei hatte dieses so wundersam aus Wind, Wetter und tektonischen Wider-Kräften geformte Ländchen bis ins 18. Jahrhundert hinein den denkbar schlechtesten Ruf einer nur von Räubern und Dieben heimgesuchten Wildnis. Erst als von

6 Blick vom Papststein auf das 360,6 Meter hohe und 9,5 Hektar große Plateau des Königsteins.
7 Blick auf den Königstein. Zeichnung des Schweizer Kupferstechers Adrian Zingg (1734–1816).

231

der Rousseauschen Aufklärung im wahrsten Sinne des Wortes natur-bewegte Dresdner Bürger den Schritt vor das Tor ihrer so kunstvoll gebauten barocken Stadt wagten, erhellten sich im Zeitbewußtsein die finsteren „böhmischen Wälder". Denn es war Anton Graff aus Winterthur, der überragende Porträtist, der, angeregt von seinem Freund und Kupferstecher Adrian Zingg aus St. Gallen, dem bürgerlichen Zug der Zeit zur Landschaftsmalerei einen entscheidenden Impuls verlieh und wie die anderen Dresdner Künstler staunend in dem wunderlich geformten Sachsenland elbaufwärts den ungebrochenen Reiz natürlicher Schönheit entdeckte. Und Zingg war es, der in aller Ahnungslosigkeit auch die Festung Königstein, gehütetes Militärobjekt, mit schnellen Strichen aufs Blatt bannte und dafür – natürlich wegen Spionageverdachts – einen Tag einsaß. So verhalfen die beiden nach Sachsen berufenen Schweizer dem Elbsandsteingebirge zum volkstümlichen Kosenamen einer „Sächsischen Schweiz" mit dem Königstein als touristischem Drehpunkt.

Es fällt schwer, sich angesichts des markanten, schon von Merian her bekannten Erscheinungsbildes der Festung die einstige Burg Königstein vorzustellen. Ein Bericht von 1576 vermerkt, „daß itzo der Königstein gar öde und

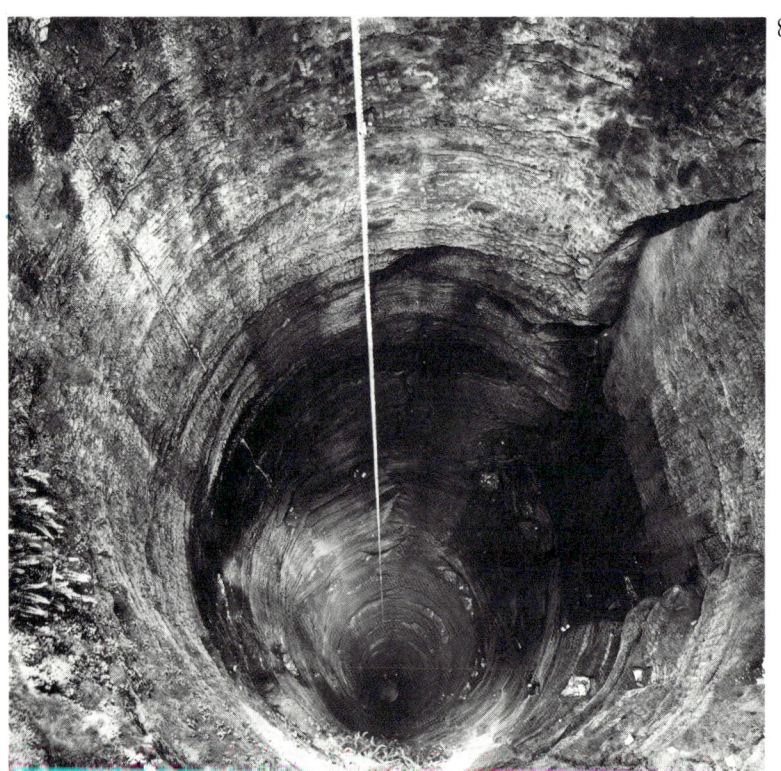

8

wüste stehen und niemand darauf wohnen soll". Das war nur sieben Jahre nach dem Bau des 152,5 Meter tiefen Brunnens, an dem sechs Jahre lang – von 1563 an – gearbeitet worden war; er versorgte bis 1967 die Festung mit Wasser. Noch während seiner Bauzeit – man war erst wenige Meter tief auf einer Breite von 3,5 Metern in den Felsen eingedrungen – flüchtete der Dresdner Hof vor der Pest in die in freier Waldluft gelegene Burg, nachdem der Befehl an den Burgschösser erging, die „Stallung ufm Konigstein" herzurichten. Bequem wird es also nicht gewesen sein. Die meisten Baulichkeiten waren verfallen, darunter auch das Kloster, das 1515 auf besondere Veranlassung Herzog Georgs (auf dem heute freien Platz hinter dem Schatzhaus) von Oybiner Zölestiner-Mönchen gegründet worden war. Denen fehlte es jedoch bald am allernötigsten Unterhalt, da zu dieser Zeit des lutherischen Wetterleuchtens kein anständiger Christenmensch mehr bereit war, für des Herzogs Laune freiwillig neue Lasten zu übernehmen. Der Prior entfernte sich nach Wittenberg an die nahrhafte Seite einer gut kochenden Ehefrau, und der Landesherr klagte, „aus Bergbewohnern und Mönchen sind Flüchtlinge und Abtrünnige geworden".

Die große Zeit der Burg, die ursprünglich zu Böhmens Krone gehörte, schien vorüber. „In lapide regis", heißt es in einer 1241 von König Wenzel I. gesiegelten Grenzurkunde, 1289 wurde der Burggraf verpflichtet, die Interessen des Markgrafen von Meißen zu schützen. Karl IV. nahm wegen seiner besonderen Interessen für Tangermünde und des dorthin führenden Reisewegs per Schiff auf der Elbe an der Burg auf dem damals noch wild zerklüfteten Sandsteinplateau besonderen Anteil. Er bezog kurzzeitig Quartier in der „Kayserburg", der heutigen Georgenburg am Eingangskomplex: Der Zugang zur Burg erfolgte damals noch von Süden her über Graben und durch einen vorgelagerten Zwinger und befand sich zwischen dem bereits 1594 errichteten Alten Zeughaus, dem ersten Festungsbau, und der heutigen Gaststätte. Ein Stück des 1589 vermauerten Torbogens ist sogar noch zu sehen.

Zu diesem Zeitpunkt saßen die Wettiner bereits seit über hundert Jahren fest in ihrem neuen Burgbesitz, der lange Zeit ein Streitobjekt in der Auseinandersetzung zwischen den großen benachbarten Territorialmächten

9

Böhmen und Meißen war. Mehrfach von böhmischer Seite aus Geldnot verpfändet, wurde die Burg schließlich vom mächtigen und reichen Ritter von Dohna als Lehen verwaltet. Sein Landbesitz schob sich wie ein Keil zwischen die Machtsphären Wilhelms I., Markgraf von Meißen und Landgraf von Thüringen, und König Wenzels von Böhmen. Die Dohnaer kassierten sogar einen Teil des Dresdner Brückenzolls, und ihr Hirschgeweih-Wap-

8 Bis 1967 sorgte der 152,5 Meter tiefe Brunnen für den Wasserbedarf auf der Festung Königstein. Zwischen 1562 und 1569 von Bergleuten mühselig in den Sandstein getrieben, zählt er zu den bedeutendsten Tiefbrunnen Europas.

9 Ältester Bauzeuge der Burg Königstein (aus dem 13. Jh.) ist über der Georgenbatterie die Georgenburg, deren Räume als Staatsgefängnis Sachsens dienten. Gegenüber liegt das 1443 errichtete Berg- bzw. Kommandantenhaus, über dem Eingang in Dreierkomposition dazu das Torhaus.

pen schmückte neben dem des Markgrafen die Elb-brücke. „Nach aber die Burggrafen zu Dohna", so unser fleißiger Gewährsmann Christian Heckel 1737, „durch allzu grosses Vertrauen auf die Cron Böhmens, es denen Markgrafen zu Meissen ein wenig zu bundt machten und in einer An. 1401, zwischen ihnen und Rudolphen von Körbitz, wegen eines diesem von Burggrafen Jesken bey einem Tantz zu Dreßden erwiesenen Affronts entstande-nen Fehde, sie Markgraf Wilhelms des Landes-Fürsten Friede-Gebot nicht respectiren wollten, sondern stracks entgegen, mit Raub, Brand, Mord, Plünderung und Ver-gewaltigung deren Reisenden auf Land und Straßen fort-fuhren; so faßte Markgraf Wilhelm den Endschluß, diese seine ungehorsamen Vasallen und Unterthanen zur Rai-son zu bringen, und sie aus ihren Nestern Dohna, We-senstein, und zu Königstein, worauf sie sich eben haupt-

[10] sächlich verliessen, weil die Natur selbst mehr nicht als nur einen und zwar peniblen Zugang hinauf gelassen, zu vertreiben."

Der frisierte Bericht läßt immerhin den brutalen Charak-ter der blutigen Dohnaischen Fehde ahnen. Auf König-stein aber saßen ab 1408 den Wettinern verpflichtete Amtsleute und Vögte. Die formale böhmische Ober-lehnshoheit dauerte — laut Vertrag vom Jahre 1459 — bis 1806 an.

Längst wäre auch diese Burganlage verfallen, hätten sich nicht die Wettiner frühzeitig aus Gründen der strategi-schen Sicherung ihres südlichen Landbesitzes dazu ent-schlossen, sie zur größten Festung des Landes auszu-bauen. Dresdens Festungsbaumeister Paul Buchner, ein Nürnberger, entwarf auf kurfürstliche Order von 1589 hin die Pläne für die Christiansburg (heute Friedrichs-burg), die Streichwehr (in Verbindung zur Georgen-burg), die Alte Kaserne, das Torhaus und leitete die um-fangreichen Bauarbeiten an. Jagd- und Stockknechte trieben die Bauarbeiter zur Eile. Von nun an gab es hier oben kein Verschnaufen. Nicht zufällig gehörte zu den ersten Festungsbauten das Alte Zeughaus 1594, in dem die neue Militärtechnik der Feuerwaffen untergebracht wurde. Längst boten die mittelalterlichen Burgen vor den Mauerbüchsen und Feldschlangen, Mörsern und Kano-nen trotz Basteien und Batterien, verstärkten Mauern und Rondellen, sofern sich der Burgherr das alles über-haupt noch leisten konnte, keinen hinreichenden Schutz mehr. Eine neue Periode der Militärbaukunst, die der Festungen der Renaissance und der Festungsstädte, hatte begonnen. Der Königstein, schon eine Art natürlicher Festung mit steilen Felswänden, bot sich an strategisch günstiger Lage geradezu dafür an, letzte, uneinnehm-bare Zufluchtsstätte für den Dresdner Hof im Fall der Fälle zu bilden. So stand die ständige Ausstellung über das Geschützwesen des Kurfürstentums Sachsen im re-konstruierten Alten Zeughaus mit 15 Geschützen, Mör-sern und Falkonetten, Steinschloß- und Doppelschloß-gewehren, blanken Waffen und alten sächsischen Uni-formen aus den Sammlungen des Armeemuseums der DDR in direkter Verbindung zu diesem Geschichtskapi-tel. Attraktivstes Stück in dem schönen toskanischen Säulensaal mit dem Kreuzgewölbe die etwa um 1410 ent-standene „Faule Magd", eine jener wenigen schmiedeeisernen mittelalterlichen Kanonen von mehr als 25 cm Kaliber, die uns erhalten blieben. Zahlreiche Stücke des alten Dresdner Zeughauses wurden in den dreißiger Jahren des 19. Jahrhunderts verkauft bzw. eingeschmolzen. Mindestens 40 Pferde sollen notwendig gewesen sein, um die 54 Zentner schwere „Magd" samt Pulver- und Kugelwagen in Position zu bringen. Bei guter Bedienung spie sie unter gewaltigem Gebrüll pro Stunde zwei je 45 kg schwere Steinkugeln zwischen 500 und 1000 Meter weit. Nebenbei: Durch umfassende Restaurierungsarbeiten ist der einstige neun Meter hohe Schmelzofen Brausenstein im Bielatal wiederhergestellt worden, in dem zwischen 1450 und 1720 das Erz für die Kanonenkugeln der Festung Königstein geschmolzen wurde.

Der Ausbau der mittelalterlichen Burg zur Festung mit teilweise 46 Meter hohen Mauern auf und in den zer-

klüfteten, gespaltenen Fels — eine handwerklich-bauliche Sonderleistung — belastete das sächsische Staatssäckel schwer. 300000 Taler kosteten allein die Ausbesserungen und Verstärkungen zwischen Siebenjährigem Krieg (1756) und 1803. Die Struktur des Felsens, seine Spalten und Risse nutzte man beim Bau der bombensicheren Kasematten ab 1767. Bereits 1622 hatte man das einstige Burg-Brauhaus (von 1428) mit seinen 1591 in

10 Wagenwinde und -aufzug im dunklen Aufgang, der in Fronarbeit Ende des 16. Jh. unter dem Torhaus als Teil der gewaltigen Festungsarbeiten entstand. Bis 1912 wurden hier Wagen und Lasten zur hellen Appareille hochgezogen, Strafarbeit für Soldaten der Besatzung.

11 Erst von der hellen Appareille aus konnten Pferdefuhrwerke den weiteren Transport zum Festungsplateau übernehmen.

den Felsen getriebenen kühlen Kellern in ein zweige-schossiges Renaissance-Wohnhaus für herrschaftliche Bedürfnisse, die Magdalenenburg, verwandelt, und im Grunde hörte das Bauen nie ganz auf. Anno 1692 — ein reichliches Jahrzehnt zuvor war die starke Georgenbat-terie vor der Georgenburg errichtet worden — gerann einem subalternen Haus- und Hofpoeten die Tinte ganz ungewollt unter der kratzenden Feder zu einer Art Jahr-hundertkommentar der ebenso gewaltigen wie im Grunde zwecklosen Bauerei:

„Du lüstern Auge, komm in Meißnischen Revieren und lasse nur Begier zu Wunderdingen spühren, da wird dir kommen für der ädle Königstein desgleichen anders wo nicht wird zu finden sein. Hier bauen immer noch die weltberühmten Sachsen daß von Augusten her der Königstein gewachsen ..."

Während die Sachsen — nicht eben freiwillig — an ihrer Superfestung bauten, hatte sich auf dem Schachbrett po-litischer Machtstrategie das Schwergewicht der militäri-schen Auseinandersetzungen mehr nach dem Süden und Westen des Heiligen Römischen Reiches verlagert. Im Sommer 1683 erschienen die Türken gar vor Wien und wurden unter habsburgischer Führung wieder zurückge-drängt; die Vorherrschaftspolitik Ludwigs XIV. führte zu Kämpfen im Rheingebiet, in den Niederlanden und in Italien. Im Jahre 1697 gewinnt der Kurfürst Fried-rich August I. von Sachsen mit kaiserlicher Unterstüt-zung als August II., genannt der Starke, die Königs-krone Polens, auf die zu verzichten ihn dann der siegrei-che Schwede Karl XII. im eigenen Sachsenlande 1706 zwingt, ohne daß von der Festung Königstein auch nur ein einziger Schuß zur Verteidigung der dynastischen Herrschaftsansprüche fällt. Die gewaltige Anlage droht nur noch den eigenen Untertanen; die Festung Königstein war längst zum Staatstresor einer feudalen Macht-willkür geworden, nie erstürmt, weil militärisch kaum er-probt, an der Außenmauer als Zeichen dafür ein steiner-ner Jungfernkranz. Nun wird auch verständlich, warum unter August dem Starken ein Teil der Festungsbauten wieder niedergelegt werden sollte, um einem Mammut-schloß Platz zu machen. Welche Art von Lustbarkeiten hier gefeiert werden sollten, deuten seine Königsteiner Feste an, die er im Heldensaal des 1631 erbauten Zeug-hauses inszenierte und bei denen sich die Gäste vor und nach der Völlerei zu wiegen hatten, um an der Ge-wichtsdifferenz ihre untertänige Freßlust zu belegen.

Dieser maßlosen, für uns unvorstellbaren Prunk- und Protzsucht entsprang auch der lächerlich-komische „Faßkrieg" zwischen dem pfälzischen und sächsischen Kurfürsten. 1586 staunte die abendländische Welt über das 1185-Hektoliter-Faß des Pfälzers in Heidelberg, bereits 1624 überbot ihn der Dresdner Kollege um 275 Hektoliter, was jenen 1666 wiederum zu einer wei-teren Steigerung des Fassungsvermögens eines neuen Fasses um 211 Hektoliter reizte. Die sächsische Antwort darauf war ein allzu schnell gefügtes Superfaß von 2235 Hektolitern Volumen, das aber schon 1680 in sich zusammenbrach. Nun strengte der starke Sachse alles an und beauftragte 1722 keinen Geringeren als seinen er-sten Hofarchitekten und Zwinger-Erbauer Daniel Pöp-pelmann (1662—1736), sich um den entsprechenden Böttcher nebst nötigem Eichenholz zu kümmern und den kunstvollen Plan für die königliche Tonne zu ent-werfen. 1725 war das Wunderwerk im oberen Felsenkel-ler der Magdalenenburg fertig; es faßte 250000 Liter Meißner Landwein nach zeitgenössischer Beschreibung

„3709 Eymer Dreßdner Maaßes", 649 mehr als das Heidelberger Faß. „Sey gegrüßet, Reisender: und bewundere das Denckmahl, so dem aufgeweckten Geiste zu gemäßigter Erquickung des Gemüths gesetzet worden …", räusperte sich da lateinisch ein Spruch auf dem Faß, das freilich nur einmal die flüssige Sonne über dem Elbtal in seinem Bauch zu fassen vermochte und danach ganz unbotmäßig auslief, woraufhin man in aller Stille in seinem morsch werdenden Inneren ein Sieben-Eimer-Fäßchen installierte, damit „denen dahin kommenden Fremden, so das große Faß besehen, nunmehro quasi aus demselben ein Glas Wein auf Dero Höchstes Wohlsein praesentieret werden". Das trojanische Scheinmanöver blieb den

Zeitgenossen nicht verborgen, der Weinverkauf lohnte sich mit der Zeit nicht mehr. 1818 wurde die Festungskellerei offiziell aufgelöst, ein Jahr darauf das Faß zerlegt und die frei werdenden Kellerräume — wie kann es anders sein — wurden zum bombensicheren Provianthaus umgebaut. Der Festungskommandant ließ statt dessen

12 Nur einmal, im Erbauungsjahr 1725, war Matthäus Daniel Pöppelmanns Riesenfaß mit 250000 Litern Wein gefüllt. Beim Umbau der Magdalenenburg 1818 in ein bombensicheres Provianthaus wurde es abgebrochen, das Eisen zum Umbau verwendet. Blick in den Faßkeller.

13 Das Riesenfaß von 1725. Kupferstich nach einer Zeichnung von Matthäus Daniel Pöppelmann.

mit sichtlicher Vorliebe für Schnaps und Bier eine Braue-
rei errichten. Der geschmacksempfindlichere Oberland-
weinmeister des Königreiches Sachsen — in Erinnerung
der alten Zeiten — zog die Augenbrauen mokant hoch
und merkte ironisch an, daß Bier stupide und Branntwein
träge mache und nur Wein die Kraft habe, „den Geist
aufzuheitern". Für die weiteren Spezialaufgaben der Festung hatte jedoch der Generalleutnant Sahrer von Sahr
besser vorgekostet: „Auf der Festung Königstein, jumheidi, jumheida ..."
Was den Meißner Landwein jedoch angeht, so bilde sich

jeder sein Urteil selbst. Oder, um es mit dem Spruch des
legendären Fasses zu sagen: „... si pro dignitata vasis do-
liorum amnium Facile Principis vales, in prosperitatem
totius universi. Vale!" Der wackere Christian Heckel
übersetzte es so: Man trinke, „wenn du nach Würden des
Fasses, als aller Fässer wahren Königes, kanst, auf das
Wohlseyn der gantzen Welt. Lebe wohl."

14 Unter geschickter Nutzung des gewachsenen Felsens begann
   1767 der Bau der dreistöckigen Kasematten an der Nord- und
   Südwestseite der Festung.

Eine verschmähte Residenz

Albrechtsburg

Sachsen ist der freundlichste Name unter allen deutschen Bundes-Namen, wenn wir an die Cultur denken, die von hier ausging. Das Königreich zählt nur 300 Quadrat-Meilen mit 1 200 000 Seelen (London zählt allein soviel!). Der Freund der Natur findet hier entzückende Gegenden, der Kunstfreund weiß in Dresden nicht fertig zu werden, und der Menschenfreund bewundert die Bildung, Biederkeit, Genügsamkeit und Deutschheit des Volkes. Sachsenland ist Deutschland en miniature! Sachsen gleicht einem wahren Bienenkorbe. Wo nur irgend die Natur des Bodens Anbau verstattet, hat der fleißige Sachse gebauet, selbst die Elbe-Hügel bekleidet die Weinrebe, vorzüglich von Meissen bis Dresden – die schönste Partie der Elbe. Am überraschendsten ist die höchst malerische Lage des alten Meissen mit dem hohen Felsenschloß, Dom und bedeckter Elbebrücke. Die Albrechtsburg war einst die erste Burg Meissens, aus der jetzt schwarze Rauchsäulen emporwirbeln, denn hier ist die berühmte Porzellainfabrik, dicht neben der schönen Kirche vom Jahr 945, welche die Gräber vieler Fürsten des Hauses enthält. Die steinerne Brücke führt nach dem Porphyrfelsen, wo das alte, in eine der berühmten Fürstenschulen verwandelte Kloster S. Afra steht, aus der die Gellert, Rabener und Lessing hervorgingen. Zu Meissen ruht auch der Erfinder des Porzellains, Böttger, und das Meissener Porzellain, das erste in Europa (1706), ist noch das erste in Ansehung der Masse …" So Carl Julius Weber in seinem Buch „Deutschland oder Briefe eines in Deutschland reisenden Deutschen" (Stuttgart 1834).

Meißen, gekrönt von Burg und Dom – das ist noch immer eine der schönsten Stadtansichten, nicht nur des sächsischen Landes. Am reizvollsten ist daher der Weg zum Burgberg per pedes durch die verwinkelte Altstadt. Von der großen Elbbrücke und vorbei an der Franziskanerkirche, dem sehenswerten Stadtmuseum, gelangen wir über den kleinen Markt und die Marktgasse zu einem der wohl schönsten Marktplätze unseres Landes. Das dortige Rathaus ist die erste nähere Begegnung mit dem Werk Arnolds von Westfalen, des kühnen Baumeisters der Albrechtsburg, und linker Hand im Turm der Frauenkirche hängt das erste Porzellan-Glockenspielwerk der Welt. Nahe an der berühmten Weinschenke von „Vincenc Richter" können wir die Frauenstufen oder die Burgstraße bis zum Burgberg hinaufsteigen. Wem die Zeit nicht unter den Nägeln brennt, der sollte sie sich nehmen und jenem Hohlweg folgen, der die Burgstraße verlängert. Der Lohn dafür ist ein überaus reizvoller Blick in das Meisatal, den schon Tausende Fotografen für sich entdeckt haben.

Wenn man wenig später zum ersten Burgtor gelangt, sollte man auch jenen Falzen und Schlitzen einen Blick gönnen, die einer Zugbrücke dienten, welche einst den Burggraben überspannte. An einem ehemaligen Ritterhof hinter dem Tor erinnert eine Gedenktafel, daß hier Ludwig Richter von 1828 bis 1835 lebte. Mit 24 Jahren kam er als Zeichenlehrer an die Porzellanmanufaktur. Doch war er im Gegensatz zu manch anderem Dahergereisten mit seiner Wahlheimat Meißen nicht sehr zufrieden, denn er klagte: „Sosehr Stadt und Umgegend durch

ihre Romantik mich anheimelten, um so fremder und getrübter waren mir die Gesellschaftsverhältnisse, wie sie zum Teil durch meine Stellung herbeigeführt wurden; denn da in jener Zeit ein bezopfter Dämon, Kastengeist genannt, das Zepter führte, und der Wert eines Mannes allein in seinem Titel oder Vermögen bestand, so fühlte ich, der weder das eine noch das andere besaß, mich in meiner Sphäre sehr vereinsamt, ja niedergedrückt."

Es war mehr als ein Jahrhundert vor Richters Meißen-Aufenthalt, da rumpelte im Frühjahr 1710 ein Reisewagen mit Eskorte die Pflasterstraße zum Burgtor hinauf, drinnen ein übernächtiger Mann in bewachender Begleitung: Johann Friedrich Böttger, der Erfinder der europäischen Porzellanherstellung, als Geheimnisträger kostbarer Besitz des sächsischen Kurfürsten und polnischen Königs. Seit Wochen pendelte er zwischen Dresden und Meißen hin und her, um die Einrichtung der Porzellanmanufaktur zu überwachen. Er war, obwohl Gefangener, Königlicher Administrator.

Der aus Schleiz stammende Alchimist war auf der Flucht vor dem Preußenkönig Friedrich I. in die Gewalt Augusts des Starken geraten, der nun seinerseits von der Goldmacherkunst des Gefangenen wahre Wunderdinge erwartete. Statt dessen ergaben die systematischen Versuche mit verschiedenen Mineralien und Erden 1708 ein rotbraunes Steinzeug von hartem, dichtem Scherben, die letzte Vorstufe zu dem ihm darauf folgenden weißen Böttgerporzellan.

Der Erfinder berichtete dem Dresdner Hof, daß er die keramische Natur des bis dahin aus China importierten weißen Goldes, des Porzellans, erkannt habe. Und am 23. Januar 1710 erschien — viersprachig und in allen bedeutenden Zeitungen des Auslandes nachgedruckt — das Königliche Patent, das der erstaunten Welt die Gründung einer Porzellanmanufaktur zunächst in Dresden anzeigte. Man erinnerte sich an den Höfen Europas, welche gewaltigen Summen die Holländer am Handel mit dem chinesischen Porzellan bislang verdient hatten, und beneidete den starken Sachsen-August. Dieser wußte das Geheimnis zu hüten, Böttger blieb, wenn auch mit einigen Gnaden ausgestattet, mehr denn je sein Gefangener. Der Königliche Administrator hatte in der seit Jahrzehnten nicht mehr genutzten und in den Umbauarbeiten liegengebliebenen Albrechtsburg die technische

Einrichtung der Manufaktur zu kontrollieren. Ein wirklich seltsamer Vorgang: die Verwandlung eines alten, historischen Gemäuers in eine moderne Industrieanlage. Böttger konstruierte und baute größere Öfen, verbesserte die Materialbereitung, den Vorgang des Brennens und arbeitete wie besessen. Zu Neujahr 1711 besichtigte der König das Werk und klopfte Böttger anerkennend auf die Schulter; Geld hatte er für das junge Unternehmen keines. Er beanspruchte Dreiviertel der Produktion ohne Bezahlung für sich. Die Kassen waren leer, die Arbeiter warteten seit Wochen auf ihren Lohn. „Es jammert einen recht, wenn man siehet, wie er sich unaufhörlich martert und ängstiget, ohne daß er dadurch etwas ausrichten kann", beklagte Fabrikinspektor Johann Melchior Steinbrück aus Frankenhausen Böttgers Lage.

Hinter den Burgmauern schufteten die Männer, bis die Füße vom heißen Pflaster wund wurden. Sie verdarben sich die Augen, bevor es gelang, ein Porzellan vorzuzeigen, das selbst bei hoher Temperatur die Form behielt. Kein Raum der Burg blieb vom Porzellanfieber ver-

1 Wie ein schützender Arm umschließt die Elbe den Meißner Burgberg mit seinen fünf Gebäudekomplexen.
2 Die Albrechtsburg zu Meißen im Jahre 1835.

Ansicht des Churfl. Schloßes zu Meißen, von innen. 1 Dom 2 Churfl. Begräbn: 3 Porcel. Manuf. 4 Creißes Procur: und o. Stifts A...

schont. Vom Keller bis ins dritte Geschoß zog die Manufaktur ein. Zwischen Burg und Kornhaus loderten die Brennöfen, in den Sälen hantierten die Dreher, Bossierer, Former und Buntmaler, stapelten sich die Kisten mit zerbrechlichem Gut, lagerte tonnenweise Plauener Lehm. Kaolin, Feldspat und Kreide, Ruß und Schmutz setzten sich in den Zellengewölben und Kehlungen fest; Zweckumbauten erfolgten.

Besonders kritische Bauschäden stellten die Fachleute Mitte des vergangenen Jahrhunderts als Folge einer im Keller des Hauptgebäudes installierten Dampfmaschine fest. Mit acht PS und drei Atmosphären betrieb sie ein Pochwerk, das an die Stelle der Göpelanlage getreten war. Selbst in den obersten Geschossen des Bauwerks nahm man die Erschütterungen wahr. Doch die Zerstörung der Burg blieb nicht ohne Einspruch. So verfaßte Dr. Gustav Klemm ein Gutachten über den Zustand der Albrechtsburg. Am 24. November 1857 wurde es dem K. S. Finanzministerium vorgelegt: Seit der Porzellanherstellung hat jedes Jahr an der Zerstörung des Schlosses gearbeitet, „... und es ist kategorisch gewiß, daß die

friedliche Kunst, welche darin ihren Sitz hat, den Bau in verhältnismäßig kurzer Zeit dem Untergang zuführen werde. Mehr als Feindeshand hat sie bereits am Zerstörungswerk vollbracht und ... wird der der Bestimmung der Burg entgegenlaufende Gebrauch derselben den Ruin herbeiführen. Dann werden die Zinnen fallen, nur noch Trümmer werden den Ort bezeichnen, wo einst das großartigste fürstliche Baudenkmal stand ...“

Sechs Jahre gingen nach Entgegennahme des Gutachtens ins Land, bis die Porzellanproduktion ins nahe Triebischtal verlagert wurde. Längst hatte das Gemäuer der Albrechtsburg der wachsenden Fabrikation ein steinernes Korsett angelegt. Nach dem Auszug der Manufaktur konnte endlich die Generalinstandsetzung erfolgen, wozu von 1864 bis 1870 immerhin 62 000 Taler aufgewandt werden mußten. Der damalige erste Baumeister Sachsens, Oberlandbaumeister Hähnel, ließ die eingezogenen Zwischendecken und Trennwände beseitigen, sorgte für die Wiederherstellung der stark in Mitleidenschaft gezogenen Decken, Fußböden, Türen und Fenster und in der Hofstube für neues Rippengewölbe sowie für

Wanddienste. Hinzu kamen noch Umbauten am Kornhaus und Torturm, der Neubau eines Verbindungstraktes zwischen Kornhaus und Albrechtsburg sowie Arbeiten am Burgkeller. Von den Kontributionen Frankreichs nach dem deutsch-französischen Krieg von 1870/71 flossen 600000 Mark zweckgebunden in die Burg. Schwieriger als die baulichen Wiederherstellungen an der Albrechtsburg war deren Ausstattung, denn das Interieur war im Dreißigjährigen Krieg vernichtet worden und vom Mobiliar der Manufaktur nichts für die Neueinrichtung zu verwenden. Nachdem man darauf verzichtete, die Burg mit Kopien mittelalterlicher Gegenstände zu füllen, kam Dr. Wilhelm Roßmann — seines Zeichens K.S. Geheimer Hofrath und Vortragender Rath in der Generaldirektion der K. Sammlungen für Kunst und Wissenschaft — auf die Idee, „die Geschichte der Burg und die Geschichte des fürstlichen Hauses … in historischen Gemälden, Landschaften und Architekturbildern sowie in plastischen und gemalten Einzelfiguren zur Darstellung zu bringen …" Gesagt, getan. So zog zwischen 1873 und 1882 in die Säle und Zimmer der herrschende Geschmack des 19. Jahrhunderts mit vaterländischem Überschwang in buntschillernder Farbigkeit ein. 40 Räume, darunter 2 große Säle und 1 Kapelle waren auszumalen. Dafür bestellten die Auftraggeber 25 große Historienbilder, 20 Einzelfiguren, 15 Brustbilder, 11 Architekturansichten, 2 Glasgemälde und 7 Holzstatuen. Allein für die Wandgemälde nahm man 11 Künstler unter Vertrag, u. a. Anton Dietrich, Paul Kießling, Julius Scholtz und Friedrich Preller den Jüngeren. Als schließlich die Farbe auf dem letzten Bild getrocknet war, zeigte sich Hofrat Roßmann recht zufrieden: „Das neunzehnte Jahrhundert bereitet dem ehrwürdigen Gebäude ein Prachtgewand, in welchem die Vergangenheiten durch die Kunst zu idealer Vergegenwärtigung gelangen."

Freilich blieb das Gesamtwerk nicht ohne Kritik, übrigens bis in die jüngere Zeit. Zeitweise wurden Wandflächen zugehangen. Einige Kritiker bemängelten illustrative Wandbilder, weil diese die Monarchie verherrlichten und die künstlerische Qualität recht unterschiedlich war. Doch letztlich ließ sich nicht von der Hand weisen, daß mit diesen Arbeiten zugleich ein kulturgeschichtliches Denkmal entstanden war, auch wenn dessen byzantinische Farbigkeit in spätgotischen Räumen fremd anmutete. Zu den wohl bemerkenswertesten Arbeiten in der Burg gehören Paul Kießlings Darstellung „Böttger laboriert in der Burg auf Gold" und Anton Dietrichs Fresken im Kirchensaal, die an den Burggründer erinnern. Diese und andere Arbeiten sind für den Betrachter von heute bei aller Idealisierung der Wettiner illustrierende „Sehhilfen" in der Auseinandersetzung mit einem Stück deutscher Vergangenheit.

3 Albrechtsburg Meißen als Porzellanfabrik. Dargestellt ist die in eine Manufaktur umgewandelte Burg, in der zu dieser Zeit der berühmteste Porzellanplastiker des Spätbarocks Johann Joachim Kaendler wirkte (1731–1775). Radierung C. G. Werner und C. C. Thiele (1767).

4 Einen imposanten Eindruck von der Bauleistung Arnolds von Westfalen an der Albrechtsburg vermittelt dieser Blick auf die Hofseite mit großem Wendelstein. Der Wehrcharakter trat in den Hintergrund, hohe Fensteröffnungen lassen weitläufige Säle vermuten.

4

Wir stehen auf dem Domplatz. Vor uns, streng und monumental, die Albrechtsburg. Außergewöhnlich ist die nach Stockwerken gegliederte Fassade der mittelalterlichen Burg. Dem Auge bleibt verborgen, daß sich unter den drei Obergeschossen und der Erdzone noch drei Kellergeschosse befinden, die Felskuppel umklammernd. Zum Teil stammen die Mauern noch von der Erstbebauung. War uns der Bau von der Elbe her geschlossen — wehrhaft erschienen, löst er sich aus dieser Sicht mit einem Male in riesige Fenster, die weitläufige Säle vermuten lassen, in hochaufstrebende Bauglieder und einen 113stufigen Wendelstein auf. Repräsentationsbedürfnis kennzeichnet dieses bemerkenswerte

Schloß, entstanden an der Wende der Spätgotik zur Frührenaissance.

In der Mitte des Baudreiecks streben maßvoll die Mauern des gotischen Doms himmelwärts. Er steht auf den Resten eines romanischen Vorgängerbaues. Dieser ent-

5 Blick von der Elbe zur beeindruckenden Silhouette von Albrechtsburg, Bischofsschloß und Dom.

6 Ein begehrtes Fotoobjekt auf der Hofseite des Burgbergs: der Dom mit Langhaus und Westbau ist einem romanischen Vorgänger des 11. Jh. gefolgt.

7 Zwischen Ost- und Nordflügel gelegen, nimmt sich der kleine Wendelstein weit bescheidener aus als der große. Gedrehte, stark profilierte Spindel- und Zellengewölbe an der Treppe.

stand in der Folge jener bewegten Zeit, da der legendäre Sachsenherzog Heinrich I. (um 876–936, seit 919 deutscher König) die Waffenruhe mit den immer wieder ins Land einfallenden Magyaren nutzte, sich an strategisch günstigen Stellen Burgen zu errichten. Bischof Thietmar von Merseburg (975–1018) hielt dazu im 11. Jahrhundert fest: König Heinrich rodete einen an der Elbe liegenden, damals mit dichtem Wald bedeckten Berg, baute

dort (929) eine Burg (urbem), gab dieser von einem an ihrer Nordseite vorbeifließenden Bach den Namen Misni (Meißen) und schützte sie durch eine Besatzung und Befestigungsbauten. Von hier aus unterwarf er die Milzener (Oberlausitzer) seiner Herrschaft und zwang sie, Tribut zu zahlen …

Diese frühe Burg Heinrichs I. nahm sich gegenüber den Nachfolgern recht bescheiden aus, und sie war wohl mehr ein mit Palisaden umgebenes Militärlager, dessen besonderer Schutz in den nach drei Seiten steil abfallenden Felsen bestand. Grabungen förderten zwischen 1959 und 1964 westlich vom heutigen Dom Schichten einer Bohlenstraße zutage. Sie und andere Funde gaben darüber Auskunft, daß die königlichen Wachmannschaften in nach Schwellenbauweise errichteten Holzhäusern gewohnt hatten, die sich in Giebelstellung aneinanderreihten. Um das 10./11. Jahrhundert traten Steine an die Stelle der Stämme. Das war zum einen der gestiegenen Wehrfunktion, zum anderen auch den Repräsentationsbedürfnissen der drei Reichsfürsten zuzuschreiben, die seit 1068 die Burg befehligten. 968 ging die Befehlsgewalt von einem Bischof und einem Markgrafen aus, hundert Jahre später hielt auch noch ein Burggraf Einzug. Jedem von ihnen war auf dem Berg ein Bereich zugewiesen worden. Der Nordteil beherbergte die Residenz des jeweiligen Markgrafen, der Südteil den Bischofssitz, und die südwestliche Spitze der Anlage nahm die burggräfliche Pfalz ein. Die verbliebene Mitte des Burgdreiecks war offensichtlich gemeinsames Territorium, auf dem man den Kaiser begrüßte oder andere Zusammenkünfte abhielt. Genaue Angaben über das damalige Aussehen der Burg fehlen, doch — wie Hans-Joachim Mrusek in dem Buch „Die Albrechtsburg zu Meißen" schreibt — „… spricht nichts gegen die Annahme, daß die Grundform der Burg bereits seit dem 11. Jahrhundert in ihrer militärischen, aber gleichzeitig auch in ihrer ästhetisch-repräsentativen Wirkung durch drei mächtige wehrhafte Rundtürme an den Ecken gesteigert wurde". Bei besagten Grabungen fand man u. a. südwestlich des Domes Reste eines starken Wehrturmes, dessen Mauern zwischen zweieinhalb und drei Metern maßen und der zwölf Meter Seitenlänge hatte. Auch Teile eines turmartigen Wohnbaus mit quadratischem Grundriß wurden entdeckt. Im Ergebnis der Kreuzzüge entstanden Kasematten, eine Ringmauer mit Wehrgängen, Mauertürme, Tore und neue Türme an den Flanken.

Bei vielem, was diese Burg betrifft, ist die Wissenschaft vorerst auf Vermutungen angewiesen. Sicher ist hingegen, daß in der Blütezeit der ritterlichen Kultur Walther von der Vogelweide um 1212 auf der Burg seine Lieder gesungen hat und daß die Waffen vieler behelmter Kämpfer im ritterlichen Spiel gegeneinander schlugen.

Berühmte deutsche Kaiser hielten in Meißen ihre Fürstentage ab: 1046 Heinrich III. (1017—1056), der durch Absetzung von drei Päpsten im gleichen Jahr das Schisma beendete, und 1071 Heinrich IV. (1050—1106), bevor er sich sechs Jahre später auf den Bußgang nach Canossa begab, um seine Krone zu retten. Doch Zeugen eines umfangreichen Baugeschehens wurden sie auf der Burg nicht. Es bahnte sich erst im 15. Jahrhundert an, in jenen Jahren, da Markgraf Friedrich IV. (1369—1428), genannt der Streitbare, als erster Wettiner 1423 die Kurwürde bekam und damit die bedeutendste Etappe in der Entwicklung der Wettiner im Heiligen Römischen Reich Deutscher Nation krönte. Seinen Enkeln Ernst und Albrecht schien angesichts solcher Macht die Burg längst nicht mehr standesgemäßen Ansprüchen zu genügen. Und da das Silber aus dem Bergbau die Kassen mehr und mehr füllte, konnten sie den Umbau zur Repräsentationsburg anordnen. Arnold von Westfalen erhielt den Auftrag, den Bauplan zu zeichnen und dessen Ausführung zu leiten.

Um diese Zeit wurde das äußere Bild des Burgensembles am Elbeufer bereits durch einen gotischen Dom beherrscht. Bereits im 13. Jahrhundert entstanden Hoher Chor, Lettner, Achteckkapelle, Maria-Magdalena-Kapelle sowie die kunstvollen Stifterfiguren. Die Kurie hatte für eine rege Bautätigkeit im Dienste Gottes vor allem auch durch den Bischof Withego I. (1266—1293) gesorgt, nachdem die Finanzen des Stiftes in Ordnung gebracht waren, d. h. die Ablaßzahlungen begonnen hatten.

Das war auch jener Zeitpunkt, da die Macht der Bischöfe von Meißen im Zenit stand und die geistlichen Herren sich noch gegenüber den Markgrafen behaupten konnten. Doch schon im 14. Jahrhundert, als das Langhaus ausgebaut wurde und das Westportal entstand, wandte sich das Blatt wieder zugunsten des Markgrafen, Friedrichs des Freidigen (d. h. der Mutige, 1257—1324), der zugleich Landgraf von Thüringen war. Er wußte sich mit den Bischöfen — ebenso wie mit den Territorialherren — zu arrangieren, und dem König gegenüber gab er sich

8 Das Ensemble der Albrechtsburg — Blick aus nördlicher Richtung — gehört zu den schönsten spätgotischen Profanbauten auf deutschem Boden.

souverän. Seine Gebeine liegen trotz aller Verdienste um die Hausmacht nicht in der Fürstenkapelle. Sie entstand erst 1426 im Dom als Erbbegräbnisstätte. Aber Friedrich der Streitbare wurde hier beigesetzt in einer Tumba aus Bronzeguß. Regensburger Mönche lasen die Totenmessen. Doch nicht nur die Grabeskirche unterstreicht den zunehmend weltlicher gewordenen Charakter des Bauwerkes, sondern auch die Tatsache, daß die Bischöfe den Machtansprüchen der Wettiner auf der Albrechtsburg wichen und in Stolpen, Wurzen und Mügeln residierten.

Die Fürstenkapelle, der ungewöhnliche Chorumgang, die Stifterfiguren und Tafelbilder gehören ebenso wie Lettner, Hoher Chor, Johannes- und Georgskapelle zu den Anziehungspunkten der dreischiffigen Hallenkirche. Als Johann Wolfgang von Goethe 1813 den Dom besichtigte, schrieb er an die daheimgebliebene Frau Christiane: „In ebendem Chor waren mir auffallend und neu die aus Stein gehauenen Baldachine über dem Sitz der Domherren. Es sind Kapellen in Burgen, die in der Luft schweben, und das Göttliche mit dem Ritterlichen wechselt immer ab. Eine höchst schickliche Verzierung, wenn man denkt, daß die Domherren altritterlichen Geschlechts waren und die Kapellen ihren Burgen verdankten."

Daß wir dies heute noch nachempfinden können, ist auch dem Mut eines Mannes zu danken, der als Superintendent im Burggelände zu Hause war: Herbert Böhme. Zivilcourage war es, die ihn auszeichnete, nicht nur, als er einige Belgier vor der Verhaftung durch die Nazis verbarg, sondern vor allem Ende April 1945. Der „Endsieg" fordere den totalen Krieg, verkündeten die braunen Demagogen. Die Meißner hatten Dom und Albrechtsburg vor der Besetzung zu „retten" und in die Luft zu sprengen, derweil alte Männer und halbe Kinder mit Panzerfäusten im Volkssturm die heranrückenden sowjetischen Truppen aufhalten sollten. Da trat der 66jährige den wohl schwersten Gang seines Lebens an, als er zur Albrechtsburg lief, um dem SS-Kampfkommandanten die Sinnlosigkeit der militärischen Operation klarzulegen. Man wies ihm die Tür. Doch Herbert Böhme blieb hartnäckig und sprach beim NS-Kreisleiter vor. Auch hier hatte er keinen Erfolg. Stadtkommandant und Kreisleiter waren sich einig: Tod durch Erschießen in-

nerhalb von 24 Stunden. Doch es gelang ihnen nicht, die für den Vollzug nötige dritte Unterschrift eines zivilen Richters zu erwirken. Man überführte Böhme nach Dresden ins Landesgerichtsgefängnis.

Der 7. Mai 1945 brachte auch ihm die Freiheit wieder: „Selten hatte ich den Flieder so herrlich und so stark blühen sehen wie in diesem Jahr. Zu Fuß begab ich mich nach Meißen. Es war ein mühseliger Marsch, aber pfingstlich umweht. Und ich selbst empfand: Es war ein Weg in das neugeschenkte Leben." Neues Leben war auch der Burg geschenkt worden – die Nazis hatten die Mauern nicht mehr sprengen können.

Bischofsschloß und Albrechtsburg umgeben die Kathedrale von beiden Seiten, sie fassen deren Architektur wie einen Edelstein. Ein Baujuwel besonderer Art ist die Albrechtsburg selbst, jenes imposante Schloß, das untrennbar mit dem Namen eines Mannes verbunden ist, der zu den bedeutendsten deutschen Baumeistern zählt: Arnold von Westfalen.

Das Leben des zwischen 1425 und 1430 geborenen Werkmeisters enthält viele dunkle Stellen, die auch das Licht jüngster Forschung nicht aufhellen konnte. Möglich, daß er bereits 1464 gemeinsam mit anderen Mei-

stern des Steinmetzhandwerks vor Kurfürst Friedrich II. von Sachsen erschien, um ihm nach längeren Auseinandersetzungen eine „begryffunge in einem Register" (Zunftordnung) vorzulegen. Der Kurfürst bestätigte sie und schuf im Zusammenhang mit einem entsprechenden Schutzbrief die Grundlagen für eine einheitliche Landesbauorganisation. Erster unwiderruflicher Beleg für das Wirken Arnolds von Westfalen beim Umbau der Albrechtsburg ist die Bestallungsurkunde vom 4. Juni 1471. Das Dokument nennt ihn wörtlich „... des Fürsten obersten Werkmeister, den tauglichsten und behendesten Werkmeister auf Steinwerk und Mauern zu machen, der nicht allein in der Kunst und Arbeit, sondern auch im Rat tauglich und gut sei".

Es gibt nur wenige Aufzeichnungen über Meister Arnold, Lohnabrechnungen, Hinweise zum Bauverlauf und den Nachweis, daß er bald auf dieser, bald auf jener Burg Quartier bezog. Zu seiner Entlohnung gehörte auch einmal im Jahr ein entsprechendes Hofgewand. Man bezahlte ihn auf der Albrechtsburg wie anderswo nur für jene Tage, an denen er persönlich den Bauablauf verfolgte und kontrollierte. Die ihm zugestandene freie Baupraxis gestattete es jedoch, sein Einkommen zu erhöhen. Spätere Rechnungen belegen, daß Arnold ab 1476

einen Wochenlohn von 15 Groschen erhielt, daneben ein Jahresgehalt von 22 Gulden (1 Gulden = 21 Groschen), was jährlich insgesamt 1242 Groschen bedeutete (zu dieser Zeit kostete eine Elle Tuch 32 und ein Paar Stiefel 18 Groschen).

Mit seinem Dienstpferd ritt der Baumeister jedoch nicht nur den Meißner Burgberg hinauf, sondern bald nach Dresden, bald zu den Schlössern Torgau und Eisenhart oder den Burgen Kriebstein, Frauenstein und Pleißenburg. Denn er war nicht nur fürstlicher Werkmeister, sondern zugleich auch landesherrlicher Baumeister und damit oberster Werkmeister der Wettiner. Das sicherte ihm die Leitung über deren sämtliche Baumaßnahmen, sowohl in technischer wie in künstlerischer Hinsicht. Auf den Baustellen hatte er die beiden fürstlichen Brüder zu vertreten, ebenso sämtliche Lohnfragen sowie die Wahl der Bauleute zu regeln. Daß letzteres keine leichte Aufgabe war, zeigt der häufige Wechsel der Maurer und Steinmetzen. In Trupps waren sie zunächst aus dem

9 Schlichte Formen prägen das Bischofsschloß — wirkungsvoller Kontrast zur Stadt.
10 Dreieck aus Kornhaus und Domherrenhöfen mit Anbauten jüngeren Datums.

Schwäbischen und Fränkischen gekommen, doch eines Tages ließen sie Burg Burg sein und zogen von Meißen aus weiter. So hatte sich Meister Arnold den Kopf zu zerbrechen, woher er neue Handwerker bekam. In Briefen an die Räte der Städte bat er um Arbeitskräfte bzw. um Rückkehr der alten.

Im Jahre 1477 wohnte er längere Zeit in Meißen auf der Burg. Dort befand sich auch eine Zeichenstube mit sieben großen Tischbrettern, einem Schock anderer Bretter, Meßbrettern und zehn Winkelmaßen. Zu dieser Zeit ging der Umbau der Burg ins sechste Jahr. Auf dem recht bewegten und unregelmäßigen Grund des Berges waren starke Keller entstanden, zur Elbe hin mit Schießscharten. Ein Teil der Gewölbe ragte weit über die Felskante, wodurch das Felsplateau voll genutzt werden konnte. Parallel zum Schloß und weiteren Bauten widmeten sich die Handwerker auch dem dritten Turmgeschoß des Domes, um es auszubauen.

Arbeiteten um Ostern 1477 nur noch neun Steinmetzen an der Burg, zählte man 1480 bereits 23 Steinmetzen, 17 Maurer und mehr als 60 Handlanger und Zimmerleute. Schösser Jost Possek, der die beiden Landesherren seit 1470 in der Burg zu vertreten hatte, notierte getreulich die schweren Fuhren Baumaterial, die aus verschiedenen Richtungen kommend, in Meißen eintrafen: Bruchsteine aus Pirna, Hausteine für Fenstergewände und den großen Wendelstein, Ziegelsteine für die Wölbungen, angeflößtes Bauholz, Rüsthölzer, Bogengestelle und vieles mehr. Die Burg verschlang enorme Summen. Doch trotz klingender Münze vom fündigen Silberbergbau schwammen die Wettiner offensichtlich nicht immer in Bargeld; nur so ist es zu erklären, daß sie Meister Arnold eine Lehensanwartschaft in Niemegk in Aussicht stellten und ihn mit einer Hauspfändung honorierten. Dennoch brachte Arnold jene 720 Gulden zusammen, mit denen er sich das Rittergut Langenau bei Freiberg kaufen konnte. Allerdings sollte es ihm an Zeit fehlen, sich dieses Besitzes lange zu erfreuen. Er starb vor Pfingsten 1482, noch ehe sein Lebenswerk, die Albrechtsburg, fertiggestellt war. Damit blieb ihm eine bittere Enttäuschung erspart, der herrschaftliche Hohn auf ungezählte Arbeitsstunden und Schweißtropfen der Handwerker. Denn kaum waren die Bauarbeiten um 1485 im wesentlichen beendet, teilten die regierenden Brüder Ernst und

Albrecht die seit 1423 als Sachsen (Kursachsen) bezeichneten wettinische Lande auf, wobei die Ernestinische Linie das Wittenberger Gebiet mit der Kurwürde und den größten Teil Thüringens, die Albertinische die Mark Meißen, das Leipziger Gebiet und das nördliche Thüringen erhielt. Albrecht verspürte keine Lust, in Meißen zu residieren und siedelte lieber nach Dresden über, das seinen herrschaftlichen Repräsentationswünschen eher entsprach. So war das Schicksal der Burg vorerst entschieden. Schon nach kurzer Zeit diente sie nur noch zur gelegentlichen Absteige des Adels.

Arnold von Westfalen hat auf geniale Weise französische

11 Überreich sind die Zellengewölbe vor allem im zweiten Obergeschoß. In vielfältigen Formen treten die scharfen Grate aus dem Mauerwerk heraus.

12 Albrechtsburg Meißen: Schnitt durch den Südbau Arnolds von Westfalen (um 1471 begonnen). Die großzügige Raumgestaltung widerspiegelt die Repräsentationsfunktion der fürstlichen Residenz am Ende der Burgenzeit.

Anregungen zum bedeutendsten deutschen Profanbau [14] des ausgehenden Mittelalters verarbeitet. Das bestätigt sich für den Besucher vor allem im Inneren des heute museal genutzten Schlosses. Der Eindruck ist überwältigend. Man nannte Arnold auch den Meister der Wölbungstechnik. Aus Diensten (Säulchen) der Pfeiler und Wänden steigen Sandsteinrippen empor und bilden — ohne sich auch nur einmal zu wiederholen — scharfkantige Zellen, die sich im Spiel von Licht und Schatten zu einer vorher nie gekannten Plastizität vereinigen: spätgotisches Gewölbe. Um dem zwangsläufigen Gewölbeschub entgegenzuwirken, hätte der Meister nach den bislang geltenden Maßstäben der Gotik ein System von Strebepfeilern schaffen müssen. Statt dessen stabilisierte er seinen Bau durch von unten nach oben zunehmende Mauern. So ist es erklärlich, daß sich die Tiefe der Fensternischen von zwei Metern im Erdgeschoß im dritten Obergeschoß verdoppelt.

Die prunkvollen, nur sparsam eingerichteten Säle wirken durch ihre dynamische Architektur, komplizierte Sterngewölbe und kunstvolle Kehlungen der Gewände von Türen und Fenstern, welche Arnold speziell für die Albrechtsburg entwickelt hatte. Daß sich von hier aus eine neue Art, Gewölbe, Fenster und Türen zu gestalten, durchsetzte, bestätigen Baumaßnahmen in den siebziger und achtziger Jahren des 15. Jahrhunderts für die Schlösser Eisenhart, Schweinitz, Rochsburg, Kriebstein und anderswo. Von Meister Arnolds Wirken im Auftrag der Leipziger Ratsherren hat sich kaum etwas erhalten, doch fallen in die Zeit seiner wiederholten Besuche der Stadt der Neubau von Pleißenburg und Gewandhaus.

Für den Besucher der Albrechtsburg gibt es zwischen dem großen Saal mit seinem Trompeterstuhl, dem großen Bankettsaal, der einstigen „großen Hofstube", wie auch den Gerichtssälen und dem Böttgerzimmer viel zu sehen und zu staunen. Insgesamt umfaßt der Bau Hunderte Räume, von denen freilich nur ein Teil zu besichtigen ist. Allein 15 Säle sind den musealen Sammlungen vorbehalten. Darunter übrigens jene Holzplastiken, die nach dem Bombenangriff auf Dresden 1945 in den Trümmern des Altertumsmuseums gefunden wurden.

Werfen wir noch einen Blick in den großen Wendelstein. Man lernt hier, den Hals wie eine Schraube zu winden und wird an die Treppentürme der Schlösser Torgau und

Wittenberg erinnert. Scheinbar schwerelos „schweben" die Stufen zwischen den mächtigen Loggien empor. Arnold von Westfalen verzichtete auf die massive Treppenspindel und wählte statt dessen drei schlanke, gekehlte Sandsteinsäulen, um die sich Stufen und Handlauf wie Bänder herumwinden. Ein weiteres Zeugnis seiner großartigen Kunst. Und hätte die Burg allein dieses vollendete Kunstwerk zu bieten, der Aufstieg würde schon darum lohnen.

Wußten Sie übrigens, daß viele von uns die Albrechtsburg als 5-Mark-Stück in der Geldbörse haben? Vielleicht schauen Sie einmal in Ihrer eigenen nach.

13 Der prachtvolle große Wendelstein mit seinen 113 Stufen ist eine herausragende Bauleistung. Scheinbar schwebend windet sich die Treppe in die Höhe. Der Loggienumgang in den Geschossen ist offen.
14 Blick in den Wappensaal mit seinen Schlingrippengewölben. Ein stimmungsvoller Raum für die Unterbringung einiger Holzplastiken aus der Skulpturensammlung der Albrechtsburg.

Rochlitz

Licht lag über der zart grünenden, sich weithin öffnenden Landschaft. Die Alleebäume, uralte Heiligenfiguren im Prozessionsgang, wanderten scheinbar mit uns zur Kirche, die sich hinter dem Schloßkomplex beinahe zu verstecken schien. Weißer Außenputz, rote Steinfassung. Man muß schon nahe sein, um den ungewöhnlichen Anblick des romanischen Kleinods zu erfassen, das als erstes in der DDR von den Denkmalpflegern 1965 auch außen farbig rekonstruiert wurde. Vielgliedrig die Ostpartie, Bruchsteinmauerwerk, zweigeschossige Apsis, stumpf die Turmfront, seitlich das Torhaus; man entdeckt nicht sofort die einzigartige Schönheit der Stiftskirche von Wechselburg. Drinnen festliche Stille, beeindruckende Klarheit der Formen. Weiß die Wände auch hier, rot die Architekturglieder. Fachleute zählen die dreischiffige Pfeilerbasilika zu den schönsten romanischen Bauten zwischen Rhein und Weichsel; die Triumphkreuzgruppe gilt als die künstlerisch bedeutendste aus der ersten Hälfte des 13. Jahrhunderts in ganz Europa.

Der Blick verweilt am Lettner, der fast dreihundert Jahre völlig auseinandergerissen war und erst mit den Restaurierungsarbeiten 1971/72 wieder mühevoll zusammengesetzt wurde.

In der nördlichen Nebenapsis auf einer neuromanischen Tumba die Figuren des Stifterpaares Graf Dedo und Mechthild, stilistisch vermutlich dem Grabmal Heinrichs des Löwen und seiner Gemahlin Mathilde im Braunschweiger Dom nachempfunden. Der Feudalherr hält in der Linken Schild und Fahne, in der Rechten das Modell

seiner Kirche. Wie kommt der Rochlitzer Burgherr zu dieser letzten Zufluchtsstätte?

Die Geschichte klingt unglaublich und hat verschiedene Schauplätze, bevor sie in diese Kirche führt. Sie könnte beispielsweise auf der Saaleburg Kirchberg bei Jena beginnen, wo Graf Conrad von Wettin 1121 als Gefangener Heinrichs II. von Eilenburg einsaß und erst mit dessen Tod freikam. 1143 erhielt der Wettiner Markgraf von Meißen aus der Hand Kaiser Konrads III. die Herrschaft Rochlitz; im November 1156 versammelte er in der Albrechtsburg Meißen seine Familie um sich, um unter seinen fünf Söhnen das Lehnsgut wie ein Erbe aufzuteilen. Graf Dedo von Rochlitz-Groitzsch, seit 1143 durch Erbschaft schon im Besitz der Stammburg Wiprechts von Groitzsch, erhält das benachbarte Rochlitz und die Vogtei über das Hochstift Naumburg. Womit wir beim Helden der Geschichte sind, einem ebenso beleibten wie unerschrockenen Ritter. Vater Konrad zog vor dem Altar des Klosters auf dem Petersberg bei Halle in versammelter Edelrunde die Rüstung aus, und Erzbischof Wichmann von Magdeburg kleidete ihn in die Mönchskutte. Unter Weinen und Klagen der Versammelten, so der Chronist. 1157 stirbt der merkwürdige Mann. Dedo, redegewandt und Feinschmecker, macht am Hofe Barbarossas Karriere, begleitet diesen auf seinem Umzug durch das Reich, ist in Nordhausen dabei und in Erfurt, in Gernrode und in Altenburg. Unter Dedo ging es auch mit Rochlitz voran; er kolonisierte seinen Besitz, ließ von Siedlern aus Mainfranken und Thüringen und heimischen Sorben Wälder roden, gründete Dörfer nach dem Beispiel Wiprechts von Groitzsch und brachte von seinen Reisen eine Menge Anregungen mit. Auf der Burg ging es munter zu. Es gab einen Truchseß, einen Marschall, einen Kämmerer und einen Schenken. Dedo, seit 1185 Markgraf der Lausitz, wußte zu leben. 1168 gründete er im Tal der Zwickauer Mulde oberhalb von Rochlitz, dem Zug der Zeit entsprechend, das Stift der Augustiner Chorherren in Zschillen (ab Mitte des 16. Jh. Wechselburg). Teile ihrer Architektur erinnern an zur gleichen Zeit entstandene Formen der Rochlitzer Burg. Der reisefreudige Herr mußte sich wegen seiner Leibesfülle allerdings den 1188 beschlossenen Kreuzzug versagen, da ihn kein Pferd mehr zu tragen vermochte. Um wenigstens Barbarossas Sohn Heinrich nach Italien zu begleiten, entschloß sich der unruhevolle Mann, schon nicht mehr der jüngste, zu einer ungewöhnlichen Abmagerungskur und ließ sich, ohne jegliche Schmerzlinderung, das Fett von einem Medicus aus dem Leibe schneiden. Dedo starb 1190 an den Folgen des schrecklichen Eingriffs und wurde in der von ihm begründeten Stiftskirche bestattet. Mit dem Tod seines Sohnes Dedo 1210 fiel die Rochlitzer Herrschaft wieder an das Wettiner Stammhaus mit Markgraf Dietrich dem Bedrängten zurück, der dann an dem weiteren Bauschicksal der Burg entscheidenden Anteil hatte.

Von der ehemaligen Stiftskirche aus bietet sich eine herrliche Fernsicht. Jenseits der Mulde, die uns den weiteren Weg nach Norden weist, steile Felsen, dahinter breitrückig der Rochlitzer Berg. Wie das Tal der Saale durch seine vielen Burgen gekennzeichnet ist, so wurde auch das Tal der Mulde mit der Gründung des Bistums Meißen zum Burgenland: Colditz, Rochsburg, Penig, Wolkenburg, Waldenburg, Wechselburg, Rochlitz. Meißen war im Winter 928/29 von Heinrich I. als am weitesten in den slawischen Osten vorgeschobener Militärstützpunkt errichtet worden und bedurfte des sicheren Hinterlandes. Das Zwischenfeld bis zum strategischen Ausfalltor Merseburg, dieser wichtigen königlichen Pfalz, war weit und voller Widerstand gegen die erste Expansionsbewegung aus dem Westen. Heinrich gliederte das Land in Burgbezirke (Burgwarde), sein Sohn Otto I. (936–973) setzte die Unterwerfungspolitik systematisch vor allem vom Stützpunkt Meißen aus fort. Das Land

war von undurchdringlichen Wäldern mit weiten Sumpflandschaften bis zum Erzgebirge im Süden bedeckt, eine wichtige Siedlungsreserve für die zweite große Eroberungswelle. In diesen unsicheren Zeiten waren die Burgen oft die letzte Zuflucht. Vielgereister Augenzeuge war Merseburgs Bischof Thietmar, der wiederholt mit einem Truppenaufgebot zur befohlenen Burgwacht nach Meißen aufbrechen mußte. In der Abgrenzung der Bistümer Meißen und Zeitz wurde auch Rochlitz 996 in einer Urkunde Ottos III. erwähnt. Zu dieser Zeit wurden die Meißener Markgrafen aus dem Geschlecht der Ekkehardiner mit dem wirtschaftlich wichtigen Rochlitz belehnt, das bald auch in den internen Machtkämpfen der neuen Herren eine Rolle spielte. Ein Markgraf Gunzelin von Meißen berennt seines Neffen Markgraf Hermann Burg Strehla vergeblich und läßt — so Thietmars Bericht — „die an der Mulde gelegene, schlecht verwahrte Burg Rochlitz (1009 — d. V.) in Flammen aufgehen". Von 1046 bis 1143 ist die Anlage, ein einfaches Bauwerk mit Steinmauer und Wohnturm, wieder in königlicher Hand; Kaiser Heinrich III. und Heinrich IV. (1068) stellen hier Urkunden aus und halten kurzzeitig Hof. Unter den Wettinern erlebt die Burg, den neuen Residenzerfordernissen entsprechend weiter ausgebaut, ab 1143 ihre große politische Zeit. Thüringens Landgraf Albrecht der Entartete (1264–1306), von seinem Sohn Friedrich 1288 zwischen Gotha und Eisenach überfallen und auf Landsberg gefangengesetzt, erkaufte sich mit dem Rochlitzer Vertrag vom 1. Januar 1289 durch bedeutsame Abtretungen (u. a. Burg und Stadt Freiberg und Torgau) seine Freiheit. Was auf die strategische Rolle der Burg Rochlitz verweist.

Am Ufer der frühjahrsmunteren Mulde erwartet uns ein reizvoller Wanderweg; vorbei am steil aufragenden Fischheimer „Borstel", einem Granitgneiskegel mit vorgeschichtlicher Wallburg, zum Gasthaus Sörnzig, wo eines frühen Märzmorgens des Schmalkalder Kriegsjahres 1547 die Schlacht bei Rochlitz ausgetragen wurde; die einzig siegreiche übrigens für die protestantische Schmalkalder Partei unter Führung des sächsischen Kurfürsten Johann Friedrich I. (1532–1554). Seine aus Altenburg anrückenden Truppen schnitten hier den Soldaten Markgraf Albrechts von Brandenburg-Kulmbach

und des Landgrafen von Leuchtenberg — kaiserliche
Verbündete des Herzogs Moritz von Sachsen — nach deren
durchzechter Nacht bei der allzu gastfreundlich-listigen
und auf Burg Rochlitz residierenden Herzoginwitwe
Elisabeth den Rückzug ab.

Rochlitz: „Diese Stadt liegt in dem Leipzigischen
Craysse, und, wie theils melden, mitten im Ostland, so
man zu Meissen rechnen tut, und hat endweder den Namen
von den Wenden, oder Slaven, und heist so viel, als
ein Schach-Spiel, (in welche der fürnehmste Stein nach
der Königin, der Roch, oder Elephant ist), wie auch ein
solches die Statt in ihrem Wappen führet; oder von den
Teutschen, und heist so viel als Rötlicht, von dem rothen
Stein, den man da siehet …" So Martin Zeiller, Herausgeber
eines Reisehandbuches anno 1650. Darin findet
sich eine Stadtabbildung, die Schloß und Unterschloß
am südwestlichen Ende der malerisch hinter der Mulde
ausgebreiteten Stadt unversehrt und gut erhalten zeigt,
wiewohl doch alles durch den furchtbaren Krieg recht
mitgenommen war. Denn schon 1632 waren die Gebäude
um das Unterschloß und 1645 dieses selbst durch
Brand zerstört. Vom gegenüberliegenden Weinberg
schoß 1644 die kursächsische Artillerie die schwedische
Burgbesatzung heraus; Anfang August 1645 fiel die
Stadt wieder in die Hände des schwedischen Generals
Königsmarck, der nun seinerseits die Burg (mit 421 vierundzwanzigpfündigen
Kugeln) beschoß, dabei auch in
das Tafelzimmer eine Bresche schlug und schließlich das
vor allem als Beamten- und Verwaltungssitz dienende
untere Schloß samt Peterskirche in Brand steckte. Die
Ruinen der einstigen Vorburg wurden 1717 wegen Baufälligkeit
abgetragen; nur Reste markieren heute den einstigen
Umfang.

Wir kommen von der Unterstadt, und es scheint, als verstecke
sich die höher gelegene Burg zunächst hinter der
Peterskirche. Erste Befestigungswerke sind auszumachen;
der untere Graben, Reste eines Kammertores,
dann der Zwinger. Im Garten rechts blüht es, das alte
Mauerwerk des einstigen Unterschlosses wirkt wie ein
Wärmespeicher für die Aprilsonne. Vor uns steigt nun
die imponierende Ostwand des Querbaus der Burg mit
der hervorstehenden Kapelle auf gotischem Strebepfeilerunterbau
aus dem breiten Mittelgraben hoch. Seitlich

rechts neben der Kapelle das Haupttor, zu dem eine steinerne
Brücke den tiefen Graben überspannt. In Verlängerung
des abgeknickten Weges links neben der Kapelle
im Mauerwerk, mehr zu erahnen, ein vermauerter Torturm
aus romanischer Zeit (um 1150). Damals erfolgte
die Zufahrt noch geradewegs von hier aus über die
Zugbrücke. Die Geschoßeinteilung links und rechts der
Kapelle, die erst später in diese ältere Gebäudefront
kunstvoll eingesetzt wurde, ist unregelmäßig. Ein überraschendes
Neben- und Durcheinander also von verschiedenen
Bauformen verschiedener Bauzeiten. Der
erste, starke Eindruck dieser Besonderheit bestätigt sich
dann in dem „Schloß" auf vielfältige Weise.

„Selbiges liegt auf einem erhabenen grauen Felsen, Marmorsteiner
Art, der Stadt gegen Abend, hat einen über
alle massen lustigen Prospect nach der Mulde: inmassen

1 Kraftvoll die gedrängte Baumasse der Burg Rochlitz über dem
   Tal der Mulde.
2 Wiederholt um- und ausgebaut, verwandelte sich die Burg zum
   Wohnschloß, ohne doch den wehrhaften Charakter zu verlieren.
   So befanden sich im Fürstenhaus neben dem Querhaus einst
   große Repräsentationsräume; Blick vom Burghof aus.

man von demselben auf einen Blick Stadt, Dorff, Auen, Wasser, Wald, Felder, Berg und Thal, in Summa, alles, was den Augen Anmuth giebet, sehen kann." So der Rochlitzer Diakonus Samuel Gottlieb Heine in seiner „Historischen Beschreibung der alten Stadt und Grafschaft Rochlitz", Leipzig 1719. So schön der Blick ist, so günstig ist die Lage auf dem Felsen, dessen Längsseiten nach Norden und Süden wie natürliche Mauern steil abfallen, während die Schmalzugänge durch Gräben vom eigentlichen Burgplateau getrennt sind. Der herausgebrochene Fruchtschiefer fand in den Fundamenten und in der Umfassungsmauer Verwendung; der unweit von hier am Rochlitzer Berg gewonnene Quarzporphyrtuff, auch Rochlitzer Sandstein genannt, bildete ab dem 12. Jahrhundert den sehr beliebten Werkstein nicht nur für Burg Rochlitz, sondern auch für die nahe Rochsburg, Burg Gnandstein, Colditz und das Kloster Wechselburg.

Über die Brücke nun durch das Tor. Zwei Denksteine an der Kapellenwand, einer mit dem sächsischen Wappen, der andere mit der Jahreszahl 1525, markieren Herrschaft und Baumaßnahmen. Weiter links ein kleiner Schaukasten, in ihm die Ankündigung eines Kammerkonzerts in der Kapelle. Es ist still; während der Wintersaison bleibt das Heimatmuseum am Wochenende geschlossen. Der Weg führt uns zunächst ohne Aufenthalt

3

durch die langgezogene, leicht geknickte Hofanlage zum hinteren Burgausgang, wo man den schönsten Blick auf die besterhaltene mittelalterliche Burgfront Sachsens haben soll. Vorbei also am Brunnen, am eingemauerten Halseisen, das manche Besucher neugierig ausprobieren, nur ein kurzer Blick auf den Fachwerk-Wehrgang, zwischen Fürstenhaus und dem 1850 erst errichteten Gefängnis und durch das Tor über die Brücke, die August der Starke errichten ließ. Links führt ein Fußweg zum Rochlitzer Berg; ein Schild verspricht eine Gaststätte und einen Aussichtsturm. Von tief unten rauscht es herauf; 18 Meter hoch überspannen die drei mächtigen Steinbogen den ausgehauenen Halsgraben. Ein Bächlein eilt hurtig vom Schloßteich an der Nordseite her muldewärts. Hinter der Eisenbahnbrücke schäumt der Fluß, vom Wehr gekämmt, weiß auf, blühende Bäume stehen in den Gärten; ein freundlicher Anblick, der verweilen läßt. Efeu klettert am rechten, das Spitzbogen-Tor schützenden Turm, der „lichten Jupe", hinauf, in dem braungrauen Putz liegt Altersstaub, das Querhaus zwischen den Türmen wirkt abweisend. Der überdachte Wehrgang mit den großen Zinnenfenstern auf der 10 Meter hohen und 2 Meter breiten Schildmauer soll nach umfassender Rekonstruktion wieder geöffnet werden, was der für die Zeit um 1180 typischen Burgfront das originale Wehrantlitz wiedergeben wird.

Doch schon jetzt vermittelt die Anlage, die mit ihren beiden Doppeltürmen, den Jupen (Joppe), fast wie eine Kirche wirkt, einen erstaunlich anschaulichen Eindruck von der spätmittelalterlichen Burgenbaukunst in Sachsen. Wie Zwillingsbrüder die Türme, 32 Meter hoch bis zur Traufe, 19 Meter hoch noch die schiefergedeckten Spitzhelme, 10 mal 10 Meter je im Quadrat, dazwischen die Schildmauer, der „Hohe Mantel". Gefürchtet die kalten Verliese, die bis ins 15. Jahrhundert als Staatsgefängnis dienten, für hussitische Führer, die 1426/30 zwar die Stadt abbrannten, doch vergeblich die Burg belagerten, ebenso wie für rebellische Bauern und Teilnehmer der Revolution von 1848. Der Raum über dem Verlies in der Finsteren Jupe diente als Folterkammer, die durch ein enges Einstiegsloch erreichbar war und nur über ein Fenster verfügte. In der Mitte des Fußbodens die Öffnung in die 15 Meter tiefe dunkle Gruft, in der man bei lebendigem Leibe begraben war. Nach der Ausräumung des

2 Meter hohen Schutts sollen Verlies und Folterkammer später als Teil eines Gesamtrundgangs durch diese Burg wieder zugänglich werden. Alte Amtsrechnungen, die erhalten blieben, sagen für einen Zeitraum von rund 200 Jahren aus, wer hier gequält und gefoltert wurde. Beide Türme sind im Kern ihrer Untergeschosse noch romanisch, wie überhaupt fast 60 Prozent der Bausubstanz aus dieser Stilepoche stammen. Der jeweils obere Turmteil verweist auf die gotische Erneuerung der Burg um 1360/90, als Markgraf Wilhelm von Meißen, der „Einäugige", die Turmstümpfe in der heutigen Gestalt zum Schutze des neuen Torhauses weiter aus- und aufbauen ließ. „Man nennt sie die Rochlitzer Jupen", erklärte der 1568 verstorbene Rochlitzer Bürgermeister Melchior Methesius (nach S. G. Heine) in seiner nicht erhalten gebliebenen Chronik, „wer sie an hat, der erfreuret nicht, so fressen ihn auch die Wölfe nicht."

1382 war die Mark Meißen mit dem Rochlitzer Besitz an den Markgrafen Wilhelm gefallen, der Burg Rochlitz fortifikatorisch ausbauen ließ; 1407 übernahm die Nachfolge Friedrich der Streitbare (1381–1428), der 1423 als erster Wettiner vom Kaiser Sigismund die Kurwürde übertragen erhielt. Die Wettiner vereinten nun die bedeutendste Hausmacht im Heiligen Römischen Reich Deutscher Nation, und man sieht es ihren stolzen Bauten noch immer an. Friedrichs Enkel Ernst und Albrecht herrschten von 1464 bis 1485 gemeinsam über Sachsen und Thüringen von der alten Markgrafenburg Meißen aus, die sie im Bewußtsein ihrer Macht von Arnold von Westfalen – wir erfuhren es bereits im vorangegangenen Beitrag – zur prachtvollen Residenz ausbauen ließen. Arnolds Wirken ist auch an der benachbarten, etwa um

3 Schweres Geschütz. Holzschnitt von Hans Burgkmair, 1537.
4 Langgestreckt über der Mulde liegt Burg Rochlitz westlich der gleichnamigen Stadt und der spätgotischen Petrikirche aus dem 15. Jh. Die beiden kirchturmartigen Burgtürme (Jupen) sind wie die sie verbindende Wehrmauer Teil der Burgerweiterung nach 1210.

1170 entstandenen Rochsburg für den Zeitraum von
1472/75 belegbar, als Hugo von Schleinitz, Oberhof-
marschall der beiden Fürsten, dem mächtigen Wehrbau
eine gewisse schloßartige Wohnlichkeit verlieh. Wenig
blieb davon erhalten, am deutlichsten zeugt heute noch
der Wendelstein an der Neuen Kemenate der Rochsburg
von der Kunst des bedeutendsten spätgotischen Baumeisters. Die Bauarbeiten leitete Arnold von Westfalen von
Burg Kriebstein aus an, die gleichfalls dem Oberhofmar-
schall gehörte. Das Vorbild Arnolds war groß, und in
Rochlitz wirkte — das steht nun fest — ein seinem Bausinn künstlerisch verpflichteter und zugleich eigenstän-
dig schaffender Baumeister, dem wir vor allem die herrliche Kapelle verdanken.

Man begreift diesen neuen, zur Renaissance tendierenden Geist viel eindringlicher, wenn man sich einmal in
der Kapelle in Ruhe umsieht. Man steht unter einem geradezu frühlingshaft grünen Rankenhimmel, den kun-
dige Restauratorenhände unter der verstaubten Tünche
der Jahrhunderte in der originalen Farbigkeit wiederzu-
beleben wußten. Überhaupt ist dieses in sich verwinkelt-
verwachsene, in jeder Hinsicht uneinheitliche Bauwerk
das Prunkstück von Rochlitz, ein architektonisches
Kleinod, durch verschiedene Epochen geprägt. Romanisch das Mauerwerk um den Wendelstein, die Sakristei
und die Kanzel an der Außenwand zur Toreinfahrt, gotisch das Mauerwerk der in den Mittelgraben hinausra-
genden Apsis mit den drei eleganten Chorfenstern, spätgotisch die Wand zur inneren Tordurchfahrt unter dem
Querhaus hinweg. Man hatte die an den Einstiegen, inzwischen vor allem in die Bausubstanz der Sakristei ein-
bezogene romanische, an den Torturm grenzende Halle
einfach in der gotischen Bauphase aufgebrochen und in
diese Lücke die Kapelle zur Hofseite hin verlängert. Ein
bauliches Meisterstück, denn bei über neun Meter Höhe
konnte der frei darüberliegende Teil des Querhauses ja
nicht mehr abgefangen und gestützt werden. Noch heute

5 In 10 Meter Höhe der Wehrgang zwischen den Jupen, deren Untergeschosse bis zu den abgefaßten Ecken romanisch sind; die
Oberteile entstammen der Erneuerung um 1390.
6 Der Rochlitzer Bürgermeister und Chronist Melchior Mathesius
(gestorben 1568): „Diese Thürme sind den Meißnischen
Junckern wohl bekannt, man nennt sie die Rochlitzer Jupen."
7 Rochlitz Torhaus.

260

6

7

ist zwischen Kapellendecke und dem darüber befindlichen Geschoßunterboden ein schmaler Hohlraum.

Schon von der Hofseite her ist, mit Blick zum stadtwärts führenden Tor, der weitausholende romanische Rundbogen des Querhauses zur Hälfte rechts mit jener Mauer verbunden, die die spätgotische Wand des rückwärtigen Kapellenraums bildet. In eben dieser Zeit entstand auch der herrliche Chor, den die Brüder Ernst und Albrecht etwa um 1482 errichten ließen, sowie das fünfjochige Netzgewölbe mit den doppelt gekehlten Rippen. Bei den Renovierungsarbeiten 1936 entdeckte man auch von der kleinen Emporennische aus durch Unregelmäßigkeiten im Mauerwerk jene geheime Kammer zur Aufbewahrung der Burgschätze in Notzeiten, von der zwar die Chronisten sprachen, deren genaue Lage aber niemand mehr kannte. Die Enttäuschung war dennoch groß, denn der Raum war leer. Heute bezeichnet eine schmale Holztür den Zugang zu diesem Versteck.

Unter Kurfürst Ernst begann 1464 die für die heutige Gestalt der Anlage entscheidende spätgotische Bauperiode (Fürstenhaus, Querhaus), die sich dann mit Herzog Georg dem Bärtigen (1500–1539) bis in die Periode der Renaissance um 1588/89 hinzog, als das zweite Obergeschoß des Fürstenhauses mit der Verlegung des sächsischen Witwensitzes für die Kurfürstin Sophie nach Rochlitz entstand und die Burg immer mehr einen gemäßigten Schloßcharakter annahm. Es mag damit zusammenhängen, daß man dem Äußeren ein freundlicheres Aussehen gemäß der Frauenherrschaft geben wollte und – so eine Amtsrechnung von 1588 – beide Türme und die Umfassungsmauern weiß kalkte. Der alte Außenputz blieb teilweise an den Türmen erhalten, deutlich erkennbar in ihm an der Finsteren Jupe die Einschußlöcher der schwedischen Stückkugeln unterhalb der einst von den Scharfschützen besetzten Fenster. Im Rochlitzer Witwensitz residierten Herzogin Amalie von 1483 bis 1502, dann die bereits erwähnte, lebenslustige Herzogin, die der Reformation besonders zugetan war und die kaiserlichen Generäle mit ihren Frauenzimmern bei „Tanzen, Springen, Saufen und Fressen" – so der Rochlitzer Diakonus Heine 1719 – bis zum Eintreffen der kurfürstlich-protestantischen Reiterei hinhielt. Letzte Fürstin mit Wohnsitz auf der Burg war Sophie, Gemahlin des Kurfürsten Christian I., in deren Zeit das noch einmal bewegte Rochlitz-Colditzer Hofleben (1592/98) fällt. Dreißigjähriger Krieg und Nordischer Krieg – 1706 bezog für kurze Zeit der schwedische König Karl XII. hier Quartier – setzten dem Bauwerk, für das nur noch wenig getan wurde, mächtig zu. Es wurde baufällig, und ein Bericht von 1785 vermerkt die Unzumutbarkeit der Räume für Wohnzwecke.

Durchs Spitzbogentor von der Rückseite nun endlich in den rechteckigen Schloßhof, eingefaßt links vom Fürstenhaus und dem gegenüberliegenden, wesentlich älteren, mehrfach um- und überbauten gotischen Palas. Links noch ein Teil der alten Ringmauer mit einem nach innen offenen Fachwerk-Wehrgang, ein reizvoller Winkel, leider 1850 durch Überbauung zum Gefangenenhaus verunziert. In der Ecke der Brunnen, ein paar Schritte weiter das hohe Querhaus mit der Kapelle. Das alles wirkt gleichermaßen zurückhaltend, wie zur Entdeckung der baulichen Eigenarten herausfordernd. Man sieht sich etwas zögernd um, bevor man Details entdeckt und Zusammenhänge erkennt.

Lange Jahre führte das Burgschloß Rochlitz, abseits der großen Touristenstraßen, ein wenig beachtetes Dasein. Bis 1936 bestand das Burgmuseum nur aus der Kapelle. Richtig entdeckt wurde die Anlage von den Burgenfreunden im Grunde erst in den 70er Jahren, als die andauernden Erschließungsarbeiten mehr und mehr

8

Räume museal nutzbar machten und an einen großen Rundgang zwischen Museum und Turmverlies zu denken war. Und so steigen wir hinab in ausgeräumte Tonnengewölbe, aus der Zeit des Markgrafen Wilhelm stammende Felsenkeller, die um 1360/90 die Burg verstärkten, sie in die Stadt zur einheitlichen Festung einbanden. Beim Hussitensturm (1419/36) wurde das Obertor an der Lichten Jupe aus dem Mauerwerk gebrochen, um den schnellen Durchgang durch die Burg zu sichern. Die Felsenkeller sind von imponierenden Ausmaßen; in ihnen hing einst das Wildbret und standen die Sauerkrautfässer. Das seinerzeit aus dem Felsen herausgeschrotete Bruchsteinmaterial wurde dann beim Burgbau — vermutlich für die Türme — verwendet, eine rationelle und arbeitssparende Methode. Die alten Tonnengewölbe, über 40 Meter lang, haben verschiedene Geschoßhöhen, der Verbindungsgang direkt unter der

Schloßküche — trotz Plattenabdeckung der Schlachtecke und der Blutrinne ist doch Wasser durchgesickert — entstand erst später. Wir lernen allmählich, das Mauerwerk mit sachkundig prüfenden Augen zu sehen, und unter abbröckelndem Putz werden mit einem Male romanische Rundbögen, längst vermauert, erkennbar, alte

8 Die weiträumigen Tonnengewölbe der Keller stammen aus der Frühgeschichte der alten Grafenburg Rochlitz.
9 Unter dem Einfluß Arnolds von Westfalen, des Erbauers der Meißner Albrechtsburg, setzte sich der Rot-Weiß-Kontrast in der Architekturbemalung stilbildend durch. Die Rochlitzer Burgkapelle (von 1480 an) ist dafür ein besonders schönes Beispiel, geschmückt mit Ranken, Blumen und Früchten, die den Kreuzungspunkten des Gewölbes entwachsen.
10 Prunkstück der Wettiner Burg ist die Kapelle mit ihrer steinernen Empore und dem flachgespannten Netzgewölbe und den Fresken von 1525.

Schlachtecke, mit vielen architekturgeschichtlich aussagefähigen Burgräumen und mit einem zu besichtigenden Wehrgang nebst Turm umgestalten wird.

Man muß Zeit für Rochlitz mitbringen und sich in die verwirrende Vielfalt der Bauformen erst einsehen. Romanisch die Bausubstanz des Palas vom Querhaus um den Eingang zum Heimatmuseum bis zu dem im Mauerwerk eingelassenen Halseisen. Deutlich erkennbar das erst 1935 bei Restaurationsarbeiten entdeckte und freigelegte romanische Fenster mit Rundbogen und Kapitell. Genaue Datierungen sind hier kaum möglich. Über dem schönen, eingebauten Wasserspeier am Querhaus der einst zum Hof hin offene Balkon. Damals war der Anblick der Natur viel weniger attraktiv als ein reges geselliges Hofleben. Im Heimatmuseum einige wenige, gut ausgewählte Gläser, Ofenplatten, Einzelstücke. Alles ist auf Raumwirkung angelegt, das eigentliche Museum sind die Türen und Fenstergewände, die Treppen und Balkendecken. Ein paar Stufen hinab zur Ebene des einstigen romanischen Torturms in der Südostecke. Ein Bogen im Mauerwerk zum Hof ist von innen teilweise freigelegt, die einstige, im rechten Winkel herumführende Zufahrt von 1150 in den Burghof. Sogar ein Stück Pflaster ist ebenerdig noch zu sehen.

Kehren wir noch einmal zur Burgkapelle zurück, einer der schönsten dieser Kulturlandschaft, und lassen uns von der imponierenden Leistung der Restauratoren beeindrucken. Auch die religiösen Fresken und Wandmalereien aus der Zeit um 1500, unter der Tünche gut erhalten und nur teilweise Ende des vorigen Jahrhunderts durch unkundige Hand zerstört, tragen zur festlichen Stimmung des reizvollen Raumes bei. Sorgfältig ist der rote Rochlitzer Porphyr der Gewölberippen gereinigt und neu gefaßt worden, so wie ihn einst die Bauleute kunstvoll ins Gewölbe setzten. Es ist jener vulkanische Stein, fleischrot bis violettfarben, den nicht nur die Baumeister Arnold von Westfalen und Hieronymus Lotter (Schloß Augustusburg) mit Vorliebe verwandten, sondern der auch noch heute gebrochen und zum Schmuck neuer Bauwerke gern eingesetzt wird. Am Oberhofer Interhotel „Panorama" ebenso wie bei der Karl-Marx-Städter Stadthalle und in der Bauernkriegs-Gedenkstätte Bad Frankenhausen.

Baunähte, die auf einen Umbau hindeuten, kleine Fenster, die man wieder öffnen will, Unebenheiten im Niveau, die dem Kundigen wichtige Aufschlüsse über Bauabfolgen geben, Löcher für tragende Deckenbalken und — in die 81 Quadratmeter große alte Hofküche wieder zurückgelangt — Rußflecken vom Feuer auf dem flachen, 4 mal 4 Meter großen Herd, dessen Rauchfang einst durch das ganze Haus führte (erst um 1717 wurde die Decke eingezogen) und der eines Tages vielleicht wieder geöffnet werden soll.

Eine Führungskonzeption wird erkennbar, die diese Burg zu einem baugeschichtlichen Erlebnisbereich besonderer Art mit einem begehbaren mittelalterlichen Burgkeller, einer Hofküche samt Knochengrube und

11 Das Querhaus der Oberburg mit spätgotischen Vorhangbogenfenstern und der aus dem Mittelgraben sich erhebenden Kapelle.

Blumen für die Gräfin

※

Burg Stolpen

Es sollte ein denkwürdiger Tag für Burg und Stadt werden. Schon beim Eintreffen der Nachricht vom seltsamen Wunsch des allergnädigsten Landesherrn und Königs von Polen setzte ein verwirrendes Treiben ein. Schwere Militärwagen rasselten durch die Stadt, Pferde trappelten und rauhe Soldatenstimmen schrien durcheinander, Peitschen knallten den Bürgern Respekt vor seiner Durchlaucht Laune nachdrücklich in die Ohren. Standen die Preußen vor den Toren? Oder die Schweden?

Aus der Stadt und den nahegelegenen Dörfern trieben Offiziere fluchend unwillige Bauern zu den Schanzarbeiten unweit der Röhrpforte im Tiergarten und auf dem Hanewald in den Fron-Gärten des Amtes. Der Burgkommandant lieh sich, dem Vernehmen nach, vom Pfarrer aus der Kirche sogar ein Tafeltuch, vom Schankwirt Geschirr und Besteck und besetzte die alte Schösserei, den dicken Turm im zweiten Hof bei der Hauptwache, mit einem aufgeweckten Jungen, damit er nach dem Ereignis Ausschau halte.

Da lag nun die alte bischöfliche Feste Stolpen, so benannt nach den auffälligen Säulenbasalten des Burgfelsens, stolpo, Säulenort, wie die alten Sorben sagten, und harrte ihres seltsamen Auftrages. 340 Jahre lang, seit 1218, hatten von hier aus die Meißener Bischöfe ihren Machtanspruch ins reiche Böhmen hinein – auch für die sächsische Landesmacht – sichtbar markiert, bis sich Kurfürst August mit einem Trick die Bischofsburg bei einem Testamentsstreit 1559 zu sichern wußte. Seither waren (die sich erst seit 1503 Stolpen nennende) Stadt und Burg

– „am Abhange eines von fruchtbaren Aekkern, lachenden Wiesen, fischreichen Gewässern und ausgebreiteten Wäldern umgebenen, von allen Seiten sanft angehenden Basalt-Berges" (1794) – wichtiger kurfürstlicher Besitz im Meißnischen, reichlich drei Meilen vor Dresden. Im Dreißigjährigen Krieg besetzten die kaiserlichen Kroaten 1632 die Stadt, plünderten, setzten den in die Burg geflüchteten Einwohnern nach, drangen durch die Vorwerke und ersten Tore, eroberten sogar den Kornboden und beschossen von dort die Hauptburg. Nun zahlte es sich aus, daß noch 1487 unter der Herrschaft der Bischöfe, nachdem die alte Burg 1470 samt Schloßarchiv niedergebrannt war, die Anlage mit vier ummauerten Höfen gründlich neugestaltet und dabei auch stark befestigt worden war. Der Schösserturm und das kastellartige Bischofshaus waren errichtet worden, Jahre danach der Johannisturm und der Barbaraturm, etwas später das mächtige Kornhaus und der Donatsturm. Der Kroatensturm brach sich am Widerstand der Belagerten, die freilich zusehen mußten, wie ihre Stadt in Flammen aufging. Ein heftiger Wind trug glühende Schieferstücke vom Kirchendach in die Burg und brachte damit auch sie in höchste Gefahr. Zuerst brannte der schöne, noch im Auftrage des Bischofs von Schönberg (1451–1463) errichtete siebenspitzige Turm, wo sich einst die Schreibstube des Burgherrn befand, dann andere Bauten. Nach drei Stunden war die Stadt innerhalb und außerhalb ihrer Ringmauer samt allen Burggebäuden unter der Schösserei und im Hanewald ein einziger rauchender Trümmerhaufen.

Das war lange her, und der Junge auf dem Turm kannte die schreckliche Geschichte nur vom Hörensagen. Aber noch war bei den Stolpenern das Bewußtsein vom notwendigen Schutz in Kriegszeiten wach, den die alte Feste oben auf der Basaltkuppe versprach. So sah er sich neugierig um. Zum erstenmal hatte er die mächtige Anlage aus der Perspektive eines Vogels vor sich. Deutlich war die Zweiteilung in Vor- und Hauptschloß mit jeweils zwei Höfen erkennbar, ein geschickt gestaffeltes System von Verteidigungsabschnitten, die die zur Festung ausgebaute Burg nahezu uneinnehmbar machten. Jedenfalls für jene Jahrhunderte, wo man neben der Hakenbüchse auch noch die Armbrust verwendete. Den Hanewald, dieses bereits Ende des 14. Jahrhunderts angelegte Vorwerk, kannte er wie jeder neugierige Junge gut. Darüber erhob sich die mächtige Spitzbastion der Klengelsburg, die im Auftrage des Kurfürsten Johann Georg II. nach den Plänen des sächsischen Oberlandbaumeisters Wolff Caspar von Klengel 1675 mit starken Brustwehren, gewölbten Toren und tiefen Gräben errichtet worden war.

Drüben im ersten Hof das gewaltige Kornhaus über der Zisterne, der Marstall, dahinter die Marter-Kammer. Vor der Hauptwache patrouillierten jetzt Posten, die von Zeit zu Zeit zum Turm hinaufsahen, ob der Junge das Zeichen gab. Am besten einsehen konnte er in den zweiten Hof des Vorschlosses, der von dem Schösserturm stadtseitig und dem Johannisturm zum Tiergarten hin flankiert wurde. Beide Türme waren mit einem Wehrgang verbunden. Unmittelbar an dem nach dem Burgenschösser benannten Turm gelangte man durch das prächtige Hauptportal in den dritten Hof mit den herrschaftlichen Gebäuden und den Wohnräumen des alten Festungskommandanten. Der Seigerturm war erst 13 Jahre zuvor ausgebessert worden, und der berühmte Hof-Uhrmacher Neumann aus Dresden hatte ein neues Uhrwerk eingerichtet. Gleich daneben das alte Destillierhaus, nicht weit davon der Sieben-Spitzenturm, der aber seit dem großen Stadtbrand nur noch eine Spitze hatte.

Im Hanewald waren die Schanzen und Gräben ausgehoben, hatte man die Batterie in Stellung gebracht und harrte nun der Dinge, die da kommen sollten. Soldaten hatten nicht nachzudenken, sondern zu gehorchen. So

richteten sie die Mörser im allerhöchsten Auftrag eben auf die Burg, und es war ihnen gleich, ob sie hier oder auf dem Zeithainer Übungsplatz August dem Starken das Schauspiel seiner überlegenen Feldherrenstrategie zu liefern hatten! Nach dem verhängnisvollen Krieg gegen die Schweden war das nun nicht allein für die verspielte Hofwelt Dresdens von Eindruck. Augusts Kanoniere prüften mit erfahrenem Blick die Festigkeit der Burgmauern und schätzten die Entfernung wegen der Zieleinstellung. Gab der Junge vom Turm schon das Zeichen?

Friedrich August I. war bislang zweimal im Orte gewesen, was die Bürger stolz zu vermerken wußten. Das letzte Mal „langten Ihro Königl. Majestät in Polen und Churfürstl. Durchl. zu Sachsen vormittags 9 Uhr glücklich allhier an. Bald darauf folgten auch die Frau Gräfin von Cosel und einige Herren Cavaliers. Ihre Königl. Maj. nahmen die hiesigen Vestungs-Wercke zu Pferde in Augenschein und belustigten sich sodann nebst der Frau Gräfin von Cosel mit Wildpret-Schießen im Thiergarten. Am folgenden Morgen früh 8 Uhr giengen Sie wieder zurück nach Pillnitz."

Das war neunzehn Jahre her. War es die Erinnerung an die rauschenden Festtage mit der schönen Ex-Gattin seines Ministers Hoym, die dem sächsischen Herkules die seltsame Laune dieses Sommertages eingab? Er wollte die Durchschlagskraft seiner neuen Kanonen just an jenem harten Basaltfelsen prüfen, auf den er die ihn am meisten beunruhigende Frau verbannt hatte, ohne doch ihren Widerstand brechen zu können.

Anna Constantia von Hoym, Tochter des dänischen Obersten von Brockdorf, war eine in jeder Hinsicht ungewöhnliche Frau, als einflußreiche Mätresse Augusts des Starken und später als seine ungebrochene Staatsgefangene. Im Gegensatz zur üppig wuchernden Legende, an der schon zu Lebzeiten der Dresdner Hofadel genußvoll hassend mitstrickte, forderte die Hoym bereits im Juni 1704 und auf eigenen Entschluß die Scheidung. Der Geschiedenen wurde aber eine neue Ehe untersagt. Das war im Januar 1706, und der aufbegehrenden Frau

---

1 Seigerturm und Siebenspitzenturm der Burg Stolpen, rechts der Kirchturm.

drohte die Landesausweisung, wäre da nicht bereits das allerhöchste Auge auf sie gefallen. Noch im gleichen Jahr wurde die 26jährige, ebenso schöne und anmutige wie selbstbewußte und schlagfertige Frau vom Kaiser Joseph zur Reichsgräfin von Cosel erhoben, als die sie in die Geschichte einging. Der polnische Schriftsteller Jozef Ignacy Kraszewski widmete ihr in seiner Sachsentrilogie 1857 einen eigenen Band.

So amüsant, wie der sogenannte Coseldukaten die Geschichte darstellt — der gekrönte Hahn tritt die sich bereitwillig duckende Henne —, war sie gar nicht. Und war es wirklich das sächsische Volk, das so seinen Spott kundtat, oder nicht vielmehr der verärgerte Adel, dessen

Privilegien durch Augusts sieben Jahre lang geschickt regierende Mätresse beschnitten wurden? Sie war nicht das „kleine gute Hurchen" wie die Dönhoff, und der ränkesüchtige Kabinettsminister Graf Jacob Heinrich von Flemming hatte guten Grund, sich über die „Unterrockspolitik" der Cosel aufzuregen, die zur politischen Rivalin der einflußreichen Minister geworden war und deren Rolle bei Hofe wie im Lande empfindlich beeinträchtigte. Was letztlich der Stärkung der kurfürstlichen Territorialgewalt diente und der historischen Entwicklung entsprach. So wurde sie zur Gefahr der Höflinge, die ihren Sturz mit Kabale und List betrieben, dabei auf die Gunst der Stunde wartend, da August der zielstrebigen,

ihn gewissermaßen erziehenden Frau überdrüssig geworden sein würde. Noch war die ungemütliche Bischofsfeste Stolpen nicht mehr als der ferne Zielpunkt eines Ausritts. So am 12. Mai 1707 – noch hatte der schwedische Eroberer Karl XII. Sachsen nicht verlassen –, als man in Dresden Augusts Namenstag feierte und anschließend zur Jagd aufbrach. Er führte die ungekrönte Herrin Sachsens auch in die Wälder bei Stolpen, und ihr schauderte beim Anblick der dunklen Bastionen und wuchtigen Mauern. Im Juli besichtigte man die Anlage gründlich, doch die Burg war kalt und ungastlich, seit langem nicht bewohnt, lediglich mit ein paar Holztischen und Bänken möbliert. Kein Ort für eine fröhliche

Jagdgesellschaft. Nachdenklich ging August durch die teilweise schon verfallenen Höfe, warf einen Blick in die Folterkammer und besuchte die Hauptwache mit dem auf acht Säulen ruhenden Kreuzgewölbe von 1513, das ihm, dem Kunstverständigen, gefiel. Dann ließ er sich vom Schließer die unterirdischen Kammern und Ge-

2 Unmittelbar am Hauptportal der mächtige Schösserturm (erbaut 1476/77) mit gotischen Vorhangbogenfenstern, Brücke und Coselturm (links); charakteristisch der Orgelbasalt.
3 Blick vom Seigerturm auf den (1451–1476 erbauten) Siebenspitzenturm, der beim Kroatensturm 1632 seine Spitzen verlor und 1813 durch die Franzosen endgültig zerstört wurde.

wölbe unter dem Fürstenhaus zeigen und stieg sogar die enge Treppe im Schösserturm zu dem Mönchs- und dem darunter liegenden Ketzerloch hinab, wo anno 1521, wie man ihm erklärte, der Luthers neuer Lehre ergebene Glashütter Pfarrer Jacob Seidler erwürgt worden war. Dachte August in diesem Augenblick an seinen eigenen Übertritt zur katholischen Konfession, ohne die seine Bewerbung fürs polnische Königsamt trotz hoher Schmiergelder vergeblich gewesen wäre? Schließlich stieg er über die Wendeltreppe im Seitenturm des Johannisturms in die oberen Räume, um sich einen Überblick über seine Festung zu verschaffen und einen befreienden Blick ins Land zu werfen. Die Cosel an seiner Seite fröstelte. Noch verblieben der Ahnungslosen, die zu hoch

gegriffen hatte, drei Jahre, in denen sie auf die Einlösung des Eheversprechens hoffen durfte, das ihr der Landesherr vor der ersten Liebesnacht gegeben hatte und schriftlich am 12. Dezember 1705 mit der Verpflichtung, nach dem Tode seiner rechtmäßigen Gattin, der frömmelnd-sittenstrengen Eberhardine von Bayreuth, sie als deren offizielle Nachfolgerin anzuerkennen.

Erst 1712 sahen die Höflinge ihre Stunde gekommen, als August der Starke ohne die Cosel nach Warschau reiste und dort absichtsvoll auf die frischen Reize der Maria Magdalena von Dönhoff gelenkt wurde. Die couragierte Reichsgräfin reiste eilends nach, wurde mit königlicher Order nach Pillnitz umdirigiert und entwich nach Berlin zum politischen Gegenspieler. In dem Militär- und Be-

Da endlich: die Staubwolke. Es war am 23. Juli 1727, frühmorgens halb sechs. Kraszewski beschreibt den Tag sehr wirkungsvoll: Am Stadttor nickte der Landesherr dem Bürgermeister zu und eilte schnurstracks zur Burg. So ungefähr weiß es auch der Chronist. Vor dem Eingang präsentierte die Besatzung, doch August, mißlaunig, riß das Pferd herum und ritt zur Batterie auf dem Hanewald unterhalb der Festung. „Von hier aus waren die Zinnen, Mauern, Wälle der Burg und die Fenster des Johannisturmes zu sehen, an einem von ihnen eine weiße Gestalt. Der König wagte nicht hinaufzublicken. Er hatte es eilig, gab ein Zeichen, die Artilleristen traten an die Geschütze, und eine Detonation erschütterte die Luft ...“

Soweit der mit der schönen Staatsgefangenen sichtlich sympathisierende polnische Romancier. Nur in einem irrte der ansonsten so gut Informierte: Bei jenem Ereignis bewohnte die Cosel noch immer das Zeughaus, welches sie erst 1744, da es inzwischen baufällig geworden war, gegen das Quartier im Johannisturm vertauschte, bis sie – nach fast 49jähriger Gefangenschaft – hier auch verstarb. Freilich: Kraszewskis Bild von der zutiefst beleidigten, noch immer schönen und noch immer auf allergnädigste Befreiung hoffenden Frau am Fenster des hoch aufragenden Turms ist sehr effektvoll in dieser symbolträchtigen Belagerungs-Kanonade. Der Chronist jedoch hält sich mehr ans militärische Exempel: Die ersten beiden Schüsse richteten wenig im Mauerwerk und Felsgestein an. Die Eisenkugeln zersprangen in Stücke. Auch beim dritten und vierten Schuß hielt der Stein den Schlag aus, ein paar Splitter trafen ein Handpferd. Ein größeres Eisenstück prallte über die Mauer zur Stadt zu, fiel ins Malzhaus und zerschlug Dach und Boden. Das reichte seiner Majestät. Er brach die seltsame Belagerung ab und schlug dem Burgkommandanten sogar das eilig gerichtete Frühstück ab. Kraszewski beendet die Episode mit einem Pistolenschuß vom Johannisturm herab auf den Davonreitenden, was der Sache einen effektvollen Abgang in die Legende gibt.

amtenstaat Friedrich Wilhelms I. war die berühmt-berüchtigte Mätresse aus Dresden ein politisches Ärgernis, und so schob man sie nach Halle ab, wo sie dann, bereits eine Gefangene, den sächsischen Soldaten ausgeliefert wurde. Der starke August hatte seine dokumentarisch bekundete Schwäche nicht vergessen und verlangte, vergeblich freilich, von der stolz Beharrenden das verräterische Papier. Und so holperte Weihnachten 1716 ein scharf bewachter Reisewagen die steile Straße von Stolpen zur Burg hinauf. Am Tor ein paar Neugierige, im Burghof Kommandorufe und ein – auf nachdrücklichen Befehl aus Dresden – wortkarger Burghauptmann, der die Reichsgräfin von Cosel ins Fürstengemach im Zeughaus brachte.

4 Türmereiche Burg Stolpen: Cosel- und Seigerturm (links) letzterer in bischöflicher Zeit 1455 erbaut und unter Kurfürst August 1560 aufgestockt.
5 Reichsgräfin Anna Constance von Cosel (1680–1765).

6 Am 31. März 1765 — August der Starke war schon 32 Jahre tot, und sein Nachfolger erleichterte der Cosel die strenge Haft — starb sie im Alter von 84 Jahren; sie wurde in aller Stille im Beisein ihres Sohnes Friedrich August, General der Infanterie, in der Schloßkapelle beigesetzt. Und vergessen. Bis sich die Literatur ihrer annahm und Professor Steche nach genauen Messungen 1881 das Grab wiederfand. Auf dem Sarg eine Bleiplatte mit Inschrift: „Hier ruht in Gott und erwartet die fröhliche Auferstehung die Hochgeborene Frau Anna Constantia Reichsgräfin von Cosel..." Die „fröhliche Auferstehung" kam freilich anders, als seinerzeit gemeint. Die Cosel-Burg Stolpen wurde zur vielbesuchten Ausflugsstätte, wo über die tatsächlichen Vorgänge im kurfürstlichen Sachsen Augusts des Starken die ständige Ausstellung im Coselturm „Die Rolle und Stellung der Gräfin Cosel während des landesfürstlichen Absolutismus in Sachsen" informiert.

7 Und so bietet sich die gut erhaltene und umfangreich restaurierte Anlage dem Besucher heute dar: Erster Hof; zweiter Hof. Links der Johannisturm, das besterhaltene Gemäuer hier oben, Coselturm, wie die Leute sagen. Wie eine moderne Plastik die basaltenen Orgelpfeifen. Im oberen Feld des schönen Hauptportals das 1560 nachträglich eingemauerte kursächsisch-dänische Wappen. Als Schildhalter rechts und links ein Graf Adolf IV. von Holstein und — mit Dreizack — ausgerechnet Heinrich der Löwe. Die alte Bischofsburg empfängt lateinisch: „BENEDICTUS. QUI. VENIT. IN. NOMINI. DOMINI." — „Gesegnet sei, der da kommt im Namen des Herrn." Gleich nebenan der trutzige Schösserturm. Die gotischen Fenster deuten auf die einstige Wohnung des Bischofs, der sich hier hinter drei Meter starken Mauern sicher fühlen konnte. Später zog in die kühlen Räume der Amtmann, der Burgschösser, ein. Er bediente sich gern eines Lauschertricks, wenn Bittsteller und Gäste vor dem Turm warteten. Ein schmaler Mauerspalt führte von unten direkt nach oben in eine Nische in der Amtsstube. Heutige Abhörspezialisten können darüber nur lächeln, aber es funktionierte auch ohne Elektronik.

Dritter Hof. Alles strebt zur Audienz bei der Cosel im Johannisturm. Bischof Johann VI. von Saalhausen ließ den Turm 1509 errichten und benannte ihn nach seinem Schutzpatron, dem Asketen und Bußprediger in der Wüste. Ein zweiköpfiger fliegender Adler am Turm markiert das Zeichen. Ob es die Cosel verstand, als sie hier 1744 einzog? Eine geschickt gesetzte Wendeltreppe führt nach oben. Erste Etage — Speisezimmer mit Küchennische, zweite Etage — das Kaminzimmer, das einzig heizbare in dem Gemäuer. Es kann einem bei dem Gedanken an die 21 Jahre Haft frösteln. Das Schlafzimmer schließlich noch ein Stockwerk höher.

Das Ganze heute eine Art Memorial, spartanisch einfach für die reiche Frau, die immerhin über ein Vermögen von 479 190 Talern verfügte. Vom vierten Stockwerk aus schließlich, wo die Turmwache hauste, ein herrlicher Ausblick bis hinüber zur Sächsischen Schweiz und in die Lausitz. Die Besucherzahlen klettern: 1977 waren es 156 000, im Jahr darauf 13 000 mehr, an Feiertagen wie Pfingsten sind es mitunter fast 4 000 an einem Tag. Der Museumsleiter vermerkt es heiter; seit Jahren hat man sich hier — unterstützt von einem rührigen Burgkollek-

tiv — auf steigendes Interesse für die Cosel-Burg eingerichtet. Alles wirkt gepflegt und gut erhalten, man spürt die ordnende Hand. Der Coselturm erhielt eine neue Dachhaube, man restaurierte die beiden Wappen, richtete eine ständige Cosel-Ausstellung im ehemaligen Speisezimmer des Turms ein. Denn um die Cosel dreht sich hier nun mal alles. Die Neugier ist immens, das Interesse an fundierten Informationen zur Geschichte groß. In 18 Vitrinen — drei weitere dann im Gerichtssaal zur Bau-

6 Das slawische „stolpno" = Säulenort, so wegen der Basaltorgeln des Burgfelsens, gab Stolpen den Namen; Blick auf Siebenspitzen- und Kapitelturm, als einstiger Bergfried der älteste Burgteil.

7 Kräuterküche der Kurfürstin Anna im Siebenspitzenturm.

8 Der wiederhergestellte Marstall von 1518 mit seinem auf acht Säulen ruhenden Kreuz- und Bogengewölbe.

9 Gerichtssaal im Johannis- (Cosel-)turm mit dem schönen spätgotischen Sterngewölbe.

10

12

13

11

14

geschichte – finden sich Dokumente, Bilder, Texte, Belege zu den politischen Auseinandersetzungen innerhalb der damals herrschenden Klasse. Der darüberliegende einstige Wohnraum ist als eine Art Gemäldeausstellung gestaltet, und neugierig blickt man der Gräfin nun ins feurige Auge. Die Frauen interessieren sich für die feinen Stickereien aus zarter Hand, die Männer mehr für die Stoßwaffen in der Turmwache. Wenn man Glück hat und die richtige Jahreszeit erwischt, kann man sogar zusehen, wie sogenannte Münzknechte in historischer Tracht den „Coseldukaten" schlagen.

Hinab und weiter auf alten Spuren, ehe sie verwischen. An der Südseite dereinst das Zeughaus mit Wohn- und Schlafraum der Kurfürstin Anna, die hier auf der Burg allerlei feine Wässerchen brennen ließ. Man wußte sich schon damals bei einer Verstimmung des Magens zu helfen. Doch uns zieht's zum reinen, noch ungetrübten Wasser, zum Schloßbrunnen, dem in Kriegszeiten so oft mißhandelten Meisterstück erfahrener Brunnenbauer. Sie kamen 1608 dem eisenharten Nephelinbasalt, der im Tertiär glutflüssig aus dem Erdinnern emporquoll, nur mit dem Gegenelement, dem Wasser, bei. Starke Holzfeuer erhitzten den Stein, kalte Güsse splitterten ihn stückweise auf, jährlich knapp vier Meter in die Tiefe. Bei 82 Metern endlich sprudelte der so mühsam gesuchte Lebensquell. Wir rechnen nach: das waren 21 Jahre schwerster Arbeit, beinahe ein Lebenswerk.

Wasser war oft kostbarer als Bier und Wein. Wassermangel entschied häufig über das Schicksal einer belagerten Burg. Als Kurfürst August als oberster Schutzherr den „Saukrieg" des erbosten Hans von Carlowitz wider den Meißner Bischof Johann IX. und seine Stolpener Besitzung auf inständiges Bitten der verängstigten Bürger kurzerhand mit der Besetzung der Burg beendete und sie auch nicht wieder herausrückte, brauchte er zur zünftigen Hofhaltung auch Wasser, da es den Brunnen noch nicht gab und das Regenwasser aus den zahlreichen Zisternen die feine Gurgel nicht stillte. So beauftragte er den Bergmeister Martin Planer aus Freiberg mit dem Bau einer großen Wasserkunst, wie man damals zu Recht so ein bedeutendes Bauwerk bezeichnete. Der erfahrene Meister sah sich um, kostete für seinen Landesherrn das Wasser des Detzschbaches, errichtete ein sogenanntes Kunsthaus mit einem Pumpwerk, das durch ein Wasser-

rad von reichlich 10 Meter Durchmesser angetrieben wurde, und drückte – über eine Druckhöhendistanz von 107,5 Metern, stufenweise über Kästen – das Wasser in Holzröhren hinauf zur Burg. Ein technisches Meisterstück, das auch in heutiger Zeit noch imponiert. Trotz wiederholter Zerstörungen versagte die Wasserkunst 250 Jahre lang bis 1813, als die abrückenden Franzosen in fliegender Eile alles zerstörten, was nur ging, nicht ihren Dienst.

Die Cosel soll das Wasser aus dieser Leitung dem Brunnentrank vorgezogen haben, wobei die nunmehr alte Dame auf das klare Bachwasser im Herbst 1756 für einige Zeit verzichten mußte, als preußische Soldaten und von ihnen angetriebene Stolpener Einwohner das große Wasserrad zerhackten und die Schiebegestänge zerschlugen. Eine Heldentat aus dem Siebenjährigen Krieg Friedrichs II., der sich auch in die Chronik der Stolpener Burg auf besondere Weise eintrug, indem er der Festung Stolpen zum zweifelhaften Ruhm des ersten Schusses auf sächsischem Boden verhalf. In der Nacht zum 31. August 1756 rückte nach entsprechender Order die sächsische Kompanie Invaliden, die als Garnison die Festung besetzt hatte, in Richtung Festung Sonnenstein ab. Zurück zur Bewachung blieben der Kommandant, zwei Offiziere und ein paar erschrockene Bürger aus der Stadt – mit ungeladenen Flinten – zur Bewachung. Eine Weile war alles ruhig, bis am Abend des 3. September preußische Husaren unter dem Kommando des Obrist-Leutnants Warneri anrückten und – da die Zugbrücke absichtlich bereits heruntergelassen war – auch ohne Widerstand in die Burg hineinkamen. Später behauptete der Held des Tages, es mit regulären Soldaten in voller Kriegsmontur zu tun gehabt zu haben. Je-

10 Unter Leitung des Oberlandbaumeisters Caspar von Klengel wurde Stolpen 1675 zur Festung ausgebaut.
11 Burg Stolpen von Norden, ganz links der Coselturm, das am besten erhaltene Bauwerk aus dem Jahre 1509.
12 Vermutlich bereits 1121 als befestigte Anlage vorhanden und ab 1218 im Besitz der Meißner Bischöfe als deren Lieblingssitz, wurde Burg Stolpen 1487 zur wohnlichen Residenz ausgebaut; Detail.
13 Kanonen aus dem 17. Jh., schwedische und sächsische Eisengüsse, erinnern an Festungszeiten.
14 Durch vier Burghöfe und Tore war die Bischofsburg Stolpen gesichert; drittes Burgtor mit Renaissanceportal.

denfalls ließ er zum Appell blasen, woraufhin der 74jährige Kommandant pflichtgemäß zur Übergabe antrat, seinen Degen überreichte und von Warneri mit der Pistole erschossen wurde.

Die Preußen belegten die Festung mit einem Kommando Infanterie und hielten nicht eben säuberlich Haus. Die eisernen Kanonen samt Gewehren und Munition warfen sie in den 82 Meter tiefen Schloßbrunnen, um ihn unbrauchbar zu machen. Die freundlichen Sachsen behielten die preußische Besatzung in wesentlich schlechterer Erinnerung als 57 Jahre später die Truppen Napoleons, der am 8. Mai 1813 in Dresden einzog, um sich des militärischen Verbündeten Sachsen zu versichern. Am 20. Mai warf Frankreichs in Moskau schwer angeschlagener Kaiser mit strategischem Geschick die Truppen der Alliierten in einer blutigen Schlacht bei Bautzen zurück. Auch auf der schon recht verfallenen Festung Stolpen, die seit 1764 nur noch mit einer Wache besetzt war, verstärkte man das Mauerwerk, wurden Gräben vertieft, neue Befestigungswerke errichtet und Palisaden gesetzt.

¹⁶ Am 24. Juni, vor der Schlacht bei dem ebenfalls stark befestigten Dresden, kam Napoleon nach Stolpen und besichtigte tags darauf die strategisch noch immer wichtige Festung. Sie wurde dann glücklicherweise nicht belagert, da die kleine Besatzung Anfang Oktober in Richtung Leipzig abzog. Nicht ohne allerdings all das wieder zu sprengen, was kurz zuvor erst errichtet worden war. Das versetzte der bis dahin ebenso widerstands- wie wandlungsfähigen Burg den Todesstoß. Denn nun hielten den schweren Erschütterungen der Zeit auch der Kapitelsturm im vierten Burghof, der gleichzeitig mit ihm errichtete Sieben-Spitzen-Turm, das spätgotische Bischofspalais, die Schloßkapelle und eine Reihe anderer Gebäude nicht mehr stand und fielen.

Stolpen — „eine Festung zweiter Ordnung", wie 1866 der Offizier einer streifenden Husarenpatrouille nach Berlin depeschierte — hatte sich der Geschichte ohne Schwertstreich ergeben und ging in die Listen der touristischen Sehenswürdigkeiten als größte Ruine des östlichen Sachsen ein.

15 Ansicht der Burg Stolpen um 1800.
16 Zifferblatt der Uhr am Seigerturm aus dem Jahre 1562; es wurde bei einer Giebelreparatur 1750 abgenommen und steht an der Mauer zwischen drittem und viertem Burghof.

Orgelklänge
in der Schloßkapelle
⁓⁂⁓
Burgk

Am 9. Juni 1739 rollte von Greiz her ein einfacher Reisewagen durch Zeulenroda und Schleiz und weiter die alte Landstraße entlang, erreichte gegen Mittag den Flecken Möschlitz, von dem aus es im leichten Trab weiter westwärts der nahen Saale zu ging, bis sich aus dem dichten Grün der Wälder ein rot verputzter Turm mit einem seltsamen Fachwerkaufbau wie eine Pilzkappe erhob und bald darauf durch das Astwerk auch Mauern erkennbar waren. Für einen Ortsfremden sah das von weitem mehr nach einem verschlafenen Gutshaus aus, das sich mit seinen Bauten in einer Senke zu verstecken schien. Je mehr sich nun die steingepflasterte Straße senkte, um so mehr schien ein Dornröschen-Schloß aus dem Grund herauszuwachsen, um dann ganz überraschend einen wehrhaften Charakter anzunehmen. Man war nach beschwerlicher Fahrt an diesem warmen Sommertag endlich am Ziel. Der hoch aufragende Turm an der westlichen Flanke einer noch immer starken Mauer grenzte an ein schloßartiges Gebäude mit schönen Fenstern. Das davor gelagerte Amtshaus mit dem kecken Dachreiter obenauf, offensichtlich gerade erst frisch hergerichtet und einst wohl das erste Torhaus der Burg, empfing die sichtlich erwarteten Gäste mit offenen Torflügeln. Dumpf polternd rollte der Reisewagen über die erste Zugbrücke, die den äußeren Graben zum Torhaus hin überspannte, das die mächtige Schildmauer vor dem Zwinger zur Südseite hin abschloß. Mit schnellem Blick nahm der neugierige Gast die drei übereinanderliegenden Wehrgänge wahr, während der Wagen nun bereits aus der Vorburg heraus über die zweite Zug-

brücke zum äußeren Burghof und mit einer scharfen Rechtswende in den selbst zu dieser Mittagszeit dunkelkühlen Innenhof weiterrollte. Die Reise endete schließlich direkt vor der Treppe zum Palas.

Aus dem Wagen stiegen der Greizer Hofrat Fickweiler und der sächsische Orgelbaumeister Gottfried Silbermann. Sie wurden schon im Hof von dem Amtsverwalter Geldern empfangen und um Verständnis gebeten, daß der Herr des Hauses, Heinrich III. von Untergreiz, erst am nächsten Tage zur Unterredung mit dem „berühmten Königlich-Polnischen und Kurfürstlich-Sächsischen Hof- und Landorgelmeister aus Freiberg" eintreffen werde, sich jedoch bereits jetzt auf die Begegnung freue, zumal er sich ohnehin mit der Absicht trage, seinem Schloß Burgk ein der Zeit gemäßes Antlitz zu geben und es für allerlei Geselligkeit auf das freundlichste herrichten und auch mit einer neuen Orgel in der Kapelle versehen wolle. Worüber sich der Reichsgraf mit dem Meister verständigen würde, dessen akkurate Arbeit er ja nun schon in Greiz kennen- und schätzengelernt habe.

Die beiden Reisenden kannten sich seit mehreren Jahren und standen miteinander auf vertrautem Fuß. Bereits im Herbst 1735 hatten beide zusammen das zum Bau der Orgel für die Greizer Stadtkirche benötigte Holzwerk genau besehen, woraufhin sich der Orgelbaumeister kontraktlich bereit erklärte, daß Greiz „zur Erspahrung des Fuhrlohns" das Holz lieferte und ihm die Kosten vom Orgelpreis abgezogen wurden. Der Freiberger Meister war mit der zweimanualen Greizer Orgel an diesem Junitage so gut wie fertig, verspätet freilich und leicht

verärgert wegen des langsam voranschreitenden Kirchenneubaus. Er hatte erst im Dezember 1738 mit der Arbeit beginnen können und sie nun abgeschlossen. (Im Jahre 1802 wurde die Orgel beim großen Stadtbrand leider mit zerstört.)

Der Landesherr Heinrich III. war ein kunstsinniger und der neuen Kirchenmusik gegenüber aufgeschlossener Mann, der sich den Luxus leistete, für den Neubau von drei Orgeln in seinem Miniaturländchen den besten Meister seiner Zeit zu engagieren, so auch privatim für sein Schloß Burgk, einer Exklave der Herrschaft Greiz, wo er im Schloß residierte. Am 10. Juni besichtigte er mit seinem gräflichen Amtsverwalter auf Burgk, Rudolph August Heinrich Geldern, dem wir ein interessantes Aktenstück über den Orgelbau verdanken, und Silbermann nebst Fickweiler die alte Schloßkapelle. Damals war ihr Raum fast ein Drittel kleiner als heute, begründet in dem ursprünglichen Einzelbau, der sich nördlich an den mittelalterlichen Palas anschloß, um dann im Laufe der Zeit mehrfach über- und umgebaut zu werden. Immerhin: die gotischen Stichkappengewölbe aus der Entstehungszeit der wehrhaften Burg um 1403 sah auch Gottfried Silbermann. Ebenso las er die 1740 beim nachmaligen Einbau der Orgel entfernte Inschrift in der Schloßkapelle, die den leider verlorengegangenen, zweitältesten Urkundenbeleg darstellte, der uns heute durch eine Abschrift Gelderns bekannt ist: „Nach Christi Geburt 1341 an des heyligen creutzes tage inventionis ward der edell herr Heinrich herr von Gera geborn, und als man schrieb 1403, do brach derselbe herr von Gera ein altes schlosz, das hier stundt, abe, das sein vatter auf ihn bracht hatte und hub in demselben ihr am dienstag nach Quasimodo (24. April — d. V.) das schlosz wieder an von neues zu bauenn …"

Gottfried Silbermann sah sich mit aufmerksamem Blick um und begutachtete die frühbarocken Einbauten von 1620/24, um einen Gesamteindruck von dem schönen Raum zu erhalten, in den er optisch schon sein Werk einzuplanen begann. Besonders interessierten ihn, der sich auch um die kunstvollen Prospekte für seine Orgeln zu kümmern hatte, die ausdrucksstarken Figuren der Kanzel und die Verzierungen an der Emporenbrüstung, stilvolle Arbeiten des Schleizer Bildschnitzers Hans Balbierer, der auch den Entwurf zu dem wuchtigen „Burgk-

1 Blick aus der Kemenate.
2 Auf steilem Bergrücken über dem Tal der oberen Saale liegt Schloß Burgk, im Kern einst eine schmucklose, zum Kemenatentyp der Saale-Grenzburgen gehörige Wehranlage. Blick auf die wuchtig wirkende Ostseite.

schen Epitaph" im Turmkapellenjoch des Chores der
äußerlich ebenso schlichten wie innerlich reich ausgestatteten Bergkirche oberhalb der nahen Stadt Schleiz schuf.
Mit den tragenden korinthischen Säulen, die den Durchgang zur Kapelle offenlassen, stellt dieses sonderbare,
erst 1706 vollendete Denkmal des Stifters Heinrich II.
(gest. 1639) — mit der in dreiviertel Lebensgröße ausge-
führten gesamten Familie des reußischen Stifters und
Herrschers von Burgk — ein besonderes Geschichtskapi-
tel dieser Burg dar. Gottfried Silbermann kannte die
Bergkirche nicht. Es war Geldern, der ihm davon berichtete, als er das Interesse des Gastes an der Ausstattung
der Schloßkapelle bemerkte. Der Verwalter wußte nicht,

daß es dem Meister dabei vor allem um die rechte Ein-
ordnung des neuen Orgelwerkes in die Harmonie des
Raumes ging. Und da gab es Probleme. Das alte Orgel-
positiv von 1639 war längst unbrauchbar, und der fürstliche Auftraggeber drängte auf ein modernes Instrument.
Doch Silbermann erkannte, daß ihm der Raum dafür
nicht reichen würde, da die alte Empore zu schmal war.
Man müsse Platz schaffen, bedeutete er und wies auf die

3 Wehrgang.
4 Schloß Burgk in der reizvollen Landschaft der oberen Saale zählt
   zu den nahezu vollständig erhaltenen Wehranlagen dieses Ge-
   biets.

massive Bruchsteinmauer aus der Frühzeit der Burg hin, hinter der der Speisesaal lag. Geldern sicherte alle nötigen Umbauarbeiten mit dem Hinweis zu, daß man ohnehin beim Modernisieren des alten Gemäuers sei. Das Amtshaus, in dem ja auch der Freiberger Meister bereits eine angenehme Unterkunft für diese Nacht gefunden habe und das bis vor wenigen Jahren noch der Burgbesatzung als Wachlokal diente, sei inzwischen baulich erheblich verbessert worden; und sicher sei seinem Auge auch nicht die gute Pflege des zwar kleinen, aber mit allerlei seltenen Ziersträuchern und Pflanzen aus fernen Gegenden doch reizvollen Lustgärtleins am Hungerturm entgangen. Desgleichen habe der Ostflügel mit seinen nunmehr fein gearbeiteten Sandsteingewandungen um die verbreiterten Fenster ein neues, freundliches Gesicht erhalten, und nun bereite man den Abriß des sogenannten Sommerhäuschens, des ursprünglich zweiten Torhauses, vor. Der Orgelbau füge sich in all das sehr gefällig ein und werde dem solchermaßen verschönerten Bauwerk die Wohlgestalt eines besonderen Schatzes geben, den zu hüten man wohl wissen werde. Als künftige Werkstatt könne man ja gleich ebendiesen Speisesaal von nebenan ausräumen und für die Bedürfnisse des Meisters und seiner Gesellen nebst Gehilfen herrichten lassen, das sei überhaupt kein Problem. Als Wohnung für diese Zeit dächte man — so im sachkundigen Einverständnis mit seinem Landesherrn der verbindlich die Vorverhandlung führende Amtsverwalter — just an den Damensalon. Der sei nur durch ein kleines Vorzimmer im Speisesaal getrennt, so daß Herr Silbermann auf das engste mit dem Arbeitsplatz verbunden wäre …

Am 6. Dezember 1742, so der getreue Chronist Geldern, kamen die Freiberger mit „5 starcken beladenen Wagen und Karren anhero auff die Burgk". In Silbermanns Begleitung waren sein Vetter Johann George, der schon als Sechzehnjähriger bei ihm in die Lehre getreten war, zwei Orgelbauer, zwei Tischlergesellen und — man liest es schmunzelnd — eine Köchin. Die vierspännigen Frachtfuhren waren jede bis zu fünfzig Zentner mit Material und Werkzeug vollgepackt, und der umsichtige Meister achtete selbst mit Argusaugen auf das rechte Be- und Entladen. Schließlich hingen auch davon Zeit und erfolgreiche Arbeit ab, daß Zinn, Holz, Leder, Leim, Messing, Eisenzeug, Draht und was sonst noch nötig war, Kunstzeug, verschiedene Sägen und Hobel, Schraubenzwingen und Leimtiegel, Bleiwaage und Zangen, Bohrer und Raspeln, Winkelmaße und Zirkel, messingne Stimmhämmer und eiserne Lötkolben jederzeit zur Hand waren. Geldern berichtet genau von den Ereignissen jenes Wintertages auf der sonst recht stillen Burg: „Es wurden ihm sofort zu seiner Wohnung die neue Eckstube (der heutige Damensalon — d. V.), denen Leuten aber zu ihrer Werkstadt das Tafel-Gemach gegenüber, und zu ihrem Nachtlager die darunter befindliche Laquaien-Stube angewiesen, die sie auch sogleich bezogen." Die Bruchsteinmauer hatte man aufgebrochen und die Empore dadurch um einen reichlichen Meter verbreitern können, das Gewölbe nach oben mit einem Bogen sauber gefaßt, und der Speisesaal war mit einer dünnen Ziegelsteinwand wieder geschlossen worden. So konnte die eigentliche Arbeit beginnen. Sie dauerte — nach der intensiven Vorarbeit in der Freiberger Werkstatt — immerhin noch achtzehn Wochen, obwohl das Instrument nur zwölf Register auf einem Manual und Pedal umfaßte.

Am Ostersonntag (14. April) des Jahres 1743 erfolgte die festliche Einweihung. An ihr nahm der sich unpäßlich fühlende Bauherr allerdings nicht teil. „An besagtem ersten Feyertag nun war der Stadtschreiber und Organist von Greiz Donati verordnet, die Orgel zu übernehmen, und das erste Mahl bey dem Gottesdienst zu spielen. Dieses geschahe auch und war an diesen tag eine ziemliche Menge Volcks von andern Orten um solche mit anzuhören dazu gekommen." Sie alle waren gespannt und voller Erwartung auf den Klang der zwar kleinen, aber eben von einem berühmten Meister erbauten Orgel, deren in drei Felder eingeteilter Prospekt sich sichtlich gut dem gotischen Gewölbe der Schloßkapelle anpaßte. Geldern vermerkte auch dieses: „Da man bekennen muß, daß die angebrachten Register überaus wohl intoniret, die zwar einen scharffen doch annehmlichen Klang von sich hören lassen, wie denn auch das äußere Gebäude, absonderlich wegen des sauberen und niedlichen Schnitzwergks, sehr wohl in die Augen fället." Ja, man konnte wohl zufrieden sein, und so versammelte man sich in bester Laune nach altem Brauch zur Orgelmahlzeit, die „bey schönen Tractament" sowie Bier und Wein noch „die zwey folgenden Tage" fortdauerte, „biß Mittwochß

endlich der Aufbruch geschah". Während die Gehilfen in einem anderen Zimmer gastlich bewirtet wurden, feierte man in gehobener Gesellschaft die Kunst des Meisters u. a. in sechs Festgedichten, darunter sogar eines aus der Schnörkelfeder des Bruders Heinrichs III. Man feierte so ausgiebig, daß die Rechnung dann die erkleckliche Summe von 32 Talern und 13 Groschen ausmachte. Auch der getreue Chronist Geldern ließ es sich nicht nehmen, den Meister in einem selbstverfaßten Traktat zu seiner 47. Orgel zu gratulieren, der vierten in Thüringen, von denen drei — die auf Schloß Burgk, in Ponitz und in Fraureuth — bis heute als kostbare Zeugnisse einer großen Handwerkskunst erhalten geblieben sind. Silber-

mann erhielt pünktlich und in bar die vereinbarten 800 Taler; der musenfreundliche Reuße legte sogar als „Discretions"-Geld 42 Taler zusätzlich bei, was dem erstaunten Meister in seiner langen Laufbahn noch nicht vorgekommen war.

Am 17. April, morgens gegen acht Uhr, reisten die beiden Silbermanns zusammen mit dem Stadtschreiber Donati und der Köchin „in einer Kutzsche" wieder ab; gegen elf folgten die „zwei Wagen und drei Karren mit der völligen Bagage und vielem Werckzeug" nach. Sie hinterlie-

5 Besonderer Anziehungspunkt auf Schloß Burgk ist die Kapelle (1624/25) mit der berühmten Silbermann-Orgel (1743).

ßen ein Kunstwerk aus der berühmten Werkstatt Silbermanns und ein ramponiertes, vom Holzkohlenfeuer geschwärztes Quartier. Als bei Restaurierungsarbeiten 1968/69 im heutigen Damensalon die alten Wandbespannungen entfernt wurden, kam hinter dem Ofen ein Zeugnis eigener Art zum Vorschein: eine ziemlich verrußte Wand. In der Amtsgeldrechnung des Jahres 1743 heißt es dazu erklärend: „5 gr. (Groschen — d. V.) dem Maurer die große Eckstube auszuweißen, so von den Orgelmachers arg eingesauet worden." So hat große Kunst auch ihren kleinen Alltag.

Ein kühler Herbstmorgen unten am Wasser der Saale. Frühnebel liegen über dem glatten Spiegel, die Saalnixe kämmt sich ihr silbernes Haar, Altweiberfäden hängen im klammfeuchten Gebüsch. An den Bleilöchern hatte man sie unlängst gesehen, da stieg sie weiß und schön aus dem Wasser und breitete ihre Linnen auf den Uferwiesen aus. Elfengewänder, die in der Sonne funkeln und glitzern. Ein Holzhauer hatte dereinst die Nixe belauscht und dann im Rausch das Geheimnis verraten. Auf dem Heimweg kam er vom Wege ab, stürzte ins Wasser und wurde in den gurgelnden Strudel hinabgerissen. In der frischen Morgenluft vor Sonnenaufgang sieht man in den feinen Dunstschleiern die zarten Lichtgestalten uralter Geschichten, die in dieser stillen Stunde ihre Sprache wiederfinden. Dann bricht die Sonne durch. Weit oben glänzt auf steiler Felsklippe wie ein Märchenpalast die Burg golden auf und spiegelt sich im waldumfaßten Auge des Stausees. In solcher Stimmung beginnen alle Märchen; ein köstlicher Zauber macht einen schweigen. Langsam steigen wir auf steilem Pfad den Burgberg hinauf.

Schloß Burgk, bis 1943 von seinen fürstlichen Besitzern bewohnt, ist heute das wiedererwachte Dornröschen unter den vielen Saaleburgen. Im Norden die mächtige Neuenburg an der Unstrut, ein Brückenkopf Ludwigs des Springers auf sächsischem Boden und später eine beliebte Residenz der Thüringer Landgrafen; nach Süden zu Saaleck, Rudelsburg, Dornburg, Lobdeburg, Orlamünde, Osterburg, Leuchtenburg, Ranis.

Unsere Höhenburg auf dem nach drei Seiten abfallenden Bergsporn ist von allen die besterhaltene Wehranlage mit Wällen, Gräben und dichtgereihten Schießscharten

im Mauerwerk. Ihre Anfänge liegen im Nebel der Geschichte. Licht kommt erst durch einen beurkundeten Verkauf. Im Dezember 1365 — es war die an Feudalfehden überreiche Zeit Karls IV., wo die Geraer (Reichs-)Vögte ihre Regierungsunmittelbarkeit verloren und sich dann nur noch Herren nennen durften — gestatteten die Markgrafen Friedrich, Balthasar und Wilhelm, Markgrafen zu Meißen und Landgrafen zu Thüringen, als Oberlehnsherren der Geraer „ir hus dy Borg und das dorf zu muslitz" an den Deutschen Orden zu veräußern, der seit 1284 in Schleiz saß. Bereits um 1390 aber besaßen die Geraer wieder die wichtige Burg, die dann — so die verschwundene Inschrift in der Schloßkapelle — von Heinrich Herr von Gera um 1403 vollständig neu mit Palas (heutiger Südflügel mit Jagdsaal), Ostflügel und angrenzender Kapelle neu errichtet wurde. Das war keine gemütliche Anlage, sondern sie vereinte, dem Zeiterfordernis angemessen, auf engstem Raum Wirtschaftsbauten, Ställe und Wohnraum, dazwischen Kriegsgerät, Vieh und Mist. Wasser lieferte in Belagerungszeiten die Zisterne im inneren Burghof, das Holzröhren aus den Quellen am Berg herleiteten. Umfassungsmauern sicherten den gesamten Komplex; die Westflanke deckte der „Hungerturm", der damals noch einen steinernen Kegelhelm ähnlich dem auf der Rudelsburg trug. Er war vom Zwinger hinter der mächtigen Schildmauer her nur über eine Zugbrücke erreichbar. Der Zugang zur Burg erfolgte — wie heute — von Norden, wo über den ersten Wallgraben eine erste Zugbrücke führte, die von einer Eckbastion gedeckt war, an die sich das äußere Torhaus, der Torturm und das kleine Badehaus anschlossen, bevor eine weitere Zugbrücke den zweiten Wallgraben zum nächsten Torhaus mit Torturm überspannte und man von da in den Vorhof gelangte, eine künstlich dem Felsen aufgesetzte Rampe mit drei großen, erhalten gebliebenen Gewölben. Das alles bildete ein tief gestaffeltes Verteidigungssystem und ist ein noch heute gut erkennbares Modell mittelalterlicher Wehrarchitektur. Im Westen und Nordwesten war die Mauer mit Wehrgängen besetzt. Der Halbrundbau der späteren Hofküche stammt aus der Umbauphase um 1600; der einstige Wehrgang diente nun als Verbindungsgang zwischen dem dazugekommenen Nordflügel und dem Palas.

Mit dem Schmalkaldischen Krieg (1546/47) wurde Burggraf Heinrich IV. zu Meißen (aus dem Hause Plauen) Herr des Vogtlandes unter der Oberlehnshoheit Böhmens. Sein Vetter Heinrich d. J. verlor an ihn einen großen Teil seines Landes, behielt aber, unter Vorbehalt der Mitbelehnung, die Herrschaft Burgk. Mit ihm starb 1550 das Haus Gera aus. Heinrich d. J. wurde — wie sein Vater Heinrich der Mittlere — in der Schleizer Bergkirche beigesetzt und hinterließ nicht nur ein umstrittenes Erbe, sondern auch eine streitbare Witwe, die vermutlich einen Teil der Erbschaft beiseite schaffte, Silbergeschirr, bares Geld und eine beachtliche Pfandverschreibung. Burggraf Heinrich IV., Oberstkanzler der Krone Böhmens, setzte eine Kommission ein, die Burgk von Soldtruppen besetzen ließ und die trauernde Margarethe zu ihrem Vater nach Leutenberg heimschickte. In der kriegerischen Auseinandersetzung mit Markgraf Albrecht von Brandenburg wurden in die Bergfeste zusätzlich Soldknechte eingewiesen und die sechs messingnen Geschütze überholt. Der Burggraf starb 1554 im Kriegslager vor der Plassenburg bei Kulmbach, der Hohenzollernfeste, und nun konnten die Greizer Reußen als Mitbesitzer ihren alten Anspruch auf Burgk durch einen kaiserlichen Entscheid von 1560 bereits teilweise durchsetzen, bis sie nach einigem Hin und Her 1590 in den endgültigen Besitz und mit ihr zum burggräflichen Titel (freilich ohne rechtlichen Anspruch darauf) gelangten. Auch die Söhne des mächtigen Burggrafen, Heinrich V.

6 Ansicht um 1500 mit Palas (links) und angebauter Kapelle, Ostturm (Mitte) und zweiter Zugbrücke über den Halsgraben zum zweiten Torhaus (rechts) über der Eckbastion und der davor gelagerten ersten Zugbrücke (rechts außen). Rekonstruktion.
7 Mittelpunkt der nach Norden gerichteten Verteidigungsanlage Zwinger und Amtshaus; restauriert der Wehrgang.

und VI., fanden in der Bergkirche ihre letzte Stätte. Die Sage von der „schönen Burggräfin" geht auf jene, 1565 im Alter von 17 Jahren verstorbene Katharina zurück, die als Ehefrau des sechsten Heinrich neben ihm in der Bergkirche beigesetzt wurde.

Wir sind im kleinen Lande der vielen Heinriche, und so war es ein Heinrich II. (1575—1639), der sich 1635 mit seinem leicht überschaubaren Besitz als stolzer Reiter porträtieren ließ, so daß wir ihm, der für den nächsten entscheidenden Umbau der Burg sorgte, auch deren älteste Darstellung auf ebendiesem, noch heute im Kunstbesitz des Burgmuseums befindlichen Bild verdanken. Was denn auch im Prospekt dazu ordentlich vermerkt wird und auf das kunstgeschichtliche Verdienst solcher Eitelkeiten hinweist. Heinrich hatte Höheres im Sinn. Ein Meisterstück aus jener Bauperiode ist die „schwebende Holzdecke" des Jagdsaals im einstigen Palas, reich ver-

ziert und mit einem Sprengwerk vom Dachstuhl gehalten. Diese ehemalige „große Hofstube" ist noch immer der schönste Raum der Burg, wo sich das gesellige Leben abspielte, Feste gefeiert wurden und auf schweren Holztischen die großen Silberplatten mit Wildbraten zum Festschmaus einluden. Ein Kachelofen von 1600, eine Nürnberger Hafnerarbeit, zeigt auf Reliefkacheln bildhaft an, wofür man sich damals interessierte; Jagdtrophäen deuteten auf die standesgemäße Freizeitbeschäftigung der Herrschaften hin. Doch am eindrucksvollsten ist und bleibt sie ornamental bemalte Decke. Scheinbar mühelos wird die von einem durchgehenden Balkenunterzug getragen, der wiederum von einem Holzstutzen gefaßt ist. Das Geheimnis lüftet sich ein Stockwerk höher im Dachstuhl, der wie ein Wald voller starker Bäume anmutet. Der tragende Holzstutzen gibt das gewaltige Gewicht auf schräg gegen ihn gesetzte Balken ab, die es wiederum auf die massiven Außenmauern ableiten. Ein technisches Kunststück, wie man es dem Baumeister von 1601 nicht zutraut. Damals entstand auch unter Einbeziehung der nördlichen Schildmauer als Außenwand der heutige Nordflügel mit dem Treppenhaus, den Wohn- und Büroräumen sowie dem Damensalon im zweiten Obergeschoß. Gleichzeitig baute man die gewaltige und bis 1943 durchgehend benutzte Schloßküche, deren

hoch aufragender Kegelkamin der größte seiner Art auf dem Boden der beiden deutschen Staaten ist.

Ja, dieser Heinrich II., Herr von Plauen zu Burgk, ließ nichts aus, das dem neuen Lebensgefühl des beginnenden Barocks entsprach. Aus der Trutzburg wurde ein wesentlich gemütlicheres Wohnschloß mit Komfort. Nur hatte er die Rechnung ohne die politischen Entscheidungen der wirklich Mächtigen seiner Zeit gemacht, denn mit Ausbruch des Dreißigjährigen Krieges sah sich der Bauherr gezwungen, wieder stärker den alten Verteidigungszweck seines Sitzes durch neue Befestigungen, u. a. am Wehrgang, abzusichern. Doch wer war der Feind? Als Protestanten mußten sich die Reußen vom katholischen Kaiser angegriffen fühlen, dem sie aber als Lehnsträger der Krone Böhmens wiederum verbündet waren. Heinrich ließ die Brücken vor Torhaus und Schloß abbrechen, durch Zugbrücken ersetzen und aus jedem seiner zwölf Dörfer einen Mann als Wache mit dem Befehl kommen, die Musketen „fein rein auszuputzen". Die Dörfler flüchteten mehr und mehr mit Vieh und Habe in den schwachen Schutz ihres Landesherrn, bis selbst die Ställe und Gräben der Burg von Flüchtlingen besetzt waren und der Hausherr mit der Stube des Hofmeisters vorliebnehmen mußte, wollte er nicht seine nun auf einem Platz versammelten Untertanen restlos verlieren. Ein Sterbetaler, den seine Witwe 1639 prägen ließ, zeigt den schwer bedrängten Mann im Harnisch mit Feldbinde, breitem Spitzenkragen und Degen, in der linken Hand den Helm, in der rechten den Kommandostab. Viel war da freilich nicht mehr zu kommandieren. Sein Sohn, Heinrich III., hatte gerade genug Zeit, für die Beisetzung des Vaters die neue Burgksche Gruft in der Schleizer Bergkirche in Auftrag zu geben, bevor er — keine 24 Jahre alt — im Juni 1640 starb. Damit fiel Burgk an das Haus Reuß ältere Linie Untergreiz.

Wie klein die Verhältnisse in diesen Flickenherrschaften waren, deutet ein merkwürdiger Streit aus jener Zeit zwischen dem Schleizer Hofprediger Freund und seinem geistlichen Kollegen auf Burgk an. Nach dem Teilungsvertrag von 1616 stand den Besitzern des „herrlichen Hauses und der Herrschaft Burgk das jus sepulturae des herrlichen Erbbegräbnisses mit allen herrlichen corehentien" zu. Im Klartext bedeutete das u. a. den Gebrauch der Kirche nebst Altar sowie der vorhandenen Leichentücher bei den Leichenbegängnissen. Darüber eben konnten sich die Subalternen entsprechend dem Vorbild ihrer Herren nicht einigen. Ein ausdrücklich zwischen Heinrich II. zu Burgk und den Landesherren zu Schleiz Heinrich II. und III. 1637 — also inmitten der Wirren des Dreißigjährigen Krieges — beschlossener Vertrag regelte den Pastorenstreit so, daß das schwarze und das weiße Leichentuch mit dem Hinweis geteilt wurden, es „gegebenen Falls eines oder des anderen wegen auf andere Weise freiwillig untereinander (zu — d. V.) vereinigen".

Zu Grabe getragen wurde bald die zweite selbständige Herrschaft Burgk. Ab 1697 waren die Reußen von Untergreiz die neue Herrschaft, die vor allem der Jagd und der Erholung im Grünen wegen nach Burgk kam. Wie die Anlage damals aussah, zeigte eine um 1710 in Burgkhammer gegossene Platte des eisernen Ofens im Damensalon, dessen alte farbige Tapeten von 1720 bei der großen Restaurierung 1969 wiederentdeckt und sorgfältig freigelegt wurden. Noch war das zweite Torhaus, das „Sommerhäuschen" vor der zweiten Zugbrücke, nicht abgerissen, noch machte — auf diesem gußeisernen Dokument zur Baugeschichte — die ganze Burg einen recht wehrhaften Eindruck, grad so, wie ihn dann anno 1739 an einem warmen Sommertag der sächsische

Orgelbaumeister Silbermann erlebte. Als man dieses Torhaus am 19. Oktober 1739 schließlich abbrach, fanden die Bauknechte als mittelalterliches Bauopfer den „versteinerten Hund" von Burgk, der wahrscheinlich beim großen Bau von 1403 zum Schutz vor Unheil und Not als ewiger Hüter der Schwelle eingemauert wurde. Heinrich August Geldern war auch hierbei zugegen und vermerkte den sonderbaren Fund mit eigenhändigem Bericht.

Einer, der sich für den eingemauerten Hund gewiß interessierte, dürfte Alfred Brehm gewesen sein, der spätere Leiter des Hamburger Zoos und Verfasser des „Tierlebens". Er trug sich am 5. August 1852 zusammen mit seinem Vater Ludwig Brehm, dem „Vogelpastor" von Renthendorf, im erhaltengebliebenen Fremdenbuch ein. Überhaupt macht es Spaß, in dem alten Gästebuch zu blättern. „Heinrich Fordtran", steht da zu lesen, „Fleischergeselle aus Schleiz, kurz vor seiner Abreise nach Amerika". Wer weiß, welches Schicksal den ungewöhnlichen Besucher aus der Heimat trieb, und warum er ausgerechnet dieses Schloß, dessen Rittersaal (heute Jagdsaal) seit 1848 zur Besichtigung freigegeben worden war, noch einmal besuchte? Waren es die Auswirkungen der 48er Revolution, die engen Kleinstaat-Verhältnisse in diesem Ländchen? Dafür aber kennen wir die Gründe der heutigen Besucher, die vor allem im Sommer in hellen Scharen kommen. Seit der ersten kleinen Ausstellung im Jagdsaal 1951 steht Schloß Burgk als Museum allen offen. Inzwischen wurde eine ansehnliche Sammlung an Mobiliar und Kunstwerken, an Porzellan und Waffen zur hier besonders anschaulich wirkenden Darstellung der Geschichte und Lebensweise im Feudalismus zusammengetragen. Manches Stück stammt aus den Dörfern der Kreise Schleiz und Lobenstein. Hinzu kamen vielfältige denkmalpflegerische Arbeiten, angefangen vom Neubezug aller Sitzmöbel bis hin zur Wiederherstellung des zuvor völlig verwilderten Parks mit dem damals bau-

8 Die prachtvolle Holzdecke im Rittersaal des ehemaligen Palas entstand 1601, als Heinrich II. die Burg grundlegend (im wesentlichen heutige Gestalt) umbauen ließ.

9 Um die Decke des Rittersaals im Südflügel „schwebend" zu halten, leitete der Baumeister 1629 das Gewicht über ein modern anmutendes Konstruktionssystem von Balken und Unterzügen auf die steinernen Außenmauern ab.

fälligen Sophienhaus, dem Lustpavillon aus der Zeit der Schäferspiele. Die bis 1943 das Burgschloß bewohnende „Herrschaft" hatte in den letzten Jahrzehnten für keine größeren Reparaturen mehr gesorgt; die schweren Nachkriegsjahre hatten die Schäden noch vergrößert. 1957 mußte die erste Wallgrabenbrücke abgebrochen werden; sie war im Winter 1955 vom Frost gesprengt worden. In alter Bauweise — Bruchsteinmauerwerk — entstand sie originalgetreu neu. Ein Jahr zuvor befreite man die Altbaufassade im Burghof von den häßlichen Zutaten aus dem Jahre 1800; damals hatte man die Türen mit hölzernen Blenden verkleidet. Die Denkmalpfleger staunten nicht schlecht, als eine alte gotische Türform freigelegt wurde. Eingreifende Restaurierungsarbeiten waren in diesen Jahren auch im Speisesaal, im Gobelinzimmer und im Damensalon erforderlich. Stark gelitten unter Wind und Wetter hatte aber vor allem der 600 Jahre alte Hungerturm, das architektonisch wertvollste Stück der Burg. Bei Dacharbeiten im Jahre 1978 stellte es sich heraus, daß die Bausubstanz nicht mehr lange tragen würde und Einsturzgefahr bestand. Zwei Ringanker umklammern seither den mächtigen Wehrturm, dessen Fachwerk nach dem alten Vorbild erneu-

ert wurde. Das Dach erhielt eine altdeutsche Schieferdeckung.

Mit Beginn der 80er Jahre setzte die umfassendste Rekonstruktion des Gesamtkomplexes ein. Studien hinsichtlich der ursprünglichen Farbigkeit in Treppenhaus und Repräsentationsräumen vor 200 Jahren erbrachten das strahlende Weiß-Blau, das nun dem Schloß eine festliche Atmosphäre gibt. Der Rittersaal wurde entrümpelt und erinnert jetzt wieder an einen Burg-Palas, Fassaden und Fenster wurden erneuert, die elektrische Infrastruktur modernisiert, der Wallgraben rekonstruiert. Auf Schloß Burgk hat man besondere Pläne. Der Besucher soll neben alter Kunst auch Ausstellungen zeitgenössischer Werke der bildenden Kunst erleben können, eine national bedeutsame Exlibris-Sammlung von Ludwig Richter bis zur Gegenwart ist im Aufbau, die Bibliothek wird als Forschungsstelle zur Geschichte der reußischen Fürsten, des Thüringer Oberlandes und des Vogtlandes eingerichtet, der Hungerturm soll museal genutzt werden, die Kellergewölbe werden wieder zugänglich sein. Vor allem aber wird die Musenburg an der oberen Saale wieder zum Konzertzentrum für die Musikfreunde unter den Besuchern werden, mit der berühmten Silbermannorgel als Herzstück des Konzertlebens auf Schloß Burgk.

Als im Frühjahr 1945 die beiden Saalebrücken im Tal gesprengt wurden, zersplitterten oben in der Schloßkapelle die Fenster. Jahrelang waren sie nur notdürftig mit Pappe vernagelt. Wind und Wetter setzten der Orgel hart zu, die sechs Jahre zuvor von der Bautzener Orgelbaufirma Eule einer Generalvisite unterzogen worden war. Was schon damals die Fachleute mit Bewunderung feststellten, bestätigte sich: Silbermann hatte erstklassige Arbeit geleistet. Sein Werk aus bestem Holz und Metall bestand auch die letzte große Bewährungsprobe. So erklang die Orgel zum ersten Konzert seit vielen Jahren anläßlich des 200. Todestages ihres Schöpfers im Sommer 1953 in alter Reinheit und ursprünglicher Chortonstimmung. Schloß Burgk war seine größte Kostbarkeit erhalten geblieben.

10 Wehrgang; für die Höhenburg, auf einem Bergsporn gelegen, war nur im Norden eine Verteidigungsanlage mit Schildmauer, Wehrgängen, Graben und Torhaus erforderlich.

Zuchthaus mit Fernsicht

Leuchtenburg

Leichter Wind frischt die schwüle Sommernacht auf, versetzt Zweige und Blätter in ein unruhiges Spiel. Eine geduckte Gestalt drängt sich durchs Unterholz, stolpernd, hetzend, sie fällt, reißt sich wieder hoch und keucht weiter. Der Mann hat lange auf das schützende Dunkel gewartet, das Freiheit bedeutet, wenn … Hunde kläffen von ferne. Sekunden verschnaufend, lauscht er ängstlich zur Burg hin. Ob man dort seine Flucht schon bemerkt hat? Da antwortet es drohend dumpf aus einem Kanonenschlund. Jetzt kommt es darauf an, jetzt hat der tödliche Wettlauf begonnen. Die Fesseln an den Füßen schneiden heiß in die Haut. Furcht jagt den Mann hoch, treibt ihn weiter bis zur völligen Erschöpfung.

„Auf, Alter!" rüttelt die Bauersfrau den tief schlafenden Mann vom Lager. „Sie suchen wieder einen. Der arme Kerl! Gott stehe uns bei!" Beide lauschen ins Dunkel.

Hier im Dorf kennt jeder das Reglement der Pflichten, und so harren sie des Stichworts für ihren Sucheinsatz, ganz im stillen hoffend, daß es diesmal anders sei, kein Lärmen und kein Schreien, kein Poltern an Bauerntore, nur weil da oben auf der Leuchtenburg wieder einmal ein armer Hund davongelaufen ist. Einer, dem glückte, was so vielen anderen mißlang.

Da hören beide die Hundemeute, die sich in rasender Wut dem kleinen Gehöft nähert. Pferdehufe schlagen auf trockenen Boden, aufgeregte Stimmen zerschreien die Nacht. Jetzt sind die Bauersleute hellwach. Schon donnern Fäuste gegen die Tür.

Es bleibt kaum Zeit, noch etwas überzuziehen, da drängen sich auch schon Uniformierte waffenklirrend in den Raum. „Alles durchsuchen", herrscht ein Schnauzbärtiger im Korporalston. „Irgendwo muß er sich doch versteckt haben! Habt Ihr dem Kerl Unterschlupf gewährt, dann gnade Euch Gott!" Die Bauersleute beteuern ihre Unschuld. Keiner hört zu. Dafür stoßen Säbel ins Heu, als wollen sie es aufspießen.

Ein Schuß fällt. Die Bäuerin fährt zusammen. Es wäre nicht der erste, den es auf der Flucht erwischte. So denkt sie und preßt dabei die Lippen zusammen, als fürchte sie, ihre Gedanken könnten laut werden. — Ein fernes Trompetensignal beendet das kleine Stück Krieg ebenso schnell, wie es begann. Der Höllenspuk ist vorbei. Im trüben Morgengrauen stolpert hinkend ein Mann, an den Händen gebunden, den steilen Burgweg hinauf. Sein Hemd ist zerfetzt und kann die blutende Wunde nicht verdecken.

Nach dieser Nacht dieser Morgen: Die Sonne hebt die geduckten Häuser der Bauern, die Felder und Gärten, die mächtigen Bäume am Berghang und die Burg mit ihrem Turm, der wie ein Zeigefinger herausragt, aus dem Frühdunst des Saaletals. Ein Wagen karrt zur Burg hinauf. Klatschendes Schlagen ist zu hören. Der greise Kutscher auf dem Karren kennt den Klang und zuckt zusammen. Die geflochtenen Riemen haben auch seinen Rücken gezeichnet. Ihm ist, als würden die Wunden wieder aufbrechen.

Fast 150 Jahre diente die Leuchtenburg bei Kahla als Zucht-, Armen- und Irrenhaus. 1724 wurden die ersten

Gefangenen in die Kerker geworfen, füllten sich die Hock- und Isolierzellen mit den Schreien und dem Wehklagen der an Händen und Füßen Gefesselten. Insgesamt sechshundertmal kratzte die Feder des Gefängniskanzlisten ein „Verstorben" auf die Liste der Insassen.

Zu einer Zeit, da Goethe in Weimar Geheimer Legationsrat wurde, James Cook die Hawaii-Inseln entdeckte und Johann Sebastian Bach an der „Kunst der Fuge" arbeitete, herrschte im Herzogtum Sachsen-Gotha immer noch finsteres Mittelalter. Daran erinnert heute der „Münzturm". Dämmerlicht herrscht in seinen Innenräumen, den Blick nach außen verwehren Gitter, in den Nischen sind Dokumente über die Geschichte des Gefängnisses und dessen Insassen ausgebreitet. An einer Wand hängen jene geschmiedeten Fesseln, die dem Neuankömmling angelegt wurden, nachdem er von den Herzoglichen auf besondere Weise begrüßt worden war. „Willkommen" bedeutete hier: Er wurde zu einem Pfahl geschleift, der sich neben der jetzigen Freitreppe befand, und festgebunden; dann gab es sechs Karbatschenhiebe. — Auf Fluchtversuche stand ein Vielfaches. Nicht alle überlebten diese Tortur. Wofür das alles? Einer der Mißhandelten hieß Kunze, war Bürstenmacher, verurteilt wegen Majestätsbeleidigung zu einem Jahr, ein anderer war der Tischlergeselle Stetfeld. Wegen „Beteiligung am Aufruhr" warf man ihn für sechs Jahre hinter die Burgmauern. Da war auch ein zwölfjähriger Junge — verurteilt wegen „Verhetzung eines Soldaten". Für beide wurde der Weg ins Gefängnis auch der Weg ins Grab. Selbst ein neunjähriges Kind aus Gotha bestraften die Richter mit sechs Jahren Kerker. Wir stehen heute fröstelnd vor diesen Zeugnissen und können uns diese Zeit kaum vorstellen.

Im „Schleierturm" befindet sich ein hölzernes Tretrad aus dem Brunnenhaus der Vorburg. Häftlinge beförderten in stundenlangem monotonem Rhythmus das Wasser aus einer Tiefe von 80 Metern nach oben. Wehe dem, der den Rhythmus unterbrach, wenn sich das Rad drehte. Die Kraft der Bewegung hätte ihn zwangsläufig herausgeschleudert. Doch was, wenn die Kraft nicht mehr ausreichte? Einem Gefangenen aus Remschütz muß es so gegangen sein, er stürzte sich in den Brunnen. Mit einer Ankerwinde kurbelte man den Körper wieder nach oben.

Jahre später versuchte erneut ein Häftling, seine Qualen auf diese Weise zu beenden. Er wollte nicht nur schlechthin den Tod für sich, er wollte Rache, indem seine Leiche das Trinkwasser für die Burg vergiftete. Der Festungskommandant war zunächst ratlos. Doch dann wurde ein teuflischer Gedanke geboren. Er versprach jenem Zuchthausinsassen die Freiheit, der sein Leben riskierte und den Leichnam aus dem Wasser barg. Das gefährliche Unternehmen gelang. Die Gefahr war vorüber und für den mutigen Mann auch die Zuchthauszeit.

Auf jeden Fall genoß das einstige Herzogtum Sachsen-Altenburg den traurigen Ruhm, zu den letzten deutschen Fürstenhäusern zu gehören, die an Fesseln, Folter und Prügelstrafen festhielten. Erst im Jahre 1871 verstummte das Klagen der Geschundenen auf der Burg, als man die Zellen für immer aufschloß. Das düstere Kapitel Rechtsgeschichte endete, und ein neues begann — Fremdenverkehr genannt. Wir wollen darin blättern.

Wohl kaum einer wird bestreiten, daß selbst die bunteste Ansichtskarte nicht mit dem Farbenreichtum der Natur konkurrieren kann. Was freilich nicht den Anschauungswert jener Karten einschränkt, die in Millionenauflagen in aller Welt als Dokument dafür kursieren, am abgebildeten Ort gewesen zu sein, hier, auf der Leuchtenburg über dem Tal der nordwärts eilenden Saale. „An der Saale hellem Strande stehen Burgen stolz und kühn ...", heißt es im Lied.

Wer sich dennoch mit Weitwinkelobjektiv und kühnen Balanceakten zwischen Baumkronen und Mauervorsprüngen um die rechte Einstellung bemüht, wird mehr als nur die Erinnerung mitnehmen. Weit schwingt das Tal aus. Vor dem sich 400 Meter auftürmenden Kegel

1 Rechnet man den spitzen Dachkegel mit, dann mißt der Bergfried der Leuchtenburg rund 41 Meter; einst die letzte Flucht- und Verteidigungsmöglichkeit der Burgbesatzung.

2 Fast 150 Jahre war die Leuchtenburg Zucht-, Armen- und Irrenhaus des Herzogs von Sachsen-Altenburg. Diese Fesseln und andere Zeugnisse gehören zu einer Ausstellung im östlichen „Münzturm".

3 Eine zweiläufige Treppe im Osten des Burghofes führt in das Burgmuseum. Es bietet Information über die Geschichte des Territoriums und über die Vergangenheit und Gegenwart der Kahlaer Porzellanindustrie.

des Lichtenberges liegt eine Bilderbuchlandschaft, in der die sattgrünen Ackerflächen, die blinkende Saale und die alte Stadt Kahla wie im Sonntagsstaat erscheinen. Allein das Erlebnis unseres Standortes im verschwenderischen Panorama der Natur lohnte den Aufstieg; doch da ist noch die steinerne Krone des Ganzen — die Burg. Übereifrig verkündet eine Postkarte aus den dreißiger Jahren, die Feste sei über tausend Jahre alt. Daß wir es tatsächlich mit einer so alten Burg zu tun haben, konnte nicht bewiesen werden. Auch der in den Zeugenstand gerufene Merseburger Turnierkalender von 968 bringt keine Klärung. Verläßlicher ist jene Urkunde, in der die zahlungskräftigen edelfreien Herren von Lobdeburg, unweit flußabwärts Richtung Jena, das Bauwerk erstmalig als Leuchtenburg benannten. Das war 1221, und dabei wollen wir es lassen.

Dieser Sonntag steht noch im Morgenlicht, da hat sich die Parkfläche am Burgberg schon bis auf den letzten Platz gefüllt. Alt und jung treibt es neugierig den steilen Höhenweg hinan. Uns in 430 Meter Höhe muten sie wie bunte Tupfen im Naturgrün an. Man hat Muße mitgebracht. Ein kleines Grüppchen linker Hand des Turmgebäudes am steinernen Treppenaufgang zur Jugendherberge macht den gerade mit ihrem Konzert beginnenden Jagdhornbläsern lautstarke Konkurrenz. Eine Gitarre wird angeschlagen, eine Mundharmonika mischt sich ein. Irgendwo wird der Takt mitgetrommelt. „Es zogen auf sonnigen Wegen ..."
Das Volkslied ist viel zu bekannt, als daß es — wie seinerzeit „An der Saale hellem Strande ..." durch Franz Kugler im Stammbuch der Rudelsburg — auch hier schriftlich verewigt werden müßte. Eingetragen haben sich die vielen Besucher der Leuchtenburg nicht ins Stammbuch der Schenke, sondern in die Gästeannalen der zweitgrößten Jugendherberge der DDR, die hier oben ihren Sitz hat. Erhalten geblieben sind uns die Bände aus den Jahren 1924 bis 1931, beredte Zeugen einer widersprüchlichen Zeit. Jahre, in denen die Burg zu einem der bevorzugtesten Treffpunkte der deutschen Jugendbewegung wurde.

4 Überaus reizvoll ist die Landschaft des mittleren Saaletals um den 400 Meter hohen Lichtenberg mit der Leuchtenburg.

Da schreiben — auf großer Fahrt — zwei Leipziger am 1. August 1928: „Leben heißt kämpfen. So stolz und fest, wie die Leuchtenburg ihre Strahlen in das Land wirft, so stolz und fest wollen wir kämpfen für eine bessere Zukunft. Hoch lebe die Kommunistische Internationale." Unsere singefreudigen Jugendlichen im Burghof haben diese Eintragung in den archivierten Bänden gewiß nicht gelesen. Dafür besitzen sie ihre eigenen Geschichtserfahrungen.

Wer in der Burg-Festschrift neugierig durch die Jahrhunderte blättert, findet zunächst eine Chronik, in die sich die Lobdeburger eingetragen haben, bei denen der Fehdehandschuh locker saß. Ihnen folgten die Schwarzburger und schließlich die Wettiner, die ihren Untertanen nahe auf den Pelz rückten und sogar ein Amt auf der Burg einrichteten. Selbst dem Thüringer Brandmeister Apel von Vitzthum gewährten die festen Mauern Unter-

schlupf, bis man ihn eines Tages mit Schimpf und Schande verjagte.

Wenn die malerische Landschaft heute auch die Züge friedfertiger Zeiten trägt, so wird sie doch nie die dunklen Schatten des Schreckens und der Gewalt vergessen machen können. Als 1525 die deutschen Bauern für ihre große Sache mit Sense und Morgenstern aufstanden und grausam geschlagen wurden, waren die Burgzwinger von den Flüchen dieses Kampfes erfüllt. Über die entwaffneten Rebellen hielt am 23. und 24. Juni nur wenige Kilometer weiter in Kahla Kurfürst Johann unnachgiebig Gericht. Danach war der Marktplatz rot vom Blut der Enthaupteten und Geräderten. Geschändet und getötet im Namen des Vaters, des Sohnes und des Heiligen Römischen Reiches deutscher Fürstenherrlichkeit.

Die von Gottes Gnaden auf der mächtigen Fronfeste Regierenden hatten für die nächsten Jahrhunderte den

Kampf für sich entschieden. Wer damals in den Burghof zum Rapport gerufen wurde, trat oft einen schweren Gang an. Fest und uneinnehmbar stand die Burg.

Die Lobdeburger Erbauer der Burg ließen „ihre" Bauern um den Gipfel hufeisenförmig eine Stufe anlegen, wobei der Schutt so ins Tal hinabrutschte, daß die Höhe noch steiler wurde. Die auf diese Weise gewachsene Kalksteinwand erhielt eine zusätzliche Verstärkung durch eine dreizehn Meter hohe Wehrmauer mit Gängen und wohl einen Überbau, von dem aus die Belagerer mit siedendem Wasser, Pech und Armbrustpfeilen bekämpft werden konnten. Ergänzt wurde das Festungswerk durch eine vier Meter aufragende Mauer auf der äußeren Sohle des Grabens. Auf diese Weise ersparten es sich die Erbauer, einen Graben und einen Wall noch zusätzlich anzulegen, denn es war ohnehin ein Wallgraben entstanden, der durchschnittlich etwa zwölf Meter betrug. Wie sich die Burgherren die strategische Funktion der Steinfestung gedacht haben, demonstriert auch die westlich gelegene Vorburg. Von dort aus konnte man nur über eine Zugbrücke den tiefen Graben vor dem Torhaus überwinden. Der Angreifer blieb auf seiner rechten Seite ungedeckt, so daß die Burgmannen mühelos wie bei einer Hatz vom Hochsitz aus nur auf die den Weg heraufkommenden Waffenträger zu zielen brauchten.

Der tiefe Graben war 1672 noch erhalten, wie ein fürstliches Inventarium belegt. Von der einstigen Hauptburg des 13. Jahrhunderts existiert nur noch der Bergfried. Dennoch gehört die Leuchtenburg nicht zu jenen mittelalterlichen Bauten, die nach und nach zerfielen und mit ihren Steinen ins Tal hinabrollten. Ursache ist letztlich auch der Geschäftsgeist des regierenden Herzogs Ernst, der aus dem Gefängnis ein Hotel werden ließ. Schließlich wurde die Burg 1919 Jugendherberge. Das ist sie bis heute geblieben. Sie trägt jetzt den Namen „Geschwister Scholl" und bietet 200 müden Wanderern nicht nur das sprichwörtliche Dach über dem Kopf, sondern auch eine Diskothek im Rittersaal.

Die jungen Leute, die an diesem Sonntagvormittag ungezwungen durch die Gänge und Flure lärmten, wußten wohl kaum, daß man schon vor mehr als einem halben Jahrhundert singend und tanzend Hof und Außenanlagen belebte. 1920 befürwortete der Hauptausschuß für deutsche Jugendherbergen: Die Gruppe „Neue Schar"

darf bei freiem Logis, aber mit der Auflage, zwei Räume der Burg auszugestalten, den Winter auf der Leuchtenburg verbringen.

Wer waren diese gut zwei Dutzend Mädchen und Jungen? Auf dem Pfingsttreffen der Wandervögel in Kronach warfen sie alle Ersparnisse auf eine Zeltplane und fielen einander im Überschwang der Gefühle als „freie Menschen" in die Arme. Dann zogen sie unter ihrem Anführer Friedrich Lamberty, genannt Muck, los über Coburg, Sonneberg, Leutenberg, Rudolstadt, Saalfeld, Pößneck, Kahla, Jena, Weimar, Erfurt und Gotha bis zur Leuchtenburg, wo sie Quartier bezogen.

Sie durchlebten das Gefühl, zu einer „eingeschworenen Gemeinschaft" zu gehören, und teilten das beim Verkauf von Drechslerartikeln erworbene Geld untereinander. Die jungen Burschen und Mädchen sangen, tanzten und wanderten nicht nur schlechthin durch die deutschen Lande, sondern brachten auch in viele Herzen den Taumel einer romantischen Begeisterung.

Eine auf der Burg zu erwerbende Broschüre von Kurt Haufschild schildert den äußeren Habitus der jungen Leute um Muck Lamberty so: „Die Mädchen trugen Kleider aus grobem Leinen mit gehobener weiter Taille, kurzem Mieder, über die Waden reichendem, gezogenem Rock und halblangen Tütenärmeln oder kurzem Arm. Bevorzugte Farben waren weiß und blau. Außer Kränzen aus Blumen oder Holzperlen trugen sie in der Regel keine Kopfbedeckung. Die Haare steckten die Mädchen zu einem Knoten im Nacken auf, flochten sich Zöpfe und legten sie als ‚Schnecken' über die Ohren oder als Kranz um den Kopf. Die Füße blieben meist bloß, oder man trug die sogenannten ‚Jesuslatschen', Riemensandalen, die die Schar selbst anfertigte und auch weiterverkaufte." Und die Jungen? Wer sie auf einem der historischen Fotos sieht, wird ein wenig an die Haartracht aus der frühen Zeit der „Beatles" erinnert; wobei die langen Schöpfe keineswegs den modischen Vorstellungen der zwanziger Jahre entsprachen. Offensichtlich der Einfachheit halber kämmten die Jungens die Haare nach hinten. Auffallend an ihrem Äußeren waren aber auch

5 Der stattliche Wallgraben umschließt die Leuchtenburg bis zum Torgebäude wie ein Ring. In den Graben schieben sich neben den vier Wehrtürmen auch Schützenstände mit Abtritten.

die rohleinenen Kittel in verschiedenen Farben. „... bevorzugt wurde dunkelblau, mit Stickereien und einem Gürtel um die Taille. Sie trugen eine bis zum Knie reichende kurze Hose und waren, wenn es das Wetter zuließ, meist barfüßig."

Die Kleidung unterschied die „Neue Schar" ebenso von anderen Gruppen der Jugendbewegung dieser Jahre wie die unbedingte Abkehr von Alkohol, Nikotin und den „zeitgemäßen" Vergnügungsformen. Diesem Abschwur folgte das Bekenntnis zu Gemeinsamkeit und Freude, das im Herzen eines jeden Mitgliedes tief verwurzelt sei. Man liebte das tänzerische Schwingen des Körpers, sah darin einen Ausdruck allgemeinen Wohlgefallens und glaubte, den Rhythmus des Alls zu erleben ... Für diese romantischen Ideen wollte die Schar immer neue Freunde finden und zog daher quer durch die Lande, was ihren Anführer Muck Lamberty in die Nähe des oft zitierten Rattenfängers von Hameln brachte. Ein Gedicht erinnert daran:

„Bursche, laß was flattern, wehen,
Tut mir doch nit so gesetzt!
Bissel stürmisch muß es gehen,
Soll was Freudiges geschehen,
Tut was, was die Leut entsetzt!
Tut mir nit so vereist!
Glut ist Geist!"   (Verfasser unbekannt)

Wo die „Spielschar" ihre „Revolution der Seele, den Zusammenbruch des Alten und die Empörung der Jugend" predigte, reichten die weltlichen und geistlichen Arenen nicht aus, die Zuhörer zu fassen. Man schätzt, daß sich auf Erfurts Domplatz 20 000 Zuhörer drängten, die Mucks diffusen, von neuromantischem Gefühl getragenen Redekünsten lauschten. In der Barfüßerkirche umgab die Seelenrevolutionäre sogar ein Meer von Blumen als Symbol menschlicher Verbindung. Doch dem ebenso fanatischen wie verschwommenen Programm, dem Reigen Hunderter tanzender und singender Menschen mußte zwangsläufig die Luft ausgehen. Die anfangs noch zuhörenden Massen verliefen sich recht schnell, weil sich Mucks Beschwörungsformeln angesichts der Wirklichkeit als Augenwischerei erwiesen. Die Studenten tippten sich spöttisch gegen die Stirn bei seinen Worten, und die Arbeiter drehten ihm den Rücken, weil Lam-

bertys Ergüsse nicht helfen konnten, den Familien das nötige Brot zu sichern.

Und als das Häuflein schließlich unter allerlei moralischen Anschuldigungen im März 1921 die Burg verlassen mußte, blieb nicht viel mehr als eine emsige Gemeinschaft von Handwerkern, die sich auf dem Berg vor allem mit getäfelten Wänden und mit selbstgefertigten Möbeln verewigt hatte. Sie suchten nun ihr Heil in einer Werkstatt in Naumburg und — fanden es.

Gleich hinter dem Torhaus streckt sich ein dickleibiger Baum gewichtig in die Höhe. In seinem Schatten gibt es viel zu erzählen, auch für unsere Wochenendbesucher. Was hat der im vollen Blattkleid Stehende nicht schon alles sehen können: nicht nur Lambertys Schar, sondern auch die Mitglieder des Kommunistischen Jugendver-

6 Die Leuchtenburg, im Auftrag der Herren von Lobdeburg zu Beginn des 13. Jh. errichtet.

7 Er stammt noch aus dem 13. Jh., der Bergfried mit dem vermauerten, aber noch sichtbaren Zugang in 12 Meter Höhe. Da der untere Bauteil des Turmes weder über Licht- noch über Schießscharten verfügte, wird er wohl — wie auch anderswo üblich — als Gefängnis gedient haben.

bandes, die noch am 1. Mai 1932 zur Burg zogen. Wie rieben sich da die teutonischen Walpurgisfreunde ihre von Branntwein getrübten Augen, als sie um sechs Uhr der Burschen und Mädchen gewahr wurden, die da mit roten Fahnen und einem „Brüder zur Sonne, zur Freiheit!" zum benachbarten Dohlenstein zogen.

Gesungen wird auch heute noch, nicht nur von jenen Akteuren, die dazu jährlich vom Festkomitee auf die Bühne im Burggraben bestellt worden sind: Einige junge Leute haben es sich unmittelbar hinter dem Torhaus gemütlich gemacht, hier, wo äußere und innere Zwingermauer beginnen, sich wie ein Schutzring um die Burg zu legen. Im Graben wächst saftiges Gras. Die Anlage macht alles andere als einen wehrhaften Eindruck, denn Tische und Bänke laden — in Reih und Glied — zum Verschnaufen ein. Eine Kapelle spielt. Auf einem Holzpodium unterhalb der Mauertürme drehen sich die ersten Paare. Glä-

ser klirren, Lachen erschallt, als sei es so und nicht anders immer gewesen. Das wuchtige Gemäuer mutet an wie die Kulisse für ein heiteres Volksstück: Hinter den mittelalterlichen Mauern haben die Eisenmänner die drückenden Helme abgelegt und äugen neugierig herunter — Ruhetag der Geschichte.

Wer dachte angesichts des friedlichen Bildes schon an Landgraf Friedrich II. von Thüringen, der um 1345 während der Fehde mit dem Grafen von Schwarzburg seine Rotten über die Fluren Kahlas und Rudolstadts schickte, dann aber vor der Leuchtenburg zurückwich (wiewohl er den Kampf für sich entscheiden konnte). Ein Jahrhundert später wäre ihm der Angriff auf die Burg noch weit schwerer gefallen, denn da verfügte sie über vier starke Wehrtürme. Hinter dem „Kleiderturm" beispielsweise lauerten damals die Burgmannen gleich in drei Verteidigungsetagen. Aber Angriff hin, Verteidigung her, auch ein geharnischter Held hatte seine menschlichen Bedürfnisse, und so schmunzeln wir heute über die Abtritte oder auch „Windklosetts" neben den Schützenständen.

Wer sich in unseren Tagen — das ist allerdings mit einigen Mühen verbunden — zu den schmalen Mauerschlitzen hinaufschwingt, dem bieten sich Ausblicke, die einst den Helmträgern nicht vergönnt waren, beispielsweise auf das große Porzellanwerk Kahla. Das dort entstehende Haushaltprozellan deckt längst auch Tische außerhalb unserer Republik. Begonnen hat die Kahlaer Porzellangeschichte 1844 mit einer Fabrik, die sich durch Gebrauchs- und Hotelgeschirr einen Namen machte. Daß sich die damaligen Hersteller des geschichtsträchtigen Terrains nahe des Betriebes bewußt waren, mag daraus abgeleitet werden, daß sie in der ersten Hälfte des 19. Jahrhunderts die Silhouette der Leuchtenburg als Markenzeichen in ihre Waren brannten.

Was heute unten in der Stadt tagtäglich durch die Brennöfen und von dort aus in alle Welt geht, kann man wiederum hier oben in einer einmalig schönen Ausstellung im Museum bewundern. Unter dem Motto „Blumen auf Thüringer Porzellan" erinnert sie lückenlos an die Traditionen dieser alten Thüringer Produktion. So wird neben der Geschichte der Burg zugleich auch die des wichtigsten Herstellers für Haushaltporzellan in Europa erzählt. Mancher Betrachter des Porzellans in den Vitri-

nen mag an das zu Hause im Schrank wohlbehütete Strohblumenmuster denken oder auch an das im Spezialgeschäft erworbene Dekor „Menuett".

Selbst wenn längst zwei Jahrhunderte ins Land gegangen sind, seit die duftigen Buketts und Girlanden aus der Natur auf das Porzellan „umzogen", erweckt die ungebrochene Leuchtkraft der Dekore den Eindruck, als sei dieser Weg gerade eben zurückgelegt worden. Zwischen den Blumenranken und Figurengruppen schaut uns unvermittelt ein Engelsgesicht an, das auf porzellinem Untergrund lächelnd verkündet: „War Dir das Fäßchen stets zu klein, wird dieses Dir geeignet sein." Doch so gern man dem Aufruf nachkommen würde, da steht doch noch Glas vor Porzellan, und wäre dem nicht so, entfiele vorgenannter Satz gewiß.

Daß Burgen in jeder Hinsicht kein leichtes Erbe sind, wurde uns auch auf der Leuchtenburg bestätigt. Wie man damit fertig werden kann, zeigten die Bewohner Seitenrodas, eines Ortes nahebei, geschichtskundig seit alters. Sie kamen, als es not tat, „ihrer" Burg zu Hilfe.

Die Bürger sind dabei nicht allein auf sich gestellt, sondern haben zusammen mit Museum, Jugendherberge und Porzellankombinat vertraglich die Burg in ihre Obhut genommen.

Es ist „unsere" Burg, sagte der Bürgermeister — die Ü-Striche seiner Funktion könnte man ausnahmsweise einmal entfallen lassen —, „an ihr schauen wir nicht vorbei, sondern zu ihr sehen wir gemeinsam mit vielen Menschen mit Freude auf. Rund 90 000 Besucher kommen im Jahr. Sie lassen sich anlocken von der hellen Fassade, die weit ins Tal hineinleuchtet und dem Namen der Burg Ehre macht."

Es war spät geworden. Die Mauern atmeten Kühle. In der Jugendherberge verloschen die letzten Lichter. Die Gitarre verstummte. Wir saßen im stimmungsvollen Weinkeller in der ehemaligen Kapelle zu Füßen des Bergfrieds und ließen den Tag bei Wein und Kerzenschein in uns nachklingen.

8 Zeitgenössischer Stich der Leuchtenburg aus dem 19. Jh.
9 Weinkeller in den Gewölben der ehemaligen Burgkapelle. Im Vorraum erinnert eine alte Einspindelkelterpresse an den Weinanbau im mittleren Saalegebiet.

Der Augenblick ist Ewigkeit

Dornburg

Der alte Mann wandte sich zum Fenster und blickte lange versonnen ins mannigfach belebte Tal, durch dessen Wiesen sich die Saale malerisch hinzog. In dieser Landschaft fehlte nichts, was dem Bedürfnis des Menschen nach Tätigkeit entsprach; er sah alles mit einem einzigen großen Blick: den Fluß, das Wehr, die Wiesen, Brücke und Mühle, die Häuser des Dorfes, die Gärten, die Felder an den Hängen und – zu seinen Füßen – den Weinberg. „Die vernünftige Welt", sagte er sich, „ist von Geschlecht zu Geschlecht auf ein folgenreiches Tun entschieden angewiesen." Gerade in der Überschaubarkeit dieses Tals erblickte er geschichtliches Wirken und Werden, da wurde es meßbar, nacherlebbar. Gegenüber nach Osten bewaldete Hügel, über allem ein klarer Morgenhimmel. Hier oben fühlte er sich auf beschwingte Weise herausgehoben aus der Kleinheit der Verhältnisse und einem Ganzen verbunden, das heiter war, munter, verständig, schön, weitläufig und doch übersehbar. „Ich weiß nicht", begann er unvermittelt seinem geduldig wartenden Sekretär John den Brief an Zelter, den fernen Freund in Berlin, zu diktieren, „ob Dornburg Dir bekannt ist; es ist ein Städtchen auf der Höhe im Saaletale unter Jena, vor welchem eine Reihe von Schlössern und Schlößchen gerade am Absturz des Kalkflötzgebirges zu den verschiedensten Zeiten erbaut ist; anmutige Gärten ziehen sich an Lusthäusern her; ich bewohne das alte neuaufgeputzte Schlößchen am südlichsten Ende. Die Aussicht ist herrlich und fröhlich, die Blumen blühen in den wohlunterhaltenen Gärten, die Traubengeländer sind reichlich behangen, und unter meinem Fenster seh ich einen wohlgediehenen Weinberg, den der Verblichene auf dem ödesten Abhang noch vor drei Jahren anlegen ließ und an dessen Ergrünung er sich die letzten Pfingsttage noch zu erfreuen die Lust hatte. Von den anderen Seiten sind die Rosenlauben bis zum Feenhaften geschmückt und die Malven und was nicht alles blühend und bunt, und mir erscheint das alles in erhöhten Farben, wie der Regenbogen auf schwarzgrauem Grunde. Seit fünfzig Jahren hab ich an dieser Städte mich mehrmals mit ihm des Lebens gefreut, und ich könnte diesmal an keinem Orte verweilen, wo seine Tätigkeit auffallender anmutig vor die Sinne tritt."

Die Feder krakelte kratzend über das leicht umrandete Blatt, auf dessen Kopf das Datum vermerkt war: 10. Juli 1828. Dann winkte der Alte ab, er wollte, bevor die Gäste kamen, noch mit sich selbst und den Erinnerungen ins reine kommen. Vor drei Tagen war er abends angelangt, traurig, wiewohl nach außen beherrscht, ja abweisend. Der Tod Carl Augusts, seines befreundeten Weimarer Herzogs, am 14. Juni, hatte den Neunundsiebzigjährigen schwer getroffen; seine Ruhe konnte er nur hier auf dem Felsenschloß in diesem Licht- und Sonnenland wiederfinden. Noch war der „Verblichene" gegenwärtig, der erst im August 1824 das Renaissance-Schlößchen erworben hatte und es ein wenig für die Bedürfnisse der Weimarer Hofgesellschaft herrichten ließ. In dem ehemaligen Gutsherrenhaus von 1539 konnte man weit besser als in dem benachbarten Rokoko-Schlößchen aus Ernst Augusts Zeiten hausen. Er nahm das Distichon im schönen Eingangsportal mit der Jahreszahl 1601 gleich

als ein gutes Omen für seine „Eremitei" und übersetzte es sogleich:

„Gaudeat ingrediens, laetetur et aede recedens,
His qui praetereunt, det bona cuncta deus!"
„Freudig trete herein und froh entferne dich wieder!
Ziehst du als Wandrer vorbei, segne die Pfade dir Gott."

Wir sind an einem besonderen, im Zusammenklang von Geschichte und Dichtung, Architektur und Natur einzigartigen Ort, komponiert aus Licht und Fels, Gärten und kunstvoll errichtetem Stein in der heiteren Vielfalt dreier Schlößchen, von denen das eine heute den Namen jenes Alten trägt, der hier in 66 intensiv gelebten Tagen vom 7. Juli bis zum 11. September 1828 als „Eremit von Dornburg" die Bilanz seines ungewöhnlichen Lebens zog: Johann Wolfgang Goethe. Über hundert Briefe deuten die immense geistige Anspannung an. Eckermanns Bericht bestätigt die tiefe Wirkung des Ortes: „Er

schien sehr glücklich gewesen zu sein und konnte nicht unterlassen, seinen Zustand und die herrliche Lage des Schlosses und der Gärten wiederholt zu preisen."
Am 18. Juli bat Goethe um die Übersendung eines schmalen Büchleins aus seiner Hausbibliothek, die einzige Schrift, die er über Dornburg besaß. Es war die erste zusammenfassende Darstellung der Geschichte dieses alten Ortes, die „Historisch-antiquarischen Nachrichten von der ehemaligen kaiserl. Pfalzstadt Dornburg an der

1 Mehr als zwanzigmal weilte Goethe in Dornburg, woran das 1824 von Herzog Karl August erworbene Goetheschloß heute erinnert, ein strenger und doch anmutig gegliederter Renaissancebau; die Brunnenfigur kam 1959 dazu.

2 Die Tür zum Goetheschloß mit der lateinischen Inschrift von 1608. Damals ließ der spätere Landrentmeister Wolfgang Zetsching das heruntergekommene Renaissancegebäude für die Herzogin Anna Maria von Altenburg, die bis dahin ihren Witwensitz im Alten Schloß hatte, wiederherrichten.

Saale", ein denkwürdiges Werk des alten Johann Samuel Gottlob Schwabe, Doktor der Philosophie und Großherzoglicher Sächsischer Schulrat zu Weimar. Goethe entnahm dem Band den beigefalteten Kupferstich von Jakob Roux mit der Ansicht der drei Schlösser von der Saale aus nebst einigen Erläuterungen am unteren Rand und schickte das Blatt Zelter zur Veranschaulichung seiner Zeilen vom 10. Juli: „Ein Kupferblatt lege ich Dir bei, das ich nicht rühmen will, das aber doch mehr als alle Beschreibungen einen schnellen Begriff gibt." Spätere Goethe-Forscher stellten fest, daß dem Exemplar in Goethes Bibliothek das Blatt tatsächlich fehlt, das Buch selbst jedoch noch nicht aufgeschnitten ist. Hat sich der Alte in seinem Dornburger Montserrat für Schwabes ausführliche Untersuchungen nicht interessiert, wie zu schließen

wäre? War ihm, dem sonst so Geschichtsbewußten, die Vergangenheit dieses Ortes so wenig wert?

Das Tagebuch gibt unter dem Datum des 15. Juli 1828 die Auskunft: „Die historisch-antiquarischen Nachrichten durch Korektor gelesen." Die dem Buch vorausgestellte Liste der Besteller nennt auch den Namen des Kastellans Sckell, dessen Exemplar offensichtlich dem Gast zur Hand war. Sicherlich war dem auch die ausführliche Rezension dieses nun wiederum von dem Naumburger Landrat und Historiker Lepsius 1827 heftig umstrittenen Buches in der „Jenaischen Allgemeinen Literatur-Zeitung" vom März 1827 noch in Erinnerung, wo für die Theorie des Weimarer Historikers von der Pfalz Dornburg eine sichtlich nachgeschärfte Lanze gebrochen wurde. Schwabe hatte mit seiner 1825 verlegten Schrift

4

ein überaus hitziges Gelehrtenturnier eröffnet, in das noch im Erscheinungsjahr — eine für heutige Verleger ganz unglaubliche Leistung — mit einem eigenen Büchlein der Hallenser Altertumswissenschaftler F. Kruse in voller Rüstung polemisch zur „Lage der alten kaiserlichen Pfalz Dornburg" eingegriffen hatte. Für Schwabe stand fest, daß mit der vielzitierten und erhalten gebliebenen Urkunde vom 20. Dezember 937, in der Kaiser Otto I. dem Stift Quedlinburg sämtliche Einkünfte von Kirchberg und Dornburg zuerkannte, nur die Kaiserpfalz Dornburg an der Saale gemeint war und nicht jenes legendäre, bei Barby nunmehr auf dem Grunde der Elbe ruhende Dornburg: „... omne quod de Chirinberg et Dornburg solvitur et de locis ..."

Goethe ließ der heiße Streit kalt. Er folgte seinem

Schwabe und sollte darin, wie wir heute durch Grabungen nach dem erst um 1120 entstandenen elbischen Dornburg wissen, recht behalten. Die alte Kaiserpfalz Dornburg war seiner Vorstellungskraft nicht so fern, hatte er doch gerade den ersten Akt des „Faust", Zweiter Teil, beendet, wo sich der Geschichtssucher Faust in das pralle Sinnenleben einer kaiserlichen Pfalz hineingestellt sieht, in der sich zugleich der Umbruch der Zeit ankün-

3 Die Dornburger Schlösser. Kupferstich von J. Roux.
4 Drei Schlösser auf der Steilwand über der Saale, ganz rechts das Alte Schloß, dessen Bergfried aus dem 12. bzw. 13. Jh. stammt, in der Mitte das Rokokoschlößchen des Weimarer Herzogs Ernst August in der Ausführung durch Gottfried Heinrich Krohne (1736–1747) und ganz links das Goetheschloß.

ges Mauerwerk im Unterbau des Turmes als ein letzter Rest jener legendären Pfalz zu deuten war, schien ungewiß. Der achteckige Turm selbst, aus weißem Kalkstein, die Kanten aus Buckelquadern, einst Bergfried mit Silberkammer und herrschaftlicher Kapelle, inzwischen unter einer Barockhaube wesentlich friedfertiger dreinschauend, war auf eine Bauperiode um 1200 zu datieren. Das war jene Zeit, als — nach dem mächtigen Wiprecht von Groitzsch — die Schenken von Vargula, die auf der nahen Tautenburg saßen, die starke Dornburg in ihren Besitz gebracht hatten. Wehrhaft und lange Zeit uneinnehmbar erhob sie sich im Norden des Steilabbruchs der Hochfläche, nur von Südwesten her angreifbar und hier durch einen Kalksteinfelsen und eine Mauer geschützt. Die verarmten Schenken verkauften die Herrschaft 1343/44 an die nordwärts drängenden Grafen von Schwarzburg, wodurch die Burg in die erbitterten Machtkämpfe der thüringischen Grafen mit dem Landgrafen Friedrich dem Ernsthaften geriet und — so Johannes Rothes „Düringische Chronik" — 1345 fünf Wochen lang belagert wurde. Die Belagerer „worffen mit bliden doryn unde zubrachen es". Rothe hatte sichtlich übertrieben, wiewohl die Schwarzburger Dornburg nun als landgräfliches Lehen empfingen.

Die Weimarer Studenten fanden eine durch An- und Umbauten vielfach veränderte und aus Teilen sehr verschiedener Bauperioden ineinandergeschachtelte Dreiflügelanlage vor, deren ältester Baubestand sichtlich im Nordflügel zu suchen war. Im romanischen Unterbau des massiven Flügels rechter Hand des Eingangs fanden sich noch schmale Verliese; über dem großen Tonnengewölbe bildete das Erdgeschoß den sogenannten Rittersaal mit prächtigen Renaissancestützen. Jedoch war dieser schöne Raum aus der Zeit um 1532 durch Zwischenwände in viele kleine Wohnräume für die Bewohner des damals noch in diesem ältesten Dornburger Schloß untergebrachten Altersheims unterteilt. Ein Stockwerk höher der Kaisersaal zur Erinnerung an jenen nicht mehr erhaltenen Bau, wo tatsächlich die sächsischen Kaiser ihre Feste feierten. Heinrich II., von Allstedt kommend, erlebte 1004 in Dornburg das Weihnachtsfest und emp-

digt. „Das Übermaß der Schätze, das erstarrt in deinen Landen tief im Boden harrt, liegt ungenutzt", mahnt Faust den Kaiser. Der Dichter, noch immer um das Hauptwerk seines Lebens ringend, das ihm auch in den Dornburger Tagen so gegenwärtig ist, wußte um die Spannung von Geschichtlichem und Gegenwärtigem und faßte dieses Wissen in großen historischen Menschheitsbildern. Seine Überzeugung entsprang dem Detail. Er las nicht nur Schwabes Untersuchung, sondern auch mit freundlicher Zustimmung Karl Herzogs „Geschichte des Thüringischen Volkes" von 1827 und Niebuhrs „Römische Geschichte". So empfand er nach dem Studium der Dornburger und Thüringer Historie, daß hier „die Weltgeschichte, hart auftretend, über die Täler schritt", und wußte sich doch auch zugleich als Teil einer über das Zufällige erhobenen geschichtlichen Wirklichkeit.

Als Studenten der Weimarer Hochschule für Architektur und Bauwesen 1955 die Baugeschichte der Dornburger Schlösser untersuchten, fanden sie beim Alten Schloß Reste des Burggartens und des einst tiefen Brunnens, der zusammen mit den unterirdischen Fluchtgängen zu den Kunststücken mittelalterlicher Baukunst zählt. Ob eini-

5 Innenhof des Alten Schlosses mit dem achteckigen Bergfried.
6 Blick von der Saalebrücke auf die drei Dornburger Schlösser.

6

fing den Abt des fernen Mailänder Ambrosiusklosters; 965 hielt Otto I. und 980 Otto II. einen Reichstag mit allem Glanz ab. Im sogenannten Burgverlies zeigte man angeblich noch 1840 — so ein alter Reiseführer — „eine eiserne hier und da vergoldete Bettstelle" vor, in welcher die Äbtissin Mathilde von Quedlinburg geruht haben soll, als sie in Stellvertretung für ihren sich in Rom mit dem Gegenpapst herumschlagenden Neffen Otto III. in Dornburg einen Reichstag abhielt und die thüringischen Stände zusammenrief. Es wäre damals keinem Mann in den Sinn gekommen, an der Fähigkeit einer Frau zu solch verantwortlichem Geschäft zu zweifeln und ihr den ritterlichen Respekt zu versagen, zumal es sich um jene bedeutende Tochter Ottos I. und eine mit großem organisatorischen Talent ausgezeichnete Politikerin von Format handelte, unter deren Ägide (966—999) das Stift zum geistigen und kulturellen Mittelpunkt des ottonischen Reiches wurde. Während der achtzehnjährige Kaiser zusah, wie sein Markgraf Ekkehard von Meißen mit gewaltigen Belagerungsmaschinen die Engelsburg des Crescentius berannte, bis er endlich den Schirmherrn des Gegenpapstes auf deren Zinnen vor den Augen der entsetzten Römer enthaupten ließ, entführte in Dornburg ein junger Graf Wernher im Trubel des Reichstages Luitgard, die Tochter des Markgrafen, die im Gefolge der Äbtissin aus Quedlinburg gekommen war. Wernher kannte die ehrgeizigen Pläne Ekkehards und fürchtete die Nebenbuhlschaft des Kaisers mehr als den Zorn des

7

8

Vaters. Die Dornburger Romanze, eingebettet in die große Weltpolitik, hatte wenig Aussicht auf eine Blütezeit.

Legende und Geschichte verflechten sich in dieser Landschaft zum großen Erzählstoff. Alles liegt dicht beieinander, wenn man erst einmal einen Faden aufgreift: Quedlinburg und die von Ekkehard um 1000 gegründete Ekkardsburg und Naumburg; die Kaiserpfalz Dornburg und die von den Böhmen besetzte Grenzfeste Meißen. Der kriegsstarke Markgraf Ekkehard spielte in den blutigen Auseinandersetzungen der Ottonen mit den Slawen eine wichtige Rolle. Er schlug zeitweilig die Liutizen, unterwarf die Milzener und empfing den jungen Kaiser in der wiedereroberten Burg Meißen als unentbehrlicher Stütze seines Reiches — von vielen beneidet, von den allermeisten gefürchtet, ja gehaßt. Diesem Manne entführte keiner ungestraft die Tochter. Wernher mußte in Magdeburg in Anwesenheit der Fürsten auf bloßen Füßen die Geliebte an die Äbtissin Mathilde wieder freigeben. Doch die beiden Liebenden hatten inmitten dieser kampferfüllten Zeit ihr kleines Glück. Der allzumächtige Ekkehard wurde — nach Ottos III. Tod 1002 selbst nach der Krone greifend und damit sein Schicksal allzu sehr auf des Schwertes Schneide stellend — im Harzkloster Pöhlde von den Mächtigen nachts heimtückisch ermordet und von jenen Söhnen in Großjena am Zusammenfluß von Saale und Unstrut unweit von Naumburg beigesetzt, die wir heute dank der unsterblichen Kunst eines großen Bildhauers in den Stifterfiguren wiedererkennen. Die Liebenden konnten endlich heiraten.

Die Kaiserpfalz Dornburg hatte in den großen Machtkämpfen weiter ihren Platz. Der König Heinrich II. hielt 1004 in ihren Mauern einen Reichstag in der Angelegenheit des Merseburger Stiftes ab und feierte hier sowohl 1005 als auch 1012 das Weihnachtsfest. Mit Heinrich II. begann auch die wechselvolle Geschichte des Dombaus in seiner Lieblingspfalz Merseburg saaleabwärts. In der zu klein gewordenen Pfalz Dornburg wurde es lange Zeit still. 1081 schenkte Heinrich IV. auf dem Reichstag zu Allstedt Pfalz und Stadt Dornburg nebst Camburg Wiprecht von Groitzsch, seinem Markgrafen, für besondere Verdienste im Kampf um Rom; um 1244 werden als Besitzer die Schenken von Vargula genannt.

9

Beim Umbau 1886 entdeckte ein Maurermeister Kunze im Kapellenstockwerk des Turms eine lückenhafte Inschrift, die um den Spitzbogen einer zugemauerten Tür auf der Westseite läuft: „Rudolf nois terzi ostruxi hac capellam" — „Rudolf der dritte dieses Namens erbaute diese Kapelle." Diese Inschrift ist sichtlich der an der inzwischen abgebrochenen Tautenburger Kapelle nachgebildet, woraus auf jenen Rudolf III., Schenk von Tautenburg, zu schließen ist, der 1242 bis 1281 lebte. Damit war der Beweis geliefert, daß wir im Turm das älteste Bauwerk des alten Schlosses zu sehen haben, dessen Haupt-

7 Wiprecht von Groitzsch, dem 1081 Heinrich IV. Pfalz und Stadt Dornburg schenkte. Abbildung nach seinem Grabmal in der St. Lorenzkirche zu Pegau; bemalte Skulptur des 13. Jh. in der Tracht dieser Zeit: roter Mantel, die umgeschlagenen Kragenecken mit Pelzbesatz, reiche Goldstickerei auf der Brust.

8 Rosenlaube und Gartenanlagen am Schlößchen des herzoglichen „Sonnenkönigs" von Weimar.

9 Blick aus dem Rokokoschlößchen auf die mittelalterliche Burg, das Alte Schloß.

substanz in der heutigen Gestalt auf das frühe 16. Jahrhundert zurückgeht. An der Nordseite des romanischen Palas stecken noch fünf Kragsteine vom einstigen Wehrgang im Mauerwerk, sonst deutet nur noch wenig auf den seinerzeit sehr wehrhaften Charakter der Burg hin, deren Schicksalsstunde im Sächsischen Bruderkrieg schlug.
Ein Kupferstich in Merians berühmter Topographie zeigt das 1522 umgebaute Schloß noch mit Ziergiebeln – ähnlich denen am Goetheschloß – zur Talseite, die im vergangenen Jahrhundert wieder entfernt wurden. Johann der Beständige richtete sich ein bequemes, den neuen Zeitbedürfnissen herrschaftlicher Repräsentation entsprechendes Wohnschloß in den alten Burgmauern ein. Renaissanceformen im Kaisersaal verweisen auf

10 diese Zeit ebenso wie die Anlage des Treppenhauses, die schönen Wasserspeier an den Dachrinnen und der gewaltige Schlot als Rest einer Ochsenbratanlage. Die Jahreszahl 1522 vermerkt eine der Holzstützen im Rittersaal, der Oberstock wurde vermutlich erst später, im 16. Jahrhundert, aufgesetzt.
Studiert man den alten Stich etwas genauer, so fällt einem auf, daß der Zeichner zugleich als Chronist einen bemerkenswerten Vorfall festhielt. Aus einem Tor zwischen den beiden Schlössern jagen in rasendem Galopp ein paar Reiter heraus zum Todessturz über den achtzig Meter hohen Felshang in die Tiefe. Was war geschehen? Während fast der ganzen Dauer des Dreißigjährigen Krieges diente die Dornburg als Witwensitz der Herzogin Anna Maria von Altenburg (1612–1643). Im September 1631 überfielen 34 Kroaten vom Regiment Isolani, damals Wallensteins Leibgarde, und an die 30 Reiter vom Regiment Holck nächtlich das Schloß. Die mutige Anna wehrte sich und wurde vom Leutnant im Gesicht verwundet. Ein späterer Bericht vermerkte, daß nun im rechten Moment „Bauern mit Musketen", vermutlich aufgeschreckte Bürger, vor das ostwärts gelegene Schloßtor rückten, wo der dort postierte Trompeter Alarm blies. Woraufhin sich die Plünderer auf ihre Gäule schwangen und – des Ortes unkundig – zum anderen Tor hinaus in den Tod flüchteten. Lediglich der Trompeter wurde festgenommen, verhört und, nach Protokoll mit eigenem Einverständnis, auf Dornburgs Marktplatz öffentlich gestäupt und ausgewiesen. Er hieß, seltsam genug, Johannes (Hans) Faust und stammte aus dem ungarischen Tirnau.
Der Todessturz geschah just an jener Stelle, wo sich Herzog Ernst August (1688–1748), der Großvater des mit Goethe befreundeten Carl August, ein Liebhaber der Jagd, der Soldaten und der schnell erbauten Lustschlösser, von Thüringens weitberühmtem Landbaumeister Krohne von 1736 an in elf Jahren das reizvolle, zwischen den beiden älteren Schlössern gelegene Rokoko-Schlößchen dicht am Rand des Plateaus errichten ließ. Der alte Aufriß zeigt ein schwungvoll durchkomponiertes Ensemble einzelner Baugruppen um den Hauptkörper, der als einziger erhalten blieb. Geblieben ist auch – trotz der sehr vereinfachten Ausführung – die zierliche Eleganz dieses Schlößchens, in dem heute manchmal kleine Kon-

zerte stattfinden. Hauptsächlich dient es als Museum, u. a. zur Geschichte der Dornburger Schlösser.

Der Kroatensturz wird verständlich, wenn man weiß, daß Ernst August 24 Bürgerhäuser, die einst an dieser Stelle standen, aufkaufte und abreißen ließ. Zugleich ließ er – der große Stadtbrand von 1717 hatte viele Dornburger um Arbeit und Brot gebracht – im alten Schloß vorübergehend eine Barchent- und Baumwollspinnerei einrichten. Im großen Saal wurde das Rats- und Justizamt untergebracht, andere Räume dienten als Getreide- und Schüttboden. Es war mit der großen Zeit dieser einstigen Pfalz nun für immer vorbei. Der Weimarer Hof wohnte fortan im neuen Krohne-Schloß, bis dann 1824 mit dem Erwerb des sogenannten Stohmannschen Schlosses – so benannt nach seinem letzten Besitzer – Carl August

nach teilweise sehr eingreifenden Umbauten hier Quartier für sich und seine Gäste machte.

Sein bauwütiger Großvater hinterließ dem übel ausgepreßten Ländchen eine Staatsschuld von 360000 Talern nebst einer Reihe sehr bald verfallender Schlösser. Ein Schicksal, das auch dem mittleren Dornburger Schloß drohte, welches Goethe 1776 in schlimmem Zustand vor-

10 Ursprünglich frei stehend und zweitältester Bauteil der kaiserlichen Pfalz – der heute in den Schloßbau eingebundene Bergfried.

11 Einladend-freundlich von der Ortsseite her – das Rokokoschlößchen inmitten der gepflegten Gartenanlagen. Einer alten Tradition entsprechend, übernimmt hier Dornburgs Rosenkönigin zur Rosenblüte für einen Tag die Herrschaft.

fand, die Terrassen vergrast, die Gärten verwildert und zugewachsen. Die beiden Lusthäuser und der linke Pavillon wurden 1792 abgerissen, der rechte ein Jahr später. Erhalten blieb, wir erwähnten es bereits, lediglich der Mittelbau als barocke Perle in der Dornburger Schlösserkrone. Erhalten auch durch die vorzügliche Restaurierungsarbeit der Nationalen Forschungs- und Gedenkstätten in Weimar, die das Rokoko-Schlößchen und das Goethe-Schloß im Herbst 1954 übernahmen.

Goethe, der das „überliebliche Schlößchen" 1776 wiederentdeckte, schrieb an Frau von Stein: „Wenn nur die Fürsten sein könnten wie Bürger, wo doch einer des Vaters Gartenhäuser, wenn er einigermaßen kann, in baulichem Wesen erhält! Doch ist's wohl in allen Ständen so, daß unsere Wünsche uns hin und herschleudern, wir, was wir besitzen, darüber verschleudern und nicht eh' achten lernen bis es fort ist." Beide Schlösser erstanden neu, baulich für lange Zeit gesichert und als einzigartige Begegnungsstätte mit dem Weimarer Dichter und seiner Dornburger Zeit eingerichtet. In Goethes „Bergstube" wurde unter mehrschichtiger Tünche die alte Bemalung freigelegt. Der Raum ist wieder original eingerichtet. Das Zy-

linderbureau mit dem Schreibtisch kam an den alten Platz, auf der Schreibplatte findet sich heute jener Brief an Zelter: „Ein Kupferblatt lege ich Dir bei, das ich nicht rühmen will, das aber doch mehr als alle Beschreibung einen schnellen Begriff gibt ... Dein Freund aber diktiert Gegenwärtiges hinter den letzten, ins Unsichtbare verschwindenden Fenstern des kleinen Schlößchens am letzten Felsende linker Hand ..."

Auf dem Fensterrahmen ist ein blasser Schriftzug zurückgeblieben: „1828 vom 7. Juli bis 12. September weilte hier Goethe." Er schrieb es — schon scheidend — mit eigener Hand und übersetzte den alten Spruch im Eingangsportal noch einmal neu:

„Schmerzlich trat ich hinein, getrost entfern ich mich wieder.
Gönne dem Herren der Burg alles Erfreuliche Gott."

12 In der Südost-Ecke im ersten Stock des Renaissanceschlößchens liegt Goethes Wohnzimmer, die „Bergstube", die sich heute wieder in ihrem ursprünglichen Zustand den vielen Besuchern darbietet. Auf den Fensterrahmen lassen sich Goethes Notizen über den beobachteten Barometerstand entziffern.

Ein Märchenschloß
für Graf Otto

Wernigerode

Tempora labunter … Eilig schwindet die Zeit … Da schreibt um das Jahr 1901 R. Albert im Wegweiser für Radfahrer über das Schloß Wernigerode: „… 120 m über der Stadt, ist eine der schönstgelegenen aller Harzburgen … Besichtigung der inneren Höfe und des Schlosses nur in Begleitung eines Dieners, Meldung am Schlossthor, gestattet; die Promenaden stehen frei …" — 1901, das war jenes Jahr, in dem Karl Fischer die Wandervogelbewegung gründete, Gerhart Hauptmann sein historisches Schauspiel „Der arme Heinrich" schrieb und das Bismarck-Denkmal vor dem deutschen Reichstag eingeweiht wurde.

Sieben Jahrzehnte später liest man im „Reiseführer DDR": „Schloß (Neubau 1861/83 neugotisch) auf dem Agnesberg; in 37 Schauräumen das Feudalmuseum, das ein historisches Bild der Feudalepoche vermittelt."

Wer sich der Stadt nähert, sieht schon von weitem, wie sich der massige Baukörper mit seinen spitzen Dachkronen aus dem Baumgürtel herausreckt. Wehrhaft und repräsentativ zugleich. Noch Burg, aber schon Wohnlichkeit und Weite ahnen lassend.

Doch man ist gut beraten, nicht sofort den breiten Fahrweg zum Schloß hinaufzuwandern. Zu verlockend ist es, noch ein wenig in der „bunten Stadt am Harz" zu verweilen, sich im Gewirr der Häuser mit den roten und schiefergrauen Dächern umzusehen. Was gibt es nicht alles zu entdecken, wenn der Besucher die Halberstädter Straße entlangschlendert, die am Rimbecker Tor Breite Straße heißt und geradewegs auf den Markt mündet! Schon steht er vor jenem wer weiß wie oft fotografierten Nach-

folger des mittelalterlichen „Spelhus", hinter dessen turmbekrönter Fachwerkfassade es heute um ernsthafte Angelegenheiten geht. Denn: Hier wird Ja-Sagen vernommen, bestempelt, beurkundet. In Wernigerodes Rathaus hat die Zahl der Eheschließungen längst Rekordmarken erreicht, was sicher nicht nur an den Einheimischen liegt, denn es sprach sich wohl rasch herum, daß hier geschlossene Lebensbünde besonders dauerhaft sein sollen …

Auf dem Markt, einem siebenzackigen unregelmäßigen Straßenstern, boten schon zu Zeiten der Stolberger Grafen, die 1429 nach dem Aussterben der Wernigeroder Grafen diese ablösten und die Burg als zweiten Wohnsitz ausbauten, Krämer, Fleischer und Bäcker ihre Waren an oder flickten Schuster das Schuhwerk. Doch heute wäre dieser Markt wohl überfordert, denn die Einwohnerzahl (35 000) ist um das Fünfzehnfache gestiegen seit damals. An Stelle der alten Läden und Buden sind längst moderne Geschäfte getreten, eingefügt in die reizvolle historische Bausubstanz.

Das Auge hat genügend, sich satt zu sehen, so die vier spätmittelalterlichen Plastiken am „Gothischen Haus", nahe dem Rathaus, oder den neugotischen Marktbrunnen, auch Wohltäterbrunnen genannt. Freilich: Er entstand erst in der Mitte des vorigen Jahrhunderts, über seine Wappenschilder von Adligen und Bürgern staunen gewiß ebenso viele Neugierige wie über die Schätze des nahen „Harzmuseums" in der Klint 10. Und wer gar in die Kochstraße — auf deren holprigem Pflaster gerade für ein Fuhrwerk Platz ist — kommt, der hat die Altstadt

2

hautnah: eng aneinandergeschmiegte Fachwerkhäus-
chen, frisch getüncht. Gleich am Beginn der einstigen
„Teschnerstrate" duckt sich das kleinste Haus der Stadt.
Wenn das Kopfsteinpflaster erzählen könnte, würde es
uns gewiß in die Anfänge der Zünfte zurückführen,
wüßte aber auch zu berichten, wie Bomben am 22. Februar 1944 tiefe Wunden ins Häuserlabyrinth rissen,
und könnte zugleich sagen, wie großzügig der Wiederaufbau vorangetrieben wurde.
Auf starkes mittelalterliches Bauwerk stößt in Wernige-

rode bereits, wer sich anschickt, den Burgberg hinaufzu-
steigen. Es sind Überreste der alten Stadtmauer am Vorwerk. Der Schalenturm stammt aus den Jahren um 1250.

1 Gedanken an Ritterromantik läßt die abendliche Stimmung auf-
 kommen.
2 Abweisend und wehrhaft erheben sich die Außenmauern der Anlage auf der westlich vorgeschobenen Kuppel des Agnesberges.
 Kriegerische Zerstörungen blieben ihr erspart, obwohl Besetzungen und Plünderungen im Dreißigjährigen Krieg zum teilweisen
 Verfall beitrugen.

Rund drei Jahrzehnte später war es, da die aufblühende Handelsstadt den Wernigeroder Grafen zwang, gegen 70 Halberstädter Mark — was etwa 70 Pfund Silber entsprach — die Stadtmauern an die Bürger abzutreten. Die Stadtkasse war hinreichend gefüllt, so daß der Betrag nicht schwer ins Gewicht fiel. Mit den erworbenen Mauern hatte man das verbriefte Recht, Torzölle zu erheben. Und da die Bürger ab 1326 einen Stadtvogt aus ihren Reihen bestimmen konnten, waren die gräflichen Ritter, die ihre Höfe im Zentrum der Stadt hatten, gezwungen, sich an der Bewachung der bürgerlichen Stadtmauer zu beteiligen.

30 Türme zählte damals der Mauerring um Wernigerode. Davon sind nur zwei geblieben. Und wer die Spuren des Mittelalters am Schloßberg suchen will, der muß schon bis in die kühlen Gewölbe steigen. Der späte Prunkbau des 19. Jahrhunderts mit seinen Türmen und Zinnen allerdings sitzt wie ein stolzer Reiter auf dem Berghaupt, aber mit fremdem Ruhm. Von der Stadt aus gesehen, mag es scheinen, man erblicke da oben auf dem Agnesberg ein Dornröschenschloß. Beim Näherkommen jedoch erweist es sich dann eher als beeindruckende Staffage für ein Theaterstück, das „Gründerrausch" oder „Wille zur Macht" heißen könnte.

Viele tausend Menschen kommen alljährlich den baumflankierten Weg herauf, erfreuen sich an den schlichten, schmuck herausgeputzten Häusern nahe der Schloßmauern, bis sie plötzlich auch schon vor dem eisernen

Tor stehen, verwundert, so rasch am Ziel angelangt zu sein. Da sind sie nun hoch über der Harzlandschaft und doch mittendrin.

Noch ehe die Erwachsenen die Eintrittsbilletts im wahrsten Sinne des Wortes erstanden haben, machen sich ihre Sprößlinge bereits auf den Erkundungsgang. Ihre Aufmerksamkeit gilt besonders jenen mächtigen Bronzegeschützrohren, die selbst der letzte Besitzer des Schlosses, Graf Christian Ernst zu Stolberg-Wernigerode, nicht kennen konnte. Denn sie kamen erst nach 1945 aus Fürst Bismarcks Schloßgarten hierher. Der „eiserne" Kanzler hatte sich die Beutestücke aus dem deutsch-französischen Krieg von 1870/71 nach dem Sieg über den „Erbfeind" für den heimischen Park von seinen Soldaten mitbringen lassen — augenfällige Erinnerung an jene Jahre, da er noch die Fäden der Macht in seinen Händen hielt. Das größte der Beutegeschütze trägt die Inschrift „Ultima ratio regum", was soviel wie das letzte Mittel der Könige bedeutet. Doch auch dies hatte nichts mehr genutzt, denn nach der Niederlage von Sedan 1870 brach das französische Kaiserreich in sich zusammen. Wenn auch beide Ereignisse in keinem direkten Zusammenhang stehen, so ist es doch bezeichnend für die Kurzlebigkeit so manch schillernden Ruhms, daß Bismarck 20 Jahre später im deutschen Kaiserreich seine Schuldigkeit getan hatte. Wenn er auch mit erstaunlichem Weitblick für das politisch Notwendige die Vereinigung der deutschen Länder anstrebte, dabei gleichermaßen auf Geheimdiplomatie wie auf Waffen setzend, so war es ihm nach Versailles weder möglich, die französische Republik zu isolieren, noch mit den Sozialdemokraten im eigenen Land fertig zu werden. „Genehmigt. W.", schrieb Kaiser Wilhelm II. am 18. März 1890 unter das Entlassungsgesuch des Reichskanzlers, nachdem er es bereits mehrmals angemahnt hatte.

Als Graf Otto zu Stolberg-Wenigerode und Bismarck einander auf dem sich konstituierenden Reichstag des soeben geschaffenen Norddeutschen Bundes begegneten, war der Kanzlerstern noch im Steigen begriffen. Bismarck fand offensichtlich von Anfang an Gefallen an dem Junker, so daß er ihn zum Preußischen Oberpräsidenten der Provinz Hannover auserkor. Von nun an war der Graf in den Audienzräumen der Mächtigen zu Hause. Jedenfalls muß er ein gelehriger Schüler seines

großen Herrn gewesen sein, denn der Kanzler schlug ihn dem Kaiser Wilhelm I. sogar als Botschafter in Wien vor. Und da der Kaiser sich einverstanden zeigte, begab sich Graf Otto von seinem Schloß aus direkt in das machtpo-

3 Wie ein Märchenschloß reckt sich der pseudogotische Repräsentationsbau des vergangenen Jahrhunderts hoch über den Dächern der Stadt. Einst bevorzugter Treffpunkt des preußisch-deutschen Hochadels, erinnert er heute als Feudalmuseum mit vielen Abteilungen nicht allein an ein Stück Territorialgeschichte des Harzes.

4 Nicht nur eine herrliche Aussicht auf die Stadt und die Berge des Harzes locken zum Betreten der Terrasse des Wernigeroder Schlosses, auch die alten Bronzegeschütze finden Bewunderer. Geschossen wurde mit ihnen vom Agnesberg aus freilich nie.

der es für unter seinem Stande hielt, sich als einer der höchsten Staatsdiener des Wilhelminischen Kaiserreiches mit einem schlichten barocken Bergschloß zu begnügen. Vielmehr beschloß Graf Otto, sich durch den Baurat Karl Frühling einen Prunkbau errichten zu lassen, der seinem Rang und Vermögen gemäß war.

Mit dem Architekten kamen die Bauleute gleich scharenweise. Um Graf Ottos Vorstellungen zu verwirklichen, war es nicht mit ein paar eingerissenen Mauern und Ergänzungen im Stil des Mittelalters abgetan. Daher mußte zunächst einmal der gesamte Burgberg erweitert werden, so daß eine großzügige Terrasse entstehen konnte, an deren Ende die neugotischen Gebäude zu einem steinernen Märchen in die Höhe wuchsen. Für die vornehmen Besucher die überreich durch Erker und Türmchen gegliederten Fassaden, für die Dienstboten und Lieferanten, gründerzeitgemäß, die schmucklosen rückwärtigen Zugänge.

Während die alte gräfliche Begräbnisstätte zur zierdereichen Schloßkapelle umgebaut wurde und ein Pseudobergfried emporwuchs, bis er das gesamte Ensemble weithin sichtbar überragte, machten sich im Gebäude die Handwerker u. a. an die Ausstattung des prächtigen Saales. Es entstand das Allerheiligste, jener Bereich, wo man mit dem Kaiser bei rauschenden Empfängen und intimen Familienfesten ganz unter sich sein wollte. So wie jeder Raum des Schlosses bekam auch der Festsaal eine besonders wertvolle Decke. Deren prunkvolle Kassetten waren den Baumeistern der Renaissance abgeschaut.

Der Schloßbau war noch nicht beendet, da konnte Graf Otto eine weitere Sprosse seiner beruflichen Aufstiegsleiter erklimmen. Wieder hatte er es Bismarck zu verdanken, dem es im März 1878 gelang, das Stellvertretergesetz durch den Reichstag zu bringen. Damit avancierte der Stolberg-Wernigeroder Adelssproß zum Vizepräsidenten des Staatsministeriums und zum Ersten Mann nach Bismarck. In seinem neuen Amt fiel dem Grafen am 9. September 1878 vor dem deutschen Reichstag die Aufgabe zu, den Entwurf jenes Ausnahmeerlasses zu befürworten, der als „Sozialistengesetz" unrühmlich in die Geschichte eingehen sollte und nach Jahren von den revolutionären deutschen Arbeitern zu Fall gebracht wurde.

Während sich Graf Otto für den Kaiser und Bismarck ins

litische Zentrum der Doppelmonarchie Österreich-Ungarn nach Wien, wo er, wie Bismarck später lobte, seine Sache über Erwarten gut machte.

Jene Jahre, da Graf Ottos Karriere im Preußendienst ganz glatt nach oben führte, waren zugleich auch die Zeit, in der man in einigen Herrscherhäusern wehmütig vor der Wirklichkeit der Gaslampen, Dampfschiffe und Fabriken in eine mittelalterliche Scheinwelt flüchtete. Doch was für Ludwig II. von Bayern und sein Phantasieschloß Neuschwanstein (1869—1886) zutrifft, gilt beileibe nicht für Wernigerode. Hier ging es um die hochgestochenen Repräsentationsbedürfnisse eines Mannes,

6

Zeug legte und fern den heimischen Besitzungen nach Kräften half, Gesetze zu machen, stieg in Wernigerode, fast eine Satire auf das Sozialistengesetz, die Stimmenzahl für die Sozialdemokraten bei den Reichstagswahlen von 5 (1877) auf 801 (1890). Die Steinhauer und Zigarrenmacher und mit ihnen viele andere durchschauten das Spiel der Mächtigen, an dem ihr Landesherr mitwirkte, und riefen 1883 den Volksbildungsverein für Hasserode ins Leben. Er ersetzte ihnen die verbotene Partei, und auf der Harzpartie trat der rote Regenschirm an die Stelle der Fahne. Das Volk ließ sich offensichtlich schwerer an die Kandare nehmen als Bismarcks Dogge, deren Hals-

band nebst einem Portefeuille des Kanzlers in einer Vitrine des Schlosses aufbewahrt wird.

Drei Jahre waren vergangen, seit man 1882 jene Allianz zusammengezimmert hatte, die Dreibund hieß, die Achse Berlin—Wien—Rom. Graf Otto hatte mitgewirkt,

5 Von der Stadt kommend, sind mehrere Tore und Zwinger auf dem Weg in das heutige Schloß zu passieren. Mit dem großen Tor zur Schloßauffahrt entstanden um 1500 noch verschiedene Verteidigungsanlagen, zu denen auch eine der Stadt zugewandte Geschützbastion gehörte.

6 Südostfassade mit dem türmchenbekrönten Hauptportal.

diese Koalition gegen Rußland und Frankreich zu schmieden. Jetzt, 1885, konnte er sich zu Hause auf Schloß Wernigerode seines fertiggestellten Festsaales erfreuen, der uns in seinem damaligen Aussehen vollständig erhalten blieb.

Der Geist, den diese Räume repräsentieren, ist zugleich der herrschende Geist jener Jahre. Hier wurde Historie zurechtgestutzt und theatralisch aufgeputzt. Es kam gar nicht darauf an, daß die Huldigung der Wernigeroder anno 1417 an den Grafen Botho II. zu Stolberg nur als Sujet für ein Bild im Festsaal diente, indes der Künstler Konrad Beckmann des Vizekanzlers Porträt ins mittelalterliche Kleid hineinmalte, und daß an die Stelle der Burg bereits das Schloß des 19. Jahrhunderts trat. Doch keiner der Gäste empfand wohl solcherart Selbstbespiegelung als etwas Ehrenrühriges. Schloß und kostbares Interieur

hatten sich zusammengefügt zu einem Bühnenhintergrund, vor dem die Schloßgäste ihre Rolle zu spielen wußten.

Nur einem Wernigeroder Herrn gelang es nicht, die für ihn standesgemäße Aufgabe bis zum Ende zu erfüllen: Christian Ernst, Sohn des Grafen Otto. Konnte der Vater den drittgrößten Grundbesitz in Deutschland zusammenraffen, scheiterte Christian Ernst bei dem Versuch, mit der Zeit zu gehen und sich als Kapitalist zu erproben. Sein industrieller Einstieg wurde letztlich zum Reinfall. Üppige Gelage und hohe Zuwendungen an die braunen Gefolgsleute der NSDAP machten den Ruin komplett. Er mußte verkaufen. Die 150000 Bände zählende Bibliothek schloß ihre Pforten. So kam es, daß Graf Ottos mit Historie garniertes Prunkschloß letztlich selbst zum Museum wurde, damit aus den Eintrittserlösen wenigstens der bauliche Unterhalt bestritten werden konnte.

Die Beschäftigung mit der Geschichte ist für jeden, der sich ihr widmete, immer aufschlußreich gewesen. Wernigerodes weitläufiges Feudalmuseum hat für den Besucher selbstverständlich Wissenswertes zu bieten. Und das Einmaleins der erfolgreichen Visite lautet auch hier, sich dem Rundgangsprinzip anzuvertrauen. So folgt der Schloßgast von heute einem wohldurchdachten Drehbuch und kann selbst für die Scharfeinstellungen sorgen. Zum Beispiel die neugotische Schloßkapelle: Der Wiener Architekt Friedrich Schmidt entwarf im Auftrag des Grafen Otto den schmalen Kirchenvorraum mit dem sich anschließenden Hauptschiff, das im Osten vom fünfseitigen Chor mit Hauptaltar beschlossen wurde. Dem Vorhaben war allerdings die einstige Familiengruft im Wege. Man hob sie kurzerhand aus und verlegte sie auf den Theobaldifriedhof der Stadt.

Helles Tageslicht strömt zwischen Maß- und Stabwerk ins Innere, beleuchtet erlesene sakrale Kunstwerke, die teilweise aus Wernigeroder Kirchen zusammengetragen wurden. Nahaufnahme: Magdalenentuch um 1250 oder Flügelaltar mit Malerei des Ulrich Mair von Kempten. 1482 hatte der Künstler sie in burgundischen Gewändern auf Holz gemalt: die heilige Ursula und ihr Martyrium. Die Legende erzählt von Ursula, der bretonischen Königstochter, sie sei anno 238 von den Hunnen bei Köln überfallen worden und dabei zusammen mit 11000(!) Jungfrauen in den Tod gegangen. Die folgenden Räume

des Hoch- und Spätfeudalismus erschließen sich weit einfacher: Möbel, Waffen, Gerätschaften — Strandgut der Geschichte, Zeugen der Kunstfertigkeit oft ungenannter Meister. Die Halbtotale hält es fest.

Was das Objektiv nicht einmal für einen Moment erfassen kann, ist die Krone des dritten Ottonenkaisers. Von dieser erzählt man aus der Zeit, da der Bauer den Hakenpflug stehen ließ und die Sense zur Waffe wurde, aber lange noch vor dem Krieg von 1525, folgende Geschichte: Als sich die Bauern ringsum zum Kampf anschickten, soll auch der Quedlinburger Äbtissin, einer Gräfin von Stolberg-Wernigerode, das Herz bis zum Hals geschlagen haben. Fürchtete sie doch um die in ihrem Besitz befindliche Kaiserkrone, die der Äbtissin Mathilde einst von Otto III. vererbt worden war. Deshalb soll sie das Prachtstück im Stiftsschloß an sicherem Ort deponiert haben. Doch als im Sächsischen Bruderkrieg die Wettinischen Brüder mit Schwert und Feuer aufeinander losgingen, spürte auch die Vogtei Quedlinburg einiges davon. So mußte sich die Äbtissin wieder ein neues Versteck für die Krone ausdenken. Dabei fiel ihr die Wernigeroder Burg ein. Trotz aller Vorsichtsmaßnahmen bekam aber Kurfürst Friedrich von der Sache Wind und forderte „… die keyserliche Krone, die vil tausend gulden geachtet wird …“, heraus. Doch er konnte sie nie sein eigen nennen. Möglicherweise hat sich die Historie von der Kaiserkrone deshalb bis heute erhalten. Nur, gefunden wurde sie nie. Vielleicht ist sie noch im Gemäuer versteckt?

Andere Schätze, nämlich die des Klosters Walkenried, hatte zunächst auch der Wernigeroder Badestubenbesitzer und Chirurg Wilhelm Wiardes aus der Klintgasse im Auge, als er im Bauernkriegsjahr 1525 die Trommeln schlagen ließ. Waffen waren längst besorgt, auch das Losungszeichen hatte die Runde gemacht. Doch während sich die verschworenen Bürger sammelten, sorgte die Stadtwache dafür, daß die Tore sich schlossen und — geschlossen blieben. Wiardes und seine Freunde wollten besagten Kirchenbesitz an sich bringen, um so den

---

7 Vom Schloßturm hat man einen guten Blick auf den architektonisch reich gegliederten, wenn auch etwas eng wirkenden Innenhof, dessen hervorragende Akustik besonders die Hörer sommerlicher Serenadenkonzerte zu loben wissen.

Kampf weiterführen zu können, zunächst gegen ein paar Klöster und endlich gegen Wernigerode und die Burgherren.

Auf der Burg hatte sich Graf Botho zu Stolberg-Wernigerode verschanzt, nachdem er in Stolberg vor den heranrückenden Bauern und Städtern kapitulieren und die 24 Stolberger Bürgerartikel unterzeichnen mußte. Hier, auf der festen Burg, konnte er sich sicher fühlen. Während rings um die Stadt die Bauernhaufen zuschlugen, herrschte hinter den Mauern Ruhe. Das letzte Wort sprach der Landesherr, als die Vereinigung der bäuerlichen Streitmachten im nördlichen Harz fehlschlug. Für Wiardes und drei weitere Wernigeroder Bürger bedeutete es Folter und schließlich Todesurteil. Doch der Graf verzichtete auf die Vollstreckung und wies sie aus seinem Land. Jenes Schriftstück, auf dem Wiardes Urfehde schwört — d.h. auf Rache verzichtet — ist ebenso als Kopie im Museum zu besichtigen wie die 24 Stolberger Bürgerartikel.

Im übrigen zeigte sich Botho als geschickter Demagoge, da er den gerade errungenen Sieg der Fürstenliga, für den er freilich nichts konnte, im doppelten Sinne umzumünzen verstand. Er machte einigen Klosterbrüdern mit Erfolg ihre Besitzungen streitig und vermochte sie unter den Bedingungen des nachfolgenden Reformationskampfes an sich zu bringen.

Es war nicht das erste Mal, daß man vom Agnesberg aus danach trachtete, den Reichtum der Kirche zu schmälern. Zogen doch Wernigeroder Grafen gar zum Raubzug gegen die Klöster Walkenried und Ilsenburg. Es scherte sie wenig, daß der Papst den Grafen und dessen Spießgesellen als „Mordbrenner und Söhne der Bosheit" titulierte und gleichzeitig Bann samt Interdikt über Grafschaft und Stadt verhängte. Auch Graf Dietrich von Wernigerode, einer der Nachkommen der Burgbegründer, verließ wiederholt mit seinen Kriegsmannen die Burg, um benachbarte Herrschaftssitze zu berennen und blühende Dörfer zu zerstören. Vor allem mit dem Regensteiner Grafen lag er über lange Zeit in Fehde.

Kaiser Heinrich IV. hatte sich zur Stärkung seiner Macht einen Beamtenstand geschaffen, dessen Belehnung ihm gerade das rechte Gegengewicht zu den aufständischen Sachsen zu sein schien. Doch er hatte die Rechnung letztlich ohne die einstigen Gefolgsleute gemacht. Statt um die kaiserlichen Interessen, sorgten sie sich vielmehr um die Ausdehnung des eigenen Besitzes. Und was anfangs noch die Rodeaxt vollbrachte, übernahm später der Fehdehandschuh. Graf Dietrich von Wernigerode verstand es, sich hierin besonders hervorzutun. So wuchs seine Macht zusehends. Doch als er mitten im 1384 geschlossenen Landfrieden kurzerhand Blankenburg ausraubte, war das Maß offensichtlich voll; denn man lockte ihn in einen Hinterhalt und erstach ihn. Den leblosen Körper hing man an einem Baum „beim

8

9

blauen Stein" auf. 1429 starb das Geschlecht der Wernigeroder Grafen gänzlich aus. Geblieben ist von ihnen und ihrer Zeit nicht viel: ein paar Daten, Dokumente, Waffen und Gerätschaften. Die Kamera erfaßt es mit großen Schwenks und in der Halbtotale.

Bei allem Staunen über die Urkunde von 1121 (Ersterwähnung der Wernigeroder Grafen), den prächtigen Kampfharnisch eines stolzen Ritters zu Pferde oder eine nicht alltägliche Armbrust des 16. Jh., sollte man in den folgenden musealen Räumen auch das Kleingedruckte an den Wänden und in den Vitrinen nicht übersehen. Sonst könnte dem Besucher beispielsweise entgehen, daß auch Napoleons Bruder Jérôme etwas mit Wernigerodes Geschichte zu tun hatte. Dieser wurde von seinem Imperator-Bruder zum französischen Protektor des neuen Königreichs Westfalen erhoben. Wegen seines ausschweifenden Lebenswandels nannte ihn der Volksmund „König Lustick". Doch sprach man so in Wernigerode nur hinter vorgehaltener Hand, denn die braven Bürger der Stadt machten ihm 1811 ebenso devot die Aufwartung wie sechs Jahre zuvor dem preußischen Monarchenpaar.

Im übrigen hielten sich die Wernigeroder ohnehin aus dem kämpferischen Geschehen gegen die Napoleonischen weitgehend heraus. Sie taten es damit ihrem regierenden Grafen Christian Friedrich gleich, der das Bergschloß vorsichtshalber verließ, um in Schlesien abzuwarten, bis Jérôme seine Kasseler Residenz schließlich überstürzt verlassen mußte. In Wernigerode blieb lediglich ein Degen mit Jérômes Initialen als Erinnerung an dieses Zwischenspiel zurück. Weiteres Rudiment aus der Zeit der Trikolore über der Stadt war der „Code Napoléon" im Original. Unsere Kamera muß sich auf die aufgeschlagenen Seiten beschränken.

Das Gesetzeswerk brachte auch den Wernigerodern einige Vorteile, schränkte es doch den Absolutismus ein und ließ einige bürgerliche Reformen zu. So wurde die Gleichheit aller Menschen vor dem Gesetz bekräftigt, verschwand die Leibeigenschaft und verkündete der Codex die allgemeine Steuer- und Gewerbefreiheit. Kurzum, Freiheiten, mit denen die Bürger etwas anzufangen wußten, auch wenn sich diese nur schrittweise durchsetzten und mit den zwangsläufigen Belastungen durch eine Besatzungsmacht einhergingen.

Doch mit dem Abzug der Franzosen, mit Waterloo und dem Territorienpoker des Wiener Kongresses wurden diese bescheidenen Fortschritte zurückgenommen. Als Graf Christian Friedrich seinen angestammten Familiensitz auf der Burg wieder einnahm, schaffte er die gerade erst verkündeten Rechte ab. 1815 schließlich kam die Grafschaft politisch wieder an Preußen, genauer gesagt, zur preußischen Provinz Sachsen, und am 25. September des gleichen Jahres huldigte man den Hohenzollern, „wiederum preußische Untertanen" geworden zu sein. Als Jahre später einige Wernigeroder sich mit den restaurierten alten Zuständen nicht abfinden wollten, wurde ihr Aufbegehren von den rasch herbeigerufenen Soldaten erstickt. So blieb vorerst alles beim alten.

Selbst als die Fahne der Revolution im 48er Jahr überall in Deutschland gesetzt wurde, blieb es in Wernigerode ruhig. Die Bürger waren sich uneinig. — Wohl erfaßt die Kamera einen anonymen Maueranschlag vom 23. März des Revolutionsjahres, in dem es heißt: „Nieder! Mit dem Magistrat ...", doch was war das schon gegen den Versöhnungsgang der Abgesandten des Rates der Stadt am 29. März den steilen Schloßberg hinauf. Oben angekommen, versicherten sie dem Grafen Treue und Anhänglichkeit der Stadt. Der Graf war's zufrieden, der Canossagang der Bürger zu Ende und die Versöhnung scheinbar perfekt. Der Graf seinerseits hatte bereits die Unterschrift unter einen Haftbefehl gegen Karl Marx und Heinrich Heine gesetzt; als Faksimile im Museum zu besichtigen.

Der unternehmungslustige Heine kam auf seiner Fußwanderung durch den Harz 1824 auch nach Wernigerode und erlebte, wie die Stadt mit großen Eichenkränzen und Bürgern im Feststaat der Rückkehr des Grafen huldigte. In den Textbruchstücken über Ilsen-

8 Der Fürst mit seiner Dame reitend. Holzschnitt von Lucas Cranach d. Ä., 1506. Im Jahre 1429 übernahmen die Stolberger Grafen auch die Grafschaft Wernigerode und bauten die Hausmacht, insbesondere im 16. Jh., durch eine geschickte Heiratspolitik aus. Die im 19. Jh. völlig historizistisch überbaute fürstliche Burg Wernigerode dient heute als Museum zur Feudalgeschichte.

9 Zu den besonders befestigten Burgen des Harzgebietes zählte 1223 auch das „Castrum Wernigerode". Doch sind heute von der romanischen Burg nur noch Gewölbe vorhanden, die nicht in den Rundgang mit einbezogen wurden.

burg, Wernigerode und die Bielshöhle („Paralipomena") schreibt er mit ironischem Blick für die Situation: „Wird doch mein Herz überall bewegt durch den Anblick anhänglicher Untertanstreue, und von so einem vergnügten Harznestchen, das mit powern Feierlichkeiten die Ankunft seiner mediatisierten Sedezherren verherrlichen will, wird mein Herz wohl nicht minder bewegt als von einer leuchtenden Kaiserstadt mit ihrem jauchzenden Kaiserfest. Doch ich gesteh es, mein Herz pochte ebenfalls, und vielleicht ebenso stark, als ich vorig Jahr im Seebad Ritzebüttel zusah, wie die dortigen hanseatisch freien Bürger die Ankunft ihres frühern Amtmannes, des Senators Abendroth, und ihres Hamburger Bürgermeisters, Bartels, so würdig und mit selbstbewußter Würde feierten ..." Heine verzichtete, zum Schloß hinaufzugehen, obwohl es „manches Bemerkenswerte" bot, „... aber wären wir an diesem Tage hinaufgestiegen, so hätte man wahrhaft glauben können, wir wollen die Herren Grafen sehen ..."

Dafür wollte Graf Christian Friedrich ihn sehen, jedoch als Gefangenen. Doch daraus wurde nichts. Wäre man Heines habhaft geworden, hätten ihn die gräflichen Büttel möglicherweise in jene starken Gewölbe verschleppt, Reste der mittelalterlichen Burg, die dem Auge des Besuchers wie der Kamera verschlossen bleiben. Lediglich Dokumente im Museum geben Antwort auf die Frage, was vor dem jetzigen Bau einst gestanden habe. Verweilen wir daher noch einmal im Mittelalter.

Es war zu Beginn des 12. Jahrhunderts, da nannte eine Urkunde den Grafen von Wernigerode erstmals beim Namen. Er ließ sich zwischen 1110 und 1120 nahe bedeutender Handelsstraßen oberhalb des Marktfleckens eine steinerne Burg errichten. Ein Graben mit hohen Palisaden umschloß sie wie ein starker Ring. Hinein gelangte man nur über die Zugbrücke am Haupttor. Zu Füßen des Bergfrieds drängten sich im Rund die Wohn-, Wirtschafts- und die Verteidigungsbauten. Der Durchmesser dieses Steinringes mag etwa 50 Meter betragen haben. In seinem Zentrum, direkt neben dem Hauptturm, stand der Kapellenbau. So erhielt sich die Gestalt der festen Burg als eine der stattlichsten des Harzes über mehrere Jahrhunderte, bis der letzte Wernigeroder Graf starb und das Haus Stolberg-Wernigerode im 15. Jahrhundert den gesamten Besitz übernahm.

Anfangs wohnten die neuen Herren nur selten auf der Burg. Doch das änderte sich um 1500, als man dem Bau auf dem Agnesberg noch eine Geschützbastion, Türme, weitere Tore, Zwinger und wehrhaftes Mauerwerk hinzufügte. Kein Wunder, daß die Burg in ihrem Umfang beträchtlich zunahm. Sie schien im übrigen ihrer Investitionen wert gewesen zu sein, denn 1525 blieb die Burg vom revolutionären Geschehen unbehelligt. Trotzdem statteten die Besitzer sie später doch mit stärkeren Waffen aus. Im Jahre 1538 sollen zum Beispiel 15 Geschütze und 4300 Kugeln für Handfeuerwaffen vorhanden gewesen sein.

Doch war die kostspielige militärische Sicherheit nur von kurzer Dauer. Wie überall in Europa war die Freude der Burgenbesitzer rasch getrübt durch immer gefährlichere Schlünde der Feuerwaffen, die mit ihren explosiven Ladungen auch dicksten Mauern und kanonenstrotzenden Bastionen den Garaus machen konnten. Und als der Dreißigjährige Krieg weite Teile des Landes verwüstete, lagerten bald schwedische, bald kaiserliche Truppen hinter den Burgmauern. Besetzungen und Plünderungen begünstigten einen zunehmenden Verfall der Anlage, auf der vom Gesinde im Jahre 1638 lediglich noch drei Personen wohnten. Doch erst 23 Jahre nach dem Westfälischen Frieden wendete sich für die Burg das Blatt. Es wurde wieder einmal gebaut. Diesmal jedoch, um ein barockes Schloß entstehen zu lassen, freilich von weit bescheideneren Dimensionen als das nachfolgende neugotische Bauwerk. Ein Barockflügel mit Fachwerk im Innenhof blieb aus dieser Zeit erhalten.

Der kurze museale Film ist abgedreht, alle Einstellungen notiert.

„Im Harz, da ist es wunderschön ..." singen alljährlich Tausende Ferienkinder zwischen Saale und Leine. Viele von ihnen haben dabei nicht nur schlechthin die Entdeckung einer Landschaft ins Ferientagebuch eingetragen oder später im Aufsatzheft beschrieben, sondern auch von den Begegnungen mit der Vergangenheit und den Menschen, die sich ihr, ob als Museumsführer oder als Stadtbilderklärer, verpflichtet wissen, erzählt. Manch einer wird sich dabei Wernigerodes Feudalmuseum erinnert haben, auch wenn es hier keine Schloßgeister und verborgenen Gänge gibt und man im wohlbehüteten Terrain nicht wie auf einer alten Ruine herumtoben kann.

Schauplatz der Geschichte

Wartburg

Dies ist in besonderer Weise ein Ort der Künstler und Dichter. Mitteldeutsche Landschaft, wie der Dichter Johannes R. Becher hier oben sie erlebte, die sich in ihrer strengen, weiträumigen Anmut auftut, in ihrer heiteren Feierlichkeit, in dem Gewoge ihrer Wälder, in dem Linienreichtum ihrer Hügel. Und: „Wir kennen diese Landschaft aus den Schöpfungen unserer großen Meister, die sie für die Darstellung ihrer Figurenszenen als Hintergrund gewählt haben, oft aus der Idylle ins Apokalyptische sich steigernd, im Zwielicht des Weltuntergangs oder im strahlenden Feuer des Jüngsten Gerichts, bis sie beim Anbruch der Moderne als Landschaftsmalerei selbständig in den Vordergrund tritt, mit unnachahmlichen Reizen begabt und, vom Glanz romantischen Dämmers durchwoben, uns glückhaft verzaubernd." Landschaft wie ein Menschenantlitz, das zu uns spricht; viele Gesichter in einem, viele Stimmen in der einen, steingewordenen, der Burg über der Stadt.

Es war auf seiner denkwürdigen Rückreise von Paris nach Dresden Anfang April 1842, als der von Frankreich schwer enttäuschte Richard Wagner vom überfüllten Postwagen aus für „einen einzigen Lichtblick" die Burg sah: „Der Anblick des Bergschlosses, welches sich, wenn man von Fulda herkommt, längere Zeit bereits sehr vorteilhaft darstellt, regte mich ungemein warm an. Einen seitab von ihr gelegenen ferneren Bergrücken stempelte ich sogleich zum ‚Hörselberg' und konstruierte mir so, in dem Tal dahinfahrend, die Szene zum dritten Akt meines ‚Tannhäusers'."

Wagner besuchte den Schauplatz seiner Oper erst Jahre später. Viel versäumt hatte er zu diesem Zeitpunkt auch nicht, denn die stolze Landgrafenfeste befand sich in einem ruinösen Verfallszustand, den nur der Glanz der Geschichte überdeckte. „Die Wartburg war damals", so der musisch begabte Sohn Friedrich des Weimarer Hofmalers Friedrich Preller, befreundet mit dem Burghauptmann Arnswald, „noch nicht restauriert; ein ziemlich schmuckloser Bau, selbst das alte Landgrafenhaus machte mit seinen zum größten Teil vermauerten Fenstern und seinem Scheunendache einen nüchternen Eindruck; das sogenannte neue Haus, unter Karl August erbaut, war ganz im ‚modernsten', ärmlichsten Stile ausgeführt. Dort befand sich die Rüstkammer und daneben ein kleines einfenstriges Logierzimmer, der große Turm existierte noch nicht. Am malerischsten nahm sich der Vorderbau, das Torhaus mit dem sogenannten Lutherhaus aus. Die über dem Tore liegenden großen Zimmer waren Restaurationslokalitäten, und neben dem Tore kampierte eine aus sechs Mann bestehende Wache."

Das Bild läßt eher auf biedermeierliche Gemütlichkeit schließen als auf ein „Denkmal des deutschen Altertums", als das die Wartburg bereits hundert Jahre zuvor vor allem von bürgerlichen Kreisen angesehen wurde. Merkwürdig genug, daß gerade die heruntergekommene und auch territorialpolitisch völlig bedeutungslose Burg das vaterländische Gefühl dieses aufbrechenden 19. Jahrhunderts so nachhaltig und tief inspirierte, wie sich das 30 Jahre vor Prellers erstem Besuch vor allem im Treffen der Burschenschaftler bereits zeigte. Die legen-

denumwobene Burg der Thüringer Landgrafen und der heiligen Elisabeth, des Sängerkrieges und der Bibelübersetzung durch Martin Luther war ohne Zweifel weithin und über die Grenzen des kleinen Goßherzogtums Sachsen-Weimar-Eisenach hinaus populär. Sie verkörperte ebenso Geschichtsgröße wie demokratische Zukunftshoffnung, und daß sich selbst der junge Goethe im Herbst 1777 hier oben wohl fühlte, spricht für den Erlebniszauber von Burg und Landschaft, von dem die Besu-

cher bis heute schwärmen. Begonnen hatte es mit den Romantikern, und auf kaum einer anderen Burg zwischen Werra und Elbe kann man sie so gut verstehen wie hier.

Goethe war als Gast und Freund des jungen Herzogs Carl August nach Eisenach gekommen und hatte dann beim Burgvogt im Ritterhaus Quartier bezogen. Worüber er Charlotte von Stein nach Weimar ausführlich berichtete, wie ihn der Ort als Ganzes fessele und täglich zum Zeichnen veranlasse, wie „das weite Thüringen hinterwärts im Dämmer sich dem Himmel mischt". Carl August ließ 1785 den vermutlich ältesten deutschen Fachwerkbau, das hölzerne Wohnhaus Friedrichs des Freidigen von 1318, wegen Baufälligkeit abreißen und durch jenen einfachen Zweckbau ersetzen, den Preller beschreibt. Mit Friedrich, Landgraf von Thüringen und Markgraf von Meißen, ist bereits das Wettiner Kapitel der Burggeschichte aufgeschlagen, die uns dann zu den 300 Tagen Einsamkeit des Junkers Jörg im Jahre 1521 führt. Zu seiner Zeit war die alte Landgrafenfeste eine stark befestigte und wohlgehütete Burg von erheblicher strategischer Bedeutung im Besitz der einflußreichen Wettiner, die sie durch den thüringischen Erbfolgekrieg 1247 bis 1265 erworben hatten. Jener Friedrich ließ die Befestigungen vor allem nach der gefährdeten Südseite verstärken, die Anlage in drei Höfe unterteilen und das durch Blitzschlag ausgebrannte Raspe-Obergeschoß des romanischen Landgrafenhauses in gotischer Manier mit einem Dach wiederherstellen. Die Form des Fachwerks seines Wohnhauses wurde dann während des festungsartigen Ausbaus der Burg unter Wilhelm dem Tapferen bei der Errichtung der geschlossenen hölzernen Wehrgänge — Elisabeth- und Margaretengang — um 1450 wieder aufgenommen. So sah sie Martin Luther; verkleidet als Junker Jörg im Rittergewand mit langem Haar und Bart,

1 Die Lutherstube in der Vogtei, wo der Reformator zwischen dem 4. Mai 1521 und dem 1. März 1522 das Neue Testament aus dem griechischen Urtext übersetzte. Nahezu ursprünglich sind Holzwände und Holzdecke erhalten.

2 Vorderer Burghof der Wartburg nach Norden (vor Beginn der Wiederherstellungsarbeiten). Radierung von Carl Hummel, 1847.

3 Ritterhaus, östlicher Wehrgang und Bergfried von der Schanze aus gesehen, deren Bollwerk Goethe 1777 noch zeichnete.

leidend unter der erzwungenen Einsamkeit, machte er sich an die Übersetzung des Neuen Testaments nach der griechischen Ausgabe des Erasmus von Rotterdam: „Einstweilen will ich die Bibel übersetzen. Freilich habe ich da eine Last auf mich genommen, die meine Kräfte übersteigt. Nun sehe ich, was Dolmetschen heißt und warum es bisher noch niemand versucht hat, der seinen Namen dazu hergegeben hätte!" (Brief vom 13.1.1522 an Amsdorf)

Ganz offensichtlich kannte·der Wittenberer Theologe zumindest einige der bisherigen Übersetzungen der Bibel ins Deutsche, zwischen 1466 und 1521 etwa 18 Drucke neben fast doppelt so vielen Teilübersetzungen. Die große Aufgabe war es, eine breiteste Kreise erreichende Sprache zu finden. „Denn man muß", resümiert er 1530 (im Sendbrief vom Dolmetschen) selbstbewußt, „nicht die Buchstaben in der lateinischen Sprache fragen, wie man soll deutsch reden, wie diese Esel tun, sondern man muß die Mutter im Hause, die Kinder auf der Gasse, den gemeinen Mann auf dem Markt drum fragen und denselbigen auf das Maul sehen, wie sie reden, und danach dolmetschen, so verstehen sie es denn und merken, daß man deutsch mit ihnen redet …" Was kein Rechtsbuch und kein Ritterepos zuvor bewirkten und von keinem noch so lebhaften Handelsverkehr befördert wurde, leistete auf der Wartburg Martin Luther: die Grundlage einer einheitlichen deutschen Schriftsprache. „Er ist's, der die deutsche Sprache, einen schlafenden Riesen, aufgeweckt und losgebunden", so der sachkundige Herder, und Goethe, die geniale Leistung wohl würdigend, erklärte zwei Jahre nach dem Wartburgfest der Burschenschaftler: „Die Deutschen sind ein Volk erst durch Luther geworden." Bis zum 21. September 1522 war die Übersetzung des Neuen Testaments vollendet und erschien als „Septemberbibel". Der ungeheure Erfolg dieser erstaunlich rasch bewältigten, in ihrer geistigen Anspannung nur schwer vorstellbaren Leistung wird daran deutlich, daß selbst die zwei Monate später bereits erfolgende Nachauflage, die „Dezemberbibel", schlagartig vergriffen war.

Eine der größten kulturellen Leistungen der deutschen Geschichte war zugleich auch eine der populärsten; die Erinnerung an Luthers Wartburg-Jahr ging nie verloren. Als man 1845 im Zusammenhang mit den Wiederherstel-

lungsarbeiten an der Burg in der Lutherstube den Wandputz abschlug, fanden sich auf den freigelegten Bohlen eine Reihe eingekratzter Namen und Jahreszahlen, die zum Teil bis auf das Jahr 1580 zurückgingen. Touristenunfug also schon damals und Zeugnis zugleich für die magische Anziehungskraft jener Einsiedelei, in der diese Jahrtausendtat vollbracht wurde. Hölzern das ganze Gehäuse, „im Reiche der Vögel". Auf dem alten, aus dem Hause der Eltern stammenden Bauerntisch ein Exemplar der „Lutherbibel", an der grau gewordenen Holzwand die Cranach-Porträts von Luther und seiner Frau Katharina von Bora. So erleben wir heute den Raum.

Kein Wunder, daß sich die studentische Jugend im Nachklang des Befreiungskampfes vom napoleonischen Joch der nationalen Tat dieses Junkers Jörg auf der Wartburg entsann. Wer zuerst den Gedanken hatte, das 300jährige Reformationsfest (des Lutherschen Thesenanschlags zu Wittenberg von 1517) mit der Siegesfeier zur Erinnerung an die Völkerschlacht bei Leipzig 1813 gegen Napoleon zu verbinden, ist heute nicht mehr zu ermitteln. Gewiß ist, daß die von Friedrich Ludwig Jahn ausgehende Turnerbewegung das Wartburgfest mitinszenierte. „Wir haben Unglaubliches erlebt und erlitten und Rettungsschlachten geschlagen, wie sie keine Geschichte kennt", notierte Jahn am 24. Juli 1814 ins Gästebuch der Wartburg.

Am 11. August 1817 lud der Jenaer Student Robert Wesselhöft im Namen der Burschenschaft alle protestantischen Universitäten ein, zum geplanten Oktobertreffen auf der Wartburg Vertreter zu entsenden, damit es „in drei schönen Beziehungen, nämlich der Reformation, des Sieges bei Leipzig und der ersten freudigen und freundschaftlichen Zusammenkunft deutscher Burschen" zum patriotischen Fest werde. Es war die durch das Feuer der Freiheitskriege politisch mündig gewor-

4 Von Ludwig dem Springer, der Legende nach, 1067 gegründet und erstmals 1080 urkundlich erwähnt, wurde die Wartburg zum steinernen Monument großer nationaler Ereignisse.

5 Erst 1872 wurde der aus dem Harsdörferschen Hause in Nürnberg stammende spätgotische Erker in die südliche Giebelwand des Vogteigebäudes der Vorburg eingefügt.

6 Zu den Erwerbungen des 19. Jh. gehört auch das spätgotische Stübchen des Humanisten Willibald Pirckheimer aus dem Imhoffschen Haus in Nürnberg.

4

5

6

dene studentische Jugend, die sich zum Wortführer der patriotisch gesinnten bürgerlich-demokratischen Opposition gegen die feudale Kleinstaaterei und die mit ihr verbundene geistige Unterdrückung machte. Die Wartburg wurde so zum historischen Schauplatz des ersten deutschen Nationalfestes im Zusammenklang mit Jenas Universität, die seit der Französischen Revolution zu einer geistigen Hochburg bürgerlich-freiheitlicher Bestrebungen geworden war. Das 19. Jahrhundert, dem die Wartburg wie keine andere Burg in so besonderem Maße verpflichtet ist, begann programmatisch.

Die Begegnung mit der Geschichte erfolgt mitunter zu ganz ungewohnter Stunde, wenn man es nicht erwartet. Im Festsaal der Wartburg, wo in den letzten Jahren die

7 Restauratoren unserer Zeit die Leistungen ihrer Kollegen des 19. Jahrhunderts auffrischten, die Arbeit nur für die traditionellen Wartburgkonzerte des DDR-Rundfunks unterbrechend, hängt wieder eine Fahne über dem Kamin. Sie gleicht stickgenau jener, hinter der sich am 18. Oktober 1817 der Zug der Burschenschaftler formierte: drei breite Streifen aus Atlas in den Farben Rot-Schwarz-Rot, gesäumt von goldenen Fransen, beidseitig schräg über die Mitte ein starker goldener Eichenzweig. Zu Fuß waren die Teilnehmer damals aus den meisten Staaten des deutschen Bundesgebietes nach Eisenach gezogen, wo man — auf großherzoglichen Befehl aus Weimar hin — das Brennholz für die Siegesfeier beschaffte und die Brauerschaft aufforderte, ein „gutes Bier zu brauen". Quartiere stellten die gastfreundlichen Bürger unentgeltlich, die Räume der Wartburg, insbesondere aber der für die Hauptversammlung vorgesehene sogenannte Rittersaal, wurde mit Eichenlaub geschmückt. Ein allesamt erfassendes Volksfest bahnte sich an, als die 450 Studenten — das war immerhin jeder 18. der an deutschen Universitäten Studierenden — sich allmählich auf Eisenachs Marktplatz sammelten. Ein in braunen Pappband gebundenes breitformatiges „Stammbuch der Bursche" enthält auf 33 doppelseitig beschriebenen Blättern ihre Namen (und die späteren Besucher bis 1820), eines der wertvollsten Dokumente im heutigen Wartburg-Besitz. „Stammbuch aller Burschen", so steht auf dem Titelblatt, „die auf der Wartburg bei Eisenach die Kirchenverbesserung durch Luther und die Leipziger Schlacht am 18.ten des Siegmonds 1817 gefeiert haben".

Beteiligt waren aber auch zahlreiche nichtstudentische Patrioten wie der seinerzeit weithin bekannte Räuberroman-Autor und Goetheschwager Christian August Vulpius und Weimars Baumeister Wenzeslaus Coudray sowie vier Jenaer Professoren, darunter Prof. Kieser, dem

7 Sängerkrieg auf der Wartburg. Abbildung nach der Miniatur der „Großen Heidelberger Liederhandschrift" (Manesse). Im oberen Bild Landgraf Hermann mit seiner Gemahlin Sophia, über die unten Dargestellten besagt die (hier fehlende) Inschrift über den Köpfen der Sänger: „Hie krieget(en) mit sange. H' walth' v- d' vogilweide. H' wolfran von Eschilbach. H' Reimar der alte. Der tugenthafte Schriber. Heinrich vo Oftertinge un Klingesor von Ungarlant." Der siebente bleibt unbekannt.

8 Stilvoll ausgewogene Erdgeschoßarkaden des romanischen Palas im künstlerischen Einfluß niederrheinischer Baumeister.

8

wir diesen Bericht verdanken: „Der 18.te October brach an. Ein heiterer Herbstmorgen hatte die Nebel der Berge in silbernen Reif niedergeschlagen, und von den Strahlen der aufgehenden Sonne beleuchtet, glänzte die Wartburg in seltener Klarheit aus dem Dufte der Berge emporsteigend, und als die heilige Stätte dieses Tages von Jedem mit stillem Ernste begrüßt. — Um 6 Uhr verkündete das Geläute aller Glocken der Stadt den Anbruch des Festes. Ein zweites Geläut rief die Burschenschaft um 8 Uhr auf den Markt. … Der Zug ordnete sich allmählich, die Burschen, meist schwarz gekleidet, das Haupt mit Eichenlaub von den nahen Bergen festlich geschmückt, reihten sich paarweise; die Fahne der Jenaer Burschenschaft, welche heute der Ehre genoß, alle Universitäten um sich zu sammeln, entfaltete sich als der leitende Mittelpunct des Ganzen …"

Der Zug traf gegen zehn Uhr auf der Burg ein, wo er von den Vertretern der Behörden und den Ehrengästen begrüßt wurde. Dann zog man über den Burghof in den damals noch niedrigen Festsaal, der mit seinem „zum Theil verbleichten Wandschmuck und durch das Halbdunkel in der geräumigen Ausdehnung der seit Jahrhunderten unbewohnten Hallen jeden … an die verflossenen Zeiten und vorzüglich an das Jahrhundert der Reformation" er-

innerte. Die Fahne wurde rechts neben dem Rednerplatz aufgestellt, davor standen die Mitglieder des Festausschusses mit „entblössten Schwertern und bedecktem Haupte". Es begann mit einem Gebet und dem Lutherlied „Eine feste Burg …", was dann der preußische Polizeibericht als „staatsverschwörerische Entweihung der Religion" ausdeutete. Danach sprach der 23jährige Jeaer Student Heinrich Herrmann Riemann. Nach dem Zweck der Zusammenkunft fragend, antwortete er: „… daß wir gemeinschaftlich das Bild der Vergangenheit uns vor die Seele rufen, um aus ihr Kraft zu schöpfen für die lebendige That in der Gegenwart …" Ein feierliches Hochgefühl erfaßte alle, und der Jenaer Prof. Fries schrieb kurz danach: „Ich muß bis jetzt den Augenblick zu den ausgezeichnetsten in meinem Leben nennen, als ich auch den 19. Oktober des Morgens nach der Feierlichkeit zwischen den Burschen im Sonnenschein auf dem Hofe der Wartburg stand."

Durch ein glückliches Geschick blieb der Jenaer Universität die „deutsche Trikolore", später in einem Dornburger Rauchfang, dann unter der Altardecke einer Dorfkirche bei Camburg und schließlich in der Schweiz versteckt, erhalten. Zum Wartburgfest heute, im Jahre 1967, wurde sie erneut öffentlich gezeigt. Donndorfs

9

10

1883 aufgestelltes Burschenschaftsdenkmal vor der alten Jenaer Universität zeigt in etwas idealisierter Haltung, wie wir uns diese Teilnehmer 1817 vorzustellen haben. Nachdem der im Befreiungskrieg vom napoleonischen Joch ausgezeichnete Student Riemann an die nationalen Hoffnungen des deutschen Volkes und die unerfüllten Versprechungen der Fürsten auf Demokratie erinnert hatte und dabei den Geist der „Wahrheit und Gerechtigkeit" beschwor, leuchtete am Abend des gleichen Tages als „Flamme des Freiheitskrieges" ein Freudenfeuer vom Wartenberg ins Thüringer Land. Als Symbole reaktionärer Macht loderten unter anderem ein preußischer Ulanen-Schnürleib, ein hessischer Zopf, ein österreichischer Korporalstock, Kotzebues „Geschichte des deutschen Reiches" und der preußische „Codex der Gendarmerie" — von den Teilnehmern hineingeworfen — auf. „Diese Feuerbrände hier mögen als die Vertreter und Reigenführer der ganzen Sippschaft büßen", erklärte der Berliner Student Ferdinand Maßmann unter Beifall.

Zeitgenössische Abbildungen lassen erkennen, in welch trostlosem baulichem Zustand die Burschenschaftler die von ihnen verehrte Wartburg vorfanden. Um 1740 hatte man die Quermauern der Höfe abgetragen, 1782 die Wehrgänge auf dem Bollwerk vor dem Torturm, 1785 die letzten Reste des einst mächtigen Bergfrieds; 1806 stürzte ein Teil des Margaretenganges in die Tiefe. Die Arkaden des Landgrafenhauses waren noch immer zugemauert, der bis 1804 als Heuboden benutzte Festsaal notdürftig wiederhergerichtet, im Hof der Jahrhundertschutt der verschiedenen Umbauten und Abbrüche. Kein sehr einladender Anblick, und dennoch fühlte sich hier oben, „auf Luthers Patmos", nicht nur der junge Goethe außerordentlich wohl und glücklich, war die Burg immer wieder gern erstiegener Wallfahrtsort für die Durchreisenden, die vom jeweils amtierenden Kastellan in der Vogtei mit Speis und Trank versorgt wurden. Ein eigenartiger Reiz von Freiheit und Naturverbundenheit erfüllte hier oben die Menschen, und man versteht den heimkehrenden Richard Wagner mit dieser Vorgeschichte besser, wenn der sich durch den Anblick der alten Feste derart inspiriert fühlte. Seine Oper „Tannhäuser und der Sängerkrieg auf der Wartburg", am 19. Oktober vom Dresdner Hoftheater ohne rechten Er-

folg uraufgeführt, weckte nicht nur beim Bildungsbürgertum für den Spielort des zweiten Aktes ein allgemeines Interesse am geschichtlichen Ereignis und seiner Stätte. Es ist kein Zufall, daß just im gleichen Jahr in Frankfurt am Main der Münchner Maler Moritz von Schwind an dem großen Ölgemälde „Der Sängerkrieg auf der Wartburg" arbeitete. Während Wagner die Venusbergsage mit der des Wartburgkrieges vereinte, Tannhäuser gegen die Minnesängerrunde stellte und die reine Liebe Elisabeths gegen die sündige der Venus im Hörselberg, wich auch der Malerpoet Schwind in künstlerischer Freiheit von der alten Überlieferung der aus dem 13. Jahrhundert stammenden zweiteiligen Dichtung („Fürstenlob" und „Rätselspiel") ab. Siegte in jener Fassung stets Wolfram über den Zauberer Klingsor, so folgte Schwind der Erzählweise seines Freundes, des Meininger Bibliothekars und Märchendichters Ludwig Bechstein, der bereits 1835/37 in dem Werk „Der Sagenschatz und die Sagenkreise des Thüringer Landes" den ungarischen Zauberer, von dem unterlegenen Heinrich von Ofterdingen gerufen, die streitenden Parteien versöhnen und überlisten läßt. Wie war es wirklich? Der Sängerkrieg von 1206 führt in die glänzende Anfangszeit der Wartburg, die, einer anderen Sage nach, um 1067 von eben jenem Ludovicus Salius erbaut worden sein soll, der von Burg Giebichenstein (siehe dort) den Befreiungssprung in die Saale wagte. Sein Vater entstammte dem Mainzer Raum; Kaiser Konrad II. verlieh diesem Ludwig (mit dem Barte), der sich 1044 die Schauenburg bei Friedrichroda im Thüringer Wald erbaute, fünf Jahre zuvor als Wappen den rot-weiß gestreiften Löwen im blauen Feld. Für den ihn bereits mit 16 Jahren beerbenden ehrgeizigen Sohn Ludwig war die kleine Schauenburg — nur noch verwitterte Stufen sind übriggeblieben — zu klein. Statt dessen stach ihm die bei Eisenach strategisch günstig gelegene Burg Metilstein auf Frankensteinschem Gebiet ins Auge, der er selbstbe-

9 Festkommers der Studenten im Wartburghof am 13. Juni 1848. Zu diesem Zeitpunkt waren die Ergebnisse der ersten Restaurierungsarbeiten, insbesondere am Landgrafenhaus (Palas), durch den Hofbaumeister Friedrich Wilhelm Sältzer (bis 1843) und Bauleiter Hecht aus Weimar bereits erkennbar.

10 Fachwerkkonstruktion des westlichen Wehrgangs (nach seiner Wiederherstellung 1965/66), der die Vorburg erschließt.

wußt auf dem Felsen gegenüber („Wart Berg, du sollst
mir eine Burg tragen!") gegen den Protest des rechtmäßigen Besitzers (und Vasallen der kaisertreuen Reichsabtei Fulda) seine Wart-Burg setzte. Später, bereits hinter sicheren Mauern, frecherdings beschwörend, auf eigenem Boden zu stehen, nachdem er heimlich Erde von der Schauenburg herüberkarren ließ, in die er und zwölf schwarzgepanzerte Ritter die Schwerter zum listenreichen Schwure stießen.

Der eigentliche Ruhm der Burg verbindet sich mit den Urenkeln des „Springers" Ludwig III. (1172–1190) und dessen Bruder Hermann I. (1190–1217). Als Neffen des mächtigen Staufers Friedrich I. konkurrierten sie als Kunstmäzene mit dem Babenberger Hof in Wien; die Wartburg wurde zum Zentrum der staufisch-ritterlichen Kultur. Minnesänger wie Walther von der Vogelweide, Wolfram von Eschenbach und Heinrich Veldeke künden von dem Ruhm dieses „Weimar des Mittelalters". Womit wir beim legendären Ereignis des Sängerkrieges sind, dessen Schauplatz der prächtige Pfalzbau des spätromanischen Palas gewesen sein soll, der von rheinischen Bauleuten – die Kapitelle der Säulen beweisen es – zwischen 1170 und 1190 in luftiger Höhe auf steilem Felsen errichtet wurde, ein Saalbau für königliche Repräsentationszwecke. Zugleich erfüllte diese Pfalz jedoch auch die lebenswichtige Funktion einer wehrhaften Höhenburg, die bei der variablen politischen Haltung des Landgrafen Hermann I. im wechselvollen Machtkampf zwischen Staufen und Welfen mehr als einmal die Bewährungsprobe auf Leben und Tod zu bestehen hatte. Um so erstaunlicher, daß dieser ehrgeizige Landesfürst dennoch die Bauarbeiten zügig vorantreiben konnte.

Hermann hatte wie Ludwig die blühende Kultur Frankreichs kennengelernt, wo 1182 die frühgotische Kathedrale Notre-Dame in Paris eingeweiht wurde. In Thüringen entfaltete sich jedoch nun erst die romanische Profanarchitektur in dem etwa um 1200 beendeten Palas, dem architektonischen Juwel der Burg und ihrer baukünstlerischen Idee. Nach außen auf steiler Felsenklippe über verteidigungstüchtigem Sockel zwei gut gegliederte Reihen von Rundbogenfenstern, stilbewußt gefaßt von den Vertikalen der Kamine. Nach innen zum Hof eine plastisch gegliederte Wand, deren Arkadenreihen den Außenraum in die Gestaltung des Inneren mit einbezie-

hen. Das alles muß man sich ohne das erst um 1240 unter Heinrich Raspe, dem „Pfaffenkönig", aufgesetzte zweite Obergeschoß vorstellen. Das gebundene Spiel der Blöcke, das starke Gesims, die ziselierte Architektur der Kapitelle auf doppeltem Säulenschaft – hier entfaltete sich die deutsche Romanik zur schönsten Blüte im steinernen Architekturgarten nördlich der Alpen. Eine ungewöhnlich beschwingte Kompositionslust muß die niederrheinischen Schöpfer dereinst zur Steigerung vom gemessenen Viererrhythmus der Arkaden im Erdge-

12

schoß zum französisch belebten Fünferschritt des ersten Obergeschosses inspiriert haben, den selbst das später aufgesetzte und wesentlich plumpere Raspe-Geschoß nicht niederzudrücken vermag. Dazu das ausgewogene Gleichmaß der Räume: Ritter- und Speisesaal nebst Frauengemach mit festen Kreuzgratgewölben unten; großer Festsaal (Sängersaal) oben. Dazu in höchster Steigerung des selbstbewußten Schönheitsempfindens der unbekannten Meister die Formenwelt der Säulenkapitelle mit herabstoßenden Adlern, seltsam ineinander

verschlungenen Schlangen und phantastischen Löwenköpfen. Eine ganze Literatur hat sich damit beschäftigt. Sie ersetzt nicht die eigene Begegnung, wo das Auge gewissermaßen dem Steinmetzen auf die Finger sieht, wie er den Meißel mit kurzem, sicherem Schlag in den Stein getrieben haben mag.

11 Im Südturm der Wartburg war der Wiedertäufer Fritz Erbe aus Herda acht Jahre lang bis zu seinem Tode 1548 eingekerkert.
12 Ein Hauch staufischer Klassik – die Westfassade des Landgrafenhauses; Blick über die Zisterne auf Palas und Bergfried.

333

Vermutlich gehen alle Überlieferungen vom Sängerkrieg auf eine erstmalig 1225 – anläßlich einer Hochzeit in der Landgrafenfamilie – von Heinrich von Ofterdingen geschaffene Fassung zurück. Die in der Jenaer Universitätsbibliothek aufbewahrte „Chronica Martiana", eine Papierhandschrift aus der 2. Hälfte des 15. Jahrhunderts, erzählt den Wartburgkrieg (Blatt 123/24) bereits ausführlicher, und Johann Rothe, legendärer Kaplan der Landgräfin Anna, band schließlich 1421 den kräftig blühenden Sagenkranz zusammen. Bei den Gebrüdern Grimm liest sich das so: „Auf der Wartburg bei Eisenach kamen im Jahre 1206 sechs tugendhafte und vernünftige Männer mit Gesang zusammen und dichteten die Lieder, welche man hernach nannte: ‚Den Krieg zu der Wartburg'. Die Namen der Männer waren: Heinrich Schreiber, Walther von der Vogelweide, Reimar Zweter, Wolfram von Eschenbach, Biterolf und Heinrich von Ofterdingen. Sie sangen aber und stritten von der Sonne und dem Tag, und die meisten verglichen Hermann, Landgraf von Thüringen und Hessen, mit dem Tag und setzten ihn über alle Fürsten. Nur der einzige Ofterdingen pries Leopolden, Herzog von Österreich, noch höher und stellte ihn der Sonne gleich …"
Ofterdingen unterlag, sollte dem Henker verfallen, bat die Landgräfin um Schutz und versprach, den ungarischen Sänger Klingsor übers Jahr als Richter beizubringen. Die Sage deutet Turbulenz an, und turbulent ging es auf Hermanns Hof zu, daß Walther von der Vogelweide, spöttischer Weltverbesserer und Fürstendiener mit politischem Durchblick, zwischen 1204 und 1210 fahrender Gast am prunkliebenden Landgrafenhofe, davon so kündete:

„wenn einer ohrenkrank ist oder nervenschwach
der meide, rat ich sehr, den hof zu eisenach
sonst wird man sein gehör noch ganz zerstören
ich habe mitgedrängt, solange ichs ertrug
ein gehn und kommen tag und nacht, und nie genug
ein wunder, kann am end noch einer hören.
und der herr landgraf, er vertut
mit seinen stolzen helden alles hab und gut
mit alten kämpen, die das raufen lieben …"

Der Thüringer Landgraf, stets im Konflikt mit den verwandten Staufern, von den Chronisten ob seiner ständig

korrigierten Machtpolitik des politischen Wankelmutes verdächtigt, war unbestritten der größte Literaturmäzen seiner bewegten Zeit, was ihm zeitlosen Ruhm sicherte. Er verlagerte endgültig seinen Hof von der an der Unstrut gelegenen Neuenburg – wo der heute nahezu unbekannte Heinrich von Veldeke die ihm vom Fürsten wiederbeschaffte „Eneit"-Dichtung um 1190 vollendete – auf die zur Pfalz ausgebaute Wartburg. Der sich in der antiken Dichtung auskennende, hochgebildete Fürst übergab Herbert von Fritzlar den Stoff für das „Lied von Troja", den er, 1210 bis 1217, aus dem Französischen übersetzte, während Albrecht von Halberstadt auf Hermanns Geheiß auf der Jechaburg bei Sondershausen die „Metamorphosen" des Ovid übertrug. Bedeutsamer noch die Bekanntschaft mit Wolfram von Eschenbach, den der Landgraf vermutlich 1205 bei dessen Ritterschlag in Maßfeld an der Werra kennenlernte und der seine „Parzival"-Dichtung, in der man so viel Thüringer Landschaft zu erkennen vermeint, auf der Wartburg vollendete. Landgraf Hermann I. hatte sogar das Selbstbewußtsein, sich auch den ungarischen Hof familiär zu verpflichten. Noch in seiner Regierungszeit, da er mit Ludwig von Bayern und Leopold von Österreich sowie Ottokar von Böhmen den Staufer Friedrich II. zum deutschen König wählte, traf 1211 die erst vierjährige Tochter Elisabeth des Ungarn-Königs Andreas auf der Wartburg ein.
Ihre von Schwind romantisch verklärte Heiligengeschichte erweist sich bei näherem Hinsehen fast als Kriminalfall, den das Rosengesträuch der sorgsam gepflegten Legende allmählich verdeckte. Aufschlußreich dafür die rebellischen Gleichheitsimpulse im Minnegesang der Zeit, die die hierarchisch gefügte Feudalordnung von innen her umwertete, den Papst neben den Armen stellte und damit selbst zu einer Art Antireligion wurde. Der Moralist Walther von der Vogelweise – man sollte ihn genauer lesen und aus der Ritterrüstung befreien – besingt die Tugenden des Individuums und seine freie Entscheidung als den eigentlichen Adel. Den Refrain dazu vermochten die hohen Herrschaften im unterhaltsamen Lippen- und Augendienst wohl noch nachzusingen. Wer es praktizierte wie diese ungarische Königstochter, war nicht mehr hoffähig. Und so nahm die Individualtragödie dieser ungewöhnlichen Frau einen folgerichtigen,

von ihrer Verwandtschaft konsequent inszenierten Verlauf. 1221 heiratete die nun Vierzehnjährige Hermanns Sohn Ludwig IV. (1217–1227), der sie weitgehend schützte und mit dem sie eine gute Ehe führte, bis er — nicht eben zufällig von Elisabeths ehrgeizigem Beichtvater zum Kreuzzug überredet — 1227 den nicht ganz unerwarteten Tod (in Otranto) fand. Schon als Kind paßte sich Elisabeth nicht dem höfischen Leben an, verschenkte ihren Besitz an Arme und verteilte Almosen. Als aber die junge Ehefrau und damit Herrin des Landes am Fuße der Burg ein Hospital gründete und persönlich die Kranken pflegte, war der Affront zum Hofe unüberbrückbar geworden, die Provokation der weltlichen wie geistlichen Ordnung nicht mehr mit christlichem Wohlgefallen zu überdecken. Wer im Reichtum das Mittel zur Verdammnis und in der Armut den Weg zur Seligkeit sah, brachte die gottgewollte Hierarchie durcheinander, zumal wenn er selbst dem Hochadel entstammte. Diese durch nichts einzuschüchternde Lebenskonsequenz mußte unter allen Umständen politisch entschärft werden, eine Aufgabe, die ab 1225 dem päpstlichen Kreuzzugsideologen Konrad von Marburg als Beichtvater der Landgräfin zukam. Er band Elisabeths Demutseifer in eine unerhört strenge, bis zur Prügel reichende geistliche Disziplin, entkleidete ihn der individuellen Motivation und gewann damit absoluten Einfluß auf Tun und Lassen sowie das Vermögen der frommen Frau. An ihrem Gelübde, keine Speise aus konfisziertem kirchlichem Gut zu genießen, scheiterte sie schließlich endgültig, als ihr 1227 der nunmehr regierende Schwager Heinrich Raspe die Hoftafel zuwies. Sie verließ mit ihren drei Kindern die Burg und zog bettelnd durch Eisenachs Straßen, bis sie den Kampf endgültig aufgab, auf die Kinder und ihre Privilegien verzichtete und sich in Marburg in dem (aus ihrem Vermögen von Konrad errichteten) Hospital der Krankenpflege widmete. Der (vermutlich aus dem letzten Drittel des 15. Jahrhunderts stammende) kostbare spätgotische Wandbehang (im Kunstbesitz der Wartburg) mit Darstellungen aus dem Leben Elisabeths zeigt, wie sie in Marburg aus den Händen der sichtlich bewegten Gesandtschaft Heinrich Raspes ihr Vermögen (in einer Kassette) erhält, über das ja bereits kirchlicherseits verfügt war. Bereits vier Jahre nach ihrem Tode, 1231, wurde sie — mit dankbarem Blick auf die dem Deutsch-

ritterorden eng verbundenen Thüringer Landgrafen — von Papst Gregor II. heiliggesprochen.

Erst die Romantiker mit ihrem durchaus diesseitigen Interesse am Individuum und seiner inneren Entscheidungsgröße wurden zu Dornröschenrittern, die die geschichtliche Persönlichkeit der Elisabeth aus dem blühenden Gestrüpp des Heiligenkults befreiten. Es gibt aus dieser Zeit mehrere Versuche, ein realistisches Bild von dieser Frau zu geben, gelungen zum Beispiel in den auch kunstgeschichtlich bedeutsamen sechs Fresken Moritz von Schwinds in der Elisabethgalerie der Wartburg, die uns auf einfache Erzählweise den barmherzigen Menschen nahebringen. Davon sichtlich inspiriert und als Ungar seiner Landsmännin besonders verbunden, komponierte Franz Liszt zwischen 1858 und 1862 das sehr malerisch-bildhafte Oratorium „Die Legende von der heiligen Elisabeth", das zur 800-Jahr-Feier der inzwischen weitgehend wiederhergestellten Wartburg 1867 im neuen Festsaal unter Liszt als Dirigenten an Goethes Geburtstag aufgeführt wurde.

Das 19. Jahrhundert ist auf der Wartburg allgegenwärtig, ihm verdankt sie ganz wesentlich ihr heutiges Bild. Keine leichte Aufgabe für die Wartburg-Stiftung wie für die Restauratoren. Nach welchen Gesichtspunkten ist zu erhalten? Wo darf man eingreifen, entfernen, um einen älteren Zustand wiederherzustellen, wo hat Ritgens Wiederherstellungsleistung bereits Eigenwert? Denn: mehr als jede andere vergleichbare Burg ist die Wartburg sowohl historisches wie künstlerisches Denkmal, an dessen Profil das vergangene, in seiner tatsächlichen Leistung lange nicht recht anerkannte Jahrhundert maßgeblich mitschuf. Im Grunde haben wir es Moritz von Schwind und seinen allmählich immer mehr verblassenden Wartburg-Fresken zu verdanken, daß unsere lange Jahre während Sorge um ihren Erhalt auch zu einer vertiefenden Beschäftigung mit der Entstehungszeit im internationalen Gespräch der Fachleute führte. Der poetische Spätromantiker mit seiner volkstümlichen Bilderwelt und seinem gesunden Mutterwitz lehrte, genauer hinzusehen und die enorme Popularität der Wartburggeschichten als wesentliches Traditionselement zu begreifen.

Der Münchener kam mitten in die Um- und Ausbauarbeiten auf der Burg, die seit 1838 im Auftrage des Weimarer Erbgroßherzogs Carl Alexander im Gange waren. Dieser von Goethes Sekretär Eckermann erzogene und von Goethes Maler-Freund Johann Heinrich Meyer im Zeichnen ausgebildete, musisch empfindsame Sohn der Zarentochter und Großfürstin Maria Paulowna, die bereits 1838 den Weimarer Maler Alexander Simon mit einem Sängerkriegbild beauftragte, hatte mit der verfallenen Burganlage Besonderes im Sinn. In einer Denkschrift von 1841 erklärte er sich unmißverständlich: „Meine Idee ist nämlich, nach und nach die Wartburg zu einer Art Museum für die Geschichte unseres Hauses, ja von ganz Deutschland zu gestalten." Der Eisenacher Hofbaurat Friedrich Wilhelm Sältzer erhielt den Auftrag zu genaueren Untersuchungen der Bausubstanz, verbunden mit ersten Entwürfen und Kostenvoranschlägen. Bernhard von Arnswald wurde zum Burghauptmann ernannt, unter dessen Aufsicht die ersten Arbeiten am Landgrafenhaus begannen. Noch 1841 wurde die erste Arkadenreihe im Erdgeschoß freigelegt, im folgenden Jahr die zweite (mit Aufstellung der Waffensammlung im Sängersaal), 1843 begann die Wiederherstellung der dritten Arkadenreihe durch alle Geschosse, 1845 waren die Arbeiten an den oberen Arkaden und an der Galerie des Festsaales abgeschlossen. 1847 wurde im großen Festsaal der Kalkputz von den Wänden geschlagen, 1848, noch vor der Amtsübernahme des Gießener Architekten Hugo von Ritgen, die alte Freitreppe aus dem Jahre 1626 abgebrochen. Das fortschreitende Baugeschehen inspirierte und beflügelte den Maler, der wußte, was man von ihm erwartete: „Es soll die Wartburg ein Monument werden für alle großen Erinnerungen, die sich an sie knüpfen" (Carl Alexander am 13. 1. 1854 an Schwind). So machte sich der Künstler – 1849 heimgekehrt – bald an die ersten Entwürfe und wollte am liebsten gleich nach Eisenach umziehen, wo man auf der Burg gerade beim Umbau eines schmalen Raums zur Sängerlaube war. Am Weimarer Hof hielt man den allzu drängenden Maler hin, der sich 1852 enttäuscht an den Hofmaler Friedrich Preller wandte: „Ich fürchte, es wird nicht am Gelde scheitern, aber an der Unvereinbarkeit der nationalen Forderungen der Wartburg, darunter ich den Stoff verstehe, mit dem, was man jetzt heißt: malen können." Nun, es scheiterte dann doch beinahe am

Gelde für die ehrgeizigen Pläne, und Schwind erhielt erst im Sommer 1853 den reichlich reduzierten Auftrag, nur zwei Säle und den zur Kapelle führenden Gang mit Fresken zu schmücken, wofür ihm, bei einer auf zwei Jahre veranschlagten Arbeitszeit, 6000 Taler zugestanden wurden. Erwartet wurde von ihm – gemäß der Denkschrift von 1841 –, mit der Darstellung der Burggeschichte, der mittelalterlichen Dichtkunst und des Lebens der Landgräfin Elisabeth die Illustrationen des Geschichts- und Kunstsinns des Weimarer Großherzogs, der sich auf Verwandtschaft zu den Landgrafen bzw. den späteren Ernestinern berief. Es ist das unsterbliche Verdienst des volksverbundenen Künstlers Schwind, darin einem Ludwig Richter ebenbürtig und verwandt, für diesen Auftrag dennoch Werke mit einem das romantische Zeitempfinden produktiv ausdrückenden humanistischen Gesellschaftsbezug geschaffen zu haben.

Eine porträtgenaue Federzeichnung des musisch begabten Burghauptmanns Arnswald zeigt den Maler bei der Arbeit. Schon der Meister selbst klagte über die Feuchtigkeit in dem Mauerwerk, die auch in der Folgezeit sowohl das großartige Sängerkriegfresko wie die Elisabeth-Darstellungen gefährdete, so daß die Sorge um ihre Erhaltung im Grunde nie abriß. Übermalungen, die dann wieder herauswitterten, verschlimmerten eher als sie halfen. Erst seit der Trockenlegung des Mauerwerks mit den seit 1952 eingeleiteten Restaurationsarbeiten an der ganzen Burg war an eine gründliche Rheumakur der berühmten, zum Teil arg angegriffenen Fresken zu denken. Sie wurden 1966/67 von den Denkmalpflegern gründlich gereinigt, im Putz verfestigt und in der Farbe aufgefrischt. So erinnern sie uns heute an den künstlerischen Geist jener Jahre der Wartburg-Wiederherstellung.

Nicht alles gelang damals so volkstümlich frisch und lebendig wie diese Fresken. Zu ungenau waren auch die Kenntnisse vom Mittelalter, zu gefühlsmäßig verschwommen sein Erscheinungsbild. Friedrich Preller der Ältere (1804–1878), als Freund Arnswalds häufig sein Gast, zeichnete mehrfach die Wartburg als ein verträumtes, gotisches Ritterschloß auf steiler Klippe mit hohen Dächern und vielen Giebeln, und auch der von Carl Alexander 1845 mit Plänen zur Gesamtrestaurierung der Burg beauftragte preußische Hofrat und Konservator

A. F. von Quast inspirierte sich weniger an der historischen Bausubstanz und ihrer wechselreichen Geschichte
als an allgemeinen romantisierenden Vorstellungen von
einer phantasievollen Ritterburg, wie sie in den vielen in
Mode gekommenen Ritterromanen beschrieben wurde.
Der sich rasch in seine Aufgabe einlebende Burghauptmann Arnswald schlug bereits 1842 den jungen Gießener
Architekturprofessor Hugo von Ritgen als Baumeister

13 Das Adlerkapitell der Mittelsäule des Speisesaals stammt aus dem
Eisenacher Residenzhaus und wurde erst mit der Wiederherstellung der Burg im 19. Jh. hier stilvoll eingefügt.

14 Reich gestaltetes Adler-Kapitell der Säule im Landgrafenzimmer
im Palas (neben Sängersaal und Elisabethgalerie), wo der Burgherr vermutlich Audienz gewährte.

15 Im feierlichen Rhythmus hochmittelalterlicher Kultur — die berühmten romanischen Doppelkapitelle der Erdgeschoßarkaden
des unter Landgraf Hermann I. 1190 bis 1217 vollendeten Palas.

dem Großherzog vor, der ihm dann auch im Revolutionsjahr 1848 die künstlerische Oberleitung übertrug. Ritgen war ein gebildeter Mann und guter Kenner der Materie; seine Briefe an Arnswald enthalten u. a. detaillierte Betrachtungen über einzelne Bauteile, und auch an die Ausmalung wurde dabei gedacht. Sich distanzierend von den „jetzt in Mode gekommenen sogenannten Restaurationen von Ritterburgen, selbst die großartigen, wie z. B. Stolzenfels und Rheinstein nicht ausgenommen", sah er seine Aufgabe darin, „das Vorhandene zu erhalten, das Fehlende zu ergänzen, das Verschwundene mit möglichster Treue wieder auszuführen". So vollbrachte er das kaum mögliche Kunststück, die historisch wie politisch motivierten Repräsentationsabsichten des seit 1853 regierenden Carl Alexander mit den nationalen Interessen eines progressiven Bürgertums bei allem ihm zu Recht vorgeworfenen Akademismus in seiner sogenannten Reißbrettarchitektur zu verbinden, indem er geschickt an nachwirkende Ideale der Weimarer Klassik anknüpfte. Und er gab dabei keine Ruhe, trieb an, begeisterte andere. Zwischen 1849 und 1856 vollendete sich nach seinen Entwürfen das Landgrafenhaus, dessen ursprüngliche romanische Schönheit trotz Außentreppe nunmehr auch den Zweiflern augenfällig wurde. Selbst Friedrich Preller, ein wenig sentimental der guten alten, weil so romantisch-stillen Zeiten der Einkehr auf der Burg mit dem Vater gedenkend, fühlte sich vom Baugeschehen angezogen, als er im August 1854 zum Augenzeugen wurde: „Fast stündlich ächzten achtspännige Lastwagen den steilen Felsweg hinauf. Im Hofe waren Hunderte von Arbeitern tätig, das Klippen der Steinmetzen, das Läuten und Pfeifen der Signale, das Peitschenknallen und Geschrei der Fuhrknechte machten oft eine sinnverwirrende Musik ... Stundenlang kroch ich auf den Gerüsten umher, mit denen das Landgrafenhaus umstellt war, oder ich sah dem Bildhauer Knoll zu, wie er seine Drachen, Löwen und anderen stilvollen Bestien modellierte, oder ich beobachtete eifrig und andächtig den Meister Schwind. Nur hieß es, stille sein. Er hat selbst den Großherzog einmal recht ungeschliffen von seinem Malerpodest herunterkomplimentiert."

So nahm das Werk allmählich Gestalt an, wurde der neue Bergfried mit acht Metern im Geviert (anstelle des 1794 endgültig abgebrochenen mit zehn Metern im Geviert)

errichtet und am 10. Dezember 1853 unter seinen Grundstein ein Blechkasten mit einer Pergamenturkunde versenkt, auf der Carl Alexander von Sachsen-Weimar-Eisenach noch einmal seine Absichten kund tat: „1. die historisch- und politisch-faktische Bedeutung der Wartburg; 2. ihre Bedeutung für die Entfaltung des Geistes und namentlich der Poesie; 3. ihre Bedeutung für die Reformation und 4. ihre katholisch-religiöse Bedeutung" mit der Wiederherstellung deutlich werden zu lassen. Außerdem wurden ein Verzeichnis aller Mitarbeiter am Bau, der Bewohner der Burg, ein Grundriß nach Ritgens Plänen und Münzen beigefügt.

Am 11. Juni 1859 wurde das vom Weimarer Hofgürtler Wallasch angefertigte vergoldete Wartburgkreuz „als Zeichen des frommen Sinnes des Bauherrn und der religiösen Bedeutung der Burg" auf dem neuen Bergfried errichtet, Blickfang der weltbekannten Silhouette der Burg. Nur viermal verschwand es seither von seinem angestammten Platz. Im Revolutionsjahr 1919 wegen notwendiger Umbauarbeiten an der Haube des Turms. Am 10. April 1938 auf Anordnung des Nazi-Kreisleiters, um durch ein Hakenkreuz (aus Anlaß der zwangsweisen Angliederung Österreichs an Nazi-Deutschland) ersetzt zu werden, was zu lebhaften Protesten führte, die im Mai das alte Kreuz zurückbrachten. Am 25. November 1944 auf erneuten Befehl des NSDAP-Kreisleiters, unter der falschen Angabe, ein englisches Kampfflugzeug habe den Bergfried gerammt, und das (14 Zentner schwere, von Schweißbrennern zerlegte und achtlos auf den Burghof geworfene) Kreuz müsse „für die deutsche Öffentlichkeit" sichergestellt werden. Auf Anordnung der sowjetischen Militäradministration in Deutschland schmückte bereits im August 1946 wieder das alte, vertraute Symbol die Burg. Noch einmal mußte es im Zusammenhang mit den umfangreichen Restaurierungsarbeiten 1966 zwecks Neuvergoldung abgebaut werden; seither grüßt es wieder die vielen Besucher schon von weitem.

Mit der Grundsteinlegung des Bergfrieds entstanden vor über hundert Jahren eine Reihe von Neubauten, die die noch heute bekannte Baugruppe bilden: die villenartige Kemenate (mit prunkvoll ausgestatteten Wohnräumen für die Familie Carl Alexanders, dessen Frau in der Elisabethkemenate zur Teestunde einlud) sowie die 1867 vollendete Dirnitz mit der Torhalle. Die neue Zugbrücke wurde wurde 1863 angelegt, zwischen 1874 und 1878 baute man den alten Marstall zum Gästehaus, dem Gaden, aus. 1872 entstanden an Stelle der alten Kavaliersgefängnisse, die später als Tanzsaal dienten, die sogenannten Reformationsräume mit der Luther-Stube. 1914 wurde der alte, noch von Ritgen 1861/63 erbaute Wartburg-Gasthof auf der sogenannten Gaiskuppe mit dem verschwundenen Außenwerk der Burg von einem zweckvollen Neubau ersetzt, der bis heute gastlich empfängt.

So imposant die Leistung der Baumeister und Handwerker, der Steinmetzen und mitwirkenden Künstler am Baudenkmal Wartburg zwischen 1839 und 1890 auch ist, sie hinterließen auch ungelöste denkmalpflegerische Aufgaben, nicht entdeckte Schäden. 1921 endete das Besitzrecht des Großherzogs an der Burg; es entstand zur Weiterführung der Geschäfte die „Wartburg-Stiftung". Sie wurde 1952, unter Erhalt ihres Rechtsstatus, der Regierung der DDR unterstellt. Man begann die zweite umfassende Wartburg-Erneuerung, ein Jahrhundertwerk wie die vorangegangene und dieser zumindest ebenbürtig. Das alles im Wechselschritt von baulich-restauratorischer Sicherung und notwendiger Enttrümpelung von protzig-dekorativem Pseudo-Mittelalter aus der Werkstatt des 19. Jahrhunderts. Bis 1967 wurde u. a. das anfällige Landgrafenhaus durch unsichtbare Stahlbetondecken statisch gesichert, die Freitreppe Ritgens an der Westseite abgetragen und endlich durch ein neues Treppenhaus (anstelle des Zwischenbaus) ersetzt, die Kapelle restauriert und von Übermalungen befreit, der Südturm verfugt; wurden die Feuchtigkeit bindenden Erdmassen an der Arkadenfront bis auf den gewachsenen Felsen abgetragen, die von Schwamm und Trockenfäule befallenen Teile des Fachwerks ausgewechselt und fachgerecht durch neue Eichenhölzer ersetzt, die Dächer mit 33 000 handgestrichenen Fittichziegeln originalgetreu eingedeckt, die Pfeiler der Zugbrücke neu aufgemauert, die schadhaften Stellen der Dachkonstruktion durch Eichenhölzer ersetzt, die Zugangswege mit Stufen aus Rochlitzer Porphyr versehen. Arbeit in Hülle und Fülle, eine schwieriger als die andere. Ohne die engagierte Mithilfe und heimatverbundene Liebe der Eisen-

acher Handwerker, die zum Teil längst vergessene handwerkliche Fähigkeiten erst wieder erlernen mußten wie etwa das Beilen mit der Zimmermannsaxt, die mit alpinistischem Geschick ein 1 000-Quadratmeter-Gerüst auf die Felsen der Westseite der Burg für die entstehenden Putzarbeiten aufstellten, wo nie zuvor ein Gerüst stand, ohne dieses freundschaftliche Miteinander von Restauratoren, Wissenschaftlern und Bauleuten wäre das alles einfach nicht zu bewältigen gewesen. Als die Maurer bei den Arbeiten an der statisch zu sichernden Zugbrücke auf eine Flasche mit einem Namenszettel der am Neubau der Zugbrücke vor fast genau hundert Jahren beteiligten Handwerker stießen, da staunte einer nicht schlecht, auch seinen Großvater genannt zu sehen. Eine Wartburggeschichte von vielen aus diesen bewegten Aufbaujahren bis zur 900-Jahr-Feier der Burg 1967, wo sie sich, vollständig verputzt und festlich hergerichtet, aufs schönste präsentierte.

Mit Blick auf das Luther-Jahr 1983 gingen die umfassenden Restaurationsarbeiten der Wartburg-Stiftung im Verein mit der Arbeitsstelle Erfurt des Instituts für Denkmalpflege kontinuierlich weiter, den beiden Jahrhundertbemühungen um die Burg eine ins nächste Jahrtausend reichende Sicherung verleihend. Nach der Beruhigung der Bauformen, insbesondere am Palas durch ästhetische Korrekturen, nach der Auswechslung der wertvollen originalen Bauplastik der romanischen Arkaden gegen Kopien (aus einem Dresdner Betrieb) mußte das alte Landgrafenhaus nun im Inneren umfassend restauriert werden. So wurde die originale Substanz im Erdgeschoß und in der Kapelle wiedergewonnen, was umfangreiche wissenschaftliche Studien erforderte (u. a. des Putzes, der Farben und der Baumaterialien). Im Rittersaal wurden spätere Putzschichten abgehoben, im Speisesaal die Deckenbalken erneuert, die elektrischen und Heizungsanlagen modernisiert. Größte Sorgfalt und Fingerspitzengefühl waren erforderlich, exaktes Wissen um die romanische Burgenarchitektur und schließlich umfangreiche finanzielle Mittel, um diesen Denkmalpflegertraum einer originalen Wiedergeburt zu erfüllen. Nach langen, sorgfältigen Überlegungen waren sich Denkmalpfleger und Restauratoren mit der Wartburg-Stiftung in dem gewiß nicht leichten Entschluß einig, dem 19. Jahrhundert auf der Wartburg mit all seinen Zutaten den Vorrang zu geben und von einer durchgehenden Wiederherstellung des mittelalterlichen Baubestandes abzusehen. So wurde der charakteristische Festsaal mit seiner reich verzierten Kassettendecke ganz in der Manier seines Schöpfers, Hugo von Ritgens, restauriert. Noch um 1850, mitten in den Wiederherstellungsarbeiten, überspannte in etwa vier Meter Höhe eine einfache, von Holzsäulen getragene Balkendecke den Saal, der um das Jahr 1200, als das zweite Obergeschoß des Landgrafenhauses errichtet wurde, sicher ganz anders aussah. Gerade hier wird der romantisierende Zugriff des 19. Jahrhunderts besonders anschaulich. Ursprünglich ist heute wenig, die prachtvolle Innenausstattung entspricht ganz dem Geschmack des fürstlichen Auftraggebers der Restaurationsarbeiten im vorigen Jahrhundert. Der mit den Wiederherstellungsarbeiten beauftragte Architekt Ritgen sah sich in einer Zeit, da man erste Erfahrungen mit der denkmalpflegerischen Restauration solcher Bauwerke sammelte, vor keine geringen Aufgaben, gerade bei diesem Festsaal, gestellt. Die überkommenen hohen, steilen Giebel der Gotik (nach dem katastrophalen Brand von 1318) paßten nicht zu dem geplanten romanischen Umbau, Spuren romanischer Fenster am Nordgiebel schienen dem Plan einer Erhöhung recht zu geben. Nach Begutachtung von drei Entwürfen entschloß man sich, Franz Liszt in die Beratung einbeziehend, schließlich zu der (heutigen) trapezförmigen Balkendecke, die auf die erhöhten Seitenmauern gesetzt wurde und auch die ursprünglich separate Galerie, den einstigen Wehrgang, mit in die Raumkonzeption einbezog.

Die gründlichen Untersuchungen der Restauratoren, die Gesteins- und Putzanalysen und Altersbestimmungen des Holzes, brachten in den letzten Jahren mitunter überraschende Ergebnisse. So stellte es sich heraus, daß ein Teil der marmorähnlichen Säulenschäfte des Palas aus der Kalkauffüllung der gemauerten Rinne einer römischen Wasserleitung stammt, die von Köln nach der Eifel führte. Das wertvolle Baumaterial wurde von den rheinischen Bauleuten zwischen 1170 und 1220 mitgebracht. Einen weiteren Schwerpunkt bildeten der Rittersaal mit der wieder freigelegten mittelalterlichen Kaminanlage sowie der Speisesaal mit seiner 800 Jahre alten Holzbalkendecke. Nachträglich angebrachte Putzschichten wurden abgehoben und der mittelalterliche Verputz — ocker, gelegentlich auch rot und schwarz — wieder „steinsichtig" gemacht. Kaum ein Besucher ahnt, wieviel Mühe und Erfindungsgeist, auch wieviel persönliche Hingabe und wissenschaftliche Sorgfalt bei den über drei Jahrzehnte sich bis zum Lutherjahr 1983 erstreckenden Restaurationen erforderlich waren, um diese bekannteste deutsche Burg zu einem Schmuckstück moderner Denkmalpflege werden zu lassen.

Etwa 800 000 Füße scharren alljährlich über die steinernen Treppen und hölzernen Böden. Auch daran war bei den Sicherungsarbeiten zu denken, an den tagtäglichen touristischen Verschleiß durch die Besucher, für die letztlich all dieser teure Aufwand betrieben wird. Von 1894 an, als Burghauptmann Hans Lucas von Cranach sein Amt antrat und eine Besucherstatistik anlegte, bis 1974 wurden 14 302 070 Besucher gezählt, darunter allein 7,4 Millionen nach 1945. Seit dreihundert Jahren und mehr ziehen die Menschen hier herauf. Was finden sie, was nehmen sie an Erinnerung mit nach Hause? Von Richard Wagner wissen wir, daß er Ende Oktober 1862 erneut, nicht ganz freiwillig, auf der Wartburg war, weil er in Eisenach den Zug nach Leipzig verpaßt hatte. Übelgelaunt machte er sich mit einem Führer auf den Weg zur Burg und sah sich dort, nach eigenem Bericht, „... auch den Saal mit den Schwindschen Bildern an, fand mich vor allem sehr kalt berührt und kehrte in der Restauration dieses Eisenacher Lustortes ein, wo ich verschiedene Bürgerinnen mit dem Strickstrumpf beschäftigt antraf ..." War es Bitterkeit aus der Enttäuschung, in der Strickstrumpfbiederkeit des Provinznestes Eisenach nicht die grandiose Sehnsuchtsweite der komponierten „Tannhäuser"-Landschaft wiedergefunden zu haben? Wir wissen nur, daß es ihn wie in magischer Verführung noch einmal 15 Jahre später zum Bergschloß hinaufzog, das er seinem Sohn Siegfried zeigte. Wartburggeschichten, Wartburggeschichte. Ein Dichter erfaßte ihr Geheimnis; Johannes R. Becher: „Es ist so, daß die Wartburg nicht nur dem geographischen Begriff nach eine Höhe, eine landschaftlich hohe Warte ist, sondern zugleich auch einen geschichtlich erhöhten Standpunkt bildet, der uns vergangene Zeiten weithin überschauen, tiefer durchdringen läßt."

Nachwort

❧

... doch die Ritter sind verschwunden. Burgen, ein Kapitel mittelalterlicher Kulturgeschichte

Burgen zwischen Werra und Elbe. Man kann sich ihren Geschichten nähern wie einst Wolfram von Eschenbachs Parzival dem romantischen Urbild, der Gralsburg — „Vil türne, manec palas / da stuont mit wunderlicher wer" —, und schon beleben sich die Höfe, gehen die Tore auf, rascheln Gewänder, klirrt Eisen. Der Wissenschaft reicht das nicht. Sie gräbt und forscht, gruppiert und vergleicht, ordnet in Typologien und Entwicklungen, fragt nach den Bauherren und jenen, denen sie befahlen. Ein ganzes Team von Historikern und Denkmalpflegern, von Archäologen und Architekten, Kunst- und Literaturwissenschaftlern, Museologen und Archivaren ist am Werk, das gewaltige Erbe des Mittelalters im kulturgeschichtlichen Koordinatensystem von Burg — Dom — Rathaus zu erkunden, in seinem Eigenwert zu begreifen, zu beschreiben, zu erhalten. Hier ist für den Burgenbesucher zu vermitteln, sind weitere Tore zu öffnen, andere Höfe zu beleben.

Das beginnt mit dem äußeren, so sehr verschiedenartigen Erscheinungsbild der Burgen. Eine entsprechende *Typologie* hilft unterscheiden: nach der Lage in der Landschaft, der historischen Funktion, der speziellen Aufgabenstellung, nach baulich-formalen Aspekten. K. H. Clasen z. B. (im „Reallexikon der Deutschen Kunstgeschichte") unterscheidet drei Haupttypen: die nach allen Seiten zu verteidigende Ringburg (Seeburg, Giebichenstein), die von der einen Seite her besonders bedrohte und darum fortifikatorisch verstärkte Abschnittsburg (Lauenburg, Kyffhausen) und das (vor allem in Südeuropa vorkommende) Kastell mit regelmäßigem recht-

bzw. viereckigem Grundriß (Gnandstein, Rudelsburg). Eine Untergliederung erfolgt dann nach der Lage der Türme, der Wohnbauten, der Schildmauer. Solche, aus formal-baulichen Merkmalen abgeleiteten Unterscheidungen erfassen das kulturgeschichtlich gewachsene Phänomen der Burg jedoch immer nur zum Teil. Andere Typologien gehen von der Lage aus und unterscheiden Höhen- und Tiefenburgen sowie sich daraus ergebende Gipfel-, Kamm-, Talrand-, Bergzungen-, Felsen-, Wasser- und Sumpfburgen. Der historischen Funktion nach gibt es wiederum Volksburgen, befestigte Siedlungen, Pfalzen und Reichsburgen, Fürsten- (Markgrafen-, Bischofs-, Landgrafen-)Burgen, Ritter- und Ministerialburgen, Stadtburgen, befestigte Kirchen, Klöster und sogar Friedhöfe, wobei die Ordensburgen einen Sonderfall darstellen. Eine besondere strategische Funktion besaßen Burgen in Pässen und Tälern, an Straßen, Furten, Häfen, als Landwarten, Zollbefestigungen sowie als Schutz- und Zwingburgen. Oft wurden Burgensysteme angelegt, z. B. der Henneberger Block, der Werraabschnitt, der Unstrutbogen, der Kyffhäuser-Block, die Saale-Elster-Linie. Allein 60 Burgen stehen im Saaletal.

Der Bauanlaß: Besitz war zu sichern, Macht zu demonstrieren, bewaffnet und verschanzt. „Und in der Burg Mühlberg schenken wir Dir drei Hofstätten mit ihren Leibeigenen und all ihrer fahrenden Habe und 100 Tagewerk oder Morgen Ackerland", heißt es in der Schenkungsurkunde des Herzogs Heden von 704 an Bischof Willibrord von Utrecht, dem damit der Besitz in Arnstadt und Mühlberg übereignet wurde. Das war bereits die

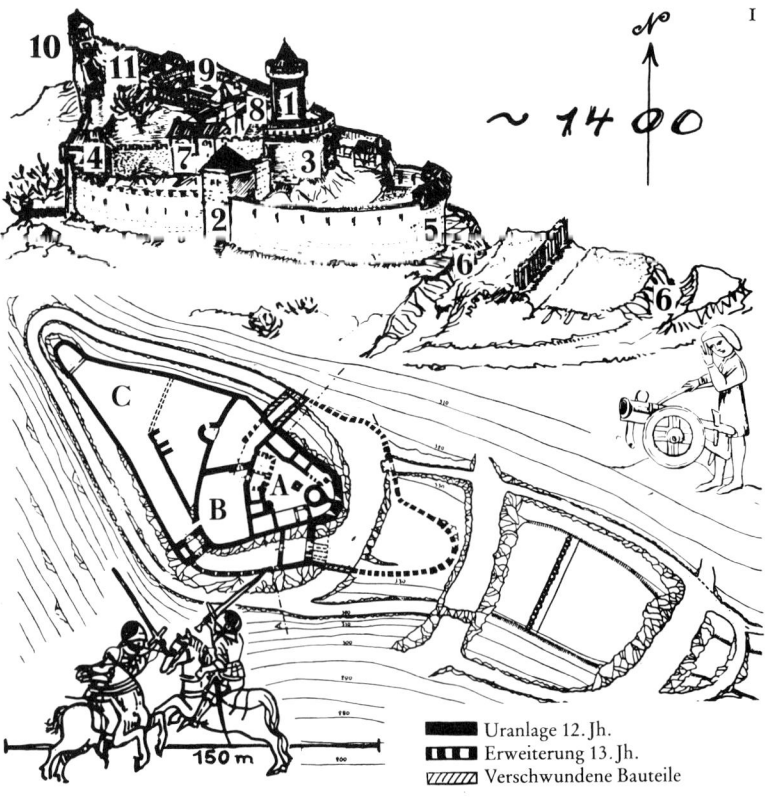

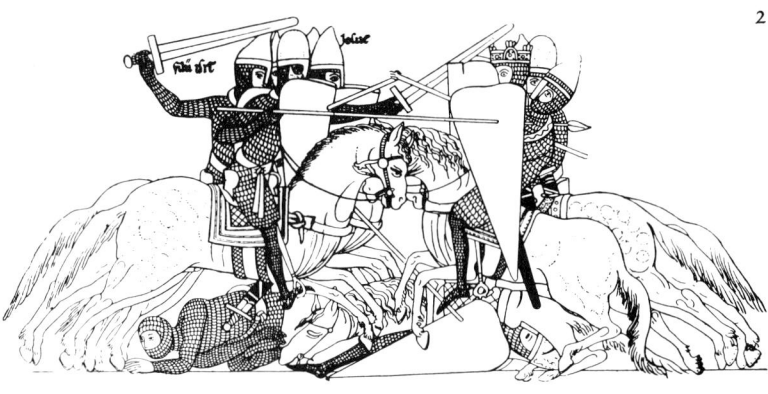

Uranlage 12. Jh.
Erweiterung 13. Jh.
Verschwundene Bauteile

150 m

~ 1400

Zeit der fränkischen Herrschaft in Thüringen, auf die das Hersfelder Zehntverzeichnis — Burg Querfurt macht es anschaulich — verweist.

Die eigentliche Geschichte der Burgen zwischen Werra und Elbe begann jedoch mit der Burgenordnung des 919 in Fritzlar zum deutschen König gewählten Sachsen-Herzogs Heinrich I. (919—936), dem wir in der Pfalz Memleben und in der Quedlinburg begegnen. Beim erneuten Einfall der Ungarn fand Heinrich I. in seiner Pfalz Werla bei Goslar hinter den Sümpfen der Oker nicht nur persönlichen Schutz, sondern auch die entscheidende Lösung, wie das heimgesuchte Land vor den wilden Reiterscharen künftig besser zu schützen sei. Einen neun Jahre währenden, schwer erkauften Waffenstillstand nutzend, ließ er mit Hilfe der im Jahre 926 auf dem Reichstag in der stark befestigten Bischofsstadt Worms beschlossenen Burgenordnung ein ganzes System von befestigten und mit Burgmannen besetzten Anlagen errichten. So entstanden Quedlinburg, Nordhausen, Pöhlde, wurden Bischofssitze und Pfalzen wie Merseburg und Hersfeld mit Mauern umgeben, die Grafen der Grenzbezirke mit größerer Machtbefugnis ausgestattet. Gestützt auf das Befestigungssystem konnte Heinrich I. es wagen, den Ungarn statt des fälligen Tri-

1 Burg Falkenstein (Harz) um 1400. 1 Bergfried; 2 Burgtor mit Graben und Pfortenhaus; 3 Schildmauer; 4 Burgtor (Krummes Tor); 5 Ostbastion auf der „Klippe"; 6 Vorgelagerte Gräben; 7 Dirnitz (heizbares Wohnhaus), zum Bergfried hin die Küche; 8 Palas; 9 Wirtschaftskomplex mit Amtshaus an der Mauer (nebst Schlupfpforte), Waschhaus an der Innenmauer mit dem fünften Burgtor und dem vierten Burgtor (Schalenturm) zur Vorburg (C); das zwischen Amtshaus und Palas gelegene ältere erste Burgtor mit Kapitels- und Pforthaus ist verschwunden; 10 Nordwestbastion („Altan"); 11 Ställe, Back- und Brauhaus in der Vorburg (C). — Grundriß der Gesamtanlage unten (nach Hermann Wäscher — Zeichnung: G. M.).

2 Reiterkampf. Darstellung aus dem „Hortus deliciarium" der Äbtissin Herrad von Landsberg (1160—1175), ein wichtiges Quellenwerk für die Bewaffnung und das Kostüm dieser Zeit; Helm im normannischen Typus.

3 Erstürmung eines frühfeudalen Burghügels (Motte). Darstellung auf dem Teppich von Bayeux (11. Jh.), der die Eroberung Englands durch Wilhelm den Eroberer (1066 Schlacht bei Hastings) abschildert; gut erhaltene Anlagen aus dieser Zeit finden sich in Thüringen u. a. bei Öttern (Krs. Weimar), Niedersachswerfen (Krs. Nordhausen) und Breitenworbis (Krs. Worbis).

buts einen toten Hund zu schicken; der Anblick seiner Panzerreiter im März 933 bei Riade im Unstrutgebiet muß noch abschreckender gewirkt haben, denn die Ungarn zogen kampflos ab. Der (um 1004 als Mönch in Corvey verstorbene) Chronist Widukind von Corvey berichtete (in seinem um 967 abgeschlossenen Werk „Res gestae saxonicae") über diese Burgengründungen u. a.: „Zunächst wählte er aus Bauernkriegern (milites agrarii) jeden neunten aus und ließ ihn in Burgen wohnen, damit er seinen acht Genossen Wohnungen erbaue, den dritten Teil aller Feldfrüchte empfange und aufbewahre. Die übrigen acht aber sollten säen und ernten, die Früchte sammeln für den neunten und an ihrem Orte aufspeichern. Alle Gerichtstage, Zusammenkünfte und Feste sollten auf seinen Befehl in den Burgen abgehalten werden, an deren Erbauung man Tag und Nacht arbeitet. So sollten sie im Frieden lernen, was sie im Falle der Not gegen die Feinde zu tun hätten. Außerhalb der Burgen aber gab es wertlose oder gar keine festen Gebäude" (neuhochdeutsche Übertragung).

Ein überaus durchdachter Vorgang, der sich nicht nur gegen die Ungarn richtet, sondern auch die Basis zur Eroberung und Unterwerfung neuer Herrschaftsgebiete für den deutschen Feudaladel östlich von Saale und Elbe schuf. Die nicht gerade anspruchsvolle Burg Werla, Grabungen 1959/64 auf dem Domplatz in Goslar bestätigen das, bildete durchaus einen strategischen Eckpfeiler bei dieser frühfeudalen deutschen Ostexpansion in slawische Gebiete. Im Winter 928/29 wurden zunächst die Heveller vom sächsischen Heeresaufgebot geschlagen und die Burg Brennabar (Brandenburg) erobert. Dann fiel Heinrich I. in Daleminzien ein und stürmte die sorbische Volksburg Gana. Damit war der Weg bis an die Elbe frei, wo er auf dem dreieckigen Felsplateau des Meißner Burgbergs zunächst einen militärischen Stützpunkt anlegte, die spätere Burg. Sie diente wiederum als Ausfallfestung in die Lausitz und südböhmische Gebiete. Sicher ist, daß es in dem von Slawen besiedelten Land sowohl Höhen- wie auch Sumpfburgen (als Kultstätten bzw. Adelssitze) bzw. Volksburgen gab, die nun samt dem slawischen Verwaltungssystem in die neuen Herrschaftsstrukturen des sich nach Osten gewaltsam ausdehnenden frühfeudalen Deutschen Reiches eingebunden wurden. Die slawische Bevölkerung mußte Hand-

und Spanndienste beim Burgenbau leisten und deren Besatzungen mit Getreide versorgen, nicht selten gab es slawische Burgmannen, die von diesen Diensten frei waren. Unter Heinrichs Sohn Otto I. (936—973) wurden die neuen Herrschaftsformen nicht nur militärisch und strategisch weiter gefestigt, sondern durch die verstärkte Missionierung im Rahmen einer einheitlichen Kirchenorganisation auch ausgebaut. Der Bischof wohnte beim Markgrafen in der gleichen Burg, deren Kapelle war das geistliche Zentrum der noch immer heftig erschütterten Ostmark. Meißens Geschichte steht dafür beispielhaft. Erst Ende des 12. Jahrhunderts war die Christianisierung der Mark soweit abgeschlossen, daß nun mit den Markgrafen aus dem Hause Wettin dank der günstigen Verkehrslage eine rege wirtschaftliche und auch künstlerische Entwicklung einsetzte. Unter Markgraf Konrad (1123—1156) strömten aus den übervölkerten Reichsgebieten im Westen und aus Thüringen bäuerliche Siedler in das Land zwischen Saale und Elbe. Wald wurde gerodet, die steigenden Agrarerträge regten den Handel an, Städte wurden gegründet. Oftmals bildeten befestigte Bischofssitze bzw. Abteien (Quedlinburg, Meißen) den Kristallisationskern dafür. Zwischen Werra und Elbe entstand, von starken Reichsburgen gesichert, ein relativ geschlossenes königliches Herrschaftsgebiet. Unter Heinrich IV. (1050—1105) wurden die Pfalzen befestigt und bereits vorhandene Burgen (Eckartsberga bei Apolda) ausgebaut. Die nach dem Brande von 1070 mit stattlichen weltlichen und kirchlichen Bauten wiedererrichtete Stiftsburg Quedlinburg besaß nun einen zweiten Mauerring (dessen Fundamente bis heute in den Kellern der den Burgberg umgebenden Häuser erhalten blieben). Ein gewaltiger bautechnischer Fortschritt im Burgenbau in nur knapp eineinhalb Jahrhunderten seit Heinrichs Burgenordnung. Die Unterscheidungen in größere geschichtliche Perioden bringen Ordnung in die verwirrende Vielfalt der Erscheinungsformen, lassen politische und soziale Hintergründe erkennen.

Herrschaft und Zuflucht

Die Burgenkundler unterscheiden eine (romanische) Periode des Burgenbaus vom 10. bis zum 12. Jahrhundert, eine (gotische) vom 12. bis zum 15. Jahrhundert und eine

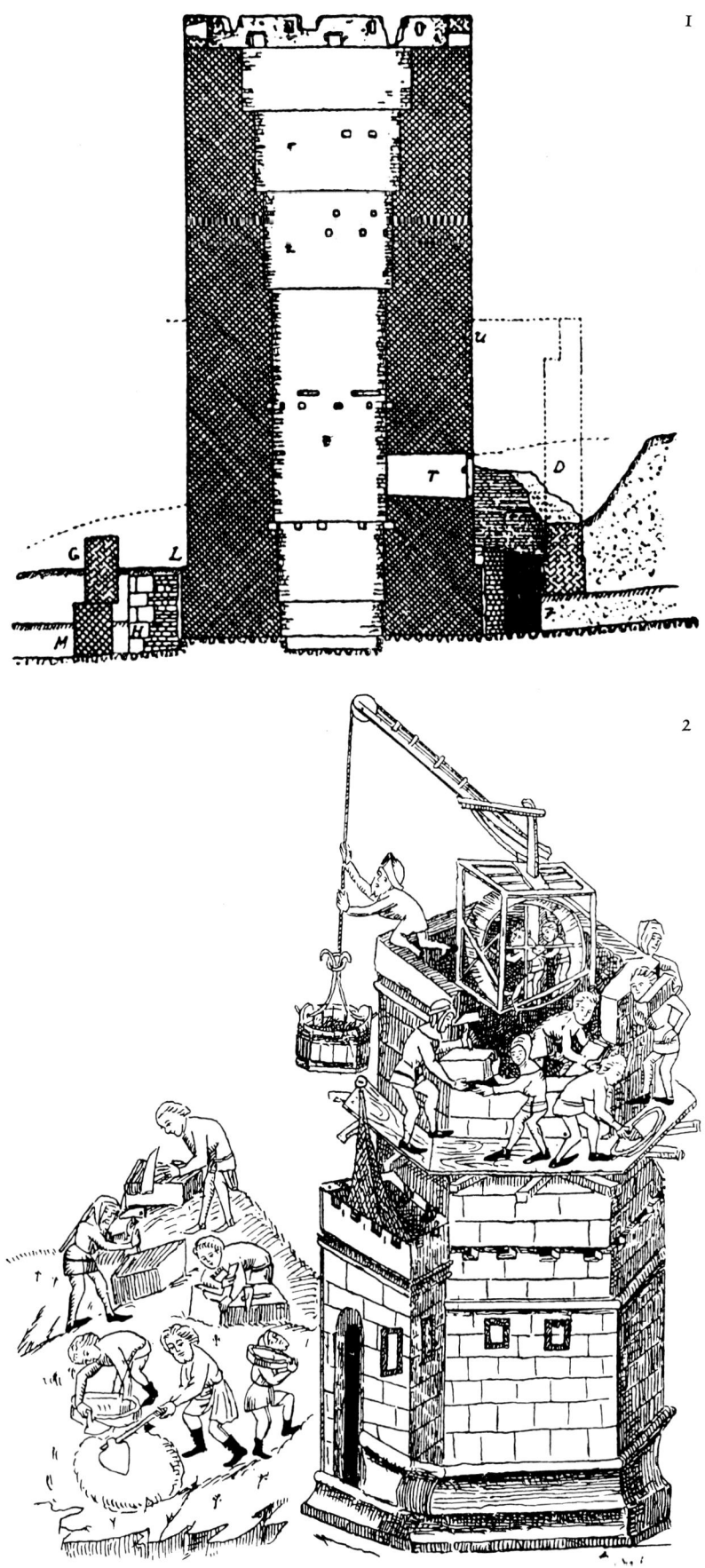

abschließende, zum Schloßbau tendierende bis Mitte des 16. Jahrhunderts, an deren Ende allein auf deutschem Territorium schätzungsweise 10000 Burgen bestanden, von denen auf das Gebiet der DDR heute mehr als 2000 Anlagen – zumeist Ruinen und letzte Mauerreste – entfallen. Diese Periodisierung widerspiegelt zugleich die sehr differenzierte geschichtliche Entwicklung des Feudalismus in Mitteleuropa.

Die ersten Steinburgen (der frühen romanischen Periode) waren in ihrer inneren Ausdehnung recht bescheiden. Zumeist waren sie rund oder paßten sich den natürlichen Gegebenheiten des Geländes an. Die Ringmauern aus der frühen romanischen Zeit waren noch recht niedrig, kaum über sieben Meter, hingegen dehnte man die Wälle (mit einer teilweise bis 45 Meter breiten Wasserfläche) oft weit über das Gelände aus. Die teils runden, teils eckigen Bergfriede erreichten zwischen 25 und 35 Meter Höhe im Durchschnitt, wobei die Mauerstärke im unteren Teil etwa zwischen drei und vier Metern schwankte. Sie wurde über dem Turmverlies immer dünner, was an den eingebauten Zwischendecken dieser letzten Zufluchtsstätte der Burg lag. Unterschiedlich groß war oft der Wohnbau der verschiedenen Burgen, in dem sich, wenn nicht auf dem Hof, ein großer Teil des Burglebens abspielte. Der im Jahre 936 zum deutschen König gewählte Otto I. sicherte, sich politisch auf die Geistlichkeit stützend, das im Zuge der ersten Ostexpansion gewonnene Saale- und Unstrutgebiet durch Grafenburgen und Pfalzen.

Mit Heinrich IV. begann zur Sicherung des Königslandes zwischen Werra und Elbe die Zeit der großen Reichsburgen (Harzburg, Lauenburg, Heimburg, Hasenburg). Sein fähigster Baumeister und Gefolgsmann, Bischof Benno II. von Osnabrück, ließ unter brutalem Arbeitszwang, wie Chronisten berichten, von den Bauern des Harzvorlandes die dreiteilige Reichsburg Kyff-

1 Dicker Heinrich, massiver Rundturm (um 1075) auf Burg Querfurt. Durchmesser 14,50 Meter in Höhe des unteren Zugangs (3,30 Meter) noch immer eine Mauerstärke von 4,34 Meter; Gesamthöhe 31,6 Meter, im Innern sechs Mauerabsätze; Ende des 12. Jh. wurde der Bergfried mit einer Mantelmauer (D) umgeben.

2 Bauleute beim Burgbau. Nach einer Darstellung in der Weltchronik des Rudolf von Ems (1383).

hausen errichten, eine der größten Burganlagen des Reiches nördlich der Alpen überhaupt und darin den gewaltigen Kreuzritterburgen durchaus vergleichbar. Wer sie belagerte, mußte einen nahezu zehn Kilometer langen Verteidigungsring in größtenteils schwierigem bis unzugänglichem Gelände besetzen, ein für damalige Kriegsverhältnisse fast ausgeschlossenes Unterfangen feudaler Ermattungsstrategie im Hinblick auf Versorgung und Unterhalt der zusammengewürfelten Truppen. Die annähernd 400 Mann Besatzung, was sich aus den Gebäuderesten ermitteln läßt und eine ungewöhnlich starke Belegung für eine Burg jener Zeit bedeutet, banden so ein vielfach stärkeres und auf Zeit kaum zusammenzuhaltendes Heer. Hinzu kam, daß jede der drei Teilburgen ein eigenes, durch Gräben und Mauern voneinander unabhängiges Verteidigungssystem darstellte. Sie deckten sich gegenseitig. Eine militärtechnische Meisterleistung des Bischofs, und aufgrund der unerhörten Bauleistungen der geschundenen Bauern mit ein Anlaß zum machtvollen Sachsenaufstand 1073 gegen Heinrich IV., dessen Harzburg ein Jahr später von den bewaffneten Bauern überrumpelt und niedergebrannt wurde. Es waren die verschiedenen Großburgen mit ihren Offensiv-Besatzungen, die den König retteten.

Die Bauleistungen sind, gemessen am Niveau der Produktivkräfte, erstaunlich. Die vermutlich im Auftrag Heinrichs IV. in der Nähe Quedlinburgs errichtete Lauenburg, nach der Harzburg die größte Burg des Harzes, ist z. B. von einem 1400 Meter langen Grabensystem, das rund 60700 Kubikmeter Erdbewegung bedeutet, und zusätzlich von etwa 20000 Kubikmetern Mauerwerk umgeben, wofür 270 Arbeitstage im Jahr von rund 200 Bauleuten und immerhin fünf bis acht Jahre Bauzeit nötig waren. Baumeister war auch hier der Bischof von Osnabrück, der auf einer Pilgerfahrt nach Jerusalem auch die Festungsbaukunst des Orients kennenlernte.

Gerade im 11. Jahrhundert mit den beginnenden Kreuzzügen begann für die europäische wie für die byzantinische und islamisch-arabische Geschichte eine entscheidende Entwicklung, wobei der immense Bevölkerungszuwachs (bis zur großen Pest Mitte des 14. Jh.) auch zu zahlreichen Stadtgründungen (als jeweiliger Großburg mit Markt und Produktionsstätten) führte. Es ist die

Zeit, wo sich die Feudalherrschaft in den Burgbezirken unter Einbindung der Bauern in ein festes Ausbeutungssystem um eine effektivere staatliche Struktur bemühte. Die Ministerialen (für Burg-, Verwaltungs- und Militärdienste) begannen sich zu verselbständigen und der Hochadel festigte mit eigenen Ministerialen unter Ausnutzung der Schwäche der Zentralgewalt im Königsland seinen Machtanspruch mit eigenen Burgen. Im 1122 von Heinrich V. (1106–1125) abgeschlossenen Wormser Konkordat verzichtete der Kaiser auf sein Recht der Einsetzung (Investitur) der Bischöfe mit Ring und Stab, die sich von nun an wie auf gleicher Ebene die Kronvasallen, die Fürsten, als souveräne Territorialmacht (Reichsvasallen) immer stärker behaupten konnten.

Besonders anschaulich wird dieses veränderte machtpolitische Kräfteverhältnis in dem Werdegang des abenteuerlichen Wiprecht von Groitzsch († 1124), der sich mit den Burgen Leisnig, Dohna, zahlreichen Ämtern und Lehen und als Burggraf von Halle (mit eigener Stadtburg) im Südraum des Erzstiftes Magdeburg in Konkurrenz mit den Askaniern (in der Altmark und Mark Brandenburg) und Wettinern eine mächtige Herrschaftsbasis schuf (s. unser Beitrag über Rochlitz). Ganz ähnlich haben die Ludowinger, einem alten Ministerialengeschlecht entstammend, in Thüringen mit einer einzigen Burg, einem Kloster und sechs Rodungsdörfern den Grundstein zu ihrer mächtigen Landesherrschaft gelegt (s. Wartburg). Als Folge dieser Entwicklung nach dem Wormser Konkordat gewann im deutschen Feudalstaat des 12./13. Jahrhunderts im Unterschied zu den Nachbarländern die hohe Geistlichkeit eine maßgeblich mitbestimmende weltliche Machtstellung (s. Seeburg, Moritzburg, Giebichenstein).

Die klassische Ritterburg

In der Mitte des 12. Jahrhunderts setzte sich die gotische Baugesinnung in Frankreich durch, ein halbes Jahrhundert bestimmte sie auch die Kunst der deutschen Baumeister. Die Gotik gab der Burg als feudaler Eigenbefestigung die ersten Merkmale schloßartiger Baugliederung. Die Städte, nun planmäßiger angelegt, wurden zu einer eigenständigen baukünstlerischen Aufgabe, ihre Türme zu blickpunktbestimmenden Dominanten, ihre Mauern

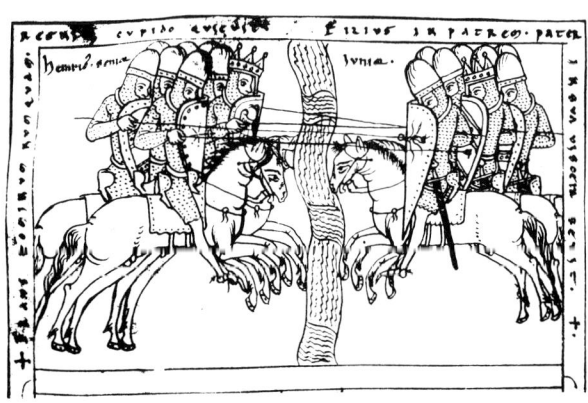

zum monumentalen Bauwerk bürgerlichen Gemeinwesens.

Die *zweite* Burgenbauperiode findet ihre Krönung in der staufischen Burg, die wie ein Adlerhorst herausfordernd militärisch-politische Selbständigkeit auf dem Postament der Felsen und Berge markiert. Burgen als befestigte Residenz der hohen Aristokratie, der Landesherrschaft, Burgen als Sitz des Ritter-Adels, der sich nach ihnen zu benennen begann. Wer die Burgen besaß, beherrschte das Land. Der Burgenbau hatte Hochkonjunktur. Burgen als Wehr- und Wohnbau, aber auch als Wirtschaftsbetrieb und Verwaltungszentrum mit eigener Kirche bzw. Kapelle. Es ist die Zeit des massiven, überragenden Bergfrieds mit seiner schützenden Mantelmauer, der hochgezogenen Umfassungsmauer, die teilweise zur Schildmauer verstärkt wurde, der heizbaren Kemenaten. Das alles — im Gegensatz zur salischen Burg — gedrängter und kräftiger im Mauerwerk. Später kamen, schon in der Weiterentwicklung, Zwinger und Vorburgen dazu, vertikale Distanzerweiterungen zum Gegner. Die klassische Ritterburg steigerte sich zur vielgestaltigen, in sich gestaffelten Wehranlage.

Die Staufer hatten sich im Dienste der salischen Heinriche zu Herzögen von Schwaben emporgedient, und Konrad III. (deutscher König von 1138—1152) setzte deren (das Krongut sichernde) Burgenpolitik zielbewußt fort. Auf dem Totenbett designierte er seinen Neffen Herzog Friedrich II. von Schwaben zum Nachfolger, der dann als Friedrich I. (römisch-deutscher Kaiser 1152—1190), volkstümlich Barbarossa, die Reichspolitik noch einmal zu einem Höhepunkt führte. Mit der zweiten Ostexpansion (Heinrich der Löwe, Albrecht der Bär, Konrad von Wettin, Wichmann von Seeburg) wurde nicht nur das Gebiet zwischen Saale und Elbe militärisch weiter durch Burgen gesichert, sondern auch über die Elbe hinweg erweitert.

Obwohl sich die Staufer territorialpolitisch vorwiegend auf den Süden und Südwesten des Reiches konzentrierten, rückten doch der Harz und Thüringen stärker in den Mittelpunkt ihres Interesses. So war Barbarossa bestrebt, in Thüringen zwischen Eger (Cheb/ČSSR) und Altenburg, in Nordthüringen und in dem Gebiet südlich des Harzes die Position der Zentralgewalt zu stärken. Mit der Erwerbung Saalfelds, des Vogtlandes, der Reichsabtei Pleißen, Altenburgs und des Osterlandes entstanden wichtige Stützpunkte der Reichsgewalt. Die stark befestigten Pfalzen Altenburg und Eger waren mit einem dichten Kranz sie schützender Ministerialburgen umgeben; die Burgen Zwickau und Meerane nördlich des Erzgebirges sicherten das neue Kolonisationsgebiet.

Das Reichsgebiet im Vogtland stellte zugleich über die Pfalz in Eger und die Burg Nürnberg die Verbindung zur Hauptmasse staufischen Haus- und Reichsbesitzes um den Bodensee, im Elsaß, im Rheinland und in Schwaben her. Dabei spielten auch einige Saaleburgen (Rudelsburg, Saaleck, Dornburg, die Hausbergburgen, die Lobdeburg und die Leuchtenburg) eine strategische Rolle. Sie waren mit Ministerialen besetzt und bildeten wichtige Verwaltungsmittelpunkte. So verliehen z. B. die Herren von Lobdeburg, um die Mitte des 12. Jahrhun-

1 Höhenburg. Ausschnitt aus Dürers Kupferstich „Ritter, Tod und Teufel" (1513).
2 Reitersiegel Konrads III.
3 Heinrich IV. im Kampf gegen seinen Sohn Heinrich im Bayrischen Wald am Regen. Nach einer Darstellung in der „Weltchronik" des Bischofs Otto von Freising (um 1143/46).

derts als kaiserliche Lehnsleute an die Saale gekommen, im Jahre 1236 Jena das Stadtrecht. Um die gleiche Zeit ernannten die Staufer die Herren von Kapellendorf zu Burggrafen von Kirchberg, die auch die beiden anderen Hausbergburgen (Greifberg und Windberg) errichteten. In den siebziger Jahren erstarkte das Königtum auch in dem bislang von Heinrich dem Löwen kontrollierten Nordhausen und bildete, zusammen mit den anderen Pfalzen des Südharzes und mit der starken Reichsburg Kyffhausen, für Barbarossa eine Kampfbasis gegen den mächtigen Welfen und den opponierenden sächsischen Adel. In der Reichsburg Mühlhausen wurde Barbarossas jüngster Sohn Philipp von Schwaben 1198 (im Beisein Walthers von der Vogelweide) zum König gewählt, um von hier aus Thüringen und das Elsaß zu unterwerfen. Gegenkönig war Otto IV. (1198–1218; 1209 zum Kaiser gewählt), der zweite Sohn Heinrichs des Löwen, der in Mainz (mit der echten Königskrone) von der Gegenpartei gewählt wurde und dann, fast vergessen, auf der Harzburg starb.

Womit die Ära des Staufers Friedrich II. (1212–1250; 1220 Kaiserkrönung) begann, der sich vor allem im südlichen Italien zu Hause fühlte, dort prachtvolle, palastartige Burgen errichten bzw. ausbauen ließ und mächtig genug war, die deutschen Gegenkönige Heinrich Raspe von Thüringen (1246) und Wilhelm von Holland (1247), gestützt auf die heimische staufische Hausmacht, zu überstehen. Schon zu Lebzeiten berühmte Meisterleistungen der Architektur und der sie schmückenden baugebundenen Kunst in seinem Auftrag waren das (in beachtlichen Resten erhaltene) Jagdschloß von Gravina di Puglia, die breit hingelagerte Mauermasse des 800 Meter hoch gelegenen Castel Lagopesole mit seinen riesigen Sälen, die mathematisch exakten Viereck-Kastelle von Augusta und Catania, das ungewöhnlich reich ausgestattete Castel von Syrakus und das um 1240 aus einem regelmäßigen Achteck entwickelte zweigeschossige, um einen Innenhof turmartig hochgesteigerte, unvorstellbar luxuriöse und festlich ausgestattete Castel del Monte, noch heute einzigartiges Baudenkmal staufischer Architektur. Vom sogenannten Thronsaal aus konnte das Fallgitter im Portal ausgelöst werden; drei Türme erhielten Wendeltreppen, was absichtlich den Zugang erschwerte.

Ich han min lehen

Etwa um 1250 wurde ein Mann namens Wölflin, wiewohl unadliger Herkunft, von Friedrich II. in der Pfalz Hagenau zum Reichsschultheißen zur Verwaltung des Reichsgutes im Elsaß eingesetzt; er gründete Städte und Burgen. Der Vorgang umreißt schlaglichtartig die Situation der sog. Ministerialen, des Dienstadels, der in der Auseinandersetzung zwischen königlicher Zentral- und fürstlicher Territorialmacht seit der zweiten Hälfte des 11. Jahrhunderts immer bedeutsamer wird. Denn beide Mächte waren — bei der begrenzten Anzahl freier Vasallen — immer mehr gezwungen, ihre militärische Streitmacht mit abhängigen Männern aus der unfreien Bevölkerungsschicht aufzufüllen, eben den Ministerialen. Als kleine Verwaltungsvögte und Amtsträger, als sichernde Mannschaft von Burgen, als Panzerreiter. Was nicht nur die soziale Stellung dieser Leute veränderte, sondern sie bald auch äußerlich dem Ritter anglich, als milites wie er ein Wappen führend. Walther von der Vogelweide, lange Jahre ein umhergetriebener „Fahrender", glücklich über den langersehnten Aufstieg in die höfisch-adlige Welt, machte den Vorgang sogar zur Dichtung: „Ich han min lehen, al die werlt, ich han min lehen!" Die ständig steigenden Kosten für eine moderne Rüstung — seit dem 11. Jahrhundert trat mehr und mehr an die Stelle des alten Schuppenpanzers der sogenannte Ringpanzer — sowie deren zunehmendes Gewicht, das mehrere Pferde zum Wechsel erforderte, machten die soziale Sicherheit dieser Dienstleute durch ein Dienstlehen zur Voraussetzung, das schon im 11. Jahrhundert für Männer (und ab 12. Jh. auch für Frauen) erblich wurde. Damit war (ab 13. Jh.) kaum noch zwischen freiem Vasallentum und Ministerialität zu unterscheiden, wenngleich Barbarossas Landfrieden von 1152 ausdrücklich bestimmte, daß der gerichtliche Zweikampf (Gottesgericht) nur Männern mit echter ritterlicher Herkunft zustand. Der inzwischen in Burgen und Ämtern fest etablierte Kleinadel war nicht mehr aus dem Rittersattel zu heben, was insgesamt zur Stärkung der Feudalordnung und zu deren staatlichem Ausbau maßgeblich beitrug.

Walther von der Vogelweide (1170–1230) weilte, bevor er von Friedrich II. bei Würzburg sein Lehen erhielt, nachweislich ab 1198 mehrfach als Gast des Thüringer

Das lenkt den Blick auf ein eigenes, zum Teil recht frühes Burgenkapitel, die Pfalzen (Palatium = Palast), wie das in diesem Buch am Beispiel von Tilleda und Memleben dargestellt ist. Pfalzen waren von den Merowingern bis zu den Staufern militärische, verwaltungstechnische und ökonomische Stützpunkte der Königsmacht. Denn die deutschen Könige des Mittelalters regierten reisend wie schon Karl der Große, der sich die Pfalzen Ingelheim und Aachen linksrheinisch errichten ließ. Sein Beispiel wirkte lange in die weitere Geschichte hinein, und die Biographie Barbarossas beispielsweise, der sich oft in seinen Pfalzen im Vorland des Harzes aufhielt, liest sich wie ein einziger Reisebericht. So weilte er nicht nur in Tilleda, Wallhausen und Nordhausen, sondern auch in Magdeburg (4 Besuche), Quedlinburg (3), Halberstadt (2) und Erfurt (11). Immer begleitet von seiner Kanzlei, einer Gruppe schreibkundiger Kleriker, die protokollierte, alte Rechte bestätigte und neu siegelte. Solche Regierungsweise bei Wind und Wetter setzte nicht nur eine Bärennatur voraus, sondern auch eine gründliche Kenntnis aller geographischen Bedingungen, der Wege und Furten, der Pässe und schutzbietenden Klöster, der Städte und Burgen einschließlich der Voraussicht, von woher Gefahr drohen könnte. Zumeist waren die königlichen Pfalzen Ort der Reichsversammlungen und Hoftage, wo nicht nur Recht gesprochen und Gesandte empfangen, sondern auch die Kirchenfeste gefeiert und Hochzeiten gehalten wurden. Und man reiste erst weiter, wenn die aufbewahrten Naturalien des Kronguts aufgebraucht waren. Wobei freilich zu bedenken ist, daß — nicht selten zu deren Verdruß — die steuerfreien großen Klöster und geistlichen Herren (in Bamberg, Mainz und Worms mit ihren Bischofspfalzen z. B.) zur unent-

Landgrafen Hermann I. auf dessen prachtvoll zur Pfalz eines Territorialfürsten ausgebauter Wartburg. Deren (zwischen 1170 und 1190 errichteten) spätromanischen Palas konnte sich bislang eigentlich nur ein staufischer Kaiser wie Friedrich I. (in der Pfalz Gelnhausen; 1190 vollendet) oder dessen Welfen-Rivale Heinrich der Löwe (mit der Pfalz Dankwarderode, um 1175) leisten.

1 Belagerung und Verteidigung einer Burg. Miniatur der „Großen Heidelberger Liederhandschrift", auch Manessische genannt, vermutlich um 1300 bei Zürich entstanden.
2 Doppelkapelle auf der Neuenburg bei Freyburg (an der Unstrut). Quer- und Längsschnitt; die spätromanische Anlage widerspiegelt in ihrer Zweiteilung die feudale Klassentrennung in unteren Gesinderaum und reich ausgestattetes Obergeschoß.

Querschnitt   Längsschnitt   Grundmauer des Bergfriedes

geltlichen Gastpflicht für König und Gefolge verpflichtet waren. Erst mit dem ausgehenden 12. Jahrhundert wurden die Herrscher auf Grund einer fortgeschritteneren ökonomischen Entwicklung seßhafter und einzelne Pfalzen mehr zur festen Residenz (der Habsburger in Wien, der Luxemburger in Prag). Ab Mitte des 13. Jahrhunderts wurden darum auch die meisten Pfalzen an die Städte veräußert bzw. von der territorialen Feudalgewalt vereinnahmt. Von vielen blieben nur wenige Ruinen wie etwa in Tilleda. Die im 19. Jahrhundert wiederhergestellten, seinerzeit völlig heruntergekommenen Palasbauten der Pfalzen Goslar und Braunschweig geben vom einstigen baulichen Reiz einen anschaulichen Eindruck. Das großzügige Bauprogramm einer staufischen Pfalz ist heute noch an der 1170 von Barbarossa gegründeten und von ihm rund 200mal aufgesuchten Pfalz in Gelnhausen auf der Kinzig-Insel an der belebten Straße von Frankfurt/Main nach Thüringen durch die Ausgrabungen von 1930 erkennbar. Zu einer solchen Stauferpfalz gehörten ein zwei- bis dreigeschossiger Palas (für Repräsentationszwecke), die Königswohnung, die Kemenate der Frauen, eine Kapelle (oft im Typus der Doppelkapelle), Bergfried, Wirtschafts- und Burgmannengebäude sowie Wehrbauten.

Das Reich des Burgfriedens

Auch wenn man davon ausgehen kann, daß die adligen Bauherren nicht nach einem vorprogrammierten Muster bauen ließen, so sind — bei aller Erscheinungsvielfalt der Burgen — dennoch vergleichbare Bauelemente, ja sogar Vorbilder unverkennbar; Gestalt und Funktion sind wechselseitig bestimmt. Das alles ist durchaus auch für den interessierten Burgen-Wanderer heute noch erkennbar: Die vorgelagerten Gräben, bei Talburgen mehrfach um die Anlage laufend, sonst nur als vorgelagerte Abschnittsgräben, die bei Höhenburgen mühsam aus dem Stein herausgemeißelt werden mußten. Dann die Umfassungsmauern, der 10 bis 15 Meter hohe schützende Mantel, fest wie ein Panzer, mit Schießscharten und kleinen Fenstern versehen, nur selten weniger als zwei Meter stark und in Schalenbauweise mit zwischenliegendem Füllwerk errichtet. Bei starken Burgen ab 13. Jahrhundert dann noch ein zweiter Mauerring, wie man ihn im

3 Belagerung einer mittelalterlichen Burg. Illustration zum apokryphen Buch Makkabäer (Deutsche Bibel, 15. Jh.); sehr gut erkennbar ist die Bewaffnung der Zeit. So heißt es u. a. in der „Limburger Chronik": „Um das Jahr 1350 waren die Waffen, wie hernach geschrieben steht: ein jeglicher guter Mann — Fürsten, Grafen, Herren, Ritter und Knappen und auch die Bürger — war in Plattenharnisch gewappnet zu Sturm und Streit mit Schößen und Leibeisen, das zu der Platten gehört, unter den gekrönten Helmen hatten sie ihre kleinen Bundhauben. Man führte ihnen ihre Schilde, Tartschen, Lanzen und die gekrönten Helme auf einem gabelförmigen Stock nach. An den Beinen hatten sie Streifhosen und große weite Lederstiefel. Auch führten sie Beingewand, das waren Röhren, aus Leder gemacht, wie die Armleder, von Sarock gesteppt, und eiserne Buckel vor den Knien. Item um diese Zeit vergingen die Ringharnische in diesen Landen, und die reisigen Leute, Herren, Ritter und Knechte, trugen alle Jacken, Panzer und Hauben ..."

Orient während der Kreuzzüge kennengelernt hatte, der sogenannte Zwinger, der dem ungeschützten Gegner im Zwischenfeld keine Chance läßt. Schließlich der Burghof mit den flankierenden Bauten, so groß wie eben nötig, um ihn notfalls zu verteidigen. Das alles auf höchster Stelle krönend der monumentale Bergfried, der alles in einem zusammenfaßt, die Mauern, die Zinnen, die geschützten Räume — eine Burg für sich, gesteigert bis auf 20, 30, ja 40 Meter Höhe, letzte Zufluchtsstätte in höchster Not, exakt gearbeitet mit massiven Buckelquadern (Kyffhausen), fast immer schmucklos und doch auch zugleich — man merkt's an seiner Wirkung noch heute — Identitätssymbol adliger Selbsterhöhung über Land und Leute.

Der Turm auf dem Berg, das war der gepanzerte Ritter auf dem Pferd. Wer das Recht zu solcher Herausforderung von Gesellschaft und Natur hatte, ist — erstmals von dem Edelfreien Eike von Repgow um 1230 vermutlich auf Burg Falkenstein formuliert — im „Sachsenspiegel" nachzulesen, dem berühmten mittelalterlichen, für viele andere vorbildlichen Rechtsbuch. Danach galt als sogenanntes Befestigungsrecht: Gräben ausheben, aus denen man die Erde nicht mehr frei herausschaufeln konnte; Mauern bzw. Palisaden zu errichten, auf deren Kronen ein Reiter nicht mehr hinauflangen konnte, und darauf Zinnen und Wehrgänge zu setzen; Häuser zu errichten, mehr als drei Stockwerke hoch, deren Eingänge höher als ein Knie über der Erde lagen. Faktisch durften das, nach dem ursprünglich allein königlichen Recht, im 12. und 13. Jahrhundert nicht nur bereits die fürstlichen Territorialherren, sondern als königliche Landrichter und Wahrer des Landfriedens auch Grafen wie die Beichlinger und Mansfelder im Nordthüringer Raum und die gefürsteten Henneberger Grafen im Werra-Gebiet. In den Zentren des alten Reichsgutes entstanden, die alte Burgwartverfassung ablösend, nun Burggrafschaften (Meißen, Bautzen, Groitzsch); der Reichsministeriale Hugo von Wartha wurde auf der Altenburg im Pleißegau erster staufischer Landrichter. Er errichtete sich um 1170 die Waldenburg und Burg Rabenstein (in der Nähe von Chemnitz).

Ein Jahrhundert lang krönte man so die Berge mit dieser klassischen (staufischen) Höhenburg. Wohnliche Herrensitze, sowohl Repräsentations- wie Wehrbau, Abbild einer im Minnesang sich selbst feiernden ritterlichen Kultur, bevor sich dann — im Umbruch zur letzten Burgenbauperiode und unter dem Zwang der Pulverwaffen — wieder der zweckmäßige, mauerverstärkte Sachbau durchsetzte. Interessant, wie sich nicht nur das Leben auf diesen Burgen in der zeitgenössischen Literatur nacherleben läßt, sondern auch bereits bestimmte Bauformen geschildert werden, Maschikuli, offene Gänge, flankierende Türme, Zugbrücken. Bei Hartmann von Aue (1168—1210) verfolgt der Ritter Iwein den schwerverletzten Brunnenherrn auf schmalem „burcweg" bis zum „slegetor" (Fallgatter), das rasselnd herunterfällt und das Pferd hinter dem Sattel zerteilt; Wolfram von Eschenbachs Held Parzival staunt über die prachtvolle Höhen-Burg Schastel marveile, ausgestattet mit Türmen und „palas", dessen Dächer wie Pfauenfedern glänzen.

Stand erst einmal die Anlage, konnte ihrem Bauherrn das Befestigungsrecht nicht mehr entzogen werden. Verfallene Burgen durften, ohne besondere Genehmigung, wiederhergestellt und ausgebaut werden. Vorausgesetzt jedoch, der Burgherr hielt den Landfrieden ein und widersetzte sich nicht dem Landrichter bei der Strafverfolgung durch Asylgabe für einen Verfolgten (was nicht mit der Funktion der frühmittelalterlichen, allen offenstehenden Fluchtburg vergleichbar ist). Dann schlug so manchem Trutznest die Schicksalsstunde im wahrsten Sinne des Wortes, wenn es nach dreimaliger Ermahnung des Burgherrn zur Einhaltung des Landfriedens gewaltsam erobert wurde und der Landrichter dreimal symbolisch gegen die Burg geschlagen hatte, damit sie eingestürzt und nie wiedererrichtet werde. Es sei denn — so der 1275 von Konrad von Lützelheim geschriebene, auf bayrischen Quellen fußende „Schwabenspiegel" (zu kaiserlichem Land- und Lehnsrecht) —, die Bau-Lizenz wurde vom König erneut erteilt. Die legendären Ereignisse des Sängerkrieges auf der Wartburg verweisen indirekt auch auf eine andere wirkungsvolle Rechtslage der Burgen als eigenständiger Rechtsbezirk, an dessen Mauern das allgemein-öffentliche Recht endete und das des souveränen Burgherrn begann. Daraus entwickelte sich im Verlaufe des 13. Jahrhunderts der sogenannte Burgfrieden, der jeglichen Streit innerhalb einer Burg bei Strafe untersagte. Was seine — in der Literatur vielbeschriebene — besondere dramatische Bedeutung vor allem dann hatte, wenn sich mehrere, auch untereinander verfeindete Besitzer eine Burg zu teilen hatten. So konnte es kommen, daß Tor und Turm, Palas und Brunnen, Kapelle und Ställe jeweils verschiedenen Anteilhabern gehörten, die sich untereinander einigen mußten. Mitunter deutet noch heute eine abgehauene Hand am Burgtor auf die rigorose Handhabung des Burgfriedens hin, die freilich ausschließlich im Privatinteresse des Burgherrn und nicht etwa auch zum Nutzen schutzsuchender Bauern geschah. Die Bauern aber wurden zu Bau- und Wachdiensten herangezogen. Zogen sie im frühen Mittelalter noch für die Herren der Burgen in den Krieg, gingen die Königsvasallen mehr und mehr dazu über, eine Berufsstreitmacht aus Ministerialen und Reisigen einzusetzen. Der Bauer war dadurch in der Lage, wieder die Felder zu bestellen und zur Versorgung der Burg beizutragen, büßte aber zugleich das Recht ein, Waffen zu gebrauchen, was ihm als Freiem bis dahin zugestanden werden mußte.

Die orientalischen Lehrmeister

Maßgeblichen Einfluß auf die wehrarchitektonische Weiterentwicklung der Burgen hatte die Begegnung der europäischen Ritterwelt mit der höher entwickelten Kultur des östlichen Mittelmeerraumes während der Kreuzzüge. Dabei spielten die hier entstandenen Ritterorden (Johanniter, Templer usw.), hierarchisch organisiert, eine bestimmende Rolle. Von dem islamischen Gegner übernahmen sie die leichte Reiterei (mit Lanze und Schwert), die die schweren Panzerreiter (mit Lanze, Schwert und Schild) vor dem entscheidenden Kampf entlastete. Die Burgen der Kreuzfahrerstaaten, ebenso am französischen wie byzantinischen Wehrbau orientiert, erfüllten in der ersten Expansionsphase stärker eine (die Städte bedrohende) Angriffsfunktion (Krak de Montreal, Kerak, Gaza), später mehr die der sichernden Verteidigung des Gebietes als militärischer Stützpunkt im System von Haupt- und Nebenburgen und einzelnen Signaltürmen.

Noch heute geben die Ruinen der deutschen, französischen und englischen Ritterburgen auf den Felskuppen entlang der syrischen Mittelmeerküste Zeugnis vom siebenfachen Eroberungsversuch der Kreuzritter. Auf steilem Basaltkegel 360 Meter hoch und unweit der syrischen Hafenstadt Banis die Johanniterfeste Qualat Marab mit doppeltem Mauerring, großen Mannschaftsräumen und wehrhaftem Wohnturm (von 29 m Durchmesser), eingerichtet auf lange Belagerung und doch 1285 bereits in 40 Tagen erobert. Heute eine Ruine. Am

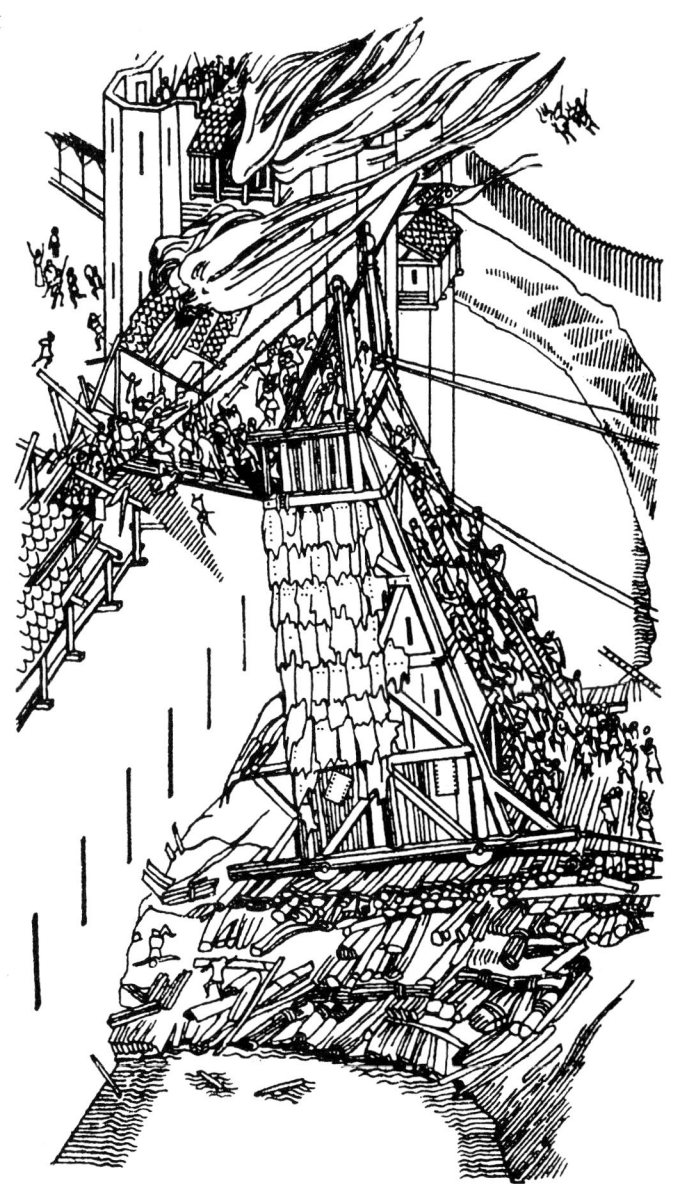

1 Belagerungsmaschinen beschrieb bereits M. Vitruvius Pollio, der als römischer Kriegsingenieur unter Cäsar die Kriegswerkstätten leitete; während der Kreuzzüge wurden Belagerungsmaschinen noch immer nach römischem Vorbild gebaut. Die älteste mittelalterliche Bilderhandschrift über Kriegstechnik ist das von Conrad Kyeser zwischen 1402 und 1405 geschriebene Handbuch „Belliforiis". Abbildung nach einem Kupferstich aus dem „Dictionnaire" des Viollet-le-Duc (1854–1869).

berühmten, den Hospitalitern gehörenden Krak de Chevalier (Burg des Ritters; arab. Qualat al Hosn), während der kolonialen Mandatsherrschaft Frankreichs ausgezeichnet restauriert, baute man fast ein Jahrhundert. Die auf einem 750 Meter hohen Berg gelegene, weiträumige Anlage, in der Ebene weithin sichtbar, zählt heute zu den besonderen Sehenswürdigkeiten Syriens und gilt als eine der schönsten mittelalterlichen Burgen überhaupt. 13 starke Türme sichern den äußeren Mauerring, der die eigentliche Festung umschließt. Krak de Chevalier soll Platz für 2000 Mann Besatzung geboten haben, eine kleine Armee. Im Laufe der Zeit entwickelte man, aus den eigenen Belagerungserfahrungen lernend, ein ganzes System von Wehranlagen, deren Architektur vor allem von stark hervorspringenden Türmen zur Flankierung, doppelten Mauern und Toren sowie zahlreichen Zwingern und umfangreichen Kammern und Hallen für Vorräte geprägt war. Das byzantinisch-orientalische Vorbild ist unverkennbar. Antiochia war Ende des 11. Jahrhunderts von einer so gewaltigen, mit 400 Türmen bestückten (zum Teil noch aus römischer Zeit stammenden) Mauer geschützt, daß innerhalb der Anlage noch Platz für Felder und Gärten blieb. Berühmteste Baumeister Kleinasiens waren bis zum beginnenden Kreuzzugszeitalter die Armenier. Ebenso deutlich aber ist in den Kreuzfahrer-Burgen der von den Normannen entwickelte Donjon, ein schwer befestigter, massiver Wehrturm, als Anregung nachweisbar. Wehrhaftigkeit, Wohnlichkeit und Schönheit waren es, die im Orient den Burgen das Gepräge gaben.

Mit den Erfahrungen der Kreuzzüge entwickelte sich nicht nur der Bau von Burgen, sondern auch die Kenntnis ihrer Erstürmung. Obzwar eine solche Superfestung wie Krak de Chevalier ein wahres Wunderwerk der Wehrarchitektur darstellte, mit doppelter Ringmauer, unterirdischen Wirtschafts- und Speicherräumen und einer Zitadelle als Bergfried, gesichert durch Zugbrücke und Fallgitter und gleich vier Tore, zwölf Belagerungen erfolgreich widerstehend: schließlich fiel sie doch. Die Belagerer setzten Sturmleitern und fahrbare hölzerne Belagerungstürme mit einer herausklappbaren Zugbrücke ein, füllten die breiten Gräben mit Reisig und Erde auf, rammten ihre eisenbeschlagenen Sturmböcke (Widder) in die bröckelnde Mauer und schleuder-

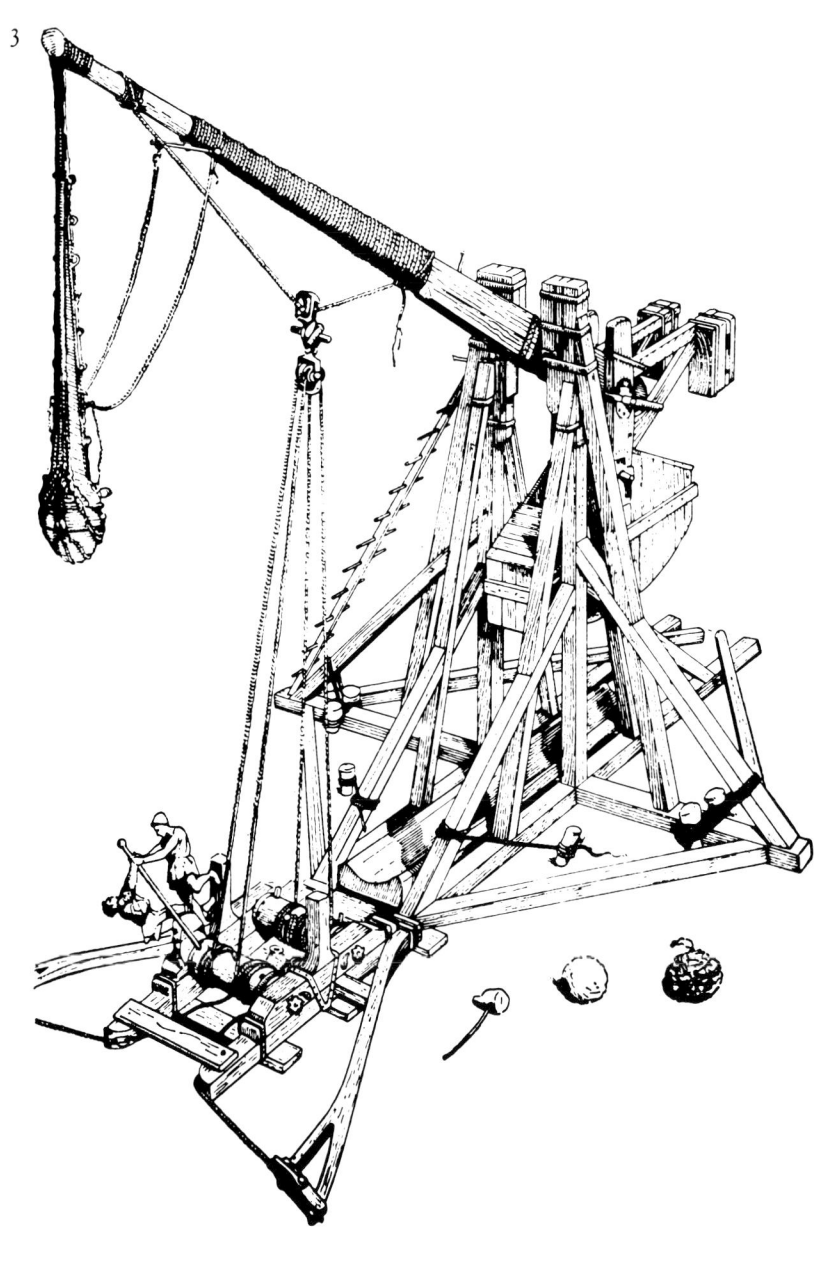

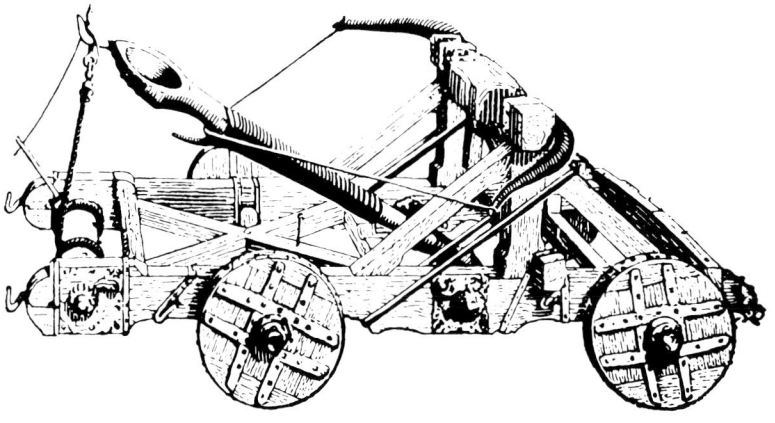

ten „griechisches Feuer" (eine Teer-Harz-Mischung mit Salpeter) unter Donner und Rauch in die Reihen der Belagerer, sie unterminierten die Anlage, entfachten im Hohlraum ein starkes Feuer und brachten so auch die stärkste Mauer zu Fall.

Die heimkehrenden Kreuzritter nahmen beide Erfahrungen, die des Belagerers und die des Belagerten, mit. Es entstanden zahlreiche neue Burgen auf steilhängigem Gelände oder auch auf Talrändern und Bergzungen (wozu letztere an ihrer schmalsten Stelle einen Halsgraben erhielten); sie hatten jetzt höhere und stärkere Mauern mit Schießscharten, verfügten oft über mehrere Zwinger und Vorburgen sowie über geräumigere Bauten innerhalb oder entlang den Mauern. Die mächtigen Bergfriede nahmen die verschiedensten Formen an, waren rund (Leuchtenburg), viereckig (Rudelsburg), aus verschiedenen Baukörpern zusammengesetzt (Osterburg) oder hatten die Form eines Wellenbrechers (Falkenstein). Niederungsburgen sicherte zusätzlich ein Wassergraben, über den eine Zugbrücke führte, später

1 Kampfszene. Miniatur aus der „Großen Heidelberger Liederhandschrift".
2 Krak de Chevalier (Rekonstruktion). Berühmteste und größte Kreuzritterburg, bei der — als Ringmauerburg (Umbau 13. Jh.) — jede Wehrmauer die jeweils tiefer liegende deckt.
3 Wurfmaschinen (Ballisten). Über diese Maschinen heißt es im Bericht des Chronisten Ambroise von der Belagerung der Stadt Akkon 1188/89: „Tag und Nacht hämmerten die Ballisten gegen die Mauern; der König von Frankreich besaß eine Maschine, die ‚die böse Nachbarin' hieß; aber in Akkon gab es ‚die böse Kusine' (eine von den Moslems gebaute Wurfmaschine, die von den Franken so benannt wurde, der Verf.), die jene immer beschädigte; wir besserten sie jedoch immer wieder aus, so daß sie die Hauptmauer zerbrach und auch an dem ‚Verwünschten Turm' viel Schaden anrichtete ... Der König hatte zwei weitere machen lassen, die so gut gebaut waren, daß sie da, wo sie vorrückten, alles aus der Deckung schleuderten; und er hatte einen Wachtturm aufstellen lassen, der die Türken sehr beunruhigte. Er war so gut gedeckt und mit Leder, Holz und Stricken versehen, daß er nichts zu fürchten brauchte, was man gegen ihn schleuderte, weder Steine noch griechisches Feuer. Der König ließ auch zwei Ballisten anfertigen, von denen war die eine so stark, daß der Stein, den sie warf, bis zur Schlächterei in der Stadt flog. Diese Wurfgeschütze schleuderten Tag und Nacht ohne Aufhören Steine, und es ist wahr, wie wir hier sind, daß ein Stein zwölf Leute tötete; er wurde zu Saladin gebracht und ihm gezeigt."

meist feste Brücken. Vor die Höhenburgen schoben sich, wie beispielsweise auf dem Falkenstein oder Schloß Burgk, mächtige Schild- und Wehrmauern an der Angriffsseite.

Das war natürlich nicht billig, trotz bäuerlicher Dienstleistungen. Für die Johanniter-Ordensburg Biebelried bei Würzburg, die mit ca. 2000 Quadratmeter Grundfläche (ohne Burggraben) zu den großen süddeutschen Burgen des 13. Jahrhunderts zählt, wurden folgende Kosten errechnet: Bei einer Bauzeit von ca. neun Jahren, rund 93 Handwerkern und Handlangern sowie zusätzlichem Wirtschaftspersonal, Transportkosten, Material usw. als Anhaltswert rund fünf Millionen DM; dabei die Kosten für künstlerische Gestaltungselemente (z. B. Kreuzgratgewölbe) nur zum Teil einbezogen, der erst später erbaute Bergfried (im Prinzip 40% der Baukosten einer Burg!) gar nicht berechnet. Die wehrhafte Burg Biebelried hatte eine Schildmauer, aber keinen Zwinger, (Angaben nach A. Antonow „Die Johanniterburg Biebelried bei Würzburg", in: Burgen und Schlösser: August 1976, Marksburg/Rhein).

Mit den Baukosten hat auch die immer wieder grünende Legende vom Ochsenblut, den Eiern, der Milch und dem Quark im Mörtel der mittelalterlichen Baumeister zu tun, die ihm angeblich die nun wirklich legendäre Festigkeit verliehen. Nichts von alledem erbrachten wissenschaftliche Analysen etwa des Mörtels der Burg Gleichen oder der Bonifatiuskapelle bei Catterfeld im Bezirk Erfurt. Das war eigentlich auch schon angesichts der geringen Milchleistungen unserer vorväterlichen Kühe ohne weiteres errechenbar. Organische Substanzen waren also im „Wundermörtel" nicht nachweisbar, dafür fanden sich bei Burg Gleichen Schwefelanteile, was auf Gipsbeigaben schließen läßt. Kein Maurerlatein ist die Schlußfolgerung, daß die Burgenbauer die Wirkung eines mit Wasser abbindenden Mörtels kannten, der im Laufe der Zeit durch Kristallisierung schließlich so hart wurde, daß er heute z. B. bei der bereits erwähnten Lauenburg im Harz mitunter einige Zentimeter aus dem verwitterten Gesteinsmaterial herausragt.

So groß die Vielfalt der europäischen Burgen auch ist, wie unterschiedlich sie sind in Ausdehnung und Grundriß, gemeinsame Merkmale gibt es doch trotz Gestaltungsfülle in den Stilformen der Romanik, der Gotik und sogar der frühen Renaissance. Für unseren Raum sind es Barbakane (dem Tor vorgelagerte Rundbaue mit Innenhof, Wehrgängen, Schießscharten, Gußerkern wie beim Marientor Naumburg, einer Art Miniaturburg), Ringmauern mit Wehrgängen, Schildmauern, Gräben, Torbrücken, Bergfriede, Wohnbauten, Wirtschaftsgebäude. Neuere Burgenforschungen ergaben für Thüringen und Harz — im Gegensatz zu früheren Auffassungen — den Nachweis zahlreicher regelmäßiger, kastellartiger Anlagen auch bei Höhenburgen. Das bekannteste Erscheinungsbild sind dabei die frei stehenden Ring- bzw. die auf einem Bergabschnitt angelegten Abschnittsburgen. Ringburg wegen der Beringung durch eine geschlossene Ringmauer (z. B. Ruine Rudelsburg bei Naumburg). Kastellburgen mit ihrem geometrischen Grundriß (wehrhafter Hauptbau, rechtwinklig angelegte Querflügel und eine mit Torturm verstärkte Abriegelungsmauer) zeugen vor allem in den großen Städten Spaniens, Frankreichs und Italiens — erinnert sei an Shakespeares „Romeo und Julia" — vom erbitterten Machtkampf der Adels- und Patriziergeschlechter. Kastellartige Burgen errichteten aber auch die Ordensritter, mächtige Verteidigungsanlagen, zum Teil mit besonderen Vorburgen, innen sehr wohnlich eingerichtete Klöster mit schönen Arkaden um den Haupthof. Bekanntestes Beispiel und zugleich eine der größten Burganlagen Europas ist die (1280 bis etwa um 1500 erbaute) im zweiten Weltkrieg schwer zerstörte, nach 1945 wieder restaurierte Marienburg (Malbork, VR Polen), Sitz des Ordens-Hochmeisters.

Die eisernen Männer

„Da droben auf jenem Berge, / Da steht ein altes Schloß, / Wo hinter Toren und Türen / Sonst lauerten Ritter und Roß ..." — so beschrieb Goethe sein Erlebnis der Jenaer Lobdeburg, in deren Ruinen er im Herbst 1801 mit Silvie von Ziegesar neugierig herumkletterte: „Verbrannt sind Türen und Tore, / Und überall ist es so still ..." Nun, sind auch Ritter und Roß verschwunden, die Neugier auf die einstigen Bewohner der vielen Burgen in unserem Lande blieb. Wie sahen sie aus, wie lebten sie, was war an ihrer Ritterlichkeit wirklich dran? Jede Burg ist wie Dornröschen im Märchen umrankt von Sa-

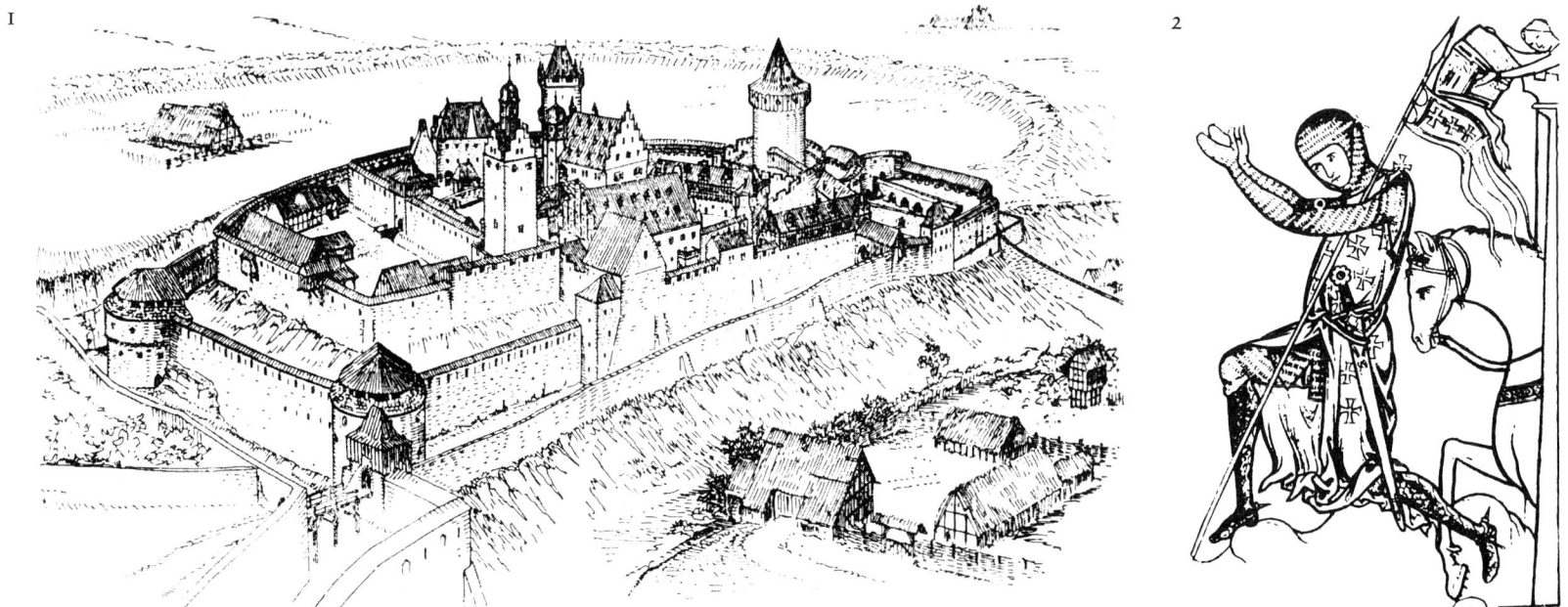

gen und Legenden. Im dornigen Rosenhag blüht eine besondere Ritterpoesie, und wenn auch die Steine zerbrökkelten, die uralten Geschichten blieben so lebendig, wie die ritterlichen Minnesänger-Abbildungen der Heidelberger Liederhandschrift populär sind. Es sind aber diese kostbaren Miniaturen der nach dem Züricher Ratsherrn Rüdiger Manesse genannten und von ihm um 1300 angelegten Liederhandschrift, die uns nicht nur das Bild der Dichter, sondern auch der Ritter und ihres Alltags festhielten. Wolfram von Eschenbach zum Beispiel: Gerüstet zur Fahrt im Panzerkleid und blauen Waffenrock, der Topfhelm mit geschlossenem Visier, in der Rechten die aufgerichtete Fahnenlanze, in der Linken, den Körper halb bedeckend, der Schild; umgürtet mit dem Zingulum, daran das befestigte Schwert. Der legendäre Tannhäuser: In der Tracht des Deutschordensritters — violetter, bis zu den Knöcheln fallender Ärmelrock und ein darübergeworfener weißer Mantel, auf der Brust das schwarze Ordenskreuz und auf dem Kopf die barettartige Bundmütze. So etwa zogen sie in den Kreuzzug, so etwa stellt man sich landläufig auch den Ritter vor, „hoch zu Roß, das Haupt mit einem hohen Helm bedeckt, mit einem mächtigen Schwert umgürtet, durch Schild und Panzer geschützt, wie es in Anselms Vita metrica des Erzbischofs Adalbert II. von Mainz heißt. Doch so sahen sie nicht immer aus. Auch die Tracht und die Bewaffnung der Ritter unterlag geschichtlichen Veränderungen

und modischen Einflüssen, ihr Leben war von den sich verändernden gesellschaftlichen Bedingungen entscheidend geprägt.

Hier ist nur Platz für wenige, generelle Erscheinungsmerkmale und Notizen zur Lebensweise. Schon vom siebenten Lebensjahr an wurde der künftige Ritter in den Künsten seines Standes unterwiesen (sie reichten von körperlicher Ertüchtigung, Waffen- und Dichtkunst bis zum sogenannten Frauendienst). Er wurde mit 15 Jahren Knappe eines Ritters, dem er Schild und Lanze zu tragen hatte und bildete mit ihm die kleinste militärische Formation. Mit 21 Jahren erhielt er schließlich die Schwertleite, das wichtigste Attribut seines Standes, in den er nun als vollwertiges Mitglied mit allen Rechten und Pflichten aufgenommen wurde.

Eine Burg ohne Ritterrüstung ist für manchen Besucher nur ein halbes Erlebnis. In gewisser Weise stellte ein in Eisen gehüllter Rittersmann noch einmal eine Art wandelnder Burg dar. Nach zeitgenössischen Berichten fuhr

1 Burg Querfurt um 1550. Rekonstruktionszeichnung Hermann Wäschers (1887—1961), der als Denkmalpfleger und Burgenforscher 1936/40 in Querfurt umfangreiche Grabungen und Vermessungen durchführte.
2 Kreuzritter mit Waffenrock über dem Kettenhemd. Englische Buchmalerei aus dem Psalter aus Westminster Abbey (um 1200).

den pelzumhüllten Ungarn anno 933 bei Riade der Anblick der Panzerreiter Heinrichs I. dermaßen schockierend in die Glieder, daß sie ihre Pferde zur Flucht herumwarfen. Was wir in den Museen heute an meisterlichem Handwerksgeschick bewundern, sind oft „gotische" Rüstungen aus dem 15. Jahrhundert in der abschließenden Vollendung einer kulturgeschichtlich weit zurückreichenden Entwicklung. Noch im 9. und 10. Jahrhundert schützte man sich durch gitterförmig auf ein Wams genähte Lederstreifen, die dann mittels Horn- oder Metallschuppen verstärkt wurden. Im 11. Jahrhundert war der geflochtene Maschen- bzw. Ringpanzer der beste Schutz; Einzelstücke wie der „halsperc", der Halskragen, die Kapuze („hersenir") und die Brünne, der Panzerrock, nebst den „isenhosen" gewährleisteten die Beweglichkeit dieser Drahtmontur. Ein Jahrhundert später waren Halskragen und Kapuze dann ein Stück (Halsberge), die Ärmel erhielten fest verbundene gepanzerte Handschuhe, und auch die Eisenhosen „wuchsen" an den Panzer an, unter dem ein Tuchwams getragen wurde. Vor Hitze, Nässe und Staub schützte ein übergezogener Waffenrock, das Schwert steckte in einem Schwertriemen mit Scheide. Die Gelenke an Ellenbogen und Knie wurden besonders geschützt. Den Kopf bedeckte – üblich seit dem 11. Jahrhundert – ein kugelförmiger „isenhuot", an den über der Nase ein Eisenstreifen genietet war. Mit den Kreuzzügen tauchte der Topfhelm

auf, im 13. Jahrhundert um das Visier bereichert, das bei Gefahr heruntergeklappt wurde. Daß eine solche Ausrüstung nicht billig war, belegen einschlägige Vergleiche. War ein Pferd des Ritters bis zu zehnmal teurer als ein Ochse, so kam ein Panzer dem Wert eines mittleren Bauernhofes bzw. 45 Kühen gleich. Nicht alle Ritter verfügten daher aus finanziellen Gründen über eine vollständige Ausrüstung.

Wir können uns heute nicht nur aus zeitgenössischen Abbildungen in Handschriften und Chroniken ein anschauliches Bild von der äußeren Erscheinung dieser, im wahrsten Sinne schwer eingerüsteten Herren machen, sondern auch viele Grabsteine vermitteln ihr Porträt. So das des Landgrafen Ludwig II. von Thüringen (1140–1172), genannt der Eiserne, dessen Grabstein sich lange in der Schloßkirche zu Reinhardsbrunn befand und seit 1952 in der umfassend restaurierten Eisenacher Georgenkirche aufgestellt ist. Der Landgraf starb am 11. Oktober 1172, gerade zurückgekehrt vom legendären Besuch seiner Veste Neuenburg an der Unstrut, wo er sich mit seinem Schwager, dem Kaiser Friedrich I. Barbarossa getroffen hatte. Ludwigs Grabstein zeigt ihn freilich in der späteren ritterlichen Waffentracht von 1320/30, der typischen Verbindung von Eisen und Leder. Er trägt einen Maschenpanzer, der an den Armen, unterm Oberrock, an den Füßen sowie als Halsbrünne zu sehen ist und die Schultern bedeckt. Das Waffenhemd besteht aus festem Material (Tuch, Stoff oder Leder) und trägt das Thüringer Löwenwappen. Es ist um die Hüfte gegürtet. Drei an der Brust beginnende Ketten halten Dolch, Schwert und Helm. Der Kübelhelm hat Augenschlitze und Luftlöcher und wurde im Falle eines Kampfes über die Beckenhaube gestülpt.

Die Tugenden der Artus-Runde

Die Geschichte der Thüringer Landgrafen widerspiegelt vielfach die Ära der Staufen-Kaiser (1138–1268), und Ludwig II. war ein wichtiger Bündnispartner Barbarossas. Zwischen 1170 und 1190 entstand der spätromanische Palas der Wartburg, Schauplatz des sagenhaften Sängerkriegs (im Juli 1206), zu dem sich die berühmtesten Minnesänger der Zeit trafen, Walther von der Vogelweide, Wolfram von Eschenbach, Heinrich von Of-

terdingen. Sie alle getragen vom Hochgefühl, Zeitgenossen einer großen geschichtlichen Epoche zu sein, deren Leitbild der christliche Ritter war. Das wird vielleicht am deutlichsten an dem glänzenden Hoftag Friedrichs I. (Barbarossas) zu Pfingsten bei Mainz, wo — nach dem sonst so zurückhaltend berichtenden Chronisten Gieselberg von Mons — rund 70 000 Ritter im Gefolge der Fürsten zusammenkamen. Höhepunkt des Festes war die Schwertleite der beiden ältesten Söhne des Kaisers, der dann ein großes Turnier folgte. Der Andrang war so groß, daß eigens zu diesem Fest auf freiem Feld eine hölzerne Pfalz errichtet worden war. So gingen höfische Repräsentation und neues, weltoffenes Lebensgefühl zusammen; die Dichter übernahmen von Frankreich das Ideal höfischer Liebe, die über sinnliche Leidenschaft stehende, gebändigte „hohe Minne", und der Begriff des „Ritters", in der Dichtung seit 1180 von Hartmann von Aue gebraucht, bezeichnet nunmehr alle Vertreter der herrschenden Feudalklasse vom Ministerialen bis zum König. Stolz auf seinen Stand und seine Berufung, erklärt der lebensfrohe, weitgereiste Wolfram von Eschen-

1 Albrecht Dürer (1471—1528) „Ritter, Tod und Teufel". Ausschnitt aus dem Kupferstich.

2 Landgraf Ludwig II. (der Eiserne) von Thüringen († 1172). Grabstein (aus dem Kloster Reinhardsbrunn) jetzt im Chor der restaurierten Georgenkirche Eisenach.

3 Walther von der Vogelweide. Miniatur aus der „Großen Heidelberger Liederhandschrift".

4 Mittelalterliches Turnier. Dazu heißt es in dem Roman „Frauendienst" Ulrich von Lichtensteins (um 1200 bis 1270): „Es waren vierzig oder mehr Kampfplätze da, wo so mancher von ritterlicher Tat Schmerzen leiden mußte, denn Ritterschaft bringt Arbeit, wer sie pflegen will, muß auf Ruhe verzichten, Ritterschaft gibt Würde, aber mit viel Mühsal. Die Spiele währten den ganzen Tag …, da wurde nach ritterlicher Sitte so manches Bein entzwei geritten, oft prallten die Ritter so aneinander, daß beide stürzten und ohnmächtig auf der Erde lagen. Mancher verlor sein Roß, weil er heruntergestochen wurde, der hatte zum Schaden noch den Spott. An diesem Tag fand jeder, was er wollte: Hier turnierten sie, um ihren Mut zu zeigen, dort, um Gut zu erwerben, und so mancher um nichts anderes als um seiner Herrin willen, wieder andere zur Übung, und jene dort allein um die Ehre. Viele Splitter bedeckten den Boden, viele Ritter waren gestürzt und mußten der Ruhe pflegen, mancher litt so, daß er die Nacht nicht gerne sah." Französische Buchillustration Ende 15. Jh.

bach (1170–1220) am Ende seines zweiten Buches seines (28840 Verse umfassenden) „Parzival", des umfangreichsten und gedankentiefsten Epos des deutschen Hochmittelalters: „Dem Rittertum gehöre ich an durch Geburt und Erziehung." (Hier neuhochdeutsch wiedergegeben.) Hartmann von Aue, der um 1180/85 mit dem „Erec" nach französischem Vorbild den Artus-Stoff in die deutsche Epik erst einbrachte, läßt im „Iwein" (1200) seinen Helden gleich ein ganzes Programm verkünden:

„ich heize ein ritter und han den sin,
daz ich suochende rite
einem man, der mit mir strite,
der gewafnet sials ich.
daz priset in, und sleht er mich;
gesige ich aber im an,
so hat man mich vür einen man,
und wirde werder danne si."

Was soviel bedeutet wie: Ich bin ein Ritter und reite aus, einen Mann zu suchen, bewaffnet wie ich, der mit mir erkämpfen soll; es stärkt seinen Ruhm, wenn er mich schlägt, besiege aber ich ihn, dann schätzt man mich als Helden, und ich werde angesehener sein als zuvor.

Auch in Wolframs „Parzival" besteht der Titelheld einen (unentschieden ausgehenden) Kampf mit dem edlen Gawan, wodurch er Aufnahme in die berühmte Tafelrunde der edelsten Ritter findet, deren Ansehen durch kühne Taten (aventiure) und edle Tugenden wie Treue und Beständigkeit (triuwe und staete) und höfische Erziehung (hövesche zuht) begründet ist. Dieses großartige Werk der Weltliteratur, im 19. Jahrhundert u. a. auch von Richard Wagner wiederentdeckt, schildert nicht nur die abenteuerliche Grals-Suche, sondern stattet den epischen Helden, den „Ritter", über die äußerlichen Anstandsregeln hinaus auch mit den Charakterzügen einer vorbildlichen Menschlichkeit, eben der „Ritterlichkeit" aus. Die Verschmelzung von Rittertum und hohem Ethos zu einer den menschlichen Normen verpflichteten Persönlichkeit ist Eschenbachs unsterbliches literarisches Verdienst, so wie Walther von der Vogelweide die (adlige) Frau vom starren höfischen Idealbild im Sinne echter Diesseitigkeit befreite.

Das Erwachen aus Minnesang und Artusrunde war rauh und von den aufeinanderprallenden politischen Realitäten bestimmt. Etwa um 1220, mit dem Tode Eschenbachs, zerbricht das höfische Idealbild an der Wirklichkeit des Machtkampfes der Feudalgewalten. Der Begriff des „Landesherrn" (dominus terrae) erscheint erstmals in Urkunden von 1217 und 1224 in lateinischer Fassung; deutschsprachig ist er im „Parzival" etwa zu gleicher Zeit belegt (landes herre). Um 1230 veröffentlicht Eike von Repgow seinen „Sachsenspiegel" in niederdeutscher Sprache. Die Zerstörung der Vision von einer harmonischen, auf anerkannten christlich-moralischen Werten basierenden Adelswelt nach dem Beispiel der ritterlichen Artusrunde findet sich gleichsam sinnbildlich widergespiegelt im Schicksal jener, später heilig gesprochenen Landgräfin Elisabeth, die aus der Wartburg vertrieben und als Irre verschrien, 1231 als Armenpflegerin in Marburg starb.

Bekannt sind die typisierenden Porträts des heimischen Hochadels in Kirchen und Museen. So der (mit Pferd 233 cm hohe) Bamberger Reiter (um 1237) mit dem Habitus eines Königs und der Magdeburger Reiter, das erste bekannte und erhaltene monumentale, frei stehende Reiterstandbild auf deutschem Boden (1240/50), von dem man annimmt, daß es Otto I. (den Großen) darstellt. Weltberühmt sind die Naumburger Stifterfiguren; erinnert sei an das Tumbengrab Gebhards XIV. in Querfurt und an den Rittergrabstein Wiprecht von Groitzschs in Pegau. Eine besondere Kostbarkeit birgt die Stadtkirche zu Römhild mit der nach 1507 entstandenen Grabtumba des Grafen Hermann VII. von Henneberg aus der Werkstatt Peter Vischers. Die spätgotischbewegte, lebensgroße Figur des Hennebergers ist in eine wunderbar herausgearbeitete, in allen Einzelheiten erkennbare Rüstung mit modisch tailliertem Brustharnisch, Beinröhren und Kniebuckeln über zugespitzten Eisenschuhen bis hinauf zum Kinnreff und Rennhelm so eingekleidet, daß man erwartet, ihn jeden Augenblick schreiten zu sehen. Die Halteschraube des Helms ist sogar beweglich, und erstaunt blickt man in ein junges Gesicht mit klarem Blick, das sichtlich bereits einer neuen, renaissancehaften Menschengeneration des ausgehenden Burgenzeitalters angehört und sehr gut mit dem Heiligen Georg von Lucas Cranach, dem ritterlichen Schutzpatron, vergleichbar ist.

Turniere und Kanonen

Überhaupt verdanken wir Cranach künstlerisch wie dokumentarisch wichtige Bildnisse — so etwa die detaillierte Darstellung eines Turniers als geselligen Höhepunkts höfischen Lebens. Diese ritterlichen Spiele hatten eine weit zurückreichende Praxis und wurden als Schaustellung noch geübt, als es mit dem Stand längst vorbei war und der Landsknecht das Feld bestimmte. Die ersten Turniere (tornare, tourner = wenden) gab es im frühen 12. Jahrhundert in Frankreich, wo diese Reiter- bzw. Kampfspiele ursprünglich nach mündlich überlieferten Regeln zu festlichen Gelegenheiten geübt wurden. Mit der Blüte des Rittertums wurden Turniere als Schaustellung ritterlicher Tugenden immer bedeutsamer, immer prachtvoller, immer symbolhaltiger, da oft auch mit der Schwertleite verbunden, bis sie schließlich — übrigens von der Kirche wegen ihres weltlichen Glanzes gern eingeschränkt — im ausgehenden Mittelalter zur Zeit Cranachs zum Schaugepränge feudaler Macht degenerierten. Da die Burgen meist zu klein waren, fanden diese Wettkämpfe entweder auf dem Marktplatz oder auf freiem Felde statt. Bis zur Erfindung der Feuerwaffen übrigens mit der gleichen Bewaffnung wie für den kriegerischen Ernstfall. In der Zeit des Minnesangs wurde die Auszeichnung des Siegers durch die Dame zum höchsten Preis, was uns eine Darstellung der Manesse-Handschrift beweist, wo Herzog Heinrich IV. von Breslau (1266–1290) nach dem Turniersieg von zarter Frauenhand ein goldenes Kränzlein entgegennimmt. Die Schärpen und Bänder der Damen befestigten die Ritter als Zeichen ihrer Minne am Helm oder an der Lanze. Am Rostocker Turnier von 1311 sollen 6400 Ritter beteiligt gewesen sein, eine große Belastung für die Gastgeber. In den Annalen von Altenelle heißt es über ein Turnier des Meißner Markgrafen Heinrich des Erlauchten in Nordhausen 1263: „Er ließ einen großen Platz gar zierlich einzäunen und darin Zelte aufschlagen, in denen waren gar viele schöne Frauen und Knappen. Er ließ auch einen Baum machen, der war nicht klein, mit ganz goldenen und silbernen Blättern, und den ließ er dort aufpflanzen. In dem eingehegten Raume ward in allen Züchten getanzt, und darnach hielten die Grafen, Herren und Ritter, die in großer Anzahl dahingekommen waren, ein Turnier. Und so zwei zusammenrannten und beide sitzen blieben, welcher von ihnen seinen Speer zerbrach, dem gab man ein silbernes Blatt von dem Baume, welcher aber einen vom Pferde herabstach und dabei selbst im Sattel festblieb, dem gab man ein goldenes Blatt für seine Tapferkeit. Diese Freude währte bei acht Tagen; die Kosten alles zu rechnen, wären einem Kaiser genug gewesen." Erster „Dank" war hierbei eine 20 Pfund schwere silberne Rüstung, ein Schwert mit goldenem Griff, Wehrgehänge, Sporen, ein Streitroß mit Sattel und Zaumzeug, belegt mit Silberstücken.

Die Turnierharnische im Historischen Museum Dresden, Meisterstücke der sogenannten Plattnerkunst, machen die kulturgeschichtliche Endphase der rein höfisch-repräsentativen Ritterspiele besonders anschaulich, als mit den Söldnern der Sinn des ursprünglichen Kampfes von Mann gegen Mann verlorengegangen war. Begonnen hatte diese Entwicklung schon früher. Als in der „Sporenschlacht" bei Courtrai 1302 ein französisches Ritterheer von einem flandrischen Volksaufgebot geschlagen wurde, „erlag" — so Friedrich Engels — „endgültig die Panzerreiterei dem Fußvolk … der Ritter dem Bürger und freien Bauern". Der geschichtliche Höhepunkt des Rittertums war überschritten, die letzte mittelalterliche Burgenbauperiode, die bis in das 16. Jahrhundert reichte, kennzeichnete den entscheidenden Wandel. 1423 wurde das „vesteste Haus in teutschen Landen", die Burg Hohenzollern am Rande der Schwäbischen Alb, vom vereinigten Aufgebot der schwäbischen Städte sturmreif geschossen und zerstört. Nicht mehr mit Schleudermaschinen, sondern mit Kanonen, wie sie auch Friedrich I. von Hohenzollern, 1412 bis 1414 Markgraf von Brandenburg, im Auftrag Kaiser Sigismunds vom Deutschen Ritterorden ausgeliehen, gegen die märkischen Adelsnester erfolgreich einsetzte. Ein neues Zeitalter kündigte sich mit Donner und Pulverdampf gewaltig an. Keine Burg, noch so fest und hoch gebaut, gesichert mit Zwingern und Mauern, gewährte fürderhin noch Sicherheit.

Am 29. Mai 1453 fiel Konstantinopel, die seinerzeit am stärksten befestigte Stadt der Welt, dem Sultan Mohammed II. wie eine reife Frucht in den Schoß. Er hatte die bis zu 12 Meter hohen und 5 Meter starken Mauern schließlich durch konzentrierten Beschuß aufbrechen

lassen. Was den Festungsbauern eine Nuß zu knacken gab, deren Kern nicht den Burgen, sondern vor allem den Bürgern in den Städten zugute kam. Karl Marx, die gesellschaftlichen Folgen dieser Entwicklung hoch einschätzend, charakterisiert die neuen Erfindungen als „notwendige Vorbedingungen der bürgerlichen Entwicklung". Der Fall Konstantinopels wirkte wie ein Schock, Sicherheit boten nur noch die größeren, mit zusätzlichen Wehrbauten geschützten Städte, die sich auf Grund ihrer ökonomischen Stärke die neuen, mauerbrechenden Feuerwaffen leisten konnten, wie z.B. Bautzen in der Lausitz. Mauern und Türme, verstärkt gegen die bis zu 13 Zentner schweren Geschosse der Steinbüchsen, hatten nun selbst Kanonen in den Verteidigungskampf zu tragen. Im Londoner Tower, dem befestigten Burgbezirk der Stadt seit Wilhelm dem Eroberer (tower = Turm), befindet sich ein 5,18 Meter langes türkisches Riesengeschütz, eine Bombarde, wie sie bei der Belagerung Konstantinopels 1453 erfolgreich eingesetzt wurde.

Kirchenanlagen und Wehrkirchen

Bereits hundert Jahre früher hatte Orchan I. die Meerenge überschritten und Gallipolli eingenommen. Nach dem Fall von Adrianopel 1361 war damit das Tor zum Donauraum und zur Balkanhalbinsel offen. Die Kreuzritter König Sigismunds von Ungarn (ab 1410 römischdeutscher Kaiser) wurden 1396 von den Türken bei Nikipolis so vernichtend geschlagen, daß das reiche Siebenbürgen, nun „confinibus Turchorum et paganorum" (Grenzland der Türken und Heiden) laut Papsturkunde, nur noch durch feste Städte und Burgen zu sichern war. Hier lebten seit dem 12./13. Jahrhundert deutsche (sächsische) Siedler unter ungarischer Herrschaft, und die von ihnen gegen die Türkengefahr befestigten Kirchenburgen bilden ein ganz eigenständiges Kapitel in der europäischen Burgengeschichte. Nirgends — so der rumänische Kunsthistoriker George Oprescu („Die Wehrkirchen in Siebenbürgen", Dresden 1961) — haben Verteidigungsanlagen dieser Art solche Ausmaße angenommen, „nirgends finden wir so geistvolle Kombinationen wie in Siebenbürgen. Die Kirchenburg ist eine architektonische Schöpfung, monumental, originell und vielfältiger Gestaltung fähig, sie führt ein Eigenleben im weiteren Bereich mittelalterlicher Kunst."

Es handelt sich hier zumeist um einen polygonalen Burghof, von einer Ringmauer mit Schießscharten umfaßt, vor der Mauer ein mächtiger Torturm zum Flankieren der Wehrlinie, drinnen die befestigte Kirche mit einem Westturm und mindestens einem Wehrgeschoß über dem Chor. In dem pyramidalen Aufbau der sich zur Kirche hin steigernden Silhouette eine spannungsvolle architektonische Komposition, die bis heute — es gibt noch immer rund 170 gut erhaltene Kirchenburgen in Rumänien, oft denkmalpflegerisch ausgezeichnet erhalten — jeden Besucher beeindruckt.

Ausgebaute Kirchenburgen wie die siebenbürgischen gibt es im thüringischen und sächsischen Raum nicht, doch nicht wenige Kirchen waren mit einer Mauer umgeben und zur Verteidigung (im 14. und 15. Jh.) eingerichtet. Hierhin trieben die Bauern ihr Vieh, hier bewahrten sie in den Gaden ihre Vorräte auf. Von diesen unsicheren Zeiten gibt z. B. die Kirche in Seebergen (bei Gotha) Kunde, noch immer mauerumwehrt mit Schießscharten und Resten eines Wehrgangs, die Mauern des Kirchturms zwei Meter stark. Viele Wehrkirchen finden sich vor allem im Gebiet der Werra und der Saale, so in Herpf und Walldorf (Krs. Meiningen), in Schaala (Krs. Rudolstadt) und Gumperda (bei Kahla/Saale). Charakteristisch für die erzgebirgischen Wehrkirchen (in Lauterbauch, Großrückerswalde, Mittelsaida und Dörnthal im Bezirk Karl-Marx-Stadt) ist der über das Untergeschoß ragende hölzerne Wehrgang in der bäuerlichen Blockbauweise. Gegen das streunende Militär der rivalisierenden Territorial-Gewalten (wie etwa im Sächsischen Bruderkrieg 1446—1451), die zur Brandschatzung eines Dorfes keine schweren Feuerwaffen benötigten, boten die Wehrkirchen relativen Schutz, während gleichzeitig die Zeit der wesentlich stärker befestigten Adelsburgen unter Kanonendonner zu Ende ging.

Letzter Versuch: Festungen

Heute besitzt das Museum für Deutsche Geschichte in Berlin die bedeutendste Sammlung historischer Geschütze in der DDR, darunter eine Steinbüchse (um 1400) als eines der ältesten erhaltenen Bronzegeschütz-

rohre, sogenannte Kammerschlangen (aus dem 15. Jh.) und ein Falkonet der Stadt Mühlhausen von 1515, historisch im Hinblick auf den Bauernkrieg besonders wertvoll. Glockengießer waren denn auch die Vorväter eines neuen, geschichtstragenden Produktionsprozesses. Die gewaltigen Steinbüchsen waren so kostbar, daß sich Fürsten und Städte die Geschütze sogar als Einzelstück ausliehen. Die Burgen des niederen Adels hatten bald dagegen keinen steinernen Bestand. Nur die größeren Feudalherrschaften waren ökonomisch stark genug, ihre Sitze festungsartig zu verstärken.

Da die neuen Waffen längere Gefechtslinien bestreichen konnten, errichtete man beispielsweise auf Burg Querfurt zusätzliche Streichwehren, Kanonenbastionen sowie weitere Toranlagen und Rondelle. Mauern erhielten verschiedene Schartenarten, um die Schußwaffen einsetzen zu können, zu deren ältesten wohl die Hakenbüchse zu rechnen ist. Da man mit dieser schweren Büchse nicht so ohne weiteres schießen konnte, brachte man vor der Schartenenge noch ein Prell- bzw. Auflegeholz an, hinter dem die Waffe eingehakt wurde. So konnte man jedenfalls in eine Richtung feuern. Wollte man jedoch seitlich auf den Gegner zielen, kam man nicht umhin, den Schlitz durch eine Rundung zu erweitern, wobei gleichzeitig noch ein Sehschlitz gewonnen wurde.

Diese 1674/75 geschliffenen, umfangreichen Befestigungsanlagen der drei zur Festung vereinten Mansfelder Renaissance-Schlösser — eine Merian-Ansicht von 1650 zeigt ihre beachtliche Größe von 230 Meter Breite und 350 Meter Länge (anstelle einer kleineren Burg aus dem 11. Jh.) — geben mit ihren Resten noch heute eine beeindruckende Vorstellung von der mitteldeutschen Festungsbaukunst der ersten Hälfte des 16. Jahrhunderts in praktischer, auf das Gelände bezogener Umsetzung der Dürerschen „Befestigungslehre" von 1527, dem ersten gedruckten derartigen Fachbuch in deutscher Sprache. Ein solches Werk zum Schutz vor den modernisierten

1 Alte und neue Belagerungstechnik in der Übergangsphase der Erfindung und Konstruktion erster Feuerwaffen: mittelalterliche Wurfmaschine und Steinbüchse bei der Belagerung von Schloß Wimmig durch die Berner. Aus der „Amtlichen Berner Chronik", 1478.

2 Die Belagerung von Wolfenbüttel. Detail des Holzschnitts von Lucas Cranach d. J. (1515—1586).

Feuerwaffen konnten die Mansfelder Grafen nur aus dem hohen Gewinn des von ihnen kontrollierten Kupferschiefer-Bergbaus finanzieren, den sie sich damit zugleich gegen den Zugriff Kursachsens zu sichern verstanden. Eigens zu diesem Zweck schlossen alle beteiligten Mansfelder Grafen 1520 einen Burgfrieden, um dann 1522 auf der Festung Heldrungen über den weiteren Ausbau zu beraten. So entstand eine der stärksten deutschen Festungen, die mehrere Belagerungen trotz verbesserter Geschütztechnik im Dreißigjährigen Krieg unangefochten überstand, freilich in stärkster Belastung für die ausgeplünderte Bevölkerung, die nach dem Krieg mehrfach die Niederlegung der drohenden Bastionen und Streichwehren verlangte, was schließlich 1672 auf dem Obersächsischen Kreistag in Leipzig auch beschlossen wurde.

Merkwürdig genug, daß ausgerechnet ein so begnadeter Maler wie Dürer ohne jegliche baupraktische Erfahrungen das Wesen der Festungsbaukunst mathematisch genau begriff und in technischen Details vorweg beschrieb: runde Bastionen als Eckpfeiler der Verteidigung (sie wurden später spitzwinklig, um den toten Winkel zu vermeiden), Streichwehren, niedrige Außenwälle als schützender Mantel; dazu konstruktive Hinweise für innere Räume, die dann von den verschiedensten Festungsbaumeistern so oder ähnlich errichtet wurden. Die Wasserburg Heldrungen hat solchen Festungscharakter. Die sächsische Festung Königstein ist dagegen schon ein klassisches Beispiel mit ihren mehrgeschossigen Fels-Kasematten, den in 361 Meter Höhe nahezu unerreichbaren Batterien und ihrer auf viele Monate hinaus versorgten Besatzung. Die bedeutendste historische Festungsanlage der DDR ist die Zitadelle auf dem Petersberg in Erfurt, in der Substanz noch immer ungewöhnlich groß, wenngleich denkmalpflegerisch bislang wegen der gewaltigen Kosten noch nicht betreut. Sie wurde im Auftrage des Mainzer Erzbischofs Johann Philipp von Schönborn ab 1664 und unter Leitung des italienischen Festungsbaumeisters Antonio Petrini mit Blick auf die reiche und rebellische Stadt errichtet, wiederholt modernisiert und ausgebaut. Die Preußen übergaben sie im Schicksals-Oktober 1806 kampflos den Franzosen, die die Trikolore erst niederholten, als Napoleon Anfang Mai 1814 schon auf die Insel Elba verbannt war.

Stadtburgen kontra Strauchritter

Das Wechselverhältnis von geschichtlicher Entwicklung der Produktivkräfte und mitteleuropäischem Burgenbau wird in dem Burgenmuseum Kapellendorf besonders anschaulich, das nach der baulichen Instandsetzung der Wasserburg (bei Weimar) im Auftrag der Jenaer Universität eingerichtet wurde. Die dortige Darstellung stützt sich wesentlich auf die Forschungsergebnisse der Archäologie des Mittelalters und verdeutlicht die Funktion von Pfalzen und Burgen im feudalen Herrschafts- und Wirtschaftssystem, auch die fördernde Wirkung von Königtum und Adel auf Produktion und Wirtschaft. So erhielt beispielsweise die Königsburg Quedlinburg bereits 994 Marktrecht. Das verweist auf den engen gesellschaftlichen Zusammenhang von Burg und Stadt im Mittelalter. Im 11. und dann im 12. Jahrhundert vollzog sich z. B. in Thüringen der Übergang zur mittelalterlichen Stadt mit Stadtrecht und Mauer und damit der Eintritt des Städtebürgers in den Klassenkampf des entwickelten Feudalismus. Das etwa um 1300 aus bäuerlicher und bürgerlicher Kraft entstandene Siedlungsbild prägte unsere heimische Landschaft auf viele Jahrhunderte.

König Rudolf von Habsburg gelang es durch eine geschickte Landfriedenspolitik unter Ausnutzung des Reichsgutes, die Zentralgewalt vorübergehend wieder

1   Die Festung Königstein nach Merian 1686, Ausschnitt.

zu festigen. 1289 machte er für über zehn Monate das Erfurter Peterskloster zur zeitweiligen Residenz und damit die Waid-Metropole zum Sitz der Reichsverwaltung. Die nur Jahre später, nach seinem Tode, entstandene Kolmarer Chronik rühmt den „unglaublichen Frieden", den er dem Reiche brachte, was ein bezeichnendes Licht auf die tatsächlich schwere Verunsicherung der Menschen jener fehde-chaotischen, von Mißernten heimgesuchten Krisenzeit wirft, wo Raubzüge gegen jedermann zur Tagesordnung gehörten. Auf dem Erfurter Reichstag im Dezember 1289 wurden die Friedensbestimmungen für Thüringen und Sachsen nicht nur bekräftigt, sondern, zur allgemeinen Abschreckung, auch 29 im Ilmenauer Raum aufgegriffene feudale Wegelagerer vor dem Krämpfertor hingerichtet. Mit aktiver Unterstützung der Erfurter zog im Frühjahr 1290 der fast 72jährige König mit Rittern und bewaffneten Knechten zur Wiederherstellung des Landfriedens zum Thüringer Heerzug aus und zerstörte in kurzer Zeit etwa 66 Raubnester, deren Herren in schonungsloser Härte hingerichtet wurden. Daß er dabei 1290 sowohl den Mühlhäusern wie den Nordhäusern die Zerstörung der Reichsburgen verzieh, bedeutete auch praktisch die Anerkennung ihrer bürgerlichen Ratsverfassung und damit ihrer realen politischen Kraft.

Handel und Marktwesen, auch als Ergebnis der Kreuzzüge, ließen die Städte aufblühen, und an die Stelle des Tauschhandels war das Geld getreten. Auch die Feudalherren verlangten immer mehr die Abgaben in klingender Münze. Da deren Forderungen an die Bauern immer weiter kletterten und die Städte auf das Land durch Steuern, Preise und Wucher zusätzlich einen starken Druck ausübten, konnte eine Agrarkrise nicht ausbleiben. Ihr Ergebnis: verlassene Felder und Höfe, Dörfer wurden zu Wüstungen. Jene Bauern, die nicht ihr Heil hinter Stadtmauern fanden — Stadtluft macht frei (nach einer Urkunde Friedrichs I. 1186 für Bremen) —, versuchten sich durch solche Produkte über Wasser zu halten, deren Absatz in der Stadt ihnen eine weitere Existenz ermöglichte: Faserpflanzen, Hopfen, Fleisch. Die geringen Erlöse konnten den niederen Adel nicht erhalten. Man begann, die Burgen zu verkaufen. So bekundet ein Dokument aus dem Jahr 1348 den Verkauf der Wasserburg Kapellendorf mit allen Besitzungen an die Erfurter, ein

Zeichen für die grundlegende Veränderung des Verhältnisses von Burg und Stadt zugunsten des nicht nur ökonomisch, sondern auch politisch und militärisch erstarkten Bürgertums. Bereits 1304/06 hatten sich die Thüringer Städte Erfurt, das von den Honsteiner Grafen bedrohte Nordhausen und Mühlhausen (ähnlich den mächtigen süddeutschen Städtebünden) gegen feudalen Machtübergriff zu einem (bis ins 15. Jh. immer wieder erneuerten) Bündnis vereint. In Mühlhausen wurde um 1255 die Reichsburg als Sitz der feudalen Stadtherrschaft zerstört und die Ministerialen samt dem mit ihnen verbündeten Deutschen Orden zurückgedrängt; 1277 handelten die Nordhäuser ähnlich.

Ausdruck für diese langandauernde Krise des Feudaladels war das sich auf Faustrecht berufende Unwesen des schon von Walther von der Vogelweide beklagten Raubrittertums. Burgen wurden zu gefürchteten Raubnestern über Handelsstraßen, auf denen sich die Kaufleute im Geleitschutz bezahlter Bewaffneter zu verteidigungsfähigen Karawanen zusammenschlossen. Die Städte ihrerseits erwarben eigene Burgen, errichteten Warten, schlossen Bündnisse untereinander und mit den Landesherren (die Wettiner übten das Geleitregal für das ganze Territorium aus), die ihre Territorial-Interessen gefährdet sahen. So zogen 1353 in Mecklenburg die Städte und Fürsten gemeinsam aus und legten Sitze der Raubritter mit Waffengewalt nieder, „die eine lange Linie vom Norden des Schaalsees bis hinunter nach Perleberg" bildeten. Diese Linie ähnelte dem Verlauf der Handelsstraßen zwischen Lübeck und Berlin. Die Waid-Metropole Erfurt, mächtigste mittelalterliche Stadt Thüringens, konnte z. B. die Mühlburg (1357), die auf einer Insel in der Unstrut liegende Burg Großvargula (bei Langensalza), die 1135 erstmals genannte Burg Tonndorf mit ihrem 60 Meter hohen Bergfried (1355) und die (leider 1945 zerstörte) Feste Schloßvippach an der Salzstraße (für „1800 Schock guter Meißn. Groschen") erwerben. Von Warttürmen der Stadt blieben die bei Bienstädt (1411 errichtet, bis 1660 mit einem Wartmann besetzt), Hopfgarten und Niederzimmern erhalten. Die von Konrad von Wettin (1080—1157) auf der Burg Winkel (im Halleschen Saalkreis) stammenden, sich in Meißen und der Lausitz auf viele Burgen und Städte stützenden Wettiner hatten nach dem Thüringer Erbfolgekrieg alle bisherigen landgräflichen Funktionen und Herrschaftsansprüche in dem vereinten Territorium der Landgrafschaft Thüringen und der Markgrafschaft Meißen übernommen. Sie standen dem Landfriedensgericht vor, und ihnen war dieser strategische Machtzuwachs Erfurts trotz zeitweiliger Bündnisschaft ein Dorn im Auge. Der mit ihnen verbündete Kaiser Karl IV. zwang den verschuldeten Grafen Johann von Schwarzburg, die den Erfurtern angebotenen Burgen Liebenstein (bei Gräfenroda), Schwarzwald (bei Liebenstein) und die Wachsenburg am 19. Mai 1369 an die Landgrafen zu verkaufen, ohne daß den Erfurtern die ein Jahr zuvor geraubten 9000 Gulden, als Schmiergeld für den in Italien weilenden Kaiser gedacht, zurückerstattet wurden. Dennoch gelang es dieser erstarkenden Partikulargewalt nicht, das gesamte Gebiet Thüringens ihrer Lehnshoheit (wie z.B. die Herren von Lobdeburg) zu unterwerfen und etwa auch auf die Grafen von Schwarzburg, von Henneberg und von Gleichen auszudehnen.

Im ausgehenden Mittelalter war etwa jeder vierte Deutsche ein Städter; die Zahl der städtischen Siedlungen war von etwa 40 im Jahr 900 auf rund 3000 am Ende des Mittelalters gestiegen. Diese Städte lagen vielfach an Flüssen, Handelsstraßen, Übergängen und waren zu ihrem Schutz mit hohen, nicht selten doppelten Mauern umgeben, mit Wehr- und Tortürmen, zu deren Verteidigung jeder Bürger verpflichtet war. Um das Jahr 1000 bereits bezeichnete man die städtische Bevölkerung erstmals als „burgensis". Eine mittelalterliche Stadt glich in ihrem Befestigungswesen einer riesigen Burg, und sie wurde nach ihrer Funktion zunächst auch zu den Burgen gezählt. Bemerkenswerte Reste solcher einstigen Verteidigungsanlagen finden sich beispielsweise in Tangermünde, Bad Langensalza, Sömmerda, Templin, Rostock oder Bautzen, wo die Burg in die Ringmauer der Stadt einbezogen war. In der freien Reichsstadt Mühlhausen begann man zwischen 1170 und 1190, den steinernen Mauergürtel um die Stadt anzulegen. Die freie Reichsstadt Mühlhausen, wehrhaftes Zentrum des Thüringer Bauernkrieges, war mit ihrer bis heute fast vollständig erhalten gebliebenen Stadtbefestigung eine der stärksten mittelalterlichen Stadtfestungen Thüringens. Der sechs Meter hohe innere Mauerring (1170/90) aus heimischem Travertin, bis zu zwei Meter stark, zusammen mit

dem äußeren, im 14. Jahrhundert errichteten, später abgerissenen Mauerring, von 59 Türmen bekrönt, ist heute einzigartiges, sorgfältig gepflegtes Geschichtsmuseum, seit 1975 dem Gedenkstättenkomplex „Deutscher Bauernkrieg" angeschlossen. Ein Turmstumpf am Forsthaus des Dorfes Eigenrieden, Rest einer Warte, deutet hin auf eine weitere Besonderheit der befestigten Reichsstadt, den bereits 1351 erwähnten Landgraben (als zusätzlichen Verteidigungsgürtel). Ein hoher, aufgeschütteter Wall, beiderseitig von zwei bis vier Meter breiten Gräben flankiert, faßt in einer Länge bis zu 26 Kilometern das auch durch Warten geschützte Mühlhäuser Gebiet so ein, daß man es nur über fünf Straßenpassagen nach Kontrolle durch die besoldeten Turmwächter betreten konnte.

Zu welchen wehrarchitektonischen Meisterleistungen die städtischen Architekten fähig waren, wird auch am bereits erwähnten burgartigen Naumburger Marientor von 1455/56, einem von fünf starken Stadttoren, deutlich, das 1961/65 wieder instand gesetzt wurde und heute von den Puppenspielern „besetzt" gehalten wird. Die Anlage, zwei Torhäuser mit einem gekrümmten Fanghof, war bereits auf den Beschuß durch mauerbrechendes Geschütz des Gegners eingerichtet, der nach seinem Eindringen von einem inneren Wehrgang aus bekämpft werden konnte.

Burgen brennen im Bauernkrieg

Durch die frühbürgerliche Aufstandsbewegung von 1525 wurde mit der Machtfrage auch die weitere Funktion der Burgen und Schlösser berührt, deutlich in den sogenannten „Schlösserartikeln" innerhalb der programmatischen Erklärungen der aufständischen Bauern im Schwarzwald, in Franken und Thüringen. „Item es sollen auch schedliche Schloß, Wasserheuser und Bevestigung, daraus gemeinem Mann bisher hohe merkliche Beschwerung zugestanden sein", hieß es im Taubertaler Programm (April 1525), „eingeprochen oder ausgeprant werden". Sofern deren Besitzer „Brüder" sein wollten, sollten sie ihre fahrende Habe behalten, das Geschütz aber sollte der gemeinen Versammlung übergeben werden. Dahinter ist ein durchaus strategisches Konzept erkennbar, das keineswegs alle Burgen und Klöster in ihrer

Bausubstanz gleichermaßen bedrohte, sich in jedem Fall aber gegen Adel und Geistlichkeit richtete. Militärisch galten dabei die Burgen als Widerstandsnester, deren Ausschaltung, auch mit Hilfe des dem Adel abgenommenen Geschützes, einem politischen Kampfprogramm und nicht, wie von bürgerlicher Geschichtsschreibung denunzierend beklagt, Ausdruck eines barbarischen Zerstörungswillens war. Gestürmt wurden so die Veste Landsberg bei Meiningen, die Burgen Henneberg und Hutsberg; die Burg Bibra (bei Meiningen) ging in Flammen auf, und von der Burg Frankenberg blieb nur der Bergfried übrig. Es brannten die Wallenburg, auf der sich 1516 Götz von Berlichingen verschanzt hatte, und im Eichsfeld die Burgen Scharfenberg und Bodenstein; belagert wurden die Wachsenburg und die Wasserburgen Kapellendorf und Heldrungen.

Mit dem Ausgang des Bauernkrieges war auch das Schicksal vieler Burgen besiegelt. Nur ein Teil wurde wieder aufgebaut. Sie waren ihrer Funktion nicht mehr gerecht geworden. Wo es möglich war, baute man die Burgen zu Schlössern aus oder verstärkte sie zu mächtigen Festungen (Heldrungen, Querfurt, Wendelstein u. a.) mit Bastionen, Gräben und Wällen, die sogar noch der modernen Kriegstechnik des Dreißigjährigen Krieges teilweise widerstanden. Die meisten erhalten gebliebenen Adelsnester, wehrarchitektonisch veraltet und militärisch bedeutungslos, verwandelten sich nach dem Bauernkrieg mehr und mehr in Verwaltungssitze für

Amtsleute und Steuereintreiber mit eigenem Landwirtschaftsbetrieb. Wie die eichsfeldische Burg Gieboldehausen, von der das Staatsarchiv Magdeburg ein interessantes Inventarverzeichnis aus dem Jahre 1485 besitzt. Das Bild ist sehr aufschlußreich: zur Burg gehören u. a. eine Mühle, ein Brauhaus, ein Badehaus und ein Backhaus. „In der ‚pfeylenkamern‘ sind anderthalb Fäßchen mit Pulver, zwei Büchsen, zwei zerbrochene Hakenbüchsen, drei Paar Hahnenfüße und andere Geräte, die im Gefängnis gebraucht werden, 340 kleine und große Bleigeschosse, 14 Schäfte mit Pfeilen, 3 Zündeisen, 31 Steine Bleiladung (1 Stein = 16,5 Pfund), fünf Hakenbüchsen, eine Sichel, eine Sense …“ Ein ebenfalls im Magdeburger Kopiar 1538 enthaltenes Inventarverzeichnis der untereichsfeldischen Burg Lindau (bei Duderstadt) vermerkt neben Korn, Hafer und Heu auch 14 Kühe, 4 Rinder und ein Kalb.

Kein Vergleich zu den Schlössern, in die sich manche Burgen wie Schloß Burgk an der Saale verwandelten. Die Weiterentwicklung vollzog sich im Schloßbau als dem eigentlichen Betätigungsfeld berühmter Baumeister: Albrechtsburg Meißen (Arnold von Westfalen), Schloß Hartenfels Torgau (Konrad Krebs), Schloß Bernburg (Andreas Günther), Schloß Burgk, Schloß Weesenstein und Augustusburg (Hieronymus Lotter), Altenburg (G. Samuel Vater), Schloß Merseburg (T. v. Trotha und M. Brenner). Hier gab es, im Gegensatz zu den herkömmlichen Burgen, Weitläufigkeit, architektonischen Reichtum, Behaglichkeit und Repräsentation, verbunden mit wertvollem plastischem Schmuck und bequemen Wendelsteinen. Mehr und mehr erhielten die Anlagen ein regelmäßiges Aussehen, das die Monumentalität der Renaissancebauten noch unterstrich.

In der Zeit des Schlösserbaus war es auch endgültig mit dem Rittertum vorbei; der bezahlte Landsknecht war an seine Stelle getreten. Eine drastische Schilderung vom Alltag des heruntergekommenen Standes gibt Ulrich von Hutten, Reichsritter und Dichter, am 25. Oktober in seinem berühmten Brief an Willibald Pirckheimer, den Nürnberger Ratsherren und Humanisten. Kein Wort

1 Kaiserliche Wagenburg nach hussitischem Vorbild. In der Mitte Kaiser Friedrich III., daneben das Reichsbanner. Aus dem Wolfegger Hausbuch (um 1470).

über Barmherzigkeit, Treue, Bescheidenheit, edle Minne und Ehre — höfische Ideale, wie sie die Blütezeit des Rittertums charakterisierten —, vergessen das Hohelied der höfischen Epik, deren Abglanz er auf der heimischen Steckelburg gewiß noch erlebt hat. Der entlaufene und verstoßene Ritterssohn wußte aus eigener Anschauung, wie problematisch die auf Ausbeutung beruhende Ritter-Existenz geworden war, wie stupide das Burgleben mit den ewigen Gesprächen über Pferde und Weiber, Beutezüge und Spielschulden. Diese Hellsichtigkeit führte ihm die kritische Feder zu dem Brief, den er aus der Freien Reichsstadt Augsburg als Begleiter des humanistisch gebildeten Erzbischofs von Mainz schrieb, der uns in diesem Buch als Herr der Moritzburg begegnet. Ulrich von Huttens politische Heimatlosigkeit brachte ihn im Herbst 1520 an die Seite Franz von Sickingens (1481

bis 1523) auf die Ebernburg, wo er sein Sendschreiben an Kaiser und Kurfürsten erließ, alles geistliche Gut zur Errichtung von Schulen und zur Armenpflege und zur Schaffung eines (ritterlichen!) Reichsheeres einzuziehen. Schmetternde Fanfaren zu Luthers dröhnendem Sturmgeläute. Dem einst gefeierten Sold- und Fehde-Ritter Sickingen war's die ideologische Begründung, dem Erzbischof von Trier, Richard von Greifenklau, am 27. August 1522 die Fehde anzusagen und die Stadt zu belagern. Es sollte der letzte Versuch des niedergehenden Kleinadels sein, sich aktiv in die Geschichte einzumischen. Im April 1523 wurde der Herausforderer auf Burg Landstuhl (bei Kaiserslautern) eingeschlossen. Sie wurde, brennend zusammenstürzend, sein Grab. Am 7. Mai betrachteten die hohen Fürsten den sterbenden Mann, der mächtig sein wollte wie sie, im Keller der noch qualmenden Ruine. Hutten, herumgetrieben und schutzlos, starb im Herbst des gleichen Jahres in Zwinglis Obhut auf der Insel Ufenau im Züricher See. Im Juni 1523 beschloß der schwäbische Fürstenbund, mit 13000 Mann gegen die letzten Raubnester gewaltsam vorzugehen. Vorbei der Traum von einer kaiserlichen Reichsreform, vorbei auch dies letzte Selbstbewußtsein des Rittertums.

Das Ende: Angst und Sorge

Hutten hatte das Ende an jenem 25. Oktober 1518 mit seherischem Blick vorherbeschrieben: „Man lebt auf dem Felde, in Wäldern und in jenen Felsennestern. Die uns Nahrung schaffen, sind ganz arme Bauern, denen wir unsere Äcker, Weinberg, Wiesen und Wälder verdingen. Der Ertrag, der von ihnen kommt, ist für die Arbeit, die darauf verwendet wird, gering und schmal, aber mit großer Mühe und großem Fleiß wird gearbeitet, damit er reich und lohnend werde, denn wir müssen sehr sorgfältige Haushälter sein. Sodann müssen wir uns unter die Abhängigkeit von irgendeinem Fürsten stellen, damit wir von ihm Schutz erhoffen dürfen: wenn ich das nicht bin, meint jedermann, daß er sich alles gegen mich erlauben dürfe; und wenn ich es bin, so ist dieser Schutz mit Gefahr und täglicher Furcht verbunden, denn sobald ich aus dem Hause trete, so bin ich in Gefahr, daß ich denen in die Hände falle, mit denen der, welcher mein Schutzherr ist, Händel und Fehde hat. An seiner Stelle fallen sie mich an und schleppen mich fort. Wenn mich das Mißgeschick recht verfolgt, geht leicht die Hälfte meines Vermögens für das Lösegeld drauf, und wovon ich Schutz erhoffte, erwachsen mir auf diese Weise Feindseligkeiten. Zu diesem Zweck halten wir darum Pferde und schaffen uns Waffen an und umgeben uns mit zahlreichem Gefolge, alles unter schweren und drückenden Kosten; und dabei dürfen wir nicht fünfhundert Schritt weit ohne Waffen gehen, man kann kein Dorf ungerüstet besuchen, nicht zum Jagen, nicht zum Fischen anders als in Eisen gepanzert gehen. Überdies gibt es häufig Zank zwischen fremden Bauern und den unseren, und es vergeht kein Tag, an dem uns nicht über irgendeinen Streit berichtet wird, den wir sehr vorsichtig schlichten. Denn wenn ich zu ungestüm das Meinige in Schutz nehme und das Unrecht verfolge, so entsteht Krieg; wenn ich aber zu geduldig nachgebe und von meinem Recht etwas nachlasse, dann steht sogleich den Angriffen von allen Seiten Tür und Tor offen; denn was dem einen nachgelassen ist, das würde jeder einzelne für sich gleichermaßen haben wollen, zur Belohnung für seine eigene Unverschämtheit. Und was für Leute sind es, unter denen solche Sachen vorkommen? Nicht etwa Leute, die sich fremd sind, lieber Freund, sondern solche, die sich nahe stehen, Verschwägerte und Verwandte, ja sogar Brüder handeln derartig gegeneinander.

Das sind die Annehmlichkeiten unseres Landlebens, das ist unsere Ruhe und unser Frieden. Ob unsere Behausung auf dem Berge oder in der Ebene liegt, sie ist nie zur Behaglichkeit, sondern nur zum Schutze erbaut und mit Wall und Graben umgeben, innen ungeräumig, mit Vieh- und Pferdeställen zusammengedrängt, ... finstere Schuppen voller Kanonen, Pech und Schwefel und was sonst zur kriegerischen Ausrüstung an Waffen und Maschinen gehört. Überall der Gestank des Schießpulvers, dann die Hunde mit ihrem Unrat — das duftet lieblich und angenehm, sollte ich meinen! Reitersleute kommen und gehen, auch Raubgesindel, Diebe und Wegelagerer, denn gewöhnlich stehen unsere Häuser offen, und unsere Leute wissen selten, wer einer ist, oder fragen nicht danach. Man hört das Blöken der Schafe, das Brüllen der Ochsen, das Bellen der Hunde, das Schreien der Feldarbeiter, das Rumpeln und Gerassel der Karren und Wa-

gen, ja, in unserer Gegend, wo die Wälder nahe sind, auch das Heulen der Wölfe. Der ganze Tag ist mit Angst und Sorge um den nächsten, mit fortgesetzter Bewegung und dauerndem Sturme ausgefüllt."

Ritter, Ruinen und Romantiker

Was nun folgt, war Verfall und Abbruch der meisten Burgen, die erst von den Romantikern als bedeutsame Zeugen geschichtlicher Vergangenheit wiederentdeckt wurden. Viele poetisch-stimmungsvolle Zeichnungen jener Zeit, erinnert sei nur an Ludwig Richter, sind heute

1 Ulrich von Hutten (1488—1523).
2 Der heilige Georg als Urbild des christlichen Ritters. Holzschnitt von Lucas Cranach d. Ä. (1506).

wertvolle Dokumentationen des damaligen Erhaltungszustandes der Burgen bzw. ihrer Ruinen. Zugleich setzt mit der biedermeierlichen Lust zum Reisen auch die Entdeckung der Landschaft und ihrer Menschengeschichten ein, vielfältig beschrieben und mit Kupfer- bzw. Stahlstichen geschmückt in zahlreichen Publikationen wie z. B. in Gottschalcks mehrbändigem Kompendium „Die Ritterburgen und Bergschlösser Deutschlands" (1809). Natürlich, mit dem heutigen Blick erscheinen die Mauern weniger hoch und die Zinnen weniger wehrhaft-trutzig, die Wasser schäumen nicht mehr und die dunklen Wälder sind lichter, die Felswände weniger dramatisch zerklüftet. Dennoch haben gerade die Darstellungen der Romantiker einen besonderen, weil gefühlsbetonten Reiz. 1842 formulierte am Rhein Ferdinand Freiligrath das Empfindungsprogramm:

„Gruß dir, Romantik! Welch ein prächtiges Nest!
Mit seines schlanken Mauerturms Zinnen,
Mit seiner Tore moosbewachsenem Rest,
Mit seiner Burg, so schartig und fest,
Wie reißt es sieghaft meinen Geist von hinnen!"

In dieser dem Mittelalter zugewandten Traumwelt der Romantiker hatten die zumeist verfallenen Burgen als steinernes Zeugnis einen besonderen Stellenwert. Ludwig Richters volksliedhaftes Gemälde „Die Überfahrt am Schreckenstein" wurde von den Zeitgenossen begeistert aufgenommen, die vergeistigte Gotik bei Caspar David Friedrich ist das Traumgehäuse eines tiefgreifenden kulturgeschichtlichen Interesses. „Trauer über die Vergänglichkeit des Lebens, über die Unbeständigkeit der Schönheit, eine elegische Klage über das Absterben von Menschenwerk", so Friedrich Möbius (in einer Studie über „Caspar David Friedrichs Gemälde ‚Abtei im Eichwald' und die frühe Wirkungsgeschichte der Ruine Eldena bei Greifswald", Berlin 1980), „ist der emotionale und philosophische Grund, aus dem diese Blätter (zeichnerischer Studien – d. V.) erwachsen ... Neben dem Sarg, der zum Grab geführt wird, gehört die Geistererscheinung, die phantastische Auferstehung derer, die einst hier lebten, zu den stehenden Motiven europäischer Ruinendichtung. Sie läßt die früheren Herren (...) sich aus den Gräbern erheben und bleich, mit eingefallenen Wangen, Klagelaute ausstoßend, in feierlichem Zug

durch die verödete Burg ziehen." Bedeutsam für uns heute, daß das erwähnte Bild des berühmten Romantikers 1810 ebenso das Interesse des preußischen Königs wie Theodor Körners erregte, und Friedrich Möbius verweist darauf, daß C. D. Friedrich mit diesem Bild „sein aus der Ruinenpoesie gewonnenes Wissen politisch aktualisierte". Durch den deutlichen Hinweis auf die zuvor noch verketzerte Gotik (als Freiraum menschlichen Handelns, sich – bürgerlicher Wunschtraum – ins Unendliche zu verwandeln) und die Eiche (als patriotischem Baum deutscher Dichtung). Nochmals Möbius: „Die gemalten Eichen und mit ihnen die spitzbogigen Eldenaer Giebel meinten unter den Bedingungen des napoleonischen Drucks ‚Heimat', ‚Germanien', ‚Vaterland' in durchaus politischem Sinn ... Friedrichs ‚Abtei im Eichwald' ist ein frühes Denkmal bürgerlichen Nationalgefühls", dem wir beim Burschenschaftlertreffen auf der Wartburg 1817 wiederbegegnen. Noch also wurde das Mittelalter von der feudalen Obrigkeit nicht umfunktioniert in eine altväterliche Idylle, noch findet man sich mit dem Blick auf geschichtliche Größe in bürgerlichen Emanzipationskreisen zusammen wie zwischen 1812 und 1816 in der südöstlich von Meißen gelegenen, halb verfallenen Burg Scharfenberg der patriotisch gesonnene Künstler- und Freundeskreis, dem übrigens auch der Dichter de la Motte Fouqué („Der Sängerkrieg auf der Wartburg", 1828) angehörte. Goethes geschichtlich orientiertes Interesse an Thüringens Burgen wurde bereits erwähnt (s. auch unter Wartburg und Kyffhausen), sein Mitwirken am Umgestalten des Weimarer Parks im Stile des in Mode gekommenen englischen Landschaftsparks mit stimmungsvollen Ruinen verweist auf einen weiteren Zusammenhang von Zeitgeist und Burgen-Wiederentdeckung. Erinnert sei an eine der ersten neugotischen Anlagen dieser Art, die (1793–1801 erbaute) Löwenburg im Park des Schlosses Wilhelmshöhe bei Kassel. Bayerns König Ludwig I. ordnete nach seinem Regierungsantritt 1826 an, die städtischen Befestigungsanlagen weder zu verändern noch abzutragen, da er die „Erhaltung solcher Denkmale (wie Burgen und Kirchen, Bildsäulen und Grabmäler – d. V.) zur Belebung des Nationalgeistes ... für vorzüglich wichtig" erachtete. Was bereits auf eine generelle Tendenz dieses restaurativen 19. Jahrhunderts verweist, die

eigene Gegenwart durch das Fundament der Geschichte zu erhöhen.

Im Rückgriff auf die scheinbar idealen Verhältnisse des deutschen Mittelalters äußerte sich ein allgemeines Unbehagen an den provinziell-engen Zeit- und Lebensverhältnissen. Das aufgeschlossene Verhältnis zur Geschichte öffnete den Romantikern das überreiche kulturgeschichtliche Arsenal an Ideen und Ausdrucksformen, Stilen und Traditionslinien, deutlich an dem ausdauernden Interesse für den großen Stoff des Sängerkrieges. Das hebt sich von der restaurativen Einkleidung der Monarchen in das geschichtsträchtige Rittergewand ebenso ab wie von der Ritter- und Schauerromantik eines biedermeierlich-behaglichen Spießbürgertums, das sich nostalgisch an einer vielerorten aus dem unbestellten Geschichtsboden wuchernden Butzenscheiben-Literatur erbaute, die, wie auch immer, zumeist ihre Daseinsberechtigung von der sechsbändigen (1823/25 bei Brockhaus in Leipzig verlegten) und überaus bildhaften "Geschichte der Hohenstaufen und ihrer Zeit" Friedrich von Raumers ableitete und dann zu Felix Dahn und Karl Simrock führte. Julius Schnorr von Carolsfeld malte 1832 den ertrunkenen Barbarossa als Märtyrer der Geschichte; Karl Wilhelm Kolbe entwarf für die sich ab 1817 in Wiederherstellung befindliche Marienburg Glasfenster zur Ruhmesgeschichte des Deutschritterordens;

die Hohenzollern dekorierten ihre eigene politische Gegenwart mit der Geschichte der Staufer bei der Wiederherstellung und Ausgestaltung der Kaiserpfalz Goslar (1867/78). Ebenso patriotische wie denkmalpflegerische Ziele verfolgte Karl Friedrich Schinkel, bedeutendster Baumeister seiner Zeit, der vor allem das Erbe der Gotik schöpferisch für eigene Bauaufgaben verwertete; er sorgte 1836/45 für die Restaurierung der kurtrierischen Burg Stolzenfels am Rhein, die die 1814 preußisch gewordene Stadt Koblenz dem Kronprinzen Friedrich Wilhelm geschenkt hatte. Der von Schinkel beratene Kronprinz regte nach einem Besuch 1819 auch den Wiederaufbau der gänzlich verfallenen Hohenzollern-Burg an, wozu es dann schon in den 20er Jahren kam, bevor 1853 die steifen neugotischen Burgbauten nach Plänen des Schinkel-Schülers August Stühler errichtet wurden, die Gustav Schwab noch 1878 ungemein lobte und die der Begründer der bürgerlichen Burgenkunde Otto Piper

1 Altes Bollwerk (Vortor) auf dem Plateau vor der Zugbrücke der Wartburg in der Zeichnung von Johann Wolfgang Goethe im Jahre 1777. Die aufgesetzten Fachwerk-Wehrgänge waren bereits im Verfall und wurden 1782 abgetragen.

2 Neugotischer Entwurf Karl Friedrich Schinkels zum Ausbau der Moritzburg in Halle als Universität (1832), der aber nicht zur Ausführung kam.

(1841−1921) dann 1912 bereits kritisch ablehnte: „Ausnahmslos wenig Erfreuliches und Schlimmes bieten … die aus Ruinen wiederaufgebauten Burgen." Piper, dessen „Burgenkunde" von 1895 noch immer ein wichtiges Grundlagenwerk trotz seiner historisch begrenzten Sichtweise ist, der den wichtigen denkmalpflegerischen Gedanken des Konservierens statt Restaurierens vertrat, wandte sich überaus kritisch gegen die deutschnationalen Bestrebungen seines burgenkundlichen Kollegen Bodo Ebhardt (1865−1945). Unter dessen Leitung wurde die elsässische Hohkönigsburg, Geschenk für Kaiser Wilhelm II. 1899, als ein nationales Denkmal des Sieges über Frankreich 1871 ausgebaut. Ließen die Hohenzollern aus den Ruinen ihrer ehemaligen Stammburg eine Art nationaler Gralsburg wiedererstehen, so leistete sich Bayerns Ludwig II. auf einem 965 Meter hohen Felskegel das märchenhaft anmutende Burgschloß Neuschwanstein (1869−86) als vollendetes Bühnenbild zu den Mittelalter-Opern Richard Wagners, der sich in mancher Hinsicht wiederum von der Wartburg inspiriert fühlte. So besichtigte denn auch, zwecks Inspiration, der Architekt J. Hofmann auf Anraten des Komponisten 1867 die fast wiederhergestellte Landgrafenburg bei Eisenach. Als pathetisches Ruhmesdenkmal waren sie letztlich alle gedacht.

Tradition und Denkmalpflege

Das Verhältnis eines Volkes zu den Denkmalen seiner Geschichte charakterisiert das Verhältnis zu sich selbst. Auch in der DDR wurden neue Beziehungen zur überkommenen Bausubstanz zunehmend Gegenstand öffentlichen Interesses. Der Anspruch, kulturgeschichtliche Zeugnisse nachfolgenden Generationen zu erhalten, wurde sogar gesetzlich festgeschrieben. In diesem Zusammenhang erhielten Burgen und Schlösser ein wertendes Prädikat, das ihnen entweder nationale Bedeutung zuschrieb oder sie einordnete in die sogenannten Denkmallisten des Bezirkes oder gar nur des Kreises. Letztlich kam man damit zwar wissenschaftlichen Forderungen entgegen, die komplexe Bedeutung eines Denkmals war damit allerdings nicht ausreichend beschrieben. Stellt sich doch schon durch das Bewußtsein, an original erhaltenem, historischem Ort bedeutsamer geschichtlicher Vorgänge zu weilen, wo Menschen kämpften, Siege errangen oder Niederlagen erlitten, wo geistige Leistungen vollbracht wurden, ein emotionales bzw. intellektuelles Erlebnis ein. Denn Geschichtsdenkmale und Kulturdenkmale haben eine wirkungsvolle Doppelfunktion als kulturgeschichtliches Erbe und bewußtseinsbildende Mittler

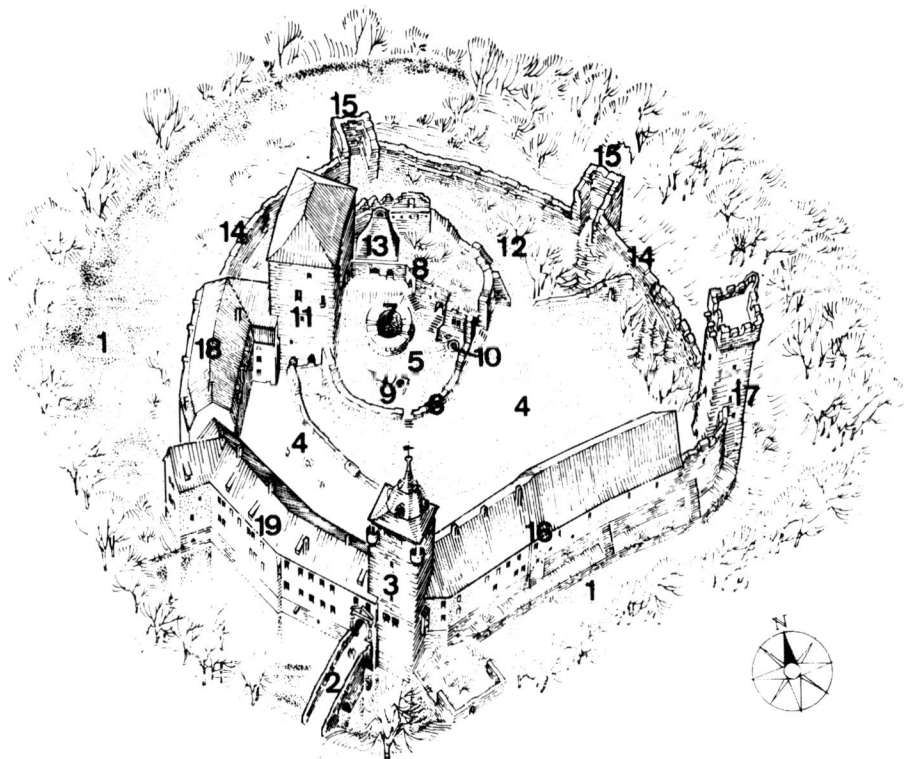

von Erlebnissen. Das gilt für die kompositionelle Meisterschaft mittelalterlicher Stadtbaukunst wie etwa in Tangermünde oder Bautzen ebenso wie für die imposante Baugruppe der Meißner Albrechtsburg. Von Anbeginn waren sich die Denkmalpfleger des Überkommenen bewußt und suchten auch angesichts der Zerstörungen im zweiten Weltkrieg die Partnerschaft zu Historikern, Philosophen, Kultur- und Kunstwissenschaftlern, Künstlern, Territorialplanern, ehrenamtlichen Denkmalpflegern und vor allem zu den Staatsorganen. Doch die wegen mangelnder materieller und finanzieller Möglichkeiten auswählend betriebene Denkmalpflege führte zu einer Bilanz, die neben Zeugnissen herausragender Leistungen eine Vielzahl verfallener Bauwerke konstatiert. An Warnungen und Bemühungen der nur beratend fungierenden Denkmalpfleger hat es nie gemangelt, doch die zwischen Anerkennung und Ablehnung schwankende Politbürokratie in den Städten und Dörfern ließ viele Anstrengungen einfach versanden. Teilweise breitete sich Resignation aus.

In ihrem Bemühen um die Kunst des Möglichen gingen die Denkmalpfleger immer auch von der praktischen Nutzung aus. So wurde beispielsweise die (vom schwedischen General Gustav Wrangel 1660/65 zum Renaissanceschloß umgebaute) Burg Spyker auf Rügen auf die Aufgaben eines gewerkschaftlichen Ferienheimes vorbereitet und die Wachsenburg (bei Arnstadt) als modernes Hotel eingerichtet. Nicht selten wurden dabei die Denkmalpfleger — beispielsweise während der Wiederherstellung des Ostflügels des Merseburger Schlosses mit der Rekonstruktion

des Kammerturmes — vor schwere Aufgaben gestellt. Allein der Aufbau der Außengerüste auf den steil abfallenden Felsen für die sehr umfangreichen Restaurierungsarbeiten an der Wartburg war ein Meisterstück, wie überhaupt die Wartburg als das Beispiel für diese bedürfnisbezogene Erbepflege genannt werden kann, von ihrer vorbildlichen Restaurierung bis hin zu den Liederfesten und Kulturprogrammen.

Burgen stellen in ihrer Geschichte Traditionen unseres Volkes dar. Das Burgenmuseum in der Wasserburg Kapellendorf (bei Apolda) vermittelt dazu ein überaus anschauliches Bild. Die Ausstellung umfaßt im Themenkomplex „Burg" auch die archäologischen Forschungen des Museums für Ur- und Frühgeschichte Thüringens in Weimar, dessen Untersuchungen befestigter Wüstungen und mittelalterlicher Burgen eine Reihe neuer, über den Thüringer Raum hinaus bedeutungsvoller Erkenntnisse brachten. Fachleute sprechen von rund 1400 befestigten Stellen vor dem Jahre 1300 allein in Thüringen, deren Anlage bis in die Jungsteinzeit zurückreicht (Großobringen, Kreis Weimar); viele Höhenburgen am Rande des Thüringer Beckens stammen aus der jüngeren Bronzezeit bzw. der frühen Eisenzeit. Die Untersuchungen zur Burgengeschichte werden durch die Forschungsarbeiten (auch vieler Studenten) der Friedrich-Schiller-Universität Jena in dem 1974 eröffneten Burgenmuseum fortgesetzt. Besonders anschaulich sind die vielfältigen Initiativen aller Beteiligten einschließlich der Bodendenkmalpfleger, des Kulturbundes u. a. bei der Erforschung und Erhaltung der Bauwerke im Rahmen der Möglichkeiten.

Mit der gesellschaftlichen Wende in der DDR wurde Abschied genommen von zentraler Planung und unterschiedlichen Denkmallisten. Kommunale Selbstverwaltung, qualifizierte Territorialplanung, Gewinnung von privaten Investoren, Nutzung der zu erwartenden Länderhoheit sowie Hilfe aus der Bundesrepublik Deutschland und Öffentlichkeitsarbeit sind die denkmalpflegerischen Alternativen. Schon im Frühjahr 1990 boten bayerische Denkmalpfleger ihren Thüringer Kollegen praktische Hilfe für die ausgebrannte Heldburg (nahe Hildburghausen) oder die Rheinland-Pfälzer für das alte Schloß Dornburg (nahe Jena) an.

1 Ritterkampf am Fuße der Wartburg. Romantische Zeitvorstellung des Malers Friedrich Preller d. Ä. (1804–1878), der starken Anteil an der Wiederherstellung der Wartburg nahm.

2 Die Wasserburg Kapellendorf heute. 1 Wassergraben; 2 heutige Burgbrücke; 3 Torturm; 4 Burghof (entspricht dem Innengraben der Kirchberger Burg); 5 Kirchberger Burg (Kernburg); 6 innere Ringmauer; 7 Bergfried; 8 Palas; 9 Burgbrunnen; 10 Zisterne; 11 Kemenate (mit Burgenmuseum); 12 Zwinger; 13 Kaminküche; 14 äußere Ringmauer; 15 Schalentürme im hinteren Zwinger; 16 ehemaliges Tor, Pferdestall; 17 Verliesturm; 18 Prinzessinenbau; 19 Jusitz- und Rentamt (Burgmuseum und Burgschenke) — Übersichtszeichnung von A. Pretzsch in: Karl Moszner „Die Wasserburg Kapellendorf", Weimar 1972.

Gewiß wird sich auch die auf der Marksburg (BRD) residierende Deutsche Burgenvereinigung mit der Wiedervereinigung beider deutscher Länder in das burgendenkmalpflegerische Konzept einbringen.

Seit Öffnung der Grenze im November 1989 ist ein Touristenstrom aus der BRD alltägliche Herausforderung für die Burgverwaltungen als Museen und musische Zentren, Jugendherbergen und Hotels, Bildungs- und Erholungsstätten. Da ist wohl noch manches hinsichtlich einer wohldurchdachten Präsentation, auch in Wort und Bild, zu leisten. Nicht zuletzt setzt sich eine Gesellschaft das wohl beste Denkmal, wenn sie ihre Denkmale auch zu erhalten weiß.

G. M. u. W. L.

Worterklärungen

Abschnittsburg: Geteilte Anlage, die von einer Seite stark bedroht war und durch Fronttorturm, Schildmauer u. a. geschützt werden mußte.

Abschnittsgraben: Graben innerhalb einer Burg.

Abtritt: Klosett als vorgekragter Erker oder ausgemauertes Loch im Fußboden.

Ausguß: Unter dem Küchenfenster befindliche, durch die Außenmauer reichende Steinplatte, deren Oberfläche schalenförmig ausgehöhlt ist.

Barbakane: Brückenkopfähnliche Befestigung vor dem äußeren Graben bzw. kleiner Zwinger außerhalb der Ringmauer.

Bergfried: Starker, auf verschiedenem Grundriß fußender Hauptturm der Burg, aus mehreren Etagen bestehend, diente als Warte, Wehrbau und Schild für die dahinterliegende Burg, verfügte im Erdgeschoß über ein Verlies, das nur durch das Angstloch erreicht werden konnte.

Brunnen: Diente der Wasserversorgung aus dem Grundwasser und mußte teilweise bis zu weit über hundert Meter Tiefe in Boden und Gestein getrieben werden.

Burg: Frühgeschichtlicher oder mittelalterlicher Wehrbau (Höhen- und Tieflandbau) mit unterschiedlicher Verwaltungsfunktion, im wesentlichen bestehend aus Wällen, Gräben, Zwinger (mitunter Vorburg), Mauern, Palas, Bergfried, Kapelle, Wirtschaftsbauten, Brunnen bzw. Zisterne usw.; im weiteren Sinne bezeichnet der Begriff auch befestigte Städte, Kirchen, Friedhöfe u. a.

burgensis: Um 1000 aufkommende Bezeichnung für die Stadtbevölkerung.

Burgfrieden: Feudalistische Rechtsauffassung, nach der innerhalb einer umfriedeten Burg Streitigkeiten nicht gewaltsam ausgetragen werden durften.

Burggarten: Zwingerähnliche Anlage, die als eine Folge der Kreuzzüge einen kleinen Kräutergarten aufnahm.

Dirnitz: Bezeichnung für kleines, heizbares Wohngemach oder kleinen, selbständigen Wohnbau in der Burg.

Donjon: Sonderform des Wohnturms, nimmt Mittelstellung zwischen Bergfried und Palas ein, weiträumig und hell im Inneren.

Doppelkapelle: Romanische Burgkapelle mit zwei übereinanderliegenden Räumen – durch Öffnung in der Zwischendecke verbunden –, in denen Herrschaft und Gesinde getrennt den Gottesdienst verfolgen konnten.

Fallbrücke bzw. Zugbrücke: Holzbrücke, deren beweglicher Teil bei Gefahr mittels Ketten und Rollen an die Außenmauer herangezogen werden konnte.

Fallgitter: Engmaschiges Gitter aus vierkantigen Holzbalken (oder gänzlich aus Eisen) mit eisenbeschlagenen Spitzen, das im Torgebäude angebracht und mittels Wellbaum bei Gefahr betätigt werden konnte.

Festes Haus: Herrenhaustyp des 16./17. Jahrhunderts mit Wehranlagen.

Festung: Starkbewaffnete militärische Anlage, die der Verteidigung eines Ortes oder Gebietes dient und an strategisch wichtigen Punkten auf Bergen oder im Tiefland entstand, technisch vervollkommnet u. a. unter Sebastien le Prêtre de Vauban (1633–1707).

Fliehburg: Vorfeudale, größere Wallburg (auch Bauernburg genannt), in die sich die Bewohner eines Gebietes bei Bedrohung zurückzogen.

Gaden: Abgeschlossener Raum oder Stockwerk einer Burg oder Wehrkirche, diente in Notzeiten der Unterbringung von Menschen und Vieh.

Ganerbenburg: Anlage, die infolge Erbteilung mehreren Besitzern gehörte.

Graben: Als Wasser- oder Trockengraben Bestandteil der Burgverteidigung; dabei unterschieden in Halsgraben (trennt Burg vom übrigen Gelände), Ringgraben (die Burg ganz oder teilweise umgebend), Abschnittsgraben (innerhalb der Burg) oder Torgraben (verwehrt Zutritt zu bestimmtem Tor).

Gußloch: Besonders über Toren angebrachter kleiner Erker (auch Pechnase genannt), von dem aus eine Kommunikation zwischen Wache und Besucher möglich war bzw. durch das im Verteidigungsfall Pech, Wasser usw. gegossen werden konnte.

Halsgraben: s. Graben.

Heizung: Entsprechend dem römischen Vorbild wurde heiße Luft unter die Fußböden oder mit Röhren durch die Wände geführt. Ausstattung mit Kaminen der verschiedensten Formen, ab 14. Jahrhundert Kachelöfen nachweisbar.

Höhlenburg: Entstanden durch ausgehauene Felsen bzw. deren natürliche Höhlungen.

Kamin: Im Burgenbau gebräuchliche offene Feuerstelle in der Wand mit Rauchabzug, teilweise mit reichen Verzierungen.

Kapelle: Gebäude, in dem Gottesdienst abgehalten wurde; anfangs stand es frei, später wurde es in andere Bauten (Palas, Wohnturm usw.) einbezogen, Sonderform: Doppelkapelle.

Kastell: Auf römischen oder islamischen Vorbildern fußende regelmäßige, geometrisch angelegte Festung, deren monumentale Wirkung noch durch das stark befestigte Portal (flankierende Doppeltürme) unterstrichen wird.

Kemenate: Heizbarer Wohnraum einer Burg.

Mauerturm: In die Ring- bzw. Umfassungsmauer eingefügter halbrunder oder rechteckiger Flankierungsturm, der nach innen offen sein konnte (Schalen- bzw. Halbturm).

Motte: Zum Burgenbau künstlich aufgetragener und abgeplatteter Hügel.

Palas: Ein- oder mehrstöckiger Repräsentationsbau mit Rittersaal im Obergeschoß, verzierten Fensterformen, Säulengalerien; anfangs (um 1200) noch mit Freitreppe.

Palisaden: Schanzbauwerke aus aneinandergereihten, nach oben zugespitzten Pfählen.

Pechnase: s. Gußloch.

Pfalz: Königliche Wohn- und Regierungsstätte.

Regularfortifikation: s. Festung.

Ringgraben: s. Graben.

Ringmauer: Umfassungsmauer der Burg, die wegen der Zwinger recht weitläufig sein, aber auch zu großen Teilen durch die Außenmauern der Gebäude ersetzt werden konnte; nicht selten mit Zinnen und Wehrgängen (auch mehretagig) versehen.

Rittersaal: Hauptraum des Palas, oft mit weitgespannter, von Säulen getragener Decke, mit gemauerten Sitzbänken in den Fensternischen sowie wohnlicher bzw. repräsentativer Ausstattung.

Schießscharten: Vielfältig profilierte schlitzförmige Öffnungen in Mauern oder Bretterwänden für den Gebrauch von Armbrüsten bzw. Feuerwaffen.

Schildmauer: Sich mächtig von der Ringmauer abhebende, mehrere Meter starke Schutzmauer an der Hauptangriffsseite der Burg, verteidigungsfähig über Wehrgänge.

Tor: Mit Eisenblech beschlagener sowie durch Fallgitter, Flankierungstürme, Zugbrücke u. a. geschützter Burgzugang, nicht selten in einem Turm (Torturm) gelegen.

Turm: s. Bergfried bzw. Mauerturm.

Verlies: Ort, an dem die Gefangenen verwahrt wurden, im allgemeinen im Bergfried, Zugang über das sogenannte Angstloch in der Decke.

Vorburg: Der Hauptburg vorgelagerte bzw. mit dieser durch Zwinger verbundene Anlage zur Verteidigung und Bewirtschaftung der Burg.

Wall: Erdaufschüttung zur wirksameren Verteidigung.

Wallburg: Frühgeschichtliche Kultstätte bzw. Zufluchtsort (Fliehburg) der Bevölkerung bei Gefahren.

Wasserversorgung: Sie erfolgte mittels Brunnen (Quellwasser), Zisterne (Regenwasser) oder unterirdischen Röhrenleitungen, mitunter auch durch Trageiere.

Wehrgang: Mauergang zu Verteidigungszwecken, mitunter mehretagig, mit Zinnen und Scharten versehen.

Wendelstein: Vorgebauter oder in ein Bauwerk teilweise einbezogener Treppenturm mit Wendeltreppe.

Wohnturm: Wehrhaftes turmartiges Wohngebäude von relativer Weitläufigkeit im Inneren.

Zinnen: Verschieden profilierte Mauerbekrönungen zu Verteidigungszwecken.

Zisterne: s. Wasserversorgung.

Zugbrücke: s. Fallbrücke.

Zwinger: Zwischen den Mauern einer Befestigungsanlage befindliche Zwischenfläche und -räume, die der Abhaltung bzw. Verzögerung feindlicher Angriffe dienten; mitunter verfügten Burgen über ganze Zwingersysteme.

Die Burgen in Stichworten

Seeburg

Seeburg (Kreis Eisleben, Bezirk Halle)

Im Hersfelder Zehntverzeichnis (866 bis 899) genannt. 1067 Ausbau durch den Grafen von Querfurt. Im 12. Jh. Erweiterungsbauten. 1197 im Besitz des Magdeburger Erzbischofs. 1287 Besitzwechsel an den Grafen von Mansfeld. 1450 bis 1518 Umbau zum Wohnschloß unter Beibehaltung der Befestigung. Um- und Neubauten bis ins 20. Jh.; Restaurierungsmaßnahmen. — Große Anlage auf einem in den Süßen See hineinragenden Geländerücken. Die mittelalterliche Burg wurde nach 1000 in ehemalige Volksburg hineingebaut (625 Meter lang). Heutige Burg ist kastellartig und zweigeteilt. Im einstigen Halsgraben verläuft heute eine Straße. Westlich des alten Grabens ist der Bergfried (um 1080) nur als Stumpf erhalten (fast sechs Meter Mauerstärke), schlanker Turmaufbau spätmittelalterlich, mit barocker Schweifhaube. Im Ostflügel Reste des ältesten Palas unter dem Rittersaal (1515 bis 1518). Erste Zwingermauer mit Zugang im Südosten (12. Jh.), im Westen Kirche des 1179 gegründeten Kollegiatsstiftes in den Umfassungsmauern erhalten. Zweite Zwingermauer (14./15. Jh.) durch Mauertürme und Torburg im Südosten gesichert. An der Seeseite Roter oder Witwenturm mit Scharten (15. Jh.), neuerer Aufbau mit zweigeschossigen Erkern nach drei Seiten. Wendeltreppe in der Mauerdicke. Im Norden und Westen der Kernburg „Neues Haus" (1665). Im Untergeschoß des Südflügels Schloßkirche (17. Jh.). Am Westflügel Mansfelder Wappen (1530). — Volksgut. Landwirtschaftliche Schule. Jugendherberge.

Literatur
Seeburg. Schriftenreihe der Museen Eisleben. 1972
Wäscher, Hermann: Die Seeburg im Süßen See. In: Wissenschaftliche Zeitschrift der Martin-Luther-Universität, Halle. Jahrgang V, Halle 1955/56

Burg Querfurt

Querfurt (Kreis Querfurt, Bezirk Halle)

Im Hersfelder Zehntverzeichnis (866 bis 899) aufgeführt. Karolingische Verwaltung. Bis 1496 Burg der Grafen von Querfurt, dann u. a. im Besitz der Erzbischöfe von Magdeburg. In den Dreißigjährigen Krieg einbezogen. 1663 bis 1746 Residenz der Herzöge von Sachsen—Weißenfels—Querfurt. 1815 an Preußen. 1936—1940 umfangreiche Grabungen. Weitreichende Sicherungs- und Restaurierungsmaßnahmen. Weiterer Ausbau zum Kulturzentrum. — Mächtige Burg an einer Furt, unregelmäßiger Grundriß. Im Norden Geländeabfall, an den übrigen Seiten Trockengraben. Äußerer Mauerring (um 1380) mit Zwinger und romanische Mauerreste im inneren Ring umgeben die Kernburg. Die gut erhaltene Anlage besteht aus Vorburg mit Westtor, Hauptburg mit Wohn- und Wirtschaftshof und Ringmauer mit drei Rondellen (Batterietürme, 1461—1479). Im Westen der Hauptburg runder Bergfried („Dicker Heinrich", um 1070), darunter karolingische Mauern. Im Süden Wohnturm („Marterturm", 12. Jh.) mit Resten mittelalterlicher Wandmalereien. Im Norden weiterer Bergfried („Pariser Turm", um 1200), westlich anschließend „Korn- und Rüsthaus" (1535, Bauteile des 10. und 11. Jh.). Im Burghof das „Fürstenhaus" (12. und 16./17. Jh.) mit Wendelstein. Burgbrunnen (32 Meter tief). Einschiffige Burgkapelle (12. Jh., 1716 barock ausgestattet), zwischen dem Querhaus und dem Schiff Anbau der Grabkapelle für Gebhard XIV. von Querfurt (gestorben 1383). — Kreismuseum (u. a. Burggeschichte). Konzerte. Krankenhaus. Wohnungen.

Literatur
Glatzel, Kristine: Burg Querfurt. Leipzig 1979
Kurze, Friedrich: Bischof Thietmar von Merseburg und seine Chronik. Halle 1890
Schlaf, Johannes: Neues aus Dingsda. Querfurt 1932
Spangenberg, Cyriakus: Quernfurtische Chronica. Erffurdt 1590
Thietmarus Merseburgensis Episcopus, Chronicon. Berlin 1957
Voigt, Heinrich Carl Giesbert August: Brun von Querfurt und seine Zeit. Halle 1909
Voigt, H. C. G. A.: Die Edelen Herren von Querfurt und ihre Burg. Halle 1909
Wäscher, Hermann: Die Baugeschichte von Burg Querfurt. Halle 1956

Pfalzen Memleben und Tilleda

Memleben (Kreis Nebra, Bezirk Halle)

Ehemalige Kaiserpfalz und Benediktinerkloster; war 936 Sterbeort König Heinrich I., 942 stiftete König Otto I. eine mächtige Kirche, verstarb 973 in Memleben und wurde in der Marienkirche beigesetzt. Kaiser Otto II. gründete wohl um 979 auf dem Gelände ein reich ausgestattetes Benediktinerkloster; 1015 dem Kloster Hersfeld unterstellt. Im 13. Jh. Klausur und Kirche des Klosters (wieder selbständig) neu errichtet. 1525 in den Bauernkrieg einbezogen. 1551 Aufhebung des Klosters. 1722 zweite Kirche durch Blitzschlag beschädigt. Zunehmender Verfall. 1936 und ab 1959 weitgehende Grabungen. Sicherungsmaßnahmen. Kulturzentrum der Landbevölkerung wird schrittweise eingerichtet. Kirche des 10. Jh. ist Ruine, gehört zu den beeindruckendsten Zeugnissen sakraler mittelalterlicher Baukunst im thüringisch-sächsischen Raum (82 Meter lang, 39,5 Meter breit). Die Kirche besaß ein dreischiffiges, basilikales Langhaus, zwei Querhäuser, zwei Chöre und zwei Krypten. Nordöstlich der frühen Kirche weitere Klosterruine (13. Jh.). Einst kreuzförmige dreischiffige Basilika mit zwei Westtürmen, Querschiff, polygonalem Chor und dreischiffiger Krypta. Im Norden Klausur, modern verbaut, im östlichen Bau romanische Teile erhalten. — Freilichtmuseum.

Tilleda (Kreis Sangerhausen, Bezirk Halle)

Ruinen der ehemaligen Kaiserpfalz, 972 erwähnt. 1174 bereitete sich Friedrich Barbarossa hier auf 5. Italienzug vor. Nach Verlagerung der Reichspolitik in den Süden des Landes Sitz von Dienstmannen. Im 14. Jh. Leben der Ritter Bart. Im Spätmittelalter aufgegeben. 1935 bis 1939 und ab 1958 umfangreiche Grabungen. Konservierungsmaßnahmen. Errichtung eines Freilichtmuseums begonnen. Von der ausgedehnten Pfalz (350 Meter lang, 250 Meter breit) auf Pfingstberg nur Reste der Haupt- und Vorburg erhalten. Durch dreifaches Wall- und Grabensystem getrennt. Im östlichen Hauptwall Unterbau eines Kammertores (12. Jh.) sichtbar. Einige Wohnbauten der Hauptburg sind in Resten der Grundmauern erkenntlich. Restmauern einer großen Kapelle (nach 972) sind vorhanden. Die Nachfolge der schon im späten Mittelalter ruinösen Kirche trat kleiner Kapellenbau (15. Jh.) an. In der Vorburg Reste von Wach-, Wohn- und Vorratshäusern sowie gewerblichen Bauten.

Literatur

Eberhardt, Hans, und Paul Grimm: Die Pfalz Tilleda am Kyffhäuser. Tilleda 1971
Grimm, Paul: Eine Königspfalz am Kyffhäuser. Berlin 1968
Leopold, Gerhard: Das Kloster Memleben. Berlin 1976
Pieletzki, H., und F. Schlüter: Die Klosterkirche von Memleben. In: Forschungen zur thüringisch-sächsischen Geschichte. Heft 11, 1936

Quedlinburg

Quedlinburg (Kreis Quedlinburg, Bezirk Halle)

In ehemaliger Königsburg von 922 bis 1207 69 Besuche von 16 deutschen Kaisern und Königen. 936 Gründung des Frauenstifts. 1021 Weihe des dritten Kirchenbaues. 1070 Brand. Wiederaufbau von Kirche und Burg bis 1129. Ab 1137 im Zentrum der Kämpfe zwischen Staufen und Welfen. Bauarbeiten speziell zwischen 1130 und 1346. 1477 Kämpfe zwischen Stadt und Burg. Im 16. Jh. Ausbau zur Wohnburg. 1803 an Preußen. 1938 bis 1942 umfangreiche Grabungen. Weitgehende denkmalpflegerische Maßnahmen im 19. und 20. Jh. Imposante Anlage, geprägt durch die Stiftskirche St. Servatius und das Schloß. — Stiftskirche: Dreischiffige romanische Flachdeckenbasilika (Weihen 997, 1021 und 1129, Chorapsis 1321 umgebaut, Südturm und oberer Teil des Nordturms im 19. Jh. restauriert) mit östlichem Querschiff, ausgeschiedener Vierung und reicher Ausstattung. Im Westen zweijochige Nonnenempore, im nördlichen Querschiffarm das Schatzgewölbe. Chor mit dreiseitiger geschlossener Apsis. Unter Chor und Querschiff dreischiffige Krypta (Malereien, 12. Jh.). Im Osten der Krypta Märtyrergruft, davor Gräber Heinrich I. und Königin Mathilde. Doppeltürmiger Westbau. In der

Teppichkammer wertvoller Kirchenschatz (teilweise seit 1945 verschollen, vorhanden u. a. fünf Teile des Quedlinburger Knüpfteppichs, um 1200). — Schloß: Älteste Teile (nach 936), unter dem Westflügel liegend. Unregelmäßiger Dreiflügelbau um den nach Osten hin offenen Hof (16. bis 18. Jh.). Treppenturm, Volutengiebel, Portal (1568), Repräsentationsräume mit reicher Ausstattung (18. Jh.). — Museum im Schloß (u. a. italienische und holländische Gemälde des 16./17. Jh., Regional- und Burggeschichte, Möbel der Renaissance und des Barock). Burggaststätte.

Literatur

Cramer, Friedrich: Denkwürdigkeiten der Gräfin Maria Aurora Königsmarck und der Königsmarckschen Familie. Leipzig 1836
Fontane, Theodor: Cécile. Werke 1—8, Bd. 4, Berlin—Weimar 1969
Speer, Elisabeth: Quedlinburg. Dresden 1953
Wäscher, Hermann: Der Burgberg in Quedlinburg. Berlin 1959

Regenstein

Blankenburg (Kreis Wernigerode, Bezirk Magdeburg)

Ruine der mittelalterlichen Burg geht auf frühen Vorläuferbau zurück. Als Bauherr gilt Graf Conrad I. von Regenstein. 1180 durch Kaiser Friedrich I. (Barbarossa) kampflos erobert und zerstört. Wiederaufbau unter der Blankenburger Linie der Regensteiner. Seit 1599 Streitobjekt zwischen Braunschweig und Brandenburg. Im Dreißigjährigen Krieg häufiger Besitzerwechsel. 1662 vom Kurfürsten von Brandenburg besetzt. Nach 1671 Ausbau zur Festung durch die Brandenburger. 1701 preußisch. 1758 geschleift. — Die mittelalterliche Burg hatte fünf Quergräben, die noch erhalten sind; sie war im weichen Sandsteinfelsen kastellartig angelegt. Die heutige Ruine umfaßt nur geringe Mauerreste, u. a. den Teil eines runden Bergfrieds (8,3 Meter Durchmesser), der die Zugbrücke deckte. Weiterhin sind in den Felsen gehauene Kasematten und Teile eines unterirdischen Ganges erhalten. Umfangreiche Mauerspuren belegen, daß auf dem Fels einst zahlreiche Steinbauten standen — Freilichtmuseum.

Literatur

Bürger, K.: Der Regenstein bei Blankenburg am Harz. Braunschweig 1931
Wedler, Heinz, und Erich Dülsner: Die Burgruine Regenstein. Leipzig—Jena 1957
Wolff, Julius: Der Raubgraf. Berlin 1920

Burg Falkenstein

Meisdorf (Kreis Hettstedt, Bezirk Halle)

Um 1120 unter Burchard von Konradsburg (ab 1120 Graf von Falkenstein) gegründet. Vermutlich um 1230 entstand der „Sachsenspiegel" auf der Burg. 1332 Schenkung an das Stift Halberstadt. 1437 bis 1945 im Besitz der Familie von der Asseburg. Ab 1491 umfangreiche Bautätigkeit an Wirtschafts- und Wohnbauten. 1760 bis 1800 Abbrüche. Ab 1800 Besichtigung möglich. Im 19. Jh. Umbauten zum Jagdschloß des Hochadels. 1935 größere Wiederherstellungen. 1946 Wiedereröffnung für Besucherverkehr. Ab 1952 Staatliches Museum. Seit 1955 umfangreiche Reparaturen, Instandsetzungen und Rekonstruktionen. Eindrucksvolle Dreiflügelanlage über rechtem Selkeufer. Im Westen Vorburg mit Rondell, Ringmauer und Graben. Einstiger Schutz durch sieben Tore, fünf Zwinger und drei Halsgräben. Kernburg (um 1120 bis 1180) mit Schildmauer (vier Meter stark, 17 Meter hoch) im Osten, dahinter runder Bergfried, keilförmig zur Schildmauer auslaufend (1592 auf 34 Meter erhöht). An der Ringmauer liegen die Wohn- und Wirtschaftsbauten. Im Westen Tor befindlich, im Norden vermutlich ehemaliger Palas, daneben spätgotische Kapelle (1594/95 neu ausgestattet) mit Herrschaftsloge. Flügel im Norden und Westen mit Fachwerkaufstockung (um 1500). Großer Küchenkamin im Südflügel (um 1500). Wendelstein im Süden und Norden. Im Süden dreigeschossiger Fachwerkbau (um 1600), im 2. Obergeschoß u. a. „Rittersaal" mit Stuckdecke. „Jagdsaal" über Torhaus. — Museum (Burggeschichte, wertvolle Stilzimmer, Komplex Jagdgeschichte, „Sachsenspiegel"-Raum). Burgfeste.

Literatur

Bürger, Gottfried August: Werke in einem Band. Weimar 1965
Epperlein, Siegfried: Der Bauer im Bild des Mittelalters. Leipzig—Jena—Berlin 1975
Kügelgen, Wilhelm von: Lebenserinnerungen eines alten Mannes. Leipzig 1967
Repgow, Eike von: Sachsenspiegel. Leipzig 1934
Schreyer, Eberhard: Burg Falkenstein. Leipzig 1976
Wäscher, Hermann: Feudalburgen in den Bezirken Halle und Magdeburg. Berlin 1962

Kyffhäuser
Kyffhausen (Kreis Artern, Bezirk Halle)

Heutige Ruine wurde Ende des 11. Jh. unter den Kaisern Heinrich IV. und Heinrich V. als Reichsburg errichtet. 1118 zerstört. Wohl unter Lothar von Supplingenburg (1125 bis 1137) in endgültiger Ausdehnung aufgebaut, weiterer Ausbau unter Friedrich I. Barbarossa (1152 bis 1190). Im 14. Jh. strategisch bedeutungslos. 1407 im Besitz der Grafen von Schwarzburg. 1433 Kapellenausbau der Unterburg. Zunehmender Verfall. 1891 bis 1896 Bau des Kyffhäuserdenkmals (Entwurf Bruno Schmitz). Werterhaltungen, Grabungen, Vermessungen. 1968 Anbringung von Bronzereliefs zur Kyffhäusergeschichte (Martin Wetzel) in der Turmhalle. — Dreiteilige Anlage (ca. 600 Meter lang) aus Unter-, Mittel- und Oberburg zählt zu den größten mittelalterlichen deutschen Burgen. Unterburg: unregelmäßig, durch Quermauern geteilt. Im Westen Kammertor, nordöstlich runder Bergfried, Ringmauer im Norden teilweise erhalten, daran schließt sich gotisch umgebauter Wohnbau, im Osten Kapelle (12. Jh.). Mittelburg: größtenteils seit dem 15. Jh. ab-

getragen. Reste der Umfassungsmauer, eines runden und eines quadratischen Turmes erhalten. Oberburg: in sich dreigeteilt, im Osten Erfurter Tor, nördlich der Brunnen (176 Meter tief). Halsgraben trennt mittleren und oberen Abschnitt. Auf höchster Stelle des Berges „Barbarossaturm", Ruine eines quadratischen Wohnturmes mit drei Geschossen über dem Erdgeschoß (12. Jh.). Gigantisches Kaiser-Wilhelm-Nationaldenkmal, Plastik des erwachenden Kaisers Barbarossa (von Nikolaus Geiger), auf dem Sockel Reiterstandbild Wilhelms I. (Entwurf Erich Hundrieser). — Burgmuseum (Militarismus und dessen Überwindung auf deutschem Boden). Gastronomie.

Literatur

Eberhardt, Hans: Die Kyffhäuserburgen in Geschichte und Sage. In: Blätter für deutsche Landesgeschichte. 1960
Gloger, Bruno: Kaiser, Gott und Teufel, Friedrich II. von Hohenstaufen in Geschichte und Sage. Berlin 1970
Timm, A.: Sagengeschichtliches vom Kyffhäuser. In: Wissenschaftliche Annalen zur Verbreitung neuer Forschungsergebnisse. Berlin 1954
Wäscher, Hermann: Die Baugeschichte der Burg Kyffhausen. Halle/Saale 1959
Der Kyffhäuser und seine Umgebung. Berlin 1976

Walldorf
Walldorf (Kreis Meiningen, Bezirk Suhl)

Wehrhafte Kirche (Ruine) war vermutlich Sitz eines karolingischen Königshofes. Ab 1008 würzburgischer Besitz. Vermutlich seit Mitte des 15. Jh. Verteidigungsanlage im Zentrum des Dorfes. Ende des 16. Jh. Kirchenbau. Zerstörung im Dreißigjährigen Krieg. 1963 Instandsetzung der Orgel. 1970 Wandmalerei freigelegt, Konservierung. — Wehranlage auf Felskegel gelegen, mit Halsgraben. Rechteckige Ringmauer, an den vier Ecken Rundbastionen, weiterer Mauerturm im Nordosten. Im Südwesten Toranlage. Wehrgänge mit Schießscharten teilweise erhalten. Gaden nicht mehr vorhanden. Einstiger Bergfried wurde Turm der einschiffigen Renaissancekirche (im wesentlichen 16. Jh.) mit Flachdecke, Doppelempore, Kanzel (vor 1649), Orgelprospekt (1693), Epitaphien (17. und 18. Jh.) z. B. Marschalk von Ostheim, Gemälde (um 1500). — Freilichtmuseum. Gottesdienst.

Literatur

Epperlein, Siegfried: Bauernbedrückung und Bauernwiderstand im hohen Mittelalter. Berlin 1960
Lehfeldt, Paul: Bau- und Kunstdenkmäler Thüringens. Heft XXXIV., Herzogthum Sachsen-Meiningen. Jena 1909
Müller/Gräfe: Wehrhafte Kirchen des mittleren Werragebietes. Meiningen 1967
Scholle, Josef: Thüringische Kirchengeschichte. Heiligenstadt 1952
Weber, Martin: Wehrhafte Kirchen in Thüringen. In: Beiträge zur Thüringischen Kirchengeschichte. Band III, Jena 1933—1935

Kühndorf

Kühndorf (Kreis Meiningen, Bezirk Suhl)

Ehemalige Johanniterburg. 795 Chunitorphe genannt. 1137 Ritter von Kühndorf nachgewiesen. Um 1291 Gründung der Ordenskomturei durch Graf Berthold VI. von Henneberg, Beginn der Hauptbauzeit. 1398 Brand. 1429 Verkauf. Zwischen 1435 und 1444 an die Grafen von Henneberg-Römhild. 1549 an die Schleusinger Linie. 1539 Umbau zur Residenz des Grafen Georg Ernst von Henneberg-Schleusingen. 1583 an Sachsen. Bauliche Veränderungen im 17. Jh., 1815 an Preußen. 1902 bis 1945 Privatbesitz, Erneuerungen im Äußeren und Inneren. 1961 bis 1962 Bauuntersuchungen unter Prof. Dr. Mrusek. Ausbau eines Gemeindesaales. 1970 Nutzungsvorschlag des Instituts für Denkmalpflege. Ausbau als Kulturzentrum des Bezirkes. — Unregelmäßige starke Anlage im Werratal aus kastellartiger Ober- und Unterburg (13. bis 15. Jh.) sowie weitläufiger Vorburg (13. bis 17. Jh.). Von Wällen, Gräben und Außenbastion umgeben. Im Norden und Westen Schildmauer mit Treppen und Wehrgängen. Von Wehrtürmen sind nur Reste erhalten, ebenfalls vom Bergfried. Kernburg; Oberburg liegt fünf Meter höher als Unterburg, Erdgeschoß in Höhe des oberen Burghofes mit Spitzbogenportal, Fachwerkgalerie, Kellergewölbe, 1. Obergeschoß einstige Kapelle der Johanniter, Maßwerkfenster, Schießscharten, 2. Obergeschoß Mauergang in Fensternische, 3. Obergeschoß Mauergang zur Schildmauerkrone, 4. Obergeschoß Boden. Unterburg: wahrscheinlich zweite Vorburg mit steinernem Haus. Torburg, flankiert von zwei Ecktürmen, Treppenturm, Gewölbetonne als Durchfahrt, Gerichtszimmer mit Decken- und Wandmalereien. Stark befestigter Zwinger, von wohl sechs Mauertürmen vier nachweisbar. Vorburg mit großer Scheune, Wohnhäusern, Kellergewölben, Scharten. — Nutzung durch Gemeinde. Errichtung eines Zentrums für Kulturschaffende des Bezirkes geplant.

Literatur

Bergner, Heinrich: Beschreibende Darstellung der älteren Bau- und Kunstdenkmäler der Provinz Sachsen. Die Kreise Ziegenrück und Schleusingen. Halle 1901
Dithmar, J. Christoph: Geschichte des ritterlichen Johanniterordens. Frankfurt o. J.
Erbstösser, Martin: Die Kreuzzüge. Leipzig 1976
Mrusek, Hans-Joachim: Zur Baugeschichte der Johanniterburg Kühndorf in der ehemaligen Grafschaft Henneberg. In: Wissenschaftliche Zeitschrift der Martin-Luther-Universität Halle—Wittenberg. Jahrgang XII, Heft 9/10, Halle 1963
Winterfeld, A.: Geschichte des ritterlichen Ordens St. Johannes. Berlin 1859

Greifenstein

Bad Blankenburg (Kreis Rudolstadt, Bezirk Gera)

Burg teilweise Ruine. Erwähnung in undatierter Urkunde zwischen 1196 und 1210, Bodenfunde bestätigen Existenz bereits im 12. Jh. Besitz der Grafen von Schwarzburg. In Thüringer Grafenfehde (1342 bis 1345) einbezogen, zuvor kaiserliche Gesandte auf der Burg festgehalten. 1304 Geburt Günther XXI. (1349 römischer König) auf der Burg. Im frühen 16. Jh. beginnender Verfall. Um 1664 befestigt, um drohender Türkengefahr zu begegnen. Ab 1821 teilweise Restaurierungen. 1925 bis 1928 Wiederaufbau von Palas und Bergfried. 1965 Gründung des Freundeskreises Greifenstein, seitdem umfangreiche Werterhaltungen, Rekonstruktionen und Forschungen. — Weitläufige, auf Fels errichtete Burg (ca. 250 Meter lang und ca. 100 Meter breit), zählt zu den größten deutschen Anlagen, bestehend aus älterer und jüngerer Burg. Von den ältesten Teilen sind neben Gräben noch Mauern u. a. eines Turmrestes (bis Mitte 14. Jh.) erhalten. Aus der Periode ab Mitte des 14. Jh. Umfassungsmauern mit mehreren Bastionen, starkes Tor (teilweise Ruine), Palas, Turm (Neuaufbau im 19. Jh.), Kapelle (Ruine), Zisterne vorhanden. Kern der Burg des 12./14. Jh. ist der fünfeckige mittlere Abschnitt. Er wurde im Westen durch den befestigten Siedlungsplatz und einen tiefen Graben, im Osten durch den Vorhof wie auch durch einen umlaufenden Graben und Wall gesichert. Im 14. Jh. erhielt der ältere Burgteil im Westen einen bequemen Zugang von Süden her über ein wehrhaftes Doppeltor (teilweise erhalten) mit Fallgatter. — Burggaststätte im Palas. Kulturraum des Freundeskreises, Rittersaal, Jägerzimmer, Burgfeste.

Literatur

Deubler, Heinz, und Alfred Koch: Burgen und Schlösser bei Rudolstadt. Sonderausgabe der Rudolstädter Heimathefte. Rudolstadt 1972
Kretzschmer, Ernst Paul: Im Banne des Greifensteins. Gera 1949
Kühnlenz, Fritz: Burgenfahrt im Saaletal. Rudolstadt 1974

Drei Gleichen

(Burg Gleichen, Mühlburg, Wachsenburg)
Wandersleben, Mühlberg, Holzhausen (Kreise Arnstadt und Gotha, Bezirk Erfurt)

Burg Gleichen: 1089 erwähnt. Um 1130 Belehnung der Grafen von Tonna, die sich nun von Gleichen nannten. 1588 Umbau zum Schloß. 1599 als Wohnsitz aufgegeben. 1725 ruinös bis auf Renaissanceschloß. 1803 an Preußen. 1934 Schenkung an Erfurt. 1960 Arbeitskreis des Kulturbundes der DDR gegründet, Wiederherstellung, Sicherungen, Grabungen, Turmmuseum. — Erhalten ist ein umfangreiches Ruinengelände mit Teilen des Palas (11. Jh., oberes Stockwerk 13. Jh.), des Herrenhauses (1588), der Ringmauern, mit Wehrturm (11. Jh., erneuert), Resten von Kellern (u. a. 13. Jh.), weiteren Wohnbauten, mit Zisterne, Brunnen (1599 Bau eingestellt) u. a. — Freilichtmuseum, Ausstellung im Wehrturm (Burggeschichte). Alljährliches Ziel einer Fahrrad-Burgenfahrt.
Mühlburg: Castello Mulenberge 704 durch fränkisch-thüringischen Herzog Heden II. dem Missionar und Bischof Willibrord von Utrecht geschenkt. Im frühen 12. Jh. Feudalburg. Nach Aussterben der Mühlburger Grafen (Meinharde) um 1250 als erledigtes Lehen zu-

rück an Mainzer Erzbistum. 1355 kauft Erfurt die Burg zur Sicherung der Handelsstraßen. 1590 zwangsweise an Sachsen-Weimar. 1803 an Preußen. 1968 Mauersicherungen. Seit 1978 Freundeskreis des Kulturbundes der DDR wirksam. Gründung eines Museums geplant. — Nur Teile des Mauerwerks (13. Jh.), runder Bergfried mit Zinnenkranz (13. Jh.) sowie Keller erhalten. In der ehemaligen Vorburg Grundmauern der Radegundiskapelle (13. Jh.) — Freilichtmuseum.

Wachsenburg: Bereits um 900 Schutzburg des Klosters Hersfeld auf dem Wassenberge. In die Auseinandersetzungen zwischen dem Kloster Hersfeld und Erzbistum Mainz einbezogen. 1098 Ausbesserungen. Während der Kämpfe zwischen Staufen und Welfen vom Staufer Philipp von Schwaben 1204 zurückerobert. Grafenburg. 1451 im Sächsischen Bruderkrieg (1446 bis 1451) von Erfurt, Mühlhausen und Nordhausen erobert. 1485 Ernestinische Landesverwaltung. Beginnender Verfall. 1641 an Herzogtum Gotha. Umbau u. a. zum Gefängnis. Im 18. Jh. bauliche Veränderungen, u. a. Abriß des Bergfrieds. 1905 Errichtung des Aussichtsturmes. Illegale Parteitage der Thüringer Sozialdemokraten während des Sozialistengesetzes. 1969 Übergabe des neuen Burghotels (Architekt Keller). — Geschlossene Anlage auf Bergkegel, geprägt von verschiedenen Umbauten (13. bis 20. Jh.). Im 17. Jh. war die Anlage kastellartige Kernburg mit viereckigem Bergfried, romanischem Palas, tiefer liegender Ringmauer mit Zinnenkranz und starken Strebepfeilern. Burgbrunnen (92 Meter tief). — Hotel. Gastronomie. Burgfeste.

Literatur
Freytag, Gustav: Die Ahnen. Das Nest der Zaunkönige. Leipzig 1899
Leber, Wolfgang: Die Wachsenburg. Arnstadt 1976
Lehfeldt, Paul: Bau- und Kunstdenkmäler Thüringens. Heft VIII, Jena 1891
Ostmann, Wilhelm: Die Drei Gleichen. Erfurt 1971
Polak, Karl: Wachsenburg, Mühlburg und Gleichen, die thüringischen drei Bergschlösser und ihre Beziehungen zueinander. Gotha 1859
Sagittarius, Caspar: Historia der Grafschaft Gleichen. Frankfurt 1732
Tümmler, Hans: Die Geschichte der Grafen von Gleichen von ihrem Ursprung bis zum Verkauf des Eichsfeldes. Neustadt/Orla 1929
Zeys, Edwin: Beiträge zur Geschichte der Grafen von Gleichen und ihres Gebietes. Gotha 1951

Kapellendorf
Kapellendorf (Kreis Apolda, Bezirk Erfurt)

Grafen von Kapellendorf 875 erwähnt, 1135 Burggrafen von Kirchberg genannt. 1348 Verkauf an Erfurt. 1395 umfangreiche Bautätigkeit beendet, u. a. Verteidigungsanlage, Kemenate, Burghof, Küche. 1451 Belagerung. 1508 im Besitz des Kurfürsten von Sachsen. 1599 Brand. 1691 im Besitz Sachsen-Weimars. Amtssitz. 1806 Hauptquartier der Preußen vor der Schlacht bei Jena. 1930 Bildung der Burggemeinde, Werterhaltungen, Grabungen. Nach 1945 umfangreiche Wiederherstellungen und Restaurierungen. 1956 Arbeitskreis Wasserburg Kapellendorf gegründet. Eröffnung des Burgmuseums. Zusammenarbeit mit der Friedrich-Schiller-Universität Jena und dem Museum für Ur- und Frühgeschichte Weimar. 1959 Burgbeirat der Wasserburg bei Gemeindevertretung gebildet. Weitreichende Rekonstruktionen, u. a. Museum, Schenke, Prinzessinnenbau. Grabungen. Dort tätig Freundeskreis des Kulturbundes. — Wehrhafte Anlage in einer Talmulde, von breitem Wassergraben umgeben, geprägt von Bauten des 14. bis 16. Jh.; Ringmauer umschließt unregelmäßiges Fünfeck. Von vier Türmen, davon zwei Schalentürmen, flankiert. Torturm mit Wehrplatte (darauf Schweifkuppel) in Mauerring einbezogen. Im Nordwesten mächtige fünfstöckige Kemenate, die an Reste der Kirchberger Burg grenzt, besonders bemerkenswert Küche mit Rauchfang und Regenhaube. — Museum, Konzerte. Festspiele. Kulturzentrum. Gastronomie.

Literatur
Moszner, Karl: Die Wasserburg Kapellendorf. Weimar 1972
Osterwald, Christoph: Burgmuseum Wasserburg Kapellendorf. Jahrbuch für Regionalgeschichte. Band 7, Weimar 1979
Schuchardt, Hans: Die Wasserburg Kapellendorf. Weimar 1935
Wäscher, Hermann: Die Baugeschichte der Wasserburg Kapellendorf. Halle 1961
Die Kapellendorfer Bauernturniere im 16. Jahrhundert. Bauernspiegel. Weimar 1924

Ortenburg
Bautzen (Kreis Bautzen, Bezirk Dresden)

Um 1000 Grenzveste der Meißner Markgrafen. Wiederholt belagert und zerstört. 1483 bis 1486 Neubau im Auftrag des ungarischen Königs Matthias Corvinus. 1635 im Besitz Kursachsens. Starke Schäden im Dreißigjährigen Krieg. Umbauten im 19. Jh.; Restaurierungen im 20. Jh. — Weitläufige Anlage auf nach drei Seiten zur Spree abfallendem Fels, unweit wichtiger Handelsstraßen. Zur Stadt mit Schildmauer und zwei Türmen befestigt. Heutige Burg völlig in die Stadt einbezogen. Hauptgebäude (1483 bis 1486): dreigeschossig, inneren Hof umschließend, Hauptschauseite mit sechs Strebepfeilern und Dach mit fünf Zwerchhäusern (1698). Im Inneren: Erdgeschoß — Kreuzgratgewölbe; 1. Obergeschoß — reiche Stuckdecke (1662, Vinetti und Comotan), Rahmenwerk mit Putten und Karyatiden, Fruchtgehängen u. a., neun Felder mit Darstellungen zur Geschichte der Lausitz und Bautzens bis 1635. Im Norden der Schildmauer Schloßturm, ein Torturm mit reichem Zinnenkranz (wohl 16. Jh.), über spitzbogiger Durchfahrt dreiteilige Ädikula (1486, Briccius Gauske), in der Mittelnische Plastik Matthias Corvinus'. 1. Obergeschoß des Turmes — Wachstube; 2. Obergeschoß — Schloßkapelle mit prächtiger Ausstattung. Im Norden des Hauptbaues einstiges Hofrichterhaus (1649) mit Giebelkrönung.

Literatur

Cyz-Ziesche, Johann: Die Kämpfe um die Befreiung der Lausitz. Bautzen 1970
Gurlitt, Cornelius: Bautzen (Stadt). Dresden 1909
Kannt, Heinz, Kurt Böttcher und Johannes Schneider: Bautzen-Budyšin. Leipzig 1960
Schmidt, Eva: Das Stadtmuseum Bautzen. Bautzen 1958
Šolta, Jan: Abriß der sorbischen Geschichte. Bautzen 1976

Tangermünde

Tangermünde (Kreis Stendal, Bezirk Magdeburg)

Die Burg, 1009 erwähnt, sicherte die sächsischen Grenzen, erlangte Bedeutung seit 1373 mit dem Ausbau zur Residenz Kaiser Karls IV. Später im Besitz des Kurfürsten von Brandenburg. Im Dreißigjährigen Krieg zerstört. 1902 historisierende Umbauten. Grabungen, Werterhaltungen. — Trapezförmige Anlage am Steilhang der Elbe mit Wall und Graben an der Landseite. Im Nordwesten sog. Schloßfreiheit. Der Burgbezirk bestand aus Vorburg mit Tor, Bergfried, Wirtschaftsbauten, Hauptburg mit fürstlichen Wohnbauten, Kapelle und „Kanzelei". Erhalten sind Teile der Ringmauer (u. a. aus der Zeit Karls IV.), im Nordwesten das Burgtor mit seitlich anschließendem Rundturm (15. Jh.), am Ostrand der Vorburg rechteckiger Bergfried (aus der Zeit Karls IV.) mit sechs Geschossen (ca. 50 Meter hoch) und „Kanzelei" (14. Jh.), wahrscheinlich ein Saalbau für Festlichkeiten. Von ehemaligem Palas Rest im Keller des Barockhauses (1699 bis 1701). Nördlich des Palas lag die Schloßkapelle (1377 geweiht). — Stadtbefestigung: Backsteinmauer (um 1300) mit Weichhäusern fast vollständig erhalten, vier Ecktürme, u. a. „Schrotturm" im Nordwesten, rund, mit vier erkerartigen Anbauten (15. Jh., 1825 auf 47 Meter erhöht). Weiterhin vorhanden zwei „Putinnen", quadratische Mauertürme. Erwähnenswert sind die drei Stadttore: Neustädter Tor, Doppelturmtor mit Resten des Vortores, der Brücke und zinnenbekrönter Zwingermauer; Hühnerdorfer Tor, nur Torturm des Haupttores erhalten; Elbtor, schmucklos, in die Stadtmauer eingebunden, Abschluß mit Zinnenkranz. — Heimatmuseum.

Literatur

Däther, Wilhelm: Der Prozeß gegen Margarete Minden und Genossen. Tangermünde o. J.
Findeisen, Peter: Die Stephanskirche zu Tangermünde. Berlin 1976
Fontane, Theodor: Grete Minden. Werke 1—8, Bd. 3, Berlin—Weimar 1969
Götze, Ludwig: Geschichte der Burg Tangermünde. Stendal 1871
Kneebusch, Ernst: Die Burg Tangermünde zur Zeit Karls IV. Dissertation, Hannover 1916
Kohlmann, Joachim-Albrecht: Tangermünde. Stendal 1972
Spěváček, Jiří: Karl IV. Prag—Berlin 1979.

Burg Kriebstein

Höfchen (Kreis Hainichen, Bezirk Karl-Marx-Stadt)

Grabungen weisen auf Entstehung im 13. Jh. hin, jedoch erst 1384 erwähnt. Lehensträger Ritter Dietrich von Beerwalde. 1384 bis 1408 wichtigste Bauperiode. 1415 Ort der Staupitz-Fehde. In Sächsischem Bruderkrieg (1446 bis 1451) einbezogen. 1465 Besitz Hugolds III. von Schleinitz. Ab 1471 Um- und Ausbauten durch Arnold von Westfalen. 1790 im Sächsischen Bauernaufstand gestürmt. 1866 letzte bauliche Umgestaltung unter Hans Carl von Arnim-Planitz, historische Substanz teilweise beeinträchtigt. 1933/34 Sicherungs- und Erhaltungsarbeiten an der Außenwand der Kapelle, dabei Malereien (15. Jh.) entdeckt. Nach 1945 Errichtung des Kreisheimatmuseums, Schaffung eines Konzertsaales. 1953 bis 1958 Restaurierung des Alexius-Altars, Werterhaltungen an der Burg. 1970 bis 1973 bauliche Sicherungen, Untersuchungen der Wandmalereien in der Kapelle zur Entrestaurierung. — Unregelmäßige malerische Anlage nahe Zschopau-Stausee mit Zugang über Torturm (nach 1383). Auf der Westseite des Hofes Hauptbau (nach 1383) mit mächtigem Wohnturm (nach 1383, 45 Meter hoch), tonnengewölbtes Erdgeschoß, fünf balkengedeckte Stockwerke und oberes Wehrgeschoß mit sechs Türmchen. Um den Hauptbau gruppieren sich Küchenhaus (um 1471) und Halle mit zweijochigen Rippengewölben (aus Hauptbauzeit). An die Halle anschließend spätromanische Kapelle mit Kreuzgratgewölbe und sakralen Malereien. Im Hauptbau sog. Bauernsaal mit Flügelaltar (um 1507) und besonders wertvoller Alexius-Altar (um 1520). — Kreisheimatmuseum (Burg- und Territorialgeschichte, Stilzimmer, Sonderausstellungen). Burgfeste. Konzerte. Burgklause.

Literatur

Gurlitt, Cornelius: Beschreibende Darstellung der älteren Bau- und Kunstdenkmäler des Königreichs Sachsen. Heft 25, Dresden 1903
Roßberg, Rudolf Paul: Kriebstein-Talsperre. Leipzig 1976
Sturmhoefel, Konrad: Illustrierte Geschichte der sächsischen Lande und ihrer Herrscher. 1. Band, 2. Abteilung, Leipzig 1899
Walz, Dieter: Burg Kriebstein. Leipzig 1976.

Burg Giebichenstein

Halle (Kreis Halle, Bezirk Halle)

Teilweise Ruine. 961 erwähnt. Residenz der Magdeburger Erzbischöfe als Stadtherren von Halle. Staatsgefängnis. 1192 Mittelpunkt eines Burgwardbezirkes. 1442 Bau von Ringmauer, Gräben, Mauertürmen der Unterburg, 1473 des Kornhauses. Erzbischöfliche Residenz. 1636 Oberburg durch Brand weitgehend zerstört. Unterburg nach 1919 unter Paul Thiersch zur Kunstgewerbeschule ausgebaut. 1961 bis 1965 romanische Freilegungen in der Oberburg. Werterhaltungen. — Anlage besteht aus Alter Burg (ehemalige Reichsburg, Amtsgarten), Oberburg (Freilichtmuseum) und Unterburg (Hochschule). Oberburg auf Porphyrfelsen über der Saale:

Ringmauer und romanischer Eckturm mit gotischem Oberbau erhalten, starke Fundamente von Kapelle, Wohnturm und Palas freigelegt. Unterburg: rechteckig, von Graben umgeben, an Außenmauer fünf Rundtürme, davon teilweise nur die Schalen vorhanden, weiterhin Bauwerke des 15. Jh., darunter Neubau mit Zwerchgiebel und geometrischer Backsteinornamentik. Barocker Taubenturm. Relief des heiligen Mauritius (um 1470) am Turm neben dem Eingang. — Hochschule für industrielle Formgestaltung.

Literatur

Eichendorff, Joseph von: Historisch-kritische Ausgabe. Bd. 20, Regensburg 1912
Hendel, Johann Christian: Chronik von Giebichenstein, Ludwig dem Springer, Halle und der Umgebung. Halle 1818
Hüneke, Andreas: Architekturmuseum Oberburg Giebichenstein. Halle/Saale 1972
Hünicken, Rolf: Giebichenstein, von der Reichsburg zum Erzbischofssitz. In: Giebichensteiner Heimatbuch (5). 1940
Neuß, Erich: Zur Baugeschichte der Oberburg Giebichenstein. In: Giebichensteiner Heimatbuch (2). 1937

Moritzburg
Halle (Kreis Halle, Bezirk Halle)

1484 bis 1503 als Zwingburg der Magdeburger Erzbischöfe gegen 1478 unterworfene Bürgerschaft Halles erbaut (unter Mitwirkung von Konrad Pflüger). 1509 Weihe der Kapelle St. Magdalena (Entwurf Ulrich von Smedeberg). 1514 bis 1517 Bau des Ostzugangs mit fünfseitigem Torturm. Ab 1514 Residenz Kardinal Albrechts. 1534 bis 1537 Verstärkung der Wehranlagen. 1637 großer Brand. 1639 Sprengung des Südwestturms durch die Schweden. 1832 Vorschlag Karl Friedrich Schinkels für neugotischen Ausbau der Ruine zur Universität, begonnen 1895. Ab 1902 schrittweise Erweiterung zum Museum. 1948 Errichtung der Staatlichen Galerie Moritzburg. — Heute vierflüglige, unregelmäßige Anlage mit runden Kanonenbastionen an den Ecken. Im Osten Mauer mit Wehrgängen. Im Westen Wohnbau, Gewölbe, zweischiffige Hallen mit Festsälen. Treppenturm auf der Hofseite. Im Norden Wohnbau und einschiffige Kapelle. Im Osten fünfseitiger Torturm, Figur der heiligen Katharina, Wappentafel (1517). — Staatliche Galerie Moritzburg (u. a. Malerei des 19. und 20. Jh. in Deutschland, z. B. Expressionismus und proletarisch-revolutionäre Kunst, deutsche Plastik des 20. Jh., Kunsthandwerk, grafische Sammlung, Münzkabinett). Fernsehstudio. Kabarett. Konzerte. Burgfeste. Weinkeller.

Literatur

Delius, Walter: Die Reformationsgeschichte der Stadt Halle/Saale. Berlin 1953
Grote, Ludwig: Kardinal Albrecht und die Renaissance in Halle. Halle 1930
Hüneke, Andreas: Die Moritzburg zu Halle. Leipzig 1978
Mrusek, Hans-Joachim: Halle/Saale. Leipzig 1976
Wäscher, Hermann: Die Baugeschichte der Moritzburg in Halle. Halle 1955.

Heldrungen
Heldrungen (Kreis Artern, Bezirk Halle)

Einst Fliehburg anstelle heutiger Wasserburg. 1126 Hartmann von Heldrungen genannt. 1293, 1296, 1412 vergeblich belagert. 1480 an Grafen von Mansfeld. 1512 bis 1519 Umbau zur Festung. 1525 Zufluchtsort Thüringer Ritter im deutschen Bauernkrieg. Gefängnis Thomas Müntzers. Ab 1623 im Besitz Kurfürst Georgs I. von Sachsen. Im Dreißigjährigen Krieg teilweise zerstört. 1664 bis 1668 nach Vaubanschem Muster Ausbau zur Regularfortifikation. 1746 baufällige Kirche u. a. abgetragen. Nach Wiener Kongreß im Besitz Preußens. 1860 aus Festungsliste gestrichen. Zunehmende Verwilderung. Seit 1954 Bemühungen zur Erhaltung. Weitgehende denkmalpflegerische Maßnahmen im Zusammenhang mit der Einrichtung einer Jugendherberge begonnen. — Wasserburg in der Unstrutniederung, charakterisiert vom Umbau zwischen 1512 bis 1519 unter Einbeziehung mittelalterlicher Baureste. Kernburg wurde kastellartige Dreiflügelanlage, vierte Seite zur Vorburg offen. Im Süden Bergfried (Teile des 13. Jh., Thomas-Müntzer-Turm). Zwei Ecktreppentürme. Starke Befestigung mit fünf Rondellen, innerem und äußerem Wassergraben, vorgelegtem Erdwall mit vier großen spitzwinkligen Bastionen. Haupttor mit zwei Rundtürmen (Basteien) und Kanonenscharten, gekrümmte Durchfahrt, Fallgatter, eisenbeschlagenes Tor, Kettenrollen sichtbar. — Bauernkriegsgedenkstätte. Jugendherberge. Kulturelles Zentrum. Burgfeste.

Literatur

Bensing, Manfred: Thomas Müntzer. Leipzig 1965
Bensing, Manfred: Thomas Müntzer und der Thüringer Aufstand. Berlin 1966
Klatt, Artur, und Gerhard Trinks: Aus der Geschichte der Wasserburg Heldrungen. Heldrungen 1975
Lawerenz, Hans: Harzer Lande im Bauernkrieg. Wernigerode 1964
Wäscher, Hermann: Feudalburgen in den Bezirken Halle und Magdeburg. Berlin 1962

Königstein
Pirna (Kreis Pirna, Bezirk Dresden)

Vorgängerbau der Festung war eine böhmische Burg. 1241 erwähnt. Eroberungen durch die Wettiner und Böhmer. Im 15. Jh. rege Bautätigkeit. 1459 endgültig zur Mark Meißen gehörig. Ab 1589 völliger Umbau zur Festung. 1698 Besuch des Zaren Peter I. 1706 „Einlieferung" Johann Friedrich Böttgers. 1722 bis 1725 Bau des 250000-Liter-Fasses. 1756 Festung neutral. Im 18. Jh. weiterer Ausbau der Verteidigungsanlagen. 1813 Besuch Napoleons.

Ab 1870 wiederholt Gefängnis. 1874 August Bebel auf der Festung inhaftiert. 1914 bis 1918 Kriegsgefangenenlager. 1939 bis 1945 Teile des „Grünen Gewölbes" und der Dresdener Gemäldegalerie hier eingelagert. 1949 bis 1955 Jugendwerkhof. 1955 bis 1959 umfangreiche Wiederherstellungs- und Restaurierungsarbeiten. Museum. Ab 1966 laufende Restaurierungen und Sicherungen. — Weitläufige, den gesamten Fels umschließende Festung im Elbsandsteingebirge. Zahlreiche bemerkenswerte, wiederholt veränderte Baulichkeiten, u. a. Haupteingang (nach Plänen Paul Buchners, nach 1590), Brunnenhaus (Jean de Bodt, 1735), Brunnen (durch Martin Planer 1562 begonnen, 152,5 Meter tief), Altes Zeughaus (Paul Buchner, 1594), Gardehaus (alte Kaserne, 1598), Christiansburg (später Friedrichsburg, Paul Buchner 1589, 1721 verändert), Johann-Georgenburg (unter Nutzung der Kaiserburg umgebaut, 1619), Magdalenenburg (umgebautes Brauhaus, 1621 bis 1622), Johannessaal (Neues Zeughaus, 1631) und ehemalige Garnisonkirche (mit Resten des 13. Jh.). — Museum (u. a. Waffen, technische Kulturdenkmale, Naturschutz). Bebel- und Böttger-Gedenkstätten. Sonderausstellungen. Eheschließungsstätte in der Friedrichsburg. Fernsehstudio.

Literatur

Heckel, Christian: Historische Beschreibung Der Weltberühmten Vestung Königstein. Magdeburg 1737
Hellwig, Edeltraud: Spezialverzeichnis zur Geschichte der Festung Königstein aus den Beständen des Deutschen Militärarchivs 1830—1919
Klemm, Heinz: Die Entdeckung der Sächsischen Schweiz. Dresden 1956
Weber, Dieter: Ansichten der Festung Königstein von 1650 bis zur Gegenwart. Dresden 1960
Weber, Dieter: Festung Königstein. Leipzig 1967

Albrechtsburg

Meißen (Kreis Meißen, Bezirk Dresden)

Prächtigster deutscher Profanbau der Spätgotik. 929 Burggründung durch König Heinrich I.; 968 Gründung des Bistums Meißen. 1046 und 1071 Fürstentage. Ab 1089 im Besitz der Wettiner Grafen als Markgrafen (1423 Kurwürde). Um 1212 Walther von der Vogelweide zu Gast. 1266 Baubeginn des frühgotischen Domes anstelle des romanischen Vorgängerbaus von 1073. 1471 bis um 1485 Bau der Albrechtsburg unter Arnold von Westfalen (gestorben 1481). Die Burg war nach der Fertigstellung meist unbewohnt. Im Dreißigjährigen Krieg stark beschädigt. 1710 bis 1864 Porzellanmanufaktur (Johann Friedrich Böttger). 1864 bis 1870 architektonische Reinigung und Ausstattung im Stile der Romantik, 1873 bis 1882 Ausmalung. Nach 1945 umfangreiche Instandsetzung. 1947 Aufstellung der Skulpturensammlung. Ab 1959 Ausgrabungen. 1963 bis 1970 umfangreiche Restaurierungen. 1961 Gründung des Albrechtsburg-Beirats. 1971 500-Jahr-Feier. — Bauwerk mit geringen mittelalterlichen Resten folgt dem unregelmäßigen Bergverlauf im Grundriß, geprägt vom Umbau von 1471 bis um das Jahr 1485. Die Burg besteht aus drei übereinanderliegenden Kellergeschossen, einem Erdgeschoß und drei Obergeschossen; elbseitig vorgeschobene Substruktionen. Hofseitig niveaugleich mit dem Bergplateau. Zur Elbseite Burgcharakter, an der Hofseite große Vorhangbogenfenster. Dachaufbauten mit Dreiecksgiebeln (Lukarnen). Vor der Hoffassade im Kern runder Wendelstein mit offenem Loggienumgang, kleiner Wendelstein zwischen Ost- und Nordflügel. 1. Obergeschoß: großer Saal (mit Trompeterstuhl), großer und kleiner Bankettsaal, kunstvolle Rippengewölbe, Hauskapelle mit Zellengewölbe, Wandgemälde. 2. Obergeschoß: u. a. großer und kleiner Gerichts- sowie Wappensaal, Böttgerzimmer, reiche Zellengewölbe, Wandgemälde. 3. Obergeschoß: kunstvolle Holzbalkendecken, Zellengewölbe. — Schloßmuseum (Ur- und Frühgeschichte, Territorial- und Baugeschichte, wertvolle Plastik, Entwicklung der Porzellanmanufaktur, Sonderausstellungen). Konzerte, Jugendklub „Wendelsteinkeller". Gaststätte im Burghof.

Literatur

Czeczot, Ursula: Albrechtsburg Meißen. Meißen 1976
Engelhardt, Carl August: J. F. Böttger, Erfinder des Sächsischen Porzellans. Leipzig 1837
Gurlitt, Cornelius: Beschreibende Darstellung der älteren Bau- und Kunstdenkmäler in Sachsen. Heft 40, Dresden 1919
Mrusek, Hans-Joachim: Die Albrechtsburg Meißen. Leipzig 1972
Reibig, Helmut: Meißen und Umgebung. Leipzig 1975
Schmidt, C. W.: Ludwig Richter — Leben und Werk. Berlin 1946
Walcha, Otto: Meißner Porzellan. Dresden 1973

Rochlitz

Rochlitz (Kreis Rochlitz, Bezirk Karl-Marx-Stadt)

Dem heutigen Schloß ging auf einstiger slawischer Anlage errichteter Burgwardmittelpunkt voraus. Besitz der Ekkehardiner bis 1046. 1068 urkundete hier König Heinrich IV.; 1134 ist die Anlage im Besitz der Wettiner. Im 14. Jh. wird die Burg in die Stadtverteidigung einbezogen. Im 13. Jh. Bau der Doppeltürme. 1490 Umbau zur Residenz. 1645 Vorburg zerstört. Um 1850 Gefängnisbau. 1892 teilweise Museum. Werterhaltungen. — Malerisches Ensemble aus Ober- und Unterschloß im Westen, Resten der Vorburg sowie der Petrikirche im Osten. Durch künstliche Gräben in drei Abschnitte geteilt. Bauten des Oberschlosses um unregelmäßigen, langgestreckten Hof (Gesamtlänge 90 Meter), östlich das viergeschossige „Querhaus" mit Sattelwalmdach, im Unterbau noch romanische Architekturelemente, Aufstockung im 15. Jh. Große Durchfahrt im Erdgeschoß. Im Obergeschoß spätgotische Räume mit prächtigen Balkendecken, Vorhangbogenfenstern und zellengewölbten Fensternischen. An der Ostseite des „Querhauses" einschiffige Kapelle, im Inneren netzgewölbt, mit „Herzogenempore" und beträchtlichen Resten spätgotischer Wandmalereien. Im Nordwesten des „Querhauses" dreigeschossiges Fürstenhaus (Umbauten im 16. Jh.) mit

Stabwerkfenstern und spitzbogigem Portal, großem und kleinem Wendelstein im Inneren. Nach Westen starke „Jupen"-Türme, quadratisch, mit spitzen gotischen Helmen (13./14. Jh.). Wehrgang zwischen den Türmen und an der Nordseite bis zum Fürstenhaus teilweise vorhanden. Petrikirche (15. Jh.), dreischiffige Hallenkirche mit Netz- und Sterngewölben. — Heimatmuseum (u. a. Volkskunde). Verwaltungen.

Literatur

Hammer, Erich: Rochlitz. Aachen 1970

Hütter, Elisabeth, und Heinrich Magirus: Die Stiftskirche zu Wechselburg. Berlin 1975

Küas, Herbert: Rundkapellen des Wiprecht von Groitzsch. Berlin 1977

Werner-Gonschor, Brunhild: Die Kirchen in Rochlitz. Berlin 1976

Rochlitzer Wanderbuch. Rochlitz 1967

Burg Stolpen

Stolpen (Kreis Sebnitz, Bezirk Dresden)

Teilweise Ruine. 1121 genannt. 1218 von Ritter Moyko de Stulpen an Bischöfe von Meißen verkauft. 1559 Besitz des Kurfürsten August von Sachsen. 1675 Umbau zur Festung unter Wolf Caspar von Klengel. 1813 weiterer Ausbau unter Kaiser Napoleon. Sprengung. 1973 bis 1975 Johannisturm außen völlig restauriert, Renovierung der Innenräume. — Einst umfangreicher Komplex aus fünf durch Höfe verbundene Gebäudeabschnitte. Im Osten sog. Klengelsburg und Festungstor. Im Westen des ersten Hofes Kornhaus (1518) mit Torfahrt (Kreuzgratgewölbe) und dreischiffige Halle (Marstall) mit Kreuzgratgewölben auf Rundsäulen erhalten. Im zweiten Hof viergeschossiger Johannisturm (1509, „Coselturm"), Erdgeschoß mit Zellengewölbe (ehemaliger Gerichtssaal), obere Räume mit Kreuzgratgewölben, oberstes Geschoß mit Wehrrundgang; im Nordwesten Treppenturm vorgestellt. Benachbarter Schösserturm (1476 bis 1487) war Bischofswohnung, mit Vorhangbogenfenstern. Im dritten Hof (Kanonenhof) Wehrgänge und Schießscharten sowie Seigerturm mit vorgestelltem Treppenturm, Räume mit Kreuzgratgewölben, Satteldach und Volutengiebeln (um 1560). Im vierten Hof Mauerreste des Bischofshauses und der Kapelle, zahlreiche Keller und Teile des Zeughauses erhalten. Westseite der Burg abgeschlossen im Norden durch Siebenspitzenturm (1451 bis 1476), teilweise Ruine, im Süden durch Kapitelturm, davon lediglich der Unterbau sichtbar. — Museum (Waffen, Folterkammer, mittelalterliche Kräuterküche, Burggeschichte, Sonderausstellungen).

Literatur

Klemmt, Walter, und Josef Schönfelder: Burg Stolpen. Stolpen 1972

Kraszewski, Józef Ignacy: Gräfin Cosel. Rudolstadt 1961

Schloß Burgk

Burgk (Kreis Schleiz, Bezirk Gera)

1365 erwähnt als Burg der Herren von Gera. 1403 Abbruch und Neubau. 1550 an Wettin. 1572 reußisch. Ende des 16. Jh. Bau von Ost- und Nordflügel. Um 1600 Anbau der Schloßküche. 1620 bis 1624 Kapellenerneuerung. 1742 bis 1743 errichtete Gottfried Silbermann eine neue Orgel in der Kapelle. 1749 bis 1753 Anlage eines Parks im französischen Stil. 1919 Privatbesitz. 1952 Staatliches Heimat- und Schloßmuseum. Ab 1965 umfangreiche Rekonstruktionen und Restaurierungen. 1962 Aufbau eines wissenschaftlichen Dokumentationszentrums zur Regionalgeschichte. Seit 1980 Beginn umfassender Rekonstruktions- und Restaurierungsmaßnahmen; erste Etappe 1981 abgeschlossen (Innenräume, Küche). — Unregelmäßige Vierflügelanlage um engen Hof auf Talsporn oberhalb des Saaletals. Stark befestigt. Zahlreiche mittelalterliche Bauteile erhalten. Kernburg mit mächtiger Kemenate (1403) von Zwinger mit vier übereinanderliegenden Wehrgängen umgeben, Flankierung durch „Roten Turm" und Torhaus. Rekonstruierter Ziehbrunnen im Hof. Im Schloß Stilzimmer, u. a. neubarockes Prunkzimmer und Chinasalon (Rokokostuck, Johann Georg Schmidt). Bemerkenswerte Schloßkapelle (Plastiken, Hans Balbierer, Malereien, Paul Keil). Im Süden auf Felsplateau Sophienhaus (Rokokostuck, Johann Georg Schmidt). Staatliches Schloßmuseum (u. a. Rittergalerie, Stilzimmer, Alte und Neue Galerie, Pirckheimer-Kabinett). Konzerte. Kulturzentrum des Thüringer Oberlandes. Gaststätte vor der Burg.

Literatur

Hänsel, Robert: Schloß Burgk und der Burgkhammer an der oberen Saale. Jena 1941

Ungelenk, Manfred: Geschichte der Silbermannorgel. Museumsreihe Burgk. Heft 2, 1958

Ungelenk, Manfred: Die Baugeschichte des Schlosses Burgk/Saale. Museumsreihe Burgk. Heft 3, 1959

Leuchtenburg

Kahla (Kreis Jena, Bezirk Gera)

1221 genannte Burg der Lobdeburger. 1333 an Schwarzburger Grafen. 1396 im Besitz der Wettiner. 1452 Einnahme der vom „Thüringer Brandmeister" Apel von Vitzthum gehaltenen Burg durch Herzog Wilhelm, Kurfürst Friedrich und die Erfurter. 1525 Entwaffnung der Bauern aus der Umgebung auf der Burg. Im 17. Jh. militärisch bedeutungslos. 1724 bis 1871 Zucht-, Armen- und Irrenhaus. 1873 Hotelbau. 1906 Museum. 1919 Jugendherberge (Treffpunkt der Jugendbewegung). 1951 gesamte Burg wird Jugendherberge. 1954 Eröffnung des neuen Museums. Ab 1968 Dachneudeckung u. a. Instandsetzungen. 1970 Beratung zur Gesamtinstandsetzung. — Die im Kern aus dem 13. Jh. stammende Burg auf 400 Meter hohem Lichtenberg wurde im 19. Jh. stark verändert. Jetzt ausgedehnte rechteckige Anlage mit vier starken Wehrtürmen

(15. Jh.) auf der Sohle des Zwingers. Von Doppelmauer umgeben. Mittelalterliche Bausubstanz im Marter-, Schleier-, Münz- und Kleiderturm (15. Jh.), Bergfried (13. Jh.) sowie in anderem Mauerwerk erhalten. Kleiderturm: 11 Meter hoch, 7 Meter Durchmesser, Verteidigung in drei Etagen möglich, Scharten. Schleierturm: (wahrscheinlich im 16. Jh. erneuert) im Südwesten mit Mauern in Dreiecksform „umschleiert", Scharten, hölzernes Tretrad aus Zuchthauszeit. Brunnenhaus. Bauten des 19. Jh. – Jugendherberge „Geschwister Scholl". Museum (Burggeschichte, Waffen, Weinbau, Thüringer Porzellan). Burgfeste. Weinkeller.

Literatur

Bromme, Erich: Die Leuchtenburg. Kahla 1949
Haufschild, Kurt: Die Leuchtenburg als Treffpunkt der Jugendbewegung 1919–1933. Leuchtenburg 1975
Haufschild, Regina und Kurt: Geschichte der Leuchtenburg und Seitenrodas. Leuchtenburg 1974

Dornburger Schlösser

Dornburg (Kreis Jena, Bezirk Gera)

Drei Schlösser auf steilem Felsen über der Saale. Im Norden Altes Schloß (13. Jh.), im Süden Renaissanceschloß (16. Jh.), dazwischen Rokokoschloß (18. Jh.). Altes Schloß: Vorgängerbau war Grenzveste gegen die Slawen, später Kaiserpfalz. 937 erwähnt. Im 10. und 11. Jh. Reichstage. Im 12. Jh. Lehensbesitz der Thüringer Landgrafen. 1345 Belagerung im Thüringer Grafenkrieg (1342 bis 1345) durch Erfurt. 1358 wettinisches Amt. 1451 in sächsischen Bruderkrieg (1446 bis 1451) einbezogen. Wiederherstellungen. 1631 von Kroaten geplündert. 1672 Weimarischer Besitz. 1828 Goethe in Dornburg. Ab 1954 denkmalpflegerische Maßnahmen, u. a. Untersuchungen zur Werterhaltung und Nutzung. – Unregelmäßige dreiflüglige Anlage (13. und 16. Jh.). Von früher Anlage einst frei stehender achteckiger Bergfried (13. Jh.), Kapelle und Palas (13. Jh.) erhalten. Verteidigungsanlagen teilweise vorhanden. Im Hof Reste des Brunnens, Bauten mit Elementen der Romanik, Gotik, Renaissance und des Barocks. In dreistöckigem Südflügel (16. Jh.) sog. Rittersaal, darüber sog. Kaisersaal. Treppenturm mit schlanker Helmspitze (16. Jh.), im Norden die Küche (14. Jh.), darüber sog. Trompeterstube (1730). – Rokokoschloß (Stilzimmer, Porzellan). Renaissanceschloß (Goethe-Gedenkstätte). Park mit Laubengang. Gastronomie. Kinder- und Rosenfest.

Literatur

Handrick, Willy: Die Restaurierung der Schlösser in Dornburg an der Saale. In: Neue Museumskunde, Jahrgang 7, Heft 3, 1964
Holtzhauer, Helmut: Die Dornburger Schlösser. Weimar 1976
Lepsius, K. Peter: Die Pfalz Dornburg. Halle 1825
Riemann, Dr. Carl (Bearbeiter: Hartmann, Dr. Leo): Goethe und Dornburg. Jena 1966
Schwabe, Johann, und Gottlob Samuel: Historisch-antiquarische Nachrichten von der ehemaligen Pfalzstadt Dornburg an der Saale. Weimar 1825

Wernigerode

Wernigerode (Kreis Wernigerode, Bezirk Magdeburg)

Name des Schlosses geht auf die zwischen 1110 und 1120 errichtete Burg der Grafen von Wernigerode zurück, das Geschlecht ist mit dem Jahr 1429 ausgestorben, an ihre Stelle traten die Grafen von Stolberg. Im 14. und 15. Jh. Abbrüche, Erweiterungen und Umbauten. 1525 Zufluchtsort des Grafen Botho III. vor den aufständischen Bauern. 1671 bis 1676 Umbau zum Barockschloß. 1740 ständiger Wohnsitz der Stolberg-Wernigeroder Grafen. Um 1861 bis 1883 durch Karl Frühling zum historisierenden Repräsentationsschloß umgebaut. 1870 bis 1880 neugotische Schloßkirche (Entwurf Friedrich Schmidt) errichtet. 1929/30 nach finanziellem Bankrott des Fürsten zu Stolberg-Wernigerode als Wohnsitz aufgegeben. 1945 Depot für enteignetes Kunstgut. 1949 Eröffnung des Feudalmuseums. 1970 Rekonstruktion des Schlosses beendet. – Von mittelalterlicher Burg auf Agnesberg u. a. Gewölbereste erhalten. Geprägt wird die heutige Anlage (19. Jh.) von zahlreichen Türmen und Erkern, Haupttreppenhaus, Festsaalgebäude und dominierendem Pseudo-Bergfried. Prunkvoller Innenhof (Zugang über Wendelstein) mit Bauteilen im Stil der Gotik, der Renaissance, des Barocks und der Neorenaissance. In der Schloßkirche u. a. Flügelaltar von Ulrich Mair von Kempten (1482) und Magdalenentuch (um 1250). – Feudalmuseum (Burg- und Territorialgeschichte, kostbare Stilzimmer, u. a. Festsaal und Königszimmer, Waffen, Jagdgeschichte, Kunsthandwerk). Kanonensammlung. Konzerte. Burgrestaurant.

Literatur

Guenther, Friedrich: Aus der Geschichte der Harzlande. (o. J.)
Oelsner, Manfred: Wernigerode. Leipzig 1976
Wäscher, Hermann: Feudalburgen in den Bezirken Halle und Magdeburg. Berlin 1962
Feudalmuseum Schloß Wernigerode. Berlin–Leipzig 1977

Wartburg

Eisenach (Kreis Eisenach, Bezirk Erfurt)

Laut Sage 1067 durch Ludwig den Springer gegründet. 1080 erwähnt. 1172 bis 1190 Regierungszeit Landgraf Ludwigs III., Erbauer des Landgrafenhauses. Um 1200 Pflegestatt mittelalterlicher Kultur (Walther von der Vogelweide, Wolfram von Eschenbach u. a.). 1206 oder 1207 „Sängerkrieg". 1211 Eintreffen der vierjährigen ungarischen Königstochter, der 1235 heiliggesprochenen Elisabeth, als Braut des Landgrafensohnes. 1227 bis 1247 Regentschaft Heinrich Raspes (1246 deutscher Gegenkönig). Um 1317/18 Schäden durch Feuer. 1319 Wiederherstellungen. Um 1320 Einbau der Kapelle in das Landgrafenhaus. 1482 bis 1547 im Besitz des Kurfürsten von Sachsen. 1450 bis 1500 erhielten die Ringmauern Wehrgänge. 1521 Martin Luther als „Junker Jörg" auf der Burg. 1549 bis 1630 rege Bautätigkeit. Ab 1741 im Besitz der Herzöge von Sachsen-Weimar. Teilweise Verfall. 1817 Wartburgfest der deutschen Burschenschaft. 1838 bis 1890 durchgreifende Wiederherstellungen unter Großherzog Carl Alexander (Architekt Hugo von Ritgen). 1854 bis 1855 schuf Moritz von Schwind seine Wartburgfresken. 1867 Einweihung des wiederhergestellten Landgrafenhauses zur 800-Jahr-Feier. 1902 bis 1906 Mosaikschmuck für Elisabeth-Kemenate nach A. Oetken). 1922 Gründung der Wartburgstiftung (1952 neugegründet). 1952 bis 1966 umfangreiche Wiederherstellungs- und Sicherungsarbeiten. 1967 nationale Jubiläen (900 Jahre Wartburg, 450 Jahre Reformation, 150 Jahre Wartburgfest). 1973 Jugendklub. Umfangreiche denkmalpflegerische Maßnahmen (u. a. Südmauer, Palas) im Hinblick auf den 500. Geburtstag Martin Luthers. — Anlage (ca. 180 Meter lang, bis 45 Meter breit) auf Felsplateau mit Zugang im Norden über eine Brücke (einst Zugbrücke). Durch das Torhaus in vorderen Burghof mit Ritterhaus, Vogtei, Lutherstube (dort handschriftliche Eintragungen Luthers und Melanchthons in der Bibel von 1541; (Cranach-Gemälde), Brunnen, Margaretengang, Nürnberger Erker. Im Osten Schützenerker, Elisabethengang, Jägerstübchen, Luthererker. An Grenze zur Hauptburg: Torhalle (Museum), Dirnitz (Museum, Souvenirs) und neue Kemenate (Museum) mit Bergfried (1853 bis 1859 anstelle mittelalterlichen Turmes erbaut) schließen sich an. Im 2. Hof im Osten festlicher Palas (ab 1170) mit drei Stockwerken (3. Geschoß 13. Jh.), zur Hofseite Bogengalerien. Palas, Erdgeschoß: Ritter- und Speisesaal, prunkvolle Elisabeth-Kemenate. 1. Obergeschoß: Landgrafenzimmer, Sängersaal mit -laube und Kapelle, Moritz-von-Schwind-Fresken auf der Elisabeth-Galerie, im Landgrafenzimmer und im

Sängersaal. 2. Obergeschoß: großer Festsaal mit prunkvoller malerischer und plastischer Ausstattung (1867). Im Süden der Hauptburg Ringmauer mit Zinnen und schlanker Turm (wahrscheinlich 14. Jh.). Zisterne. Im Westen Burggarten, Gaden (Café). Im Südosten sog. Ritterbad (1890/91). — Repräsentatives Museum: Wertvolle Kunstsammlungen (Möbel von Gotik bis Barock, u. a. Dürerschrank; Kunsthandwerk des Mittelalters, der Renaissance und des Barocks, Gemälde des 16. Jh., gotische Plastiken, Medaillen, Erstdrucke). Sonderausstellungen. Pirckheimer-Stübchen. Wartburgtage der Jugend. Wartburg-Konzerte des Rundfunks. Liederfeste. Hotel. Attraktive Gastronomie. Reitstation.

Literatur

Gabelentz, Hanns von der: Richard Wagner und die Wartburg. Eisenach 1931

Hoffmann, Helga: Die Fresken Moritz von Schwinds auf der Wartburg. Berlin 1976

Kühnlenz, Fritz: Eisenacher Porträts. Rudolstadt 1967

Lehfeldt, Paul: Bau- und Kunstdenkmäler Thüringens. Heft XLI, Jena 1917

Noth, Werner: Die Wartburg. Leipzig 1967

Steiger, Günther: Aufbruch, Urburschenschaft und Wartburgfest. Jena 1967

Zießler, Rudolf: Die Wartburg und die Geschichte ihrer Restaurierung. In: Neue Museumskunde. Jahrgang 10, Heft 3, 1967

Allgemeines Literaturverzeichnis (Auswahl)

Bergner, Heinrich: Beschreibende Darstellung der älteren Bau- und Kunstdenkmale. Halle 1901

Brinkmann, Adolf: Beschreibende Darstellung der älteren Bau- und Kunstdenkmale Sachsens. Halle 1913

Bruck, Robert: Sächsische Schlösser und Burgen. Dresden 1913

Clasen, Karl-Heinz: Reallexikon zur Kunstgeschichte. Stuttgart 1954

Dehio, Georg: Handbuch der deutschen Kunstdenkmäler. Bd. I Mitteldeutschland. Berlin 1924; Bezirke Dresden, Karl-Marx Stadt, Leipzig. Berlin 1965; Bezirk Magdeburg. Berlin 1975; Bezirk Halle. Berlin 1976

Devrient, Ernst: Thüringische Geschichte. Leipzig 1907

Ebhardt, Bodo: Der Wehrbau Europas im Mittelalter. Berlin 1939

Engels, Friedrich: Der deutsche Bauernkrieg. Berlin 1970

Erbstösser, Martin: Die Kreuzzüge. Leipzig 1976

Geppert, Friedrich: Die Burgen und Städte des Thietmar von Merseburg. In: Thür.-Sächs. Zeitschr. f. Geschichte und Kunst. Halle 1927, Bd. 16

Gottschalck, Friedrich: Die Ritterburgen und Bergschlösser Deutschlands. Halle 1910

Grimm, Paul: Burgen des 9. Jh. westlich der Saale. 1940

Heussi, K.: Abriß der Kirchengeschichte. Weimar 1956

Hotz, Walter: Kaiserpfalzen und Ritterburgen in Franken und Thüringen. Berlin 1940

Kiess, Walter: Die Burgen in ihrer Funktion als Wohnbauten. Diss. Stuttgart 1961

Kühnlenz, Fritz: Städte und Burgen an der Unstrut. Rudolstadt 1962

Kühnlenz, Fritz: Burgenfahrt im Saaletal. Rudolstadt 1964

Lehfeldt, Paul: Bau- und Kunstdenkmäler Thüringens. Jena (laufend)

Mägdefrau, Werner: Der Thüringer Städtebund im Mittelalter. Weimar 1976

Meier, Burkhard: Pfalzen und Burgen in Franken und Thüringen. (o. Angaben)

Mottek, H.: Wirtschaftsgeschichte Deutschlands. Bd. 1, Berlin 1967

Mrusek, Hans-Joachim: Thüringische und sächsische Burgen. Leipzig 1965

Mrusek, Hans-Joachim: Burgen in Europa. Leipzig 1973

Mrusek, Hans-Joachim: Gestalt und Entwicklung der feudalen Eigenbefestigung im Mittelalter. Berlin 1973 (Abh. d. Sächs. Ak. Wiss. Phil. hist. Kl. Bd. 60/3)

Müller, Heinrich: Historische Waffen. Berlin 1957

Müller-Wiener, W.: Burgen der Kreuzritter im hl. Land, auf Zypern und in der Ägäis. München/Berlin 1966

Piltz, Georg: Kunstführer durch die DDR. Leipzig—Jena—Berlin 1975

Piper, Otto: Burgenkunde, Bauwesen und Geschichte der Burgen. München 1912; Neudruck (verbessert und erweitert), München 1967

Radig, Werner: Heinrich I. Der Burgenbauer und Reichsgründer. Leipzig 1937

Riedberg, Lothar: Deutsche Burgengeographie. Leipzig 1939

Rothe, Hans Werner: Burgen und Schlösser in Thüringen. Frankfurt/M. 1960

Schlag, Gottfried: Die deutschen Kaiserpfalzen. Frankfurt/M. 1940

Schlesinger, Walter: Burgen und Burgbezirke. In: Von Land und Kultur. Leipzig 1937

Schlosser, Friedrich: Weltgeschichte. Leipzig 1872

Schneider, Friedrich: Einführung in die thüringische Geschichte. Jena 1931

Stern, Leo, und H. Gericke: Deutschland in der Feudalepoche vom 1.—13. Jahrhundert. Berlin 1964

Sturmhoevel, Konrad: Illustrierte Geschichte der Meißnischen und Thüringischen Lande. Leipzig 1908

Timpel, Wolfgang, und Peter Sieber: Burgen — Gräber — Alte Kreuze. Weimar 1970

Töpfer, Bernhard, und Evamaria Engel: Vom staufischen Imperium zum Hausmachtkönigtum. Weimar 1976

Wäscher, Hermann: Feudalburgen in den Bezirken Halle und Magdeburg. Berlin 1962

Weber, Martin: Wehrhafte Kirchen in Thüringen. Jena 1935

Wehnemann, Paul: Thüringer Burgen. Weimar 1932

Werner, Ernst: Zwischen Canossa und Worms. Berlin 1978

Wozel, Heidrun: Turniere. Berlin 1979

Zimmermann, Wilhelm: Der große deutsche Bauernkrieg. Berlin 1975

Zöllner, Walter: Geschichte der Kreuzzüge. Berlin 1978

Weitere Schriften:

Denkmale in Thüringen. Weimar 1973

Denkmale in Mecklenburg. Weimar 1976

Denkmale in Sachsen. Weimar 1978

Denkmalpflege in der Deutschen Demokratischen Republik. Hrsg. vom Inst. f. Denkmalpflege, Berlin. Jg. 1/1975 (laufend)

Deutsche Kunstdenkmäler (Bezirke Erfurt, Gera, Suhl). Leipzig 1967

Thüringen und der Harz mit ihren Merkwürdigkeiten, Volkssagen und Legenden. Sondershausen 1839/42

Die Zeit der Staufer. Katalog der Ausstellung, Stuttgart 1977 (4 Bd.)

Bildnachweis

Neben Frank Schenke (311) stellten uns freundlicherweise Bildmaterial (22) zur Verfügung oder gaben die Genehmigung zur Veröffentlichung als Besitzer der Originale:

Aufbau-Verlag Berlin und Weimar, Literaturkalender 1978/3 (Color-Dia K. G. Beyer), S. 328

Forschungsbibliothek Gotha, Chart. A 688, Bl. 247 r. (aus: Literaturkalender 78/28; Color-Dia K. G. Beyer), S. 357 oben r.

Fotoarchiv Museum Festung Königstein, S. 231, 237, 362

Institut für Denkmalpflege, Arbeitsstelle Erfurt (Foto K. Steiner), S. 356 rechts

Kulturhistorisches Museum Magdeburg (Foto J. Rödling), S. 15, 34

Kunstsammlungen zu Weimar (Foto E. Renno), S. 162 rechts, 346 links, 356 links, 370 links

Nationale Forschungs- und Gedenkstätten der klassischen deutschen Literatur in Weimar (aus: Literaturkalender 77/44), S. 349

Staatliche Kunstsammlungen Dresden, Kupferstich-Kabinett (Foto Deutsche Fotothek Dresden), S. 276 oben

K. G. Beyer, Weimar, S. 348 oben, 352 oben, 357 oben l.

U. Holzapfel, Eisenach, S. 324

E. Kühnlenz, Erfurt, S. 63

K. Neubert, Prag, S. 175

A. Todtenhaupt, Weimar, S. 344 unten, 346 Mitte

Alle weiteren Abbildungen kulturgeschichtlicher Art sind den im Literaturverzeichnis genannten Werken entnommen bzw. stammen aus den Archiven der beiden Verfasser Georg Menchén und Wolfgang Leißling.

Inhalt

Anschriften der Verfasser:

Dr. Georg Menchén (im Januar 1989 verstorben)

Wolfgang Leißling,
5026 Erfurt, Vogelbeerweg 4

Veröffentlichungsgenehmigung Nr. E 69/86
Redaktionsschluß: 31.1.1983
Kartenzeichnung: Gert-Rainer Grube